W0189338

Einführung
in die Stochastik
der Finanzmärkte

Springer

Berlin
Heidelberg
New York
Barcelona
Hongkong
London
Mailand
Paris
Singapur
Tokio

Klaus Sandmann

Einführung in die Stochastik der Finanzmärkte

2., verbesserte und erweiterte Auflage

Mit 82 Abbildungen
und 21 Tabellen

Ausgeschieden
Universitätsbibliothek
Mainz

 Springer

Prof. Dr. Klaus Sandmann
Johannes Gutenberg-Universität Mainz
Lehrstuhl für Bankbetriebslehre
Jakob-Welder-Weg 9
D-55128 Mainz
Email: sandmann@forex.bwl.uni-mainz.de

ISBN 3-540-67954-5 Springer-Verlag Berlin Heidelberg New York

Die Deutsche Bibliothek – CIP-Einheitsaufnahme
Sandmann, Klaus: Einführung in die Stochastik der Finanzmärkte / Klaus Sand-
mann. – 2., verb. und erw. Aufl. – Berlin; Heidelberg; New York; Barcelona;
Hongkong; London; Mailand; Paris; Singapur; Tokio: Springer, 2001
   ISBN 3-540-67954-5

Dieses Werk ist urheberrechtlich geschützt. Die dadurch begründeten Rechte,
insbesondere die der Übersetzung, des Nachdrucks, des Vortrags, der Entnahme
von Abbildungen und Tabellen, der Funksendung, der Mikroverfilmung oder der
Vervielfältigung auf anderen Wegen und der Speicherung in Datenverarbeitungs-
anlagen, bleiben, auch bei nur auszugsweiser Verwertung, vorbehalten. Eine Vervielfältigung dieses Werkes oder von Teilen dieses Werkes ist auch im Einzelfall
nur in den Grenzen der gesetzlichen Bestimmungen des Urheberrechtsgesetzes
der Bundesrepublik Deutschland vom 9. September 1965 in der jeweils geltenden
Fassung zulässig. Sie ist grundsätzlich vergütungspflichtig. Zuwiderhandlungen
unterliegen den Strafbestimmungen des Urheberrechtsgesetzes.

Springer-Verlag Berlin Heidelberg New York
ein Unternehmen der BertelsmannSpringer Science+Business Media GmbH

© Springer-Verlag Berlin Heidelberg 1999, 2001
Printed in Germany

Die Wiedergabe von Gebrauchsnamen, Handelsnamen, Warenbezeichnungen usw.
in diesem Werk berechtigt auch ohne besondere Kennzeichnung nicht zu der
Annahme, daß solche Namen im Sinne der Warenzeichen- und Markenschutz-
Gesetzgebung als frei zu betrachten wären und daher von jedermann benutzt
werden dürften.

Einbandgestaltung: Erich Kirchner, Heidelberg

SPIN 10780602   42/2202-5 4 3 2 1 0 – Gedruckt auf säurefreiem Papier

Für Beate,
Joachim, Christopher und Theresa

Vorwort zur 2. Auflage

Die zweite Auflage dieses Lehrbuches zur Stochastik der Finanzmärkte ein Jahr nach dem Erscheinen der ersten unterstreicht die Bedeutung, die dieser Thematik in Theorie, Lehre und Praxis zukommt. Gegenüber der ersten Auflage wurde der Text überarbeitet, der grundsätzliche Aufbau jedoch beibehalten. An vielen Stellen wurden ergänzende Erklärungen eingefügt, missverständliche Passagen neu verfasst und Fehler der ersten Auflage behoben. Darüber hinaus wurde die qualitative Darstellung Asiatischer Optionen in Abschnitt 3.2 erweitert und die Anwendung des Binomialmodells in Abschnitt 5.3 durch ein numerisches Beispiel komplettiert. Eine grundlegende Überarbeitung hat die Darstellung des stochastischen Integrals in Abschnitt 7.1 erfahren. Das Gleiche gilt für die Diskussion der Beziehung zwischen dem Martingalmaß und den Zustandspreisen in Abschnitt 7.4. Schließlich wurde die Herleitung lognormaler Zinsstrukturmodelle des nominalen Zinssatzes in Abschnitt 10.4 gegenüber der bisherigen Fassung erweitert.

Meinen Studentinnen und Studenten an der Johannes Gutenberg-Universität Mainz danke ich für ihr Interesse und ihre Kritik. Eine wesentliche Hilfe waren die konstruktiven Anmerkungen und Hinweise, die mir Herr Prof. Dr. Klaus Schürger (Rheinische Friedrich-Wilhelms-Universität Bonn) zukommen ließ. Mein herzlicher Dank gilt ihm. Besonders bedanke ich mich auch bei Frau Dipl.-Vw. Monika Mertens für ihre unermüdliche Unterstützung und die gewissenhafte Korrekturarbeit. Frau Christina Rustemeier danke ich vielmals für ihren großen Einsatz, meine handschriftlichen Vorlagen in die vorliegende Fassung gebracht zu haben.

Klaus Sandmann   Mainz, im Juli 2000

Vorwort zur 1. Auflage

Fragestellungen, die sich mit der Bedeutung und der Bewertung derivativer Finanzverträge befassen, gehören heute vielfach zum Curriculum betriebs- und volkswirtschaftlicher Lehrveranstaltungen. Derivative Finanzverträge wie Optionen und Futures bieten einerseits ein breites Spektrum für das Management finanzieller Risiken, andererseits birgt der Handel mit diesen Verträgen Risiken, die bei einem leichtfertigen Umgang zu erheblichen Verlusten führen können.

Ein Teil der Lehrbuchliteratur, die sich mit diesem Thema auseinandersetzt, widmet sich vorrangig der Frage der Bewertung. Hierbei rückt die ökonomische Fragestellung in den Hintergrund zugunsten einer ausführlichen Diskussion der wahrscheinlichkeitstheoretischen Grundlagen des Black-Scholes-Modells sowie seiner möglichen Erweiterungen. Diese zum Teil sehr gelungenen Lehrbücher erfahren jedoch wenig Aufnahme in wirtschaftswissenschaftlichen Lehrveranstaltungen. Der andere Teil der Lehrbuchliteratur versucht, weitestgehend ohne erklärenden Rückgriff auf einen konkreten Modellrahmen, sich mit der Optionsbewertung auseinanderzusetzen. Hier erfolgt oftmals eine ausführliche und gewinnbringende Diskussion der Bestandteile verschiedener Vertragsformen. Demgegenüber werden die Annahmen und Eigenschaften der Bewertungsmodelle größtenteils nicht berücksichtigt bzw. werden Bewertungsformeln ohne eingehende Begründung angegeben, so dass deren Bedeutung und Begrenzung ungeklärt bleibt.

Ein aus ökonomischer Sicht verfasstes Lehrbuch zur Stochastik der Finanzmärkte ist einerseits für den Verlag (wie bei jeder unternehmerischen Entscheidung) und andererseits auch für den Autor mit einem gewissen Risiko verbunden. Während sich die Stochastik mit der Analyse zufallsabhängiger Ereignisse befasst und der Wahrscheinlichkeitstheorie zuzuordnen ist, handelt es sich bei einem Finanzmarkt um ein sowohl aus wissenschaftlicher wie auch praktischer Sicht vermeintlich einfach zu erfassendes Objekt. Anliegen dieses Lehrbuches ist es, beide Bereiche zu verbinden. Insofern gilt es, zwischen einer mathematisch akzentuierten und einer qualitativ orientierten Diskussion einen vernünftigen Kompromiss zu finden. Dieser Kompromiss muss sich jedoch daran orientieren, dass die Anwendung der Bewertungsmodelle zu beträchtlichen finanziellen Verlusten führen kann, falls ihre Annahmen und Prämissen nicht beherrscht und berücksichtigt werden. Nur unter dieser Voraussetzung sind die Modelle und die in ihnen abgeleiteten Bewertungsformeln wertvolle und sinnvolle Werkzeuge, die es ermöglichen, eingegangene Risiken zu kontrollieren und beabsichtigte Entscheidungen zu analysieren.

Der Inhalt dieses Buches beruht auf verschiedenen Vorlesungen, die ich in den vergangenen Jahren an der Rheinischen Friedrich-Wilhelms-Universität in Bonn und an der Johannes Gutenberg-Universität in Mainz gehalten habe. Die Vorlesungen befassten sich mit der Theorie der Finanzmärkte in Anlehnung an die Gleichgewichtstheorie unter Unsicherheit, der Bewertung von Optionen im Binomial- sowie im Black-Scholes-Modell und mit Zinsstrukturmodellen. Gegenstand dieser Vorlesungen waren sowohl betriebswirtschaftliche wie auch volkswirtschaftliche Aspekte des Finanzmarktes. Die insgesamt 11 Kapitel bauen schrittweise aufeinander auf und entwickeln das Modell eines Finanzmarktes von einer diskreten bis zu einer stetigen Zeitvorstellung. Verbunden wird dies durch die Diskussion einer Vielzahl von derivativen Finanzverträgen, die neben Europäischen Call- und Put-Optionen die wichtigsten Exotischen Optionen sowie Renten- und Zinssatzoptionen einschließt. Jedes Kapitel wird mit einem Hinweis auf die verwendete und weiterführende Literatur abgeschlossen. Diese Literaturhinweise erheben jedoch nicht den Anspruch der Vollständigkeit, sondern sollen eine vertiefende Beschäftigung mit den angesprochenen Themen ermöglichen. Zusätzlich zu den innerhalb der Kapitel diskutierten Beispielen dienen die Übungsaufgaben dem vertiefenden Selbststudium. Hierbei wurde bewusst auf reine Wissensfragen verzichtet. Die Aufgaben befassen sich entweder mit Anwendungsproblemen oder führen Teilaspekte der dargelegten Theorie fort. Die Lösungen zu diesen Aufgaben finden sich zusammengefasst in Kapitel 12. Es sei jedoch darauf hingewiesen, dass diese Lösungen ausschließlich der Selbstkontrolle dienen und eine eigenständige Beschäftigung mit der Fragestellung nicht ersetzen.

Kapitel 1 legt die Grundlagen eines einperiodigen Modells für einen Finanzmarkt und verdeutlicht die Beziehung zwischen der Gleichgewichtstheorie unter Unsicherheit und dem Konzept der Arbitragefreiheit. Hierauf aufbauend werden in Kapitel 2 und 3 Aussagen über Preisrelationen verschiedener Derivate hergeleitet. Die Kapitel 1 bis 3 bilden eine Einheit und umfassen den Lehrinhalt einer einführenden Vorlesung zu derivativen Finanzverträgen. Das Thema und die Methodik dieser Abschnitte setzen keine vertiefenden Kenntnisse wahrscheinlichkeitstheoretischer Methoden voraus.

Kapitel 4 erweitert den Modellrahmen. Es handelt sich um ein Mehrperiodenmodell bei vollständigen Finanzmärkten. Die Theorie der unvollständigen Märkte findet keine vertiefende Berücksichtigung, sondern wird lediglich unter einer speziellen Fragestellung in Abschnitt 4.4 angesprochen. Das Binomialmodell zur Bewertung von Aktienoptionen (Kapitel 5) versteht sich als eine spezielle Anwendung des allgemeinen Mehrperiodenmodells. Neben der Herleitung der Binomialformeln für Europäische Call- und Put-Optionen wird der Grenzwert dieser Formeln betrachtet, falls die Länge der Zeitintervalle gegen Null strebt. Kapitel 6 greift auf die in Abschnitt 3.1 angesprochene Klasse der Barrier-Optionen zurück und widmet sich der Bewertung dieser Optionen im Binomialmodell. Analog zu der Vorgehensweise in Kapitel 5 werden die entsprechenden Binomialformeln und deren Grenzwerte hergeleitet. Insofern überschreitet Kapitel 6 den klassischen Lehrstoff zum Binomialmodell. Methodisch beruhen die Überlegungen der Kapitel 4 bis 6 weitestgehend auf Inhalten der Statistischen Methodenlehre, wie sie üblicherweise im Grundstudium der Betriebswirtschafts- und Volkswirtschaftslehre vermittelt werden.

Kapitel 7 befasst sich mit dem Black-Scholes-Modell. Hierzu ist es notwendig, die grundlegenden Elemente eines stetigen Finanzmarktmodells zu erläutern. Die Ausführungen zur Brown'schen Bewegung, der stochastischen Integration und dem Itô Calculus besitzen jedoch ausschließlich motivierenden Charakter. Ziel dieser Überlegungen ist nicht eine vollständige mathematische Darstellung. Vielmehr werden die angesprochenen Elemente mit Blick auf die Problemstellung und die mit ihnen verbundene ökonomische Interpretation eingeführt. Über die Bewertung Europäischer Call- und Put-Optionen hinaus greift Abschnitt 7.4 die Beziehung zum Konzept der Zustandspreise auf und liefert die Grundlage der ökonomischen Bedeutung des Martingal- und Forward Risk Adjusted Measure.

Die Kapitel 4 bis 7 bilden inhaltlich eine Einheit und beschreiben den Lehrgegenstand einer Vorlesung zur Optionsbewertungstheorie. Es wird eine vertragsorientierte Sichtweise verfolgt, d.h. die Bewertung erfolgt unter ausschließlicher Berücksichtigung des Kursänderungsrisikos eines Wertpapiers. Demgegenüber erweitern die Kapitel 8 bis 11 die Analyse auf die simultane Berücksichtigung von Marktrisiken im Aktien-, Zins- und Devisenmarkt. Ausgangspunkt dieser Überlegungen ist die Erfassung des Zinsänderungsrisikos in einem arbitragefreien Modellrahmen.

Kapitel 8 befasst sich zunächst mit der Darstellung verschiedener Zinsbegriffe und der Diskussion wichtiger zinsabhängiger Finanzderivate. Dies schließt sowohl Zins-Forward und Zins-Futures ein wie auch Rentenoptionen bzgl. Kupon- und Nullkuponanleihen und die Zinssatzoptionen Cap, Floor und Swaption. Darüber hinaus wird dem Unterschied zwischen dem Forward-Vertrag und dem Futures ein breiter Raum gewidmet. Da modelltheoretische Überlegungen nicht Gegenstand dieses Kapitels sind, ist es auch möglich, es im Zusammenhang mit Kapitel 1 bis 3 zu lesen.

In Anlehnung an die Vorgehensweise im Fall der Aktienoptionen befasst sich Kapitel 9 mit diskreten Zinsstrukturmodellen. Insofern handelt es sich um eine Weiterführung der allgemeinen mehrperiodigen Modellierung eines Finanzmarktes. Zusätzlich werden nun Spezifika des Zinsmarktes berücksichtigt. Dies führt beispielsweise zur Diskussion der Erwartungswerthypothesen in Abschnitt 9.2. Abschnitt 9.1 stellt ein Zahlenbeispiel für ein Zinsstrukturmodell dar, indem die für die weitere Diskussion wesentlichen Beziehungen erläutert und motiviert werden. Im Rahmen eines (allgemeinen) Binomalmodells werden die Bewertungseigenschaften des Martingalmaßes und des Forward Risk Adjusted Measure in Abschnitt 9.3 und 9.4 dargestellt. Abschnitt 9.5 ist dem Ho-Lee-Modell gewidmet, während 9.6 ein Modell des effektiven Zinssatzes vorstellt. Diese beiden diskreten Zinsstrukturmodelle sind Beispiele für eine konkrete Ausformulierung und beschreiben in keiner Weise erschöpfend die Vielfalt existierender Modellansätze.

Zeitstetige Modelle der Zinsstruktur werden in Kapitel 10 angesprochen. Die Darstellung beschränkt sich weitestgehend auf Modelle mit deterministischer, d.h. nicht zufallsabhängiger Volatilität der Nullkuponanleihen. Diese sogenannten Gauß-Zinsstrukturmodelle stellen eine wichtige, aber keinesfalls die ausschließliche Modellspezifikation dar. Die Beschränkung auf diese Modellklasse bietet sich jedoch aus zwei Gründen an. Zum einen lassen sie sich in natürlicher Weise als Fortsetzung des Black-Scholes-Modells auffassen, so dass die Überlegungen in Kapitel 7 unmittelbar übertragen werden können. Zum anderen stellen sie die Grundstruktur der meisten Anwendungen dar und ermöglichen die Bewertung und Analyse der meisten Optionsverträge in einer der Black-Scholes-Formel vergleichbaren Art und Weise. Von diesen Überlegungen abweichend stellt Abschnitt 10.4 die Familie der lognormalen Zinsstrukturmodelle vor, die im Unterschied zu den Gauß-Zinsstrukturmodellen auf Zinssätzen statt auf (konformen) Zinsraten basieren. Diese Modelle begründen u. a. die Bewertung der Zinssatzoptionen Cap und Floor mittels der Black-Formel.

Das abschließende Kapitel 11 befasst sich mit einem Modell eines internationalen Finanzmarktes. Dies schließt die simultane Berücksichtigung von Aktienkurs-, Devisenkurs- und Zinsänderungsrisiken ein. Methodisch handelt es sich um eine Verallgemeinerung des Black-Scholes-Modells, da nur zeitabhängige Volatilitäten berücksichtigt werden. In diesem Kontext werden Devisenoptionen und die in Abschnitt 3.3 dargestellten Currency Converted Optionen bewertet. Außer den ebenfalls in Kapitel 3 angesprochenen Asiatischen Optionen werden fast alle in diesem Buch genannten Verträge in den entsprechenden Bewertungsmodellen diskutiert.

Dieses Lehrbuch besitzt einerseits den Charakter einer Einführung in die Stochastik der Finanzmärkte, andererseits befassen sich insbesondere die Kapitel 10 und 11 mit Themen, die nicht dem üblichen Vorlesungsangebot zuzuordnen sind. Der zunehmenden Bedeutung, die derivative Finanzverträge beispielsweise von Seiten der Banken, Versicherungen, international tätigen Unternehmen und auch der staatlichen Aufsicht erfahren, kann jedoch nur Rechnung getragen werden, falls diese Inhalte stärker in die Lehrveranstaltungen eingebunden werden. Dieses Lehrbuch versucht, sich dieser Thematik weitestgehend mit einfachen Methoden zu nähern. So erfährt die Diskussion der Vertragseigenschaften einen breiten Raum, ohne jedoch formale Aspekte auszublenden. Ebenso bedient sich die Methodik zu einem großen Teil diskreter Konzepte der Wahrscheinlichkeitstheorie und begründet die Grenzwertaussagen aus der Gültigkeit des Zentralen Grenzwertsatzes. Drei der insgesamt 11 Kapitel befassen sich mit dem stetigen Modellrahmen. Im

Vordergrund steht jedoch nicht eine mathematisch exakte Darstellung, sondern eine sich an den inhaltlichen Aussagen orientierende Diskussion. Ziel des wahrscheinlichkeitstheoretischen Modellrahmens ist es, ökonomische Fragen präzise zu formulieren und im Modell zu beantworten.

Danksagung

Das vorliegende Lehrbuch wäre ohne die Unterstützung meiner Kollegen und der tatkräftigen Hilfe meiner Mitarbeiter am Lehrstuhl für Bankbetriebslehre an der Johannes Gutenberg-Universität Mainz, der kritischen Rückmeldung von Studentinnen und Studenten der Universitäten Bonn und Mainz und der Hilfe und Geduld meiner Familie nicht geschrieben worden. Ausdrücklicher Dank gebührt meinem Lehrer, Herrn Prof. Dr. Dieter Sondermann, dessen wissenschaftliche und persönliche Unterstützung von entscheidender Bedeutung war. Ebenso bedanke ich mich bei den Professoren des Staats- und Rechtswissenschaftlichen Fachbereichs der Rheinischen Friedrich-Wilhelms-Universität Bonn. Insbesondere gilt mein Dank Herrn Prof. Dr. Werner Hildenbrand, der als Sprecher des SFB 303 meinen Werdegang kritisch und konstruktiv begleitet hat. Dergleichen gilt für Herrn Prof. Dr. Urs Schweizer, dem Leiter des European Doctoral Program und des Graduiertenkollegs an der Universität Bonn.

Der Inhalt dieses Buches ist Hintergrund und teilweise auch Ergebnis gemeinsamer Arbeiten mit einer Reihe von Kollegen. An erster Stelle darf ich Herrn Prof. Dr. Dieter Sondermann nennen, der mich vor fast 10 Jahren für dieses Gebiet begeisterte. Unsere gemeinsamen Arbeiten zu Zinsstrukturmodellen haben dieses Buch wesentlich beeinflusst. Darüber hinaus verdient sein Vertrauen, mich frühzeitig mit selbständigen Lehrveranstaltungen zu betrauen, meinen Dank. Wesentliche Teile dieses Buches beruhen auf diesen Vorlesungen und Seminaren. Meinen beiden dänischen Kollegen, Herrn Prof. J. Aase Nielsen (Aarhus) und Herrn Prof. Kristian R. Miltersen (Odense), bin ich für die langjährige gemeinsame Arbeit zu aufrichtigem Dank verpflichtet. Diese Arbeiten finden ihren Niederschlag an vielen Stellen dieses Buches. Besonderer Dank gebührt Herrn Dr. Erik Schlögl und Herrn Dr.

Matthias Reimer, die frühe Skriptfassungen von Teilen dieses Buches kritisch durchgesehen haben und deren wissenschaftliche Arbeit einen großen Einfluss auf die vorliegende Fassung hat. Ebenso gilt mein Dank Herrn Dr. Rüdiger Frey, Herrn Dr. Daniel Sommer und Herrn Dipl.-Vw. Christian Spieler für die langjährige Diskussion, die uns verbindet.

Einen besonders zu würdigen Beitrag zu diesem Buch haben die Mitarbeiter des Lehrstuhls für Bankbetriebslehre der Johannes Gutenberg-Universität geleistet. Mein aufrichtiger Dank geht an Frau Dipl.-Vw. Monika Mertens und Frau Viola Leuschner, die unermüdlich und mit großem Einsatz meine handschriftlichen Vorlagen in die vorliegende Fassung gebracht haben. Frau Dipl.-Vw. Mertens, Frau Dipl.-Kffr. Beate Jüttner-Nauroth, Frau Sonja Rauen, Herrn Michael Bachschuster und Herrn Dipl.-Math., Dipl.-Vw. Jochen Beißer danke ich herzlich für die gewissenhaften Korrekturen und Verbesserungsvorschläge. Ebenso gilt mein Dank meiner Sekretärin, Frau Margitta Hetzius, die neben Frau Viola Leuschner große Teile des Textes eingegeben und kritisch gegengelesen hat.

Neben den genannten Kollegen und Mitarbeitern hat meine Frau, Dipl.-Vw., Dipl.-Übers. Beate Sandmann, wesentlichen Anteil an diesem Buch. Ohne Ihre Hilfe, Rücksicht und kritische Durchsicht wäre dieses Buch nicht entstanden. Neben unseren Kindern hat sie die Hauptlast an diesem Buch getragen.

Nicht zuletzt bedanke ich mich beim Springer-Verlag, namentlich bei Herrn Dr. Werner A. Müller, für seine Unterstützung und die Geduld, die er mir entgegengebracht hat.

Klaus Sandmann   Mainz, im Januar 1999

Inhaltsverzeichnis

KAPITEL 1

Grundlagen eines Finanzmarktmodells

Die Stochastik der Finanzmärkte befasst sich mit der Analyse zufallsabhängiger Ereignisse in einem Finanzmarkt. Diese Analyse erfolgt im Rahmen eines Modells. Allgemein bezeichnet ein Modell die vereinfachte Darstellung der Gegenstände und/oder Abläufe mit dem Ziel einer Untersuchung. Die Vereinfachung führt gleichzeitig zu einer Präzisierung der Begriffe. Das Anliegen dieses ersten Kapitels ist es, die grundlegenden Begriffe einzuführen und einzuordnen. Dabei handelt es sich einerseits um konkrete Finanzverträge wie Aktien, Anleihen und Optionen, andererseits um abstrakte Begriffe wie Zufall und Risiko, aber auch um konzeptionelle Begriffe wie Gleichgewicht und Arbitrage. Kann auch ein Modell als Nachbildung in einem kleineren Maßstab angesehen werden, so handelt es sich nicht um eine perfekte Nachbildung, sondern um eine Beschränkung auf die für die Fragestellung wesentlichen Größen und Aspekte. Die Beschränkungen ergeben sich aus dem Ziel, nämlich der Analyse derivativer Finanzverträge. Zum besseren Verständnis ist es sinnvoll, drei in der Literatur verwendete Begriffe abzugrenzen. Ein *Contingent Claim* ist allgemein ein Wertpapier, dessen Auszahlung von einem oder mehreren zukünftigen Ereignissen abhängt. Diese Ereignisse müssen nicht unbedingt durch den Wert von an Börsen oder außerbörslich gehandelter Wertpapiere definiert sein. Eine Teilmenge der Contingent Claims sind die *Derivative Assets* (abgeleitete Wertpapiere, derivative Finanzverträge). Sie stellen Wertpapiere dar, deren Auszahlung von anderen, ihnen zugrundeliegenden Wertpapieren abhängt. Beispiele sind Terminverträge (Forward, Futures), Swaps und Optionen. Derivative Assets können sowohl Rechte wie Pflichten begründen. Im Unterschied hierzu sind *Optionen* Rechte, die gegen eine Prämie erworben werden. Handelt es sich um eine Option bezüglich eines gehandelten Wertpapiers, so stellt diese ebenfalls ein Derivative Asset dar. Dies ist jedoch nicht notwendig immer der Fall. Beispiele hierfür sind Katastrophen-Bonds oder Optionen, deren Auszahlung vom Eintritt einer Naturkatastrophe abhängt.

Aus der Beschränkung auf derivative Finanzverträge leiten sich die wesentlichen Einschränkungen der Modellbildung ab. Die Begriffe Zufall und Risiko beziehen sich auf die Auszahlung von Wertpapieren. Die Aufgabe besteht darin, die Unsicherheit bezüglich des zukünftigen Wertes und/oder der zukünftigen Auszahlung eines Wertpapiers zu erfassen. Da ein derivativer Finanzvertrag durch ein bzw. mehrere zugrundeliegende Wertpapiere bestimmt ist, bildet diese Abhängigkeit die Grundlage der Bewertung. Es handelt sich somit um einen relativen Bewertungsansatz. Ausgangspunkt ist nicht eine Fundamentalanalyse, sondern relativ zu einer gegebenen Kursentwicklung bestimmter Wertpapiere stellt sich die Frage der Bewertung hiervon abgeleiteter, derivativer Finanzverträge.

1.1. Erste Überlegung zur Auszahlung von Optionen

Im folgenden wird die Vertragsform der Aktienoption genauer betrachtet. Ein erstes Ziel ist es, deren grundlegende Eigenschaften zu verdeutlichen. Hierzu ist es notwendig, einige Begriffe und eine erste Notation einzuführen. Sei $S_t = S(t)$ der Kurs einer Aktie zum Zeitpunkt t. Der heutige Zeitpunkt ist gleich $t_0 = 0$. $S_{t_0} = S_0$ entspricht dem Initialkurs. Es lassen sich nun die folgenden grundlegenden Formen der Aktienoption definieren:

Definition 1.1:

Eine *Europäische Kaufoption* (European Call) ist das Recht, ein zugrundeliegendes Wertpapier (underlying) zu einem festen Zeitpunkt T (maturity) und einem festen Preis K, dem Basispreis (strike), zu erwerben. Der Wert oder Preis dieses Rechtes zum Zeitpunkt $t \leq T$ wird mit $\text{Call}_e[S_t, K, t, T]$ bezeichnet. Im einzelnen bedeuten hierbei:

S_t = Kurs des zugrundeliegenden Wertpapiers
       zum Zeitpunkt $t \in [0, T]$ (underlying),

K = Basispreis (strike),

T = Ausübungszeitpunkt (maturity date),

$T - t$ = Restlaufzeit der Option (time-to-maturity).

Eine *Amerikanische Kaufoption* (American Call) ist das Recht, ein zugrundeliegendes Wertpapier während der Laufzeit $[0, T]$ einmalig zu einem festen

Basispreis K zu erwerben. Der Wert oder Preis eines Amerikanischen Call zum Zeitpunkt $t \leq T$ wird entsprechend mit $\text{Call}_a[S_t, K, t, T]$ angegeben.

Im Unterschied zum Termingeschäft, das einer Verpflichtung entspricht, handelt es sich bei der Kaufoption um ein Recht. Der Käufer eines Call übt dieses Recht nur aus, falls es ihm vorteilhaft erscheint, d.h. falls

$$S_T \text{ (Preis zum Zeitpunkt } T) \geq K \text{ (Basispreis)}.$$

Die Europäische und Amerikanische Kaufoption stellen einen bedingten Finanzvertrag dar, genauer ein *Derivative Asset*, da die Auszahlung vollständig von dem zugrundeliegenden Wertpapier abhängt, d.h. durch dieses bedingt wird. Das der Kaufoption entgegengerichtetes Recht ist die Verkaufsoption, die sich in analoger Weise beschreiben lässt:

Definition 1.2:
Eine *Europäische Verkaufsoption* (European Put) ist das Recht, ein zugrundeliegendes Wertpapier zu einem festen Zeitpunkt T und einem festen Basispreis K zu verkaufen. Der Wert oder Preis dieses Rechtes zum Zeitpunkt t wird mit $\text{Put}_e[S_t, K, t, T]$ bezeichnet.
Im Fall einer *Amerikanischen Verkaufsoption* (American Put) bezieht sich das einmalig gewährte Verkaufsrecht auf das Zeitintervall $[0, T]$. Der Wert oder Preis wird mit $\text{Put}_a[S_t, K, t, T]$ notiert.

Im Sinne dieser Definitionen wird von einem Europäischen oder Amerikanischen Call bzw. Put gesprochen. Die Notation des Wertes dieser Verträge drückt dessen Abhängigkeit von den aufgeführten Größen aus.

Um sich ein erstes Bild von den Vertragseigenschaften eines Call bzw. Put zu verschaffen, ist es sinnvoll, die Auszahlung zum Ausübungszeitpunkt zu untersuchen. Hierbei wird sich auf den Europäischen Vertragstyp beschränkt. Den Überlegungen liegt die folgende einfache sequentielle Struktur zugrunde:

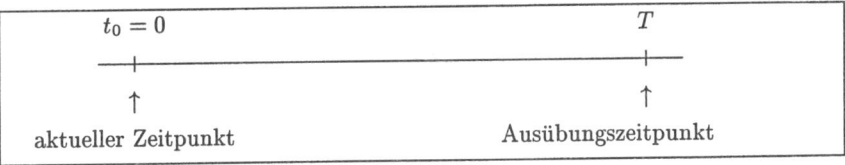

Sei S_T der aus heutiger Sicht unsichere Kurs des zugrundeliegenden Wertpapieres zum Zeitpunkt T. Die Auszahlung eines Europäischen Call ist

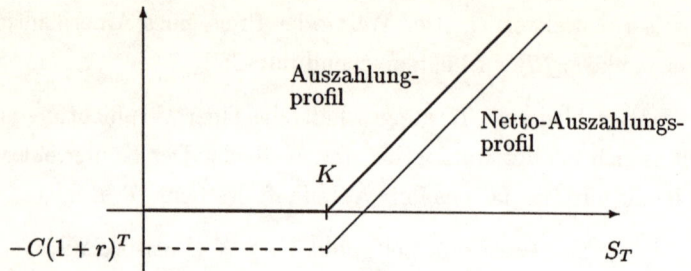

ABBILDUNG 1.1. (Netto-)Auszahlungsprofil eines Europäischen Call

nicht abhängig von der Kursentwicklung bis zum Zeitpunkt T, sondern nur
vom Kurs S_T zum Ausübungszeitpunkt. Formal ist das Auszahlungsprofil für
einen Call gleich:

$$\max\{S_T - K, 0\} = \left\{ \begin{array}{ccc} S_T - K & \text{falls} & S_T \geq K \\ 0 & \text{falls} & S_T < K \end{array} \right\} =: [S_T - K]^+.$$

Sei C der Preis des Call in $t_0 = 0$, d.h. $C = \text{Call}_e[S_0, K, t_0, T]$ und r der
konstante Zinssatz, so ist das Netto-Auszahlungsprofil des Vertrages gleich
der Differenz zwischen der Auszahlung und den aufgezinsten Kosten (vgl.
Abbildung 1.1). Analog gilt für das Auszahlungsprofil eines Europäischen
Put (vgl. Abbildung 1.2):

$$\max\{K - S_T, 0\} = \left\{ \begin{array}{ccc} 0 & \text{falls} & S_T \geq K \\ K - S_T & \text{falls} & S_T < K \end{array} \right\} =: [K - S_T]^+.$$

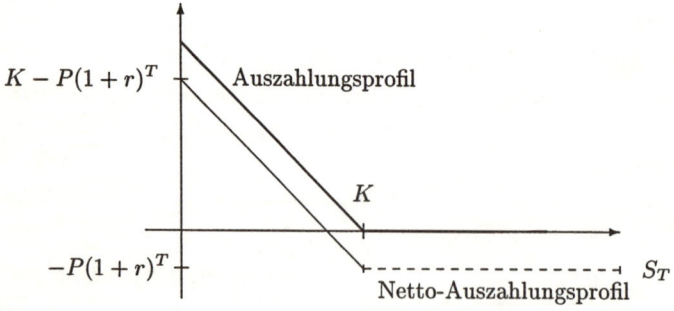

ABBILDUNG 1.2. (Netto-)Auszahlungsprofil eines Europäischen Put

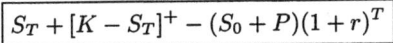

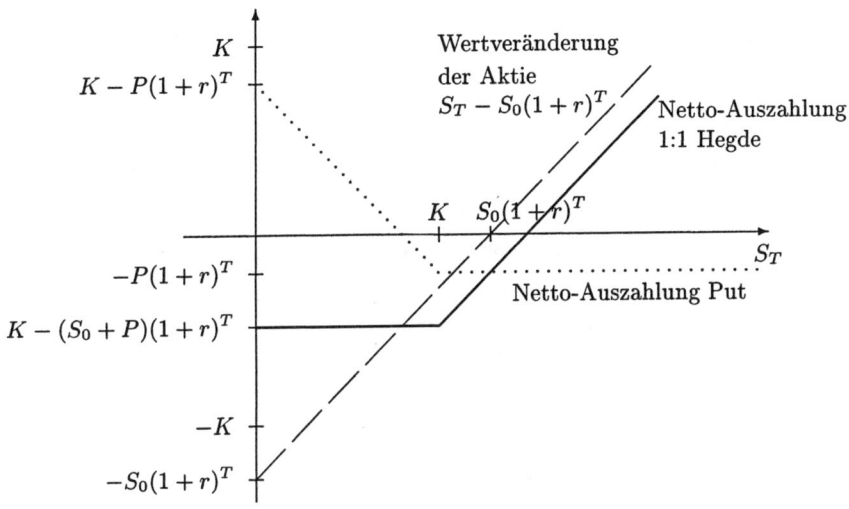

ABBILDUNG 1.3. Netto-Auszahlungsprofil eines 1:1 *long Put Hedge*

Call- und Put-Optionen dienen als Bausteine unterschiedlicher Auszahlungsprofile. Sie stellen aus Sicht des Käufers (Halters) verbriefte Rechte dar, die für ihn zu keiner zukünftigen Zahlungsverpflichtung führen.

Ein Motiv für den Erwerb einer Option ist die Versicherung gegenüber unvorteilhaften Kursentwicklungen. Will sich beispielsweise ein Wertpapierbesitzer gegenüber einem Kursverfall in der Zukunft schützen, so kann er dies durch den Erwerb eines Put erreichen. Die Auszahlung der Gesamtposition (1:1 *long Put Hedge*), d.h. des Portfolios aus einem Wertpapier und einem Put mit Ausübungszeitpunkt T ist gegeben durch

$$S_T + \mathrm{Put}_e[S_T, K, T, T] = \left\{ \begin{array}{lll} S_T & \text{falls} & S_T \geq K \\ K & \text{falls} & S_T < K \end{array} \right\}.$$

Das Portfolio sichert den Kurs des Wertpapiers auf dem Niveau K ab. Werden mit P die Kosten der Sicherung bezeichnet, so verdeutlicht Abbildung 1.3 das resultierende Netto-Auszahlungsprofil. Die Struktur der Auszahlung in Abbildung 1.3 lässt vermuten, dass durch geschickte Kombination aus zugrundeliegendem Wertpapier sowie Put-und Call-Optionen eine große Variationsbreite von Auszahlungsprofilen entsteht. Beispielsweise kann die soeben skizzierte Versicherungsüberlegung auch als Ausgangspunkt für eine Spekulation dienen. Ein sogenannter 1:2 *long Put Hedge* besteht aus dem Erwerb (*long position*) eines Wertpapiers und zweier Put-Optionen. Aus Abbildung 1.4 ist ersichtlich, dass der Halter des Portfolios einen maximalen Verlust in Höhe der Differenz aus dem Basispreis und der aufgezinsten Summe des Wertpapierkurses zum Zeitpunkt t_0 und der zweifachen Optionsprämie erleidet, falls der Kurs des zugrundeliegenden Wertpapiers zum Ausübungszeitpunkt sich nicht wesentlich vom Basispreis K unterscheidet. Die Spekulation ist hingegen erfolgreich, falls der Kurs des Wertpapiers zum Zeitpunkt T deutlich vom Basispreis abweicht.

Die entgegengesetzte Position kann durch den Erwerb einer Aktie und den Verkauf (*short position*) von zwei Call-Optionen eingegangen werden. Nun profitiert der Halter des Gesamtportfolios, falls der Kurs bei Ausübung nicht zu stark vom Basispreis abweicht, während er eine Zahlungsverpflichtung bei großer Abweichung besitzt (vgl. Abbildung 1.5).

Die genannten Beispiele deuten mehrere interessante Zusammenhänge an.

- Der Kauf oder Verkauf von Optionen kann sowohl aus Versicherungs- als auch aus Spekulationsmotiven erfolgen. Optionen besitzen somit aus unterschiedlichen Gründen das Potential für ein erfolgreiches Finanzprodukt.

- Durch Optionen lassen sich Auszahlungsprofile erzeugen, die vorbestimmte Eigenschaften aufweisen. Formal handelt es sich um stetige und stückweise lineare Auszahlungsprofile. Derartige Auszahlungsprofile sind durch den alleinigen Erwerb eines unbedingten Wertpapiers nicht möglich. In diesem Sinne eröffnen Optionen den Marktteilnehmern neue Möglichkeiten. Der 1:1 long Put Hedge ist eine Versicherung gegenüber fallenden Kursen bei gleichzeitiger Partizipation an steigenden Kursen. Entsprechend bietet der 1:2 short Call Hedge die

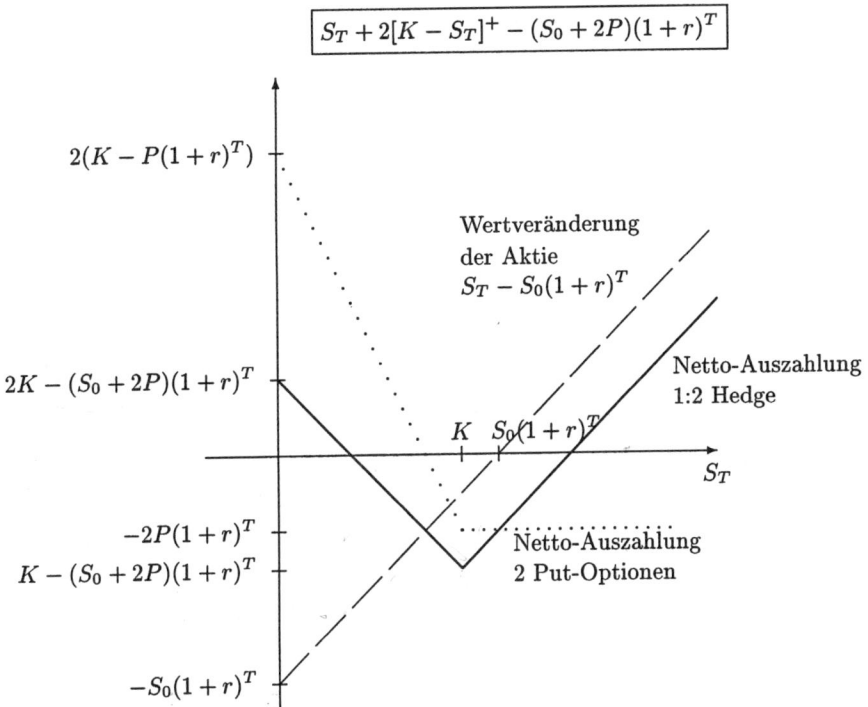

ABBILDUNG 1.4. Netto-Auszahlungsprofil eines 1:2 *long Put Hedge*

Chance, an einem Kursstillstand zu profitieren, gegen das Risiko, bei großen Änderungen eine Zahlungsverpflichtung zu erleiden. In beiden Fällen kommt es zu einer Neuverteilung von Chance und Risiko; werden Teilrisiken verstärkt oder gemildert. Dies bedeutet, dass durch die Einführung von Optionen eine andere und in diesem einfachen und fast modellfreien Rahmen eine neue Aufteilung (Allokation) des Risikos ermöglicht wird.

- Die dargestellten Auszahlungsprofile weisen enge gegenseitige Bezüge auf. Beispielsweise stimmt der 1:1 long Put Hedge strukturell mit dem Auszahlungsprofil eines Europäischen Call überein (vgl. Abbildungen 1.1 und 1.3). Ebenso scheint der 1:2 long Put Hedge gleich der Umkehrung eines 1:2 short Call Hedge zu sein (vgl. Abbildungen 1.4 und

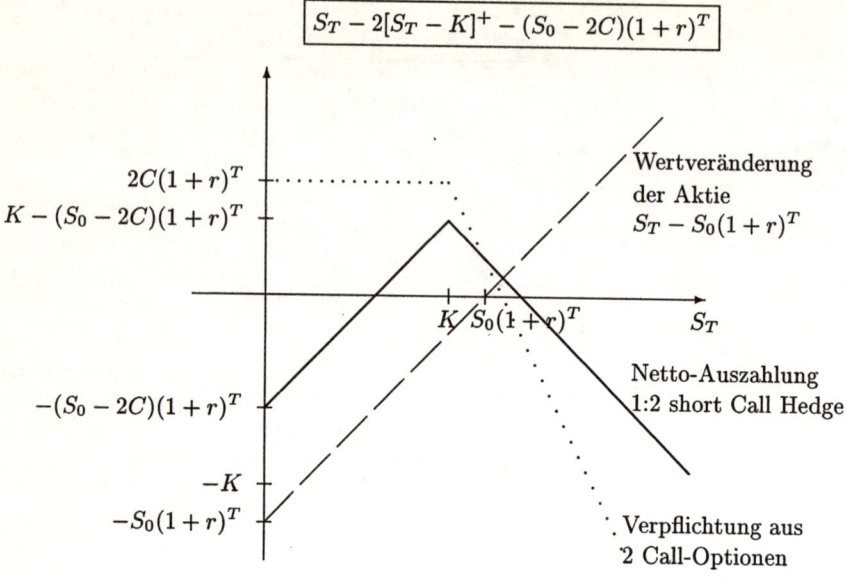

ABBILDUNG 1.5. Netto-Auszahlungsprofil eines 1:2 *short Call Hedge*

1.5). Dies ist kein Zufall, sondern Ausdruck des engen Zusammenhangs zwischen Call- und Put-Optionen. Dieser Zusammenhang wird später als *Put-Call Parität* bezeichnet.

- Da Optionen Rechte darstellen, die vom Halter nur dann ausgeübt werden, falls dies für ihn vorteilhaft ist, kann die Prämie eines derartigen Rechtes nicht negativ sein; sein Erwerb muss mit Kosten verbunden sein. Für die Darstellung mittels Netto-Auszahlungsprofilen bedeutet dies, dass dieses sowohl negative wie auch positive Ausprägungen besitzen muss.[1]

1.2. Einperiodenmodell

Ziel dieses Abschnittes ist es, einen Modellrahmen abzuleiten, der als Kern für die Darstellung eines Finanzmarktes zu verstehen ist. Das Modell umfasst die wesentlichen Elemente, die für die Analyse und das Verständnis

---

[1]Diese zunächst vernünftig anmutende Forderung wird im späteren Verlauf als Arbitrageargument genauer untersucht und zu weitreichenden Konsequenzen führen.

der Zusammenhänge notwendig sind. Dabei besticht der angestrebte Modellrahmen nicht durch Komplexität, sondern dient dazu, grundlegende Zusammenhänge zu verdeutlichen, die für den Ablauf eines Finanzmarktes und die Analyse von Entscheidungsprozessen wichtig sind. Die Anforderungen werden zunächst nicht hinsichtlich ihrer Realitätsbezogenheit formuliert, sondern sind eher grundsätzlicher Natur und strukturbezogen. Im Zentrum der Überlegungen steht die Operationalisierung des Begriffs der Unsicherheit und das Konzept der Arbitragefreiheit. Ausgangspunkt ist die einfache Zeitvorstellung eines Einperiodenmodells, d.h. es wird von zwei relevanten Zeitpunkten ausgegangen, wobei $t_0 = 0$ den heutigen Zeitpunkt und T den zukünftigen Zeitpunkt angeben. Der Zeit kommt somit eine deutlich vereinfachende Funktion zu, die bewusst akzeptiert wird und deren kritische Würdigung später zu notwendigen Erweiterungen führt. Inwieweit jedoch die Annahme von vorab fixierten (endlich vielen) Zeitpunkten zu denen Handel und Preisbildung möglich ist, realitätsfern ist, ist eine nicht einfach zu beantwortende Frage. Einerseits ist es richtig, dass Kursveränderungen im weitesten Sinne zu beliebigen Zeitpunkten zu beobachten sind. Diese Veränderungen lassen sich also nicht im vorhinein auf feste Zeitpunkte beschränken. Andererseits verlangt ein Modellrahmen mit stetigem Zeitparameter auch die Fähigkeit des stetigen Handelns auf individueller Ebene. Beide Vorstellungen sind insofern mit einer gewissen "Realitätsferne" behaftet, so dass diese Fragestellung zunächst nicht im Vordergrund des Interesses steht. Vielmehr rückt zu einem späteren Zeitpunkt die Frage der Verbindung des diskreten und stetigen Modellrahmens in Form von Konvergenzüberlegungen an diese Stelle.

Wird von der doch recht konkreten Begriffswelt der Aktienoptionen abstrahiert, so sind die Elemente des diskreten Einperiodenmodells, d.h. eines Modells mit zwei Zeitpunkten bestimmt durch:

- Die Zeitpunkte t_0 und T.
  Handel in "Securities" (Wertpapieren, Finanzanlagen) findet nur zum Zeitpunkt t_0 statt. Konsum kann zum Zeitpunkt t_0 und T stattfinden.

- Eine endliche Zahl S von möglichen Zuständen der Welt für den zukünftigen Zeitpunkt T.[2]

---

[2]Abweichend von der Notation in Abschnitt 1.1 entspricht S hier der Anzahl der möglichen Zustände. Diese, in der Literatur übliche Notation leitet sich aus dem englischen Wort *state* ab und soll das Verständnis erleichtern.

Die Zustände der Welt werden als *Elementarereignisse* ω_s aufgefasst, d.h. zum Zeitpunkt T tritt genau einer der möglichen Zustände ein und die verschiedenen Elementarereignisse schließen sich gegenseitig aus. Die Gesamtheit der Elementarzustände stellt die erschöpfende Beschreibung der aus ökonomischer Sicht relevanten zukünftigen Entwicklungsmöglichkeiten der Welt dar.

$$\Omega = \{\omega_1, \dots, \omega_S\}$$

heißt der endliche *Zustandsraum* der Ökonomie. Die Mächtigkeit (Kardinalität) ist S, d.h. $S = \#\Omega$. Weiter ist ω_0 der Zustand der Welt zum gegenwärtigen Zeitpunkt t_0. Welcher Zustand sich zum Zeitpunkt T einstellt, ist zum Zeitpunkt t_0 unbekannt. Die Wirtschaftssubjekte kennen jedoch den gegenwärtigen Zustand ω_0 und "wissen", dass die zukünftige Welt sich zu einem der in Ω enthaltenen Zustände entwickelt. Weiter ist angenommen, dass jeder der einzelnen Zustände möglich ist.

- Die Existenz von nur einem Konsumgut.

Das *Konsumgut* ist beliebig teilbar. Es kann jedoch nicht gelagert werden. Die einzige Möglichkeit für die Marktteilnehmer, Konsum vom Zeitpunkt t_0 in den Zeitpunkt T zu transferieren, besteht im Handel von Wertpapieren.

- Eine endliche Menge von Wertpapieren.

Ein *Wertpapier* ist vollständig durch seine Auszahlung an Einheiten des Konsumgutes in jedem Zustand $\omega \in \Omega$ zum Zeitpunkt T definiert. Formal stellt ein Wertpapier eine Zufallsvariable

$$a_j : \Omega \longrightarrow \mathbb{R} \ , \quad \Omega \ni \omega \longmapsto a_j(\omega) \in \mathbb{R}$$

dar. Jedem Elementarzustand ω wird durch das Wertpapier a_j eine Auszahlung zugeordnet. Da zum Zeitpunkt t_0 nicht bekannt ist, welcher Zustand eintritt, ist folglich auch nicht bekannt, zu welcher Auszahlung das Wertpapier führt. Jede der zum Zeitpunkt T möglichen Auszahlungen $a_j(\omega_s)$ wird als *Realisation* von a_j bezeichnet. Obwohl die Wirtschaftssubjekte den sich zum Zeitpunkt T einstellenden Zustand ω_s ex ante nicht kennen, ist ihnen die Zuordnungsvorschrift bekannt. Mit anderen Worten: Sie können die exakte Auszahlung nicht mit Sicherheit voraussagen, sie können jedoch alle möglichen Auszahlungen mit Bestimmtheit beschreiben. Analog zu der Annahme endlich vieler Zustände wird angenommen, dass endlich viele Wertpapiere existieren. Sei $A = \{a_1, ..., a_J\}$ die Menge der Wertpapiere mit Mächtigkeit (Kardinalität) $J \in \mathbb{N}$, d.h. $J = \#A$.

- Die Auszahlung der Wertpapiere in Abhängigkeit des Zustandes.

  Vor dem Zeitpunkt t_0 entscheiden die Konsumenten, welche Wertpapiere gehandelt werden, d.h. sie legen die Auszahlungen an Einheiten des Konsumgutes in jedem Zustand $\omega_s \in \Omega$ fest. Zum Zeitpunkt t_0 sind die Auszahlungen der J Wertpapiere bekannt und werden zusammengefasst in der $S \times J$ Auszahlungsmatrix D,

$$D = \begin{pmatrix} a_1(\omega_1), & a_2(\omega_1), & \ldots, & a_J(\omega_1) \\ a_1(\omega_2), & a_2(\omega_2), & \ldots, & a_J(\omega_2) \\ \vdots & \vdots & & \vdots \\ a_1(\omega_S), & a_2(\omega_S), & \ldots, & a_J(\omega_S) \end{pmatrix}$$

Da die Auszahlungsmatrix D die Wertpapiere charakterisiert, stellt diese den Wertpapiermarkt des Einperiodenmodells dar. Die Kurzschreibweise für die Auszahlung des j-ten Wertpapiers im Zustand ω_s ist

$$a_{sj} := a_j(\omega_s) \qquad j = 1, \ldots, J; \quad s = 1, \ldots, S.$$

In der s-ten Zeile der Auszahlungsmatrix D finden sich die Auszahlungen aller Wertpapiere im Zustand ω_s wieder, während die j-te Spalte die Realisationen des Wertpapiers a_j über alle Zustände aufführt.

- Die Handlungsmöglichkeiten der Konsumenten.

  Zum Zeitpunkt t_0 findet Handel nur in den Wertpapieren statt. Jeder Konsument entscheidet, wie viele Einheiten θ_j des Wertpapiers a_j er handeln möchte. Aus dem Vorzeichen ergibt sich, ob der Konsument als Nachfrager oder Anbieter dieses Wertpapiers agiert, d.h.

$\theta_j > 0$ bedeutet Nachfrage (long position),

$\theta_j < 0$ bedeutet Angebot (short position).

Auf diesen Grundelementen des Einperiodenmodells beruhen die folgenden Definitionen:

Definition 1.3:

- Ein *Portfolio* aus den J Wertpapieren ist ein Vektor

$$\theta = (\theta_1, \ldots, \theta_J)^\top \in \mathbb{R}^J,$$

  wobei θ_j die Anzahl des Wertpapiers a_j im Portfolio bezeichnet.
- Die *Auszahlung* eines Portfolios $\theta = (\theta_1, \ldots, \theta_J)^\top$ im Zustand ω_s ist bestimmt durch

$$w_s = \sum_{j=1}^{J} a_j(\omega_s)\theta_j = \sum_{j=1}^{J} a_{sj}\theta_j =: a^\top \cdot \theta.$$

- Der zustandsbedingte *Auszahlungsvektor* w eines Portfolios $\theta = (\theta_1, \ldots, \theta_J)^\top$ ist gleich

$$\mathbb{R}^S \ni w = \begin{pmatrix} a_{11} & a_{12} & \cdots & a_{1J} \\ a_{21} & a_{22} & \cdots & a_{2J} \\ \vdots & & & \\ a_{S1} & a_{S2} & \cdots & a_{SJ} \end{pmatrix} \begin{pmatrix} \theta_1 \\ \theta_2 \\ \vdots \\ \theta_J \end{pmatrix} =: D \cdot \theta.$$

Die Konsumenten sind im Rahmen des Modells an Konsum zum Zeitpunkt t_0 und T interessiert. Da nur Unsicherheit über den zukünftigen Zustand besteht, konzentrieren sich die nachfolgenden Überlegungen auf die Auszahlung zum Zeitpunkt T, d.h. die *terminale Auszahlung* w $\in \mathbb{R}^S$. Hieraus ergibt sich der Zusammenhang zwischen einer terminalen Auszahlung w und einem Portfolio.

Definition 1.4:

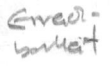

Eine terminale Auszahlung $w = (w_1, \ldots, w_S)^T \in \mathbb{R}^S$ heißt _erreichbar_ bei gegebener Auszahlungsmatrix D, falls ein Portfolio $\theta = (\theta_1, \ldots, \theta_J)^T \in \mathbb{R}^J$ existiert mit

$$w = D \cdot \theta.$$

θ heißt auch das die Auszahlung w *erzeugende* Portfolio.

▽ **Beispiel 1.1:**

Ein sehr schönes Zahlenbeispiel, dass die bisherige Diskussion zusammenfasst, findet sich in Dothan (1990, S. 13f.).

Es wird von drei möglichen Zuständen zum Zeitpunkt T und vier Wertpapieren ausgegangen, d.h. $\Omega = \{\omega_1, \omega_2, \omega_3\}$ und $J = 4$. Die Wertpapiere sind vollständig beschrieben durch ihre Auszahlungsmatrix D mit

$$D = \begin{pmatrix} 1 & 2 & 3 & 6 \\ 2 & 0 & 2 & 4 \\ 4 & 1 & 5 & 10 \end{pmatrix}.$$

Betrachtet werden die folgenden beiden terminalen Auszahlungen

- $\mathrm{w}(\omega_1) = 2,\ \mathrm{w}(\omega_2) = 4,\ \mathrm{w}(\omega_3) = 8,$
- $\mathrm{w}(\omega_1) = 2,\ \mathrm{w}(\omega_2) = 1,\ \mathrm{w}(\omega_3) = 2.$

Da z.B. das Portfolio $\theta = (2,0,0,0)^T$ die Auszahlung

$$\begin{pmatrix} 2 \\ 4 \\ 8 \end{pmatrix} = \begin{pmatrix} 1 & 2 & 3 & 6 \\ 2 & 0 & 2 & 4 \\ 4 & 1 & 5 & 10 \end{pmatrix} \begin{pmatrix} 2 \\ 0 \\ 0 \\ 0 \end{pmatrix}$$

liefert, ist die erste Auszahlung erreichbar. Die zweite Auszahlung ist erreichbar, falls das folgende Gleichungssystem

$$\begin{pmatrix} 2 \\ 1 \\ 2 \end{pmatrix} \overset{!}{=} D \cdot \theta$$

eine Lösung besitzt. Die Lösung dieses linearen Gleichungssystems kann beispielsweise mittels Zeilenoperationen bezüglich der erweiterten Matrix $(D|\mathrm{w})$ erfolgen. Im einzelnen gilt:

$$\left(\begin{array}{cccc|c} 1 & 2 & 3 & 6 & 2 \\ 2 & 0 & 2 & 4 & 1 \\ 4 & 1 & 5 & 10 & 2 \end{array} \right) \rightarrow \left(\begin{array}{cccc|c} 1 & 2 & 3 & 6 & 2 \\ 0 & -4 & -4 & -8 & -3 \\ 0 & -7 & -7 & -14 & -6 \end{array} \right)$$

$$\rightarrow \left(\begin{array}{cccc|c} 1 & 2 & 3 & 6 & 2 \\ 0 & 1 & 1 & 2 & \frac{3}{4} \\ 0 & 1 & 1 & 2 & \frac{6}{7} \end{array} \right) \rightarrow \left(\begin{array}{cccc|c} 1 & 2 & 3 & 6 & 2 \\ 0 & 1 & 1 & 2 & \frac{3}{4} \\ 0 & 0 & 0 & 0 & \frac{6}{7} - \frac{3}{4} = \frac{3}{28} \neq 0 \end{array} \right).$$

Das Ergebnis der obigen Umformung ist, dass kein Portfolio θ existiert, dessen Auszahlung gleich $(2,1,2)^\top$ ist, d.h. diese Auszahlung ist nicht erreichbar.

$\hfill \triangle$

Definition 1.5:

Der Wertpapiermarkt, gegeben durch die Auszahlungsmatrix D, in T heißt

Vollständigkeit

vollständig, falls zu jeder Auszahlung $w \in \mathbb{R}^S$ ein Portfolio $\theta \in \mathbb{R}^J$ existiert mit

$$w = D \cdot \theta.$$

Aus der algebraischen Struktur des Einperiodenmodells ergibt sich, dass ein Wertpapiermarkt mit der Auszahlungsmatrix D genau dann vollständig beschrieben ist, falls gilt

$$rang\ D = S,$$

d.h. falls die Anzahl der unabhängigen Spaltenvektoren in D gleich der Anzahl S der Zustände $\omega \in \Omega$ ist[3].

▽ **Beispiel 1.2:**

In Fortführung des Beispiels 1.1 von Dothan (1990) gilt für die Auszahlungsmatrix:

$$D = \begin{pmatrix} 1 & 2 & 3 & 6 \\ 2 & 0 & 2 & 4 \\ 4 & 1 & 5 & 10 \end{pmatrix} \text{ mit } \Omega = \{\omega_1, \omega_2, \omega_3\} \text{ und } J = 4.$$

$a_3 = a_1 + a_2$ und $a_4 = 2a_3$, d.h. *rang* $D = 2 < 3$. Der durch D beschriebene Wertpapiermarkt ist somit nicht vollständig.

_____ △

▽ **Beispiel 1.3:**

Sei die Auszahlungsmatrix des Wertpapiermarktes gegeben durch

$$D = \begin{pmatrix} 7 & 6 & 2 \\ 2 & 1 & 1 \\ 4 & 2 & 2 \\ 8 & 9 & 1 \end{pmatrix} \text{ mit } \Omega = \{\omega_1, \omega_2, \omega_3, \omega_4\} \text{ und } J = 3.$$

Da *rang* $D \leq 3$, ist der Wertpapiermarkt nicht vollständig. Es gilt sogar

$$(4a_1 - 3a_2) = \begin{pmatrix} 28 \\ 8 \\ 16 \\ 32 \end{pmatrix} - \begin{pmatrix} 18 \\ 3 \\ 6 \\ 27 \end{pmatrix} = \begin{pmatrix} 10 \\ 5 \\ 10 \\ 5 \end{pmatrix} = 5a_3,$$

_____

[3]Der Rang einer Matrix entspricht der Anzahl der linear unabhängigen Spaltenvektoren einer Matrix; vgl. hierzu jedes Lehrbuch zur linearen Algebra, z.B. Fischer (1995).

d.h. *rang* $D = 2$.

_____ Δ

Bisher beschränkt sich die Darstellung des Wertpapiermarktes auf die Auszahlungsmatrix der gegebenen Wertpapiere. Dies führt auf das Problem der Erreichbarkeit von Auszahlungsprofilen. Diese Fragestellung ist vollständig losgelöst von der Definition eines Preissystems.

Gegeben die J Wertpapiere entspricht das *Preissystem* einem Vektor $q = (q_1, ..., q_J)^\top \in \mathbb{R}^J$, wobei q_j den Preis in t_0 des Wertpapiers a_j angibt.

Ist die Auszahlungsmatrix D der Wertpapiere gegeben, so stellt sich die Frage, ob sich aus der Struktur der Auszahlungsmatrix D Restriktionen an das Preissystem ableiten lassen. Die Beantwortung dieser Frage führt auf das Konzept der Arbitragefreiheit oder besser des Ausschlusses von Arbitragemöglichkeiten.

Definition 1.6:

Eine *Arbitragemöglichkeit* ist gegeben, falls es möglich ist

- ein Portfolio zu bilden, dessen Preis gleich Null und dessen Auszahlung in jedem Zustand nicht negativ und in mindestens einem Zustand positiv ist, oder

- ein Portfolio zu bilden, dessen Preis kleiner Null und dessen Auszahlung in jedem Zustand nicht negativ ist.

Dies wird formal beschrieben durch folgende Bedingung:

Eine Arbitragemöglichkeit ist ein Portfolio $\theta = (\theta_1, ..., \theta_J)^T \in \mathbb{R}^J$ der vorhandenen Wertpapiere, so dass

1. $-\sum_{j=1}^{J} q_j \theta_j \geq 0 \quad \Leftrightarrow \quad -q^\top \cdot \theta \geq 0.$

2. $\sum_{j=1}^{J} a_j(\omega_s)\theta_j \geq 0 \quad$ für alle $\quad s = 1, ..., S \quad \Leftrightarrow D \cdot \theta \geq 0.$

3. entweder in 1. oder in 2. gilt für mindestens ein ω_s die strikte Ungleichheit.

In Vektorschreibweise entspricht eine Arbitragemöglichkeit einem Portfolio $\theta \in \mathbb{R}^J$ mit der Eigenschaft:

$$(1.1) \qquad \Leftrightarrow \begin{pmatrix} -q^\top \\ D \end{pmatrix} \theta \in \mathbb{R}^{S+1}_{>0},$$

wobei $\mathbf{R}_{>0}^{S+1}$ die Menge aller $S + 1$-dimensionalen reellen Vektoren ist, die in keiner Komponente (Dimension) negativ und in mindestens einer echt positiv sind. Ein Wertpapiermarkt und ein Preissystem heißen *arbitragefrei*, falls keine Arbitragemöglichkeit existiert.

Eine Arbitragemöglichkeit ist somit ein Missverhältnis zwischen heutigen Preisen (in Einheiten des Konsumgutes) und zukünftigen Auszahlungen der Wertpapiere. Liegt ein derartiges Missverhältnis vor, d.h. sind der Wertpapiermarkt und das Preissystem nicht arbitragefrei, so stellt eine Arbitragemöglichkeit ein Wertpapierportfolio dar, das einen kostenlosen Konsum des Konsumgutes ermöglicht.

∇ **Beispiel 1.4:**

Es wird ein Einperiodenmodell mit zwei Zuständen, $\Omega = \{\omega_1, \omega_2\}$ und drei Wertpapieren angenommen. Die Auszahlungsmatrix und das Preissystem sind bestimmt durch:

$$\begin{pmatrix} -q^{\mathsf{T}} \\ D \end{pmatrix} = \begin{pmatrix} -1 & -480 & -80 \\ 1.2 & 600 & 120 \\ 1.2 & 360 & 0 \end{pmatrix}.$$

Für das Portfolio $\theta = \left(150, -\frac{1}{2}, 1\right)$ gilt:

$$\begin{pmatrix} -q^{\mathsf{T}} \\ D \end{pmatrix} \theta = \begin{pmatrix} -1 & -480 & -80 \\ 1.2 & 600 & 120 \\ 1.2 & 360 & 0 \end{pmatrix} \begin{pmatrix} 150 \\ -\frac{1}{2} \\ 1 \end{pmatrix} = \begin{pmatrix} 10 \\ 0 \\ 0 \end{pmatrix} \in \mathbf{R}_{>0}^3,$$

d.h. der Wertpapiermarkt und das Preissystem sind nicht arbitragefrei. Dabei besitzt das Arbitrageportfolio die folgende Interpretation:

$t_0 = 0$		T	
		ω_1	ω_2
kaufe 150 Einheiten Wertpapier 1	−150	+180	+180
verkaufe $\frac{1}{2}$ Einheit Wertpapier 2	+240	−300	−180
kaufe eine Einheit Wertpapier 3	−80	+120	0
Vermögensposition	+10	0	0

Δ

1.3. Fundamentallemma der Wertpapierbewertung

Die zentrale Frage ist nun, ob die Bedingung der Arbitragefreiheit eine geeignete Grundlage für die weitere Analyse ist und welche Implikationen sich
hieraus ergeben. Zunächst ist der Zusammenhang zwischen der Bedingung
der Arbitragefreiheit und dem Gleichgewichtskonzept zu untersuchen. Hierzu
wird der Modellrahmen mit Blick auf eine Tauschökonomie in einem Konsumgut erweitert. Speziell sei eine endliche Zahl I von Konsumenten gegeben,
die sich als Preisnehmer verhalten. Diese lassen sich für alle $i \in \{1, \ldots, I\}$
beschreiben durch

- $e^i(0) \in \mathbb{R}_{>0}$ Grundausstattung des Konsumenten i an dem Konsumgut in t_0.
- $e^i(T, \cdot) \in \mathbb{R}^S_{>0}$ Grundausstattung des Konsumenten i an dem Konsumgut zum Zeitpunkt T in jedem Zustand $\omega_s \in \Omega$.
- $\succ^i$ eine vollständige, stetige, monotone und konvexe Präferenzrelation des i-ten Konsumenten über $\mathbb{R} \times X$, der Menge aller erreichbaren
  Auszahlungen, mit

$$X := \{\mathrm{w} \in \mathbb{R}^S | \ \exists \ \theta : \mathrm{w} = D \cdot \theta\} \cup \ \left(\cup_{i=1}^I \{e^i(\mathrm{T}, \cdot)\}\right).$$

Hierbei bedeuten die einzelnen Bedingungen an die Präferenzrelation der
Konsumenten:

- Vollständigkeit der Präferenzrelation:
  Es seien (r, x) und (r', x') zwei Konsumbündel, wobei $r, r' \in \mathbb{R}$ den
  Konsum zum Zeitpunkt $t_0 = 0$ (heute) angeben und $x, x' \in X \subset \mathbb{R}^S$
  den geplanten Konsum in den Elementarzuständen $\omega_s \in \Omega$ darstellen.
  Vollständigkeit der Präferenzrelation bedeutet, dass jeder Konsument
  i eine individuelle Bewertung aller Konsumbündel vornimmt, die sich
  für zwei beliebige Konsumbündel eindeutig ausdrücken lässt durch:

$$(r, x) \succ^i (r', x') \quad \text{das Konsumbündel } (r, x) \text{ wird dem}$$
  Konsumbündel (r', x') vorgezogen
  oder $(r, x) \prec^i (r', x')$ das Konsumbündel (r', x') wird dem
  Konsumbündel (r, x) vorgezogen
  oder $(r, x) \sim^i (r', x')$ die Konsumbündel (r, x) und (r', x')
  werden gleich gut bewertet (Indifferenz).
  Ist ein Konsumbündel (r, x) mindestens so gut wie ein Konsumbündel

(r', x') für den Konsumenten i, so wird dies durch $(r, x) \overset{\succsim^i}{} (r', x')$ ausgedrückt.

- Konvexität der Präferenzrelation:

  Für alle $(r, x) \in \mathbb{R} \times X$ ist die Menge

  $$\{(r', x') \in \mathbb{R} \times X \mid (r', x') \succ (r, x)\}$$

  konvex, d.h. sind $(r', x') \succ (r, x)$ und $(r'', x'') \succ (r, x)$, so ist auch $(\lambda r' + (1 - \lambda) r'', \lambda x' + (1 - \lambda) x'') \succ (r, x)$ für alle $\lambda \in [0, 1]$.

- Stetigkeit der Präferenzrelation:

  Für alle $(r, x) \in \mathbb{R} \times X$ sind die Mengen

  $$\{(r', x') \in \mathbb{R} \times X | (r, x) \overset{\succsim^i}{} (r', x')\} \text{ und}$$

  $$\{(r', x') \in \mathbb{R} \times X | (r', x') \overset{\succsim^i}{} (r, x)\} \text{ abgeschlossen.}$$

- Monotonie der Präferenzrelation:

  Sei $X^+ := \{x \in X \subset \mathbb{R}^S | x > 0\}$ die Menge aller nicht negativen und in mindestens einem Zustand positiven Auszahlungen[4], so gilt für alle $(r, x) \in \mathbb{R} \times X$, $r' \in]0, \infty[$ und $x' \in X^+$

  $$(r + r', x) \succ (r, x) \quad \text{und} \quad (r, x + x') \succ (r, x).$$

Ist $q = (q_1, ..., q_J)^\top$ ein Preisvektor in Einheiten des Konsumgutes zum Zeitpunkt t_0, so kann der Konsument i dann und nur dann einen Konsumplan

$$c^i := \left(c^i(0), c^i(T, \omega)\right) \in \mathbb{R}^{S+1}$$

realisieren, falls er erreichbar ist und sein Wert dem der Grundausstattung entspricht[5], d.h. falls ein Portfolio $\theta^i = (\theta^i_1, ..., \theta^i_J)^\top$ existiert mit

a) $c^i(0) = e^i(0) - \sum\limits_{j=1}^{J} q_j \theta^i_j = e^i(0) - q \cdot \theta^i$

---

[4] $x \geq 0 \quad \Leftrightarrow \quad x_s \geq 0 \ \forall s \in \{1, \ldots, S\}$

$x > 0 \quad \Leftrightarrow \quad x_s > 0$ für mindestens ein $s \in \{1, \ldots, S\}$ und $x \geq 0$

[5] Da von monotonen Präferenzen ausgegangen wird, ist das Konsumgut erwünscht. Der Wert des Konsumplanes, den ein Konsument im Optimum wählt, ist somit gleich dem Wert der Grundausstattung. Darüber hinaus handelt es sich um das Modell einer Tauschökonomie mit einem Konsumgut, d.h. die Grundausstattung, der Konsum und die Auszahlung der Wertpapiere beziehen sich auf das gleiche Gut Aus diesem Grund genügt es, sich auf diese Konsumpläne zu beschränken.

b) $c^i(T, \omega_s) = e^i(T, \omega_s) + \sum_{j=1}^{J} a_j(\omega_s)\theta_j^i = e^i(T, \omega_s) + a(\omega_s) \cdot \theta^i$

$$\text{für alle } s = 1, \dots, S.$$

Die *Budgetmenge* $B(e^i, q)$ des Konsumenten i besteht aus allen Konsumplänen, für die bei gegebenem Preissystem und gegebener Grundausstattung $e^i := (e^i(0), e^i(T)) \in \mathbb{R}^{1+S}$ ein erzeugendes Portfolio $\theta \in \mathbb{R}^J$ existiert, dessen Wert gleich dem der Grundausstattung ist, d.h.

$$
\begin{aligned}
B(e^i, q) &= \big\{ (c(0), c(T, \cdot)) \in \mathbb{R}^{1+S} \mid \exists\, \theta \in \mathbb{R}^J : \\
&\qquad c(0) = e^i(0) - q \cdot \theta \text{ und } c(T, \cdot) = e^i(T, \cdot) + D \cdot \theta \big\} \\
&= \big\{ (c(0), c(T, \cdot)) \in \mathbb{R}^{1+S} \mid \exists\, \theta \in \mathbb{R}^J : \\
&\qquad \begin{pmatrix} -q^\top \\ D \end{pmatrix} \theta = \begin{pmatrix} c(0) - e^i(0) \\ c(T, \cdot) - e^i(T, \cdot) \end{pmatrix} \big\}.
\end{aligned}
$$

(1.2)

Nun wird der Zusammenhang zwischen der Menge der erreichbaren Konsumpläne und der Budgetmenge betrachtet. Es sei daran erinnert, dass ein terminaler Konsumplan $c(T, \cdot) \in \mathbb{R}^S$ erreichbar heißt, falls ein Portfolio $\theta = (\theta_1, \dots, \theta_J)^\top$ existiert, das den terminalen Konsumplan erzeugt, d.h. es gilt $c(T, \cdot) = D \cdot \theta$.

Satz 1.1:

Für eine gegebene Grundausstattung $e = (e(0), e(T, \cdot)) \in \mathbb{R}_{>0}^{1+S}$ und einen Preisvektor $q = (q_1, \dots, q_J)^\top \in \mathbb{R}^J$ gilt: Ein Konsumplan $c = (c(0), c(T, \cdot)) \in \mathbb{R}^{1+S}$ ist dann und nur dann in der Budgetmenge $B(e, q)$ enthalten, falls der Nettokonsumplan $c - e \in \mathbb{R}^{1+S}$ mit Grundausstattung Null erreichbar ist, d.h. $(c - e) \in B(0, q)$.

Beweis:

Sei $c \in B(e, q)$, so ist dies gleichbedeutend mit der Existenz eines Portfolios $\theta = (\theta_1, \dots, \theta_J)^\top \in \mathbb{R}^J$ mit

$$
\begin{aligned}
c(0) &= e(0) - \sum_{j=1}^{J} q_j \theta_j \\
c(T, \omega_s) &= e(T, \omega_s) + \sum_{j=1}^{J} a_j(\omega_s)\theta_j \qquad \forall\ \omega_s \in \Omega
\end{aligned}
$$

$$\Leftrightarrow \qquad c(0) - e(0) \;=\; -\sum_{j=1}^{J} q_j \theta_j$$

$$c(T, \omega_s) - e(T, \omega_s) \;=\; \sum_{j=1}^{J} a_j(\omega_s)\theta_j \qquad \forall \; \omega_s \in \Omega,$$

d.h. der Netto-Konsumplan $c - e$ ist zulässig zu Initialkosten Null, $c - e \in B(0, q)$. □

Der nächste Schritt besteht nun darin, die Konsequenz der Bedingung der Arbitragefreiheit bezüglich der Budgetmenge zu untersuchen.

Satz 1.2:

Seien D eine Auszahlungsmatrix und q ein Preisvektor der J Wertpapiere, so gilt:

    a) *Falls $B(0, q) = \mathbb{R}^{S+1}$, so existiert eine Arbitragemöglichkeit.*

    b) *Falls $B(e, q) = \mathbb{R}^{S+1}$ so ist auch $B(0, q) = \mathbb{R}^{S+1}$ und umgekehrt.*

Beweis:

    a) Sei $c \in \mathbb{R}^{S+1}$ mit $c(0) = 0$, $c(T, \omega_1) = 1$, $c(T, \omega_s) = 0$ $\forall \omega_s \in \Omega \setminus \{\omega_1\}$.

    Aus $c \in B(0, q)$ folgt, dass ein Portfolio $\theta = (\theta_1, \dots, \theta_J)^\top$ existiert mit

$$0 = \quad c(0) \quad = \sum_{j=1}^{J} q_j \theta_j$$

$$1 = \quad c(T, \omega_1) \quad = \sum_{j=1}^{J} a_j(\omega_1)\theta_j$$

$$0 = \quad c(T, \omega_s) \quad = \sum_{j=1}^{J} a_j(\omega_s)\theta_j \qquad \forall \omega_s \in \Omega \setminus \{\omega_1\}$$

$$\Rightarrow \quad \begin{pmatrix} -q^\top \\ D \end{pmatrix} \theta \quad = \quad (0, 1, 0, \dots, 0)^\top,$$

d.h. das Portfolio θ ist eine Arbitragemöglichkeit.

    b) $"\Rightarrow"$ $B(e, q) = \mathbb{R}^{S+1}$ $\Rightarrow$ $\forall c \in \mathbb{R}^{S+1}$ gilt $c + e \in B(e, q)$

                                      $\Rightarrow$ $c \in B(0, q)$

        $"\Leftarrow"$ $B(0, q) = \mathbb{R}^{S+1}$ $\Rightarrow$ $\forall c \in \mathbb{R}^{S+1}$ gilt $c - e \in B(0, q)$

                                      $\Rightarrow$ $c \in B(e, q)$

□

Aus einer Arbitragemöglichkeit folgt nicht notwendig, dass $B(0,q) = \mathbb{R}^{S+1}$ ist, sondern $B(0,q)$ ist gleich der Menge der erreichbaren Auszahlungsströme X.

▽ **Beispiel 1.5:**

Sei $D = \begin{pmatrix} 4 & 0 & 8 \\ 2 & 3 & 7 \\ 0 & 2 & 2 \end{pmatrix}$ die Auszahlungsmatrix eines Wertpapiermark-

tes und $q = (3,2,7)^\top$ das zugehörige Preissystem. Das Portfolio $\theta^* = (-2,-1,1)^\top$ stellt dann eine Arbitragemöglichkeit dar, da

$$\begin{pmatrix} -q^\top \\ D \end{pmatrix} \theta^* = \begin{pmatrix} -3 & -2 & -7 \\ 4 & 0 & 8 \\ 2 & 3 & 7 \\ 0 & 2 & 2 \end{pmatrix} \begin{pmatrix} -2 \\ -1 \\ 1 \end{pmatrix} = \begin{pmatrix} 1 \\ 0 \\ 0 \\ 0 \end{pmatrix}.$$

Es gilt jedoch $det\ D = 24 + 32 - 56 = 0$. Aus $det\ D = 0$ folgt unmittelbar, dass der Rang der Auszahlungsmatrix D nicht maximal ist, d.h. der Wertpapiermarkt ist nicht vollständig. Für die Budgetmenge bedeutet dies

$$B(0,q) = \left\{ w \in \mathbb{R}^{1+S} \mid \exists\ \theta : \begin{pmatrix} -q^\top \\ D \end{pmatrix} \theta = w \right\} \subset \mathbb{R}^4,$$

d.h. sie ist eine echte Teilmenge des $\mathbb{R}^4$. Für eine beliebige Auszahlung $w = (w_0, w_1, w_2, w_3)^\top$ ergibt sich:

$$\left(\begin{array}{ccc|c} -3 & -2 & -7 & w_0 \\ 4 & 0 & 8 & w_1 \\ 2 & 3 & 7 & w_2 \\ 0 & 2 & 2 & w_3 \end{array} \right) \rightarrow \left(\begin{array}{ccc|c} -3 & -2 & -7 & w_0 \\ 1 & 0 & 2 & \frac{1}{4}w_1 \\ 0 & 3 & 3 & w_2 - \frac{1}{2}w_1 \\ 0 & 2 & 2 & w_3 \end{array} \right) \rightarrow$$

$$\left(\begin{array}{ccc|c} 0 & -2 & -1 & w_0 + \frac{3}{4}w_1 \\ 1 & 0 & 2 & \frac{1}{4}w_1 \\ 0 & 1 & 1 & \frac{1}{3}w_2 - \frac{1}{6}w_1 \\ 0 & 1 & 1 & \frac{1}{2}w_3 \end{array} \right) \rightarrow \left(\begin{array}{ccc|c} 0 & 0 & 1 & w_0 + \frac{3}{4}w_1 + \frac{2}{3}w_2 - \frac{2}{6}w_1 \\ 1 & 0 & 2 & \frac{1}{4}w_1 \\ 0 & 1 & 1 & \frac{1}{3}w_2 - \frac{1}{6}w_1 \\ 0 & 1 & 1 & \frac{1}{2}w_3 \end{array} \right).$$

Bezüglich der möglichen Auszahlungen $w = (w_0, w_1, w_2, w_3)^\top$, die durch ein Portfolio der drei Wertpapiere erreicht werden können, bedeutet dies

$$\frac{1}{6}w_1 - \frac{1}{3}w_2 + \frac{1}{2}w_3 = 0 \quad \Leftrightarrow \quad w_3 = \frac{2}{3}w_2 - \frac{1}{3}w_1.$$

Insbesondere ist somit eine Auszahlung der Form $(0, 0, 0, x)^\top$ mit $x \neq 0$ nicht erreichbar, d.h. $(0, 0, 0, x)^\top \notin B(0, q)$, obwohl der Wertpapiermarkt und das Preissystem nicht arbitragefrei sind.

_____ Δ

Die bisherigen Überlegungen zur Arbitragefreiheit eines Wertpapiermarktes begründen eine Arbitragemöglichkeit aus einem Missverhältnis zwischen den Auszahlungen der vorhandenen Wertpapiere und ihren Preisen. Im Rahmen der Beispiele ist es möglich zu überprüfen, ob eine Arbitragemöglichkeit vorliegt oder nicht. Aus den Beispielen konnte jedoch bisher keine allgemeine Eigenschaft abgeleitet werden, die es erlaubt, ein arbitragefreies Preissystem unmittelbar zu erkennen. Bis hierher ist nur offensichtlich, dass die Bedingung der Arbitragefreiheit bei gegebener Auszahlung die Menge der hiermit verträglichen Preissysteme einschränkt. Ziel des nachfolgenden Fundamentallemmas der Wertpapierbewertung ist es, die Konsequenz der Arbitragefreiheit für die Struktur der Preissysteme zu präzisieren.

Satz: Fundamentallemma der Wertpapierbewertung

Die folgenden Aussagen sind äquivalent:

a) *Es besteht keine Arbitragemöglichkeit.*

b) *Es existiert eine positive, stetige und lineare Preisregel über der Menge aller Auszahlungen, $f : \mathbb{R}^S \to \mathbb{R}$. D.h. sind $\theta^1 = (\theta_1^1, \dots, \theta_J^1)^\top$ und $\theta^2 = (\theta_1^2, \dots, \theta_J^2)^\top$ zwei Portfolien mit den Preisen $q^1, q^2 \in \mathbb{R}$, so ist der Preis $\bar{q}$ des Portfolios $\bar{\theta} = (\alpha\theta^1 + \beta\theta^2)$ mit der Auszahlung $D \cdot \bar{\theta}$ gleich $\alpha q^1 + \beta q^2$.*

Beweis:

b) $\Rightarrow$ a) Sei f eine lineare Preisregel, d.h. $f : \mathbb{R}^S \to \mathbb{R}$ ordnet jeder Auszahlung $x \in \mathbb{R}^S$ einen Preis zu und es gilt $f(\alpha \cdot x + \beta \cdot y) = \alpha f(x) + \beta f(y)$. Sei $q = (q_1, \dots, q_J)$ der Preisvektor der J Wertpapiere und D ihre Auszahlungsmatrix. Zunächst muß gelten, dass

$$
\begin{aligned}
q_j &= f(a_j) \quad \forall j \in 1, \dots, J \quad \text{bzw. in Kurzschreibweise} \\
q^T &= f(D) \in \mathbb{R}^J.
\end{aligned}
$$

Sei nun $\theta = (\theta_1, \ldots, \theta_J)^T$ eine Arbitragemöglichkeit, d.h.

1) $\qquad\qquad q^T \cdot \theta \qquad\qquad \leq 0$

$$2) \quad D \cdot \theta = \begin{pmatrix} \sum_{j=1}^{J} a_j(\omega_1)\theta_j \\ \vdots \\ \sum_{j=1}^{J} a_j(\omega_S)\theta_j \end{pmatrix} \geq 0$$

und in mindestens einem Zeitpunkt-Zustand liegt eine echte Ungleichheit vor.

Mit Gleichung 1) gilt nun $0 \geq q^T \cdot \theta = f(D) \cdot \theta = f(D \cdot \theta)$. Da die Preisregel nach Voraussetzung linear und strikt positiv ist, folgt aus Gleichung 2) jedoch

$$f(D)^T \cdot \theta = f(D \cdot \theta) \geq 0,$$

wobei $f(D \cdot \theta) = 0 \Leftrightarrow D \cdot \theta = 0 \in \mathbb{R}^S$ oder $f(D \cdot \theta) > 0$, falls $D \cdot \theta > 0 \in \mathbb{R}^S$. Da jedoch im Fall einer Arbitrage entweder $q^T \cdot \theta = 0$ und dann $D \cdot \theta > 0$ oder $q^T \cdot \theta < 0$ und $D \cdot \theta \geq 0$ gelten muss, ergibt sich aus der Existenz einer Arbitragemöglichkeit ein Widerspruch zur Linearität der Preisregel.

a) $\Rightarrow$ b) Falls keine Arbitragemöglichkeit existiert, bedeutet dies, dass die Menge aller erreichbaren Auszahlungen

$$X = \left\{ y \in \mathbb{R}^{1+S} \Big| \exists \theta \in \mathbb{R}^N : \begin{pmatrix} -q \\ D \end{pmatrix} \theta = y \right\}$$

geschnitten mit dem positiven Ortanten $\{ y \in \mathbb{R}^{1+S} \mid y \geq 0 \}$ gerade den Nullvektor $0 \in \mathbb{R}^{1+S}$ ergibt, d.h.

$$X \cap \{ \underbrace{y \in \mathbb{R}^{1+S} \mid y \geq 0}_{\text{Arbitragemöglichkeiten } \cup \ \{0\}} \} = \{0\} \, .$$

Die Behauptung kann nun bewiesen werden unter Verwendung des Minkowski-Farkas Lemma.

Minkowski-Farkas Lemma (z.B. Krouse (1986), S. 131)
Sei D eine reelle $S \times J$ Matrix und $M = \{\theta \in \mathbb{R}^J \mid D \cdot \theta \geq 0\}$. Dann gilt für alle Vektoren $\pi \in \mathbb{R}^J$:

Genau dann ist $\qquad \pi^T \cdot \theta \geq 0 \quad \forall \theta \in M,$

falls ein nicht negativer Vektor $\lambda \in \mathbb{R}^S$ existiert mit

$$\pi^T = \lambda^T \cdot D.$$

Für die Anwendung des Minkowski-Farkas-Lemma kann die dort definierte Menge M als die Menge aller Strategien, die eine nicht negative terminale Auszahlung haben, interpretiert werden. Da keine Arbitragemöglichkeit vorliegt, bedeutet dies, dass ein Preisvektor π existiert, mit

$$\pi \cdot \theta \;\geq\; 0 \qquad \forall\, \theta \in M \qquad \text{und sogar}$$
$$\pi \cdot \theta \;>\; 0 \qquad \forall\, \theta \in \bar{M} = \{\theta \in \mathbb{R}^J \mid D \cdot \theta > 0\} \subset M.$$

Mit dem Minkowski-Farkas-Lemma folgt somit die Existenz eines Vektors $\lambda \in \mathbb{R}^S_{\geq 0}$ mit

$$\pi = (\pi_1, \dots, \pi_N)$$

$$= (\lambda_1, \dots, \lambda_S) \begin{pmatrix} a_1(\omega_1) & a_2(\omega_1) & \dots & a_J(\omega_1) \\ a_1(\omega_2) & a_2(\omega_2) & \dots & a_J(\omega_2) \\ \vdots & \vdots & & \vdots \\ a_1(\omega_S) & a_2(\omega_S) & \dots & a_J(\omega_S) \end{pmatrix} = \lambda^T \cdot D$$

Der Vektor $\lambda \in \mathbb{R}^S_{\geq 0}$ definiert nun eine strikt positive, stetige und lineare Preisregel durch

$$\mathbb{R}^S \ni x \to \; f(x) := \lambda^T \cdot x.$$

$\square$

Die Aussage des Fundamentallemmas lässt sich in zwei Teilaussagen zerlegen. Der erste Teil bezieht sich auf die Auszahlung eines Portfolios der ursprünglichen Wertpapiere. Zunächst nicht besonders überraschend besagt das Fundamentallemma, dass der Preis eines Portfolios gleich der Summe der mit den Portfoliogewichten gewichteten Einzelpreise sein muss. Formal wird dies durch die Linearität des Preisfunktionals ausgedrückt. Dieser Teil der Aussage wurde implizit schon in Abschnitt 1.1 benutzt. Eine Konsequenz der Linearität ist, dass Mengenrabatte hiermit nicht verträglich sind. Einerseits mag dies im Kontext eines Finanzmarktes als nicht so einschränkend angesehen werden. Andererseits ist die tiefere Begründung für die Linearität in dem explizit verwendeten ökonomischen Modell einer reinen Tauschökonomie mit Preisnehmerverhalten, beliebig teilbaren Wertpapieren und monotonen Präferenzen zu sehen. Letztlich ist die Bedingung der Arbitragefreiheit eine Bedingung im Gleichgewicht, d.h. die Wertpapierpreise der vorhandenen Wertpapiere bilden den Ausgangspunkt und werden als Gleichgewichtspreise angesehen. So wenig überraschend dieser erste Teil der Aussage des Fundamentallemmas erscheint, so weitreichend sind seine Konsequenzen für die Bewertung derivativer Verträge. Wird sie beispielsweise verbunden mit der Vollständigkeit eines Wertpapiermarktes gemäß Definition 1.5, so ergibt sich hieraus eine lineare, strikt positive und stetige Preisregel für alle möglichen Auszahlungen. Unter der Bedingung der Arbitragefreiheit ist diese dann eindeutig durch die Preise der ursprünglichen Wertpapiere festgelegt. In Kapitel 4 wird diese Überlegung auf ein Modell mit mehreren Zeitschritten und einem dynamischen Begriff der Vollständigkeit übertragen. Dies führt dann beispielsweise zu der eindeutigen Bewertung von Optionen im Rahmen des Binomialmodells nach Cox, Ross und Rubinstein (1979b) bzw. Rendleman und Bartter (1979), dessen Grenzwert die Black-Scholes Formel ist. Bezieht sich der erste Teil des Fundamentallemmas auf die Fortsetzbarkeit des durch den Preisvektors $q = (q_1, \dots, q_J)$ der aktuell gehandelten Wertpapiere $\{a_1, a_2, \dots, a_J\}$ definierten Preisfunktionals auf die Menge aller erzeugbaren Wertpapiere

$$X = \{x \in \mathbb{R}^S \mid \exists\, \theta \in \mathbb{R}^J : D \cdot \theta = x\},$$

so bezieht sich der zweite Teil auf die Menge $\mathbb{R}^S$ aller denkbaren Wertpapierauszahlungen. D.h. selbst dann, wenn die Auszahlung $x \in \mathbb{R}^S$ nicht durch ein Portfolio der vorhandenen Wertpapiere erreicht werden kann, muss das durch den Preis für die Auszahlung x erweiterte Preissystem linear, stetig und strikt positiv auf der Menge aller Auszahlungen sein. Dies verdeutlicht einen wesentlichen Aspekt der Bewertungstheorie unter der Bedingung der Arbitragefreiheit: Der Preis einer Auszahlung x ergibt sich relativ zu den gegebenen Preisen der anderen Wertpapiere. Anders ausgedrückt: Falls ein bisher nicht vorhandenes Wertpapier, z.B. eine Option, eingeführt wird, so wird der Preis unter der Bedingung der Arbitragefeiheit relativ zu den vorhandenen Wertpapierpreisen bestimmt, d.h. ohne diese zu verändern. In diesem Sinne ist die Bewertung unter Arbitrage eine relative Bewertungstheorie. Dies grenzt sie auch von der allgemeinen Gleichgewichtstheorie ab, die bei Einführung eines neuen Wertpapiers i.d.R. zu veränderten Gleichgewichtspreisen aller Wertpapiere führt. Die Bewertung unter Arbitragefreiheit stellt eine partielle Gleichgewichtsanalyse dar. Die nachfolgende Definition fasst diese beiden wesentlichen Aspekte des Fundamentallemmas der Wertpapierbewertung begrifflich zusammen.

Definition 1.7:

Sei ein Wertpapiermarkt mit Wertpapieren $a_1, \ldots, a_J$, Auszahlungsmatrix D und Preisvektor $q \in \mathbb{R}^J$ gegeben.

- Ein noch nicht gehandeltes Wertpapier $x \notin \{a_1, \ldots, a_J\}$ heißt dann *bewertbar unter Arbitrage*, falls *jede* lineare, stetige und strikt positive Fortsetzung von q

$$f : \mathbb{R}^S \to \mathbb{R} \quad \text{mit} \quad f(D) = q^T$$

  für das Wertpapier x den gleichen Wert liefert.

- Sei q_0 der Preis eines noch nicht gehandelten Wertpapiers $x \notin \{a_1, \ldots, a_J\}$ und $q = (q_1, \ldots, q_J)^T$ der arbitragefreie Preisvektor dieser J Wertpapiere. Der Preis q_0 heißt dann *arbitragefrei*, falls eine lineare, stetige und strikt positive Fortsetzung f von q existiert mit

$$f : \mathbb{R}^S \to \mathbb{R}, \quad f(D) = q^T \text{ und } f(x) = q_0.$$

Eine solche Funktion f heißt *arbitragefreie Preisregel* des Wertpapiermarktes D. Die Menge aller arbitragefreien Preise für das Wertpapier x wird bestimmt durch

$$\Phi(x) := \{q_x \in \mathbb{R} | \exists \text{ eine lineare, stetige und strikt positive Abbildung}$$
$$f : \mathbb{R}^S \to \mathbb{R} \text{ mit } f(D) = q^T \text{ und } f(x) = q_x\}.$$

Liefert das Fundamentallemma auch eine eindeutige Charakterisierung arbitragefreier Preisfunktionale, so ist nicht unmittelbar einsichtig, wie diese Bedingung nachgeprüft werden kann. Hierzu erweist es sich als hilfreich, nochmals den Beweis des Fundamentallemmas zu betrachten. Mit dem Minkowski-Farkas-Lemma ist ein Wertpapiermarkt dann und nur dann arbitragefrei, falls ein Vektor $\lambda \in \mathbb{R}^S_{\geq 0}$ existiert mit

(1.3) $$q^T = \lambda^T \cdot D \iff q = D^T \cdot \lambda,$$

d.h. jede arbitragefreie Preisregel $f : \mathbb{R}^S \to \mathbb{R}$ lässt sich darstellen durch

(1.4) $$\mathbb{R}^S \ni x \mapsto f(x) := \lambda^T \cdot x = \sum_{s=1}^{S} \lambda_s \cdot x_s,$$

wobei der Vektor $\lambda \in \mathbb{R}^S$ durch (1.3) definiert ist. Die Überprüfung der Arbitragefreiheit und die Bestimmung einer arbitragefreien Preisregel reduziert sich somit auf die Berechnung eines Vektors λ.

▽ **Beispiel 1.6:**

Es sei ein Wertpapiermarkt mit vier Wertpapieren und zwei Zuständen gegeben. Die Auszahlungsmatrix D und das Preissystem q sind bestimmt durch

$$D = \begin{pmatrix} 4 & 6 & 12 & 2 \\ 12 & 3 & 8 & 9 \end{pmatrix} \quad \text{und} \quad q^T = (7, 3, 7, 5).$$

Um die Arbitragefreiheit zu überprüfen, wird ein Vektor $\lambda \in \mathbb{R}^2$ gesucht mit $q^T = \lambda^T \cdot D \Leftrightarrow q = (\lambda^T \cdot D)^T = D^T \cdot \lambda$, d.h.

$$\begin{pmatrix} 4 & 12 & 7 \\ 6 & 3 & 3 \\ 12 & 8 & 7 \\ 2 & 9 & 5 \end{pmatrix} \rightarrow \begin{pmatrix} 4 & 12 & 7 \\ 0 & -15 & -\frac{15}{2} \\ 0 & -28 & -14 \\ 0 & -3 & -\frac{3}{2} \end{pmatrix} \rightarrow \begin{pmatrix} 1 & 0 & 0,25 \\ 0 & 1 & 0,5 \\ 0 & 1 & 0,5 \\ 0 & 1 & 0,5 \end{pmatrix}$$

$\Rightarrow \lambda_1 = 0,25$ und $\lambda_2 = 0,5$.

Der Wertpapiermarkt genügt somit der Bedingung der Arbitragefreiheit. Die arbitragefreie Preisregel ist eindeutig bestimmt durch

$$\mathbb{R}^2 \ni x \rightarrow f(x) := \lambda^T \cdot x = 0,25x_1 + 0,5x_2.$$

———————————————————————————————————— △

▽ **Beispiel 1.7:**

Ausgangspunkt ist ein Wertpapiermarkt mit drei Wertpapieren und drei Zuständen. Die Auszahlungsmatrix D und das Preissystem q sind gegeben durch $D = \begin{pmatrix} 10 & 8 & 3 \\ 10 & 7 & 13 \\ 10 & 6 & 8 \end{pmatrix}$ und $q^T = (5, 4, 3)$. Analog zum Beispiel 1.6 wird der Vektor λ gesucht mit $q^T = \lambda^T \cdot D$. Dieser ergibt sich aus

$$\begin{pmatrix} 10 & 10 & 10 & 5 \\ 8 & 7 & 6 & 4 \\ 3 & 13 & 8 & 3 \end{pmatrix} \rightarrow \begin{pmatrix} 1 & 1 & 1 & 0,5 \\ 0 & -1 & -2 & 0 \\ 0 & 10 & 5 & 1,5 \end{pmatrix} \rightarrow \begin{pmatrix} 1 & 1 & 1 & 0,5 \\ 0 & 1 & 2 & 0 \\ 0 & 0 & -15 & 1,5 \end{pmatrix}$$

d.h. es gilt $\lambda_3 = -0,1$. Da λ_3 negativ ist, ist der Wertpapiermarkt nicht arbitragefrei.

———————————————————————————————————— △

1.4. Exkurs: Zustandspreise, Arbitragefreiheit und Gleichgewicht

Ziel der Konsumenten ist es, einen für sie optimalen Konsumplan zu wählen. Als Preisnehmer maximieren sie somit ihre Präferenzen, gegeben ihre durch die Erstausstattung und die Preise festgelegte Budgetbeschränkung. Die Wertpapiere ermöglichen es ihnen, das in Form der Erstausstattung vorliegende Einkommen bzw. Vermögen zwischen den beiden Zeitpunkten und Zuständen zu transferieren. Durch Konsumverzicht in einem Zeitpunkt oder Zustand kann eine zusätzliche Konsummöglichkeit in einem anderen Zeitpunkt oder Zustand geschaffen werden. Die Funktion des Wertpapiermarktes ist ausschließlich der Einkommenstransfer, da die Präferenzen der Konsumenten bezüglich des Konsumgutes definiert sind und nicht bezüglich der Wertpapiere. Der Handel in Wertpapieren findet jedoch erst statt, wenn die Wertpapierpreise so bestimmt sind, dass die Markträumungsbedingung auf dem Wertpapiermarkt erfüllt ist, d.h.

$$0 = \sum_{i=1}^{I} \theta_j^i \quad \forall \, 1 \leq j \leq J.$$

Definition 1.8:

Bei gegebener Auszahlungsmatrix D besteht ein *Gleichgewicht auf dem Wertpapiermarkt* zum Zeitpunkt t_0 aus einem Preisvektor $q = (q_1, \ldots, q_J)^T$ der Wertpapiere und einem Portfolio $\theta^i = (\theta_1^i, \ldots, \theta_J^i)^T$ für jeden Konsumenten $1 \leq i \leq I$ mit:

- Der durch die Grundausstattung $e^i = (e^i(0), e^i(T, \omega))$ und das Portfolio erzeugte Konsumplan $c^i = (c^i(0), c^i(T, \omega))$ ist in der Budgetmenge $B(e^i, q)$ enthalten.

- Jeder Konsument maximiert seine Präferenzen $\succ^i$ über $B(e^i, q)$.

- Die Markträumungsbedingung $\sum_{i=1}^{I} \theta_j^i = 0$ ist für jedes Wertpapier $j \in \{1, \ldots, J\}$ erfüllt.

Zunächst lässt sich unmittelbar aus der obigen Definition des Gleichgewichtes die Markträumungsbedingung für das Konsumgut ableiten. Im Zeitpunkt $t_0 = 0$ gilt:

$$c^i(0) - e^i(0) = -\sum_{j=1}^{J} q_j \theta_j^i \quad \text{für jeden Konsumenten } i \in \{1, \ldots, I\},$$

da $c^i - e^i \in B(0, q)$. Die Aggregation über alle Konsumenten liefert:

$$\sum_{i=1}^{I} c^i(0) - e^i(0) = \sum_{i=1}^{I} \left(-\sum_{j=1}^{J} q_j \theta_j^i \right) = \sum_{j=1}^{J} \left(-\sum_{i=1}^{I} q_j \theta_j^i \right)$$

$$= -\sum_{j=1}^{J} \left(q_j \underbrace{\sum_{i=1}^{I} \theta_j^i}_{=0} \right) = 0.$$

Zum Zeitpunkt T und in jedem Zustand $\omega_s \in \Omega$ gilt

$$c^i(T, \omega_s) - e^i(T, \omega_s) = \sum_{j=1}^{J} a_j(\omega_s) \theta_j^i \quad \text{für jeden Konsumenten}$$

$$\Rightarrow \sum_{i=1}^{I} c^i(T, \omega_s) - e^i(T, \omega_s) = \sum_{i=1}^{I} \sum_{j=1}^{J} a_j(\omega_s) \theta_j^i = \sum_{j=1}^{J} \sum_{i=1}^{I} a_j(\omega_s) \theta_j^i$$

$$= \sum_{j=1}^{J} \left(a_j(\omega_s) \underbrace{\sum_{i=1}^{I} \theta_j^i}_{=0} \right) = 0.$$

Somit gilt insgesamt die Markträumungsbedingung für das Konsumgut.

$$\sum_{i=1}^{I} c^i(0) = \sum_{i=1}^{I} e^i(0)$$

$$\sum_{i=1}^{I} c^i(T, \omega_s) = \sum_{i=1}^{I} e^i(T, \omega_s) \quad \forall \omega_s \in \Omega.$$

Der mit dem Gleichgewicht assoziierte Konsumplan aller Konsumenten $\{(c^i(0), c^i(T, \omega))\}_{i=1}^{I}$ heißt *Gleichgewichtsallokation*.

Proposition 1.1:

Eine Arbitragemöglichkeit kann im Gleichgewicht bei monotonen Präferenzen von mindestens einem Konsumenten nicht existieren.

Beweis:

Der Beweis beruht auf der Annahme monotoner Präferenzen im Konsumgut. Sei $\theta^i = (\theta_1^i, \ldots, \theta_J^i)$ das Gleichgewichtsportfolio für Konsument i und $\{c^i\}_{i=1}^{I}$ die Gleichgewichtsallokation. Sei $\theta^* = (\theta_1^*, \ldots, \theta_J^*)$ eine Arbitragemöglichkeit, d.h.

$$x := \begin{pmatrix} -q^T \\ D \end{pmatrix} \theta^* \in \mathbb{R}_{>0}^{1+S}.$$

Nach Voraussetzung ist $x \in B(0, q)$ und $x \overset{.}{>} 0$ ($x \geq 0$ und positiv in mindestens einer Komponente). Das Portfolio $\tilde{\theta}^i = \theta^i + \theta^*$ erzeugt für jeden Konsumenten einen Konsumplan, den er strikt dem Gleichgewichtskonsum vorzieht. Es gilt jedoch für den durch $\tilde{\theta}^i$ erzeugten Konsumplan $x + c^i \in B(e^i, q)$, d.h. der Konsumplan c^i kann nicht maximal für den Konsumenten i sein. Insgesamt ist somit $\{c^i\}_{i=1}^I$ keine Gleichgewichtsallokation und es ergibt sich ein Widerspruch zur Annahme der Existenz eines Gleichgewichts. $\qquad\square$

Die Bedingung der Arbitragefreiheit ist schwächer als die Existenz eines Gleichgewichtes. Im Gleichgewicht gibt es keine Arbitragemöglichkeit. Darüber hinaus gilt die folgende von Ross (1976c) erstmals nachgewiesene Äquivalenz.

Satz 1.3:

Die folgenden Aussagen sind äquivalent

  a) *Es besteht keine Arbitragemöglichkeit.*

  b) *Es existiert eine optimale Nachfrage (Portfoliowahl) für mindestens einen Konsumenten mit monotoner, stetiger und konvexer Präferenzrelation.*

Beweis:

b) ⇒ **a)** Da gemäß Proposition 1.1 aus der Existenz eines Gleichgewichtes die Arbitragefreiheit folgt und im Gleichgewicht jeder Konsument seine Präferenzen, gegeben sein Budget, maximiert, ist dieser Teil der Behauptung im Gleichgewicht bewiesen. Falls eine Arbitragemöglichkeit besteht, kann kein die Präferenzen maximierendes Portfolio für einen Konsumenten mit monotonen Präferenzen existieren. Somit folgt aus der Existenz eines Optimums die Arbitragefreiheit.

a) ⇒ **b)** Die Idee besteht nun darin, die Präferenzrelation eines Konsumenten aus der arbitragefreien Preisregel zu konstruieren. Falls keine Arbitragemöglichkeit existiert, so gibt es gemäß dem Fundamentallemma eine lineare Preisregel f, so dass $\forall x \in \mathbb{R}^S$ gilt:

$$f(x) = \lambda^T x$$
$$\text{und} \quad q^T = f(D) = \lambda^T D,$$

wobei $\lambda \in \mathbb{R}^S_{\geq 0}$ entsprechend dem Minkowski-Farkas Lemma bestimmt ist. Ein Netto-Auszahlungsplan ist durch ein Tupel $(r, x) \in \mathbb{R} \times X$ gegeben.

Durch die Festsetzung

$$(r, x) \succ (r', x') \quad \Leftrightarrow \quad r + f(x) > r' + f(x')$$
$$(r, x) \sim (r', x') \quad \Leftrightarrow \quad r + f(x) = r' + f(x')$$

wird offensichtlich eine transitive und vollständige Präferenzrelation auf $\mathbb{R} \times X$ definiert. Weiter folgt aus der Linearität der Preisregel die Konvexität der Präferenzrelation, aus der Stetigkeit der Preisregel die Stetigkeit der Präferenzrelation und aus der Postitivität der Preisregel die Monotonie der Präferenzrelation. Es muß noch gezeigt werden, daß ein Konsument mit dieser Präferenzrelation ein Optimum erreichen kann.

Für $(r^*, x^*) := (0, 0) \in \mathbb{R} \times X$ folgt $r^* + f(x^*) = 0 + f(0) = 0$. D.h. $(r^*, x^*) \overset{\succ}{\sim} (r, a_i) \in \mathbb{R} \times \{a_1, \ldots, a_J\} \ \forall \ (r, a_i)$ mit $r + f(a_i) = r + q(a_i) = r + q_i \leq 0$. Da $(r, x) \in \mathbb{R}_{\leq 0} \times X$ einen Netto-Auszahlungsplan darstellt, entspricht $r + f(x) \leq 0$ der Budgetbedingung, und die Existenz eines Planes $(r^*, x^*) = (0, 0)$ ist eine notwendige und hinreichende Bedingung für die Existenz eines Optimums. $\square$

Ein Gleichgewichtspreissystem $q \in \mathbb{R}^J$ für die J Wertpapiere ist notwendig arbitragefrei. Gemäß dem Fundamentallemma existiert somit eine lineare, stetige und strikt positive Preisregel $f : \mathbb{R}^S \to \mathbb{R}$ definiert durch

$$(1.5) \qquad f(x) = \lambda^T \cdot x \quad \text{mit} \quad q^T = \lambda^T \cdot D \quad \text{und} \quad \lambda \in \mathbb{R}^S_{\geq 0}.$$

Hierbei kommt dem Vektor λ in zweifacher Weise eine ökonomische Interpretation zu. Zum einen entsprechen die einzelnen Komponenten des Vektors *marginalen Substitutionsraten*, zum anderen stellen sie Preise für spezielle Wertpapiere, sogenannte *Zustandswertpapiere*, dar. Offensichtlich bedingen sich beide Interpretationen. Die Bewertungstheorie bezieht sich jedoch vorwiegend auf die zweite Interpretation.

Im Gleichgewicht erfolgt eine Nutzenmaximierung der Konsumenten, gegeben die Budgetmenge. Sind die Konsumenten durch streng monotone und stetig differenzierbare Nutzenfunktionen charakterisiert, so besitzt bei gegebenem Wertpapierpreissystem q die Budgetmenge des i-ten Konsumenten die Darstellung (vgl. Gleichung (1.2), S. 19)

$$B(e^i, q) := \left\{ c \in \mathbb{R}^{1+S} \ \middle| \ \exists \ \theta \in \mathbb{R}^J : \begin{pmatrix} -q^T \\ D \end{pmatrix} \theta = c - e^i \right\},$$

wobei zur Vereinfachung $c_0 \in \mathbb{R}$ den gegenwärtigen Konsum, $c_s \in \mathbb{R}$ den zukünftigen Konsum im Zustand $\omega_s \in \Omega$ und $c = (c_0, c_1, \ldots, c_S)^T$ den Konsumplan bezeichnen. Entsprechendes gilt für die Grundausstattung $e^i = (e_0^i, e_1^i, \ldots, e_S^i)^T \in \mathbb{R}_{\geq 0}^{1+S}$. Die Bedingungen 1. Ordnung für die Nutzenmaximierung lauten dann[6]

$$\max_{\substack{c \in B(e^i, q) \\ \theta \in \mathbb{R}^J}} u^i(c_0, c_1, \ldots, c_S)$$

$$\Leftrightarrow \quad a) \quad \frac{\partial u^i}{\partial c_s} - \mu_s^i \quad = 0 \quad \forall s = 0, 1, \ldots, S,$$

$$b) \quad -\mu_0^i q_j + \sum_{s=1}^{S} \mu_s^i a_{sj} = 0 \quad \forall j = 1, \ldots, J.$$

Die Bedingung b) lässt sich umformen zu

$$q_j = \sum_{s=1}^{S} \frac{\mu_s^i}{\mu_0^i} a_{sj} \quad \forall j = 1, \ldots, J \Leftrightarrow \quad q^T = \left(\frac{\mu_1^i}{\mu_0^i}, \ldots, \frac{\mu_S^i}{\mu_0^i} \right) \cdot D.$$

Wird $\lambda_s^i := \frac{\mu_s^i}{\mu_0^i}$ definiert, so entspricht die Existenz eines derartigen Vektors λ gerade der Arbitragebedingung. Aus der Bedingung a) ergibt sich nun

$$\lambda_s^i = \frac{\mu_s^i}{\mu_0^i} = \frac{\frac{\partial u^i}{\partial c_s}}{\frac{\partial u^i}{\partial c_0}},$$

d.h. λ_s^i entspricht der marginalen Substitutionsrate zwischen Konsum im Zustand $\omega_s \in \Omega$ und heutigem Konsum. Die Positivität folgt aus der Monotonie der Nutzenfunktion. Wird zusätzlich von einem vollständigen Wertpapiermarkt ausgegangen, so ist der Vektor λ eindeutig, d.h. unabhängig von i. Aus

$$\lambda_s = \frac{\mu_s^i}{\mu_0^i} \quad \forall i = 1, \ldots, I$$

folgt jedoch nicht, dass die Änderungen der Nutzenfunktionen in einem vollständigen Wertpapiermarkt notwendig unabhängig von i sind. Dies ist nicht zu erwarten, da in diesem Fall alle Konsumenten identisch wären.

Die zweite Interpretation bezieht sich auf die Bedeutung des Vektors $\lambda \in \mathbb{R}^S$ für die Bewertung von Auszahlungen. Sei $x \in \mathbb{R}^S$ zunächst die Auszahlung eines Portfolios θ der J Wertpapiere, D die Auszahlungsmatrix

---

[6]Lagrangeansatz $u^i(c) - \mu_0^i(c_0 - e_0^i + q^T \cdot \theta) - \sum_{s=1}^{S} \mu_s^i \left(c_s - e_s^i - \sum_{j=1}^{J} a_{sn} \theta_j \right)$

und q das arbitragefreie Preissystem. Die Auszahlung x ist gemäß Definition 1.7, S. 26 bewertbar unter Arbitrage und der Arbitragepreis ist gegeben durch

$$f(x) = q^T \cdot \theta = \lambda^T \cdot D \cdot \theta = \lambda^T \cdot x$$

für jeden Vektor $\lambda \in \mathbb{R}^S$ gemäß der Gleichung (1.3, S. 26). Ist die Auszahlung $x \in \mathbb{R}^S$ nicht durch ein Portfolio darstellbar und ist insofern der Wertpapiermarkt nicht vollständig, so ist die Menge der arbitragefreien Preise für x bestimmt durch

$$\Phi(x) := \left\{ q_x | \exists \ \lambda \in \mathbb{R}^S_{\geq 0} \text{ mit } q^T = \lambda^T \cdot D \text{ und } q_x = \lambda^T \cdot x \right\}.$$

D.h. es kann durchaus im Fall eines unvollständigen Marktes eine Menge von arbitragefreien Preisen geben. Jeder dieser Preise lässt sich mittels eines Vektors $\lambda \in \mathbb{R}^S$ darstellen. Liegt darüber hinaus ein *Gleichgewicht* vor, so entspricht dieser Vektor den marginalen Substitutionsraten im Gleichgewicht. Insofern ist auch die Bewertung unter Arbitrage abhängig von den Präferenzen. Die Bewertung unter Arbitrage geht jedoch von gegebenen Wertpapierpreisen aus und ermöglicht eine Bewertung neuer Auszahlungen relativ zu diesen, d.h. eine Bewertung im Rahmen der Gleichgewichtstheorie mit Rückgriff auf die Präferenzen und Erstaustattung findet explizit nicht statt, sondern nur implizit durch die Berücksichtigung der gegebenen Wertpapierpreise.

Die arbitragefreie Bewertung gemäß der Gleichung (1.5, S. 31) gilt für beliebige Auszahlungen $x \in \mathbb{R}^S$. Ein Wertpapier mit einer speziellen Auszahlung ist die *Arrow-Debreu Security* oder das *Zustandswertpapier*. Eine Arrow-Debreu Security führt zu einer Auszahlung von einer Einheit genau dann, wenn zum Zeitpunkt T ein vorher spezifizierter Zustand eintritt. Da mit $S = \#\Omega$ ein endlicher Zustandsraum angenommen wurde, existieren S derartige Wertpapiere. Die Auszahlung der s-ten Arrow-Debreu Security kann im Kontext des Einperiodenmodells angegeben werden durch:

$$(1.6) \qquad e_s = (0, \dots, 0, \underbrace{1}_{s\text{-te Stelle}}, 0, \dots, 0)^T \in \mathbb{R}^S.$$

Die s-te Arrow-Debreu Security führt dann und nur dann zu einer Auszahlung von einer Einheit, falls der Zustand $\omega_s \in \Omega$ eintritt. Ihr Preis kommt somit dem Preis dieses Zustands gleich und ist gegeben durch

$$(1.7) \qquad f(e_s) = \lambda^T \cdot e_s = \lambda_s \text{ für } q^T = \lambda^T \cdot D,$$

d.h. $\lambda \in \mathbb{R}^S$ stellt den Vektor der *Zustandspreise* dar. Implizit wird hierdurch auch der Zinssatz r definiert. Da eine Anleihe (Nennwert 1) sich als Portfolio von Zustandspapieren darstellen lässt, gilt für den Zinssatz r von t_0 auf T :

$$(1.8) \qquad \left(\frac{1}{1+r} \right) = \sum_{s=1}^{S} \lambda^T e_s = \sum_{s=1}^{S} \lambda_s.$$

Weiterführende Literatur

Als klassisches Lehrbuch zur Optionsbewertung ist das Buch von Cox und Rubinstein (1985) anzusehen. Neben der Darstellung des Optionsmarktes und der Diskussion verschiedener kombinierter Optionsverträge sind die verteilungsunabhängigen Bewertungsgrenzen, das Binomialmodell und die Black-Scholes-Formel Gegenstand dieses Buches. Eine detaillierte Diskussion zu Optionsverträgen und institutionellen Rahmenbedingungen findet sich u.a. in Kolb (1997), Levi (1996) sowie Sercu und Uppal (1995). Auch diese Bücher befassen sich darüber hinaus mit dem Binomialmodell und der Anwendung der Black-Scholes-Formel.

Grundlage der Abschnitte 1.2 bis 1.4 sind die Originalarbeiten von Arrow (1964), Debreu (1959) und Ross (1976b). Zwei uneingeschränkt zu empfehlende Referenzen sind Dybvic und Ross (1987) und der Übersichtsartikel von Varian (1987). Der Aufbau und die Diskussion der Abschnitte 1.2 bis 1.4 ist angelehnt an das eindrucksvolle Lehrbuch von Dothan (1990). Dothan entwickelt die Optionsbewertungstheorie aus ihrer Verbindung zur allgemeinen Gleichgewichtstheorie in vollständigen Märkten und verdeutlicht ihre Wurzeln über die formale Vorgehensweise des Financial Engeneering hinaus. Die Verbindung zur Gleichgewichtstheorie und der Erwartungsnutzenhypothese bildet auch den Hintergrund der Bücher von Milne (1997) und Zimmermann (1998). Diese Bücher widmen sich dem volkswirtschaftlichen Hintergrund der Optionsbewertung. Sie diskutieren die Grundlagen, ohne die die Optionsbewertung aus theoretischer Sicht als eine pragmatische und formale Vorgehensweise anzusehen wäre. Erst vor diesem Hintergrund kann die Bedeutung der Annahmen und Prämissen, die zu konkreten Bewertungsformeln führen, erfasst werden.

Übungsaufgaben

Aufgabe 1.1:

Ein *bottom Straddle* besteht aus dem Kauf je einer Call-Option und einer sonst identischen Put-Option. Leiten Sie das Netto-Auszahlungsprofil dieser Vertragskombination her, wobei $C > P$ die Preise der jeweiligen Optionen, K den Basispreis und r den konstanten Zinssatz bezeichnen (der bottom Straddle umfasst als Spezialfall den 1:2 long Put Hedge.).

Aufgabe 1.2:

Aufgrund der Auszahlungsbedingung eines Put erscheint es sinnvoll, dass ein Put mit dem Basispreis K_1 einen geringeren Preis hat als ein sonst identischer Put mit einem Basispreis $K_2 > K_1$. Es liegt deshalb nahe, die mit dem Erwerb einer Put-Option verbundene Prämie durch den gleichzeitigen Verkauf eines anderen Put mit geringerem Basispreis teilweise zu finanzieren. Ein sogenannter *bearish vertical Spread* besteht aus dem Kauf eines Put mit Basispreis K_2 und dem gleichzeitigen Verkauf eines sonst identischen Put mit einem geringeren Basispreis K_1. Stellen Sie das Netto-Auszahlungsprofil dieser Vertragskombination dar, falls P_1 und P_2 die Preise der beiden Optionen und r den konstanten Zinssatz angeben.

Aufgabe 1.3:

Der in Abbildung 1.5 dargestellte 1:2 short Call Hedge kann zur Spekulation verwendet werden. Stimmt der Initialkurs des Wertpapieres mit dem diskontierten Basispreis überein, d.h. $S_0 = K(1 + r)^{-1}$ so führt die Spekulation zu einer positiven Auszahlung, falls der Schlusskurs S_T nicht um mehr als das Zweifache der aufgezinsten Optionsprämie vom Basispreis abweicht. Ein Nachteil dieser Spekulationsposition ist jedoch, dass der mögliche Verlust linear ansteigt, falls der Schlusskurs außerhalb dieses Bereiches liegt. Eine Möglichkeit, den Verlust auch im Fall größerer Abweichungen zu beschränken, bietet der *Butterfly Spread*. Ein Butterfly Spread besteht aus dem Kauf je einer Put-Option mit den Basispreisen K_1 und K_3. Gleichzeitig werden zwei Put-Optionen mit dem Basispreis K_2 verkauft. Bis auf die Basispreise, für die $K_1 < K_2 < K_3$ gelte, unterscheiden sich die Put-Optionen nicht.

Stellen Sie das Netto-Auszahlungsprofil des Butterfly Spread dar, wobei wiederum der Zinssatz als konstant angenommen wird. Diskutieren Sie hierbei getrennt die drei möglichen Fälle für die Basispreise

  a) $K_2 = \frac{1}{2}(K_1 + K_3)$

  b) $K_1 < K_2 < \frac{1}{2}(K_1 + K_3)$

  c) $K_3 > K_2 > \frac{1}{2}(K_1 + K_3)$

und beachten Sie, dass das Netto-Auszahlungsprofil eines Finanzvertrages sowohl negative als auch positive Auszahlungen aufweisen sollte.

Aufgabe 1.4:

Sei $\Omega = \{\omega_1, \omega_2, \omega_3\}$, $J = 4$ und $D = \begin{pmatrix} 6 & 5 & 4 & 8 \\ 3 & 0 & 3 & 2 \\ 4 & 10 & 2 & 12 \end{pmatrix}$.

  a) Sind die Auszahlungen $w = (5, 2, 6)^T$ und $\overline{w} = (6, 3, 10)^T$ erreichbar? Wie lautet gegebenenfalls das erzeugende Portfolio?

  b) Bestimmen Sie den Rang der Matrix D.

Aufgabe 1.5:

Weisen Sie jeweils die Arbitragefreiheit des folgenden Wertpapiermarktes nach und charakterisieren Sie die Menge der arbitragefreien Preisregeln.

  a) $D = \begin{pmatrix} 30 & 24 & 22 \\ 34 & 12 & 6 \\ 8 & 6 & 28 \end{pmatrix}$ $q^T = (19, 12, 19)$.

  b) $D = \begin{pmatrix} 5 & 5 & 10 \\ 10 & 7 & 11 \\ 0 & 3 & 9 \end{pmatrix}$ $q^T = (4; 4, 3; 8, 9)$.

KAPITEL 2

Verteilungsunabhängige Bewertungsgrenzen für Call- und Put-Optionen

Verteilungsunabhängige Bewertungsgrenzen sind Preisverhältnisse zwischen verschiedenen Finanzverträgen, die sich ausschließlich aus den Auszahlungseigenschaften ergeben und nicht von speziellen Annahmen bezüglich der zukünftigen Kursentwicklung abhängen. Sie beruhen auf zwei Eigenschaften einer arbitragefreien Preisregel:

- Der Monotonie, d.h. sind $a_1; a_2 : \Omega \longrightarrow \mathbb{R}$ zwei Wertpapiere mit $a_1(\omega_s) \geq a_2(\omega_s)$ $\forall \omega_s \in \{\omega_1, \ldots, \omega_S\} = \Omega$, so muss gelten $q(a_1) \geq q(a_2)$, falls keine Arbitragemöglichkeit existiert. Gilt darüber hinaus $a_1(\omega_{s^*}) > a_2(\omega_{s^*})$ für ein $\omega_{s^*} \in \Omega$, wobei jeder Elementarzustand als möglich angesehen wird, so folgt $q(a_1) > q(a_2)$.

- Der Linearität, d.h. sind $a_1, a_2 \in \mathbb{R}^S$ zwei Wertpapiere und $\alpha, \beta \in \mathbb{R}$ zwei Portfoliogewichte, so muss die Preisregel der Bedingung

$$q(\alpha a_1 + \beta a_2) = \alpha q(a_1) + \beta q(a_2)$$

genügen, falls keine Arbitragemöglichkeit existiert.

Es ist nun möglich, diese beiden einfachen Regeln, die im Einperiodenmodell aus der Arbitragefreiheit folgen, auf Payoffdiagramme anzuwenden. Sei hierzu r der konstante Zinssatz pro Periode, so gilt: $(1+r)^{-T}$ ist der Diskontfaktor bis zum Zeitpunkt T.

Lemma 2.1:

Ist S ein Wertpapier mit beschränkter Haftung[1], d.h. $S_t \geq 0\ \forall t$, so gilt unter Ausschluss von Arbitrage:

---

[1]Wertpapiere mit beschränkter Haftung sind beispielsweise Aktien und Anleihen. Ebenso können hierunter Sorten- und Warenkurse verstanden werden. Demgegenüber ist die Bedingung für einen (financial) Futures nicht erfüllt.

a) *Der Preis einer Call-Option (Europäisch oder Amerikanisch) ist nicht-negativ.*

b) *Der Preis einer Put-Option (Europäisch oder Amerikanisch) ist nicht-negativ.*

c) *Der Preis eines (Europäischen oder Amerikanischen) Call ist nicht größer als der gegenwärtige Wert S_0 des zugrundeliegenden Wertpapieres.*

d) *Der Preis eines Europäischen Put ist nicht größer als der diskontierte Basispreis.*

Beweis:

a) Die Auszahlung einer Europäischen Call-Option mit Basispreis K zum Ausübungszeitpunkt T ist gegeben durch

$$[S_T - K]^+ \geq 0 \quad \forall\, S_T \in \mathbb{R}_{\geq 0}.$$

Aus der Positivität einer arbitragefreien Preisregel q folgt somit

$$q([S_T - K]^+) \geq q(0) = 0.$$

Da ein Amerikanischer Call insbesondere auch erst zum Zeitpunkt T ausgeübt werden kann, d.h. nicht unbedingt vorher ausgeübt werden muss, gilt $q(\text{Call}_a) \geq q(\text{Call}_e) \geq 0$.

b) Analog

c) Da $S_T \in \mathbb{R}_{\geq 0}$ (beschränkte Haftung), gilt für die Auszahlung einer Call-Option mit Ausübungszeitpunkt T

$$[S_T - K]^+ \leq S_T \,\,\forall S_T \in \mathbb{R}_{\geq 0} \quad \forall K \geq 0.$$

Die Monotonie der arbitragefreien Preisregel bedingt dann

$$q(\text{Call}_e) \leq q(S_T) = S_0.$$

Ebenso ergibt sich aus der Monotonie der arbitragefreien Preisregel, dass der Preis eines Amerikanischen Call durch S_0 beschränkt ist.

d) Da $S_T \in \mathbb{R}_{\geq 0}$ (beschränkte Haftung), gilt für die Auszahlung einer Put-Option mit Ausübungszeitpunkt T

$$[K - S_T]^+ \leq K \quad \forall S_T \in R_{\geq 0}.$$

Aus der Monotonie der arbitragefreien Preisregel folgt

$$q(\text{Put}_e) \leq q(K) = (1+r)^{-T}K.$$

$\square$

2.1. Put-Call Parität

Die auf Stoll (1968) zurückgehende *Put-Call Parität* befasst sich mit dem Zusammenhang zwischen Europäischen Put- und Call-Optionen.

Satz 2.1:
Seien $Call_e[S_0, K, t_0, T]$ und $Put_e[S_0, K, t_0, T]$ die Preise Europäischer Call- und Put-Optionen über einem dividendengeschützten Wertpapier S mit Basispreis K und Ausübungszeitpunkt T.[2] Sei r der konstante Zinssatz (bzw. die Rendite einer Nullkuponanleihe mit Fälligkeit in T), so gilt unter der Bedingung der Arbitragefreiheit

$$Call_e[S_0, K, t_0, T] = Put_e[S_0, K, t_0, T, r] + S_0 - (1+r)^{-T}K,$$
$$Put_e[S_0, K, t_0, T] = Call_e[S_0, K, t_0, T, r] - S_0 + (1+r)^{-T}K.$$

Beweis:
Der Beweis erfolgt mittels eines Portfolioargumentes, wobei C bzw. P die Preise der beiden Optionen angeben.[3]

Wert des Portfolios in t_0		Auszahlung in $t = T$	
		$S_T \leq K$	$S_T > K$
verkaufe den Call	$-C$	0	$-(S_T - K)$
kaufe den Put	P	$K - S_T$	0
kaufe das Wertpapier	S_0	S_T	S_T
leihe $(1+r)^{-T}K$	$-(1+r)^{-T}K$	$-K$	$-K$
Wert: $-C + P + S_0 - (1+r)^{-T}K$		0	0

---

[2]Ein Wertpapier heißt *dividendengeschützt*, falls keine Dividendenzahlungen an den Halter des Wertpapiers geleistet werden. Für die Put-Call Parität ist entscheidend, dass während der Laufzeit der Option mit Sicherheit keine Dividendenzahlungen erfolgen. Dividendenzahlungen, die später als der Ausübungszeitpunkt anfallen, haben keinen Einfluss auf die Parität.

[3]Für die Portfoliogewichte gilt entsprechend der Darstellung in Abschnitt 1.2: $\theta_i > 0$ Nachfrage, $\theta_i < 0$ Angebot.

Da die zukünftige Auszahlung des Portfolios zum Zeitpunkt T in jedem Zustand der Welt gleich Null ist, muss der Wert des Portfolios zum Zeitpunkt t_0 ebenfalls gleich Null sein, d.h.

$$\Rightarrow \quad C - P - S_0 + (1+r)^{-T}K \; = \; 0$$
$$\Leftrightarrow \quad C \; = \; P + S_0 - (1+r)^{-T}K \; .$$

$\square$

Die Put-Call Parität ist zunächst eine Aussage über das Preisverhältnis zwischen einem Europäischen Call und einem sonst identischen Put. Sie beruht jedoch auf der Überlegung, dass die Auszahlung einer Put-Option durch ein Portfolio aus einer Call-Option, dem zugrundeliegenden Wertpapier und einer Anlage erzeugt werden kann. Der Put stellt ein erreichbares oder auch duplizierbares Wertpapier dar, dessen Auszahlung mit der des angegebenen Portfolios übereinstimmt.

Die Put-Call Parität gilt nur für dividendengeschützte Wertpapiere. Wird hingegen angenommen, dass die Aktie während der Laufzeit der Option Dividenden ausschüttet, so ist die Parität im obigen Sinne nicht erfüllt, lässt sich jedoch unter bestimmten Voraussetzungen verallgemeinern.

Proposition 2.1:

Unter der Bedingung der Arbitragefreiheit gilt für die Preise sonst identischer Europäischer Call- und Put-Optionen über einem nicht dividendengeschützten Wertpapier S:

a) *Ist der heutige Wert der Dividenden D_0 mit Sicherheit bekannt, so ergibt sich die verallgemeinerte Put-Call Parität zu*[4]

$$Call_e[S_0, K, t_0, T] \; = \; Put_e[S_0, K, t_0, T] + S_0 - D_0 - (1+r)^{-T}K,$$

b) *ist der heutige Wert der Dividenden mit Sicherheit kleiner gleich D_0^+, so gilt die folgende Preisabschätzung*

$$Call_e[S_0, K, t_0, T] \; \geq \; Put_e[S_0, K, t_0, T] + S_0 - D_0^+ - (1+r)^{-T}K.$$

---

[4]Der heutige Wert der Dividenden ist gleich dem diskontierten Wert der Dividendenzahlungen. Neben der Höhe der Dividendenzahlung sind somit die Zeitpunkte der Zahlungen und die Diskontfaktoren als bekannt vorausgesetzt.

Beweis:

Ist der gegenwärtige Wert der Dividenden bekannt, so ergibt sich die allgemeine Form der Put-Call Parität, in dem das Wertpapier ohne Dividenden erworben wird bzw. die Dividenden zum Marktzins (konstant) bis zum Fälligkeitszeitpunkt aufgenommen werden und sich so der zu leihende Betrag reduziert.

Wert des Portfolios in $t = t_0$		Auszahlung des Portfolios in $t = T$	
		$S_T \leq K$	$S_T > K$
verkaufe Call	$-C$	0	$-(S_T - K)$
kaufe Put	P	$K - S_T$	0
kaufe Wertpapiere ohne Dividende	$(S_0 - D_0)$	S_T	S_T
leihe $(1 + r)^{-T} K$	$-(1 + r)^{-T} K$	K	K
Wert: $-C + P + (S_0 - D_0) - (1 + r)^{-T} K$		0	0

$$\Rightarrow \quad C - P - (S_0 - D_0) + (1 + r)^{-T} K \;=\; 0$$
$$\Leftrightarrow \qquad\qquad\qquad C \;=\; P + S_0 - D_0 - (1 + r)^{-T} K.$$

Kann nur eine obere Schranke D_0^+ für den heutigen Wert der zukünftigen Dividenden angegeben werden, so ist auch $S_0 - D_0^+$ nur eine untere Schranke für den Preis der Aktie ohne Dividende, d.h. der tatsächliche Preis wird eventuell höher liegen. Aus

$$C - P - (S_0 - D_0^+) + (1+r)^{-T} K \geq C - P - (S_0 - D_0) + (1+r)^{-T} K \quad \forall\, D_0 \leq D_0^+$$

folgt die Behauptung. $\qquad\qquad\qquad\qquad\qquad\qquad\qquad\qquad\qquad\qquad\qquad$ $\square$

2.2. Satz von Merton

Die bisherigen Überlegungen zu Europäischen Optionen haben die folgenden Bewertungsgrenzen aufgezeigt

$$0 \;\leq\; \mathrm{Call}_e[S_0, K, t_0, T] \;\leq\; S_0 \,,$$
$$0 \;\leq\; \mathrm{Put}_e[S_0, K, t_0, T] \;\leq\; K(1 + r)^{-T}.$$

Ziel ist es, in einem ersten Schritt die untere Bewertungsgrenze für den Europäischen Put und Call zu verschärfen. Hierzu wird das folgende Portfolioargument benutzt:

Wert des Portfolios in $t = t_0$		Auszahlung in $t = T$	
		$S_T < K$	$S_T \geq K$
verkaufe Wertpapier	$-S_0$	$-S_T$	$-S_T$
kaufe Europ. Call	C	0	$S_T - K$
lege $(1+r)^{-T}K$ an	$(1+r)^{-T}K$	K	K
$-S_0 + C + (1+r)^{-T}K$		$K - S_T > 0$	0

Die Auszahlung des Portfolios ist nicht negativ und für $S_T < K$ sogar positiv. Falls es keine Arbitragemöglichkeit gibt, kann der Wert des Portfolios in t_0 somit nicht negativ sein, d.h. der Aufbau des Portfolios ist mit Kosten verbunden

$$(2.1) \quad -S_0 + C + (1+r)^{-T}K \geq 0 \qquad \Leftrightarrow \qquad C \geq S_0 - (1+r)^{-T}K \, .$$

Bemerkungen:

- Als der *Innere Wert* einer Call-Option zum Zeitpunkt t_0 wird die positive Differenz zwischen dem aktuellen Kurs des zugrundeliegenden Wertpapieres und dem Basispreis bezeichnet, d.h.

   Innerer Wert des Call zum Zeitpunkt $t_0 = \max\{S_0 - K, 0\}$.

   Werden ein positiver Basispreis $K > 0$ und ein nicht negativer Zinssatz $r \geq 0$ vorausgesetzt, so gilt $(1+r)^{-T}K \leq K$, und die obige Preisbeziehung (2.1) für den Europäischen Call ergibt

   $$\text{Call}_e[S_0, K, t_0, T] \geq S_0 - (1+r)^{-T}K \geq S_0 - K,$$

   d.h. eine Europäische Call Option besitzt einen Wert, der den Inneren Wert nicht unterschreitet. Die Differenz zwischen dem Optionswert und dem Inneren Wert heißt *Zeitwert* der Option. Für den Zeitwert ergibt sich somit:

Zeitwert des Call zum Zeitpunkt $t_0 = \text{Call}_e[S_0, K, t_0, T] -$ Innerer Wert ≥ 0.

- Alternativ wäre es möglich, die Beziehung

   $$C \geq S_0 - (1+r)^{-T}K$$

   aus der Put-Call Parität für Europäische Optionen

   $$C = P + S_0 - (1+r)^{-T}K$$

   zu schließen, da $P \geq 0 \quad \forall S_0 \in \mathbb{R}_{\geq 0}$ gilt.

Die nachfolgende Aussage über die Beziehung zwischen Europäischen und Amerikanischen Optionen wurde von Merton (1973) nachgewiesen und wird allgemein als *Satz von Merton* bezeichnet.

Satz 2.2:

Der Wert einer Amerikanischen Call-Option über einem dividendengeschütz-ten Wertpapier ist gleich dem Wert einer Europäischen Call-Option über dem gleichen Wertpapier mit demselben Ausübungszeitpunkt und Basispreis, falls der Basispreis und der Zinssatz nicht negativ sind.

Beweis:

Ist $\text{Call}_a[S_0, K, t_0, T]$ der Preis der Amerikanischen Call-Option

und $\text{Call}_e[S_0, K, t_0, T]$ der Preis der Europäischen Call-Option

zum Zeitpunkt t_0. So gilt zunächst, dass die Amerikanische Option nicht weniger wert sein kann als die sonst identische Europäische Option, d.h.

$$\text{Call}_a[S_0, K, t_0, T,] \geq \text{Call}_e[S_0, K, t_0, T].$$

Weiter gilt gemäß (2.1) für den Wert einer Europäischen Option zum Zeit-punkt t_0

$$\text{Call}_e[S_0, K, t_0, T] \geq S_0 - (1 + r)^{-T}K \geq S_0 - K,$$

d.h. der Wert einer Europäischen Option ist zu jedem Zeitpunkt $t_0 \in [0, T]$ nicht kleiner als der Innere Wert. Bei vorzeitigem Ausüben einer Amerikani-schen Option würde genau dieser Innere Wert realisiert, d.h. ein vorzeitiges Ausüben ist nicht optimal. Eine Amerikanische Option wird unter dieser Vor-aussetzung somit ebenfalls erst zum Fälligkeitszeitpunkt T ausgeübt, d.h.

$$\text{Call}_e[S_0, K, t_0, T] = \text{Call}_a[S_0, K, t_0, T].$$

$\square$

Bemerkungen:

- Falls das Wertpapier Dividenden während der Laufzeit der Option ausschüttet, gilt dies nicht mehr, da durch ein vorzeitiges Ausüben an den Dividenden partizipiert werden kann.

- Der Satz von Merton besagt, dass ein vorzeitiges Ausüben nicht opti-mal ist, da der Callpreis zu jedem Zeitpunkt den Inneren Wert über-steigt und es somit optimal ist, den Call zu verkaufen, statt ihn aus-zuüben.

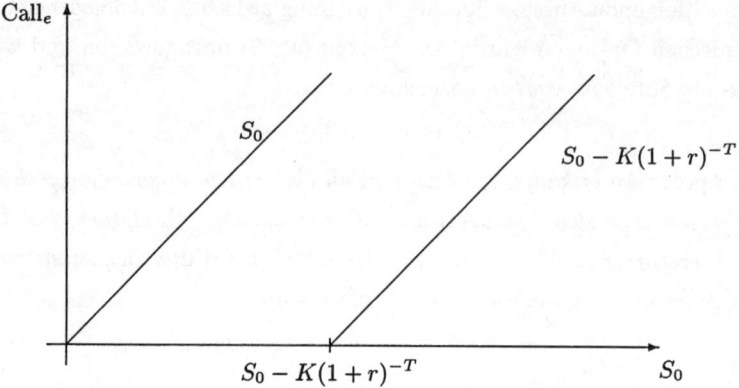

ABBILDUNG 2.1. Arbitragefreie Bewertungsgrenzen einer Europäischen Call-Option

Zusammenfassend ergibt sich aus diesen Überlegungen die folgende Bewertungsgrenze für einen Call über einem dividendengeschützten Wertpapier:

$$(2.2) \qquad \max\{0, S_0 - K(1+r)^{-}T\} \leq \text{Call}[S, K, t_0, T] \leq S_0.$$

Für den Europäischen und Amerikanischen Put ist es nicht möglich, eine derart eindeutige Beziehung, wie sie der Satz von Merton darstellt, herzuleiten. Zur Verdeutlichung wird das folgende Portfolioargument herangezogen:

Portfolio in t_0		Auszahlung in $t = T$	
		$S_T \leq K$	$S_T > K$
kaufe Put$_e$	P	$(K - S_T)$	0
kaufe Wertpapier	S_0	S_T	S_T
(dividendengeschützt)			
leihe $K(1+r)^{-T}$	$-K(1+r)^{-T}$	$-K$	$-K$
bis zum Zeitpunkt T			
$P + S_0 - K(1+r)^{-T}$		0	$S_T - K$

Da die Auszahlung in jedem Zustand nicht negativ ist, muss der Wert des Portfolios in t_0 ebenfalls nicht negativ sein, d.h. der Aufbau des Portfolios ist mit Kosten verbunden. Dies führt auf die folgenden Bewertungsgrenzen für den Europäischen Put:

$$P + S_0 - K(1+r)^{-T} \geq 0 \Leftrightarrow P \geq K(1+r)^{-T} - S_0.$$

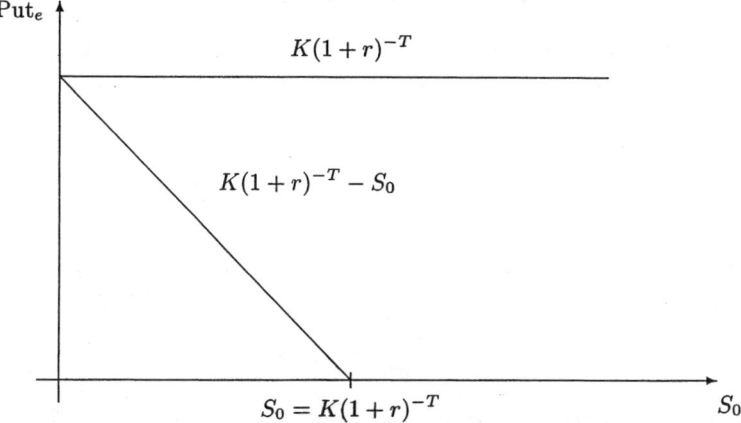

ABBILDUNG 2.2. Arbitragefreie Bewertungsgrenzen einer Europäischen Put-Option

Satz 2.3:

Für einen Amerikanischen Put kann vorzeitiges Ausüben optimal sein.

Beweis:

Die Auszahlung des Put steigt, falls der Aktienkurs sinkt. Hinreichend für ein vorzeitiges Ausüben der Put-Option ist es, wenn der aufgezinste Innere Wert alle möglichen Auszahlungen zum Fälligkeitszeitpunkt T übersteigt. Sei $t \in [0,T]$, so entspricht $K - S_t$ dem Inneren Wert zum Zeitpunkt t. Die Ausübung erfolgt spätestens, falls der aufgezinste Innere Wert den maximalen Auszahlungswert übersteigt, d.h. es muß für alle $S_T \geq 0$ gelten

$$(K - S_t)(1+r)^{T-t} > K - S_T$$
$$\Leftrightarrow \quad S_t < K(1 - (1+r)^{-(T-t)}) + S_T(1+r)^{-(T-t)}.$$

Hinreichend für das vorzeitige Ausüben der Put-Option ist somit der aktuelle Kurs S_t mit $S_t < K(1 - (1+r)^{-(T-t)})$. $\qquad\square$

Für den Europäischen und Amerikanischen Put ergeben sich zusammenfassend die folgenden Bewertungsgrenzen:

$$\max\{0, K(1+r)^{-T} - S_0\} \leq \mathrm{Put}_e[S_0, K, t_0, T] \leq K(1+r)^{-T}$$
$$\max\{0, K - S_0\} \leq \mathrm{Put}_a[S_0, K, t_0, T] \leq K.$$

2.3. Strukturaussagen

Dieser Abschnitt fasst die wichtigsten Preisabschätzungen für Call- und Put-Optionen zusammen, die sich aus der Arbitragefreiheit ergeben.

Proposition 2.2:

Sei S ein dividendengeschütztes Wertpapier, so gilt unter Ausschluss von Arbitrage:

a) *Der Preis einer Call-Option (Amerikanisch oder Europäisch) ist monoton fallend im Basispreis, d.h.*

$$Call[S_0, K_1, t_0, T] \geq Call[S_0, K_2, t_0, T] \qquad \forall K_2 > K_1.$$

b) *Der Preis einer Put-Option (Amerikanisch oder Europäisch) ist monoton wachsend im Basispreis, d.h.*

$$Put[S_0, K_1, t_0, T] \leq Put[S_0, K_2, t_0, T] \qquad \forall K_2 > K_1.$$

c) *Für einen nicht negativen Zinssatz $r \geq 0$ und Basispreis $K \geq 0$ sind der Preis einer Put-Option (Amerikanisch) und einer Call-Option (Amerikanisch und Europäisch) monoton wachsend im Ausübungszeitpunkt, d.h.*

$$Call[S_0, K, t_0, T_2] \quad \geq \quad Call[S_0, K, t_0, T_1]$$
$$\forall T_2 > T_1$$
$$Put_a[S_0, K, t_0, T_2] \quad \geq \quad Put_a[S_0, K, t_0, T_1].$$

Beweis:

a) und b) folgen direkt aus der Monotonie der Auszahlungsprofile und der arbitragefreien Preisregel.

c): i) Call-Option:

Ohne Einschränkung kann von einem Europäischen Call ausgegangen werden (vgl. Satz von Merton, S. 43). Es sei angenommen, dass der Preis der Call-Option im Fälligkeitszeitpunkt abnimmt, d.h.

$$\text{Call}_e[S_0, K, t_0, T_2] < \text{Call}_e[S_0, K, t_0, T_1] \text{ für } T_2 > T_1.$$

In diesem Fall wird die folgende Strategie betrachtet:

$$\text{kaufe Call}_e[S_0, K, t_0, T_2] \text{ und verkaufe Call}_e[S_0, K, t_0, T_1].$$

Zum Zeitpunkt $T_1 < T_2$ gilt für die Auszahlung des Portfolios:

Wert des Portfolios in $t = t_0$	Auszahlung des Portfolios in T_1	
	$S_{T_1} \leq K$	$S_{T_1} > K$
$+\text{Call}_e(T_2)$ $-\text{Call}_e(T_1)$	$\text{Call}_e[S_{T_1}, K, T_1, T_2] \geq 0$ 0	$\text{Call}_e[S_{T_1}, K, T_1, T_2] \geq S_{T_1} - K(1+r)^{-(T_2 - T_1)}$ $-(S_{T_1} - K)$
	≥ 0	$\geq K(1 - (1+r)^{-(T_2 - T_1)}) > 0$

Der Wert des Portfolios in t_0 muß unter Ausschluss von Arbitrage nicht negativ sein, d.h. es muss gelten

$$\text{Call}_e[S_0, K, t_0, T_2] - \text{Call}_e[S_0, K, t_0, T_1] \geq 0.$$

Dies ist ein Widerspruch zur Annahme.

ii) Put-Option:
Ein Amerikanischer Put mit Laufzeit $T_2 > T_1$ kann insbesondere zu jedem Zeitpunkt $t \in [0, T_1]$ ausgeübt werden, so dass gilt

$$\text{Put}_a[S, K, t_0, T_2] \geq \text{Put}_a[S, K, t_0, T_1].$$

□

Falls es sich um Europäische Put-Optionen handelt, ist die dritte Aussage der Proposition 2.2 nicht unbedingt gültig, wie die folgende Portfolioüberlegung zeigt:

Wert des Portfolios in $t = t_0$	Auszahlung des Portfolios in $t = T_1$	
	$S_{T_1} \leq K$	$S_{T_1} > K$
kaufe $\text{Put}_e(T_2)$ verkaufe $\text{Put}_e(T_1)$	$\text{Put}_e[S_{T_1}, K, T_1, T_2,] \geq 0$ $-(K - S_{T_1})$	$\text{Put}_e[S_{T_1}, K, T_1, T_2,] \geq 0$ 0
$\text{Put}_e(T_2) - \text{Put}_e(T_1)$		≥ 0

Nach Satz 2.3 kann vorzeitiges Ausüben einer Put-Option optimal sein, d.h. eine Europäische Put-Option kann weniger wert sein, als der bei Ausübung anfallende Wert $K - S_{T_1}$. Dies ist für *kleine* Aktienkurse der Fall. Somit ist das Vorzeichen der Auszahlung des obigen Portfolios in der Situation $S_{T_1} \leq K$ nicht eindeutig bestimmt, d.h. die übliche Dominanzüberlegung nicht anwendbar.

Satz 2.4:

Unter Ausschluss von Arbitrage besitzt der Preis einer Call-Option die folgenden Eigenschaften:

a) *Der Preis einer Call-Option (Europäisch oder Amerikanisch) ist konvex im Basispreis, insbesondere gilt für Basispreise $K_1 < K_2 < K_3$*

$$Call[S_0, K_2, t_0, T]$$
$$\leq \frac{K_3 - K_2}{K_3 - K_1} Call[S_0, K_1, t_0, T] + \frac{K_2 - K_1}{K_3 - K_1} Call[S_0, K_3, t_0, T].$$

b) *Seien $K_1 < K_2$ zwei Basispreise, so gilt*

$$K_2 - K_1 \geq Call_a[S_0, K_1, t_0, T] - Call_a[S_0, K_2, t_0, T]$$
$$(K_2 - K_1)(1 + r)^{-(T-t_0)} \geq Call_e[S_0, K_1, t_0, T] - Call_e[S_0, K_2, t_0, T].$$

c) *Der Preis einer Call-Option (Europäisch oder Amerikanisch) ist homogen vom Grade 1 im Wertpapier und im Basispreis, falls die Dividenden ebenfalls homogen sind, d.h.*

$$Call[\alpha S_0, \alpha K, t_0, T] = \alpha Call[S_0, K, t_0, T] \quad \forall \alpha > 0.$$

Beweis:

a) Seien $K_1 < K_3$ zwei Basispreise. Zu zeigen ist für $\alpha \in]0, 1[$

$$Call[\, \alpha K_1 + (1 - \alpha)K_3 \,] \leq \alpha Call[K_1] + (1 - \alpha)Call[K_3].$$

Hierzu wird das Auszahlungsprofil der Option bzw. des Optionsportfolios zum Ausübungszeitpunkt bzw. bei Ausübung zu einem früheren Zeitpunkt betrachtet. Grafisch lässt sich dies für ein beliebiges, aber festes $\alpha \in]0, 1[$ zu einem Zeitpunkt $t' \in [0, T]$ darstellen durch:

Auszahlung bei Ausübung zum Zeitpunkt t'

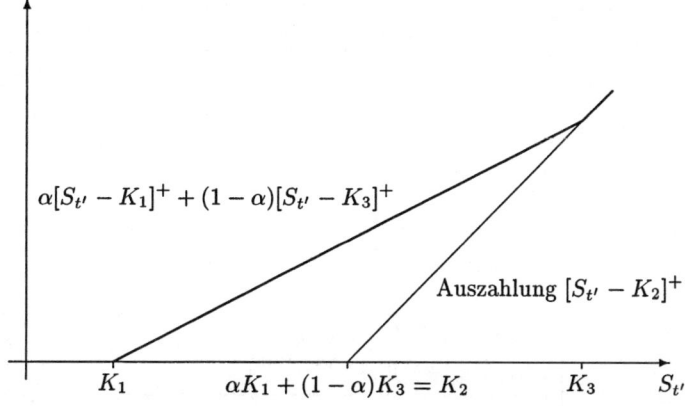

Die Abbildung zeigt, dass die Auszahlung des gewichteten Options-portfolios diejenige der einzelnen Option dominiert. Aus der Monoto-nie der arbitragefreien Preisregel ergibt sich somit für jedes $\alpha \in]0,1[$

$$\text{Call}[S_0, \alpha K_1 + (1-\alpha)K_3, t_0, T]$$
$$\leq \quad \alpha \text{Call}[S_0, K_1, t_0, T] + (1-\alpha)\text{Call}_e[S_0, K_3, t_0, T].$$

Für $\alpha := \frac{K_3 - K_2}{K_3 - K_1}$ mit $K_1 < K_2 < K_3$ folgt die obige Behauptung, da

$$\alpha K_1 + (1-\alpha)K_3 = \frac{K_3 - K_2}{K_3 - K_1}K_1 + \frac{K_2 - K_1}{K_3 - K_1}K_3 = K_2.$$

b) Es wird die Auszahlung des folgenden Portfolios zu einem Zeitpunkt $t' \in]0,T]$ bei Ausübung betrachtet:

kaufe $\text{Call}[S_0, K_1, t_0, T]$ und verkaufe $\text{Call}[S_0, K_2, t_0, T]$.

Dies führt zu der folgenden Auszahlung:

$t_0 = 0$	Auszahlung in $t' \in]0,T]$		
	$S_{t'} \leq K_1$	$K_1 < S_{t'} \leq K_2$	$S_{t'} > K_2$
$C[K_1]$	0	$S_{t'} - K_1$	$S_{t'} - K_1$
$-C[K_2]$	0	0	$-(S_{t'} - K_2)$
	0	$S_{t'} - K_1 > 0$	$K_2 - K_1 > 0$

Die resultierende Auszahlung des Portfolios ist in jeder Situation durch die Differenz $K_2 - K_1$ begrenzt. Für Amerikanische Call-Optionen folgt hieraus die Behauptung. Für Europäische Optionen gilt darüber hinaus $(K_2 - K_1)(1 + r)^{-T} \geq \text{Call}_e[K_1] - \text{Call}_e[K_2]$.

Handelt es sich um ein dividendengeschütztes Wertpapier, so gilt auch für den Amerikanischen Call diese schärfere Bewertungsgrenze.

c) Die Behauptung ergibt sich wiederum unmittelbar aus der folgenden Portfolioüberlegung:

Wert des Portfolios	Auszahlung in $t' \in]0, T]$	
in $t_0 = 0$	$S_{t'} \leq K$	$S_{t'} > K$
kaufe $\text{Call}[\alpha S_0, \alpha K, t_0, T]$	0	$(\alpha S_{t'} - \alpha K)$
verkaufe $\alpha \text{Call}[S_0, K, t_0, T]$	0	$-\alpha(S_{t'} - K)$
	0	0

□

Satz 2.5:

Unter Ausschluss von Arbitrage besitzt der Preis einer Put-Option die folgenden Eigenschaften:

a) *Der Preis einer Put-Option (Europäisch oder Amerikanisch) ist konvex im Basispreis; insbesondere gilt für Basispreise $K_1 < K_2 < K_3$*

$$Put[S_0, K_2, t_0, T]$$
$$\leq \frac{K_3 - K_2}{K_3 - K_1} Put[S_0, K_1, t_0, T] + \frac{K_2 - K_1}{K_3 - K_1} Put[S_0, K_3, t_0, T]$$

b) *Seien $K_1 < K_2$ zwei Basispreise, so gilt*

$$K_2 - K_1 \geq Put_a[S_0, K_2, t_0, T] - Put_a[S_0, K_1, t_0, T]$$
$$(K_2 - K_1)(1 + r)^{-(T-t_0)} \geq Put_e[S_0, K_2, t_0, T] - Put_e[S_0, K_1, t_0, T]$$

c) *Der Preis einer Put-Option (Europäisch oder Amerikanisch) ist homogen vom Grade 1 im zugrundeliegenden Wertpapier und im Basispreis, falls die Dividenden ebenfalls homogen sind*

$$Put[\alpha S_0, \alpha K, t_0, T] = \alpha Put[S_0, K, t_0, T] \qquad \forall \alpha > 0.$$

Beweis:

a) Wie im Beweis zu Satz 2.4 werden die Auszahlungen der beiden folgenden Portfolien verglichen:

$$\mathrm{Put}[S_0, \alpha K_1 + (1-\alpha)K_3, t_0, T]$$

$$\text{und} \quad \alpha\mathrm{Put}[S_0, K_1, t_0, T] + (1-\alpha)\mathrm{Put}[S_0, K_3, t_0, T]$$

für $\alpha \in]0,1[$ und $K_1 < K_3$. Setze $K_2 := \alpha K_1 + (1-\alpha)K_3$ und sei $t' \in]0,T]$ ein Zeitpunkt, zu dem die Optionen ausgeübt werden, so gilt für das Auszahlungsprofil

$$[K_2 - S_{t'}]^+ \le \alpha[K_1 - S_{t'}]^+ + (1-\alpha)[K_3 - S_{t'}]^+.$$

Aus der Monotonie der arbitragefreien Preisregel folgt die Konvexität und für $\alpha = \frac{K_3 - K_2}{K_3 - K_1}$ die restliche Behauptung.

b)

Wert des Portfolios in		Auszahlung in $t' \in]0,T]$		
$t = t_0$		$S_{t'} < K_1$	$K_1 \le S_{t'} < K_2$	$S_{t'} \ge K_2$
kaufe Put$[K_2]$	$P[K_2]$	$K_2 - S_{t'}$	$K_2 - S_{t'}$	0
verkaufe Put$[K_1]$	$-P[K_1]$	$-(K_1 - S_{t'})$	0	0
		$K_2 - K_1$	$K_2 - S_{t'} \le K_2 - K_1$	0

Die Auszahlung des Portfolios kann in jeder Situation nach oben durch die Differenz der beiden Basispreise abgeschätzt werden.

$\Rightarrow \qquad K_2 - K_1 \ge \mathrm{Put}[S_0, K_2, t_0, T] - \mathrm{Put}[S_0, K_1, t_0, T].$

Für Europäische Put-Optionen gilt darüber hinaus

$$(K_2 - K_1)(1+r)^{-T} \ge \mathrm{Put}_e[S_0, K_2, t_0, T] - \mathrm{Put}_e[S_0, K_1, t_0, T].$$

c)

Wert des Portfolios in $t = t_0$	Auszahlung in $t' \in]0,T]$	
	$S_{t'} < K$	$K \le S_{t'}$
kaufe Put$[\alpha S_0, \alpha K, t_0, T]$	$\alpha S_{t'} - \alpha K$	0
verkaufe αPut$[S_0, K, t_0, T]$	$\alpha(S_{t'} - K)$	0
	0	0

$\square$

Weiterführende Literatur

Die Herleitung verteilungsunabhängiger Bewertungsgrenzen für derivative Finanzverträge ist ein wesentlicher Schritt zum Verständnis der Preisbildung. Neben dem Preisverhältnis zwischen dem Derivat und dem zugrundeliegenden Wertpapier werden auch Preisverhältnisse zwischen unterschiedlichen Derivaten hergeleitet, aus denen sich Handelsstrategien ableiten. Die Gültigkeit dieser Beziehungen beruht auf einem vollständig deregulierten Finanzmarkt und der Abwesenheit von Transaktionskosten. Ein zentrales Ergebnis ist in diesem Zusammenhang die auf Stoll (1968) zurückgehende Put-Call-Parität. Aus ihr leiten sich direkt oder indirekt weitere Paritäten für Rentenoptionen, Caps, Floors, Swaps und Swaptions her. Als bedeutender und zu empfehlender Beitrag ist schon an dieser Stelle auf die Arbeit von Merton (1973) hinzuweisen. Neben den schon zu Kapitel 1 angegebenen Lehrbüchern bieten die Lehrbücher von Hull (1997) sowie Jarrow und Turnbull (1996) einen umfassenden Überblick zu den verschiedenen Verträgen und darüber hinaus zu ihrer Bewertung.

Übungsaufgaben

Aufgabe 2.1:

Seien $a_1, a_2 : \Omega = \{\omega_1, \ldots, \omega_S\} \to \mathbb{R}$ zwei Wertpapiere mit $a_1(\omega_s) \geq a_2(\omega_s)$ $\forall \omega_s \in \Omega$ und $a_1(\omega_1) > a_2(\omega_1)$. Sei q eine arbitragefreie Preisregel. Zeigen Sie, dass für die Preise der beiden Wertpapiere gilt $q(a_1) > q(a_2)$.

Aufgabe 2.2:

Zeigen Sie, dass durch den Kauf und Verkauf Europäischer Optionen und dem zugrundeliegenden dividendengeschützten Wertpapier eine sichere Rendite erwirtschaftet werden kann.

Aufgabe 2.3:

Ein Anleger hat 75 Wertpapiere zum Kurs von DM 220,50 pro Wertpapier erworben. In den kommenden 12 Monaten erfolgt mit Sicherheit keine Dividendenzahlung auf das Wertpapier. Der Anleger möchte seinen maximalen Verlust zu diesem Zeitpunkt auf 2% des aktuellen Portfoliowertes begrenzen. Zeigen Sie, dass dies durch ein geeignetes Portfolio aus Europäischen Call-Optionen erreicht werden kann, wobei der einjährige Zinssatz gleich 5% angenommen wird.

Aufgabe 2.4:

Sei $\text{Call}_e[S_0, K, t_0, T]$ der Preis einer Europäischen Call-Option über einem nicht dividendengeschützten Wertpapier. Sei der heutige Wert der Dividenden bis zum Zeitpunkt T nach oben beschränkt durch D^+. Zeigen Sie mittels einer Portfolioüberlegung

$$\text{Call}_e[S_0, K, t_0, T] \geq S_0 - (1+r)^{-(T-t_0)}K - D^+.$$

Aufgabe 2.5:

Sei $\text{Put}_e[S_0, K, t_0, T]$ der Preis einer Europäischen Put-Option über einem Wertpapier S. Sei der heutige Wert der Dividenden bis zum Zeitpunkt T nach unten beschränkt durch D^-. Zeigen Sie

$$\text{Put}_e[S_0, K, t_0, T] \geq K(1+r)^{-T} + D^- - S_0.$$

Aufgabe 2.6:

a) Sei der Kurs eines dividendengeschützten Wertpapiers gleich 55 und der Preis einer Amerikanischen Call-Option mit einer Laufzeit von 3 Monaten und Basispreis 50 gleich 5. Konstruieren Sie ein Portfolio, das eine Arbitragemöglichkeit liefert. Setzen Sie voraus, dass der Zinssatz positiv ist.

b) Der Zinssatz betrage 3% für 3 Monate und der Callpreis wird auf 6 erhöht. Konstruieren Sie wiederum eine Arbitragemöglichkeit.

Aufgabe 2.7:

Es werden zwei verschiedene Europäische Call-Optionen mit Restlaufzeit 1 Jahr über dem gleichen dividendengeschützten Wertpapier betrachtet. Sei der Preis der Call-Option mit Basispreis 47,7 gleich 5,2 und derjenige mit Basispreis 40 gleich 12,4. Der Zinssatz für ein Jahr betrage 10%. Geben Sie eine Arbitragemöglichkeit an.

Aufgabe 2.8:

Sei der Kurs eines Wertpapiers gleich 100. Es werden drei verschiedene Amerikanische Call-Optionen mit einer Laufzeit von einem Jahr betrachtet. Der Call mit Basispreis 100 habe einen Preis von 5,5, der mit Basispreis 94 kostet 8,4, während für den Call mit Basispreis 108 der Preis gleich 1,4 ist. Konstruieren Sie eine Arbitragemöglichkeit.

KAPITEL 3

Eigenschaften ausgewählter Exotischer Optionen

Die Bezeichnung *Exotische Option* wird für eine sehr heterogene Gruppe von Finanzverträgen verwendet. Als Begriff eingeführt von Rubinstein (1990) umfasst er Finanzverträge, deren Auszahlung neben der auf Call- und Put-Optionen zurückzuführenden Auszahlungseigenschaft von zusätzlichen Bedingungen abhängt. Die Formulierung "zusätzliche Bedingung" deutet den Variationsreichtum an, der sich hierhinter verbirgt. Dies erschwert es, eine erschöpfende Auflistung aller unter der Bezeichnung Exotische Optionen vertretenen Vertragsformen zu präsentieren. Eine umfangreiche Darstellung findet sich in der von Jarrow (1995) herausgebenen Artikelsammlung und im "Handbook of Exotic Options" von Nelken (1996).

Die vollständige Systematisierung Exotischer Optionen ist auch aus einem zweiten Grund außerordentlich schwierig. Es handelt sich fast ausschließlich um Finanzverträge, die aus spezifischen Kundenbedürfnissen entstehen, also um außerbörsliche Verträge, sogenannte OTC (over the counter) Verträge. Dies bedingt, dass neben der Vielfalt vertraglicher Ausprägungen eine nicht immer einheitliche Namensgebung für gleichartige Verträge vorzufinden ist.

Grundsätzlich lassen sich zwei Elemente Exotischer Optionen unterscheiden, die sowohl getrennt als auch gemeinsam die zusätzlichen Bedingungen, die die Auszahlung beeinflussen, bestimmen. Zum einen kann die Auszahlung neben dem Schlusskurs eines Wertpapiers zum Ausübungszeitpunkt auch von der Kursentwicklung bis zu diesem Zeitpunkt beeinflusst werden bzw. abhängen. Dieser Zusammenhang wird als *Pfadabhängigkeit* der Option bezeichnet. Beispiele hierfür sind *Barrier Optionen,* deren Auszahlung neben der Call- oder Put-Bedingung zusätzlich vom Erreichen einer Kursschranke während der Laufzeit abhängt oder *Mittelwertoptionen (Asian Options)*, deren Auszahlung durch einen Durchschnittskurs bestimmt wird. Zum anderen kann die Auszahlung von mehreren Wertpapieren beeinflusst werden. Derartige Optionen werden als *korrelationsabhängig* bezeichnet. Beispiele sind *Portfoliooptionen (Basket Options)*, deren Auszahlung vom Schlusskurs eines Wertpapierportfolios abhängt, oder *Quanto Optionen*, deren Auszahlung durch das Produkt oder den Quotienten verschiedener Wertpapiere bestimmt wird. Letztere sind im Devisenmarkt nicht unüblich.

So einleuchtend die Unterscheidung zwischen pfadabhängig und korrelationsabhängig erscheint, sie ist jedoch nicht vollständig zufriedenstellend. Sicherlich lässt sich feststellen, ob in die Definition einer Auszahlung explizit die Kursentwicklung und/oder mehrere Wertpapiere eingehen. Ein in diesem Sinne als pfadabhängig charakterisierter Finanzvertrag ist jedoch aus mindestens zwei Gründen auch korrelationsabhängig. Erstens wird seine Auszahlung über die Pfadabhängigkeit von der Autokorrelation beeinflusst, zweitens sind gerade im OTC-Bereich mittlere bis lange Vertragslaufzeiten keine Seltenheit, d.h. neben dem zugrundeliegenden Wertpapier nimmt zumindest die Zinsentwicklung implizit Einfluss und führt so mittelbar zu einer Korrelationsabhängigkeit. Schließlich darf die Bezeichnung pfadabhängig nicht so verstanden werden, dass einfache Call- oder Put-Optionen, deren Auszahlungen nur vom Schlusskurs abhängen, nicht pfadabhängig seien. Es ist zu berücksichtigen, dass die Höhe des aktuellen Kurses eine wichtige Größe für den zukünftigen Kurs eines Wertpapiers ist; d.h., die Kursentwicklung bis zum Ausübungszeitpunkt und der entsprechende Schlusskurs können nicht getrennt gesehen werden. Letztlich erfolgt die Bewertung eines Finanzderivates im Sinne der Arbitragetheorie relativ zu den Kursen und der Kursentwicklung der zugrundeliegenden Wertpapiere, d.h. sie hängt von dem spezifischen Modell der Kursentwicklung ab.

Von diesem übergeordneten Standpunkt aus darf die Abgrenzung zwischen pfadabhängigen und korrelationsabhängigen Finanzverträgen nicht darüber hinwegtäuschen, dass derivative Finanzverträge immer sowohl korrelations- wie pfadabhängig sind, eventuell jedoch in einer impliziten Art und Weise. Inwieweit dies die Analyse eines speziellen Vertrages berücksichtigt, ist eine von dieser Tatsache getrennte Frage.

Die gängige Vorgehensweise der Analyse derivativer Verträge ist stark vertragsbezogen, d.h. befasst sich isoliert mit einem speziellen Vertrag und seinen Eigenschaften. Dabei konzentriert sie sich auf die in diesem Vertrag explizit genannten Wertpapiere. Andere Wertpapiere werden vernachlässigt bzw. konstant gehalten. Ein Beispiel ist die Analyse von Aktien- oder Devisenoptionen bei konstanter in- und ausländischer Zinsentwicklung. Auch dieses Buch bedient sich der vertragsbezogenen Betrachtung in einem erheblichen Umfang. Eine Ausnahme stellt die Diskussion zum Zinsänderungsrisiko dar. Die aus einer isolierten Betrachtung gewonnenen Erkenntnisse dürfen nicht darüber hinwegtäuschen, dass hierin eine wesentliche Beschränkung ihres Erklärungsgehaltes liegt. Die unter Vereinfachungsgesichtspunkten akzeptierten Annahmen müssen nicht zuletzt vor dem Hintergrund der Integration der Finanzmärkte hinterfragt werden. Bieten auch Exotische Optionen ein fast unendliches und überaus attraktives Anwendungsfeld mathematischer Methoden, so haben diese Verträge auch dazu beigetragen, die ökonomischen Bedingungen in der Bewertung wieder stärker zu berücksichtigen. Die Integration der Finanzmärkte hat zur Folge, dass eine getrennte Betrachtung von Aktien-, Edelmetall-, Devisen- und Zinsänderungen den vorliegenden Zusammenhängen nicht mehr gerecht wird und zu verzerrten bis zu falschen Entscheidungen führen kann. Risikomanagement verlangt die Erfassung, Analyse und Beherrschung der gesamten Änderungen bzw. Risiken und kann sich nicht auf vertragsspezifische Betrachtungen beschränken. Exotische Optionen sind Finanzverträge, deren Auszahlung explizit verschiedene Aspekte der Finanzmärkte berücksichtigt und die insofern die Notwendigkeit einer marktorientierten Analyse unmittelbar verdeutlichen.

3.1. Barrier Optionen und verwandte Vertragsformen

Die Auszahlung einer Barrier- oder auch Schrankenoption ist davon abhängig, ob eine vorgegebene Kursschranke berührt oder nicht berührt wurde. Als erstes Beispiel dient ein deutscher Exporteur, der in 6 Monaten 1 Mio. US-$ aus einem Warengeschäft erhält, die er gegen inländische Währung zu tauschen beabsichtigt. Zur Sicherung gegenüber dem Wechselkursrisiko könnte eine DM-$ Put-Option mit Basispreis K_d (in DM) verwendet werden. Die Prämie dieser Option ist nicht unerheblich. Die Option bezieht sich auf den Wechselkurs zum Fälligkeitszeitpunkt T und die Höhe der Auszahlung

ist unabhängig vom Wechselkursverlauf während der Laufzeit, gegeben der
Schlusskurs. Dies stellt aus Sicht des Exporteurs in der folgenden Situation eine Überversicherung dar: Steigt beispielsweise der Wechselkurs während
der Laufzeit stark an, so ist dem Sicherungsbedürfnis des Exporteurs Genüge
geleistet, falls er zu dem dann für ihn sehr günstigen Wechselkurs 1 Mio. US-
\$ vorzeitig, d.h. auf Termin verkauft. In dieser Situation benötigt er keine
weitere Versicherung mittels der Put-Option. Bezeichnet $H_d > K_d$ (in DM)
diese obere Kursschranke an den Wechselkurs $S^{DM/\$}$, so ist die Auszahlung
des dann noch notwendigen ex ante Versicherungsvertrages gegenüber dem
Wechselkursrisiko gleich:

$$
\begin{cases}
[K_d - S_T^{DM/\$}]^+ & \text{falls} \quad S_t^{DM/\$} < H_d \quad \forall t \in [0,T] \\
0 & \text{falls} \quad S_t^{DM/\$} \geq H_d \quad \text{für mindestens ein } t \in [0,T].
\end{cases}
$$

Da es sich um einen Europäischen Put mit einer oberen Kursschranke handelt, deren Berühren oder Überschreiten zum Erlöschen des Optionsrechtes
führt, heißt dieser Vertrag *Europäischer up-and-out Put*. Wird hingegen die
Auszahlung des Vertrages in Fremdwährung betrachtet, d.h. mit dem Wechselkurs US-\$ gegen DM zum Fälligkeitszeitpunkt T multipliziert, so führt
dies zu

$$
\begin{cases}
S_T^{\$/DM}[K_d - S_T^{DM/\$}]^+ = K_d[S_T^{\$/DM} - \frac{1}{K_d}]^+ \\
\qquad \text{falls } S_t^{\$/DM} > \frac{1}{H_d} \quad \forall t \in [0,T] \\
0 \quad \text{falls } S_t^{\$/DM} \leq \frac{1}{H_d} \text{ für mindestens ein } t \in [0,T].
\end{cases}
$$

Aus Sicht der Fremdwährung entspricht dies einer *Europäischen down-and-
out Call-Option*, auch Knock-out-Option genannt, auf den Wechselkurs US-\$
gegen DM mit dem Basispreis $K_f = \frac{1}{K_d}$ in Fremdwährung und der Out-
Schranke $H_f = \frac{1}{H_d}$ (in Fremdwährung).

Aus den drei Vertragsmöglichkeiten Call/Put, up/down und in/out ergeben sich *acht Grundformen* der Barrier Optionen. Die verschiedenen Auszahlungen sind in Tabelle 3.1 beschrieben, wobei H die Kursschranke und K
den Basispreis bezeichnen.

Neben den in Tabelle 3.1 aufgeführten Auszahlungen kann der Verfall
des Optionsrechtes auch zu einer konstanten *Rückvergütung* (Rebate) führen.
Handelt es sich um eine "out" Option, so fällt diese Rückvergütung entweder
unmittelbar zum Zeitpunkt des Berührens der Kursschranke an *(payment at
hit)* oder erst bei Fälligkeit *(payment at expiry)*. Im Fall der "in" Optionen

Name	Notation	Auszahlung zum Fälligkeitszeitpunkt T	
Down-and-out Call $H < S_0$	Call_{do}	$\begin{cases} [S_T - K]^+ \\ 0 \end{cases}$	falls $S_t > H \ \forall t \in [0,T]$ falls $S_{t^*} \leq H$ für ein t^*
Down-and-out Put $H < S_0$	Put_{do}	$\begin{cases} [K - S_T]^+ \\ 0 \end{cases}$	falls $S_t > H \ \forall t \in [0,T]$ falls $S_{t^*} \leq H$ für ein t^*
Down-and-in Call $H < S_0$	Call_{di}	$\begin{cases} 0 \\ [S_T - K]^+ \end{cases}$	falls $S_t > H \ \forall t \in [0,T]$ falls $S_{t^*} \leq H$ für ein t^*
Down-and-in Put $H < S_0$	Put_{di}	$\begin{cases} 0 \\ [K - S_T]^+ \end{cases}$	falls $S_t > H \ \forall t \in [0,T]$ falls $S_{t^*} \leq H$ für ein t^*
Up-and-out Call $H > S_0$	Call_{uo}	$\begin{cases} 0 \\ [S_T - K]^+ \end{cases}$	falls $S_{t^*} \geq H$ für ein t^* falls $S_t < H \ \forall t \in [0,T]$
Up-and-out Put $H > S_0$	Put_{uo}	$\begin{cases} 0 \\ [K - S_T]^+ \end{cases}$	falls $S_{t^*} \geq H$ für ein t^* falls $S_t < H \ \forall t \in [0,T]$
Up-and-in Call $H > S_0$	Call_{ui}	$\begin{cases} [S_T - K]^+ \\ 0 \end{cases}$	falls $S_{t^*} \geq H$ für ein t^* falls $S_t < H \ \forall t \in [0,T]$
Up-and-in Put $H > S_0$	Put_{ui}	$\begin{cases} [K - S_T]^+ \\ 0 \end{cases}$	falls $S_{t^*} \geq H$ für ein t^* falls $S_t < H \ \forall t \in [0,T]$

TABELLE 3.1. Grundformen der Auszahlung einer Barrier Option bezüglich des Wertpapieres S

ist eine Rückvergütung nur zum Fälligkeitszeitpunkt möglich. Grundsätzlich ist weiter zwischen Barrier Optionen europäischen und amerikanischen Typs zu unterscheiden, wobei in der Regel der europäische Typ vorliegt. Werden die Rückvergütung und der Typ des Optionsrechtes hinzugerechnet, so ergibt dies 32 Vertragsvarianten. Weitere entstehen durch verschiedene zeitliche Anforderungen an die Überprüfung der Schrankenbedingung. Die in Tabelle 3.1 aufgeführten Grundformen sehen eine kontinuierliche (stetige) Überprüfung vor; dies wird als *continuous monitoring* bezeichnet. Stattdessen kann, wie in der Praxis durchaus üblich, eine Überprüfung nur zu bestimmten Zeitpunkten, z.B. den Börsenschlusskursen, vorgesehen sein *(discrete* oder *local monitoring)*. Weiter muss die Überprüfung der Schrankenbedingung sich nicht notwendig auf die gesamte Laufzeit des Vertrages beziehen, sondern kann sich auch auf bestimmte Teilintervalle beschränken *(partial monitoring)*.[1]

---

[1] Eine ausführliche Darstellung zu den verschiedenen Ausprägungen von Barrier Optionen stammt von Berger (1996).

Proposition 3.1 verdeutlicht den Zusammenhang zwischen Europäischen Barrier Optionen ohne Rückvergütung und Europäischen Call- und Put-Optionen (Standardoptionen, plain vanilla options). Offensichtlich ist der Preis einer Barrier Option immer durch den der entsprechenden Standardoption nach oben beschränkt. Diese im Vergleich zu Standardoptionen geringere Prämie ist ein wesentlicher Grund für die Attraktivität der Barrier Option.

Proposition 3.1:

Für die nachfolgenden Optionen europäischen Typs mit Basispreis K und Restlaufzeit $T - t_0$ gilt:

$$
\begin{aligned}
Call_e[S_0, K, t_0, T] &= Call_{do}[S_0, K, t_0, T, H_1] + Call_{di}[S_0, K, t_0, T, H_1] \\
&= Call_{uo}[S_0, K, t_0, T, H_2] + Call_{ui}[S_0, K, t_0, T, H_2], \\
Put_e[S_0, K, t_0, T] &= Put_{do}[S_0, K, t_0, T, H_1] + Put_{di}[S_0, K, t_0, T, H_1] \\
&= Put_{uo}[S_0, K, t_0, T, H_2] + Put_{ui}[S_0, K, t_0, T, H_2].
\end{aligned}
$$

Hierbei sind H_1 und H_2 zwei Kursschranken an den Kurs des zugrundeliegenden Wertpapiers S_t mit $H_1 < S_0 < H_2$.

Beweis:

Die Behauptungen ergeben sich unmittelbar aus der Definition der Auszahlung und der Linearität der arbitragefreien Preisregel.   □

∇ **Beispiel 3.1:**

Beispiele für Barrier Optionen sind die vom Schweizerischen Bankverein (SBV) im März 1998 begebenen *Mini-Premium-Optionsscheine* (WKN: 783991 - 783995). Hierbei handelt es sich um up-and-out Call-Optionen sowie um down-and-out Put-Optionen mit Rückvergütung bezüglich des DM-$-Wechselkurses. Die Ausstattungsmerkmale der von dem SBV im März 1998 angebotenen Mini-Premium-Optionsscheine sind in Tabelle 3.2 angegeben. Das Bezugsverhältnis betrug 1 : 100, d.h. ein Optionsschein bezog sich auf 100 US-$.

Die Auszahlung zum Fälligkeitszeitpunkt eines Mini-Premium-Call bzw. Put entspricht derjenigen einer Standard-Europäischen Option, falls der Wechselkurs bis zum Verfallstag die Kursschranke weder berührt noch durchbricht. Ist dies jedoch der Fall, so verfällt das Optionsrecht und der Halter des Optionsscheins erhält unmittelbar (at hit) eine Rückvergütung von

WKN	Typ	Laufzeit T	Basispreis K	Kursschranke H (out)	Rückvergütung R (at hit)	Underlying
783991	Call	21.9.98	1,80 DM	1,95 DM	1,50 DM	DM/$
783992	Put	21.9.98	1,85 DM	1,70 DM	1,50 DM	DM/$
783993	Call	15.6.98	1,80 DM	1,90 DM	1,50 DM	DM/$
783994	Call	15.6.98	1,85 DM	1,95 DM	1,50 DM	DM/$
783995	Put	15.6.98	1,80 DM	1,70 DM	1,50 DM	DM/$

Quelle: SBV Aktuell, Stand 13. März 1998

TABELLE 3.2. Mini-Premium-Optionsscheine des SBV, März 1998

1,50 DM pro Optionsschein. Da es sich um "out"-Optionen handelt mit einer Kursschranke, die im Fall des Call oberhalb und des Put unterhalb des Basispreises liegt, ist die Zahlungsverpflichtung aus Sicht des Stillhalters absolut begrenzt (capped). Als Instrumente der Kurssicherung gegenüber dem Wechselkurs erscheinen beide Vertragstypen nicht geeignet, da sie den Halter weder gegenüber (stark) steigenden noch fallenden Wechselkursen schützen. Wie schon die Namensgebung des Vertrages andeutet, scheint das Motiv der Begebung eher anderer Natur zu sein. Wird die Rückvergütung vernachlässigt, so ist zunächst klar, dass je nach Lage der Kursschranke ein erheblicher Preisabschlag gegenüber dem einer Standard-Europäischen Option erfolgen muss. Dies wird auch durch das Verhältnis von Kursschranke und Basispreis verstärkt. Ohne die "out"-Bedingung weisen alle Verträge an der Kursschranke einen Inneren Wert von 10 DM bzw. 15 DM auf (100 mal die positive Differenz zwischen Schranke und Basispreis). Mit der "out"-Bedingung verliert der Halter das Optionsrecht und damit auch den Inneren Wert einer zu diesem Zeitpunkt im Geld stehenden Option. Da eine Europäische Devisen-Call-Option immer einen positiven Zeitwert besitzt, also einen Wert oberhalb des Inneren Wertes (vgl. die Abschätzung (2.2), S.42, und Satz 2.2) und der Verlust des Optionsrechtes bei Berühren der Kursschranke zu diesem Zeitpunkt dem Verlust des Wertes einer Europäischen Call-Option gleichkommt, ist der relative Verlust sogar größer als 10 DM bzw. 15 DM. Die Rückvergütung von 1,50 DM kann dies nicht ersetzen. Insgesamt ergibt sich so ein Preisabschlag der Mini-Premium-Option gegenüber der entsprechenden Standardoption. Abbildung 3.1 fasst die Auszahlungseigenschaften

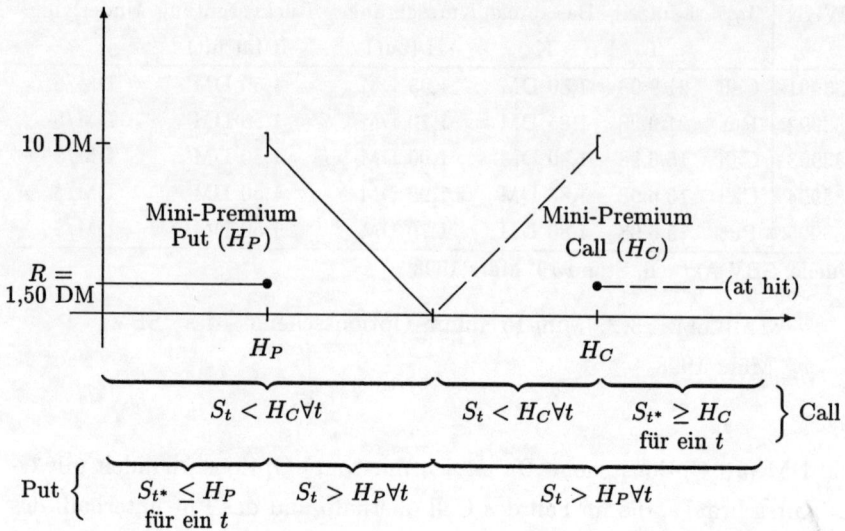

ABBILDUNG 3.1. Auszahlung eines Mini-Premium Call und Put; H_C Kursschranke des Call und H_P Kursschranke des Put

zusammen, wobei berücksichtigt werden muss, dass die Rückvergütung nicht zum Fälligkeitszeitpunkt anfällt, sondern zum Zeitpunkt der Verletzung der Kursschranke. Ebenso steht die Auszahlung des Inneren Wertes unter dem Vorbehalt der Schrankenbedingung.

Die nicht befriedigende Versicherungsausprägung und der Preisabschlag gegenüber der (Standard-)Europäischen Option weisen der Mini-Premium-Option den Charakter eines spekulativen Wertpapieres zu. Für den Spekulanten ist die prozentuale Änderung des Optionswertes relativ zur prozentualen Wechselkursänderung eine interessante Größe. Je größer die prozentuale Wertänderung der Option als Reaktion auf eine prozentuale Wechselkursänderung ist, um so größer ist das Gewinn- und Verlustpotential der Option. Diese als Hebel bezeichnete Größe wird für die Mini-Premium-Option in der Nähe der Kursschranke zunehmen. Der Hebel ist definiert als

$$\frac{\text{Änderung Optionspreis}}{\text{Änderung Wechselkurs}} \cdot \frac{\text{Wechselkurs}}{\text{Optionspreis}}$$

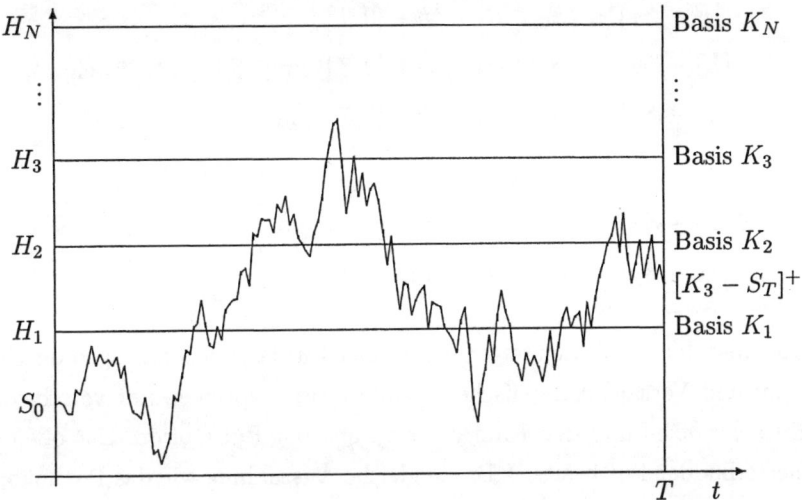

ABBILDUNG 3.2. Auszahlung eines Ladder Put mit aufsteigender Leiter

und liegt in der Nähe der Kursschranke über dem der (Standard-) Europäischen Option. Es muss jedoch beachtet werden, dass der Handel in derartigen Derivaten nicht tief genug ist, um kurzfristige Kursspekulationen zu ermöglichen. Die fehlenden Handelsmöglichkeiten beschränken den Verkauf. Eingegangene Positionen müssen dann bis zum Verfallstag gehalten werden und dies verhindert die Mitnahme von Spekulationsgewinnen.

$\triangle$

In enger Beziehung zu Barrier Optionen stehen die *Ladder Optionen* (Leiter-Optionen). Sie stellen eine Möglichkeit dar, den Basispreis eines Optionsvertrages in Abhängigkeit des Kursverlaufes zu variieren. Die Veränderung des Basispreises erfolgt dabei in diskreten Schritten. Wird beispielsweise eine aufsteigende Leiter der Basispreise beabsichtigt, so lässt sich dies wie folgt erreichen:

Seien $H_1 < H_2 < \cdots < H_N$ festgelegte Kursschranken an ein Wertpapier und $\underline{K} < K_1 < \cdots < K_N = \bar{K}$ eine Folge von Basispreisen. Ein aufsteigender Ladder Put ist durch die folgende Auszahlung definiert (vgl. Abbildung 3.2):

$$[\underline{K} - S_T]^+ \quad S_t < H_1 \quad \forall t \in [0, T]$$

$$[K_1 - S_T]^+ \quad S_t < H_2 \quad \forall t \in [0, T], \text{ und } S_{t^*} \geq H_1 \text{ für ein } t^*,$$

$$[K_2 - S_T]^+ \quad S_t < H_3 \quad \forall t \in [0, T] \text{ und } S_{t^*} \geq H_2 \text{ für ein } t^*,$$

$$\vdots$$

$$[K_{N-1} - S_T]^+ \quad S_t < H_N \quad \forall t \in [0, T] \text{ und } S_{t^*} \geq H_{N-1} \text{ für ein } t^*,$$

$$[\bar{K} - S_T]^+ \quad S_{t^*} \geq H_N \quad \text{für ein } t^*.$$

Die Auszahlung des aufsteigenden Ladder Put lässt sich erzeugen durch den Kauf und Verkauf Europäischer up-and-in Put-Optionen mit verschiedenen Kursschranken und den Kauf einer up-and-out Put-Option. Der oben definierte Ladder Put besitzt z.B. die gleiche Auszahlung wie das Portfolio:

$$\text{Put}_{uo}[S_0, \underline{K}, t_0, T, H_1]$$
$$+ \quad \text{Put}_{ui}[S_0, K_1, t_0, T, H_1] - \text{Put}_{ui}[S_0, K_1, t_0, T, H_2]$$
$$+ \quad \text{Put}_{ui}[S_0, K_2, t_0, T, H_2] - \text{Put}_{ui}[S_0, K_2, t_0, T, H_3]$$
$$+$$
$$\vdots$$
$$+ \quad \text{Put}_{ui}[S_0, K_{N-1}, t_0, T, H_{N-1}] - \text{Put}_{ui}[S_0, K_{N-1}, t_0, T, H_N]$$
$$+ \quad \text{Put}_{ui}[S_0, \bar{K}, t_0, T, H_N].$$

Entsprechend lassen sich Ladder Optionen mit absteigender Leiter und einem Call als zugrundeliegendem Auszahlungsprofil darstellen.

∇   **Beispiel 3.2:**

Ein Unternehmen erhält während der kommenden 12 Monate einen Betrag von 10 Mio. US-\$. Obwohl die Gesamtsumme feststeht, ist nicht bekannt, wann die einzelnen Teilbeträge anfallen. Das Unternehmen möchte nicht von dem unregelmäßigen Zahlungseingang und dem evtl. niedrigen Devisenkurs gegenüber der Eigenwährung abhängen, sondern bei zeitlich ungünstigem Zahlungseingang nachträglich den vorteilhaften Wechselkurs nutzen. Eine mögliche Lösung für das Unternehmen stellt ein aufsteigender Ladder Put bezüglich des DM-\$ Devisenkurses dar. Als aufsteigende Folge der Basispreise bietet sich an, die zu Vertragsbeginn festgelegten Kursschranken anzunehmen, d.h. $K_i = H_i \quad \forall i = 1, \ldots, N$ und $\underline{K} = S_0$.

_____ △

▽ **Beispiel 3.3:**

Langfristig beabsichtigt ein Anleger, seinen Wertpapierbestand zur Finanzierung eines Immobilienobjektes zu veräußern. Neben der Wahl eines geeigneten Objektes wird seine Entscheidung natürlich auch von dem Erlös aus dem Verkauf des Wertpapierbestandes beeinflusst. Da der Zeitpunkt der Liquidierung des Wertpapierbestandes nicht abgeschätzt werden kann, der Anleger jedoch auch nicht ausgerechnet in einer evtl. kurzfristigen Baisse zur Veräußerung gezwungen sein möchte, bietet sich ein aufsteigender Ladder Put an. Als aufsteigende Folge der Basispreise können z.B. die zu Vertragsbeginn festgelegten Kursschranken dienen, d.h. $K_i = H_i \quad \forall i = 1, \ldots, N$ und $\underline{K} = S_0$. Diese Vertragsstruktur besitzt gegenüber einer einfachen Put-Option den Vorteil, dass sich der Basispreis der Kursentwicklung anpasst. Die Kosten der Sicherung sind natürlich höher als die eines Europäischen Put mit Basispreis $\underline{K}$, jedoch auch geringer als die eines Europäischen Put mit Basispreis K_N (vgl. Übungsaufgabe 3.2).

————————————————————————————— △

In enger Beziehung zu Barrier Optionen steht auch eine Reihe anderer Finanzverträge, die sich zwar nicht als endliches Portfolio aus Barrier Optionen darstellen lassen, jedoch durch ein solches angenähert werden. Wird beispielsweise ein aufsteigender Ladder Put mit Kursschranken $H_1 = S_0 < H_2 < \ldots < H_N$ und Basispreisen $K_i = H_i$ betrachtet und erfolgt die Wahl der Kursschranken immer enger zueinander und wird gleichzeitig die obere Kursschranke immer größer gewählt, so strebt die Auszahlung dieses Vertrages gegen

$$\left[\sup_{0 \leq t \leq T} S_t - S_T \right]^+ = \sup_{0 \leq t \leq T} S_t - S_T.$$

Hierbei bezeichnet die Funktion *Supremum* (sup) den während des Zeitintervalls $[0, T]$ größten beobachteten Kurs. Der durch diese Auszahlung definierte Finanzvertrag heißt Europäischer *Look Back Put* bezüglich des Wertpapiers S mit Ausübungszeitpunkt T. Den obigen Überlegungen folgend, lässt er sich als überabzählbar unendliches Portfolio aus Barrier Optionen darstellen. Der Look Back Put sichert den nachträglich höchsten Kurs eines Wertpapiers im Zeitintervall $[0, T]$. Da seine Auszahlung diejenige eines (endlichen) aufsteigenden Ladder Put dominiert, ist die Prämie des Look Back Put größer als die eines Ladder Put.

Das *Infimum* (inf) bezeichnet den während eines Zeitintervalls niedrigsten Kurs eines Wertpapiers. Die Auszahlung eines Europäischen *Look Back
Call* bezüglich des Wertpapiers S mit Endfälligkeit T ist definiert durch

$$\left[S_T - \inf_{0 \leq t \leq T} S_t \right]^+ = S_T - \inf_{0 \leq t \leq T} S_t.$$

Der Look Back Call ermöglicht es, ein Wertpapier nachträglich zum günstigsten Kurs zu erwerben. Er lässt sich, wie der Look Back Put, als (überabzählbar) unendliches Portfolio aus Barrier Call Optionen darstellen und durch
einen absteigenden Ladder Call annähern. Die Auszahlung eines Look Back
Call dominiert diejenige jedes absteigenden Ladder Call, d.h. seine Prämie
übersteigt diejenige eines Ladder Call.

Eine Verallgemeinerung des mit (einfachen, single) Barrier Optionen verbundenen Konzeptes stellen die *double Barrier Optionen* dar. Ihre Auszahlung hängt neben der Endwertbedingung davon ab, ob der Kurs des zugrundeliegenden Wertpapiers während der Laufzeit ein durch zwei Kursschranken
definiertes Kursintervall nicht verlassen hat.

Definition 3.1:

Seien $H_1 < S_0 < H_2$ zwei Kursschranken, so ist

- die Auszahlung eines *double Barrier Call* über dem Wertpapier S mit
  Endfälligkeit T und Basispreis K definiert durch

$$\begin{cases} [S_T - K]^+ & \text{falls } S_t \in \,]H_1, H_2[\quad \forall t \in [0, T] \\ 0 & \text{falls } S_{t^*} \notin \,]H_1, H_2[\quad \text{für ein } t^* \in [0, T], \end{cases}$$

- die Auszahlung eines *double Barrier Put* über dem Wertpapier S mit
  Endfälligkeit T und Basispreis K definiert durch

$$\begin{cases} [K - S_T]^+ & \text{falls } S_t \in \,]H_1, H_2[\quad \forall t \in [0, T] \\ 0 & \text{falls } S_{t^*} \notin \,]H_1, H_2[\quad \text{für ein } t^* \in [0, T]. \end{cases}$$

Natürlich lässt sich eine Vielzahl weiterer Verträge definieren, deren Auszahlung dem Konzept der double Barrier Optionen zuzuordnen ist. Wie Beispiel 3.4 zeigt, lassen sich double Barrier Optionen nicht als Differenz von
single Barrier Optionen darstellen. Darüber hinaus ist für double Barrier Optionen keine analytisch geschlossene Lösung im Rahmen des Black-Scholes-
Modells bekannt. Für single Barrier Optionen hat Merton (1973) eine Lösung

und für Look Back Optionen wurde von Goldman, Sosin und Gatto (1979),
die Lösung im Black-Scholes-Modell hergeleitet.

▽ Beispiel 3.4:

Ein inländischer Importeur hat ein Warengeschäft abgeschlossen. Er benötigt
zur Erfüllung der eingegangenen Verpflichtung in einem Jahr einen gegebenen Betrag in Fremdwährung (z.B. US-$). Falls der Wechselkurs während des
kommenden Jahres sehr günstig ist, erwirbt der Importeur die Fremdwährung
vorzeitig und legt den Betrag im Ausland an. In diesem Fall ist keine zusätzliche Sicherung gegenüber dem Wechselkurs notwendig. Hieraus ergibt sich
eine Sicherung mittels eines down-and-out Call. Um die Kosten der Sicherung gegenüber dem Wechselkursrisiko zu minimieren, ist das Unternehmen
bereit, ein gewisses Restrisiko zu tragen, d.h. eine zusätzliche obere Kursschranke zu vereinbaren. Beispielsweise kann dies durch eine vertraglich ge-
sicherte Preisrückverhandlung mit dem ausländischen Geschäftspartner begründet sein, falls der Wechselkurs eine obere Schranke erreicht. Insgesamt
benötigt das Unternehmen eine Europäische Call-Option bezüglich des Wechselkurses $S_T^{DM/\$}$ mit einem sich aus der internen Kalkulation des Handels-
geschäftes bestimmten Basispreis $K \geq S_0^{DM/\$}$. Darüber hinaus soll bei Er-
reichen der Kursschranken H_1 oder H_2 mit $H_1 < S_0^{DM/\$} \leq K < H_2$ das
Optionsrecht erlöschen. Dies entspricht einem double Barrier Call. Erwirbt
das Unternehmen hingegen einen single down-and-out Call mit Kursschranke H_1 und verkauft gleichzeitig einen sonst identischen single up-and-in Call
mit Kursschranke H_2, so führt dies nicht zur gleichen Auszahlung. Während
aus dem double Barrier Vertrag dem Unternehmen keine Zahlungsverpflichtungen entstehen, ist dies im Fall des Portfolios aus single Barrier Optionen durchaus möglich. Berührt oder schneidet der Wechselkurs während der
Laufzeit sowohl die Kursschranke H_1 wie auch H_2, so endet das Portfolio mit
einer Stillhalteposition (short position) in einer Europäischen Call-Option
bezüglich des Wechselkurses mit Basispreis K. Diese führt bei genügend hohen Schlusskursen zu einer zusätzlichen Zahlungsverpflichtung für das Unternehmen. Die Auszahlung des Portfolios lässt sich formal beschreiben durch

$$\begin{cases} 0 & \text{falls} & S_t < H_2 \quad \forall t \ \underline{und} \ S_{t^*} \leq H_1 \ \text{für ein } t^* \\ [S_T - K]^+ & \text{falls} & S_t \in]H_1, H_2[\quad \forall t \\ 0 & \text{falls} & S_t > H_1 \quad \forall t \ \underline{und} \ S_{t^*} \geq H_2 \ \text{für ein } t^* \\ -[S_T - K]^+ & \text{falls} & S_{t^*} \leq H_1 \ \underline{und} \ S_{t^{**}} \geq H_2 \ \text{für } t^*, t^{**} \in [0, T]. \end{cases}$$

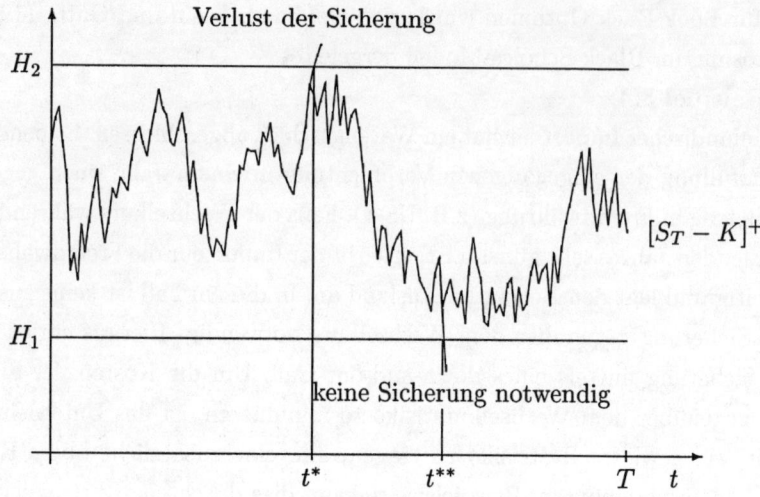

ABBILDUNG 3.3. Double Barrier Option

Aus der Bedingung der Arbitragefreiheit folgt, dass die Prämie des double Barrier Call nicht negativ ist und durch die des Portfolios nach unten beschränkt wird. In Abhängigkeit der beiden Kursschranken kann das Portfolio aus einer long und einer short Position der beiden Barrier Optionen sogar eine negative Prämie besitzen.

$$\Delta$$

Eine weitere Gruppe von Finanzverträgen, die in enger Beziehung zu den Barrier Optionen steht, sind die *Binary* oder *Digitial* Optionen. Rubinstein und Reiner (1991b) listen 28 verschiedene Ausprägungen auf, womit jedoch der Variationsreichtum noch nicht erschöpft ist. Besteht der Unterschied zwischen Europäischen Standard-Optionen und den Barrier Optionen in der zusätzlichen Betrachtung einer Kursschranke während der Laufzeit, so verändert sich bei Binary Optionen die Auszahlung. Es existieren zwei Grundformen, die *cash-or-nothing*- und die *asset-or-nothing*-Ausprägung. In der einfachsten Situation wird keine Kursschranke in die Betrachtung einbezogen. Ein cash-or-nothing Call führt zu einer konstanten Auszahlung c, falls der Schlusskurs S_T einen vorgegebenen Basispreis übersteigt; entsprechend führt ein asset-or-nothing Call zu einer Auszahlung in Höhe des Schlusskurses in diesem Fall. Insgesamt ergeben sich vier mögliche Auszahlungsprofile,

Name	Notation	Auszahlung zum Zeitpunkt T
cash-or-nothing-Call	CN_Call	$\begin{cases} c & \text{falls } S_T > K \\ 0 & \text{falls } S_T \leq K \end{cases}$
cash-or-nothing-Put	CN_Put	$\begin{cases} 0 & \text{falls } S_T \geq K \\ c & \text{falls } S_T < K \end{cases}$
asset-or-nothing-Call	AN_Call	$\begin{cases} S_T & \text{falls } S_T > K \\ 0 & \text{falls } S_T \leq K \end{cases}$
asset-or-nothing-Put	AN_Put	$\begin{cases} 0 & \text{falls } S_T \geq K \\ S_T & \text{falls } S_T < K \end{cases}$

TABELLE 3.3. Auszahlungsprofile einfacher Binary Optionen ohne Kursschranke, $K \,\hat{=}\,$ Basispreis, $c \,\hat{=}\,$ konstante Zahlung > 0.

die in der Situation $S_T = K$ jeweils eine Sprungstelle aufweisen, d.h. unstetig sind. Aus diesen einfachen Europäischen Binary Optionen lassen sich wiederum Portfolien bilden, die die Auszahlung einer Europäischen Standard-Option erzeugen, falls die konstante Auszahlung c gleich dem Basispreis K ist.

$$\text{Call}_e[S_0, K, t_0, T] = \text{AN\_Call}[S_0, K, t_0, T] - \text{CN\_Call}[S_0, K, t_0, T, c = K],$$
$$\text{Put}_e[S_0, K, t_0, T] = \text{CN\_Put}[S_0, K, t_0, T, c = K] - \text{AN\_Put}[S_0, K, t_0, T].$$

Aber auch andere Finanzverträge lassen sich durch Binary Optionen darstellen. Eine besondere Bedeutung besitzen die sogenannten Europäischen *Gap Optionen*. Die Auszahlung eines Europäischen Gap Call mit Basispreis K und Ausübungszeitpunkt T ist gegeben durch

$$\begin{cases} S_T - c & \text{falls } S_T > K \\ 0 & \text{falls } S_T \leq K \end{cases}$$

und die eines sonst identischen Europäischen Gap Put durch

$$\begin{cases} c - S_T & \text{falls } S_T < K \\ 0 & \text{falls } S_T \geq K, \end{cases}$$

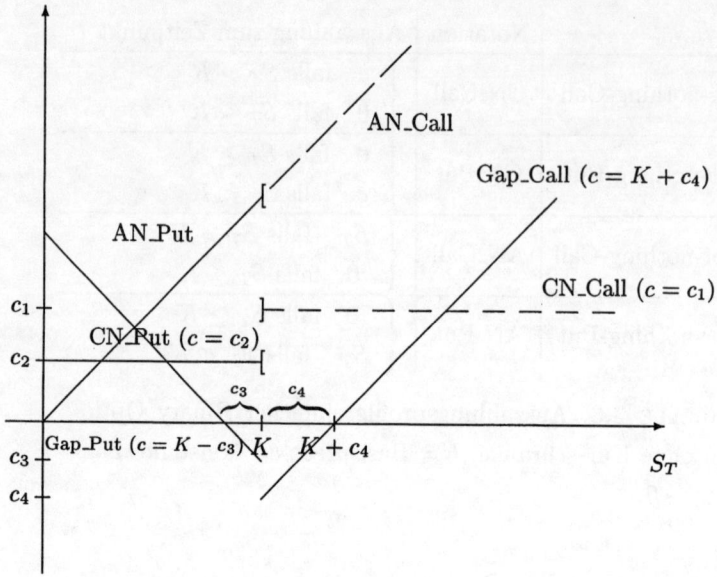

ABBILDUNG 3.4. Auszahlungsprofil Europäischer Binary Optionen ohne Kursschranke

wobei $c > 0$ unterschiedlich vom Basispreis K ist. Aus den naheliegenden Portfolioüberlegungen folgt

$$\text{Gap\_Call}[S_0, K, t_0, T, c] = \text{AN\_Call}[S_0, K, t_0, T] - \text{CN\_Call}[S_0, K, t_0, T, c]$$
$$= \text{Call}_e[S_0, K, t_0, T] - (c - K)\text{CN\_Call}[S_0, K, t_0, T, 1],$$

$$\text{Gap\_Put}[S_0, K, t_0, T, c] = \text{CN\_Put}[S_0, K, t_0, T, c] - \text{AN\_Put}[S_0, K, t_0, T]$$
$$= \text{Put}_e[S_0, K, t_0, T] + (c - K)\text{CN\_Put}[S_0, K, t_0, T, 1].$$

Eine Spezialform der Gap Option ist die *Pay Later Option*, die einer Gap Option mit Marktpreis Null entspricht, d.h. die konstante Zahlung c wird so bestimmt, dass der Marktpreis des Vertrages Null ist. Im Fall eines Pay Later Call gilt somit notwendig $K < c$ und für einen Pay Later Put $K > c$. Wie die Namensgebung Pay Later verdeutlicht, handelt es sich nicht um ein Optionsrecht, das ohne Prämie erworben wird, sondern die Prämienzahlung erfolgt in Form einer Zahlungsverpflichtung des Halters, falls der Schlusskurs zwischen dem Basispreis und dem konstanten Betrag c liegt.

Die weiteren Vertreter der Binary-Klasse verbinden die Auszahlungsbedingung cash-or-nothing bzw. asset-or-nothing zusätzlich mit einer Kursschranke H. Abbildung 3.5 gibt einen Überblick der verschiedenen Formen.
Eine erste Unterscheidung besteht darin, ob die Auszahlung zu dem Zeitpunkt erfolgt, zu dem die Kursschranke berührt bzw. durchbrochen wird –
payment at hit – oder erst zum Fälligkeitszeitpunkt erfolgt – *payment at expiry*. Der erste Fall ist nur für Auszahlungen möglich, die ein Überschreiten
bzw. Berühren der Kursschranke voraussetzen, sogenannte "in"-Optionen.
Darüber hinaus kann die Auszahlung noch von dem Verhältnis zwischen
Schlusskurs und Basispreis abhängen. Dies ist jedoch nicht zwingend notwendig. Insofern unterscheiden sich Binary Optionen darin, ob ein Basispreis,
eine Kursschranke oder beides berücksichtigt wird. Entsprechend Abbildung
3.5 ist die Auszahlung einer down-and-in cash-or-nothing payment-at-expiry
Binary Put-Option mit Basispreis K, Kursschranke $H < S_0$ zum Fälligkeitszeitpunkt T gegeben durch

$$\begin{cases} c & \text{falls } S_{t^*} \leq H \text{ für ein } t^* \in [0,T] \underline{\text{ und }} S_T < K \\ 0 & \text{falls } S_t > H \quad \forall t \in [0,T] \underline{\text{ oder }} S_T \geq K \end{cases}$$

und die einer up-and-out asset-or-nothing Put-Option mit $H > S_0$ gleich

$$\begin{cases} S_T & \text{falls } S_t < H \quad \forall t \in [0,T] \underline{\text{ und }} S_T < K \\ 0 & \text{falls } S_{t^*} \geq H \text{ für ein } t^* \in [0,T] \underline{\text{ oder }} S_T \geq K. \end{cases}$$

▽ Beispiel 3.5:

Binary Optionen bieten sich zur Konstruktion von Wertpapieren mit einer
geringen Prämie an, die im Fall eines erfolgreichen Kursverlaufs dem Halter einen erheblichen Spekulationsgewinn erbringen. Ein Beispiel sind die
vom Schweizerischen Bankverein (SBV) begebenen *Hit-Put-Optionsscheine*
(WKN 783879). Sie stellen den zur Mini-Premium Option (vgl. Beispiel
3.1) komplementären Finanzvertrag dar. Ein Hit-Put-Optionsschein ist eine
down-and-in cash-at-hit Binary Option. Ihre Auszahlung ist bestimmt durch

$$\begin{cases} R & \text{falls } S_{t^*} \leq H \text{ für ein } t^* \\ 0 & \text{falls } S_t > H \quad \forall t, \end{cases}$$

wobei der Rückvergütungsbetrag R gezahlt wird, sobald die Kursschranke
H berührt oder durchbrochen wird. Offensichtlich entsprechen der Kauf eines Mini-Premium-Put mit Rückvergütung R und der Verkauf einer sonst

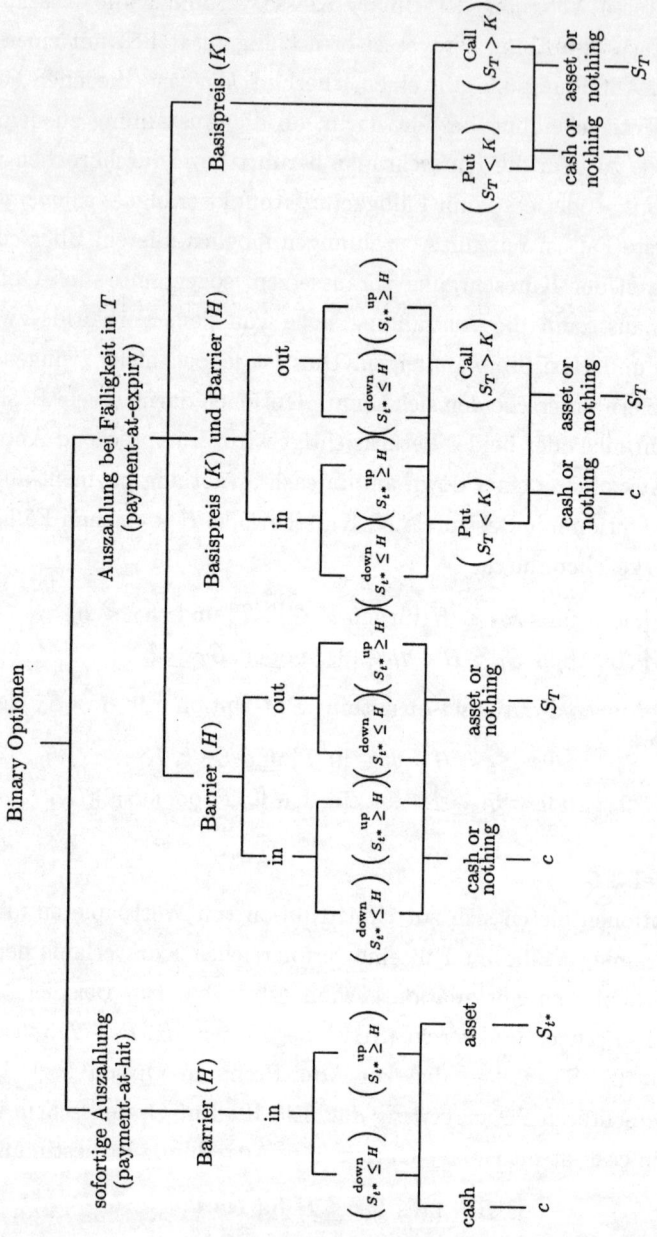

ABBILDUNG 3.5. Systematik der Auszahlung Europäischer Binary Optionen in Anlehnung an Rubinstein und Reiner (1991)

WKN	Typ	Laufzeit T	Kursschranke H	Rückvergütung R	Underlying S
783879	Put	30.10.98	2,70	10,00 DM	DM/GBP

Quelle: SBV Aktuell, Stand 17.02.1998

TABELLE 3.4. SBV-Hit-Put-Optionsschein

identischen Hit-Put-Option einem down-and-out Put, d.h.

$$\text{Put}_{do}[S_0, K, t_0, T, H] = \text{Mini-Premium-Put}[S_0, t_0, T, H, R]$$
$$-\text{Hit\_Put }[S_0, t_0, T, H, R].$$

Analog entspricht eine Hit-Call-Option einer up-and-in cash-at-hit Barrier Option und führt zu der Auszahlung

$$\begin{cases} R & \text{falls } S_{t^*} \geq H \text{ für ein } t^* \\ 0 & \text{falls } S_t < H \quad \forall t. \end{cases}$$

Die von dem SBV begebene Hit-Put-Option lässt sich nicht unmittelbar mit einer Europäischen Put-Option vergleichen, da die Auszahlung nicht von einem Basispreis abhängt und im Fall der Rückzahlung diese unmittelbar und nicht zum Verfallstag erfolgt. Gegeben die obigen Ausstattungsmerkmale, würde eine Europäische Put-Option bezüglich des Wechselkurses DM/GBP mit einem Basispreis 2,80 DM/GBP und einem Bezugsrecht 1 : 100 zur gleichen Auszahlung in der Situation $S_T = H$ führen wie der Hit-Put. Dies setzt natürlich voraus, dass der Wechselkurs bis zum Verfallszeitpunkt oberhalb der Kursschranke liegt. Vorbehaltlich dieses Unterschiedes fasst Abbildung 3.6 die entsprechenden Auszahlungen zusammen. Beide Optionen bieten nur einen unzureichenden Schutz gegenüber steigenden bzw. fallenden Wechselkursen. Als Sicherungsinstrumente gegenüber dem Wechselkursrisiko erscheinen sie wenig geeignet. Vielmehr dienen sie der Wechselkursspekulation und führen zu entsprechenden Gewinnen, falls der Wechselkurs kurzfristig eine große Veränderung erfährt. Der Preis einer Hit-Option wird unter dem der entsprechenden Europäischen Option liegen und in der Restlaufzeit fallend sein. Anders ausgedrückt nimmt der Zeitwert der Hit-Option in der Restlaufzeit ab, falls die Kursschranke noch nicht berührt oder durchbrochen wurde.

Δ

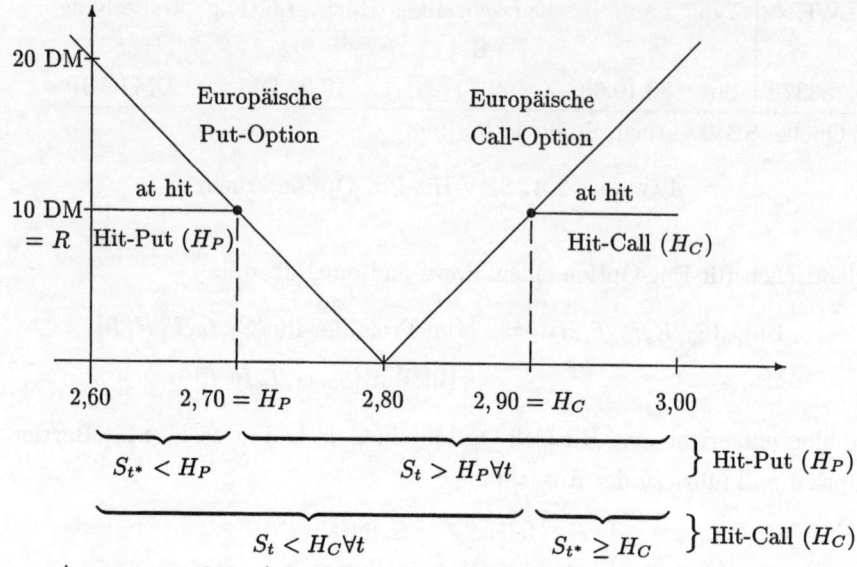

ABBILDUNG 3.6. Auszahlungen einer Hit Put- und Hit Call Option

▽ **Beispiel 3.6:**

Ein aus vielen Gründen sehr interessantes Beispiel der Kombination aus Europäischen und Binary Optionen ist der von Goldman & Sachs angebotene *COOL Call*. Der Name soll dem Käufer eine vielversprechende Vertragsausgestaltung verheißen und steht für "Chance Of Optimal Leverage". Bolko Hoffman betitelt im Effectenspiegel (Nr. 50 - 7.12.1995) seine "Kritik" zu diesem Vertrag mit "Für Profis: Ein neuer $-Optionsschein, der unter bestimmten Voraussetzungen kostenlos ist". Nun sollte ein Hinweis dieser Art jeden Profi skeptisch bezüglich der bestimmten Voraussetzungen stimmen, da kaum zu vermuten ist, dass ein Wertpapierhaus wie Goldman & Sachs diese nicht genau analysiert hat. Auch sollten Bezeichnungen wie "Chance Of Optimal Leverage" nicht darüber hinwegtäuschen, dass ein großer Hebel im Fall einer unvorteilhaften Kursbewegung im Underlying auch einen entsprechenden Wertverlust nach sich zieht.

Der COOL Call besteht aus einer Europäischen Call-Option und einer down-and-out cash-or-nothing Binary Option. Der kombinierte Vertrag wird somit eine Prämie oberhalb der der Europäischen Option besitzen, solange die Kursschranke H nicht unterschritten wurde. Ziel der Konstruktion ist nicht eine Prämienreduktion wie in den bisher betrachteten Beispielen des

Schweizerischen Bankvereins. Die Auszahlung des COOL Call ist bestimmt durch

$$
\begin{cases}
[S_T - K]^+ + R & \text{falls} \quad S_t \geq H \quad \forall t \in [0, T] \\
[S_T - K]^+ & \text{falls} \quad S_{t^*} < H \quad \text{für ein } t^* \in [0, T].
\end{cases}
$$

Die Zerlegung des COOL Call in eine Europäische Call-Option mit Basispreis K und eine down-and-out cash-or-nothing (at expiry) Binary Option muss noch berücksichtigen, dass die Rückvergütung R erst bei Unterschreiten der Kursschranke H verfällt, die Binary Option somit eine modifizierte Kursschranke H^- besitzt, d.h. einen Tick unterhalb H;

$$
\text{COOL\_Call}\,[S_0, K, t_0, T, H] = \text{Call}_e[S_0, K, t_0, T] + CN_{do}[S_0, t_0, T, H^-].
$$

Als zugrundeliegendes Wertpapier des COOL Call werden sowohl Aktienwerte wie auch Anleihen und Wechselkurse verwendet. Ende 1997 boten Merrill Lynch (Wechselkurse), Lehman Brothers (Aktien)[2] und Goldman & Sachs (verschiedene Basisinstrumente) diese Vertragsformen an. Eine Auswahl der von Goldman & Sachs begebenen Optionsscheine gibt Tabelle 3.5 wieder.

Mit dem Erwerb eines COOL Call sind zwei Aspekte verbunden. Zum einen soll es sich aus Kostengründen um ein attraktives Wertpapier für den Käufer, aber auch Emittenten handeln, zum anderen soll es mit einer hohen Hebelwirkung ausgestattet sein. Beide Aspekte sind jedoch vorsichtig zu beurteilen. Die von Bolko Hoffmann (1995) aufgeführten "bestimmten Voraussetzungen", unter denen der COOL Call kostenlos ist, beziehen sich auf eine Rückvergütung oberhalb des aktuellen Verkaufspreises. Einige der in Tabelle 3.5 aufgeführten Verträge weisen dieses Merkmal auf. Wird die Kursschranke während der Laufzeit nicht unterschritten, so übersteigt die Auszahlung den Verkaufspreis. Aus Gründen der Arbitragefreiheit ist es notwendig, dass die Netto-Auszahlung (vgl. Abschnitt 1.1) eines Finanzvertrages in Abhängigkeit des Basiswertes sowohl negative wie positive Werte aufweist. In diesem Sinne ist der Erwerb einer Aktie ebenfalls unter bestimmten Voraussetzungen kostenlos, nämlich, wenn der Verkaufskurs den aufgezinsten Ausgabepreis überschreitet. Es ist im Fall des COOL Call eher zu befürchten, dass es sich um einen kombinierten Finanzvertrag handelt, dessen Verkaufspreis relativ

---

[2]Lehman Brothers bezeichnet seine Emission als X-Tra Option; eine Namensgebung, die das Zusatzrecht der Rückvergütung erfasst.

WKN	Laufzeit T	Basis- preis K	Kurs- schranke H (out)	Rückver- gütung R (at expiry)	Underlying	Verkaufs- preis
590115	10.04.97	1,52	1,45	3,50	DM/$	$7,90^a$
590172	12.08.97	1,50	1,45	10,00	DM/$	$13,81^a$
590173	12.08.97	1,55	1,46	10,00	DM/$	$10,41^a$
592010	16.09.97	1,56	1,53	10,00	DM/$	$6,39^a$
592038	04.11.97	125	105	10,00	Daimler	$8,25^b$
590136	09.06.97	2540	2300	10,00	DAX	$16,20^b$
592037	04.11.97	85	76	10,00	Dt. Bank	$8,40^b$
590130	21.05.97	265	240	10,00	Thyssen	$14,60^b$
590169	19.08.97	33	28,50	10,00	Telekom	$7,50^b$
592039	04.11.97	95	80	10,00	Veba	$9,50^b$
592040	06.11.97	240	210	10,00	SAP VZG	$8,05^b$

[a] FAZ, Verkaufspreis am 06.01.1997
[b] FAZ, Verkaufspreis am 10.02.1997

TABELLE 3.5. Auswahl der von Goldman & Sachs angebotenen COOL Call Verträge

zu den Werten der Einzelkomponente überbewertet ist. Eine Vermutung, die
durch die Studie von Breuer und Gürtler (1997) eine gewisse Bestätigung
erfährt.

Aus Tabelle 3.5 ist ersichtlich, dass die Kursschranke für die Rückvergütung unterhalb des Basispreises liegt. Der Kurs einer Europäischen Call-
Option setzt sich aus dem Inneren Wert und dem Zeitwert zusammen. Liegt
der aktuelle Kurs nicht über dem Basispreis, so beträgt der Innere Wert eines
Call Null. Wurde in dieser Situation die Kursschranke H noch nicht berührt,
so stellt der COOL Call ein Wertpapier dar, dessen Gesamtkurs (deutlich)
über dem Zeitwert eines Europäischen Call liegt. Insbesondere für at-the-
money Optionen, d.h. wenn der aktuelle Kurs und der Basispreis (annähernd)
übereinstimmen, ist dies für den Emittenten eine Möglichkeit, eine für ihn
interessante Prämie zu erzielen.[3]

---

[3]Liegt die Kursschranke H deutlich unter dem aktuellen Kurs des zugrundeliegenden
Wertpapieres, so besitzt die Rückvergütung fast den Charakter einer Nullkuponanleihe
mit Nennwert R. Das Risikoverhalten des COOL Call nähert sich dann demjenigen eines
Portfolios aus einem Europäischen Call und einer Anleihe an.

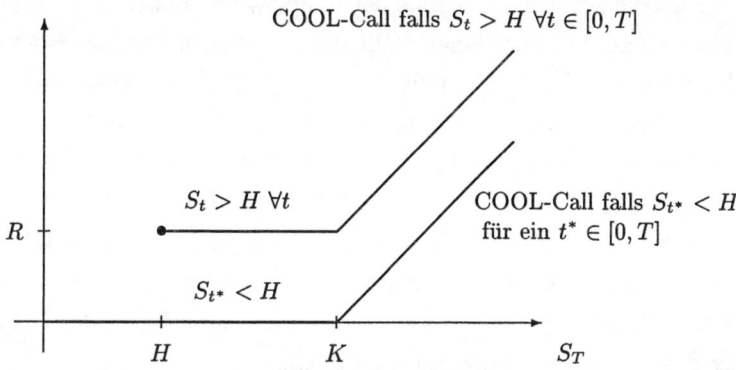

ABBILDUNG 3.7. Auszahlung eines COOL Call zum Verfalltermin T für $H < K$ und Rückzahlungsbetrag R.

Es stellt sich abschließend die Frage, unter welchen Voraussetzungen die Namensgebung *Chance of Optimal Leverage* berechtigt ist. Im Rahmen des Black-Scholes-Modells wird dies in Beispiel 7.3, S. 278, aufgegriffen. Auch ohne eine modellbezogene Analyse sind jedoch einige Zweifel an der Optimalität des Hebeleffektes angebracht. Formal beschreibt der Hebel die prozentuale Wertänderung des Derivates relativ zur prozentualen Wertänderung im Basiswert (underlying). Besitzt der Hebel den Wert x, so bedeutet dies, dass eine Änderung von 1% im Basiswert eine Änderung von x% im Derivat nach sich zieht. Den Hebel eines Derivates beeinflussen neben den Auszahlungseigenschaften auch wesentlich der aktuelle Kurs des Basiswertes und die Restlaufzeit. Je höher der Hebel (im Betrag), umso geeigneter ist ein Wertpapier zur Spekulation. Der Europäische Call besitzt einen Hebel größer als eins. Optimalität sollte zumindest einen Hebel oberhalb des Europäischen Call implizieren, solange die Kursschranke H nicht unterschritten wurde. Liegt die Kursschranke H unter dem Basispreis, so ist der Hebel des COOL Call umso größer, je näher der aktuelle Kurs an der Kursschranke liegt. Dies ist nicht weiter verwunderlich, da genau in dieser Situation der COOL Call ein hoch spekulatives Instrument ist. Der Hebel des COOL Call nimmt ab, je weiter der aktuelle Kurs von der Kursschranke entfernt ist. Als relative Größe ist der Hebel nicht additiv, d.h. der Hebel eines Portfolios ist nicht gleich der Summe der mit den Portfoliogewichten multiplizierten Hebel der einzelnen Wertpapiere. Sind die Portfoliogewichte positiv, so ist der Hebel des Portfolios sogar kleiner als die gewichtete Summe der individuellen Hebel. Dies trifft für den COOL Call zu. Darüber hinaus fällt der Hebel einer down-and-out cash-or-nothing Option unter eins, falls der aktuelle Kurs genügend weit von der Kursschranke entfernt ist. Die Konsequenz ist, dass der Hebel eines COOL Call geringer sein kann als der einer Europäischen Call-Option. Die quantifizierte Größe der Hebelwirkung ist natürlich abhängig von allen Vertragsparametern und dem Risiko des Basiswertes. Wird der Kurs des COOL Call und des entsprechenden Europäischen Call im Black-Scholes-Modell betrachtet, so kann sich schon für at-the-money Situationen ein Hebel des COOL Calls unter dem eines Europäischen Call einstellen.

Δ

3.2. Asiatische Optionen

Asiatische Optionen (Asian Options) sind, wie die vorgestellten Barrier Optionen, außerbörsliche Verträge. Die Auszahlung einer Asiatischen Option ergibt sich aus dem Durchschnittskurs in einem vorgegebenen Zeitintervall. Mit Bezug auf diese Vertragsgestaltung heißen diese Verträge auch Mittelwert-, Durchschnittswert- oder (arithmetic) average rate Optionen. Wie Vorst (1996) berichtet, geht die Bezeichnung Asiatische Option (Asian Option) auf Mitarbeiter von Bankers Trust zurück. Demnach sollen zuerst japanische Manager, deren Entlohnung u.a. vom durchschnittlichen Yen-US-$-Wechselkurs abhing, derartige Verträge nachgefragt haben. Wenn auch nicht ausschließlich, so besitzt der Wechselkurs eine herausragende Bedeutung als Basisinstrument Asiatischer Optionen. Daneben dienen auch durchschnittliche Rohstoffpreise, Zinssätze oder Renditen als Grundlage Asiatischer Optionen.

Die Bezeichnung Asiatische Option fasst eine Vielzahl von Vertragsformen zusammen. Die wichtigsten Unterscheidungsmerkmale sind:

- Diskreter oder kontinuierlicher Durchschnitt: Wird der Durchschnittskurs, der die Grundlage für die Auszahlung zu Vertragsende ist, nur aus Wertpapierkursen zu endlich vielen vorgegebenen Zeitpunkten gebildet, so wird von einer *diskreten* Asiatischen Option gesprochen. Beispielsweise handelt es sich um Tages-, Wochen- oder Monatsschlusskurse. Alle in der Praxis vereinbarten Asiatischen Optionen sind diskreten Typs. Eine eher theoretische Konstruktion stellt die *kontinuierliche* (continuous time) Asiatische Option dar. Hier erfolgt die Durchschnittskursbildung zeitkontinuierlich, d.h. alle Kurse während der Laufzeit werden zur Mittelbildung herangezogen.

Bezeichnen $S(t)$ den Kurs des zugrundeliegenden Wertpapiers zum Zeitpunkt $t \in [0, T]$, T das Vertragsende und

$$\underline{T} = \{0 < t_1 < t_2 < \cdots < t_N = T\}$$

eine Menge vorgegebener Zeitpunkte, so ist der diskrete Durchschnittskurs $A_d(T)$ zum Vertragsende gleich dem arithmetischen Mittel

$$A_d(T) := \frac{1}{N} \sum_{i=1}^{N} S(t_i),$$

während der kontinuierliche Durchschnitt $A_c(T)$ sich ergibt aus

$$A_c(T) := \frac{1}{T - t_0} \int_{t_0}^{T} S(u)du.$$

- Fester oder variabler Basispreis (fixed oder floating strike): Handelt es sich bei dem Basispreis um eine zu Vertragsbeginn festgelegte konstante Größe K, so wird von einer *fixed strike* oder auch *average rate* Asian Option gesprochen. Findet der Vergleich jedoch zwischen dem Schlusskurs des zugrundeliegenden Wertpapiers und dem Durchschnittskurs statt, so heißt der Vertrag *floating strike* oder auch *average strike* Asian Option.

- Call oder Put: Es werden zwei Auszahlungsformen unterschieden, die eine Versicherung gegenüber einem gefallenen oder gestiegenen Durchschnittskurs darstellen. Die Vertragsbezeichnung ist jedoch unterschiedlich, je nachdem, ob es sich um eine fixed oder floating strike bzw. average rate oder average strike Option handelt. Sei K der fest vorgegebene Basispreis, so stellt der Call eine Versicherung des Durchschnittskurses oberhalb des Basispreises dar, d.h. die Auszahlung des fixed strike Asian Call zum Fälligkeitszeitpunkt T ist gegeben durch

$$[A_l(T) - K]^+ := \max\{A_l(T) - K, 0\}, \quad l \in \{c, d\},$$

wohingegen der fixed strike Asian Put eine Versicherung des Durchschnittskurses unterhalb des Basispreises ermöglicht, d.h. die Auszahlung ist gleich

$$[K - A_l(T)]^+ := \max\{K - A_l(T), 0\}, \quad l \in \{c, d\}.$$

Beim floating strike Typ bezieht sich die Namensgebung auf den Schlusskurs des zugrundeliegenden Wertpapiers. Der floating strike Asian Call ist eine Versicherung des Schlusskurses oberhalb des Durchschnittskurses, d.h. die Auszahlung ist bestimmt durch

$$[S(T) - A_l(T)]^+ := \max\{S(T) - A_l(T), 0\}.$$

Analog ist die Auszahlung des floating strike Asian Put gleich

$$[A_l(T) - S(T)]^+ := \max\{A_l(T) - S(T), 0\}.$$

Allen Fällen kann ein diskreter oder kontinuierlicher Durchschnitt zugrundeliegen.

- Europäisch oder Amerikanisch: Die Bedeutung entspricht derjenigen bei Standard-Optionen. Es ist jedoch zu beachten, dass eine Anpassung des Durchschnittskurses notwendig ist. Wird eine Asiatische Option vor dem Fälligkeitszeitpunkt T vom Halter zum Zeitpunkt $t_n < T$ ausgeübt, so ist der für den Vergleich maßgebliche Durchschnittskurs gleich

$$A_d(t_n) := \frac{1}{n} \sum_{i=1}^{n} S(t_i) \quad \text{(diskreter Durchschnittskurs)}$$

bzw. gleich

$$A_c(t_n) := \frac{1}{t_n - t_0} \int_{t_0}^{t_n} S(u) du \quad \text{(stetiger Durchschnittskurs)}.$$

Die Formulierung der angegeben Begriffe bezieht sich implizit auf eine Betrachtung zum Zeitpunkt t_0, d.h. auf den Zeitpunkt der Emission der Asiatischen Optionen. In der Tat genügt es, sich auf diesen Fall zu beschränken. Wird beispielsweise eine fixed strike Asian Option mit Mittelungszeitpunkten $\underline{T} = \{t_1 < t_2 < \cdots < t_N = T\}$ zu einem Zeitpunkt $t \geq t_1$ nach der Emission betrachtet, so kann deren Untersuchung auf die obige Situation zurückgeführt werden. Sei hierzu

$$\frac{1}{n^*} \sum_{i=1}^{N-1} S(t_i) \quad \text{mit} \quad n^* := \max\{i \epsilon N | t_i \leq t\}$$

der in $t \geq t_1$ bekannte Mittelwert aus der eingetretenen Kurtsentwicklung. Für die zum Zeitpunkt $T > t$ stattfindende Auszahlung einer fixed strike Asian Call Option bedeutet dies:

$$[A_d(T) - K]^+ = \left[\frac{1}{N} \sum_{i=1}^{N} S(t_i) - K\right]^+$$

$$= \left[\frac{1}{N} \sum_{i=n^*+1}^{N} S(t_i) - \left(K - \frac{1}{N} \sum_{i=1}^{n^*} S(t_i)\right)\right]^+$$

$$= \frac{N - n^*}{N} \left[\frac{1}{N - n^*} \sum_{i=1}^{N-n^*} S(t_{i+n^*}) - \left(\frac{N}{N - n^*}K - \frac{1}{N - n^*} \sum_{i=1}^{n^*} S(t_i)\right)\right]^+$$

$$= \frac{N - n^*}{N} \left[\frac{1}{N - n^*} \sum_{i=1}^{N-n^*} S(t_{i+n^*}) - K'\right]^+$$

wobei $\quad K' := \frac{N}{N - n^*}K - \frac{1}{N - n^*} \sum_{i=1}^{n^*} S(t_i) < K$.

Die betrachtete fixed strike Asian Call Option ist somit äquivalent zu $\frac{N-n^*}{N}$ Asiatischen Optionen mit dem geänderten Basispreis K' und Emissionszeitpunkt t.

∇ **Beispiel 3.7:**

Das klassische Umfeld für die Anwendung Asiatischer Optionen ist der Devisenbereich. In Anlehnung an die Argumentation und das Beispiel von Vorst (1996) sei die folgende Situation gegeben: Ein inländischer Exporteur erhält in den kommenden 12 Monaten jeden Monat einen Betrag von 1 Mio. US-$, der jeweils in die Eigenwährung getauscht werden soll. Grundsätzlich bieten sich für den Exporteur verschiedene Möglichkeiten an, das Wechselkursrisiko zu begrenzen (hedgen). Die Qualität dieser Möglichkeiten ist jedoch recht unterschiedlich. Eine naheliegende Strategie besteht im Abschluss eines Termingeschäftes mit dem Nennwert 12 Mio. US-$ und einer Laufzeit von 12 Monaten. In diesem Fall hat der zukünftige Wechselkurs keinen weiteren Einfluss auf die Unternehmenssituation. Der Exporteur ist geschützt, falls der Wechselkurs fällt, partizipiert jedoch auch nicht an einem steigenden

Wechselkurs. Dies verändert sich auch nicht durch eine Aufteilung des Termingeschäftes in 12 verschiedene Fälligkeiten mit jeweiligem Nennwert von 1 Mio. US-$. Sind abweichend zur Annahme die einzelnen Zahlungstermine hingegen nicht bekannt und nur die Gesamtsumme Grundlage der unternehmerischen Entscheidung, so bietet sich die Aufteilung gemäß der Fristigkeit nicht an.

Der Vorteil einer Optionsstrategie besteht darin, dass neben dem Versicherungseffekt auch eine Teilhabe an einer möglichen vorteilhaften Wechselkursentwicklung nicht ausgeschlossen ist. In diesem Kontext kommt der Höhe der Prämie eine entscheidende Bedeutung zu. Mit der Begrenzung auf Standardoptionen bieten sich dem Exporteur zunächst drei Möglichkeiten:

a) Der Erwerb von Europäischen Put-Optionen im jeweiligen Nennwert von 1 Mio. US-$ und Fälligkeiten entsprechend der 12 anstehenden Zahlungstermine oder

b) der Erwerb einer Europäischen Put-Option im Nennwert von 12 Mio. US-$ und Endfälligkeit in 12 Monaten oder schließlich

c) der Kauf einer Amerikanischen Put-Option im Nennwert von 12 Mio. US-$ und Endfälligkeit in 12 Monaten.

Wählt der Exporteur die Sicherungsstrategie b), so bietet diese für ihn keinen geeigneten Schutz gegenüber dem Wechselkursrisiko, falls der Kurs während der 12 Monate hauptsächlich unterhalb des von ihm vorgegebenen Schnittkurses liegt, der Schlusskurs jedoch oberhalb. Mit Blick auf diesen Fall bietet sich Strategie a) als eine geeignete Versicherung an. Da die Fälligkeiten der Europäischen Optionen sich aus den Zahlungsterminen ergeben, ist deren Kenntnis jedoch notwendig. Ist dies nicht der Fall, d.h. ist nur die Gesamtsumme bekannt, so scheint nur ein Ausweichen auf langlaufende Amerikanische Put-Optionen (Strategie c)) noch möglich. Strategie c) führt jedoch für den Exporteur zur größten Prämienbelastung der genannten Möglichkeiten. Selbst wenn die Unsicherheit bezüglich der Zahlungsfrequenz vernachlässigt wird, so ist schon die mit Strategie a) verbundene Gesamtprämie nicht unerheblich. Darüber hinaus stellt Strategie a) eine Art *Überversicherung* (overprotection) dar, falls es das eigentliche Ziel des Exporteurs ist, den Gesamtbetrag der 12 Mio. US-$ bezüglich eines Mindestkurses zu sichern. Da die Zahlungen zeitlich gestaffelt sind und somit der Tausch zu unterschiedlichen Wechselkursen erfolgt, benötigt der Exporteur keine Versicherung, falls sich für ihn vorteilhafte und nicht vorteilhafte Wechselkurse aufheben. Mit der Optionsstrategie a) erwirbt er jedoch eine Kurssicherung zu jedem der möglichen Zahlungstermine. Dies ist eine Überversicherung gegenüber dem eigentlichen Wechselkursrisiko des Exporteurs. Hieran ändert auch die Verwendung von Barrier Optionen nichts Grundlegendes. Zwar erfolgt in Abhängigkeit der Kursschranke H eine Prämienreduktion durch die Verwendung von up-and-out Put-Optionen. Die Gesamtstrategie übererfüllt jedoch das eigentliche Sicherungsbedürfnis des Exporteurs.

Bezieht sich das Wechselkursrisiko des Exporteurs auf den durchschnittlichen Wechselkurs, so kann er dieses durch eine diskrete fixed strike Asian Put-Option Europäischen Typs vollständig hedgen. Bezogen auf das Beispiel genügt es, den Durchschnittskurs aufgrund der zu den monatlichen Zahlungszeitpunkten sich ergebenden Wechselkursen zu ermitteln. Sind die Zeitpunkte nicht abschließend bestimmt, so kann dies durch eine kürzere Frequenz der im Durchschnitt zu berücksichtigenden Zeitpunkte erfasst werden.

Tabelle 3.6 verdeutlicht anhand einiger Szenarien die Argumentation. Neben der Auszahlung der Asiatischen Option sind auch die der Strategie a) und b) angegeben. Zur Vereinfachung sind die Zinseffekte auf beiden Märkten vernachlässigt, d.h. sowohl der inländische wie auch der ausländische Zinssatz ist gleich Null. Die angesprochene Überversicherung im Fall der Optionsstrategie a) und die Unterversicherung im Fall der Strategie b) verdeutlichen die jeweiligen aggregierten Auszahlungen.[4]

—————————————————————————————————————— Δ

Neben dem Wechselkurs dienen auch Aktienkurse oder Referenzzinssätze, wie beispielsweise der EURIBOR (Euro Interbank Offered Rate) oder die London Interbank Offered Rate (LIBOR), als Basisinstrument einer Asiatischen Option. Wie im Fall des Wechselkurses wird eine finanzielle Versicherung gegenüber Änderungen im zeitlichen Durchschnitt des zugrundeliegenden Basiswertes erreicht. Darüber hinaus können Asiatische Optionen jedoch implizite Bestandteile eines komplexen Finanzvertrages sein. Zwei klassische Situationen werden im Rahmen der nachfolgenden Beispiele 3.8 und 3.9 angesprochen.

---

[4]Das Beispiel, die Argumentation und die Darstellung sind durch die ausgezeichnete Arbeit zu Asiatischen Optionen von Vorst (1996) motiviert.

				Kursszenarien			
Zeitpunkt	1	2	3	4	5	6	7
1. Monat	1,75	1,75	1,75	1,75	1,75	1,75	1,75
2. Monat	1,73	1,76	1,73	1,80	1,70	1,69	1,78
3. Monat	1,70	1,78	1,71	1,84	1,66	1,71	1,80
4. Monat	1,68	1,73	1,69	1,82	1,68	1,77	1,82
5. Monat	1,66	1,71	1,75	1,78	1,72	1,81	1,84
6. Monat	1,65	1,68	1,75	1,75	1,75	1,83	1,85
7. Monat	1,63	1,66	1,78	1,72	1,78	1,86	1,87
8. Monat	1,68	1,68	1,75	1,75	1,75	1,82	1,82
9. Monat	1,74	1,69	1,77	1,72	1,78	1,81	1,76
10. Monat	1,79	1,71	1,76	1,69	1,81	1,80	1,71
11. Monat	1,77	1,72	1,80	1,67	1,83	1,78	1,73
12. Monat	1,74	1,77	1,76	1,71	1,79	1,73	1,75
Durchschnittskurs	1,71	1,72	1,75	1,75	1,75	1,78	1,79
Strategie a) $K = 1,75$ aggr. Auszahlung	540.000	420.000	120.000	240.000	240.000	120.000	60.000
Durchschnittskurs nach Sicherung	1,755	1,755	1,76	1,77	1,77	1,79	1,795
Strategie b) $K = 1,75$ aggr. Auszahlung	120.000	0	0	480.000	0	240.000	0
Durchschnittskurs nach Sicherung	1,72	1,72	1,75	1,79	1,75	1,80	1,79
Asiatische Option $K = 1,75$ aggr. Auszahlung	480.000	360.000	0	0	0	0	0
Durchschnittskurs nach Sicherung	1,75	1,75	1,75	1,75	1,75	1,78	1,79

TABELLE 3.6. Kurssicherungsstrategien und Wechselkursszenarien

▽ **Beispiel 3.8:**

Alternativ zu einer Anlage in festverzinsliche Papiere erfährt zunehmend die Investition in Wertpapierfonds aus Renditegesichtspunkten eine vorteilhafte Bewertung. Insbesondere bietet ein offener Wertpapierfonds Anlegern die Möglichkeit, durch den periodischen Erwerb von Fondsanteilen eine Vermögensposition über die Zeit aufzubauen. Im Unterschied zu einem festverzinslichen Sparvertrag (z.B. Prämiensparvertrag), dessen Nominalwert zu Vertragsende bei Abschluss des Vertrages bekannt ist, beeinflusst der Kurs bzw. Rückkaufwert des Fonds die Ablaufleistung. Aus diesem Grund ist ein ex ante Vergleich zwischen der Rendite eines festverzinslichen Sparvertrages und eines Fondssparvertrages schwierig. Die Entscheidung für oder gegen das Fondssparen ist somit von der Risikoeinstellung des Investors abhängig.

Die Entwicklung der Vermögenssituation eines Fondssparvertrages ist wie folgt darstellbar: Es bezeichnen $\bar{S}(t)$ und $\underline{S}(t)$ den Ausgabe- bzw. Rückkaufswert eines Fonds zum Zeitpunkt t; $\bar{S}(t) \geq \underline{S}(t)$. Zu den Zeitpunkten $t_n \in \underline{T} = \{0 = t_0 < t_1 < \cdots < t_{N-1}\}$ erwirbt der Anleger Fondsanteile im Gegenwert von jeweils K Geldeinheiten. Zu jedem Zeitpunkt $t_n \in \underline{T}$ wächst der Bestand somit um $\frac{K}{\bar{S}(t_n)}$ weitere Fondsanteile. Werden zum Zeitpunkt $T > t_{N-1}$ die insgesamt erworbenen Fondsanteile veräußert, so ist das Fondsvermögen bestimmt durch

$$\sum_{n=0}^{N-1} \frac{K}{\bar{S}(t_n)} \cdot \underline{S}(T).$$

Garantiert die Kapitalanlagegesellschaft bzw. das Fondsmanagement dem Investor darüber hinaus eine Mindestrendite bezüglich der eingezahlten Geldbeträge, so ergibt sich hieraus eine Vergleichsmöglichkeit gegenüber dem festverzinslichen Sparvertrag. Sei δ die konforme Mindestrendite, d.h. $\delta = \ln(1+y)$, wobei y die Effektivrendite eines Sparvertrages ist. Das Endvermögen zum Zeitpunkt T eines festverzinslichen Sparvertrages mit sicherer Rendite δ ist gleich

$$g(T) := \sum_{n=0}^{N-1} K \cdot \exp\{\delta(T - t_n)\}.$$

Die Auszahlung eines Fondssparvertrages mit garantierter Mindestrendite δ lässt sich dann darstellen durch

(3.1)

$$\max\left\{ \sum_{n=0}^{N-1} K \frac{\underline{S}(T)}{\bar{S}(t_n)}, g(T) \right\} = K \sum_{n=0}^{N-1} \frac{\underline{S}(T)}{\bar{S}(t_n)} + \left[g(T) - K \sum_{n=0}^{N-1} \frac{\underline{S}(T)}{\bar{S}(t_n)} \right]^+$$

$$= g(T) + \left[K \sum_{n=0}^{N-1} \frac{\underline{S}(T)}{\bar{S}(t_n)} - g(T) \right]^+.$$

Insgesamt ist die Auszahlung eines Fondssparvertrages mit garantierter Mindestrendite δ gleich der eines Portfolios, bestehend aus einem Fondssparvertrag ohne garantierte Mindestrendite und einer Asiatischen Put-Option bzw. einem festverzinslichen Sparvertrag und einer Asiatischen Call-Option. In beiden Fällen ist der Basispreis gleich dem Endwert des entsprechenden festverzinslichen Sparvertrages mit Mindestrendite δ. Im Unterschied zu den eingangs dieses Abschnittes dargestellten Asiatischen Optionen bezieht sich

der zeitliche Durchschnitt nun jedoch auf den relativen Wert des Rücknah-
mekurses zum Zeitpunkt T und den Ausgabekursen zu den Zeitpunkten t_n.

―――――――――――――――――――――――――――――――――――― △

▽ **Beispiel 3.9:**

Neben der Kurssicherung eröffnen Optionsverträge auch im Zusammenhang
mit der Aufnahme von Fremdkapital interessante Perspektiven. Insbesondere
lassen Wandelschuldverschreibungen (convertible bonds), Optionsschuldver-
schreibungen und kündbare Anleihen (callable bonds) Gestaltungsmöglichkeiten im Zusammenhang mit der Fremdkapitalaufnahme zu. Eine interessante Variante stellt die im Mai 1995 emittierte Anleihe des holländischen
Unternehmens Oranje Nassau dar. Wie der Darstellung von Vorst (1996)
zu entnehmen ist, handelt es sich um eine festverzinsliche Anleihe mit einer
Laufzeit von acht Jahren. Da der Unternehmenserfolg von Oranje Nassau zu
einem wesentlichen Teil positiv vom Rohölpreis beeinflusst wurde, entschloss
sich das Unternehmen, die Rückzahlung der Anleihe mit einem Optionsrecht
zu versehen. Der vereinbarte Rückzahlungswert ist gleich dem maximalen
Wert aus Nennwert der Anleihe und dem durchschnittlichen Ölpreis für 10,5
Barrel Öl während des achten Jahres. Es handelt sich um einen diskreten
Durchschnitt auf Basis der Monatspreise. Bei Ausgabe der Anleihe entsprach
der Wert der Ölmenge dem Nennwert der Anleihe. Insgesamt besteht der
Vertrag somit aus einer festverzinslichen Anleihe und einer fixed strike at-
the-money Asiatischen Call Option bezüglich des durchschnittlichen Ölpreises im achten Jahr. Wie Vorst weiter berichtet, konnte die Festzinsverpflich-
tung der Oranje Nassau aufgrund des Optionsrechtes um 1% unter den zum
Emissionszeitpunkt herrschenden Marktkonditionen angeboten werden. Aus
Sicht des Unternehmens ist dies eine vorteilhafte Vereinbarung, da im Fall eines hohen durchschnittlichen Ölpreises die hierdurch bedingten Gewinne eine
höhere Tilgung ermöglichen, während im umgekehrten Fall eines niedrigeren
durchschnittlichen Ölpreises der Vorteil in Form niedriger Fremdkapitalko-
sten besteht. Umgekehrt besteht für den Fremdkapitalgeber der Vorteil in
einer Partizipation an der Rohstoffpreisentwicklung bei Beibehaltung einer
Mindestrendite.

Die Möglichkeit der Verbindung von Preis- und Kursrisiken mit Fremdka-
pitalkosten beruht im Fall Oranje Nassau auf der engen Verbindung zwischen

dem Ölpreis und dem unternehmerischen Gewinn. Wichtig für die Emission dieser Anleihe ist darüber hinaus die Nachprüfbarkeit und Transparenz des Optionsvertrages. Im vorliegenden Fall können die Investoren von einem Preisnehmerverhalten des Kreditnehmers ausgehen, d.h. eine Preisbeeinflussung seitens Oranje Nassau bezüglich des Ölpreises kann angesichts der Mittelwertbildung über ein Jahr ausgeschlossen werden. Ähnliche Überlegungen erscheinen beispielsweise nachdenkenswert für die Airbus-Industrie bezüglich des Wechselkurses zum US-\$.

Δ

Für Asiatische Optionen europäischen Typs existiert ebenfalls eine Put-Call Parität. Die Grundlage derartiger Preisbeziehungen besteht in der Verbindung aus Auszahlungseigenschaften und einem Portfolioargument. Im Fall Asiatischer Optionen lässt sich dies in anschaulicher Weise darstellen. Es werden hierzu zwei sonst identische diskrete fixed strike Asian Call- und Put-Optionen bezüglich des DM-\$-Wechselkurses betrachtet. Der Vergleich der beiden Auszahlungen liefert

$$\left[K - \frac{1}{N} \sum_{n=1}^{N} S(t_n) \right]^+ = \left[\frac{1}{N} \sum_{n=1}^{N} S(t_n) - K \right]^+ + K - \frac{1}{N} \sum_{n=1}^{N} S(t_n).$$

Hierbei bezeichnet K den Basispreis, $T = t_N$ den Fälligkeitszeitpunkt und $S(t_n)$ den jeweiligen Wechselkurs. Die Asiatische Put-Call Parität besagt zunächst, dass der Arbitragepreis eines diskreten fixed strike Asian Put gleich dem des sonst identischen diskreten fixed strike Asian Call plus dem diskontierten Basispreis minus dem Barwert des durchschnittlichen Wechselkurses ist. Formal bedeutet dies

$$\text{Put}_d^{asian}[S_0, K, t_0, \{t_1, \dots, t_N\}] = \text{Call}_d^{asian}[S_0, K, t_0, \{t_1, \dots, t_N\}]$$
$$+ K(1 + r_d)^{-(T-t_0)} - \Pi\left(\frac{1}{N} \sum_{n=1}^{N} S(t_n) \right),$$

wobei r_d den konstanten inländischen Zinssatz und $\Pi(x)$ den Barwert der Auszahlung x angibt. Das Problem besteht nun darin, den Barwert des durchschnittlichen zukünftigen Wechselkurses zu bestimmen. Es muss also der Preis eines Portfolios bestimmt werden, dessen Auszahlung in inländischer Währung zum Zeitpunkt $T = t_N$ nominal mit dem durchschnittlichen

Wechselkurs übereinstimmt. Das gesuchte Portfolioargument unter der Annahme eines konstanten inländischen Zinssatzes r_d und einem konstanten ausländischen Zinssatzes r_f besitzt folgende Gestalt:

- Erwerbe zum Zeitpunkt t_0

$$\frac{1}{N} \sum_{n=1}^{N} \frac{1}{(1+r_d)^{T-t_n}} \frac{1}{(1+r_f)^{t_n}}$$

US-\$ und lege hiervon in den USA jeweils

$$\frac{1}{N} \frac{1}{(1+r_d)^{T-t_n}} \frac{1}{(1+r_f)^{t_n}}$$

bis zum Zeitpunkt $t_n, n = 1, \ldots, N$ zum ausländischen Zinssatz r_f an.

- Zu den Zeitpunkten t_n tausche jeweils

$$\frac{1}{N} \frac{1}{(1+r_d)^{T-t_n}}$$

US-\$ (ursprünglicher Nominalbetrag plus Zinsertrag) zum aktuellen Wechselkurs $S(t_n)$ und lege diesen inländischen Geldbetrag bis zum Fälligkeitszeitpunkt $t_N = T$ an.

Das beschriebene Portfolioargument bedingt keine weiteren Zahlungen zwischen t_0 und T. Die Auszahlung zum Zeitpunkt T in inländischer Währung ist gleich dem durchschnittlichen Wechselkurs, und dementsprechend ist die Anfangsinvestition gleich dem gesuchten Barwert. Zusammenfassend gilt die folgende Aussage:

Proposition 3.2:

Zwischen dem Arbitragepreis eines diskreten fixed strike Asian Put und eines sonst identischen Call bezüglich des Wechselkurses S mit Basispreis K, Fälligkeitszeitpunkt $T = t_N$ und Erhebungszeitpunkten für den Durchschnitt $\underline{T} := \{t_1, \ldots, t_N\}$ gilt die folgende Preisbeziehung

$$Put_d^{asian}[S_0, K, t_0, \underline{T}] = Call_d^{asian}[S_0, K, t_0, \underline{T}] + K(1+r_d)^{-(T-t_0)}$$

$$- S(t_0) \frac{1}{N} \sum_{n=1}^{N} \frac{1}{(1+r_d)^{T-t_n}} \frac{1}{(1+r_f)^{t_n}},$$

falls der inländische Zinssatz r_d und der ausländische Zinssatz r_f konstant sind.

▽ Beispiel 3.10:

Die Duplizierungsstrategie des durchschnittlichen Wechselkurses bedingt die Anlage unterschiedlicher Beträge in der Eigen-und Fremdwährung. Zunächst besteht nur ein Fremdwährungsvermögen welches im Zeitverlauf zugunsten einer Position in der Eigenwährung abgebaut wird. Sei der inländische Zinssatz $r_d = 4\%$ pro Periode und der ausländische r_f gleich 5%. Wird von einer Durchschnittsbildung auf der Basis von vier Zeitpunkten ausgegangen, so gibt Tabelle 3.7 die Veränderung der beiden Kontostände im Zeitverlauf exemplarisch entlang eines Pfades der Kursentwicklung des Wechselkurses zwischen DM und $ an. Es ist dabei zu beachten, dass die jeweiligen Beträge mit dem in- bzw. ausländischen Zinssatz verzinst werden müssen.

Δ

Eine Besonderheit der Devisenoptionen ist in den zwei unterschiedlichen Notierungen des Wechselkurses begründet. Die *Preisnotierung* gibt den Inlandspreis einer Einheit ausländischer Währung an, während die *Mengennotierung* die Menge ausländischer Währung angibt, die einer Einheit inländischer Währung entspricht. Werden zwei Länder betrachtet, in denen jeweils eine Preisnotierung der ausländischen Währungen erfolgt, so ist aus Sicht eines Inländers die Notierung der inländischen Währung im Ausland eine Mengennotierung. Dies bedingt aus inländischer Sicht eine Beziehung zwischen einer Put-Option mit preisnotiertem Wechselkurs und einer Call-Option mit mengennotiertem Wechselkurs. U.a. ermöglicht dies einem Exporteur, sein Wechselkursrisiko entweder mittels einer Put-Option bezüglich des preisnotierten Wechselkurses im Inland zu begrenzen oder die entsprechende Call-Option mit dem aus seiner Sicht mengennotierten Wechselkurs im Ausland zu erwerben. Die Überlegung begründete z.B. auch die Beziehung zwischen einer Europäischen up-and-out Put-Option und einem down-and-out Call in Abschnitt 3.1.

Der Unterschied zwischen der Preisnotierung und Mengennotierung besteht seit der Einführung des Euro im dieser Form nicht mehr. Hierdurch ändert sich an der Qualität der Versicherungsmöglichkeiten durch Call- oder Put-Optionen grundsätzlich nichts, da der Übergang zur Mengennotierung vertraglich berücksichtigt werden kann. Dies war jedoch bisher für Asiatische Optionen nicht der Fall, wie die nachfolgenden Überlegungen zeigen.

t	Wechsel-kurs	Kontostand vor Devisentausch		Kontostand nach Devisentausch	
		DM	\$	DM	\$
t_0	$S_0 = 1,92$	$\dfrac{1,92}{4}\sum_{i=1}^{4}\left(\dfrac{1}{1,04}\right)^{4-i}\left(\dfrac{1}{1,05}\right)^{i}$	0	0	$\dfrac{1}{4}\sum_{i=1}^{4}\left(\dfrac{1}{1,04}\right)^{4-i}\left(\dfrac{1}{1,05}\right)^{i}$
t_1	$S_1 = 2,04$	0	$\dfrac{1}{4}\sum_{i=1}^{4}\left(\dfrac{1}{1,04}\right)^{4-i}\left(\dfrac{1}{1,05}\right)^{i-1}$	$\dfrac{0,51}{(1,04)^3}$	$\dfrac{1}{4}\sum_{i=2}^{4}\left(\dfrac{1}{1,04}\right)^{4-i}\left(\dfrac{1}{1,05}\right)^{i-1}$
t_2	$S_2 = 1,96$	$\dfrac{0,51}{(1,04)^2}$	$\dfrac{1}{4}\sum_{i=2}^{4}\left(\dfrac{1}{1,04}\right)^{4-i}\left(\dfrac{1}{1,05}\right)^{i-2}$	$\dfrac{1}{(1,04)^2}$	$\dfrac{1}{4}\left(\dfrac{1}{(1,04)(1,05)}+\dfrac{1}{(1,05)^2}\right)$
t_3	$S_3 = 2,08$	$\dfrac{1}{(1,04)}$	$\dfrac{1}{4}\left(\dfrac{1}{1,04}+\dfrac{1}{1,05}\right)$	$\dfrac{1,52}{1,04}$	$\dfrac{1}{4}\dfrac{1}{1,05}$
t_4	$S_4 = 2,00$	1,52	$\dfrac{1}{4}$	2,02	0

TABELLE 3.7. Duplizierungsstrategie des arithmetischen Mittels des Wechselkurses bei konstantem in- und ausländischem Zinssatz.

Im Unterschied zu Call und Put-Optionen bezüglich des Schlusskurses, lässt sich die Auszahlung einer Asiatischen Put- (bzw. Call-)Option mit preisnotiertem Wechselkurs nicht darstellen durch eine Asiatische Call- bzw. Put-Option mit mengennotiertem Wechselkurs. Folglich ist es für einen deutschen Exporteur nicht möglich, aus dem Vergleich der Prämien einer im Inland angebotenen Asiatischen Put-Option und einer im Ausland angebotenen Asiatischen Call-Option eine Arbitragemöglichkeit zu konstruieren. Zwischen dem preisnotierten diskreten Durchschnittskurs und dem mengennotierten diskreten Durchschnittskurs besteht die folgende Relation:[5]

$$
\begin{aligned}
A_d^{DM/\$}(T) \quad &:= \quad \frac{1}{N}\sum_{n=1}^{N} S(t_n)^{DM/\$} = \frac{1}{N}\sum_{n=1}^{N} \frac{1}{S(t_n)^{\$/DM}} \\[2mm]
&\geq \quad \frac{N}{\displaystyle\sum_{n=1}^{N} S(t_n)^{\$/DM}} = \left(A^{\$/DM}(T)\right)^{-1}.
\end{aligned}
$$

Für den Vergleich der Auszahlungen zwischen einem preisnotierten Asiatischen Put mit Basispreis K_d und einem mengennotierten Asiatischen Call bedeutet dies

$$
\begin{aligned}
\left[K_d - \frac{1}{N}\sum_{n=1}^{N} S(t_n)^{DM/\$}\right]^{+} &= K_d A^{DM/\$}(T)\left[\left(A^{DM/\$}(T)\right)^{-1} - \frac{1}{K_d}\right]^{+} \\[2mm]
&\leq K_d A^{DM/\$}(T)\left[A^{\$/DM}(T) - \frac{1}{K_d}\right]^{+}.
\end{aligned}
$$

Mit der Einführung des Euro und dem Übergang zur Mengennotierung hat dieser Unterschied für den Vergleich der Optionsverträge an Bedeutung verloren, da aus inländischer Sicht eine Mengennotierung in beiden Ländern vorliegt. Das nachfolgende Beispiel verdeutlicht die angesprochene Problematik vor Einführung des Euro.

▽ **Beispiel 3.11:**

Der aktuelle Wechselkurs (Preisnotierung) zwischen DM und US-$ betrage 1,75 DM/$. Ein deutscher Exporteur möchte in 4 aufeinanderfolgenden Monaten jeweils 2,5 Mio. US-$ in DM tauschen. Zur Beschränkung des Wechselkursrisikos kann er einen Asiatischen Put mit preisnotiertem Wechselkurs im Nennwert von 10 Mio. US-$ und Basispreis $K_d = 1{,}75$ DM im Inland erwerben. Eine amerikanische Bank bietet dem Exporteur einen Asiatischen

---

[5]Dies folgt aus der Beziehung zwischen arithmetischem und harmonischem Mittel.

Zeit	Kursszenario					
	1		2		3	
	$S^{DM/\$}$	$S^{\$/DM}$	$S^{DM/\$}$	$S^{\$/DM}$	$S^{DM/\$}$	$S^{\$/DM}$
1. Monat	1,75	$(1,75)^{-1}$	1,75	$(1,75)^{-1}$	1,75	$(1,75)^{-1}$
2. Monat	1,78	$(1,78)^{-1}$	1,72	$(1,72)^{-1}$	1,74	$(1,74)^{-1}$
3. Monat	1,76	$(1,76)^{-1}$	1,74	$(1,74)^{-1}$	1,75	$(1,75)^{-1}$
4. Monat	1,67	$(1,67)^{-1}$	1,75	$(1,75)^{-1}$	1,72	$(1,72)^{-1}$
Durchschnittskurs	1,74	0,57505	1,74	0,57474	1,74	0,57474
Auszahlung Put, Nennwert 10 Mio.	100.000 DM		100.000 DM		100.000 DM	
Auszahlung Call, Nennwert 17,5 Mio.	63.421,10 \$ = 105.913,24 DM		57.972,47 \$ = 101.451,82 DM		57.972,47 \$ = 99.712,64 DM	
	Überversicherung		Überversicherung		Unterversicherung	

TABELLE 3.8. Vergleich zwischen einer preisnotierten Asiatischen Put-Option und einer mengennotierten Asiatischen Call-Option

Call im Nennwert von 17,5 Mio. DM mit Basispreis $K_f = K_d^{-1}$ und mengennotiertem Wechselkurs an. Um Verzerrungen zu vermeiden, die sich aus der Geld-Brief-Spanne ergeben, ist vereinbart, dass die Preis- und Mengennotierungen jeweils invers proportional zueinander sind, d.h. $S^{DM/\$}(t_n) = (S^{\$/DM}(t_n))^{-1}$. Wie die nachfolgenden Kursszenarien in Tabelle 3.8 zeigen, führt die Asiatische Call-Option trotzdem zu einer Über- wie auch Unterversicherung relativ zur Asiatischen Put-Option. Für den Exporteur stellt das Angebot der amerikanischen Bank keinen gleichwertigen Vertrag dar.

—————————————————————————————————— Δ

Die mit Einführung des Euro verbundenen Veränderungen bezüglich der Begrenzung des Wechselkursrisikos sind in ihrer Gesamtheit unterschiedlich zu werten. Werden Optionsverträge betrachtet, deren Auszahlung nur von der Höhe des Schlusskurses abhängt, so entspricht eine Versicherung gegenüber einem fallenden Wechselkurs in der Preisnotierung einer Versicherung gegenüber einem steigendem Wechselkurs in der Mengennotierung. Qualitativ werden Put- und Call-Verträge getauscht. Bezeichnen $S^{DM/\$}$ den Wechselkurs zwischen DM und \$ in der Preisnotierung, und $S^{\$/€}$ den Wechselkurs zwischen \$ und € in der Mengennotierung und $S^{DM/€} = 1,95583$ den festen Wechselkurs zwischen DM und € (Preisnotierung). Die Auszahlung einer

Put-Option mit dem in DM pro \$ notiertem Basispreis $K^{DM/\$}$ bezüglich des Wechselkurses $S^{DM/\$}$ lässt sich darstellen als

$$
\begin{aligned}
\left[K^{DM/\$} - S_T^{DM/\$}\right]^+ &= S_0^{DM/\$}\left[K^{\text{\euro}/\$} - S_T^{\text{\euro}/\$}\right]^+ \\
&= K^{DM/\$}S_T^{\text{\euro}/DM}\left[S_T^{\$/\text{\euro}} - K^{\$/\text{\euro}}\right]^+,
\end{aligned}
$$

d.h. die Auszahlung einer in inländischen Währung notierten Put-Option bzgl. dem preisnotierten Wechselkurs ist gleich

- der Auszahlung von 1,95583 in € notierten Put-Option bzgl. des Wechselkures zwischen Euro und \$ in der Preisnotierung und einem in € pro \$ notierten Basispreis $K^{\text{\euro}/\$} := \frac{K^{DM/\$}}{1,95583}$;
  und

- der Auszahlung in DM von $K^{DM/\$}$ in \$ notierten Call-Optionen bzgl. des Wechselkurses zwischen \$ und Euro in der Mengennotierung und einem in \$ pro Euro notierten Basispreis $K^{\$/\text{\euro}} = \frac{1,95583}{K^{DM/\$}}$.

Entsprechende Beziehungen gelten für Call-Optionen sowie Barrier und Binary Optionen. Beispiel 3.11 zeigt jedoch, dass sich dies nicht auf Asiatische Optionen übertragen lässt. Die Auszahlung einer in inländischen Währung notierten Asiatischen Option lässt sich nicht darstellen mittels dem inländischen Wertes einer im Ausland erworbenen und in ausländischer Währung notierten Asiatischen Option.

3.3. Two-Color Rainbow Optionen

Hinter der Bezeichnung *Two-Color Rainbow Optionen* verbirgt sich wiederum eine Optionsklasse. Das verbindende Element und gleichzeitig auch der wesentliche Unterschied zu den bisher betrachteten Optionstypen ist ihre Abhängigkeit von zwei Wertpapieren. Genauer ist die Auszahlung dieser Optionen durch den Kurs zweier Wertpapiere bestimmt. Eine erschöpfende Auflistung der sich ergebenden Auszahlungsprofile ist nicht möglich. Die wichtigsten Optionstypen und ihre Auszahlung sind in Tabelle 3.9 zusammengefasst. Hierbei sind die Kurse der beiden Wertpapiere zum Fälligkeitszeitpunkt T durch S_T^1 und S_T^2 angegeben. Die Dual Strike Optionen unterscheiden darüber hinaus zwischen zwei Basispreisen K^1 und K^2. Grundsätzlich können die in

Name/Bezeichnung	Notation	Auszahlung
Maximumoption (zwei Wertpapiere) (Option on the best of two assets)	C_{TA}	$\max\{S_T^1, S_T^2\}$
Minimumoption (zwei Wertpapiere) (Option on the worst of two assets)	P_{TA}	$\min\{S_T^1, S_T^2\}$
Maximumoption mit Basis (Option on the best of two assets and cash)	C_{TAC}	$\max\{S_T^1, S_T^2, K\}$
Minimumoption mit Basis (Option on the worst of two assets and cash)	P_{TAC}	$\min\{S_T^1, S_T^2, K\}$
Maximum-Call (zwei Wertpapiere)	$C_{\max}$	$\left[\max\{S_T^1, S_T^2\} - K\right]^+$
Minimum-Call (zwei Wertpapiere)	$C_{\min}$	$\left[\min\{S_T^1, S_T^2\} - K\right]^+$
Maximum-Put (zwei Wertpapiere)	$P_{\max}$	$\left[K - \max\{S_T^1, S_T^2\}\right]^+$
Minimum-Put (zwei Wertpapiere)	$P_{\min}$	$\left[K - \min\{S_T^1, S_T^2\}\right]^+$
Quanto-Call (Produkt)	C_{pro}	$\left[S_T^1 \cdot S_T^2 - K\right]^+$
Quanto-Put (Produkt)	P_{pro}	$\left[K - S_T^1 \cdot S_T^2\right]^+$
Quanto-Call (Quotient)	C_{quo}	$\left[S_T^1/S_T^2 - K\right]^+$
Quanto-Put (Quotient)	P_{quo}	$\left[K - S_T^1/S_T^2\right]^+$
Exchange Option	C_{ex}	$[S_T^1, S_T^2]^+$
Spread Call	C_{spr}	$\left[(S_T^1 - S_T^2) - K\right]^+$
Spread Put	P_{spr}	$\left[K - (S_T^1 - S_T^2)\right]^+$
Portfolio Call (simple Basket Call)$(\alpha_1, \alpha_2 > 0)$		$\left[(\alpha_1 S_T^1 + \alpha_2 S_T^2) - K\right]^+$
Portfolio Put (simple Basket Put) $(\alpha_1, \alpha_2 > 0)$		$\left[K - (\alpha_1 S_T^1 + \alpha_2 S_T^2)\right]^+$
Dual Strike Call (Double Call)	C_{dua}	$\max\{0, S_T^1 - K_1, S_T^2 - K_2\}$
Dual Strike Put (Double Put)	P_{dua}	$\max\{0, K_1 - S_T^1, K_2 - S_T^2\}$

TABELLE 3.9. Auszahlungsprofile ausgewählter Two-Color Rainbow Optionen

Tabelle 3.9 aufgeführten Optionen sowohl Europäischen als auch Amerikanischen Typs sein. Handelt es sich um Europäische Optionen, so lassen sich aus den wechselseitigen Darstellungen der Auszahlungen Aussagen über die gegenseitigen Preisbeziehungen ableiten. Diese Preisbeziehungen beruhen, wie die Put-Call Parität, auf dem Prinzip der Duplizierbarkeit. Beispielsweise

Grundformen		
Name	Notation	Auszahlung
Europäischer Call	C_e	$[S_T - K]^+$
Maximum-Option	C_{TA}	$\max\{S_T^1, S_T^2\}$
Maximum-Call mit Basis	$C_{\max}$	$[\max\{S_T^1, S_T^2\} - K]^+$
Linearkombinationen		
Auszahlung	Preisparität	
$\min\{S_T^1, S_T^2\}$	$P_{TA} = S_0^1 + S_0^2 - C_{TA}$	
$[K - \max\{S_T^1, S_T^2\}]^+$	$P_{\max} = C_{\max} - C_{TA} + (1 + r)^{-(T-t)} K$	
$\max\{S_T^1, S_T^2, K\}$	$C_{TAC} = C_{\max} + (1 + r)^{-(T-t)} K$	
$\min\{S_T^1, S_T^2, K\}$	$P_{TAC} = S_0^1 + S_0^2 - C_e[S_0^1] - C_e[S_0^2] - C_{TA} + C_{\max}$	
$[\min\{S_T^1, S_T^2\} - K]^+$	$C_{\min} = C_e[S_0^1] + C_e[S_0^2] - C_{\max}$	
$[K - \min\{S_T^1, S_T^2\}]^+$	$P_{\min} = C_e[S_0^1] + C_e[S_0^2] - S_0^1 - S_0^2 - C_{\max} + C_{TA}$ $+ (1 + r)^{-(t-T)} K$	
$[S_T^1 - S_T^2]^+$	$C_{ex} = C_{TA} - S_0^1$	

TABELLE 3.10. Paritäten Europäischer Two-Color Rainbow Optionen über dividendengeschützten Wertpapieren mit Ausübungszeitpunkt T, Basispreis K und Zinssatz r

gilt für die Auszahlungen einer *Maximumoption mit Basis* (C_{TAC}) und eines *Maximum-Call* (C_{max}):

$$
\begin{aligned}
\max\{S_T^1, S_T^2, K\} &= \max\{\max\{S_T^1, S_T^2\} - K, 0\} + K \\
&= [\max\{S_T^1, S_T^2\} - K]^+ + K.
\end{aligned}
$$

Handelt es sich um Europäische Optionen über dividendengeschützten Wertpapieren, so ist der Preis einer Maximumoption mit Basis gleich dem eines Maximum-Call plus dem diskontierten Basispreis, d.h.

$$(3.2) \quad C_{TAC}[S_0^1, S_0^2, K, t, T] = C_{max}[S_0^1, S_0^2, K, t, T] + (1 + r)^{-(T-t)} K,$$

wobei r den effektiven Zinssatz und $(1 + r)^{-(T-t)}$ den Diskontfaktor angeben.

Tabelle 3.10 fasst die Preisrelationen Europäischer Two-Color Rainbow Optionen zusammen. Sie zeigt, dass die in Tabelle 3.9 aufgeführten Verträge sich teilweise auf wenige Grundformen zurückführen lassen. Die in Tabelle

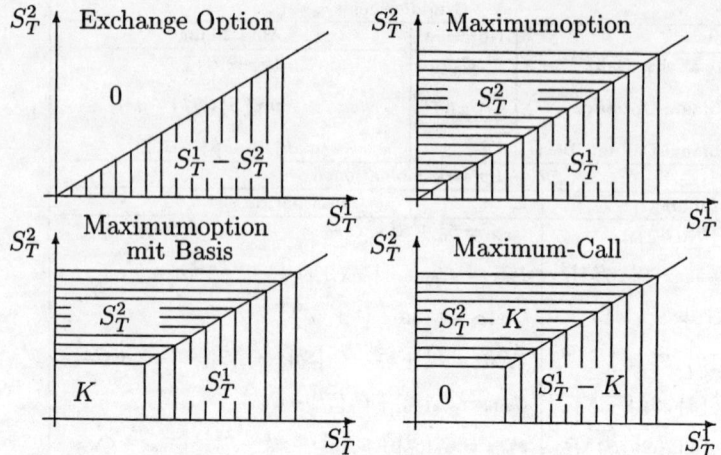

ABBILDUNG 3.8. Auszahlungsregionen und zugehörige Auszahlungen einiger Two-Color Rainbow Optionen

3.10 angegebenen Paritäten lassen sich grafisch verdeutlichen durch die zugehörigen Auszahlungsregionen. Diese ergeben sich immer aus dem Verhältnis der beiden Schlusskurse und gegebenenfalls der zusätzlichen Berücksichtigung der Basispreise. Abbildung 3.8 gibt die Auszahlungsregionen einiger Two-Color Rainbow Optionen an.

Eine *Exchange Option* stellt eine Spekulation auf die Kursdifferenz zweier Wertpapiere dar. Da die Auszahlung nur dann positiv ist, falls der Schlusskurs des Wertpapiers 1 größer ist als der des Wertpapiers 2, drückt sich hierin die Kurseinschätzung des Käufers aus. Besitzt hingegen der Käufer einer Exchange Option gleichzeitig das Wertpapier 2, so entspricht seine Gesamtposition derjenigen einer Maximum-Option. Der Erwerb einer Exchange Option ist in diesem Fall nicht unbedingt in einer Spekulation begründet, sondern dient der (relativen) Kurssicherung des Wertpapiers 2 gegenüber dem Wertpapier 1. Beispielsweise ist eine derartige Versicherung zu erwägen, falls eine deutlich negative Korrelation zwischen beiden Wertpapieren vorliegt, der Investor jedoch eine Veräußerung seiner Wertpapierposition zugunsten des Wertpapiers 2 gegenwärtig nicht durchführen möchte.

Darüber hinaus kann es sich bei den zugrundeliegenden Wertpapieren um Wertpapierindizes handeln. Die dargestellten Optionen ermöglichen es dann,

ohne die teilweise schwierige und mit Transaktionskosten verbundene Nachbildung eines Wertpapierindex eine Versicherungs- oder Spekulationsstrategie
relativ zu der Indexentwicklung zu konstruieren.

▽ **Beispiel 3.12:**

Ein Beispiel für einen Maximum-Call sind Doppelwährungsanleihen. Der
Halter dieses Optionsscheines ist berechtigt, gegen einen Basispreis zwischen
Nominalbeträgen zweier unterschiedlicher Währungen zu wählen. Zur Illustration wird der $-Yen Doppelwährungsoptionsschein des Schweizerischen
Bankvereins vom September 1990 betrachtet. Dieser Optionsschein berechtigte, zu einem Basispreis von DM 100 entweder US-$ 63,69 oder Yen 8695 zu
erwerben. Fälligkeitstermin der Option war der 07.10.1991. Die beiden Nominalbeträge der Währungen entsprachen Wechselkursen von 1,57 DM/US-$
bzw. 1,15 DM je 100 Yen. Werden die beiden Wechselkurse gegenüber dem
US-$ bzw. Yen mit S^1 und S^2 bezeichnet, so ist die Auszahlung dieses Dop-
pelwährungsoptionsscheines gleich

$$[\max\{\alpha_1 S_T^1, \alpha_2 S_T^2\} - 100]^+,$$

wobei $\alpha_1 = 63,69$ und $\alpha_2 = 8695$ die jeweiligen Nominalbeträge angeben.

—————————————————————————————————— △

Quanto Optionen ergeben sich meist in Verbindung mit einem ausländischen Finanzmarkt. Ein inländischer Investor, der eine Vermögensposition
in ausländischen Wertpapieren hält, muss neben dem Kursänderungsrisiko
des Wertpapiers auch das Wechselkursrisiko in seine Betrachtung einbezie-
hen. Die Vertragsausgestaltung kann hierbei grundsätzlich die in Tabelle 3.11
dargestellten Möglichkeiten berücksichtigen, d.h. es kann ein vorab fixierter
Wechselkurs X_0 vereinbart oder der zum Fälligkeitszeitpunkt T gültige Wechselkurs X_T zur Umrechnung verwendet werden.

▽ **Beispiel 3.13:**

Ein inländischer Investor beabsichtigt, 100 Wertpapiere eines amerikanischen Unternehmens aus seinem Bestand in drei Monaten zu veräußern, um
den Erlös beispielsweise am inländischen Kapitalmarkt zu investieren. Der
aktuelle Kurs der Wertpapiere betrage US-$ 55,00. Der aktuelle Wechselkurs
sei 1,75 DM/US-$. Tabelle 3.12 fasst die Wirkung der verschiedenen Kurs-
und Währungssicherungen mittels Currency Converted Optionen zusammen.

Name		Typ	Auszahlung
Equity linked FX-Forward	fester Wechselkurs X_0		$X_0 S_T^f$
Guaranteed Exchange Rate Option	fester Wechselkurs X_0 Basispreis K^f in Fremdwährung	Call Put	$X_0[S_T^f - K^f]^+$ $X_0[K^f - S_T^f]^+$
Compo Option	variabler Wechselkurs X_T Basispreis K^d in inländischer Währung	Call Put	$[X_T S_T^f - K^d]^+$ $[K^d - X_T S_T^f]^+$
Flex-Option (Flexible Exchange Rate Option)	variabler Wechselkurs X_T Basispreis K^f in Fremdwährung	Call Put	$X_T[S_T^f - K^f]^+$ $X_T[K^f - S_T^f]^+$
Equity linked FX-Option	fester Wechselkurs X_0 variabler Wechselkurs X_T	Call Put	$S_T^f[X_T - X_0]^+$ $S_T^f[X_0 - X_T]^+$

TABELLE 3.11. Currency Converted Optionen

Als fester Wechselkurs wird der zu Vertragsbeginn gegebene Wechselkurs $X_0 = 1,75$ verwendet. Der Basispreis in ausländischer Währung ist gleich $K^f = \$55$ und entsprechend $K^d = 1,75 \cdot 55 = $ DM $96,25$ in inländischer Währung. Der Wert der 100 Wertpapiere zum aktuellen Zeitpunkt beträgt DM 9625. Die obige Festlegung des Basispreises und des festen Wechselkurses führt jedoch nur im Fall des Compo Put zu einer Sicherung dieses Betrages. Je nach Vertrag tritt sowohl eine Unterversicherung als auch eine Überversicherung der Vermögensposition auf.

—————————————————————————————— Δ

Weiterführende Literatur

Kapitel 3 befasst sich mit wichtigen Exotischen Optionen. Behandelt werden Vertragseigenschaften und gegenseitige Preisbeziehungen, während die Bewertung nicht Gegenstand dieses Kapitels ist. Die Literatur zu diesen Verträgen beschäftigt sich in der Regel mit beiden Aspekten und weist einen deutlichen Schwerpunkt bezüglich der Bewertung auf. Die entsprechenden Literaturhinweise hierzu finden sich in den Kapiteln 5 und 6.

	Kursszenarien								
Wertpapierkurs	$50	$50	$50	$55	$55	$55	$60	$60	$60
Wechselkurs	1,70	1,75	1,80	1,70	1,75	1,80	1,70	1,75	1,80
	Auszahlung in DM eines								
• Flex Put	8,50	8,75	9	0	0	0	0	0	0
• Guaranteed Exchange Rate Put	8,75	8,75	8,75	0	0	0	0	0	0
• Compo Put	11,25	8,75	6,25	2,75	0	0	0	0	0
• Equity linked FX-Put	2,50	0	0	2,75	0	0	3,00	0	0
	Erlös in DM durch den Verkauf von 100 Wertpapieren								
ohne Sicherung	8500	8750	9000	9350	9625	9900	10200	10500	10800
mit Sicherung									
• Equity linked FX-Forward	8750	8750	8750	9625	9625	9625	10500	10500	10500
• Flex Put	9350	9625	9900	9350	9625	9900	10200	10500	10800
• Guaranteed Exchange Rate Put	9375	9625	9875	9350	9625	9900	10200	10500	10800
• Compo Put	9625	9625	9625	9625	9625	9900	10200	10500	10800
• Equity linked FX-Put	8750	8750	9000	9625	9625	9900	10500	10500	10800

TABELLE 3.12. Kurs- und Währungssicherung mit Currency Converted Optionen

Einen guten Überblick und eine ausführliche Diskussion der in diesem Kapitel angesprochenen und weiterer Exotischer Verträge bietet das von Nelken (1996) herausgegebene Buch. In den einzelnen Kapiteln gelingt es den verschiedenen Autoren, die unterschiedlichen Aspekte, die mit der Analyse Exotischer Optionen verbunden sind, transparent und anschaulich darzustellen. Eine lesenswerte und kurze Darstellung bietet auch Willnow (1996). Die Systematisierung Exotischer Optionen geht weitestgehend auf die gleichnamige Aufsatzsammlung verschiedener Artikel im Risk Magazine von Rubinstein und Reiner zurück (insbesondere Rubinstein und Reiner (1991a) und (1991b)). Ebenso vermitteln die Lehrbücher von Jarrow und Turnbull (1996) sowie Briys, Bellalah, Mai und de Varenne (1998) und die von Jarrow (1995) herausgegebene Aufsatzssammlung umfangreiche Inhalte zu diesem Themenbereich. Neben diesen Darstellungen ist das *Dictionary of Derivatives* von Inglis-Taylor (1995) eine wesentliche Hilfe zur begrifflichen Klärung und vertraglichen Ausgestaltung vieler Verträge. Dies gilt auch auch für das *Lexikon der Finanzinnovationen* von Eilenberger (1996).

Übungsaufgaben

Aufgabe 3.1:

Es werden drei Europäische down-and-out Call-Optionen bezüglich des DM/\$-Wechselkurses betrachtet. Die Kursschranke H ist gleich 1,65 DM, der aktuelle Wechselkurs beträgt 1,82 DM und die Laufzeit der drei Verträge 3 Monate. Es stehen die Basispreise 1,75, 1,81 und 1,85 zur Verfügung.

Konkretisieren Sie das Preisverhältnis, in dem die drei Verträge in einem arbitragefreien Markt stehen müssen. Überprüfen Sie neben möglichen Monotonieeigenschaften auch die Konvexitätseigenschaft im Basispreis.

Aufgabe 3.2:

a) Ist $H_1 < H_2 < \cdots < H_N$ eine aufsteigende Folge von Kursschranken und sind $K_i = K(H_i)$ für $i = 1, \ldots, N$ die entsprechenden Basispreise mit $K_i < K_{i+1}$. Zeigen Sie, dass für den Arbitragepreis eines aufsteigenden *Ladder Put* mit $S_0 = K_0 < K_1$ gilt

$$\text{Put}_e[S_0, K_0, t_0, T] \leq \text{Ladder-Put} \leq \text{Put}_e[S_0, K_N, t_0, T].$$

b) Zeigen Sie, dass für den Arbitragepreis eines absteigenden *Ladder Call* mit $S_0 = K_0 > K_1$, $H_1 > H_2 > \cdots > H_N$ und $K_i = K(H_i) > K_{i+1} = K(H_{i+1})$ gilt

$$\text{Call}_e[S_0, K_0, t_0, T] \leq \text{Ladder-Call} \leq \text{Call}_e[S_0, K_N, t_0, T].$$

Aufgabe 3.3:

Der Erfolg einer Anlagestrategie hängt wesentlich vom Zeitpunkt der Kauf- oder Verkaufsentscheidung ab. Optimal ist es, zum günstigsten Kurs zu kaufen und zum höchsten Kurs zu verkaufen. Stellen Sie diese Auszahlung durch eine Kombination aus Exotischen Optionen dar.

Aufgabe 3.4:

Ein importorientiertes inländisches Unternehmen benötigt regelmäßig für seine Warengeschäfte Fremdwährungsbeträge (z.B. US-\$). Diskutieren Sie aus Sicht des Unternehmens den Einsatz von Devisenoptionen. Berücksichtigen Sie hierbei

- Europäische und Amerikanische Devisenoptionen,
- Europäische Barrier Optionen,
- Look-Back Optionen,
- Asiatische Optionen.

Aufgabe 3.5:

Betrachten Sie den in Beispiel 3.8 dargestellten *Fondssparvertrag* mit garantierter konformer Mindestrendite δ. Darüber hinaus ist angenommen, dass kein Zinsänderungsrisiko besteht und die konstante konforme Rendite am Zinsmarkt gleich δ ist.[6] Zeigen Sie, dass in dieser Situation die beiden implizit vorhandenen Asiatischen Optionen (Put- und Call) die gleiche Optionsprämie besitzen. Würde sich dies ändern, falls zwar bei Vertragsabschluss eine konstante konforme Rendite am Zinsmarkt vorliegt, jedoch keine Sicherheit bezüglich der zukünftigen Zinsentwicklung besteht? Lässt sich die Beziehung zwischen den Prämien der beiden Asiatischen Optionen auch für den Fall einer nicht konstanten, d.h. restlaufzeitabhängigen Rendite verallgemeinern?

Aufgabe 3.6:

Leiten Sie die *Put-Call Parität* für diskrete floating strike Asiatische Put- und Call-Optionen europäischen Typs bezüglich eines Wechselkurses her. Nehmen Sie hierfür einen konstanten inländischen und ausländischen Zinssatz an. Welches Preisverhältnis zwischen Call- und Put-Optionen ergibt sich, falls der inländische Zinssatz gleich, größer oder kleiner dem ausländischen Zinssatz ist?

Aufgabe 3.7:

Leiten Sie die *Put-Call Parität* für Europäische Spread Optionen bezüglich eines dividendengeschützten Wertpapiers her.

Aufgabe 3.8:

Zeigen Sie, dass sich Europäische *Dual Strike* Call- und Put-Optionen als Linearkombination anderer Two-Color Rainbow Optionen darstellen lassen, falls die beiden Basispreise übereinstimmen. Leiten Sie hieraus eine obere und untere Preisschranke für die Dual Strike Optionen her.

---

[6]Falls die Rendite der Nullkuponanleihen unabhängig von der Restlaufzeit ist, wird von einer flachen Zinsstrukturkurve gesprochen (vgl. Abschnitt 8.1).

Aufgabe 3.9:

Ein deutsches Unternehmen besitzt aus einem Warengeschäft eine in 4 Monaten fällige Zahlungsverpflichtung über US-$ 75.000. Gleichzeitig sind in 4 Monaten Einkünfte in Höhe von Yen 10,5 Mio. vertraglich gesichert. Der aktuelle Wechselkurs gegenüber dem US-$ beträgt 1,75 DM/US-$ und DM 1,25 für 100 Yen. Aus heutiger Sicht decken sich die Verpflichtungen und Einkünfte. Falls jedoch der Wechselkurs gegenüber dem US-$ steigt und gegenüber dem Yen fällt, führt dies zu einer Zahlungsverpflichtung des deutschen Unternehmens.

a) Diskutieren Sie aus Sicht des Unternehmens den Unterschied zwischen Europäischen Devisenoptionen und einer Europäischen *Exchange Option*. Verdeutlichen Sie Ihre Überlegungen in einem Kursszenario, wobei sich die Wechselkurse um jeweils DM 0,05 in beide Richtungen verändern.

b) Stellen Sie die Auszahlung der Europäischen Exchange Option durch eine Flexible Exchange Rate Option auf den Wechselkurs zwischen dem US-$ und Yen dar. Diskutieren Sie die verschiedenen Möglichkeiten der Sicherung mittels *Currency Converted Optionen* auf den Wechselkurs zwischen dem US-$ und Yen. Gehen Sie davon aus, dass keine Transaktionskosten vorliegen. Verdeutlichen Sie Ihre Argumentation anhand der obigen Kursszenarien.

KAPITEL 4

Diskrete Zeitparameterisierung

Ziel dieses Kapitels ist es, die zeitliche Entwicklung und Veränderung explizit in den Modellrahmen aufzunehmen, wobei von dem Einperiodenmodell in Abschnitt 1.2 ausgegangen wird. Hierzu ist es notwendig, die Begriffe präziser zu fassen und in den Rahmen der Wahrscheinlichkeitstheorie einzubetten.

4.1. Wertpapiere und Wahrscheinlichkeiten

Das Einperiodenmodell erfasst Unsicherheit über den Zustandsraum Ω. Dieser ist als Menge von sich gegenseitig ausschließenden Ereignissen zu interpretieren, die zum Zeitpunkt T die Auszahlungen der Wertpapiere bestimmen. Der Zustandsraum Ω kann entweder endlich oder unendlich sein. Zunächst werden nun die Begriffe des Messraumes und Wahrscheinlichkeitsraumes eingeführt.

Definition 4.1:
Ist Ω eine Menge von Elementarereignissen (nicht notwendig endlich), so heißt ein System $\mathcal{F}(\Omega)$ von Teilmengen von Ω eine σ-*Algebra* von Ω, falls gilt

- $\Omega \in \mathcal{F}(\Omega)$,
- $A \in \mathcal{F}(\Omega) \Rightarrow A^c := \Omega \setminus A \in \mathcal{F}(\Omega)$, d.h. $\mathcal{F}(\Omega)$ ist abgeschlossen bezüglich der Komplementbildung,
- Seien I eine Indexmenge und $\{A_n\}_{n \in I}$ eine Folge von Mengen aus $\mathcal{F}(\Omega)$, d.h. $A_n \in \mathcal{F} \ \forall n \in I \subset \mathbb{N}$, so ist auch $(\bigcup_{n \in I} A_n) \in \mathcal{F}(\Omega)$, d.h. $\mathcal{F}(\Omega)$ ist abgeschlossen bezüglich der Vereinigung. Ist der Bezug zur Menge der Elementarereignisse Ω im jeweiligen Kontext eindeutig, so wird die zugehörige σ-*Algebra* auch kurz mit $\mathcal{F}(\Omega)$ bezeichnet.

∇ **Beispiel 4.1:**

- Sei $\Omega = \{\omega_1, \omega_2, \omega_3, \omega_4\}$, so lassen sich beispielsweise die folgenden Mengen von Teilmengen betrachten:

$$\mathcal{F}_1 \quad := \quad \{\emptyset, \Omega\}$$

$$\mathcal{F}_2 \quad := \quad \{\emptyset, \Omega, \{\omega_1, \omega_2\}, \{\omega_3, \omega_4\}\}$$

$$\mathcal{F}_3 \quad := \quad \{\emptyset, \Omega, \{\omega_1\}, \{\omega_2, \omega_3, \omega_4\}\}$$

$$\mathcal{F}_4 \quad := \quad \mathcal{F}_2 \cap \mathcal{F}_3 = \mathcal{F}_1$$

$$\mathcal{F}_5 \quad := \quad \mathcal{F}_2 \cup \mathcal{F}_3 = \{\emptyset, \Omega, \{\omega_1\}, \{\omega_1, \omega_2\}, \{\omega_3, \omega_4\}, \{\omega_2, \omega_3, \omega_4\}\}$$

$$\mathcal{F}_6 \quad := \quad \text{System aller Teilmengen} = \textit{Potenzmenge} \text{ von } \Omega =: \mathcal{P}(\Omega)$$

  Die Mengensysteme $\mathcal{F}_1, \mathcal{F}_2, \mathcal{F}_3, \mathcal{F}_4$ und $\mathcal{F}_6$ sind σ-Algebren von Ω. $\mathcal{F}_5$ ist jedoch keine σ-Algebra da, mit $\{\omega_1\}, \{\omega_3, \omega_4\} \in \mathcal{F}_5$ auch die Vereinigung dieser Mengen $\{\omega_1, \omega_3, \omega_4\}$ in $\mathcal{F}_5$ enthalten sein muss.

- Werden alle nach rechts halboffenen Intervalle in $\mathbb{R}$, die sogenannten *Borelschen Mengen*

$$[a, b[\qquad \forall a < b \in \mathbb{R},$$

  betrachtet, so definiert $\mathcal{B}$ die σ-Algebra, die durch diese halboffenen Intervalle erzeugt wird, d.h.

$$\mathcal{B} := \mathcal{F}(\{[a, b[\subset \mathbb{R} | a < b \in \mathbb{R}\}).$$

  $\mathcal{B}$ heißt die *Borelsche σ-Algebra*.

- Der Begriff der Borelschen Mengen kann auch auf J-dimensionale Intervalle erweitert werden. Seien $a, b \in \mathbb{R}^J$ mit $a_j < b_j$ für alle $j = 1, \ldots, J$, so ist $[a, b[$ ein nach rechts halboffenes Intervall. Für $J = 2$ entsprechen diese Intervalle halboffenen Rechtecken im $\mathbb{R}^2$, deren Kante parallel zur Grundlinie liegt. Ist $J = 3$, so ist das Intervall $[a, b[$ gleich einem nach rechts offenen Quader, dessen Kante senkrecht auf der Grundfläche steht. Mit $\mathcal{B}^J$ wird die σ-Algebra der J-dimensionalen Borelschen Mengen bezeichnet.

Δ

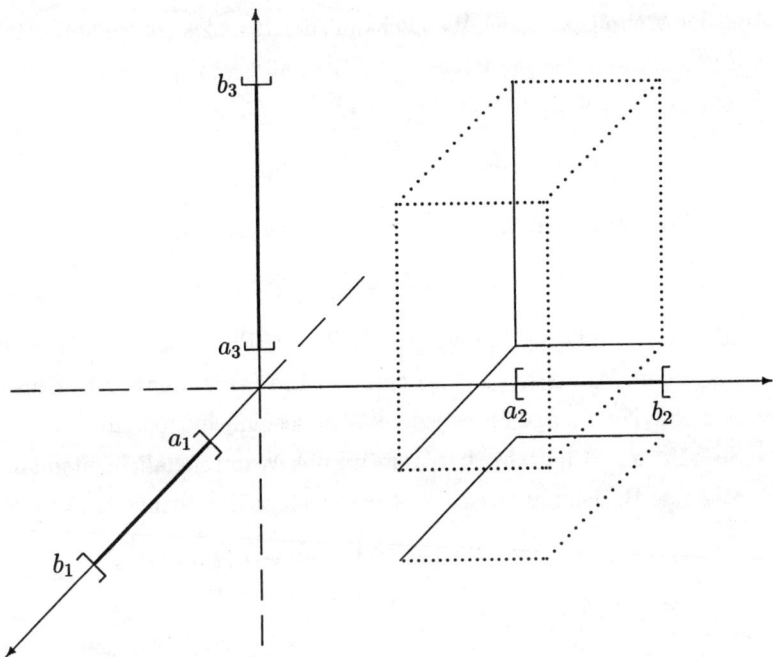

ABBILDUNG 4.1. Borelsche Mengen im $\mathbb{R}^J$, $J = 1, 2, 3$.

Das Tupel $(\Omega, \mathcal{F})$ heißt *Messraum*. Auf einem Messraum ist es nun möglich, ein Wahrscheinlichkeitsmaß als eine Abbildung zu definieren, die jeder Menge aus der σ-Algebra $\mathcal{F}$ eine Messzahl zwischen $[0, 1]$ zuordnet.

Definition 4.2:

Ist Ω ein Zustandsraum und $\mathcal{F}$ eine σ-Algebra von Ω. Eine Abbildung

$$P : \mathcal{F} \to [0, 1]$$

heißt *Wahrscheinlichkeitsmaß*, falls

- $P[\Omega] = 1$
- Sei $\{A_n\}_{n \in I}$ eine Folge von paarweise disjunkten Mengen aus $\mathcal{F}$, wobei I eine Indexmenge ist, d.h. $I \subset \mathbb{N}$, so gilt

$$P\left[\bigcup_{n \in I} A_n\right] = \sum_{n \in I} P[A_n].$$

Das Tripel $(\Omega, \mathcal{F}, P)$ heißt *Wahrscheinlichkeitsraum*.

Aus der Definition eines Wahrscheinlichkeitsmaßes folgen unmittelbar einige Eigenschaften des Wahrscheinlichkeitsmaßes:

- Mit $\Omega \cap \emptyset = \emptyset$ und $\Omega \cup \emptyset = \Omega$ ergibt sich aus

$$1 = P[\Omega] = P[\Omega \cup \emptyset] = P[\Omega] + P[\emptyset] = 1 + P[\emptyset]$$

für das Wahrscheinlichkeitsmaß der Leeren Menge $\emptyset$

$$P[\emptyset] = 0.$$

Allgemein heißt die Menge $A \in \mathcal{F}(\Omega)$ mit $P[A] = 0$ eine *Nullmenge* unter dem Wahrscheinlichkeitsmaß P. Die Leere Menge ist offensichtlich eine Nullmenge unter jedem Wahrscheinlichkeitsmaß.

- Sei $A \in \mathcal{F}$, so besteht, bezogen auf das Wahrscheinlichkeitsmaß, die folgende Beziehung zwischen A und seinem Komplement A^c

$$
\begin{aligned}
1 &= P[\Omega] = P[A^c \cup A] = P[A^c] + P[A] \\
\Leftrightarrow \quad P[A^c] &= 1 - P[A]
\end{aligned}
$$

A^c heißt auch das Gegenereignis zu A.

- Seien $A, B \in \mathcal{F}$ zwei Mengen aus der σ-Algebra $\mathcal{F}$, die nicht notwendig disjunkt sind, so ist die Additivität des Wahrscheinlichkeitsmaßes nicht anwendbar. Es gilt jedoch einerseits

$$P[A \cup B] = P[A \cup (B \cap A^c)] = P[A] + P[B \cap A^c]$$

und andererseits

$$P[B] = P[(A \cap B) \cup (B \cap A^c)] = P[A \cap B] + P[B \cap A^c].$$

Aus beiden Beziehungen folgt somit

$$P[A \cup B] = P[A] + P[B] - P[A \cap B].$$

Ein Wertpapier ist bisher charakterisiert durch seine Auszahlung an Einheiten des Konsumgutes in Abhängigkeit des Zustandes, der in der Zukunft eintritt. Da von *einem* Konsumgut ausgegangen wird, ist die Auszahlung der Wert des Wertpapiers in Abhängigkeit des Zustandes. Ein Wertpapier entspricht somit einer Abbildung

$$S : \Omega \to \mathbb{R}.$$

Grundsätzlich sind zunächst zwei Fragen von Interesse:

- Wie werden die möglichen Realisationen des Wertpapiers S im Modell erfasst?

- Welches Maß P_S ist diesen Realisationen zuzuordnen, falls $(\Omega, \mathcal{F}, P)$ ein gegebener Wahrscheinlichkeitsraum ist?

Die erste Fragestellung ist durch die Gestalt der Abbildungsvorschrift beantwortet. Zur Motivation der Antwort der zweiten Frage dient das folgende Beispiel:

▽ **Beispiel 4.2:**

Sei $\Omega = \{\omega_1, \omega_2, \omega_3, \omega_4\}$ die Menge der Elementarereignisse mit der zugehörigen σ-Algebra $\mathcal{F} = \{\emptyset, \Omega, \{\omega_1, \omega_2\}, \{\omega_3, \omega_4\}\}$. Mit $P[\{\omega_1, \omega_2\}] = P[\{\omega_3, \omega_4\}] = \frac{1}{2}$, wird ein Wahrscheinlichkeitsmaß auf dem Messraum $(\Omega, \mathcal{F})$ definiert. Sei $S : \Omega \to \mathbb{R}$ ein Wertpapier, dessen Auszahlung in Abhängigkeit des Zustandes bestimmt ist durch

$$S(\omega) = \begin{cases} 100 & \omega \in \{\omega_1, \omega_2\} \\ 80 & \omega \in \{\omega_3, \omega_4\} \end{cases}.$$

Das gesuchte Wahrscheinlichkeitsmaß P_S der Realisationen von S muss sich in geeigneter Weise aus dem Wahrscheinlichkeitsmaß P über $(\Omega, \mathcal{F})$ ergeben. Die Verbindung besteht nun darin, dass die Wahrscheinlichkeit, eine Realisation des Wertpapiers mit dem Wert 100 zu beobachten gleichgesetzt wird mit der Wahrscheinlichkeit, dass ein Zustand ω aus der Menge $\{\omega_1, \omega_2\}$ eintritt, denn nur dann wird gemäß der Definition des Wertpapiers der Wert 100 eintreten. Die Menge derjenigen Zustände, die zu einem Wertpapierkurs gleich 100 führen, ist bestimmt durch

$$S^{-1}(100) = \{\omega \in \Omega | S(\omega) = 100\}.$$

S^{-1} ist die Umkehrabbildung und $S^{-1}(100)$ das Urbild der Realisation 100. Nun kann das Wahrscheinlichkeitsmaß P übertragen werden durch

$$P_S[S = 100] := P\left[S^{-1}(100)\right] = P[\{\omega_1, \omega_2\}] = \frac{1}{2},$$

$$P_S[S = 80] := P\left[S^{-1}(80)\right] = P[\{\omega_3, \omega_4\}] = \frac{1}{2}.$$

Betrachtet man statt $(\Omega, \mathcal{F})$ jedoch den Messraum $(\Omega, \tilde{\mathcal{F}})$ mit der σ-Algebra $\tilde{\mathcal{F}} = \{\emptyset, \Omega, \{\omega_1\}, \{\omega_2, \omega_3, \omega_4\}\}$ und dem Wahrscheinlichkeitsmaß $\tilde{P}[\{\omega_1\}] = \frac{1}{4}$, $\tilde{P}[\{\omega_2, \omega_3, \omega_4\}] = \frac{3}{4}$, so ist es nicht möglich, das Wahrscheinlichkeitsmaß

$\tilde{P}$ auf den Bildbereich von S zu übertragen. Nun gilt nämlich

$$S^{-1}(100) = \{\omega_1, \omega_2\} \notin \tilde{\mathcal{F}} = \{\emptyset, \Omega, \{\omega_1\}, \{\omega_1, \omega_3, \omega_4\}\}$$

Δ

Die Eigenschaft, dass das Wahrscheinlichkeitsmaß P auf $(\Omega, \mathcal{F}')$, den Bildbereich der Abbildung S, übertragen werden kann, wird als Messbarkeitseigenschaft von S bezeichnet.

Definition 4.3:

Seien $(\Omega, \mathcal{F})$ und $(\Omega', \mathcal{F}')$ zwei Messräume. Eine Abbildung

$$S : \Omega \to \Omega'$$

heißt *messbar* bezüglich $(\Omega, \mathcal{F})$ und $(\Omega', \mathcal{F}')$, falls

$$S^{-1}(A') \in \mathcal{F} \qquad \forall A' \in \mathcal{F}'.$$

Da die Messbarkeit einer Abbildung wesentlich von den beiden Messräumen abhängt, heißt S auch $(\Omega, \mathcal{F}) - (\Omega', \mathcal{F}')$ messbar. Dies wird gelegentlich durch die ausführlichere Abbildungsvorschrift

$$S : (\Omega, \mathcal{F}) \to (\Omega', \mathcal{F}')$$

zum Ausdruck gebracht. Sei darüber hinaus P ein Wahrscheinlichkeitsmaß auf $(\Omega, \mathcal{F})$, so wird durch

$$P_S[A'] := P[S^{-1}(A')] \qquad \forall A' \in \mathcal{F}'$$

das *Bildmaß* von S definiert.

∇ **Beispiel 4.3:**

- Der Messraum $(\Omega, \mathcal{F})$ besteht aus den reellen Zahlen und der dazugehörigen Borelschen σ-Algebra, d.h. $(\Omega, \mathcal{F}) = (\mathbb{R}, \mathcal{B})$. Weiter ist die Wahrscheinlichkeitsverteilung P gleich der *Normalverteilung* mit Mittelwert μ und Varianz σ^2, d.h.

$$P[A] = \int_A \frac{1}{\sqrt{2\pi}\sigma} \exp\left\{-\frac{(x-\mu)^2}{2\sigma^2}\right\} dx \quad \forall A \in \mathcal{B}.$$

Sei nun $S : \mathbb{R} \to \mathbb{R}_{\geq 0}$ mit $S(x) := \exp\{x\}$, so ist $S(\mathbb{R}, \mathcal{B}) - (\mathbb{R}_{\geq 0}, \mathcal{B}_{\geq 0})$ messbar.[1] Das Bildmaß ergibt sich für $[a, b[\subset \mathbb{R}_{\geq 0}$, $0 < a < b$ aus

$$P_S[[a, b[] \;:=\; P\left[S^{-1}([a, b[)\right] \;=\; P(\log a \leq x < \log b)$$
$$=\; \int_{\log a}^{\log b} \frac{1}{\sqrt{2\pi}\sigma} \exp\left\{-\frac{(x - \mu)^2}{2\sigma^2}\right\} dx.$$

Das Bildmaß kann nun mittels der Substitution $u(x) = \exp\{x\}$ berechnet werden zu

$$P_S[[a, b[] = \int_a^b \frac{1}{\sqrt{2\pi}\sigma} \frac{1}{u} \exp\left\{-\frac{(\log u - \mu)^2}{2\sigma^2}\right\} du =: \int_a^b \rho(u) du,$$

wobei $\rho(u)$ die auf $\mathbb{R}_{\geq 0}$ definierte Dichtefunktion der *Lognormalverteilung* ist.

- •
  - – Die konstante Abbildung ist messbar.
  - – Sei $S : \mathbb{R} \to \mathbb{R}$ eine stetige Abbildung, so ist S ebenfalls $(\mathbb{R}, \mathcal{B}) - (\mathbb{R}, \mathcal{B})$ messbar.
  - – Sind $S_1 : (\Omega_1, \mathcal{F}_1) \to (\Omega_2, \mathcal{F}_2)$ und $S_2 : (\Omega_2, \mathcal{F}_2) \to (\Omega_3, \mathcal{F}_3)$ messbar, so ist auch die Verkettung

$$S_2 \circ S_1 := S_2(S_1) : (\Omega_1, \mathcal{F}_1) \to (\Omega_3, \mathcal{F}_3)$$

  messbar.

Δ

In Verbindung mit der Definition der Messbarkeit stellt sich die Frage, ob der gewählte Modellrahmen für die Beschreibung eines Finanzmarktes nicht zu abstrakt formuliert ist. Insbesondere Beispiel 4.3 legt es nahe, das abstrakte Konzept eines Wahrscheinlichkeitsraumes, bestehend aus einer Menge von letztlich nicht beobachtbaren Elementarzuständen, der zugehörigen σ-Algebra und einem Wahrscheinlichkeitsmaß, bezogen auf nicht beobachtbare Ereignismengen, als realitätsfern anzusehen. Ist es also nicht naheliegender, den Begriff der Wahrscheinlichkeit direkt bezüglich der möglichen Auszahlungen eines Wertpapiers zu definieren, da diese aus statistischer Sicht die beobachtbaren Größen darstellen?

------

[1] $\mathcal{B}_{\geq 0}$ $=$ σ – Algebra, die durch die Menge $[a, b[$ mit $0 \leq a < b$ erzeugt wird
$=$ $\mathcal{F}\{[a, b[\subset \mathbb{R}_{\geq 0}\}$

Diese auf den ersten Blick berechtigte Fragestellung vernachlässigt jedoch den Gesamtkontext. Ziel ist die Modellierung eines Finanzmarktes, d.h. einer Vielzahl von Wertpapieren. Die Wertpapiere unterscheiden sich sowohl ex ante als auch ex post erheblich in ihren Auszahlungen. Ursache einer ex post beobachteten Auszahlung ist der eingetretene gesamtwirtschaftliche Zustand einer Ökonomie, d.h. die Unsicherheit über die Auszahlung eines Wertpapiers ist Folge der Unsicherheit über den gesamtwirtschaftlichen Zustand, der sich einstellen wird. Letzterer ist jedoch nicht wertpapierspezifisch; wertpapierspezifisch ist hingegen die Abbildungsvorschrift. Die Messbarkeit zieht nicht notwendig nach sich, dass aus der Realisation eines Wertpapiers eindeutig auf den Zustand der Ökonomie geschlossen werden kann (siehe Beispiel 4.2). Der Wahrscheinlichkeitsraum $(\Omega, \mathcal{F}, P)$ ist die gemeinsame Grundlage aller Wertpapiere. Die sich unter der Arbitragevorschrift ergebenden Bildmaße P_S sind hierbei durchaus sehr unterschiedlich. Die Messbarkeit ermöglicht die quantitative Vergleichbarkeit von Chancen und Risiken über verschiedene Wertpapiere trotz dieser Unterschiedlichkeit.

4.2. Mehrperiodenmodell

Ist $[0, T]$ das relevante Zeitintervall eines Finanzmarktmodells, so bezeichnet $\underline{T} = \{0 = t_0 < t_1 < \cdots < t_N = T\} \subset [0, T]$ die diskrete Menge der *Handelszeitpunkte*. Die hiermit verbundene Vorstellung ist, dass der Markt für Wertpapiere nur zu Zeitpunkten $t_n \in \underline{T}$ geöffnet ist und es den Marktteilnehmern nur zu diesen Zeitpunkten möglich ist, Wertpapiere zu verkaufen bzw. zu kaufen. Außerhalb dieser Zeitpunkte ist der Wertpapiermarkt geschlossen und es kann kein Handel getätigt werden. Wird den Marktteilnehmern somit grundsätzlich gestattet, ihre Portfolien zu allen Zeitpunkten $t_n \in \underline{T}$ zu verändern, so bedingt dies, dass das ursprüngliche Konzept der Wertpapiere als messbare Abbildung $S : \Omega \to \mathbb{R}$ um eine Zeitkomponente erweitert werden muss.

Definition 4.4:
Sind mit $(\Omega, \mathcal{F})$ und $(\mathbb{R}, \mathcal{B})$ zwei Messräume und mit $I \subset \mathbb{R}_{\geq 0}$ ein Intervall oder eine diskrete Menge gegeben, so heißt eine Familie von messbaren Abbildungen $\{S_t\}_{t \in I}$

$$S : I \times \Omega \to \mathbb{R}$$

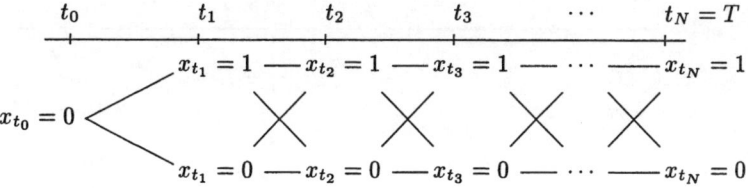

ABBILDUNG 4.2. Münzwurf als stochastischer Prozess

ein *(numerischer) stochastischer Prozess*. Stellt $I := \underline{T} = \{0 = t_0 < t_1 < \cdots < t_N\}$ eine diskrete Menge dar, so heißt $\{S_t\}_{t \in I}$ *stochastischer Prozess mit diskreter Zeit*. Wird mit $I = [0, T]$ ein Intervall definiert, so heißt $\{S_t\}_{t \in I}$ *stochastischer Prozess mit stetiger Zeit*. Für ein festes $\omega \in \Omega$ heißt die Abbildung $S(\omega) : I \to \mathbb{R}$ eine *Trajektorie* oder ein *Pfad* von S. Wird hingegen ein $t \in I$ festgelegt, so gibt die Abbildung

$$S_t : \Omega \to \mathbb{R}$$

die *Realisationen* von S zum Zeitpunkt t an. Entsprechend heißt eine Familie von $(\Omega, \mathcal{F}) - (\mathbb{R}^J, \mathcal{B}^J)-$ messbaren Abbildungen

$$S : I \times \Omega \to \mathbb{R}^J$$

ein *J-dimensionaler (numerischer) stochastischer Prozess*.

∇ **Beispiel 4.4:**

1) Sei $\underline{T} := \{t_0 = 0 < t_1 < \ldots < t_N = T\} \subset [0, T]$ eine diskrete Menge von Zeitpunkten. Zu jedem Zeitpunkt $t \in \underline{T}$ wird eine Münze geworfen. Die Zufallsvariable x_t für $t \in \underline{T}$ codiert, ob der Münzwurf Kopf oder Zahl ergibt, d.h.

$$x_t := \begin{cases} 1 & \text{falls Kopf erscheint} \\ 0 & \text{falls Zahl erscheint} \end{cases} \quad \text{und} \quad x_{t_0} = 0.$$

Jedes x_t ist somit $(\Omega, \mathcal{F}) - (\Omega', \mathcal{F}')$ messbar, wobei die beiden Messräume gegeben sind durch:

$$\begin{aligned} \Omega &:= \{\text{Kopf,Zahl}\}, & \mathcal{F} &:= \{\emptyset, \Omega, \{\text{Kopf}\}, \{\text{Zahl}\}\} \\ \Omega' &:= \{0, 1\}, & \mathcal{F}' &:= \{\emptyset, \Omega', \{0\}, \{1\}\}. \end{aligned}$$

Weiter ist $\{x_t\}_{t \in I}$ ein stochastischer Prozess mit $x : \underline{T} \times \Omega \to \Omega' = \{0, 1\}$. Grafisch kann die Entwicklung des stochastischen Prozesses wie in Abbildung 4.2 verdeutlicht werden:

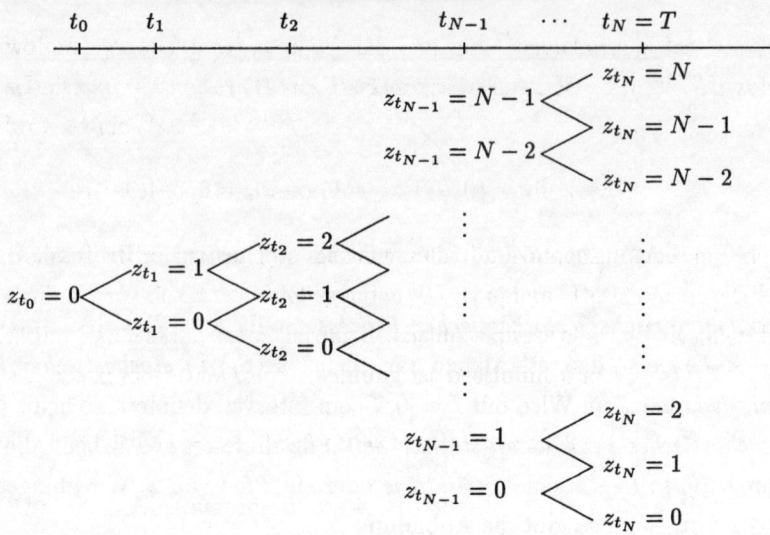

ABBILDUNG 4.3. Darstellung eines binomialen *Zählprozesses*

2) Ist wieder $\underline{T} := \{t_0 = 0 < t_1 < \cdots < t_N = T\} \subset [0,T]$. Der Zustandsraum Ω besteht nun aus allen möglichen Folgen von N Münzwürfen,
d.h. $\Omega := \{(a_1, \ldots, a_N) | a_n \in \{\text{Kopf, Zahl}\}, 1 \leq n \leq N\}$. Über den
stochastischen Prozess $\{x_t\}_{t \in \underline{T}}$ wird ein weiterer stochastischer Prozess $\{z_t\}_{t \in \underline{T}}$ definiert durch:

$$z_{t_n} := \sum_{j=0}^{n} x_{tj} \quad \hat{=} \quad \begin{array}{l} \text{Anzahl der Münzwürfe, die Kopf ergeben,} \\ \text{bei insgesamt } n \text{ Würfen.} \end{array}$$

Die Realisationen sind zu jedem Zeitpunkt $t_n \in \underline{T}$ in der Menge $\Omega = \{0, 1, \ldots, N\}$ enthalten. Abbildung 4.3 verdeutlicht die Entwicklung
des stochastischen Prozesses mit diskreter Zeit $z : \underline{T} \times \Omega \to \Omega'$.

3) Sei $\Omega := \{\{a_1, \ldots, a_N\} | a_n \in \{\omega_1, \omega_2, \omega_3\}, \quad 1 \leq n \leq N\}$ ein Zu-
standsraum und $S : \underline{T} \times \Omega \to \{1, 3, 5\}$ stochastischer Prozess mit
diskreter Zeit, mit $S_{t_0} := 3$ und

$$S_{t_n}(\omega) := \begin{cases} 1 & \omega_k = \omega_1 \\ 3 & \omega_k = \omega_2 \quad \text{für } n \geq 1 \, . \\ 5 & \omega_k = \omega_3 \end{cases}$$

Abbildung 4.4 fasst die mögliche Entwicklung grafisch zusammen.

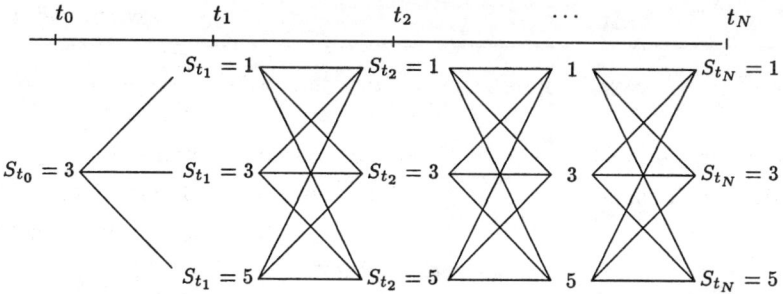

ABBILDUNG 4.4. Darstellung eines *Trinomialprozesses*

4) Der in Abbildung 4.3 dargestellte binomiale Zählprozess lässt sich auch zur Beschreibung der Wertentwicklung einer Aktie nutzen. Wird beispielsweise angenommen, dass der Preis eines Wertpapiers zu jedem Zeitpunkt entweder um 10 Prozent im Wert steigt oder fällt, so besitzt der dies beschreibende Zustandsraum die Form

$$\Omega := \big\{a = (a_1, \ldots, a_N)\big|a_n \in \{\text{up,down}\}, \quad n = 1, \ldots, N\big\}.$$

Der stochastische Prozess mit diskreter Zeit der Wertpapierentwicklung ist definiert durch

$$S_{t_n}((a_1, \ldots, a_N)) := \begin{cases} S_{t_{n-1}}(a_1, \ldots, a_N) \cdot 1,1 & \text{falls } a_n = \text{``up''} \\ S_{t_{n-1}}(a_1, \ldots, a_N) \cdot 0,9 & \text{falls } a_n = \text{``down''}, \end{cases}$$

wobei z.B. $S_{t_0} = 100$ als Ausgangskurs dient. Die Realisationen des stochastischen Prozesses zum Zeitpunkt t_N sind hierbei alle in der Menge

$$\Omega' := \{x \in \mathbb{R}_{>0}\big|x = 100 \cdot 1,1^z \cdot 0,9^{N-z}, z = 0, \ldots, N\}$$

enthalten, d.h. der stochastische Prozess $\{S_t\}_{t \in \underline{T}}$ lässt sich ebenso darstellen durch

$$S_{t_n}(a) := S_{t_n}((a_1, \ldots, a_N)) = 100 \cdot (1,1)^{z_{t_n}(a)} \cdot (0,9)^{n - z_{t_n}(a)},$$

wobei $z : \underline{T} \times \Omega \to \{0, 1, \ldots, N\}$ dem in Abbildung 4.3 dargestellten Zählprozess entspricht, der die Anzahl der Aufwärtsbewegungen (``up's'') bis zum Zeitpunkt t_n angibt.

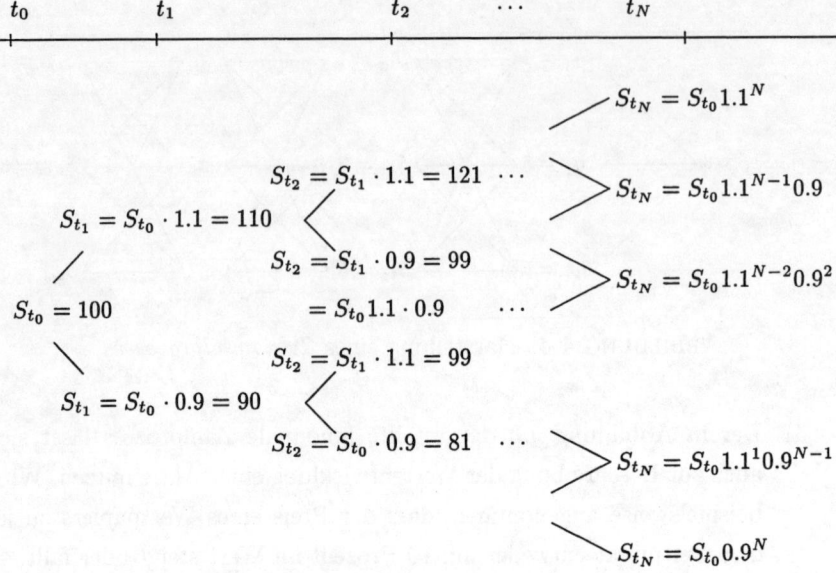

ABBILDUNG 4.5. Pfadunabhängiger *Binomialprozess*

5) Wird nicht wie zuvor eine prozentuale, sondern eine absolute Kursänderung modelliert, so kann dies z.B. durch die Definition eines stochastischen Prozesses gemäß $S_{t_0} := 100$ und

$$S_{t_n}(a) := \begin{cases} S_{t_{n-1}}(a) + 10 \cdot n & \text{falls } a_n = \text{``up''} \\ S_{t_{n-1}}(a) - 7 \cdot n & \text{falls } a_n = \text{``down''} \end{cases}$$

geschehen. Der Zustandsraum ist wiederum gegeben durch alle möglichen Auf- und Abwärtsbewegungen, d.h.

$$\Omega := \{a = (a_1, \ldots, a_N) | a_n \in \{\text{up, down}\}, \ n = 1, \ldots, N\}.$$

Auch dieser Prozess lässt sich wiederum über den unter 2) dargestellten Zählprozess definieren. Es gilt

$$S_{t_n}(a) = 100 + 10 \cdot z_{t_n}(a) - 7(n - z_{t_n}(a)),$$

wobei $\{z_t\}_{t \in \underline{T}}$ gleich dem in Abbildung 4.3 dargestellten Prozess ist. Abbildung 4.6 fasst die Entwicklung dieses Prozesses zusammen.

Δ

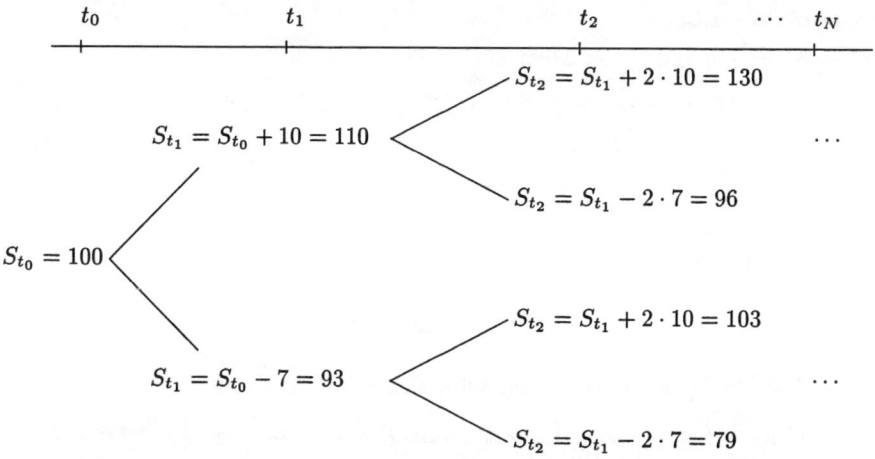

ABBILDUNG 4.6. Pfadabhängiger binomialer Kursprozess

Die aufgeführten Beispiele zeigen Möglichkeiten für den Verlauf eines stochastischen Prozesses auf. Hierbei sind einige Besonderheiten bzw. Unterschiede erkennbar. Im letzten Beispiel wird ein stochastischer Prozess beschrieben, dessen Realisationen neben der Anzahl auch von der Auf- bzw. Abwärtsbewegungen im Pfadverlauf abhängen. Es ergibt sich z.B.

$$S_{t_2}(\text{up, down, } \dots) = 96 \neq S_{t_2}(\text{down,up, } \dots) = 103.$$

In allen anderen Beispielen ist dies nicht der Fall. Die Beispiele 1) und 3) wiederum zeigen in gewisser Weise eine fast gegenteilige Eigenschaft auf. Hier kann jede Realisation von jeder vorherigen erreicht werden. In den Beispielen 2), 4) und 5) reduziert sich die Anzahl der möglichen Endzustände mit jedem Zwischenzeitpunkt, während dies im Beispiel 3) nicht der Fall ist. Da das Konzept des stochastischen Prozesses zur Beschreibung von Aktienkursen verwendet wird, stellt sich die Frage, welche der angedeuteten Eigenschaften in diesem Rahmen sinnvoll ist. Die an dieser Stelle entscheidende Überlegung bezieht sich auf die Information und ihre Verarbeitung bzw. ihre ökonomische Funktion zur Beschreibung des Marktmechanismusses. In diesem Zusammenhang ist es sinnvoll, dass das Eintreten eines Zustandes zu einem bestimmten Zeitpunkt einen Einfluss auf die zukünftigen Realisationen hat. Die hierzu notwendigen mathematischen Begriffe sind die Filtration und die Adaptiertheit eines stochastischen Prozesses.

Definition 4.5:

Sei $(\Omega, \mathcal{F})$ ein gegebener Messraum.

- Eine Familie von σ-Algebren $\{\mathcal{F}_t\}_{t \in \underline{T}}$ des Zustandsraums Ω mit $\mathcal{F}_s \subseteq \mathcal{F}_t$ für $s < t \in \underline{T}$ und $\mathcal{F}_t \subseteq \mathcal{F}$ heißt isoton (aufsteigend) oder *Filtration*. $\mathcal{F}_{t_0} = \{\emptyset, \Omega\}$ ist die triviale σ-Algebra.

- Ein stochastischer Prozess $S : \underline{T} \times \Omega \to (\mathbb{R}, \mathcal{B})$ heißt *adaptiert* an die Filtration $\{\mathcal{F}_t\}_{t \in \underline{T}}$, falls

$$\forall t \in \underline{T} \qquad S_t \text{ messbar bezüglich } \mathcal{F}_t \text{ ist.}$$

Das *diskrete Finanzmarktmodell* setzt sich nun zusammen aus

- der Menge der Handelszeitpunkte $\underline{T} = \{0 = t_0 < t_1 \cdots . < t_N = T\} \subset [0, T]$,

- einem Wahrscheinlichkeitsraum $(\Omega, \mathcal{F}, P)$,

- einer Informationsstruktur, d.h. einer isotonen Familie von σ-Algebren $\{\mathcal{F}_t\}_{t \in \underline{T}}$ mit $\mathcal{F}_{t_0} = \{\emptyset, \Omega\}$ und $\mathcal{F}_t \subseteq \mathcal{F}$,

- den Wertpapierpreisprozessen $S : \underline{T} \times \Omega \to (\mathbb{R}, \mathcal{B})$, die einen an die Informationsstruktur adaptierten stochastischen Prozess darstellen.

  Die Adaptiertheit sichert, dass das Wahrscheinlichkeitsmaß P auf dem Messraum $(\Omega, \mathcal{F})$ zu jedem Zeitpunkt auf den Bildraum übertragen werden kann, d.h.

  $\forall t \in \underline{T}$ existiert zu jedem $A' \in \mathcal{B}$ ein $A \in \mathcal{F}_t$ mit $S_t^{-1}(A') = A$.

  Das Bildmaß zum Zeitpunkt $t \in \underline{T}$ ist somit bestimmt durch

$$P_{S_t}[A'] = P(S_t^{-1}(A')) = \int_A S_t(\omega) dP.$$

  Zusätzlich zur Bedingung der Messbarkeit wird vorausgesetzt, dass $\forall t \in \underline{T}$

$$(4.1) \qquad \|S_t\|_2 := \left(E_P\left[|S_t|^2 \right] \right)^{\frac{1}{2}} = \left(\int_\Omega |S_t(\omega)|^2 dP(\omega) \right)^{\frac{1}{2}} < +\infty$$

gilt. Die Menge aller Auszahlungen ist somit definiert durch

(4.2)

$L^2(\Omega, \mathcal{F}, P)$

$:= \{x : \Omega \to \mathbb{R} | \text{ mit } x \text{ ist } (\Omega, \mathcal{F}) - (\mathbb{R}, \mathcal{B}) \text{ messbar und } \|x\|_2 < \infty\}.$

Diese Annahme ist zunächst technischer Natur. Wird sich auf nicht negative Preisprozesse $\{S_t\}_{t \in \underline{T}}$ beschränkt, so ist die Bedingung (4.1) äquivalent zu der Forderung, nur diejenigen Wertpapierpreisprozesse zuzulassen, die zu jedem Zeitpunkt eine endliche Varianz besitzen.

Die durch $||\cdot||_2$ definierte Abbildung heißt L^2-*Norm*. Ein stochastischer Prozess, der die Bedingung (4.1) erfüllt, d.h. der in der L^2-Norm endlich ist, heißt im *quadratintegrierbar* bezüglich der Wahrscheinlichkeitsverteilung P. Die durch (4.2) definierte Menge von Zufallsvariablen $L^2(\Omega, \mathcal{F}, P)$ heißt der L^2-*Raum*.

Im Unterschied zu der Situation im Einperiodenmodell können die vorhandenen Wertpapiere nicht mehr durch eine Auszahlungsmatrix beschrieben werden. Ist $(\Omega, \mathcal{F}, P)$ ein gegebener Wahrscheinlichkeitsraum und $\{\mathcal{F}_t\}_{t \in \underline{T}}$ die zugehörige Filtration, so wird jedes Wertpapier als ein an diese Filtration adaptierter stochastischer Prozess mit endlicher Varianz aufgefasst. Die Menge aller möglichen Wertpapiere ist gegeben durch

$$X := \{ \ S : \ \underline{T} \setminus \{t_0\} \times \Omega \to (\mathbb{R}, \mathcal{B})|$$

$$\{S_t\}_{t \in \underline{T}} \text{ ist adaptiert an die Filtration } \{\mathcal{F}_t\}_{t \in \underline{T}},$$

$$S_t \in L^2(\Omega, \mathcal{F}, P) \ \forall t \in \underline{T} \ \}.$$

Bezeichnet D die Menge der aktuell vorhandenen Wertpapiere, so ist in diesem Sinne D eine echte Teilmenge von X, d.h. $D \subset X$.

Nachdem nun die Definition des diskreten Finanzmarktes auf ein Modell mit mehreren Zeitpunkten übertragen ist, ist nur noch die Beschreibung der *Konsumenten* zu klären. Diese sind, wie im Einperiodenmodell, durch ihre Präferenzrelationen charakterisiert. Ein *Konsumplan* ist ein Paar

$$(c_0, x) \in \mathbb{R} \times X,$$

wobei c_0 den Konsum zum Zeitpunkt t_0 und $x = (x_{t_1}, \ldots, x_{t_N})$ den Konsum zu den Zeitpunkten $t_n > t_0$ mit $t_n \in \underline{T}$ angeben. Jeder Konsument $i \in I$ ist charakterisiert durch eine vollständige, reflexive und transitive Präferenzrelation $\succ^i$ über $\mathbb{R} \times X$. Bis auf die explizite Berücksichtigung mehrerer Zeitpunkte in der Definition eines Konsumplanes und die sich hieraus ergebende Erweiterung der Präferenzrelation entspricht dies der Situation im Einperiodenmodell.

In Analogie zum Einperiodenmodell ist eine Arbitragemöglichkeit gleichbedeutend mit der Existenz einer Portfoliostrategie,

- deren Initialkosten entweder gleich Null sind und deren Auszahlung
  zu jedem Zeitpunkt-Zustand Tupel nicht-negativ und in mindestens
  einem Zeitpunkt-Zustand Tupel positiv ist oder

- deren Initialkosten kleiner als Null sind und deren Auszahlung zu jedem Zeitpunkt-Zustand Tupel nicht negativ ist.

Wie aus dieser Umschreibung erkenntlich ist, ist der Begriff der Portfoliostrategie von zentraler Bedeutung.

Definition 4.6:

Sind $(\Omega, \mathcal{F}, P)$ ein Messraum und $\{\mathcal{F}_t\}_{t \in \underline{T}}$ eine Filtration. Wird weiter von
einem Wertpapiermarkt mit J Wertpapieren ausgegangen, d.h. ist die Menge
der gehandelten Wertpapiere bestimmt durch

$$D = \{S^1, S^2, \ldots, S^J\} \subset X = \{S : \underline{T} \times \Omega \to \mathbb{R} \,|\, S \text{ ist adaptiert an } \{\mathcal{F}\}_{t \in \underline{T}},$$

$$S_t \in L^2(\Omega, \mathcal{F}, P)\},$$

so ist eine *Portfoliostrategie* ein J-dimensionaler stochastischer Prozess
$\{\phi_t\}_{t \in \underline{T}} = \{\phi_t^1, \ldots, \phi_t^J\}_{t \in \underline{T}}$ mit diskreter Zeit und mit folgenden Eigenschaften:

- $\{\phi_t^j\}_{t \in \underline{T}}$ ist adaptiert an die Informationsstruktur $\{\mathcal{F}_t\}_{t \in \underline{T}}$
  $\forall j = 1, \ldots, J$.

- Eine Änderung des Portfolio kann nur zu den Zeitpunkten $t \in \underline{T}$
  erfolgen, d.h.

$$\phi_t^j = \phi_{t_n}^j \qquad \forall t \in]t_n, t_{n+1}], \quad t \in [0, T].$$

- Der Wert des j-ten Wertpapiers im Portfolio ist zu jedem Zeitpunkt
  quadratintegrierbar bezüglich des Wahrscheinlichkeitsmaßes P, d.h.

$$\phi_t^j S_t^j \in L^2(\Omega, \mathcal{F}, P) \qquad \forall t \in \underline{T}, \ \forall j = 1, \ldots, J.$$

Definition 4.7:

Ist $\{\phi_t\}_{t \in \underline{T}} = \{\phi_t^1, \ldots, \phi_t^J\}_{t \in \underline{T}}$ eine Portfoliostrategie, so bezeichnet

$$V(\phi_t) := \phi_t^1 S_t^1 + \phi_t^2 S_t^2 + \ldots + \phi_t^J S_t^J = \sum_{j=1}^{J} \phi_t^j S_t^j =: \langle \phi_t, S_t \rangle$$

den *Wert des Portfolios* zum Zeitpunkt $t \in \underline{T}$ und entsprechend

$$\{V(\phi_t)\}_{t \in \underline{T}}$$

den *Wertprozess* der Portfoliostrategie $\{\phi_t\}_{t \in \underline{T}}$.

Ist $x \in X$ ein Konsumplan, so heißt $\{\phi_t\}_{t \in \underline{T}}$ eine *selbstfinanzierende, den Konsumplan x erzeugende Portfoliostrategie*, falls

- $\sum_{j=1}^{J} \phi_{t_{i-1}}^{j} S_{t_i}^{j} = x_{t_i} + \sum_{j=1}^{J} \phi_{t_i}^{j} S_{t_i}^{j} \quad \forall t_{i-1} \in \{t_0, t_1, ..., t_{N-2}\}$

- $\sum_{j=1}^{J} \phi_{t_{N-1}}^{j} S_{t_N}^{j} = x_{t_N}$.

∇ **Beispiel 4.5:**

Seien $\Omega = \{\omega_1, \omega_2, \omega_3, \omega_4, \omega_5\}$ die Menge der Zustände, $\underline{T} = \{t_0 < t_1 < t_2\}$ die Menge der Handelszeitpunkte und $\{\mathcal{F}_t\}_{t \in \underline{T}}$ die Informationsstruktur mit:

$$
\begin{aligned}
\mathcal{F}_0 &= \{\emptyset, \Omega\}, \\
\mathcal{F}_{t_1} &= \{\emptyset, \Omega, \{\omega_1, \omega_2, \omega_3\}, \{\omega_4, \omega_5\}\}, \\
\mathcal{F}_{t_2} &= \text{Potenzmenge von } \Omega.
\end{aligned}
$$

Es können drei Wertpapiere gehandelt werden, deren Preisprozesse zu den drei Zeitpunkten beschrieben sind durch

$$S_{t_0} = (S_{t_0}^1; S_{t_0}^2; S_{t_0}^3) = (100, 400, 220),$$

$$S_{t_1}(\omega) = (S_{t_1}^1(\omega), S_{t_1}^2(\omega), S_{t_1}^3(\omega)) = \begin{cases} (110; 540; 204) & \omega \in \{\omega_1, \omega_2, \omega_3\} \\ (110; 340; 280) & \omega \in \{\omega_4, \omega_5\}, \end{cases}$$

$$S_{t_2}(\omega) = (S_{t_2}^1(\omega); S_{t_2}^2(\omega); S_{t_2}^3(\omega)) = \begin{cases} (123, 2; 680.4; 188, 5) & \omega \in \{\omega_1\} \\ (123, 2; 621; 237, 25) & \omega \in \{\omega_2\} \\ (123, 2; 496.8; 250, 92) & \omega \in \{\omega_3\} \\ (115, 5; 438; 259, 5) & \omega \in \{\omega_4\} \\ (115, 5; 330; 305, 5) & \omega \in \{\omega_5\}. \end{cases}$$

Offensichtlich sind alle drei Preisprozesse adaptiert an die Informationsstruktur. Die gewählte Darstellung ist jedoch nicht übersichtlich, da sie z.B. die Adaptiertheit der Prozesse nicht vollständig verdeutlicht. So wird auf den ersten Blick nicht vermittelt, dass bei Eintritt der Realisation (110;540;204) für die drei Wertpapiere zum Zeitpunkt t_1 der Zustand in der Menge $\{\omega_1, \omega_2, \omega_3\}$ liegen muss und als Konsequenz zum Zeitpunkt t_2 die Zustände ω_4 oder ω_5

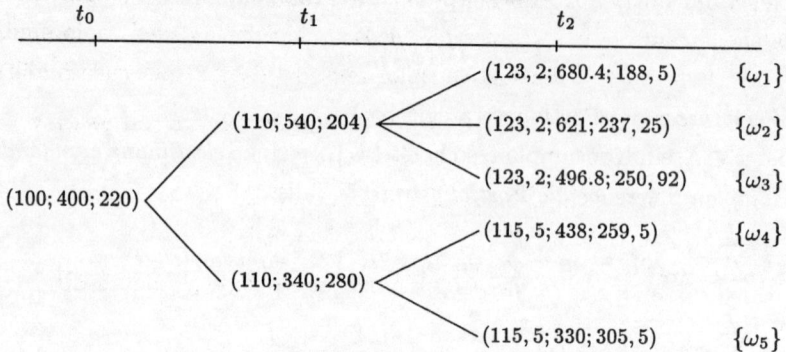

ABBILDUNG 4.7. Preisentwicklung eines diskreten Finanzmarktes mit drei Wertpapieren über zwei Perioden

nicht eintreten. Allgemein formuliert wird aus der Beobachtung der Realisation zum Zeitpunkt t_1 Information gewonnen über die möglichen Zustände in t_2, die zum Zeitpunkt t_0 nicht vorhanden war. Zur Verdeutlichung dieser Eigenschaft liegt es nahe, die in Abbildung 4.7 gewählte Darstellungsform eines *Ereignisbaumes* zu betrachten.

Gesucht werden der Preis und eine selbstfinanzierende Portfoliostrategie für eine Europäische Put-Option mit Basispreis 440,16 und Ausübungszeitpunkt t_2 über der Aktie S^2.

Die Lösung des Problems erfolgt, ausgehend von der Auszahlung der Put-Option zum Zeitpunkt t_2, rekursiv. Diese Auszahlung ist gegeben durch

$$\left[440,16 - S_{t_2}^2(\omega)\right]^+ = \begin{cases} 0 & \text{falls } \omega = \omega_1 \\ 0 & \text{falls } \omega = \omega_2 \\ 0 & \text{falls } \omega = \omega_3 \\ 2,16 & \text{falls } \omega = \omega_4 \\ 110,16 & \text{falls } \omega = \omega_5. \end{cases}$$

Tritt zum Zeitpunkt t_1 die Ereignismenge $\{\omega_1, \omega_2, \omega_3\}$ ein, so bedeutet dies, dass die Put-Option zum Zeitpunkt t_2 eine Auszahlung von Null hat, da nur noch Kurse des zugrundeliegenden Wertpapiers oberhalb des Basispreises möglich sind. Ein in dieser Situation die Auszahlung Null erzeugendes Portfolio $\phi_{t_1}(\omega) = (\phi_{t_1}^1(\omega), \phi_{t_1}^2(\omega), \phi_{t_1}^3(\omega))$ ist durch $\phi_{t_1}(\omega) = (0,0,0)$ gegeben. Tritt hingegen zum Zeitpunkt t_1 die Ereignismenge $\{\omega_4, \omega_5\}$ ein, so wird nun ein Portfolio $\phi_{t_1}(\omega)$ gesucht, dessen Wert zum Zeitpunkt t_2 mit der

Auszahlung der Put-Option übereinstimmt, d.h. es muss gelten

$$\begin{pmatrix} 115,5 & 438 & 259,5 \\ 115,5 & 330 & 305,5 \end{pmatrix} \begin{pmatrix} \phi_{t_1}^1 \\ \phi_{t_1}^2 \\ \phi_{t_1}^3 \end{pmatrix} = \begin{pmatrix} 2,16 \\ 110,16 \end{pmatrix}.$$

Ein diese Auszahlung erzeugendes Portfolio ist

$$\phi_{t_1}(\omega) = (\phi_{t_1}^1(\omega), \phi_{t_1}^2(\omega), \phi_{t_1}^3(\omega)) = \left(\frac{419,2}{110}, -1, 0 \right).$$

Die Portfoliostrategie in t_1 besitzt die folgende Beschreibung

$$(\phi_{t_1}^1, \phi_{t_1}^2, \phi_{t_1}^3)(\omega) = \begin{cases} (0,0,0,) & \omega \in \{\omega_1, \omega_2, \omega_3\} \\ (\frac{419,2}{110}, -1, 0,) & \omega \in \{\omega_4, \omega_5\} \end{cases}.$$

Dies ist nicht die einzige Spezifikation in t_1, die in t_2 die gewünschte Auszahlung erzeugt. Falls das System jedoch keine Arbitragemöglichkeit besitzt, so muss für den Wert des Portfolios zum Zeitpunkt t_1

$$V(\phi_{t_1}^1, \phi_{t_1}^2, \phi_{t_1}^3) = (\phi_{t_1}^1 S_{t_1}^1 + \phi_{t_1}^2 S_{t_1}^2 + \phi_{t_1}^3 S_{t_1}^3)$$

gelten, dass dieser unabhängig von der speziellen Wahl der Strategie ist. Alle Strategien, die die gleiche Auszahlung liefern, besitzen unter Ausschluss von Arbitrage den gleichen Wert. Die Menge aller Portfolien zum Zeitpunkt t_1 (falls $\omega \in \{\omega_4, \omega_5\}$), die die gleiche Auszahlung wie die Put-Option liefern, ist gegeben durch

$$\mathbb{L}(t_1, \{\omega_4, \omega_5\}) := \{(\phi_{t_1}^1, \phi_{t_1}^2, \phi_{t_1}^3) \mid \phi_{t_1}^1 = \tfrac{1}{115,5}\left(440,16 - \tfrac{48174}{108}\phi_{t_1}^3\right),$$
$$\phi_{t_1}^2 = \tfrac{46}{108}\phi_{t_1}^3 - 1, \phi_{t_1}^3 \in \mathbb{R}\}.$$

Der Wert eines beliebigen Portfolios aus $\mathbb{L}$ zum Zeitpunkt t_1 und Zustand $\omega \in \{\omega_4, \omega_5\}$ ist gleich

$$\phi_{t_1}^1 S_{t_1}^1 + \phi_{t_1}^2 S_{t_1}^2 + \phi_{t_1}^3 S_{t_1}^3$$

$$= \frac{110}{115,5}\left[440,16 - \frac{48174}{108}\phi_{t_1}^3\right] + 340\left[\frac{46}{108}\phi_{t_1}^3 - 1\right] + 280\phi_{t_1}^3$$

$$= \left[\frac{110}{115,5} \cdot 440,16 - 340\right] + \phi_{t_1}^3 \underbrace{\left[280 + \frac{340 \cdot 46}{108} - \frac{110}{115,5} \cdot \frac{48174}{108}\right]}_{=0} = 79,2.$$

Für den Wert des zuerst vorgeschlagenen Portfolio mit $\phi_{t_1}^3 = 0$ gilt somit

$$V\left((\phi_{t_1}^1, \phi_{t_1}^2, \phi_{t_1}^3)(\omega)\right) = \begin{cases} 0 & \omega \in \{\omega_1, \omega_2, \omega_3\} \\ 419,2 - 340 = 79,2 & \omega \in \{\omega_4, \omega_5\} \end{cases}$$

Das ursprüngliche Problem der Bewertung der Europäischen Put-Option mit Fälligkeit in t_2 ist reduziert auf ein Problem zum Zeitpunkt t_1. Gesucht ist nun ein Portfolio $(\phi_{t_0}^1, \phi_{t_0}^2, \phi_{t_0}^3)$ zum Zeitpunkt t_0, dessen Auszahlung in t_1 mit dem Wert des Portfolio ϕ_{t_1} übereinstimmt. Formal muss gelten

$$\begin{pmatrix} 110 & 540 & 204 \\ 110 & 340 & 280 \end{pmatrix} \begin{pmatrix} \phi_{t_0}^1 \\ \phi_{t_0}^2 \\ \phi_{t_0}^3 \end{pmatrix} = \begin{pmatrix} 0 \\ 79,2 \end{pmatrix}.$$

Wiederum existieren mehrere Portfolien, die diese Auszahlung erzeugen. Die Lösungsmenge lautet

$$\mathbb{L}(t_0, \Omega) := \left\{ (\phi_{t_0}^1, \phi_{t_0}^2, \phi_{t_0}^3) \middle| \phi_{t_0}^1 = \frac{213,84 - 409,2\phi_{t_0}^3}{110}; \right.$$
$$\left. \phi_{t_0}^2 = 0,38\phi_{t_0}^3 - 0,396; \ \phi_{t_0}^3 \in \mathbb{R} \right\}.$$

Für alle Portfoliostrategien aus der Menge $\mathbb{L}(t_0, \Omega)$ muss nun gelten, dass deren Wert zum Zeitpunkt t_0 gleich ist; andernfalls gäbe es eine Arbitragemöglichkeit. Sei

$$(\phi_{t_0}^1, \phi_{t_0}^2, \phi_{t_0}^3) \in \mathbb{L}(t_0, \Omega)$$

ein beliebiges Portfolio aus dieser Menge, so gilt für den Wert

$$\begin{aligned} V(\phi_{t_0}) &= \phi_{t_0}^1 S_{t_0}^1 + \phi_{t_0}^2 S_{t_0}^2 + \phi_{t_0}^3 S_{t_0}^3 \\ &= \left(\frac{213,84 - 409,2\phi_{t_0}^3}{110}\right) 100 + (0,38\phi_{t_0}^3 - 0,396)400 + \phi_{t_0}^3 \cdot 220 \\ &= \left(\frac{213,84}{1,1} - 0,396 \cdot 400\right) + \phi_{t_0}^3 \underbrace{\left(-\frac{409,2}{1,1} + 0,38 \cdot 400 + 220\right)}_{=0} \\ &= \frac{39,6}{1,1} = 36. \end{aligned}$$

Der Preis der Put-Option ist also eindeutig bestimmt. Darüber hinaus erzeugen die folgenden selbstfinanzierenden Portfoliostrategien die gleiche Auszahlung wie die Put-Option

$$(\phi_{t_0}^1, \phi_{t_0}^2, \phi_{t_0}^3) \in \mathbb{L}(t_0, \Omega)$$

$$(\phi_{t_1}^1, \phi_{t_1}^2, \phi_{t_1}^3)(\omega) \in \begin{cases} (0,0,0) & \omega \in \{\omega_1, \omega_2, \omega_3\} \\ \mathbb{L}(t_1, \{\omega_4, \omega_5\}) & \omega \in \{\omega_4, \omega_5\} \end{cases}.$$

Δ

Im Anschluss an das Beispiel stellen sich einige Fragen. Es zeigte sich, dass die Auszahlung der Put-Option durch eine Menge von selbstfinanzierenden Portfoliostrategien erzeugt wird und jede dieser Strategien zum selben Wertprozess führt. Die angegebenen Portfoliostrategien erlauben es jedoch nicht, auf die Arbitragefreiheit in diesem Fall zu schließen.

- Unter welchen Bedingungen ist ein Finanzmarkt im Mehrperiodenmodell arbitragefrei?

- Ist es möglich, wie im Einperiodenmodell, die Arbitragefreiheit eines Finanzmarktes auch im Mehrperiodenmodell einfach zu überprüfen und zu charakterisieren?

- Muss für die Bewertung eines derivativen Finanzvertrages immer eine selbstfinanzierende Portfoliostrategie hergeleitet werden?

Ausgangspunkt für die Beantwortung dieser Fragen ist die konkrete Definition einer Arbitragemöglichkeit im Mehrperiodenmodell, die eine dynamische Erweiterung der in Definition 1.6, S. 15 gegebenen Begriffsbildung ist.

Definition 4.8:

Sei $(\Omega, \mathcal{F}, P)$ ein Wahrscheinlichkeitsraum und $\{\mathcal{F}_t\}_{t \in \underline{T}}$ eine Filtration. Mit

$$X := \{x : \underline{T} \setminus \{t_0\} \times \Omega \to (\mathbb{R}, \mathcal{B}) \mid x \text{ ist adaptiert an } \{\mathcal{F}_t\}_{t \in \underline{T} \setminus \{t_0\}},$$

$$x_t \in L^2(\Omega, \mathcal{F}, P)\}$$

wird die Menge aller zustandsabhängigen Zahlungsströme angegeben. Seien

$$X^+ := \{x \in X \mid P(x_{t_i} \geq 0) = 1 \quad \forall t_i \in \underline{T} \setminus \{t_0\};$$

$$\exists t_j > t_0 \text{ mit } P(x_{t_j} > 0) > 0\}$$

$$X_0^+ := \{x \in X \mid P(x_{t_i} \geq 0) = 1 \quad \forall t_i \in \underline{T} \setminus \{t_0\}\}$$

die Menge aller nicht-negativen zustandsabhängigen Zahlungsströme bzw. die Teilmenge X^+ von X_0^+ der Zahlungsströme, die mit positiver Wahrscheinlichkeit eine positive Auszahlung erzeugt.

Eine selbstfinanzierende Portfoliostrategie, die eine Auszahlung $x \in X_0^+$ erzeugt mit $\sum_{j=1}^{J} \phi_{t_0}^j S_{t_0}^j \leq 0$, heißt eine *Arbitragemöglichkeit*, falls entweder $x \in X^+$ oder $\sum_{j=1}^{J} \phi_{t_0}^j S_{t_0}^j < 0$ ist.

Falls $\{\phi_t\}_{t \in \underline{T}} = \{\phi_t^1, \phi_t^2, \ldots, \phi_t^J\}_{t \in \underline{T}}$ eine den Konsumplan $x \in X$ erzeugende, selbstfinanzierende Portfoliostrategie ist, so heißt

$$\sum_{j=1}^{J} \phi_{t_0}^j S_{t_0}^j$$

der *implizite Preis* von x.

Proposition 4.1:

Falls es keine Arbitragemöglichkeit gibt und der Konsumplan $x \in X$ durch zwei unterschiedliche selbstfinanzierende Strategien $\{\phi_t\}_{t \in \underline{T}}$ und $\{\bar{\phi}_t\}_{t \in \underline{T}}$ erzeugt wird, so gilt

$$\sum_{j=1}^{J} \phi_{t_i}^j S_{t_i}^j = \sum_{j=1}^{J} \bar{\phi}_{t_i}^j S_{t_i}^j \qquad \forall t_i \in \underline{T}$$

d.h. die Wertprozesse stimmen überein.

4.3. Arbitragefreiheit und Martingale

Im Fall des Einperiodenmodells ist gezeigt, dass die Bedingung der Arbitragefreiheit äquivalent zur Existenz mindestens einer linearen Preisregel ist. Der Beweis dieses Teils des *Fundamentallemmas der Wertpapierbewertung* liefert darüber hinaus jedoch noch das Konstruktionsprinzip, mit dem sich die lineare Preisregel aus der Auszahlungsmatrix D und dem Preisvektor q bestimmt. Das *Minkowski-Farkas Lemma* sichert unter der Bedingung der Arbitragefreiheit die Existenz eines nicht-negativen Vektors λ, so dass

$$q = D^T \lambda,$$

wobei $q \in \mathbb{R}^J$ den Preisvektor, $D \in \mathbb{R}^{S \times J}$ die Auszahlungsmatrix und $\lambda \in \mathbb{R}_{\geq 0}^S$ den Vektor der Zustandspreise angeben. Die lineare Preisregel

$$f : \mathbb{R}^S \to \mathbb{R}$$

ist dann festgelegt durch

$$f(x) = \lambda^T \cdot x = \sum_{s=1}^{S} \lambda_s x_s$$

für alle Auszahlungen $x \in \mathbb{R}^S$ zum Endzeitpunkt T des Einperiodenmodells. Die wesentliche Interpretation des Vektors λ ist die als Preisvektor der *Zustandswertpapiere* bzw. *Arrow-Debreu-Securities*. Dies basiert auf der folgenden Überlegung:

$$e_s = (0, \ldots, 0, 1, 0, \ldots, 0) \in \mathbb{R}^S \qquad (s\text{-ter Einheitsvektor des } \mathbb{R}^S)$$

ist die Auszahlung einer Arrow-Debreu-Security für den Zustand ω_s. Aus der Linearität der Preisregel folgt

$$f(e_s) = \lambda_s \qquad \forall s = 1, \ldots, S ,$$

d.h. λ_s ist der arbitragefreie Preis dieses Zustandswertpapiers. In Bezug auf die Vollständigkeit des Einperiodenmodells ergeben sich nun die Schlussfolgerungen:

- Existiert kein Zustandspreisvektor λ, so existiert eine Arbitragemöglichkeit.
- Ist der Zustandspreisvektor λ nicht eindeutig, so liegt ein *unvollständiger Markt* vor.
- Ist der Zustandspreisvektor λ eindeutig, so liegt ein *vollständiger Markt* vor.

Weiter gilt für den Preis eines Wertpapiers, das in jedem Zustand eine Einheit des Konsumgutes auszahlt,

$$f(1) = \lambda^T \cdot 1 = \sum_{s=1}^{S} \lambda_s,$$

d.h. die Summe der Zustandspreise ist gleich dem Preis einer Anleihe. Falls das Modell einen Zinssatz r beinhaltet, gilt für diesen

$$\sum_{s=1}^{S} \lambda_s = \frac{1}{1+r} \quad \Leftrightarrow \quad \sum_{s=1}^{S} (1+r)\lambda_s = 1.$$

Ziel ist es, diese Ergebnisse auf das Mehrperiodenmodell zu übertragen. Dabei ist es zunächst offensichtlich, dass die einfache Form der linearen Preisregel nicht ausreichend ist, andererseits die Interpretation über die Preise der Zustandswertpapiere durchaus als tragfähig erscheint. Welche Form die adäquate mathematische Formulierung haben wird, sei zunächst eine untergeordnete Frage. Wird von dem in Abschnitt 4.2 diskutierten Beispiel 4.5 ausgegangen, so besteht die Ausgangsidee auch im Mehrperiodenmodell in der Herleitung der Preise der Zustandswertpapiere.

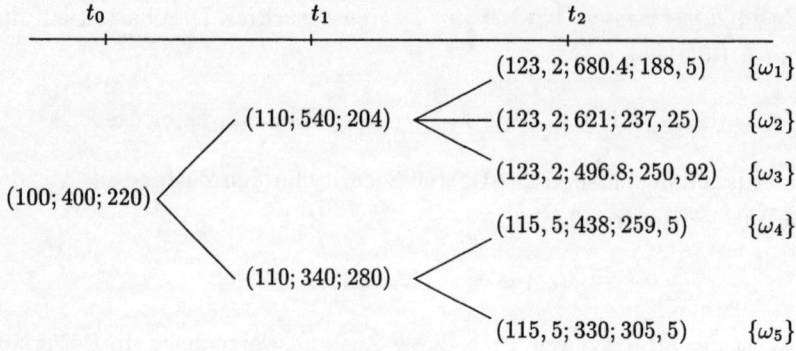

ABBILDUNG 4.8. Preisentwicklung eines Wertpapiermarktes gemäß Beispiel 4.5, S. 119.

∇ **Beispiel 4.6:**

Der Wertpapiermarkt in Beispiel 4.5 besitzt die in Abbildung 4.8 wiedergegebene grafische Darstellung. Zunächst ergibt sich aus den Auszahlungen, dass der Zinssatz von t_0 auf t_1 10% beträgt, während er von t_1 auf t_2 in Abhängigkeit des Zustandes entweder gleich 12% ($\{\omega\} = \{\omega_1, \omega_2, \omega_3\}$) oder 5% ($\{\omega\} = \{\omega_4, \omega_5\}$) ist. Insgesamt müssen die Preise von 7 Zustandswertpapieren bestimmt werden:

$$\lambda(t_0, \Omega, t_1, A) = \text{2-Preise zum Zeitpunkt } t_0 \text{ mit Auszahlung in } t_1, \text{ falls}$$
$$A = \{\omega_1, \omega_2, \omega_3\} \text{ bzw. } A = \{\omega_4, \omega_5\} \text{ eintritt.}$$
$$\lambda(t_0, \Omega, t_1, \{\omega_s\}) = \text{5-Preise zum Zeitpunkt } t_0 \text{ mit Auszahlung in } t_2, \text{ falls}$$
$$\omega_s \in \{\{\omega_1\}, \{\omega_2\}, \{\omega_3\}, \{\omega_4\}, \{\omega_5\}\} \text{ eintritt.}$$

Wird der Zeitpunkt t_1 betrachtet, so handelt es sich um ein einfaches Einperiodenmodell, d.h. gesucht ist ein Vektor

$$\lambda := \begin{pmatrix} \lambda(t_0, \Omega, t_1, \{\omega_1, \omega_2, \omega_3\}) \\ \lambda(t_0, \Omega, t_1, \{\omega_4, \omega_5\}) \end{pmatrix} \in \mathbb{R}^2_{>0},$$

mit[2]

$$q = \begin{pmatrix} 100 \\ 400 \\ 220 \end{pmatrix} = D^T \cdot \lambda = \begin{pmatrix} 110 & 110 \\ 540 & 340 \\ 204 & 280 \end{pmatrix} \begin{pmatrix} \lambda(t_0, \Omega, t_1, \{\omega_1, \omega_2, \omega_3\}) \\ \lambda(t_0, \Omega, t_1, \{\omega_4, \omega_5\}) \end{pmatrix}.$$

---

[2]Die erweiterte Notation ist $\lambda(t_0, \Omega, t_1, A)$, d.h. gleich dem Preis eines Zustandswertpapiers zum Zeitpunkt t_0 im Ereignis Ω, das zum Zeitpunkt t_1 im Ereignis A eine Einheit auszahlt und sonst nichts; analog $\lambda(t_1, A, t_2, \{\omega_s\})$.

Die Lösung dieses Gleichungssystems ist

$$\lambda(t_0, \Omega, t_1, A) = \begin{cases} \frac{1}{2} \cdot \frac{1}{1,1} & \text{falls } A = \{\omega_1, \omega_2, \omega_3\} \\ \frac{1}{2} \cdot \frac{1}{1,1} & \text{falls } A = \{\omega_4, \omega_5\} \end{cases}.$$

Um die analoge Umformung wie im Fall der Periode t_0 auf t_1 anzuwenden, bietet es sich an, zunächst nur die Teilperioden t_1 auf t_2 zu betrachten. Dies ist wieder ein Einperiodenmodell. Sei also $A = \{\omega_4, \omega_5\}$, so ist ein Vektor

$$\lambda := \begin{pmatrix} \lambda(t_1, \{\omega_4, \omega_5\}, t_2, \{\omega_4\}) \\ \lambda(t_1, \{\omega_4, \omega_5\}, t_2, \{\omega_5\}) \end{pmatrix} \in \mathbf{R}^2_{\geq 0}$$

gesucht mit

$$q(t_1, A) = \begin{pmatrix} 110 \\ 340 \\ 280 \end{pmatrix} = D^T(A) \cdot \lambda(t_1, A, t_2, \cdot)$$

$$= \begin{pmatrix} 115,5 & 115,5 \\ 438 & 330 \\ 259,5 & 305,5 \end{pmatrix} \cdot \begin{pmatrix} \lambda_1(t_1, A, t_2, \{\omega_4\}) \\ \lambda_2(t_1, A, t_2, \{\omega_5\}) \end{pmatrix}.$$

Die Lösung für λ ist gleich

$$\lambda(t_1, A, t_2, \{\omega\}) = \begin{cases} \frac{1}{4} \cdot \frac{1}{1,05} & \text{falls } \omega = \omega_4 \\ \frac{3}{4} \cdot \frac{1}{1,05} & \text{falls } \omega = \omega_5 \end{cases} \text{ und } A = \{\omega_4, \omega_5\}.$$

Tritt hingegen $A = \{\omega_1, \omega_2, \omega_3\}$ zum Zeitpunkt t_1 ein, so gilt für den Preis der verbleibenden Zustandswertpapiere

$$q(t_1, A) = \begin{pmatrix} 110 \\ 540 \\ 204 \end{pmatrix} = D^T(\bar{\omega}) \cdot \lambda(t_1, A, t_2, \cdot)$$

$$= \begin{pmatrix} 123,2 & 123,2 & 123,2 \\ 680,4 & 621 & 496,2 \\ 188,5 & 237,25 & 250,92 \end{pmatrix} \cdot \lambda(t_1, A, t_2, \cdot),$$

d.h. $$\lambda(t_1, A, t_2, \{\omega\}) = \begin{cases} \frac{1}{4} \cdot \frac{1}{1,12} & \omega = \omega_1 \\ \frac{1}{2} \cdot \frac{1}{1,12} & \omega = \omega_2 \\ \frac{1}{4} \cdot \frac{1}{1,12} & \omega = \omega_3 \end{cases} \text{ und } A = \{\omega_1, \omega_2, \omega_3\}.$$

Diese Zustandswertpapiere besitzen jeweils eine Restlaufzeit von einer

Periode. Ein Wertpapier zum Zeitpunkt t_0, welches z.B. zum Zeitpunkt t_2 eine Einheit im Zustand $\{\omega_1\}$ auszahlt, besitzt jedoch eine Restlaufzeit von zwei Perioden. Der Preis dieses Wertpapiers lässt sich aus den errechneten einperiodigen Zustandswertpapieren ableiten. Hierzu wird die folgende selbstfinanzierende Portfoliostrategie betrachtet:

- Kaufe zum Zeitpunkt t_0 $\lambda(t_1, \{\omega_1, \omega_2, \omega_3\}, t_2, \{\omega_1\})$ Einheiten des Zustandswertpapiers $\lambda(t_0, \Omega, t_1, \{\omega_1, \omega_2, \omega_3\})$. Falls zum Zeitpunkt t_1 der Zustand $\{\omega_1, \omega_2, \omega_3\}$ eintritt, so liefert dies genau die benötigte Auszahlung, um eine Einheit des gewünschten Zustandswertpapiers mit nun einer Restlaufzeit von einer Periode zu erwerben. Tritt der Zustand $\{\omega_4, \omega_5\}$ ein, so ist die Auszahlung gleich Null. In diesem Fall kann jedoch der Zustand $\{\omega_1\}$ zum Zeitpunkt t_2 nicht mehr erreicht werden.

Der Preis in t_0 des Zustandswertpapiers mit Fälligkeit zum Zeitpunkt t_2 und Auszahlung im Zustand ω_1 ist gleich dem der obigen Strategie, d.h.

$$
\begin{aligned}
&\lambda(t_0, \Omega, t_2, \{\omega_1\}) \\
&= \lambda(t_0, \Omega, t_1, A = \{\omega_1, \omega_2, \omega_3\}) \cdot \lambda(t_1, \{\omega_1\}, A = \{\omega_1, \omega_2, \omega_3\}, t_2) \\
&= \frac{1}{2} \cdot \frac{1}{1,1} \cdot \frac{1}{4} \cdot \frac{1}{1,12} = \frac{1}{8} \cdot \frac{1}{1,1} \cdot \frac{1}{1,12}.
\end{aligned}
$$

Zusammenfassend gilt:

$$
\lambda(t_0, \Omega, t_2, \{\omega\}) = \begin{cases}
\frac{1}{8} \cdot \frac{1}{1,1} \cdot \frac{1}{1,12} & \text{falls } \omega = \omega_1 \\[4pt]
\frac{1}{4} \cdot \frac{1}{1,1} \cdot \frac{1}{1,12} & \text{falls } \omega = \omega_2 \\[4pt]
\frac{1}{8} \cdot \frac{1}{1,1} \cdot \frac{1}{1,12} & \text{falls } \omega = \omega_3 \\[4pt]
\frac{3}{8} \cdot \frac{1}{1,1} \cdot \frac{1}{1,05} & \text{falls } \omega = \omega_4 \\[4pt]
\frac{1}{8} \cdot \frac{1}{1,1} \cdot \frac{1}{1,05} & \text{falls } \omega = \omega_5
\end{cases}
$$

$$
\lambda(t_0, \Omega, t_2, A) = \begin{cases}
\frac{1}{2} \cdot \frac{1}{1,1} & \text{falls } A = \{\omega_1, \omega_2, \omega_3\} \\[4pt]
\frac{1}{2} \cdot \frac{1}{1,1} & \text{falls } A = \{\omega_4, \omega_5\}.
\end{cases}
$$

Für jeden Auszahlungsprozess des Beispiels der Form

$$
x : \{t_1, t_2\} \times \Omega \to \mathbb{R},
$$

der adaptiert ist an die Informationsstruktur $\{\mathcal{F}_{t_1}, \mathcal{F}_{t_2}\}$, gilt nun: Der Arbitragepreis dieses Auszahlungsstromes ist gleich

$$f(x) = \sum_{i=1}^{2} \lambda(t_0, \Omega, t_i, \cdot)^T \cdot x_{t_i}(\cdot).$$

Wie die Form der Preise der Zustandswertpapiere zeigt, lässt sich $f(\cdot)$ nun charakterisieren durch eine Wahrscheinlichkeitsverteilung P^* auf $(\Omega, \mathcal{F})$. Setze hierzu P^* gleich

$$P^*[\{\omega_1\}] := \tfrac{1}{8} \quad P^*[\{\omega_2\}] := \tfrac{1}{4} \quad P^*[\{\omega_3\}] := \tfrac{1}{8}$$
$$P^*[\{\omega_4\}] := \tfrac{3}{8} \quad P^*[\{\omega_5\}] := \tfrac{1}{8}.$$

Der Arbitragepreis des Auszahlungsstromes x zum Zeitpunkt t_0 ist nun gleich dem erwarteten diskontierten Wert der Auszahlungen unter dieser Wahrscheinlichkeitsverteilung, d.h.

$$f(x) = \sum_{j=1}^{2} E_{P^*}[\hat{x}_{t_i}] \quad \text{mit} \quad \hat{x}_{t_i}(\omega) = \frac{x_{t_i}(\omega)}{\prod\limits_{j=0}^{i-1}(1 + r_j(\omega))},$$

wobei $r_j(\cdot)$ mit $j = 0, 1$ den periodischen Zinssatz angibt.

— Δ

Beispiel 4.6 legt es nahe, die Bedingung der Arbitragefreiheit und die Existenz einer arbitragefreien Preisregel mit der Existenz eines Wahrscheinlichkeitsmaßes P^* zu verbinden. Die Analyse dieses Zusammenhangs wird durch folgende Annahmen vereinfacht:

- Es werden nur terminale Auszahlungen betrachtet, d.h. die Marktteilnehmer sind nur an Konsum zum Zeitpunkt T interessiert.

- Neben den Prozessen der Wertpapiere besitzt das Modell noch einen Zinsprozeß $r : T \times \Omega \to \mathbb{R}$, der wiederum an die Filtration $\{\mathcal{F}_{t_i}\}_{t_i \in \underline{T}}$ adaptiert ist.

Beide Annahmen stellen keine Einschränkung dar, da alle Prozesse des Modells über einem Wahrscheinlichkeitsraum $(\Omega, \mathcal{F}, P)$ definiert sind.

Definition 4.9:
Zwei Wahrscheinlichkeitsmaße P und Q über einem Messraum $(\Omega, \mathcal{F})$ heißen *äquivalent*, falls

$$P[A] = 0 \Leftrightarrow Q[A] = 0 \quad \forall A \in \mathcal{F},$$

d.h. P und Q besitzen die gleichen *Nullmengen*.

∇ **Beispiel 4.7:**

Ist $(\Omega, \mathcal{F})$ ein Messraum mit $\Omega = \{\omega_1, \ldots, \omega_5\}$ und sind P und Q zwei Wahrscheinlichkeitsmaße mit

$$
\begin{aligned}
P[\{\omega_1, \omega_2\}] &= \tfrac{1}{2} & Q[\{\omega_1, \omega_2\}] &= \tfrac{1}{4} \\
P[\{\omega_3\}] &= \tfrac{1}{4} & Q[\{\omega_3\}] &= \tfrac{1}{5} \\
P[\{\omega_4\}] &= \tfrac{1}{4} & Q[\{\omega_4\}] &= \tfrac{11}{20} \\
P[\{\omega_5\}] &= 0 & Q[\{\omega_5\}] &= 0,
\end{aligned}
$$

so sind P und Q gemäß Definition 4.9 äquivalente Wahrscheinlichkeitsmaße.

_____ Δ

Satz 4.1:

Sind P und Q auf dem Messraum $(\Omega, \mathcal{F})$ äquivalente Wahrscheinlichkeitsmaße, so existiert eine nicht-negative, messbare Funktion $f : \Omega \to \mathbb{R}_{\geq 0}$, so dass

$$
Q(A) = \int_A f(\omega) dP(\omega) \quad \forall A \in \mathcal{F}.
$$

In Kurzschreibweise wird diese Beziehung durch $\frac{dQ}{dP} = f$ beschrieben. f heißt die Radon-Nikodym-Dichte von Q bezüglich P.

Beweis:

Satz 4.1 stellt einen Spezialfall des Satzes von Radon-Nikodym dar. Der Beweis befindet sich z.B. in Bauer (1978), S. 91ff. $\square$

∇ **Beispiel 4.8:**

Sei $\Omega = \{\omega_1, \ldots, \omega_S\}$ ein endlicher Zustandsraum und $\mathcal{F}$ die zugehörige σ-Algebra. Sind P und Q zwei äquivalente Wahrscheinlichkeitsmaße auf $(\Omega, \mathcal{F})$, so lässt sich die Abbildung f direkt angeben durch

$$
f(\omega) = \begin{cases} \frac{Q[A(\omega)]}{P[A(\omega)]} & \text{falls} \quad P[A(\omega)] \neq 0 \\ \text{beliebig} & \text{falls} \quad P[A(\omega)] = 0 \end{cases}
$$

$$
\text{wobei} \quad A(\omega) := \bigcap_{\substack{A' \in \mathcal{F} \\ A' \cap \{\omega\} \neq \emptyset}} A'
$$

Die Radon-Nikodym-Dichte in Beispiel 4.7 ist z.B. gleich

$$f(\omega) = \begin{cases} \frac{1}{4} \cdot \frac{2}{1} = \frac{1}{2} & \omega \in \{\omega_1, \omega_2\} \\ \frac{1}{5} \cdot \frac{4}{1} = \frac{4}{5} & \omega = \omega_3 \\ \frac{11}{20} \cdot \frac{4}{1} = \frac{11}{5} & \omega = \omega_4 \\ \text{beliebig} & \omega = \omega_5 \,. \end{cases}$$

Δ

▽ **Beispiel 4.9:**

Ausgangspunkt ist der durch Abbildung 4.9 dargestellte Wertpapiermarkt mit vier Wertpapieren und zwei Zuständen. Der Wahrscheinlichkeitsraum ist in diesem Fall definiert durch

$$\Omega = \{\omega_1, \omega_2\}, \quad \mathcal{F} = \{\emptyset, \Omega, \{\omega_1\}, \{\omega_2\}\}, \quad P[\{\omega\}] = \frac{1}{2}.$$

In dieser Situation liegt es nahe, sich für die "Qualität" der 4 angebotenen Wertpapiere zu interessieren. Beispielsweise sind der erwartete Wert und die Streuung der einzelnen Wertpapiere interessante Kenngrößen. Diese ergeben sich aus den auf den Kurs zum Zeitpunkt t_0 bedingten Erwartungswerten und Varianzen unter dem Wahrscheinlichkeitsmaß P zu

$$
\begin{aligned}
E_P[S_{t_1}^1 | S_{t_0}^1] &= \tfrac{1}{2} \cdot 216 + \tfrac{1}{2} \cdot 126 = 171, \\
V_P[S_{t_1}^1 | S_{t_0}^1] &= \tfrac{1}{2} \cdot \tfrac{1}{2} (216 - 126)^2 = 2025 \quad \Rightarrow \sigma_P(S_{t_1}^1) = 45, \\
E_P[S_{t_1}^2 | S_{t_0}^2] &= 195 \qquad ; \sigma_P(S_{t_1}^2) = 5, \\
E_P[S_{t_1}^3 | S_{t_0}^3] &= 143 \qquad ; \sigma_P(S_{t_1}^3) = 11, \\
E_P[S_{t_1}^4 | S_{t_0}^4] &= 110 \qquad ; \sigma_P(S_{t_1}^4) = 0.
\end{aligned}
$$

Als Risikomaß ist die Streuung nicht ohne Einschränkung geeignet, da sie sich auf die absoluten Werte bezieht. Ein mögliches Risikomaß ist der *relative Überschussertrag* (gegenüber der sicheren Anleihe S^4) *pro Risikoeinheit*.[3] Für die Wertpapiere S^1, S^2, S^3 ist der relative Überschussertrag unter dem Maß P definiert durch

$$(4.3) \qquad \frac{E_P[S_{t_1}^i | S_{t_0}^i] - (1 + r(t_0)) S_{t_0}^i}{\sqrt{V[S_{t_1}^i | S_{t_0}^i]}} \qquad i = 1, 2, 3.$$

---

[3]In der englischsprachigen Literatur wird diese Risikoprämie als *Excess Return per unit risk* bezeichnet.

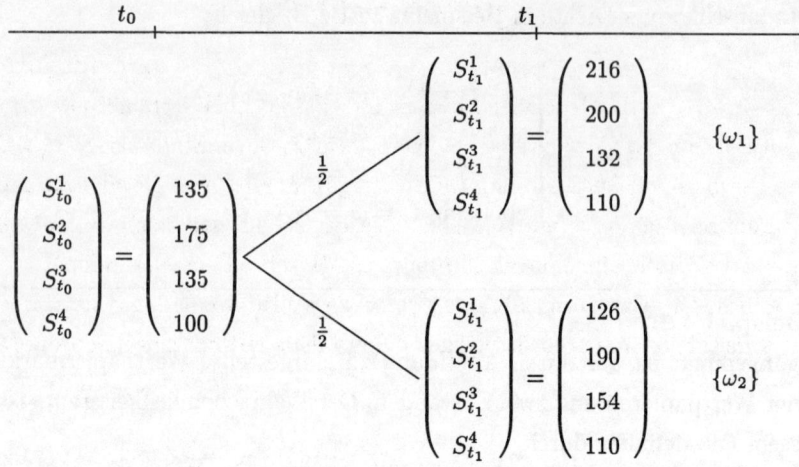

ABBILDUNG 4.9. Wertpapiermarkt mit vier Wertpapieren, zwei Zeitpunkten und zwei Zuständen

Dies ergibt für die ersten drei Wertpapiere die Zahlenwerte:

- Wertpapier S^1 : $\frac{171-(1,1)\cdot 135}{45}$ $= 0,5$
- Wertpapier S^2 : $\frac{195-(1,1)\cdot 175}{5}$ $= 0,5$
- Wertpapier S^3 : $\frac{143-(1,1)\cdot 135}{11}$ $= -0,5$.

Unabhängig von diesen Überlegungen ist es auch möglich, einen beliebigen Konsum zum Zeitpukt t_1 vorzugeben und diesen durch die Preise der beiden Zustandswertpapiere zu bewerten. z.B. liefert das Portfolio

$$\theta_{t_0} = (\theta_{t_0}^1, \theta_{t_0}^2, \theta_{t_0}^3, \theta_{t_0}^4)^T = \left(0, 0.1, 0, \frac{-0,19}{1,1}\right)^T$$

die Auszahlung des Zustandswertpapiers mit Auszahlung in $\{\omega_1\}$. Der Preis zum Zeitpunkt t_0 ist gleich

$$0,1 \cdot 175 - \frac{0,19}{1,1} \cdot 100 = \frac{1}{1,1}\,[1,1 \cdot 17,5 - 19] = \frac{1}{1,1} \cdot \frac{1}{4}.$$

Analog erzeugt das Portfolio $\theta_{t_0}^* = (\frac{1}{22}, 0, 0, \frac{-6}{110})^T$ die Auszahlung des Zustandswertpapiers mit Auszahlung in $\{\omega_2\}$. Der Preis zum Zeitpunkt t_0 ist

$$\frac{1}{22} \cdot 135 - 6 \cdot \frac{100}{110} = \frac{1}{1,1}\,[6,75 - 6] = \frac{1}{1,1} \cdot \frac{3}{4}.$$

Wieder ist ein Wahrscheinlichkeitsmaß P^* mit $P^*[\{\omega_1\}] = \frac{1}{4}$ und $P^*[\{\omega_2\}] = \frac{3}{4}$ bestimmt, dessen diskontierte Werte mit den Preisen der Zustandswertpapiere übereinstimmen und das äquivalent zu dem ursprünglichen Maß P ist. Es ist somit konsequent, ebenfalls die relative Überschussrendite bezüglich des Maßes P^* zu berechnen. Dies liefert z.B. für das erste Wertpapier

$$E_{P^*}\left[S^1_{t_1}|S^1_{t_0}\right] = \frac{1}{4} \cdot 216 + \frac{3}{4} \cdot 126 = 148,5,$$

$$V_{P^*}\left[S^1_{t_1}|S^1_{t_0}\right] = \frac{1}{4} \cdot \frac{3}{4} \cdot (216 - 126)^2 = 1518,75,$$

$$\Rightarrow E_{P^*}\left[S^1_{t_1}|S^1_{t_0}\right] - (1 + r(t_0))S^1_{t_0} = 148,5 - 1,1 \cdot 135 = 0$$

$$\Leftrightarrow \quad E_{P^*}\left[\frac{1}{1 + r(t_0)}S^1_{t_1}\Big|S^1_{t_0}\right] = S^1_{t_0}.$$

Unter dem Maß P^* ist der erwartete diskontierte Wert von $S^1_{t_1}$ zum Zeitpunkt t_1 gleich dem Preis dieses Wertpapieres zum Zeitpunkt t_0. Die relative Überschussrendite gemäß (4.3) unter dem Wahrscheinlichkeitsmaß P^* ist gleich Null. Es ist leicht nachzuprüfen, daß dies in diesem Beispiel auch für die anderen Preisprozesse gilt. Die Behauptung ist nun, daß diese im Beispiel beobachtete Eigenschaft eine vollständige Charakterisierung der Preisregel ermöglicht.

─── Δ

Definition 4.10:

Seien $(\Omega, \mathcal{F}, P)$ ein Wahrscheinlichkeitsraum, $\{\mathcal{F}_t\}_{t \in T}$ eine Filtration und

$$S : \underline{\underline{T}} \times \Omega \to \mathbf{R}^J$$

der an die Informationsstruktur adaptierte, numerische J-dimensionale stochastische Prozess mit diskreter Zeit der J Wertpapiere und

$$r : \underline{\underline{T}} \times \Omega \to \mathbf{R}$$

der durch S definierte adaptierte stochastische Prozess mit diskreter Zeit des Zinssatzes pro Periode. Ein Wahrscheinlichkeitsmaß P^* auf $(\Omega, \mathcal{F})$ heißt ein zu P *äquivalentes Martingalmaß*, falls

- die Wahrscheinlichkeitsmaße P und P^* auf $(\Omega, \mathcal{F})$ äquivalent sind, d.h.

$$P[A] = 0 \Leftrightarrow P^*[A] = 0 \quad \forall A \in \mathcal{F},$$

- der diskontierte Wertprozess jedes Wertpapiers $j = 1, \ldots, J$

$$\hat{S}_{t_i}^j := \frac{S_{t_i}^j}{\prod\limits_{k=0}^{i-1}(1 + r_{t_k})} \quad \forall t_i \in \underline{T} \setminus \{t_0\}$$

ein *Martingal* bezüglich P^* ist, d.h. der diskontiert Kurs zum Zeitpunkt t ist gleich dem erwarteten diskontierten zukünftigen Kurs unter dem Wahrscheinlichkeitsmaß P^*,

$$\hat{S}_t^j = E_{P^*}\left[\hat{S}_u^j \big| \mathcal{F}_t\right] \quad \forall t < u; t, u \in \underline{T}, j = 1, \ldots, J.$$

Speziell gilt

$$\begin{aligned} S_{t_i}^j &= E_{P^*}\left[\frac{S_{t_{i+1}}^j}{1 + r_{t_i}}\bigg|\mathcal{F}_{t_i}\right] \\ &= \frac{1}{1 + r_{t_i}}E_{P^*}\left[S_{t_{i+1}}^j\big|\mathcal{F}_{t_i}\right] \quad \forall i = 0, \ldots, N-1, \quad \forall j = 1, \ldots, J. \end{aligned}$$

∇ **Beispiel 4.10:**

Wird nochmals das Beispiel 4.5, S. 119, betrachtet, so ist die gesamte Struktur des Wertpapiermarktes, wie in Abbildung 4.10 dargestellt, zusammengefasst. Aus der Berechnung der Zustandspreise in Beispiel 4.6 mit Restlaufzeit eine Periode (lokale Zustandspreise) bestimmen sich unmittelbar die lokalen Übergangswahrscheinlichkeiten als die bedingten Wahrscheinlichkeiten

$$\begin{aligned} P^*[\{\omega_1, \omega_2, \omega_3\}] &= P^*[\{\omega_1, \omega_2, \omega_3\}|\Omega] \\ &:= \lambda(t_0, \Omega, t_1, \{\omega_1, \omega_2, \omega_3\}) \cdot (1 + r_0) = \frac{1}{2} \\ P^*[\{\omega_4, \omega_5\}] &= P^*[\{\omega_4, \omega_5\}|\Omega] \\ &:= \lambda(t_0, \Omega, t_1, \{\omega_4, \omega_5\}) \cdot (1 + r_0) = \frac{1}{2} \end{aligned}$$

$$P^*[\{\omega_1\}|\{\omega_1, \omega_2, \omega_3\}] := \frac{1}{4} \quad , \quad P^*[\{\omega_2\}|\{\omega_1, \omega_2, \omega_3\}] := \frac{1}{2} \ ,$$

$$P^*[\{\omega_3\}|\{\omega_1, \omega_2, \omega_3\}] := \frac{1}{4} \quad , \quad P^*[\{\omega_4\}|\{\omega_4, \omega_5\}] := \frac{1}{4} \ ,$$

$$P^*[\{\omega_5\}|\{\omega_4, \omega_5\}] := \frac{3}{4}.$$

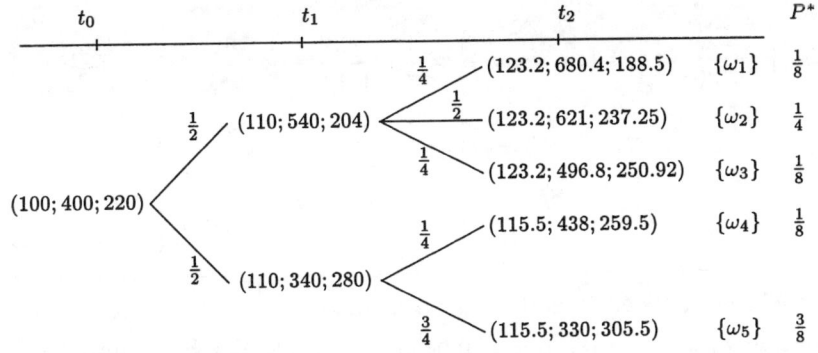

ABBILDUNG 4.10. Kursentwicklung eines Finanzmarktes gemäß Beispiel 4.5 mit Martingalmaß

Die Martingalwahrscheinlichkeiten berechnen sich dann aus den Übergangswahrscheinlichkeiten durch Multiplikation[4]

$$P^*[A] = P^*[A|B] \cdot P^*[B] \text{ für } A, B \in \mathcal{F}.$$

Darüber hinaus lautet der aus den Wertpapieren resultierende adaptierte Zinsprozess:

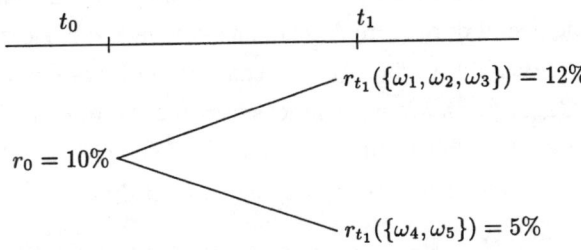

Die Martingaleigenschaft für den Wertpapierprozess $\{S_t^2\}_{t\in\underline{T}}$ lässt sich nun mittels der bedingten Erwartungswerte der diskontierten Kursentwicklung überprüfen:

---

[4]Dies ist eine Anwendung der Regel von Bayes.

$$E_{P^*}\left[\frac{S_{t_2}^2}{1+r(t_1)}\Big|A=\{\omega_1,\omega_2,\omega_3\}\right]=\frac{1}{4}\cdot\frac{680,4}{1,12}+\frac{1}{2}\cdot\frac{621}{1,12}+\frac{1}{4}\cdot\frac{496,8}{1,12}=540$$

$$E_{P^*}\left[\frac{S_{t_1}^2}{1+r(t_1)}\Big|A=\{\omega_4,\omega_5\}\right]=\frac{1}{4}\cdot\frac{438}{1,05}+\frac{3}{4}\cdot\frac{330}{1,05}=340$$

$$E_{P^*}\left[\frac{S_{t_2}^2}{1+r(t_0)}\Big|\Omega\right]=\frac{1}{2}\cdot\frac{540}{1,1}+\frac{1}{2}\cdot\frac{340}{1,1}=400$$

$$\Delta$$

Der folgende Satz 4.2 fasst die Ergebnisse der bisherigen Beispiele zusammen. Mit ihm wird die im Beispiel 4.10 berechnete eindeutige Beziehung zwischen der Menge der arbitragefreien Preisregeln eines diskreten Finanzmarktmodells und der Menge der Martingalmaße nachgewiesen. Zu jeder arbitragefreien Preisregel gehört genau ein äquivalentes Martingalmaß und umgekehrt. Darüber hinaus lässt sich jede arbitragefreie Preisregel als Erwartungswert bezüglich eines äquivalenten Martingalmaßes darstellen. Der Satz stellt ein zentrales Ergebnis der Bewertungstheorie unter der Bedingung der Arbitragefreiheit dar. Er verbindet die ökonomische Fragestellung mit den Konzepten der Wahrscheinlichkeits- und Martingaltheorie. Aufgrund seiner Bedeutung wird er im folgenden als Äquivalenzsatz bezeichnet. Die Aussage und der ursprüngliche Beweis gehen auf Harrison und Kreps (1979) zurück. Für das Verständnis und die Anwendung des Äquivalenzsatzes 4.2 ist es sinnvoll, die formale Struktur des Mehrperiodenmodells eines Finanzmarktes nochmals zu verdeutlichen. Ausgangspunkt ist eine Menge D von J gehandelten Wertpapieren. Wertpapiere sind durch ihre Auszahlung definiert, d.h. sie werden als an eine Informationsstruktur adaptierte stochastische Prozesse mit diskreter Zeit aufgefasst. Gegeben ein Wahrscheinlichkeitsraum $(\Omega,\mathcal{F},P)$ und eine Filtration $\{\mathcal{F}_t\}_{t\in\underline{T}}$, so ist die Menge der vorhandenen Wertpapiere D, enthalten in der Menge X aller möglichen Wertpapiere, definiert durch

$$D\subset X:=\{x:\underline{T}\times\Omega\to\mathbb{R}\ \ |\ \ \{x_t\}_{t\in\underline{T}}\text{ ist adaptiert an die Filtration}$$
(4.4)
$$\{\mathcal{F}_t\}_{t\in\underline{T}};x_t\in L^2(\Omega,\mathcal{F},P)\}.$$

Die Definition eines Wertpapiers durch seine zu verschiedenen Zeitpunkten anfallenden Auszahlungen führt unmittelbar zur Berücksichtigung der Diskontierung. Neben den Wertpapieren sei mit

$$r\ :\ \underline{T}\times\Omega\to\mathbb{R}$$

der Zinssatz pro Periode als adaptierter stochastischer Prozess mit diskreter Zeit gegeben. Es ist somit zusätzlich vorausgesetzt, dass der Finanzmarkt es den Konsumenten ermöglicht, eine risikolose periodische Anlage zu tätigen bzw. sich pro Periode zu verschulden. Ob dieser Zinsprozess sich endogen aus den Wertpapieren ergibt, z.B. durch ein Portfolio aus Wertpapieren, oder exogen gegeben ist, ist hierbei zunächst unerheblich. Aus dem Zinsprozess $\{r_t\}_{t \in \underline{T}}$ bestimmen sich die Diskontfaktoren, die den Vergleich zeitlich unterschiedlicher Zahlungen ermöglichen. Während die Definition der Wertpapiere deren Auszahlung in Werteinheiten der jeweiligen Zeitpunkte angibt, geht der nachfolgende Äquivalenzsatz 4.2 von einem diskontierten Modell aus. Die Höhe der Auszahlungen zum Zeitpunkt $t_n \in \underline{T}$ eines Wertpapiers im diskontierten Modell wird in Werteinheiten des Zeitpunktes t_0 angegeben. Formal bedeutet dies, dass die Menge der möglichen Wertpapiere des diskontierten Modells gegeben ist durch

$$\hat{X} := \left\{ \hat{x} : \underline{T} \times \Omega \to \mathbb{R} \Big| \hat{x}_{t_n} := \frac{x_t}{\prod\limits_{i=0}^{n-1}(1 + r_{t_i})} \quad \forall t_n \in \underline{T}, \{x_t\}_{t \in \underline{T}} \in X \right\}.$$

Entsprechend ist $\hat{D}$ gleich der Menge der gehandelten Wertpapiere im diskontierten Modell.

Satz 4.2:

Ist $(\Omega, \mathcal{F}, P)$ ein Wahrscheinlichkeitsraum, $\underline{T} = \{0 = t_0 < t_1 < \cdots < t_N = T\}$ eine Menge von Handelszeitpunkten und $\{\mathcal{F}_t\}_{t \in \underline{T}}$ eine gegebene Filtration mit $\mathcal{F}_{t_N} = \mathcal{F}$. Ist weiter D die Menge der J gehandelten Wertpapiere gemäß (4.4), q der Preisvektor dieser Wertpapiere und $\{r_t\}_{t \in \underline{T}}$ der adaptierte stochastische Prozess des Zinssatzes pro Periode. Es existiert eine eineindeutige Beziehung, d.h. bijektive Abbildung zwischen

- *der Menge $\mathbb{P}$ aller äquivalenten Martingalmaße:*

  $\mathbb{P} := \{P^* : \mathcal{F} \to [0,1] | P^*$ *ist ein zu P äquivalentes Martingalmaß*$\}$,

- *der Menge $\hat{\psi}$ aller stetigen, linearen und strikt positiven Fortsetzungen der Preisregel q auf die Menge $\hat{X}$ aller möglichen Wertpapierpreisprozesse des diskontierten Modells,*

  $\hat{\psi} := \{f : \hat{X} \to \mathbb{R} | f$ *ist stetig, linear und strikt positiv mit $f(\hat{D}) = q\}$.*

Die eindeutige Beziehung ist gegeben durch:

a) *Für jedes $P^* \in I\!\!P$ definiert*

$$(4.5) \qquad f(\hat{x}) := \sum_{i=1}^{N} E_{P^*}[\hat{x}_{t_i}] = \sum_{i=1}^{N} E_{P^*}\left[\frac{x_{t_i}}{\prod_{j=0}^{n-1}(1+r_{t_j})}\right]$$

eine arbitragefreie Preisregel $f \in \hat{\psi}$.

b) *Für jede arbitragefreie Preisregel $f \in \hat{\psi}$ wird durch*

$$(4.6) \qquad P^*[A] := f(1_A \cdot e_i) \quad \forall A \in \mathcal{F}_{t_i} \quad \forall i = 0, \ldots, N$$

ein Wahrscheinlichkeitsmaß $P^* \in I\!\!P$ definiert. Hierbei ist die Indikatorfunktion 1_A definiert durch

$$1_A(\omega) = \begin{cases} 1 & \text{falls } \omega \in A \\ 0 & \text{falls } \omega \notin A \end{cases}$$

und $e_i := (0,0,0,1,0,\ldots,0) \in I\!\!R^N$ der i-te Einheitsvektor.

Beweis:

" $\Rightarrow$ " Sei $P^* \in I\!\!P$ ein äquivalentes Martingalmaß, so definiert

$$(4.7) \qquad f(\hat{x}) := \sum_{i=1}^{N} E_{P^*}[\hat{x}_{t_i}]$$

eine stetige, lineare und strikt positive Funktion $f : \hat{x} \to I\!\!R$. Dieser Teil der Aussage beruht auf den Eigenschaften des Wahrscheinlichkeitsmaßes und des Erwartungswertes.

Es ist noch zu zeigen, dass f eine Fortsetzung der Preisregel q definiert. Hierzu wird die Martingaleigenschaft ausgenutzt. Ist $\hat{D}$ die Menge der gehandelten Auszahlungen im diskontierten Modell, so gilt für jede Auszahlung $\hat{x}$, die aus einer selbstfinanzierenden Portfoliostrategie $\{\phi_t\}_{t \in \underline{T}}$ erzeugt werden kann:

$$\sum_{i=1}^{N} E_{P^*}[\hat{x}_{t_i}|\mathcal{F}_{t_{N-1}}] = \sum_{i=1}^{N-1} \hat{x}_{t_i} + E_{P^*}[\hat{x}_{t_N}|\mathcal{F}_{t_{N-1}}]$$

$$= \sum_{i=1}^{N-1} \hat{x}_{t_i} + E_{P^*}\left[\sum_{j=1}^{J} \phi_{t_{N-1}}^{j} \hat{S}_{t_N}^{j}|\mathcal{F}_{t_{N-1}}\right]$$

$$= \sum_{i=1}^{N-1} \hat{x}_{t_i} + \sum_{j=1}^{J} \phi_{t_{N-1}}^{j} E_{P^*}[\hat{S}_{t_N}|\mathcal{F}_{t_{N-1}}]$$

$$= \sum_{i=1}^{N-1} \hat{x}_{t_i} + \sum_{j=1}^{J} \phi_{t_{N-1}}^{j} \hat{S}_{t_{N-1}}^{j} = \sum_{i=1}^{N-2} \hat{x}_{t_i} + \sum_{j=1}^{J} \phi_{t_{N-2}}^{j} \hat{S}_{t_{N-1}}^{j}.$$

Hierbei wird sowohl die Duplizierungseigenschaft und Vorhersehbarkeit eines Portfolios wie auch die Martingaleigenschaft der diskontierten Kursprozesse ausgenutzt. Da $\{\mathcal{F}_t\}_{t\in\underline{T}}$ eine Filtration ist, folgt

$$\sum_{i=1}^{N} E_{P^*}[\hat{x}_{t_i}|\mathcal{F}_{t_{N-2}}] = E_{P^*}\left[\sum_{i=1}^{N} E_{P^*}[\hat{x}_{t_i}|\mathcal{F}_{t_{N-1}}]\Big|\mathcal{F}_{t_{N-2}}\right]$$

$$= \sum_{i=1}^{N-2} \hat{x}_{t_i} + E_{P^*}\left[\sum_{j=1}^{J} \phi_{t_{N-2}}^{j} \hat{S}_{t_{N-1}}|\mathcal{F}_{t_{N-2}}\right]$$

$$= \sum_{i=1}^{N-2} \hat{x}_{t_i} + \sum_{j=1}^{J} \phi_{t_{N-2}}^{j} \hat{S}_{t_{N-2}} = \sum_{i=1}^{N-3} \hat{x}_{t_i} + \sum_{j=1}^{J} \phi_{t_{N-3}}^{j} \hat{S}_{t_{N-2}}.$$

Induktiv ergibt sich

$$f(\hat{x}) = \sum_{i=1}^{N} E_{P^*}[\hat{x}_{t_i}] = E_{P^*}\left[\sum_{i=1}^{N} E_{P^*}[\hat{x}_{t_i}|\mathcal{F}_{t_{N-1}}]\right]$$

$$= \sum_{j=1}^{J} \phi_{t_0}^{j} \hat{S}_{t_0}^{j} = \sum_{j=1}^{J} \phi_{t_0}^{j} S_{t_0}^{j},$$

d.h. die mit (4.7) definierte Funktion stimmt auf der Menge der durch selbstfinanzierende Portfoliostrategien erzeugbaren Auszahlungen mit dem Preisvektor q überein; sie ist also eine Fortsetzung der Preisregel q auf der Menge $\hat{X}$.

" $\Leftarrow$ " Ist umgekehrt $f : \hat{X} \to \mathbb{R}$ eine stetige, lineare und strikt positive Funktion, die auf $\hat{D}$ mit der Preisregel q übereinstimmt. Offensichtlich ist die Auszahlung $e_i \in \mathbb{R}^N$ (i-ter Einheitsvektor) eine mögliche Auszahlung des diskontierten Modells, d.h. $e_i \in \hat{X}$. Weiter ist nach Voraussetzung mit

$\{r_t\}_{t \in \underline{T}}$ der Prozess des Zinssatzes pro Periode gegeben. Die Auszahlung e_i im diskontierten Modell wird im nicht diskontierten Modell erzeugt durch eine (rollierende) Anlage zum periodischen Zinssatz bis zum Zeitpunkt t_i. Die Anfangsinvestition beträgt eins. Somit ist die skizzierte Portfoliostrategie selbstfinanzierend, d.h. der arbitragefreie Preis der Auszahlung $e_i \in \hat{X}$ ist gleich eins. Da f eine Fortsetzung der arbitragefreien Preisregel q ist, gilt notwendig

$$(4.8) \qquad f(e_i) = 1 \quad \forall e_i \in \mathbf{R}^N, i = 1, \ldots, N.$$

Da weiter f linear und strikt positiv ist, wird für jedes $i = 1, \ldots, N$ durch

$$(4.9) \qquad P_i^*[A] := f(1_A e_i) \quad \forall A \in \mathcal{F}_{t_i}$$

ein Wahrscheinlichkeitsmaß definiert. Aus (4.8) folgt jedoch für jede Menge $A \in \mathcal{F}_{t_i} \subset \mathcal{F}_{t_j}$ mit $i < j$:

$$(4.10) \qquad P_i^*[A] := f(1_A e_i) = f(1_A e_j) = P_j^*[A],$$

d.h. das Wahrscheinlichkeitsmaß ist von i unabhängig.

Es bleibt zu zeigen, dass die durch (4.9) definierte Wahrscheinlichkeit P^* ein äquivalentes Martingalmaß gemäß Definition 4.10 ist. Ist $i \in \{1, \ldots, N\}$ beliebig aber fest gewählt und ist $A \in \mathcal{F}_{t_i}$ mit $P^*[A] := f(1_A e_i) = 0$ gegeben, so ist die Auszahlung $\hat{x} := 1_A e_i$ ein Element der Menge der diskontierten Wertpapierauszahlungsprozesse $\hat{X}$. Gilt nun $P[A] > 0$, so ist der Erwerb des Wertpapiers mit Auszahlung $\hat{x}$ eine Arbitragemöglichkeit, d.h. aus der Arbitragefreiheit der Preisregel f folgt notwendig $P[A] = 0$. Ist umgekehrt $A \in \mathcal{F}_{t_i}$ mit $P[A] = 0$, so ist der Verkauf des Wertpapiers $\hat{x} = 1_A e_i$ wiederum eine Arbitragemöglichkeit, falls gilt $f(1_A e_i) > 0$. Aus der Arbitragefreiheit der Preisregel f folgt somit die Äquivalenz der Wahrscheinlichkeitmaße P^* und P, d.h.

$$\forall i \in \{1, \ldots, N\} \text{ gilt: } P^*[A] = 0 \Leftrightarrow P[A] = 0 \quad \forall A \in \mathcal{F}_{t_i}.$$

Der Satz von Radon-Nikodym (Satz 4.1) liefert nun auf dem Messraum $(\Omega, \mathcal{F})$ die Existenz einer nicht-negativen und messbaren Abbildung $g : \Omega \to \mathbf{R}_{\geq 0}$, so dass

$$P^*[A] = \int_A g(\omega) dP[\omega] = E_P[1_A g] \quad \forall A \in \mathcal{F}$$

und damit natürlich auch $\forall A \in \mathcal{F}_{t_i} \subset \mathcal{F}_{t_N} = \mathcal{F}$, $i = 1, \ldots, N$.[5] Da weiter P^* und P als Wahrscheinlichkeitsmaße insbesondere endlich sind, ist die Abbildung g bis auf die Nullmengen eindeutig bestimmt mit $0 < g(\omega) < +\infty$.

Es ist nun noch die Martingaleigenschaft nachzuweisen. Sei $\{\hat{S}_t^{j_0}\}_{t \in \underline{T}}$ der Kursprozess eines beliebigen Wertpapiers im diskontierten Modell $j_0 \in \{1, 2, \ldots, J\}$. Wähle zwei beliebige aber feste aufeinanderfolgende Handelszeitpunkte $t_i, t_{i+1} \in \underline{T}$ und eine Ereignismenge $\forall A \in \mathcal{F}_{t_i}$. Es wird nun die folgende selbstfinanzierende Portfoliostrategie im diskontierten Modell betrachtet:

- Halte zu allen Zeitpunkten außer dem Wertpapier j_0 keine weiteren Wertpapiere, d.h.

$$\phi_t^j := 0 \quad \forall t \in \underline{T} \text{ und } j \in \{1, \ldots, J\}, j \neq j_0 \ .$$

- Kaufe zum Zeitpunkt t_i genau dann eine Einheit des Wertpapiers j_0, falls das Ereignis $A \in \mathcal{F}_{t_i}$ eintritt, und verkaufe diese zum Zeitpunkt t_{i+1}, d.h.

$$\phi_t^{j_0}(\omega) := \begin{cases} 1 & \text{für } t \in [t_i, t_{i+1}[\text{ und } \omega \in A \in \mathcal{F}_{t_i} \\ 0 & \text{sonst.} \end{cases}$$

- Finanziere den Erwerb des Wertpapiers j_0 zum Zeitpunkt t_i durch eine Kreditaufnahme zum periodischen Zinssatz bis zum Zeitpunkt t_{i+1}. Zum Zeitpunkt t_{i+1} tilge die Kreditaufnahme durch den Verkauf des Wertpapiers j_0 und verzinse den Restbetrag bzw. finanziere die Restschuld zum periodischen Zinssatz bis zum Zeitpunkt T, d.h.

$$B_t(\omega) := \begin{cases} -\hat{S}_{t_i}^{j_0}(\omega) & \text{für } t \in [t_i, t_{i+1}[\text{ und } \omega \in A \in \mathcal{F}_{t_i} \\ \hat{S}_{t_{i+1}}^{j_0}(\omega) - \hat{S}_{t_i}^{j_0}(\omega) & \text{für } t \in [t_{i+1}, T] \text{ und } \omega \in A \in \mathcal{F}_{t_i} \\ 0 & \text{sonst.} \end{cases}$$

Die diskontierte Auszahlung der Portfoliostrategie zum Zeitpunkt T ist gleich

$$1_A[\hat{S}_{t_i}^{j_0} - \hat{S}_{t_{i+1}}^{j_0}]$$

und der Wert der selbstfinanzierenden Portfoliostrategie zum Zeitpunkt t_0 ist gleich Null. Da $f : \hat{X} \to \mathbb{R}$ eine Fortsetzung der arbitragefreien Preisregel

---

[5] In der hier betrachteten Situation ist der Zustandsraum Ω sogar endlich, d.h. die Abbildung $g : \Omega \to \mathbb{R}_{\geq 0}$ ist als ein s-dimensionaler Vektor $\bar{g} = (\bar{g}_1, \ldots, \bar{g}_S)^T$ mit $g(\omega_s) = \bar{g}_s$ darstellbar.

q ist, ergibt sich die Martingaleigenschaft für den Wertpapierpreisprozess j_0 aus:

$$0 = f\left(1_A(\hat{S}^{j_0}_{t_{i+1}} - \hat{S}^{j_0}_{t_i})\right) \quad = \quad E_{P^*}\left[1_A(\hat{S}^{j_0}_{t_{i+1}} - \hat{S}^{j_0}_{t_i})\right]$$

$$\Leftrightarrow \quad E_{P^*}\left[1_A\hat{S}^{j_0}_{t_i}\right] \quad = \quad E_{P^*}\left[1_A\hat{S}^{j_0}_{t_{i+1}}\right]$$

$$\forall A \in \mathcal{F}_{t_i} \; \forall j \in \{1,\dots,J\}$$

$\square$

4.4. Marktvollständigkeit

Der Äquivalenzsatz ermöglicht es, die bisherigen Ergebnisse übersichtlich und in eine für die Berechnung konkreter Aufgaben anwendbare Form zu bringen. Im einzelnen ergeben sich unmittelbar die folgenden Aussagen:

- In einem diskreten Finanzmarkt existiert genau dann keine Arbitragemöglichkeit, falls mindestens ein äquivalentes Martingalmaß existiert.

- Eine Auszahlung $x \in X$ ist genau dann bewertbar unter Arbitrage, falls der Erwartungswert der Summe der diskontierten Auszahlungen unter jedem äquivalenten Martingalmaß gleich ist.

Die aus ökonomischer Sicht einfachste Situation auf dem Finanzmarkt ist gegeben, falls die gehandelten Wertpapiere es ermöglichen, jeden gewünschten Auszahlungsstrom zu erzeugen. In diesem Fall legt der Finanzmarkt den Konsumenten keine Einschränkung bezüglich des Einkommenstransfers auf. Der Finanzmarkt beeinflusst dann, Arbitragefreiheit vorausgesetzt, nicht die qualitativen Eigenschaften der Lösung des Allokationsproblems einer Ökonomie, d.h. die Verteilung von Gütern und Ressourcen angesichts von Knappheit. Im Einperiodenmodell ist diese spezielle Finanzmarktstruktur mit dem Begriff der Vollständigkeit belegt. Im Mehrperiodenmodell wird hierzu analog definiert:

Definition 4.11:

Ein diskreter Finanzmarkt heißt vollständig, falls jede Auszahlung

$$x \in X := \{x : \underline{T} \times \Omega \to \mathbb{R} \quad | \quad \{x_t\}_t \text{ ist adaptiert an}$$

$$\{\mathcal{F}_t\}_{t \in \underline{T}}, x_t \in L^2(\Omega, P, \mathcal{F}) \; \forall t \in \underline{T}\}$$

durch eine selbstfinanzierende Portfoliostrategie erzeugt werden kann.

Da in einem vollständigen Finanzmarkt jede Auszahlung unter Arbitrage bewertbar ist, ergibt sich unmittelbar die folgende Aussage:

- Ein diskreter Finanzmarkt ist dann und nur dann arbitragefrei und vollständig, falls genau ein äquivalentes Martingalmaß existiert.

Zwei Fragen schließen sich nun an den Begriff der Vollständigkeit eines Finanzmarktes an.

- Welche Bedeutung kommt aus Sicht der gesamtwirtschaftlichen Situation der Vollständigkeit bzw. Unvollständigkeit eines Finanzmarktes zu?
- In welcher Weise tragen Optionen zur Vollständigkeit eines Finanzmarktes bei?

Die Auszahlungen der Wertpapiere eines Finanzmarktes ermöglichen den Konsumenten den Vermögenstransfer zwischen verschiedenen Zeitpunkten und Zuständen. In einem vollständigen Finanzmarkt legt die Struktur der Auszahlungen dem Vermögenstransfer keine Schranke auf. Ist hingegen der Finanzmarkt unvollständig, so ist der Vermögenstransfer eingeschränkt. Welche Auswirkung sich in diesem Fall für die Beurteilung der gesamtwirtschaftlichen Situation ergibt, kann jedoch nicht pauschal beantwortet werden. Vielmehr nehmen hierauf neben den Eigenschaften des Wertpapiermarktes die Grundausstattung und die Präferenzrelation der Konsumenten Einfluss. Zwei in der Literatur ausgeführte Beispiele verdeutlichen die sich in der Auszahlungsstruktur eines Finanzmarktes begründeten möglichen Effekte.

In einem ersten Beispiel zeigen Magill und Quinzii (1996), dass die Auszahlungseigenschaft eines Finanzmarktes zur Nichtexistenz eines Gleichgewichtes führen kann, obwohl keine Arbitragemöglichkeit besteht. Betrachtet wird eine Ökonomie mit jeweils zwei verschiedenen Gütern, Konsumenten, Zeitpunkten und Elementarzuständen. Der Finanzmarkt in diesem Einperiodenbeispiel besteht aus zwei Güterterminverträgen, deren Auszahlung somit durch die Güterpreise in der Zukunft bestimmt ist. In Abhängigkeit der Gleichgewichtspreise der Güter ist der Finanzmarkt vollständig oder unvollständig. Magill und Quinzii zeigen für eine spezielle Wahl der Nutzenfunktionen und Grundausstattungen, dass kein Gleichgewicht existiert. Wird ex ante von einem unvollständigen Finanzmarkt ausgegangen, so bestimmt sich die Gleichgewichtsnachfrage der beiden Konsumenten durch eine bzgl. der beiden

Zustände getrennte Maximierung der Präferenzen, gegeben die Budgetbedingungen. Die sich einstellende Nachfrage und die resultierenden Güterpreise der beiden Zustände bedingen jedoch, dass der Rang der Auszahlungsmatrix maximal, d.h. der Wertpapiermarkt ex post vollständig ist. Die ex ante getroffene Annahme eines unvollständigen Finanzmarktes kann somit nicht aufrechterhalten werden. Wird jedoch ex ante von einem vollständigen Finanzmarkt ausgegangen und das Maximierungsproblem unter dieser Prämisse gelöst, so führen die sich einstellenden zukünftigen Güterpreise zu einem ex post unvollständigen Finanzmarkt. Wieder ist dies ein Widerspruch zu der ex ante getroffenen Annahme.

Das zweite Beispiel von Wiesmeth (1990) schwächt die Aussage des ersten Beispiels ab, da die Existenz eines Gleichgewichtes vorliegt, jedoch deren Effizienz nicht gegeben ist. Dieses Ergebnis ist im Kern nicht überraschend, verdeutlicht jedoch sehr anschaulich die Bedeutung des Finanzmarktes für die Verteilung von Gütern und Ressourcen. Wiesmeth bemüht hierzu ein Einperiodenbeispiel mit zwei Gütern und Konsumenten. Es besteht jedoch keine Unsicherheit, d.h. es existiert nur ein Elementarzustand. Unvollständigkeit des Finanzmarktes liegt vor, falls kein Wertpapiermarkt existiert. In diesem Fall erfolgt die Lösung des Allokationsproblems durch eine bezüglich der beiden Zeitpunkte getrennt durchzuführende Maximierung der Präferenzen, gegeben die Budgetbeschränkung. Liegt hingegen ein vollständiger Finanzmarkt vor, so ermöglicht dieser den Vermögenstransfer zwischen den beiden Zeitpunkten, d.h. die Maximierung der Präferenzen erfolgt in einem Schritt. Für eine spezielle Festlegung der Präferenzen und Grundausstattung der beiden Konsumenten zeigt Wiesmeth, dass beide Lösungen eindeutig sind, jedoch das erreichte Nutzenniveau im Fall eines vollständigen Finanzmarktes für beide Konsumenten höher ist als im unvollständigen Finanzmarkt. Die Unvollständigkeit des Finanzmarktes kann, wie das Beispiel verdeutlicht, zu einer ineffizienten Verteilung der Güter führen.

Beide Beispiele beschreiben mögliche Effekte, die jedoch nicht zwingend vorliegen. Selbst die Ineffizienz muss im Falle eines unvollständigen Finanzmarktes nicht folgen. Beispielsweise ist dies für eine geeignet gewählte Grundausstattung in dem von Wiesmeth bemühten Beispiel möglich, d.h. für eine Grundausstattung, die mit der im Fall eines vollständigen Marktes berechneten Lösung übereinstimmt. Nun ist im Gleichgewicht kein Austausch von

Gütern zwischen den Konsumenten nötig, da ihr jeweiliges Nutzenniveau in der Grundausstattung maximal ist. Insofern ist die Unvollständigkeit des Finanzmarktes hier unerheblich. Darüber hinaus ist auch das Capital Asset Pricing Model (CAPM) ein Beispiel für ein Modell mit einem unvollständigen Finanzmarkt und einer effizienten Allokation.

Die Beispiele zeigen, dass die Unvollständigkeit des Finanzmarktes zu qualitativen Konsequenzen für die Verteilung von Gütern und Ressourcen führen kann. Ob dies geschieht, hängt jedoch von der Form der Grundausstattung und den Präferenzen der Konsumenten ab. Diese sind, wenn überhaupt, jedoch nur sehr eingeschränkt beobachtbar und entziehen sich den Gestaltungsmöglichkeiten eines Finanzmarktes. Sehr prägnant verdeutlicht Ross (1976b) diesen Standpunkt durch die folgende, sinngemäß wiedergegebene Bemerkung:

> *Wird eine Marktsituation betrachtet, in der die Konsumenten nur dann eine Grapefruit erwerben können, wenn sie gleichzeitig eine Orange kaufen, so kann dies durchaus zu einer Pareto-effizienten Allokation führen, falls die Konsumenten genau diese Kombination präferieren. Aufgrund der Präferenzrelation hat die Unvollständigkeit der Marktstruktur keinen Einfluss auf die Allokation und sie stimmt mit derjenigen überein, die durch Einzelmärkte in beiden Gütern erreicht würde. Allgemein ist jedoch nicht von einer solchen Situation auszugehen und die Einführung getrennter Märkte führt allgemein zu einer Verbesserung.*

Mit Blick auf die Bedeutung der Vollständigkeit ist eine wesentliche Aufgabe des Finanzmarktes, Vertragsformen anzubieten, deren Auszahlungen einen vollständigen Finanzmarkt ergeben. Konkret gilt es, die einfachste und kleinste Menge von Finanzverträgen zu bestimmen, die eine *Vervollständigung* eines gegebenen Finanzmarktes ermöglichen.

Die Überlegungen beziehen sich auf Finanzverträge europäischen Typs, deren Auszahlung in evtl. sehr komplexer Form jedoch nur von den Schlusskursen anderer Wertpapiere abhängt. Pfadabhängigkeiten sind ausgeschlossen. In diesem Sinne ist es nicht entscheidend, ob es sich um ein Einperioden-

oder Mehrperiodenmodell handelt. Der Begriff der Vollständigkeit im Mehrperiodenmodell bezieht sich auf die Möglichkeit, durch eine in der Zeit dynamische Portfoliostrategie in den vorhandenen Wertpapieren den Markt zu
vervollständigen. Die nun interessierende Fragestellung befasst sich mit der
Menge der Finanzverträge, die es ermöglicht, durch Portfoliobildung jede
pfadunabhängige Auszahlung zu erzeugen. Es handelt sich also nicht um
Strategien, sondern um Portfoliopositionen, die sich in der Zeit nicht ändern
(buy-and-hold Positionen). Die Analyse der Menge der hierzu notwendigen
Finanzverträge kann sich deshalb formal der Begriffe des Einperiodenmodells bedienen. Mit dieser Einschränkung können drei Arten von derivativen
Finanzverträgen unterschieden werden:

- *Allgemeine Derivate*, d.h. derivative Finanzverträge, deren Auszahlung von einem oder mehreren Kursen zugrundeliegender Wertpapiere
  abhängt. Diese Klasse umfasst neben Portfolien z.B. auch alle nicht
  pfadabhängigen Exotischen Optionen wie Produkt und Currency Converted Optionen.
- *Einfache Derivate*, d.h. derivative Finanzverträge, deren Auszahlung
  von dem Kurs bei Fälligkeit eines zugrundeliegenden Wertpapiers abhängt. Hierzu gehören natürlich auch Call- und Put-Optionen, aber
  auch kompliziertere Verträge, deren Auszahlung z.B. gleich dem Qua-
  drat eines Kurses oder gleich der Wahl zwischen einem Call oder Put
  bezüglich des gleichen Wertpapiers ist.
- Optionen, d.h. Call- und Put-Option Europäischen Typs bezüglich
  eines Kurses bei Fälligkeit.

In den Kapiteln 1 bis 3 wurde eine Reihe von Auszahlungen angesprochen,
die sich als Kombination aus Call- und Put-Optionen darstellen lassen. Diese
Zusammenhänge beruhen, wie der folgende von Ross (1976b) gezeigte Satz
nachweist, auf einer Art *Basiseigenschaft* der Auszahlung der Call- und Put-
Option. Beide sind in diesem Sinne Grundbausteine, aus denen sich andere
Auszahlungen ableiten.

Satz 4.3:

*In einem diskreten Finanzmarktmodell mit endlich vielen Elementarzustän-
den lässt sich jede Auszahlung eines einfachen Derivates durch ein endliches*

Portfolio aus Call- und Put-Optionen duplizieren. Hierbei stimmen die Fällig-keitszeitpunkte des einfachen Derivates und der Optionen überein.

Sind darüber hinaus negative Basispreise zugelassen oder ist die Auszah-lung des zugrundeliegenden Wertpapiers in jedem Zustand größer als Null, so genügt zur Duplizierung ein Portfolio aus Call-Optionen.

Beweis:

Sei $t \in \underline{T}$ ein beliebiger, aber fester Zeitpunkt, so dass zu diesem Zeitpunkt $\Omega := \{\omega_1, \ldots, \omega_S\}$ den diskreten Zustandsraum und $a : \Omega \to \mathbb{R}$ die Auszah-lung des Wertpapiers angeben. Sei weiter $h(a)$ die Auszahlung eines einfa-chen Derivates mit Fälligkeit zum Zeitpunkt t. Betrachte eine Permutation der Zustände $\omega_1, \ldots, \omega_S$, so dass

$$a(\omega_1) =: a_1 \leq a(\omega_2) =: a_2 \leq \cdots \leq a(\omega_S) =: a_S.$$

Es wird nun eine Menge von Call-Optionen über dem Wertpapier a mit Ba-sispreisen a_j und Auszahlung in t definiert durch

$$c_j := \text{Call}[a; K = a_{j-1}] \quad \forall j = 1, \ldots, S \text{ mit } a_0 < a_1 \text{ beliebig.}$$

Ziel ist es, Portfoliogewichte ϕ_j zu bestimmen, mit der Eigenschaft

$$h(a(\omega_s)) = \sum_{j=1}^{S} \phi_j c_j = \sum_{j=1}^{S} \phi_j \text{Call}[a(\omega_s), K = a_{j-1}], \quad \forall s = 1, \ldots, S.$$

Da nicht ausgeschlossen ist, dass die Auszahlung des einfachen Derivates in einigen Zuständen gleich ist, sei $(I_n)_{n=1}^{N}$ eine disjunkte Zerlegung der Menge $\{1, 2, \ldots, S\}$ mit

$$h(a(\omega_s)) = h(a(\omega_u)) \quad \forall s \neq u \text{ mit } s, u \in I_n$$

$$h(a(\omega_s)) \neq h(a(\omega_u)) \quad \forall s \neq u \text{ mit } s \in I_{n_1}, u \in I_{n_2}, I_{n_1} \cap I_{n_2} = \emptyset.$$

Für $N_j := \max\{i \in I_j\}$ sind die gesuchten Portfoliogewichte definiert durch

$$\phi_1 := \frac{h(a_1)}{a_1 - a_0},$$

$$\phi_j := 0 \quad \forall j \in I_1 \backslash \{1\},$$

$$\phi_{N_1+1} := \frac{h(a_{N_1+1}) - \phi_1 \text{Call}(a_{N_1+1}, a_0)}{\text{Call}(a_{N_1+1}, a_1)},$$

$$\phi_j := 0 \quad \forall j \in I_{N_2} \backslash \{N_1 + 1\}.$$

Allgemein gilt

$$\phi_{N_j+1} \; := \; \left(h(a_{N_j+1}) - \sum_{i=1}^{N_{j-1}+1} \phi_i \mathrm{Call}[a_{N_j+1}, a_{i-1}] \right) \frac{1}{\mathrm{Call}[a_{N_j+1}, a_{N_{j-1}+1}]}$$

$$\phi_j \; := \; 0 \quad \forall j \in \{1, \ldots, S\} \backslash \{1, N_1+1, \ldots, N_{N-1}+1\}.$$

Sind die Auszahlungen des zugrundeliegenden Wertpapiers alle größer Null, so sind die Basispreise der Optionen ebenfalls größer Null. Ist dies nicht der Fall, so müssen entweder negative Basispreise zugelassen oder Put-Optionen mit einbezogen werden. Insbesondere ist dies der Fall, falls $a_1 := a(\omega_1) = 0$ ist.   □

∇ **Beispiel 4.11:**

Sei $\Omega = \{\omega_1, \ldots, \omega_5\}$ und $a = (7, 3, 3, 4, 9)^T \in \mathbf{R}^5$ die Auszahlung eines Wertpapiers. Ein einfaches Derivat über dem Wertpapier v ist z.B. gegeben durch die Abbildung

$$h : \mathbf{R} \to \mathbf{R} \text{ mit } u \to h(u) = \frac{u^2}{10}.$$

Entsprechend dem Beweis zu Satz 4.3 werden die Zustände permutiert, so dass

$$a(\omega_1) = a(\omega_2) = 3 < a(\omega_3) = 4 < a(\omega_4) = 7 = a(\omega_5) = 9$$

gilt. Mit $a_0 := 0$ sind die Auszahlungen der Call-Option bestimmt durch

$$
\begin{aligned}
c_1 = \mathrm{Call}[a, 0] &= (3, 3, 4, 7, 9)^T \\
c_2 = \mathrm{Call}[a, 3] &= (0, 0, 1, 4, 6)^T = c_3 \\
c_4 = \mathrm{Call}[a, 4] &= (0, 0, 0, 3, 5)^T \\
c_5 = \mathrm{Call}[a, 7] &= (0, 0, 0, 0, 2)^T.
\end{aligned}
$$

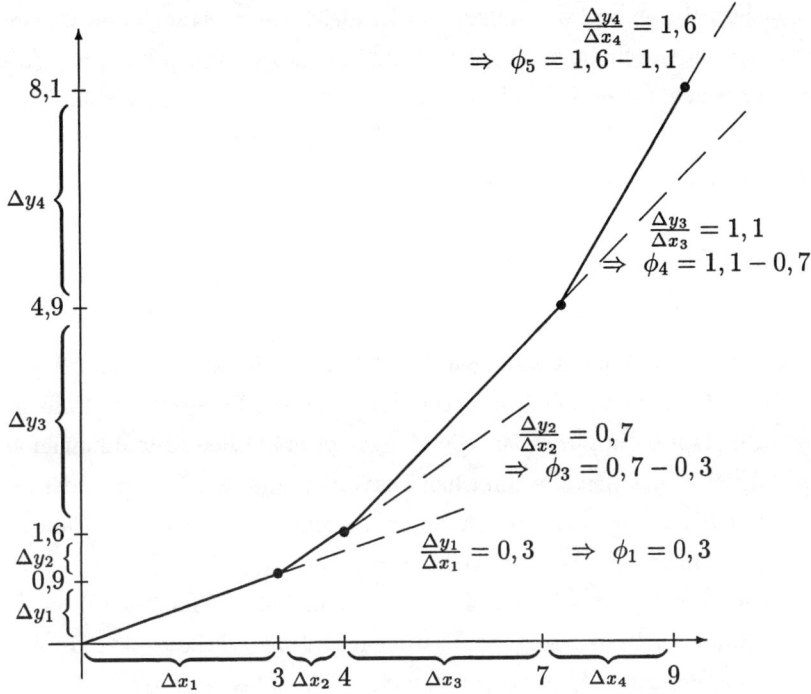

ABBILDUNG 4.11. Grafische Bestimmung der Portfoliogewichte

Die Portfoliogewichte berechnen sich dann zu

$$\phi_1 = \frac{h(a_1)}{a_1 - a_0} = \frac{3^2}{10(3-0)} = 0,3,$$

$$\phi_2 = 0,$$

$$\phi_3 = \left(\frac{a_3^2}{10} - \phi_1 \cdot (a_3 - a_0) \right) \frac{1}{a_3 - a_1} = 0,4,$$

$$\phi_4 = \left(\frac{a_4^2}{10} - \phi_1 \cdot (a_4 - a_0) - \phi_3 \cdot (a_4 - a_2) \right) \frac{1}{a_4 - a_3} = 0,4,$$

$$\phi_5 = \left(\frac{a_5^2}{10} - \phi_1 \cdot (a_5 - a_0) - \phi_3 \cdot (a_5 - a_2) - \phi_4 \cdot (a_5 - a_3) \right) \frac{1}{a_5 - a_4} = 0,5.$$

Die Auszahlung des einfachen Derivates ist gleich der eines Portfolios aus Call-Optionen mit

$$h(v) = 0,3\text{Call}[v,0] + 0,4\text{Call}[v,3] + 0,4\text{Call}[v,4] + 0,5\text{Call}[v,7].$$

Abbildung 4.11 liefert eine grafische Interpretation der gesuchten Portfoliogewichte. Das erste Portfoliogewicht ist gleich der Steigung einer Geraden vom Ursprung durch die niedrigste Auszahlung des einfachen Derivates. Werden die Auszahlungen des einfachen Derivates durch Geraden verbunden, so sind die Portfoliogewichte gleich den Differenzen der Steigungen.

$$\Delta$$

Bemerkungen:

- Unter den Voraussetzungen des Satzes 4.3 ist die Auszahlung jedes Portfolios aus einfachen Derivaten durch ein Portfolio aus Call- und Put-Option duplizierbar. Die Menge der möglichen Auszahlungen, die durch Portfolien aus einfachen Derivaten entsteht, ist somit identisch mit der Menge der Auszahlungen, die durch Portfolien aus Call- und Put-Optionen erzeugt werden.
- Die Aussage des Satzes 4.3 ist auch auf abzählbar unendliche Zustandsräume übertragbar. In diesem Fall bedarf die exakte Duplizierung der Auszahlung eines einfachen Derivates, evtl. eines Portfolios aus unendlich vielen Optionen.
- Eine stetige differenzierbare Funktion kann durch eine stetige und stückweise lineare Funktion beliebig gut approximiert werden. Liegt ein überabzählbar unendlicher Zustandsraum vor und besitzt das zugrundeliegende Wertpapier stetige Kursrealisationen, so kann die Auszahlung eines einfachen Derivates mit differenzierbarer Auszahlungsfunktion durch ein Portfolio aus Call- und Put-Optionen beliebig gut approximiert werden.

Gemäß Satz 4.3 genügt es, sich im Fall einfacher Derivate auf Call- und Put-Optionen zu beschränken. Falls ein Wertpapier existiert, das in einem Zeitpunkt in jedem Zustand eine unterschiedliche Auszahlung besitzt, so genügen Optionen bezüglich dieses Wertpapiers um jede pfadunabhängige Auszahlung in diesem Zeitpunkt zu erzeugen. Gilt dies für jeden Zeitpunkt $t \in \underline{T}$, so kann der Finanzmarkt durch Optionen im Sinne der Definition 4.11 vervollständigt werden. Diese Situation muß jedoch nicht vorliegen, so dass nicht grundsätzlich von dieser Eigenschaft auszugehen ist.

▽ **Beispiel 4.12:**

Dieses von Ross (1976b) stammende Beispiel besteht aus einem Zustandsraum mit vier Elementarzuständen und zwei Wertpapieren. Die Auszahlungsmatrix D der Wertpapiere ist gleich

$$D = \begin{pmatrix} 1 & 1 \\ 1 & 2 \\ 2 & 1 \\ 2 & 2 \end{pmatrix} = (a_1, a_2).$$

Die Auszahlung einer Call-Option bezüglich dieser Wertpapiere führt in Abhängigkeit des Basispreises zu

$$\text{Call}[a_1, K] = \begin{cases} a_1 - K & \text{für } 0 \leq K < 1 \\ \beta(0,0,1,1)^T & \text{für } 1 \leq K < 2 \text{ mit } \beta = 2 - K > 0 \\ (0,0,0,0)^T & \text{für } 2 \leq K, \end{cases}$$

$$\text{Call}[a_2, K] = \begin{cases} a_2 - K & \text{für } 0 \leq K < 1 \\ \beta(0,1,0,1)^T & \text{für } 1 \leq K < 2 \text{ mit } \beta = 2 - K > 0 \\ (0,0,0,0)^T & \text{für } 2 \leq K. \end{cases}$$

Um den Rang der Auszahlungsmatrix D zu erhöhen, muss für beide Basispreise gelten: $1 \leq \beta < 2$. Für die durch diese Optionen erweiterte Auszahlungsmatrix $\tilde{D}$ mit

$$\tilde{D} := \begin{pmatrix} 1 & 1 & 0 & 0 \\ 1 & 2 & 0 & \beta_2 \\ 2 & 1 & \beta_1 & 0 \\ 2 & 2 & \beta_1 & \beta_2 \end{pmatrix}$$

gilt jedoch *rang* $\tilde{D} = 3 < 4$, da

$$\begin{pmatrix} 1 \\ 1 \\ 2 \\ 2 \end{pmatrix} = \begin{pmatrix} 1 \\ 2 \\ 1 \\ 2 \end{pmatrix} + \frac{1}{\beta_1} \begin{pmatrix} 0 \\ 0 \\ \beta_1 \\ \beta_1 \end{pmatrix} - \frac{1}{\beta_2} \begin{pmatrix} 0 \\ \beta_2 \\ 0 \\ \beta_2 \end{pmatrix}.$$

Der durch D beschriebene Finanzmarkt lässt sich durch Call-Optionen nicht vervollständigen. Für Put-Optionen ist dies ebenso nicht der Fall. Werden hingegen allgemeine Derivate zugelassen, d.h. Verträge, deren Auszahlung von mehreren Wertpapieren abhängen kann, so ist eine Vervollständigung möglich. Betrachte beispielsweise ein Portfolio aus zwei Wertpapieren des

Typs eins und einem Wertpapier des Typs zwei, so ist dessen Auszahlung gleich

$$2 \cdot a_1 + 1 \cdot a_2 = (3, 4, 5, 6)^T.$$

Call-Optionen bezüglich dieses Portfolios vervollständigen dann den Finanzmarkt.

Δ

Die Ergebnisse des Beispiels fasst der wiederum auf Ross (1976b) zurückgehende Satz zusammen:

Satz 4.4:

Ist D die Auszahlungsmatrix zu einem festen, aber beliebigen Zeitpunkt $t \in \underline{\underline{T}}$ eines Finanzmarktes mit J Wertpapieren und endlichem Zustandsraum, so gilt:

    a) *Der Finanzmarkt lässt sich für pfadunabhängige Auszahlungen zum Zeitpunkt t durch allgemeine Derivate genau dann vervollständigen, falls in der Auszahlungsmatrix D keine zwei Zeilen identisch sind.*

    b) *Ist es möglich, Call- und Put-Optionen bezüglich Portfolien mit Fälligkeit in t zu definieren (Basket Optionen), so ist die Menge der Auszahlungen zum Zeitpunkt t, die durch allgemeine Derivate erzeugt werden kann, gleich der Menge der Auszahlungen, die durch Basket Optionen erzeugt werden kann.*

Beweis:

    a) $" \Leftarrow "$ Sind die i-te und die j-te Zeile der Auszahlungsmatrix D identisch, so bedeutet dies, dass kein Wertpapier existiert, das zwischen den Elementarzuständen ω_s und ω_u unterscheiden kann. Es gilt somit für jedes allgemeine Derivat der J Wertpapiere

$$g : \mathbb{R}^J \to \mathbb{R} \qquad \mathbb{R}^J \ni (a_1, \dots, a_J) \longmapsto g(a_1, \dots, a_J) \in \mathbb{R}$$

$$g(a_1(\omega_s), \dots, a_J(\omega_s)) = g(a_1(\omega_u), \dots, a_J(\omega_u)),$$

der durch allgemeine Derivate erweiterte Markt ist nicht vollständig.

$" \Rightarrow "$ Sind alle Zeilen der Auszahlungsmatrix D unterschiedlich, so definiert jedes $s = 1, \dots, S$

$$g_s(a) = \begin{cases} 1 & \text{falls } a = (a_1(\omega_s), \dots, a_J(\omega_s)) \\ 0 & \text{falls } a \neq (a_1(\omega_s), \dots, a_J(\omega_s)) \end{cases}$$

die Auszahlung eines allgemeines Derivates. Der um die Verträge g_s für $s = 1, \ldots, S$ erweiterte Markt ist vollständig, da alle Auszahlungen $(g_s)_s$ zusammen die Einheitsmatrix bilden.

b) $'' \Leftarrow ''$ Da eine Option bezüglich eines Portfolios insbesondere ein allgemeines Derivat ist, ist die Menge der durch Optionen erzeugbaren Auszahlungen in der durch allgemeine Derivate enthalten.

$'' \Rightarrow ''$ Es sind zwei Fälle zu unterscheiden.

1. Fall: Ist der Finanzmarkt durch allgemeine Derivate vervollständigbar, so sind gemäß Teil a) des Beweises keine zwei Zeilen der Auszahlungsmatrix D identisch.

Sei nun angenommen, dass kein Portfolio $z \in \mathbb{R}^J$ mit der Auszahlung

$$b = \sum_{j=1}^{J} z_j a_j$$

existiert, so dass $b_s \neq b_u$ für alle $u \neq s$ ist. Dies bedeutet, dass für die Menge

$$M := \left\{ z \in \mathbb{R}^J \middle| \exists u \neq s \text{ mit } \sum_{j=1}^{J} z_j a_j(\omega_s) = \sum_{j=1}^{J} z_j a_j(\omega_u) \right\}$$

der Portfoliogewichte gilt $M = \mathbb{R}^J$. Somit existieren mindestens zwei Zustände ω_s und ω_u mit

$$(a_1(\omega_s), \ldots, a_J(\omega_s)) = (a_1(\omega_u), \ldots, a_J(\omega_u)),$$

da ansonsten $M \subset \mathbb{R}^J, M \neq \mathbb{R}^J$ gilt, d.h. die Annahme steht im Widerspruch zur Vollständigkeit des durch allgemeine Derivate erweiterten Finanzmarktes.

Es existiert also ein Portfolio z_0, dessen Auszahlung in jedem Elementarzustand unterschiedlich ist. Offensichtlich genügen nun Optionen bezüglich der Auszahlung des Portfolios z_0, um den Finanzmarkt zu vervollständigen.

2. Fall: Kann der Finanzmarkt durch allgemeine Derivate nicht vervollständigt werden, so stimmen mindestens zwei Zeilen der Auszahlungsmatrix D überein. Die Menge der Auszahlungen, die durch allgemeine Derivate erzeugt werden kann, ist somit gleich

$$M := \{ x \in \mathbb{R}^S | x_s = x_u \text{ falls } D^T \cdot e_s = D^T \cdot e_u \},$$

wobei e_i der i-te Einheitsvektor im $\mathbb{R}^S$ ist. Gemäß Fall 1 existiert nun jedoch ein Portfolio $z_0 \in \mathbb{R}^J$ mit

$$D \cdot z_0 = b \in \mathbb{R}^S \text{ und } b_s = b_u \Leftrightarrow D^T \cdot e_s = D^T \cdot e_u,$$

d.h. jedes $x \in M$ kann durch ein Portfolio aus Optionen bezüglich der Auszahlung b erzeugt werden.

□

Besitzt die Auszahlungsmatrix D zwei identische Zeilen, so gibt es zwei Elementarzustände ω_s und ω_u, in denen jedes Wertpapier die gleiche Auszahlung liefert. Der Finanzmarkt misst in diesem Fall jedoch dem Unterschied der beiden Elementarzustände keine Bedeutung zu. Wird sich nur auf die für den Finanzmarkt relevanten Zustände konzentriert, so können insofern beide zu einem (neuen) Elementarzustand zusammengefasst werden.

Die Aussage des Satzes 4.4 bezieht sich zunächst auf einen festen Zeitpunkt $t \in \underline{T}$ des Mehrperiodenmodells eines diskreten Finanzmarktes. Sind die Voraussetzungen für jeden Zeitpunkt $t \in \underline{T}$ erfüllt, so kann der Finanzmarkt durch Optionen bezüglich Portfolien im Sinne der Definition 4.11 vervollständigt werden. Für die Bewertung zustandsabhängiger Auszahlungen leiten sich hieraus drei Konsequenzen ab:

- Portfolien aus Europäischen Call- und Put-Optionen erzeugen die gleichen Auszahlungen wie allgemeine Derivate, d.h. jede Auszahlung eines allgemeinen Derivates ist durch ein (buy-and-hold) Portfolio aus Europäischen Optionen duplizierbar. Neben Europäischen Optionen bezüglich eines zugrundeliegenden Wertpapiers sind jedoch evtl. Basket Optionen zur Duplizierung notwendig.

- Lässt sich ein Finanzmarkt durch allgemeine Derivate vervollständigen, so genügen wiederum Europäische Optionen. In diesem Fall ist jede Auszahlung, die, gegeben die Kurse zum Fälligkeitszeitpunkt, nicht von der Kursentwicklung abhängt, durch ein (buy-and-hold) Portfolio aus Europäischen Optionen duplizierbar. Wiederum sind hierzu evtl. auch Basket Optionen notwendig.

- Selbst falls sich ein Finanzmarkt durch Optionen vervollständigen lässt, ist die Auszahlung eines pfadabhängigen Vertrages in der Regel nicht durch ein Portfolio aus Europäischen Optionen duplizierbar.

Europäische Optionen sind hierzu nicht die ausreichenden Basisinstrumente. Die Duplizierung kann in diesem Fall durch eine (dynamische) selbstfinanzierende Portfoliostrategie erfolgen.

Weiterführende Literatur

Die Darstellung des Mehrperiodenmodells und die Diskussion der Bedeutung des Martingalmaßes sind der grundlegenden Arbeit von Harrison und Kreps (1979) entnommen. Die dortigen Überlegungen zu einem zeitstetigen Modellrahmen werden in Harrison und Pliska (1981) und (1983) konsequent weitergeführt. Abschnitt 4.4 befasst sich mit der Marktvollständigkeit. Wesentliche Grundlage ist die lesenswerte Arbeit von Ross (1976b). Mit Blick auf die unterschiedlichen Vollständigkeitsbegriffe, die in der Literatur verwendet werden, ist Wiesmeth (1990) zu empfehlen. Aus Sicht der Gleichgewichtstheorie kommt dem Konzept des Perfect Forseight Equilibrium, das auf Radner (1972) zurückgeht, eine zentrale Bedeutung zu. Im Zusammenhang mit der Bewertung von Finanzverträgen liefert diese Arbeit auch die Grundlage der Diskussion in Dothan (1990). Weitere wichtige und zu empfehlende Bücher auch in Bezug auf die Bedeutung der Informationsstruktur stammen von Huang und Litzenberger (1988) und Laffont (1995). Im Unterschied zu diesen der Volkswirtschaftstheorie zuzuordnenden Büchern befasst sich Pliska (1997) mit dem diskreten Modell eines Finanzmarktes und der Bewertung verschiedener Optionsverträge. Hier findet sich auch eine weiterführende Darstellung der wahrscheinlichkeitstheoretischen Grundlagen diskreter Modelle mit gleichzeitiger Anwendung auf finanzmathematische Fragestellungen. Aus der Fülle der wahrscheinlichkeitstheoretischen Lehrbücher sei nur auf einige wenige hingewiesen. Eine sehr einfache, aber gut und verständlich geschriebene Einführung ist Chung (1974). Zu empfehlende Standardwerke sind Feller (1971) und Pitman (1995). Schürger (1998) liefert neben einer fundierten Darstellung diskreter Prozesse eine gute Diskussion der Konvergenzkonzepte und Eigenschaften sowie zu den Grundlagen der Martingaltheorie.

Übungsaufgaben

Aufgabe 4.1:

Es wird ein diskretes Finanzmarktmodell mit $\Omega = \{\omega_1, ..., \omega_7\}$ und drei Zeitpunkten und Wertpapieren betrachtet. Die Kursentwicklung der drei Wertpapiere ist durch die in Abbildung 4.12 bestimmte Struktur gegeben.

a) Geben Sie die durch die Preisprozesse in Abbildung 4.12 definierte Filtration an.

b) Bestimmen Sie die Menge der äquivalenten Martingalmaße und charakterisieren Sie den Markt bezüglich Vollständigkeit und Arbitragefreiheit.

c) Berechnen Sie die Menge der Zustandspreise und die arbitragefreien Preisregeln.

Aufgabe 4.2:

Abbildung 4.13 gibt die Struktur eines unvollständigen Finanzmarktes mit zwei Wertpapieren, drei Zeitpunkten und fünf Elementarzuständen wieder. Es ist vorausgesetzt, dass jedes Elementarereignis eine positive Wahrscheinlichkeit besitzt.

a) Geben Sie die durch die Wertpapiere bestimmte Filtration an.

b) Bestimmen Sie die Menge der äquivalenten Martingalmaße und die Menge der arbitragefreien Preisregeln.

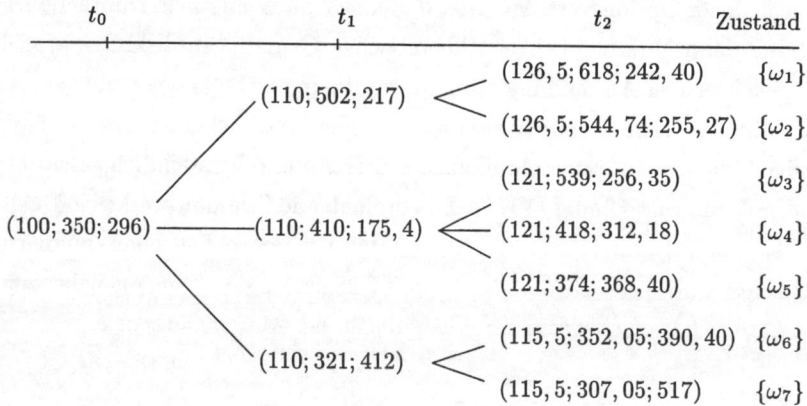

ABBILDUNG 4.12. Beispiel eines diskreten Finanzmarktes

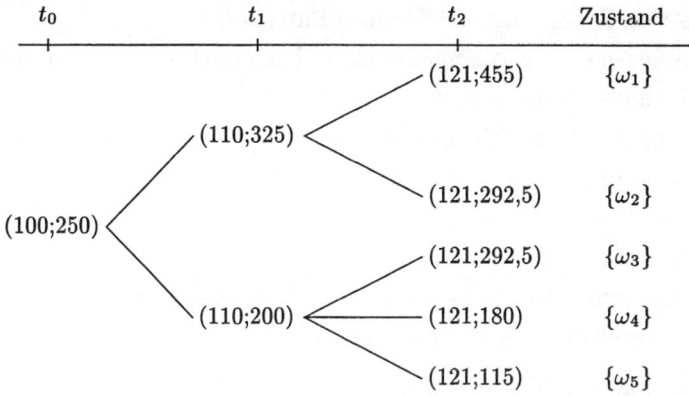

ABBILDUNG 4.13. Beispiel eines unvollständigen diskreten Finanzmarktes

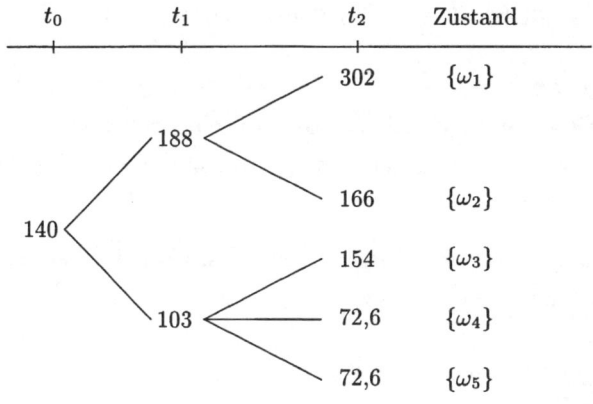

ABBILDUNG 4.14. Beispiel eines diskreten Finanzmarktes

c) Zusätzlich zu den beiden in Abbildung 4.13 angegebenen Preisprozessen wird der in Abbildung 4.14 definierte Preisprozess eingeführt. Ist das um diesen Prozess erweiterte Beispiel eines diskreten Finanzmarktes arbitragefrei? Berechnen Sie gegebenenfalls eine Arbitragestrategie.

Aufgabe 4.3:
Es wird der in Abbildung 4.15 angegebene Finanzmarkt betrachtet, wobei die Preisprozesse inklusive Dividenden angegeben sind.

a) Geben Sie die zugrundeliegende Filtration an.

b) Wenn das erste Wertpapier als Anleihe interpretiert wird, wie lautet dann der Zinsprozess?

c) Bestimmen Sie, falls möglich, die Menge der äquivalenten Martingalmaße und charakterisieren Sie den Markt bezüglich Vollständigkeit und Arbitragefreiheit!

d) Berechnen Sie die Zustandspreise.

e) Wie lautet der Preisprozess eines Europäischen Calls mit Basispreis 170 bezüglich des zweiten Wertpapieres?

Aufgabe 4.4:

Betrachten Sie ein einfaches Finanzmarktmodell mit 5 Zuständen und einem Wertpapier. Die Auszahlung des Wertpapieres ist gleich

$$a(\omega) = (a(\omega_1), a(\omega_2), a(\omega_3), a(\omega_4), a(\omega_5))^T = (4, 2, 8, 12, 2)^T.$$

Mit $h(a) = (3a + 3)^2 - 6a - 1$ wird die Auszahlung eines einfachen von a abhängigen Derivates beschrieben. Leiten Sie ein Portfolio aus Call Optionen bezüglich des Wertpapiers a her, das die Auszahlung $h(a)$ dupliziert.

Aufgabe 4.5:

In einem Finanzmarktmodell mit 6 Zuständen wird ein Wertpapier mit folgender Auszahlung

$$a(\omega) = (a(\omega_1), a(\omega_2), a(\omega_3), a(\omega_4), a(\omega_5), a(\omega_6))^T = (3, 1, 4, 3, 5, 1)^T$$

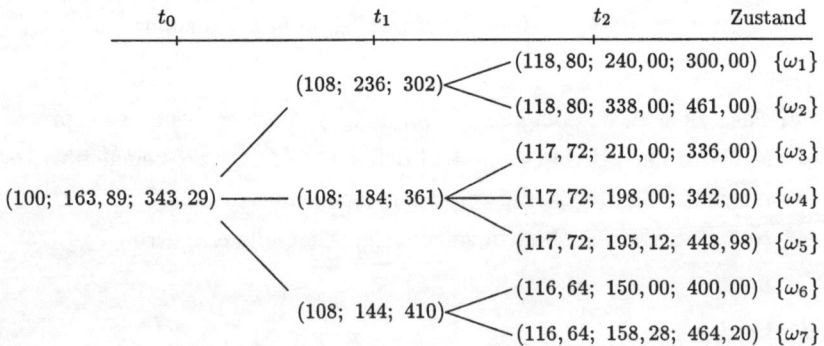

ABBILDUNG 4.15. Beispiel eines diskreten Finanzmarktes

betrachtet. Durch $h(a) = (a-2)^3 - 2a + 15$ ist die Auszahlung eines einfachen von a abhängigen Derivates definiert.

a) Berechnen Sie ein Portfolio aus Put-Optionen bezüglich des Wertpapieres a, das die Auszahlung $h(a)$ dupliziert.

b) Bestimmen Sie grafisch die Portfoliogewichte eines die Auszahlung $h(a)$ duplizierenden Portfolios aus Call-Optionen.

KAPITEL 5

Binomialmodell für Aktienoptionen

Das Binomialmodell zur Bewertung von Aktienoptionen findet sich erstmals in den beiden unabhängigen Originalarbeiten von Cox, Ross und Rubinstein (1979b) und Rendleman und Bartter (1979). Ursprünglich diente es der anschaulichen Darstellung und der Interpretation des Black-Scholes-Modells (1973). Alle wesentlichen ökonomischen Argumente lassen sich jedoch auch schon im Binomialmodell transparent einführen. Darüber hinaus verdient das Binomialmodell aus zwei weiteren Gründen Beachtung. Erstens erweist sich das Modell als sehr flexibel bezüglich der zu bewertenden Verträge. Es erlaubt nicht nur die Bewertung Europäischer Standardoptionen, sondern auch die einer Vielzahl Exotischer Optionen. Zweitens ist die Implementierung des Binomialmodells in vielen Fällen einfach und intuitiv. Auch wenn die Konvergenzeigenschaften das Binomialmodell aus numerischer Sicht nicht auszeichnen, ermöglicht es eine schnelle Risikoanalyse kundenspezifischer Verträge, d.h. von Verträgen, deren Ausgestaltung individuell ist und sich nicht vollständig standardisieren lässt.

5.1. Grundmodell

Ziel ist es, die Ergebnisse aus Kapitel 4 für die Bewertung von Aktienoptionen zu nutzen. Das Binomialmodell ist insofern ein Spezialfall der in Kapitel 4 vorgenommenen Modellbildung zur Bewertung von Aktienoptionen und geht von folgenden Grundannahmen aus:

- Es fallen keine Transaktionskosten und Steuern an.
- Der Wertpapiermarkt ist nur zu endlich vielen Zeitpunkten

$$t \in \underline{T} = \{0 = t_0 < t_1 < \cdots < t_N\}$$

geöffnet, wobei die Länge Δt der Zeitintervalle zur Vereinfachung immer gleich ist (äquidistante Diskretisierung), d.h.

$$\Delta t = t_{i+1} - t_i = \frac{T}{N} \quad \forall i = 0, \ldots, N - 1.$$

- Der Zinssatz r pro Zeitintervall ist konstant.
- Der Markt ist *reibungslos* (frictionless market), d.h. Transaktionen können in beliebigem Umfang ohne Einfluss auf das Preissystem durchgeführt werden. Es liegt ein striktes Preisnehmerverhalten vor.

Diese Annahmen wurden bisher ebenfalls getroffen. Zusätzlich wird nun gefordert, dass der Aktienkursprozess einem pfadunabhängigen Binomialprozess genügt:[1]

Ist der Kurs der Aktie zum Zeitpunkt t_i gleich S_{t_i}, so kann er zum Zeitpunkt t_{i+1} zwei mögliche Werte annehmen, d.h. es existieren konstante Parameter u und d mit $u > d$, so dass die Aktienkursentwicklung dem in Abbildung 5.1 dargestellten Prozess genügt.

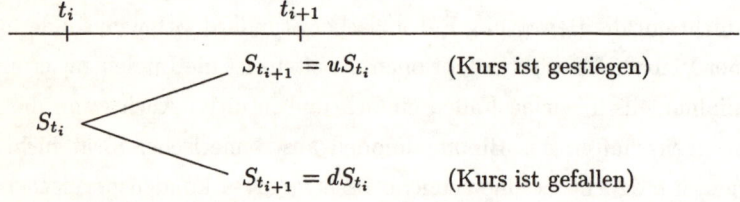

ABBILDUNG 5.1. Aktienkursentwicklung im Binomialmodell

Der Wertpapiermarkt für die Periode t_i auf t_{i+1} besteht aus dem Aktienkursprozess $\{S_t\}$ und der risikolosen Anlage zum Zinssatz r pro Periode.

Proposition 5.1:
Die Preisentwicklung der Wertpapiere von t_i auf t_{i+1} im pfadunabhängigen Binomialmodell mit konstanten Parametern u und d und Zinssatz r ist genau dann arbitragefrei und nicht degeneriert,[2] wenn gilt $u > 1 + r > d$.

---

[1]Vgl. insbesondere Abbildung 4.5, S. 114.

[2]Ein Binomialmodell heißt degeneriert, falls nur eine Kursrealisation im nächsten Zeitschritt möglich ist. In diesem Fall besteht keine Unsicherheit über den zukünftigen Kurs.

Beweis:

Die Preisprozesse der Wertpapiere sind genau dann arbitragefrei, falls eine Übergangswahrscheinlichkeit p^* existiert, so dass

$$S_{t_i} = \frac{1}{1+r} E_{P^*}[S_{t_{i+1}}|S_{t_i}],$$

d.h. der diskontierte Kursprozess der Aktie ein Martingal unter P^* ist. Es genügt somit, die Existenz einer solchen Wahrscheinlichkeit nachzuweisen. Aus der geforderten Martingaleigenschaft ergibt sich

$$
\begin{aligned}
S_{t_i} &= \frac{1}{1+r}\left(p^*(uS_{t_i}) + (1-p^*)(dS_{t_i})\right) \\
\Leftrightarrow \quad (1+r)S_{t_i} &= p^*(uS_{t_i} - dS_{t_i}) + dS_{t_i} \\
\Leftrightarrow \quad p^* &= \frac{(1+r)S_{t_i} - dS_{t_i}}{uS_{t_i} - dS_{t_i}} = \frac{(1+r)-d}{u-d}.
\end{aligned}
$$

Wird der degenerierte Fall ausgeschlossen, so definiert p^* genau dann eine Übergangswahrscheinlichkeit, falls p^* positiv und kleiner als eins ist, d.h.

$$p^* \in {]0,1[} \quad \Leftrightarrow \quad u > 1 + r > d.$$

Für $d = 1 + r$ gilt $p^* = 0$; für $u = 1 + r$ entsprechend $p^* = 1$. In beiden Fällen besitzt der Aktienkurs dann einem deterministischen Verlauf mit einem Ertrag gleich dem konstanten Zinssatz. $\square$

Bemerkung:

Falls $u < 1 + r$ ist, so ist die Rendite der Aktie immer geringer als der Zinssatz. Die Anlage zum festen Zinssatz dominiert mit Sicherheit in diesem Fall die Anlage in der Aktie, d.h. eine durch Aktienverkauf finanzierte Anlage im Festzins ist eine Arbitragemöglichkeit. Umgekehrt stellt der kreditfinanzierte Aktienkauf eine Arbitragemöglichkeit dar, falls $d > 1 + r$ ist.

Unter den Voraussetzungen der Proposition 5.1 ist das Binomialmodell nicht nur arbitragefrei. Aus der Eindeutigkeit des äquivalenten Martingalmaßes folgt unmittelbar die Vollständigkeit, d.h. jede Auszahlung im Binomialmodell lässt sich durch eine selbstfinanzierende Portfoliostrategie duplizieren, deren Kosten gleich dem unter dem Martingalmaß erwarteten Auszahlungswert sind.

Ausgehend von der in Abbildung 5.1 dargestellten Aktienkursentwicklung bestimmt sich die Auszahlung einer Call- oder Put-Option zum Fälligkeitszeitpunkt durch die entsprechenden Schlusskurse. Sei S_{t_i} der gegenwärtige Aktienkurs und t_{i+1} die Fälligkeit einer Call-Option mit Basispreis K, so führen die beiden möglichen Aktienkurse zum Zeitpunkt t_{i+1} zu der in Abbildung 5.2 dargestellten Auszahlung des Call.

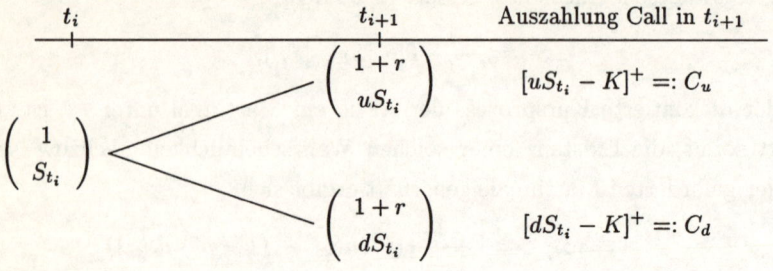

ABBILDUNG 5.2. Auszahlung einer Call-Option im Binomialmodell

Zum Zeitpunkt t_i ist der Wert der Call-Option gleich dem Wert eines Portfolios $\Delta S_{t_i} + B$, dessen Auszahlung gleich der des Call zum Zeitpunkt t_{i+1} ist, d.h. diese dupliziert.

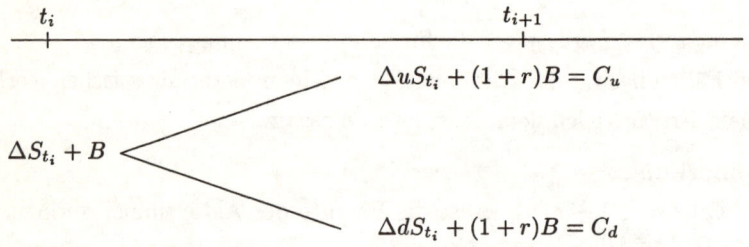

ABBILDUNG 5.3. Duplizierung der Auszahlung einer Call-Option

Die Aufgabe besteht darin, die Portfoliogewichte Δ und B zu bestimmen. Wie Abbildung 5.3 zeigt, sind diese zwei Größen durch die beiden möglichen Auszahlungen der Call-Option zum Zeitpunkt t_{i+1} vollständig bestimmt; es gilt

$$\Delta \quad := \quad \frac{C_u - C_d}{(u - d)S_{t_i}}$$

$$\Leftrightarrow \quad B \quad := \quad \frac{1}{1 + r}\left(C_u - \Delta u S_{t_i}\right) = \frac{1}{1 + r}\frac{uC_d - dC_u}{u - d}.$$

Δ heißt die *Hedgeratio* des Call zum Zeitpunkt t_i. Da hier $\Delta > 0$ ist, wird durch die Hedgeratio die Anzahl der zu kaufenden Aktien bestimmt, die zur

Duplizierung der Auszahlung des Call benötigt werden. Unter Ausschluss einer Arbitragemöglichkeit muss der Preis der Call-Option zum Zeitpunkt t_i gleich dem Wert des duplizierenden Portfolios sein:

$$
\begin{aligned}
\text{Call}_e[S_{t_i}, K, t_i, t_{i+1}] &= \Delta S_{t_i} + B \\
&= \frac{C_u - C_d}{u - d} + \frac{1}{1+r} \frac{uC_d - dC_u}{u - d} \\
&= \frac{1}{1+r} \left(\frac{(1+r) - d}{u - d} C_u + \frac{u - (1+r)}{u - d} C_d \right) \\
&= \frac{1}{1+r} \left(p^* C_u + (1 - p^*) C_d \right) \\
&= \frac{1}{1+r} E_{P^*}[C.]
\end{aligned}
$$

(5.1)

mit $p^* = \frac{(1+r)-d}{u-d} \in]0,1[$ falls $u > 1 + r > d$.

Entscheidend für die Preisbestimmung der Call-Option ist das Duplizierungsargument. Im Sinne der allgemeinen Überlegungen in Kapitel 1 ist die Auszahlung des Call erreichbar (Definition 1.4, S. 12) und somit auch bewertbar unter Arbitrage (Definition 1.7, S. 26). Gleichung (5.1) liefert zwei Darstellungen für den Arbitragepreis des Call. Die erste beruht auf dem Wert des duplizierenden Portfolios. Die zweite bestimmt den Arbitragepreis als erwarteten diskontierten Wert der Auszahlung unter dem durch p^* gegebenen Wahrscheinlichkeitsmaß. Diese zweite Darstellung verdeutlicht die Aussage des Satzes 4.2, d.h. die eindeutige Beziehung zwischen der Menge der arbitragefreien Preisregeln und der Menge der äquivalenten Martingalmaße. Darüber hinaus ist diese Preisgleichung nur von dem äquivalenten Martingalmaß P^* abhängig und bedarf nicht der Kenntnis der Duplizierungsstrategie. Während die Form der Duplizierungsstrategie vertragsspezifisch ist, ist das äquivalente Martingalmaß unabhängig von der Vertragsform.

Schüttet die zugrundeliegende Aktie keine Dividenden aus, so lassen sich diese Überlegungen unmittelbar iterativ anwenden.

∇ **Beispiel 5.1:**

In einem Modell mit zwei Perioden sind die Kursentwicklung der Aktie und die Auszahlung einer Call-Option in Abbildung 5.4 wiedergegeben. Gesucht ist eine selbstfinanzierende Portfoliostrategie, die, wie in Abbildung 5.5 dargestellt, den Auszahlungsstrom des Call dupliziert. Geben zur Vereinfachung

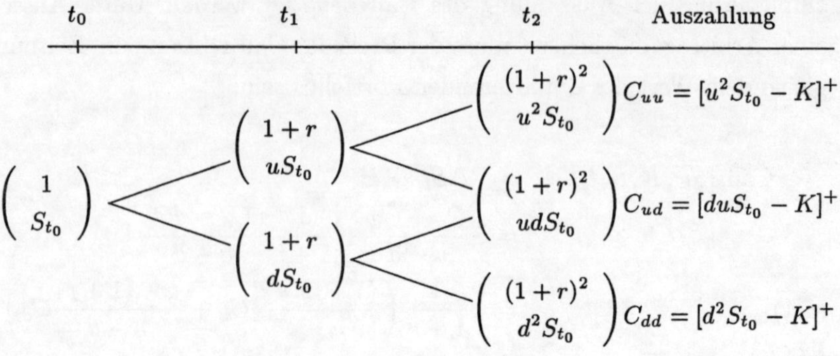

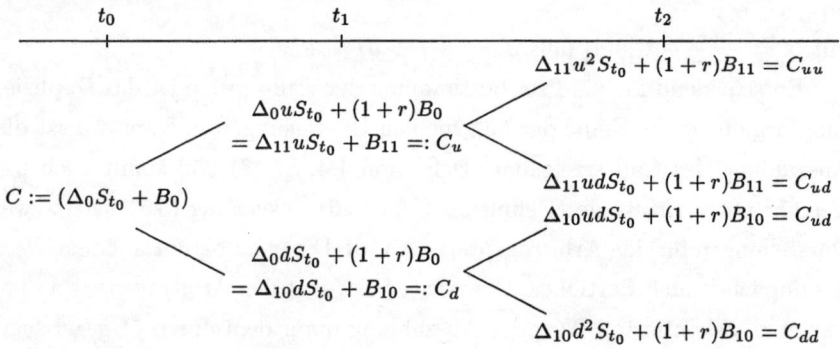

$$\begin{array}{cccc} t_0 & t_1 & t_2 & \text{Auszahlung} \end{array}$$

$$\left(\begin{array}{c} 1 \\ S_{t_0} \end{array} \right) \quad \begin{array}{c} \left(\begin{array}{c} 1+r \\ uS_{t_0} \end{array} \right) \\ \left(\begin{array}{c} 1+r \\ dS_{t_0} \end{array} \right) \end{array} \quad \begin{array}{c} \left(\begin{array}{c} (1+r)^2 \\ u^2 S_{t_0} \end{array} \right) C_{uu} = [u^2 S_{t_0} - K]^+ \\ \left(\begin{array}{c} (1+r)^2 \\ ud S_{t_0} \end{array} \right) C_{ud} = [du S_{t_0} - K]^+ \\ \left(\begin{array}{c} (1+r)^2 \\ d^2 S_{t_0} \end{array} \right) C_{dd} = [d^2 S_{t_0} - K]^+ \end{array}$$

ABBILDUNG 5.4. Kursentwicklung und Auszahlung einer Call-Option im Binomialmodell

$$\begin{array}{ccc} t_0 & t_1 & t_2 \end{array}$$

$$\Delta_{11} u^2 S_{t_0} + (1+r)B_{11} = C_{uu}$$

$$\begin{array}{c} \Delta_0 u S_{t_0} + (1+r)B_0 \\ = \Delta_{11} u S_{t_0} + B_{11} =: C_u \end{array}$$

$$C := (\Delta_0 S_{t_0} + B_0)$$

$$\Delta_{11} ud S_{t_0} + (1+r)B_{11} = C_{ud}$$
$$\Delta_{10} ud S_{t_0} + (1+r)B_{10} = C_{ud}$$

$$\begin{array}{c} \Delta_0 d S_{t_0} + (1+r)B_0 \\ = \Delta_{10} d S_{t_0} + B_{10} =: C_d \end{array}$$

$$\Delta_{10} d^2 S_{t_0} + (1+r)B_{10} = C_{dd}$$

ABBILDUNG 5.5. Duplizierung der Auszahlung einer Call-Option

C_u bzw. C_d den Wert der Call-Option zum Zeitpunkt t_1 in Abhängigkeit des Aktienkurses an, so folgt:

- Ist der Aktienkurs zum Zeitpunkt t_1 gleich $u \cdot S_{t_0}$, so ist

$$\Delta_{11} \ = \ \frac{C_{uu} - C_{ud}}{(u-d)uS_{t_0}} \quad \text{und} \quad B_{11} = \frac{1}{1+r} \left(\frac{uC_{ud} - dC_{uu}}{u-d} \right).$$

Der Wert des Portfolios ist in diesem Fall gleich

$$C_u \ = \ \frac{1}{1+r} \left(p^* C_{uu} + (1-p^*)C_{ud} \right).$$

- Ist der Aktienkurs zum Zeitpunkt t_1 gleich $d \cdot S_{t_0}$, so ist

$$\Delta_{10} \ = \ \frac{C_{ud} - C_{dd}}{(u-d)dS_{t_0}} \quad \text{und} \quad B_{10} = \frac{1}{1+r} \left(\frac{uC_{dd} - dC_{ud}}{u-d} \right).$$

Der Wert des Portfolios ist jetzt gleich

$$C_d \;=\; \frac{1}{1+r}\,(p^*C_{ud} + (1-p^*)C_{dd}).$$

Nun kann die gleiche Überlegung auf die Ausgangssituation angewendet werden. Es ergibt sich für das Hedgeportfolio zum Zeitpunkt t_0

$$\Delta_0 \;=\; \frac{C_u - C_d}{(u-d)S_{t_0}}, \quad B_0 \;=\; \frac{1}{1+r}\,\frac{uC_d - dC_u}{u-d}.$$

Der Wert des Call zum Zeitpunkt t_0 ist gleich dem Wert des Portfolios, d.h.

$$\text{Call}_e[S_{t_0}, K, t_0, t_2] = \Delta_0 S_{t_0} + B_0 = \frac{1}{1+r}(p^*C_u + (1-p^*)C_d)$$

$$= \left(\frac{1}{1+r}\right)^2 \left((p^*)^2 C_{uu} + 2p^*(1-p^*)C_{ud} + (1-p^*)^2 C_{dd}\right)$$

$$= \left(\frac{1}{1+r}\right)^2 E_{P^*}[C_{\cdot,\cdot}].$$

_____ Δ

Wie im Einperioden-Fall besitzt der Wert der Call-Option zwei Darstellungen. Die erste Gleichung ergibt sich aus dem Wert des Duplizierungsportfolios. Ausgehend von der Auszahlung der Call-Option zum Fälligkeitszeitpunkt wird die Hedgestrategie, d.h. werden die Portfoliogewichte Δ und B, in Abhängigkeit der Kursentwicklung schrittweise bestimmt. Dieses iterative Vorgehen heißt *Rückwärtsinduktion* . Die zweite Darstellung bestimmt den Arbitragepreis des Call wiederum als Erwartungswert der diskontierten Auszahlung unter dem durch die Übergangswahrscheinlichkeit p^* bestimmten äquivalenten Martingalmaß P^*. Im Unterschied zu Gleichung (5.1) erfolgt die Diskontierung über zwei Perioden und bezieht sich die Wahrscheinlichkeitsverteilung P^* auf die Realisationen des Aktienkurses zum Zeitpunkt t_2. Die Verallgemeinerung dieser Überlegungen führt auf die Binomialformel zur Bewertung von Aktienoptionen.

5.2. Binomialformel

Satz 5.1:

Genügt der Aktienkurs $\{S_t\}_{t \in \underline{T}}$ mit $\underline{T} := \{0 = t_0 < t_1 < \cdots < t_N = T\}$ einem Binomialprozess mit konstanten Parametern $u > 1 + r > d$, wobei r der konstante Zinssatz pro Periode ist, so ist der Arbitragepreis einer Europäischen Call-Option mit Basispreis K und Ausübungszeitpunkt $t_N = T$ gleich

$$Call_e[S_{t_0}, K, t_0, t_N] = \frac{1}{(1+r)^N} \sum_{j=0}^{N} \binom{N}{j} p^{*j}(1-p^*)^{N-j}[u^j d^{N-j} S_{t_0} - K]^+.$$

S_{t_0} gibt hierbei den Initialkurs der Aktie S zum Zeitpunkt t_0 an und

$$p^* := \frac{(1+r) - d}{u - d}.$$

Bemerkung:

Der Arbitragepreis eines Europäischen Call entspricht dem Erwartungswert der diskontierten Auszahlung unter dem durch die Übergangswahrscheinlichkeit p^* eindeutig definierten äquivalenten Martingalmaß.

Beweis:

Der Beweis erfolgt durch Induktion nach N, der Anzahl der Perioden bis zur Fälligkeit.

> *Induktionsanfang:* Für $N = 1$ und $N = 2$ wurde die Behauptung schon bewiesen (siehe Abschnitt 5.1).
>
> *Induktionsbehauptung (IB):* Es existiert ein $N \in \mathbb{N}$, so dass die Behauptung des Satzes für alle $\overline{N} \leq N, N \in \mathbb{N}$ gilt.
>
> *Induktionsschritt:* N auf $N + 1$:

Der Arbitragepreis einer Europäischen Call-Option mit $(N + 1)$ Perioden Restlaufzeit sei gleich $C(N + 1, S_{t_0})$, wobei S_{t_0} den Kurs zum Zeitpunkt t_0 angibt. Aus dem Binomialmodell folgt:

$$C(N+1, S_{t_0}) = \frac{1}{1+r} \left[p^* C(N, uS_{t_0}) + (1 - p^*)C(N, dS_{t_0}) \right]$$

$$\overset{IB.}{=} \quad \frac{1}{1+r} \left[p^* \frac{1}{(1+r)^N} \sum_{j=0}^{N} \binom{N}{j} p^{*j}(1-p^*)^{N-j} [u^j d^{N-j} u S_{t_0} - K]^+ \right.$$

$$\left. + (1-p^*) \frac{1}{(1+r)^N} \sum_{j=0}^{N} \binom{N}{j} p^{*j}(1-p^*)^{N-j} [u^j d^{N-j} d S_{t_0} - K]^+ \right]$$

$$= \quad \frac{1}{(1+r)^{N+1}} \left[\sum_{j=0}^{N} \binom{N}{j} p^{*j+1}(1-p^*)^{N+1-(j+1)} \right.$$

$$\cdot [u^{j+1} d^{N+1-(j+1)} S_{t_0} - K]^+$$

$$\left. + \sum_{j=0}^{N} \binom{N}{j} p^{*j}(1-p^*)^{N+1-j} [u^j d^{N+1-j} S_{t_0} - K]^+ \right]$$

$$= \quad \frac{1}{(1+r)^{N+1}} \left[\sum_{j=1}^{N+1} \binom{N}{j-1} p^{*j}(1-p^*)^{N+1-j} [u^j d^{N+1-j} S_{t_0} - K]^+ \right.$$

$$\left. + \sum_{j=0}^{N} \binom{N}{j} p^{*j}(1-p^*)^{N+1-j} [u^j d^{N+1-j} S_{t_0} - K]^+ \right]$$

$$= \quad \frac{1}{(1+r)^{N+1}} \left[\binom{N}{N} p^{*N+1}(1+p^*)^0 [u^{N+1} d^0 S_{t_0} - K]^+ \right.$$

$$+ \sum_{j=1}^{N} \left[\binom{N}{j-1} + \binom{N}{j} \right] p^{*j}(1-p^*)^{N+1-j} [u^j d^{N+1-j} S_{t_0} - K]^+$$

$$\left. + \binom{N}{0} p^{*0}(1-p^*)^{N+1} [u^0 d^{N+1} S_{t_0} - K]^+ \right]$$

$$= \quad \frac{1}{(1+r)^{N+1}} \left[\binom{N+1}{N+1} p^{*N+1}(1-p^*)^0 [u^{N+1} d^0 S_{t_0} - K]^+ \right.$$

$$+ \sum_{j=1}^{N} \binom{N+1}{j} p^{*j}(1-p^*)^{N+1-j} [u^j d^{N+1-j} S_{t_0} - K]^+$$

$$\left. + \binom{N+1}{0} p^{*0}(1-p^*)^{N+1} [u^0 d^{N+1} S_{t_0} - K]^+ \right]$$

$$= \quad \frac{1}{(1+r)^{N+1}} \sum_{j=0}^{N+1} \binom{N+1}{j} p^{*j}(1-p^*)^{N+1-j} [u^j d^{N+1-j} S_{t_0} - K]^+,$$

wobei

$$\binom{N}{N} = \frac{N!}{N!0!} = \frac{(N+1)!}{(N+1)!0!} = \binom{N+1}{N+1}$$

$$\binom{N}{0} = \frac{N!}{0!N!} = \frac{(N+1)!}{0!(N+1)!} = \binom{N+1}{0}$$

$$\binom{N}{j-1} + \binom{N}{j} = \frac{N!}{(j-1)!(N-(j-1))!} + \frac{N!}{j!(N-j)!}$$

$$= \frac{jN! + N!(N+1-j)}{j!(N+1-j)!} = \frac{N!(N+1)}{j!(N+1-j)!}$$

$$= \binom{N+1}{j}.$$

$\square$

Eine einfach zu interpretierende Form des Arbitragewertes der Europäischen Call-Option liefert die folgende Proposition:

Proposition 5.2:

Unter den Voraussetzungen von Satz 5.1 ist der Arbitragepreis einer Europäischen Call-Option im Binomialmodell gleich

$$Call_e[S_{t_0}, K, t_0, t_N] = S_{t_0} \sum_{j=a}^{N} \binom{N}{j} \left(\frac{u}{1+r}p^*\right)^j \left(\frac{d}{1+r}(1-p^*)\right)^{N-j}$$

$$-K(1+r)^{-N} \sum_{j=a}^{N} \binom{N}{j} p^{*j}(1-p^*)^{N-j}$$

$$= S_{t_0}\Phi_N[a, N, p'] - K(1+r)^{-N}\Phi_N[a, N, p^*],$$

wobei $p' := \frac{u}{1+r} \cdot p^*$ ist und a gleich der kleinsten nicht negativen ganzen Zahl größer oder gleich $\ln\left(\frac{K}{S_{t_0}d^N}\right) \Big/ \ln\left(\frac{u}{d}\right)$. Weiter stimmt $\Phi_N[a, N, p']$ mit der komplementären Binomialverteilung, überein, wobei für $0 \leq n_1 \leq n_2 \leq N$

$$\Phi_N[n_1, n_2, p] := \sum_{j=n_1}^{n_2} \binom{N}{j}(p')^j(1-p')^{N-j} \text{ mit } \Phi_N[a, N, p'] := 0 \text{ falls } a > N$$

gilt.

Bemerkung:

$\Phi_N[a, N, p']$ ist gleich der Anzahl Δ an Aktien zum Zeitpunkt $t_0 = 0$ im Duplizierungsportfolio, d.h. Δ ist gleich der *Hedgeratio*. $K(1 + r)^{-N}\Phi_N[a, N, p]$ entspricht dem zum Marktzins aufgenommenen Betrag. Falls der aktuelle Marktpreis der Option vom Arbitragewert abweicht, ermöglicht

es die dynamische selbstfinanzierende Portfoliostrategie, den Auszahlungsstrom zu duplizieren und mit Gewinn am Markt zu operieren.

Beweis:

Die Auszahlung einer Call-Option ist im Binomialmodell gleich

$$[u^j d^{N-j} S_{t_0} - K]^+ = \begin{cases} 0 & \text{falls} \quad u^j d^{N-j} S_{t_0} - K \leq 0 \\ u^j d^{N-j} S_{t_0} - K & \text{falls} \quad u^j d^{N-j} S_{t_0} - K > 0 \ . \end{cases}$$

Gesucht ist die kleinste Zahl a an Aufwärtsbewegungen j im Aktienkurs, so
dass

$$u^a d^{N-a} S_{t_0} - K \geq 0 \quad \Leftrightarrow \quad \left(\frac{u}{d}\right)^a \geq \frac{K}{S_{t_0} d^N}$$

$$\Leftrightarrow \quad a \geq \ln\left(\frac{K}{S_{t_0} d^N}\right) \Big/ \ln\left(\frac{u}{d}\right).$$

Es gilt somit für $j \geq a, (a \leq N)$ nach Satz 5.1

$$\text{Call}_e[S_{t_0}, K, t_0, t_N]$$

$$= \frac{1}{(1+r)^N} \sum_{j=a}^{N} \binom{N}{j} p^{*j} (1-p^*)^{N-j} (u^j d^{N-j} S_{t_0} - K)$$

$$= S_{t_0} \sum_{j=a}^{N} \binom{N}{j} \left(\frac{u}{(1+r)} p^*\right)^j \left(\frac{d}{(1+r)} (1-p^*)\right)^{N-j}$$

$$- K(1+r)^{-N} \sum_{j=a}^{N} \binom{N}{j} p^{*j} (1-p^*)^{N-j}.$$

□

∇ Beispiel 5.2:

In einem Zweiperiodenmodell ist der aktuelle Aktienkurs S_0 mit 100 Geldeinheiten angegeben und die periodischen proportionalen Änderungen sind
auf jeweils 10% in beide Richtungen festgelegt. Die periodische Verzinsung
beträgt 4% und der Basispreis der Europäischen Call-Option ist gleich 95
Geldeinheiten. Der Binomialprozeß für den Aktienkurs erhält somit die in
Abbildung 5.6 gegebene Form. Die Übergangswahrscheinlichkeiten p^* bzw.
$(1 - p^*)$ sind über den Verzweigungen angegeben und berechnen sich aus

$$p^* = \frac{1,04 - 0,9}{1,1 - 0,9} = 0,7.$$

Der Innere Wert der Option $[S - K]^+$ wird durch die jeweilige Kursentwick-

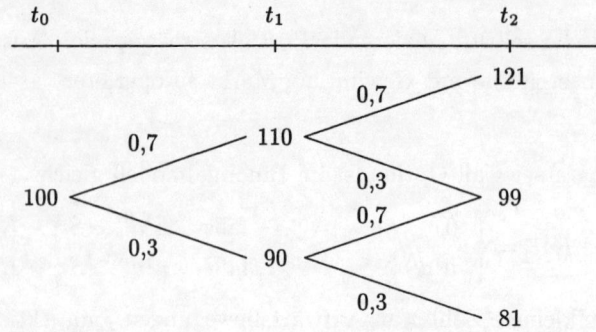

ABBILDUNG 5.6. Beispiel eines pfadunabhängigen Binomialprozesses

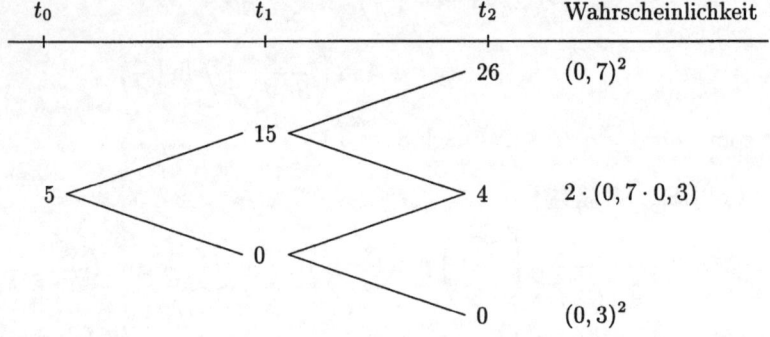

ABBILDUNG 5.7. Innerer Wert einer Call-Option im Binomialmodell

lung festgelegt. Unter dem äquivalenten Martingalmaß ist nach Satz 5.1 der Preis der Europäischen Call-Option gleich dem Erwartungswert der diskontierten Auszahlungen in $t = 2$, d.h.

$$\mathrm{Call}_e[S_{t_0}, 95, t_0, t_2]$$
$$= \frac{1}{(1,04)^2} \left[(0,7)^2 \cdot 26 + 2(0,7 \cdot 0,3) \cdot 4 + (0,3)^2 \cdot 0 \right] = \frac{14,42}{(1,04)^2} = 13,3321.$$

Weicht der Marktpreis des Call von diesem Wert ab, so kann er mittels einer selbstfinanzierenden Portfoliostrategie erzeugt werden. Diese berechnet sich gemäß Abbildung 5.8 zu:

$$\begin{aligned}
\Delta_{11} &= 1 & B_{11} &= -\frac{95}{(1,04)^2}, \\
\Delta_{10} &= \frac{2}{9} & B_{10} &= -\frac{18}{(1,04)^2}, \\
\Delta_0 &= \frac{83}{104} = 0,798 & B_0 &= -\frac{71,9}{(1,04)^2},
\end{aligned}$$

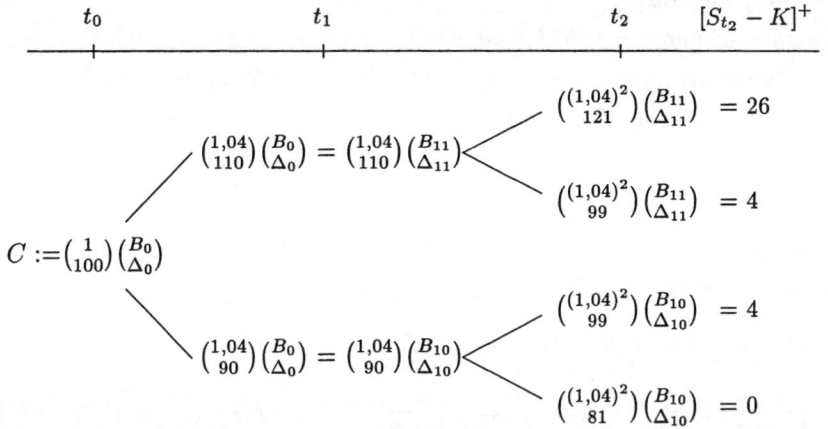

ABBILDUNG 5.8. Duplizierung einer Europäischen Call-Option im Binomialmodell

$$\Rightarrow \quad \text{Call}_e[S_{t_0}, 95, t_1, t_2] := 100 \cdot \Delta_0 + B_0 = \frac{14,42}{(1,04)^2} = 13,3321.$$

Δ

Eine Amerikanische Call-Option erlaubt dem Halter die vorzeitige Ausübung. Der Preis einer amerikanischen Call-Option kann somit nicht unter dem einer Europäischen Call-Option liegen. Der Käufer einer Amerikanischen Call-Option wird diese genau dann vorzeitig ausüben, falls es nicht optimal ist, eine Periode länger zu warten, d.h. falls der Gewinn bei Ausübung der Option den diskontierten erwarteten Zahlungsstrom der nächsten Periode übersteigt. Sei S^* der aktuelle Aktienkurs, so ist zu untersuchen, unter welchen Bedingungen der Innere Wert den Optionswert übersteigt, d.h.

$$[S^* - K]^+ \geq \frac{1}{1+r} \left[p^* C_u + (1 - p^*) C_d \right].$$

Das Ergebnis von Merton (Satz 2.2, S. 43) besagt, dass eine Amerikanische Call-Option bezüglich eines dividendengeschützten Wertpapiers nicht vor Fälligkeit ausgeübt wird. Diese Aussage ist unabhängig von dem speziellen Kursmodell für das Wertpapier gültig. Damit besitzt diese Aussage insbesondere ihre Gültigkeit in einem arbitragefreien Binomialmodell, wie durch Proposition 5.3 nochmals nachgewiesen wird.

Proposition 5.3:

In einem Binomialmodell für die Kursentwicklung eines dividendengeschütz-ten Wertpapiers mit $u > 1 + r > d$, aktuellem Kurs S^* und $r > 0$ gilt für den Arbitragepreis einer Call-Option

$$[S^* - K]^+ \leq \frac{1}{1+r} [p^* C_u + (1 - p^*) C_d].$$

Beweis:

Es genügt, die Behauptung für ein Zweiperiodenmodell nachzuweisen.

1. Fall: $dS^* > K \quad \Leftrightarrow \quad dS^* - K > 0$

$$\Rightarrow \frac{1}{1+r} [p^* C_u + (1 - p^*) C_d] = \frac{1}{1+r} [p^* (uS^* - K) + (1 - p^*)(dS^* - K)]$$

$$= \frac{1}{1+r} [p^* uS^* + (1 - p^*)dS^* - K]$$

$$= \frac{1}{1+r} [(1 + r)S^* - K]$$

$$= S^* - \frac{K}{1+r} \quad > S^* - K \quad \forall r > 0.$$

2. Fall: $uS^* > K \geq dS^*$, d.h. $C_d = 0$

$$\Rightarrow \frac{1}{1+r} [p^* C_u + (1 - p^*) C_d] = \frac{1}{1+r} p^* C_u = \frac{1}{1+r} p^* (uS^* - K)$$

$$\geq \frac{1}{1+r} [p^* (uS^* - K) + (1 - p^*)(dS^* - K)]$$

$$= S^* - \frac{K}{1+r} > S^* - K \quad \forall r > 0.$$

3. Fall: $K \geq uS^* > S^* \quad \Rightarrow \quad C_u = C_d = 0.$

$\square$

Aus der Binomialformel für eine Europäische Call-Option ergibt sich mit der Put-Call-Parität

$$\text{Put}_e[S_{t_0}, K, t_0, T] = \text{Call}_e[S_{t_0}, K, t_0, T] - S_{t_0} + K(1 + r)^{-N}$$

die entsprechende Binomialformel für eine Europäische Put-Option.

Satz 5.2:

Unter der Voraussetzung des Satzes 5.1 ist der Arbitragepreis im Binomi-almodell einer Europäischen Put-Option über einer Aktie, die während der

Laufzeit der Option keine Dividenden ausschüttet, gleich

$$Put_e[S_{t_0}, K, t_0, t_N]$$

$$= \frac{1}{(1+r)^N} \sum_{j=0}^{N} \binom{N}{j} (p^*)^j (1-p^*)^{N-j} \left[K - u^j d^{N-j} S_{t_0}\right]^+$$

$$= \frac{K}{(1+r)^N} \sum_{j=0}^{a-1} \binom{N}{j} (p^*)^j (1-p^*)^{N-j}$$

$$- S_{t_0} \sum_{j=0}^{a-1} \binom{N}{j} \left(\frac{u}{1+r} p^*\right)^j \left(\frac{d(1-p^*)}{1+r}\right)^{N-j}$$

$$= K(1+r)^{-N} \Phi_N[0, a-1, p^*] - S_{t_0} \Phi_N\left[0, a-1, \frac{up^*}{1+r}\right],$$

wobei wiederum $p^* := \frac{1+r-d}{u-d}$ das äquivalente Martingalmaß definiert und a die kleinste nicht negative ganze Zahl größer oder gleich $\ln\left(\frac{K}{S_{t_0} d^N}\right) \big/ \ln\frac{u}{d}$ ist.

Die Binomialformel einer Europäischen Put-Option lässt wiederum zwei Interpretationen zu. Zum einen ist der Arbitragepreis gleich dem erwarteten diskontierten Wert der Auszahlung unter dem äquivalenten Martingalmaß P^*. Zum anderen stimmt er mit dem Wert des Duplizierungsportfolios überein. Die Hedgeratio $-\Phi_N[0, a-1, \frac{up^*}{1+r}]$ entspricht der Anzahl der zu verkaufenden Aktien (short position) zum Zeitpunkt t_0, während $K(1+r)^{-N}\Phi_N[0, a-1, p^*]$ den Nennwert der Anlage zum Zinssatz r beziffert.

Aus den Binomialformeln für die Call- und Put-Option bestimmen sich auch unmittelbar die Binomialformeln für die in Tabelle 3.3, S. 69, angegebenen cash or nothing bzw. asset or nothing Call- und Put-Optionen sowie die der Gap Optionen. Im einzelnen gilt:

Proposition 5.4:
Unter den Voraussetzungen des Satzes 5.1 sind die Arbitragepreise der nachstehenden Exotischen Optionen[3] über einer Aktie, die während der Laufzeit

---

[3]vgl. insbesondere Abschnitt 3.1

der Option keine Dividenden ausschüttet, gleich

$$CN\text{-}Call[S_{t_0}, K, t_0, T, c] \; = \; \left(\frac{1}{1+r}\right)^N \cdot c \cdot \Phi_N[a, N, p^*],$$

$$CN\text{-}Put[S_{t_0}, K, t_0, T, c] \; = \; \left(\frac{1}{1+r}\right)^N \cdot c \cdot \Phi_N[0, b, p^*],$$

$$AN\text{-}Call[S_{t_0}, K, t_0, T] \; = \; S_{t_0}\Phi_N[a, N, p'],$$

$$AN\text{-}Put[S_{t_0}, K, t_0, T] \; = \; S_{t_0}\Phi_N[0, b, p'],$$

$$Gap\text{-}Call[S_{t_0}, K, t_0, T, c] \; = \; S_{t_0}\Phi_N[a, N, p'] - \left(\frac{1}{1+r}\right)^N \cdot c \cdot \Phi_N[a, N, p^*],$$

$$Gap\text{-}Put[S_{t_0}, K, t_0, T, c] \; = \; \left(\frac{1}{1+r}\right)^N \cdot c \cdot \Phi_N[0, b, p^*] - S_{t_0}\Phi_N[0, b, p']$$

$$mit \quad p^* \; := \; \frac{(1+r)-d}{u-d}, \quad p' := \frac{u \cdot p}{1+r},$$

$$\Phi_N(n_1, n_2, p) \; := \; \sum_{j=n_1}^{n_2} \binom{N}{j} p^j (1-p)^{N-j} \quad \text{für } 0 \le n_1 \le n_2 \le N,$$

$$a \; := \; \min\left\{ i \in I\!N \middle| i > \ln\left(\frac{K}{S_{t_0}d^N}\right) / \ln\left(\frac{u}{d}\right)\right\},$$

$$b \; := \; \max\left\{ i \in I\!N \middle| i < \ln\left(\frac{K}{S_{t_0}d^N}\right) / \ln\left(\frac{u}{d}\right)\right\}.$$

∇ **Beispiel 5.3:**

Eine Spezialform der Gap Option ist die Pay Later Option, die einer Gap Option mit Marktpreis Null entspricht. Aus den Bewertungsformeln in Proposition 5.4 bestimmt sich die konstante Zahlung c eines *Pay Later Call* in Abhängigkeit des Basispreises K zu

$$c = \frac{(1+r)^N S_{t_0}\Phi_N[a, N, p']}{\Phi_N[a, N, p^*]}$$

und eines *Pay Later Put* zu

$$c = \frac{(1+r)^N S_{t_0}\Phi_N[0, b, p']}{\Phi_N[0, b, p^*]}.$$

_____ △

5.3. Anmerkungen und Erweiterungen

Die auf den ersten Blick stärkste Voraussetzung betrifft die Aktienkursentwicklung in der Zeit. Grundsätzlich formuliert jedes Modell im Rahmen
der Arbitragetheorie Bedingungen an die Kursentwicklung und wird damit
nicht vollständig der Komplexität gerecht. Die Annahmen eines Binomialprozesses erscheinen jedoch zunächst einschränkender als sie sind. Die Kursmo-
dellierung ist eine Forderung an die Proportionalitätsfaktoren, bezogen auf
eine Periode. Über die Periodenlänge ist damit noch keine Aussage gemacht.
Offensichtlich ist die Stärke der Forderung in Abhängigkeit der betrachteten
Perioden zu bewerten. Mit einer Periodenlänge von einem Tag würden bei einer Gesamtlaufzeit von sechs Tagen 64 Schlusskurse erzeugt. Verkürzung der
Periodenlänge auf halbe Tage liefert für den gleichen Betrachtungszeitraum
$2^{12} = 4096$ Schlusskurse. Einschränkend muss jedoch beachtet werden, dass
bei einem pfadunabhängigen Binomialmodell, wie dem hier diskutierten, nach
N Zeitpunkten nur $N + 1$ *verschiedene* Schlusskurse erzeugt werden. Eine
kürzere Periodenlänge bedeutet auch, dass in kürzeren Abständen eine Um-
schichtung des Hedge-Portfolios erfolgt. Es stellt sich die Frage nach dem stetigen Grenzübergang, die jedoch erst zu einem späteren Zeitpunkt beantwortet wird (vgl. Abschnitt 5.4). Eine weitere einschränkende Forderung betrifft
die mögliche prozentuale Änderung des Kurses. Diese ist als konstant angenommen. In einem allgemeinen Binomialmodell können die Proportionalitätsfaktoren u und d sowohl vom Zeitpunkt wie auch von den vorhergehenden
Kursrealisationen abhängen. Insbesondere im letzten Fall ist dann natürlich
die Bedingung der Pfadunabhängigkeit für die Kursentwicklung nicht mehr
erfüllt. Unabhängig von der Frage der Zeit- und/oder Kursabhängigkeit der
Proportionalitätsfaktoren muss auch deren Höhe einer weiterführenden Interpretation zugänglich gemacht werden. Offensichtlich spiegelt sie die Möglichkeiten wider, die der Markt der Veränderung einer Aktie pro Zeiteinheit zu-
traut. Im Zusammenhang mit der stetigen Betrachtung wird dies genauer
diskutiert.

Grundlage der Bewertung einer Option unter Arbitrage ist eine die Auszahlung duplizierende Portfoliostrategie. Das Binomialmodell setzt einen konstanten, d.h. insbesondere mit Sicherheit bekannten Zinssatz pro Periode voraus. Mit Blick auf Optionsverträge, deren Laufzeit 3 bis 9 Monate beträgt,
mag diese Annahme unproblematisch sein. Beträgt der betrachtete Zeitraum

mehrere Jahre, so wirkt die Annahme unter Umständen stark verfälschend. Ein erstes Modell mit zufallsabhängiger Zinsentwicklung hat Merton (1973) für den kontinuierlichen Fall angegeben. In Verbindung mit einem Zinsstrukturmodell wird die zusätzliche Berücksichtigung des Zinsänderungsrisikos bei Devisenoptionen in Abschnitt 11.1 thematisiert. Es handelt sich dann jedoch um eine zeitstetige Betrachtung. Die Darstellung im Rahmen des Binomialmodells ist in dieser einfachen Form jedoch nicht möglich.

Das verwendete Modell der Aktienkursentwicklung schließt Dividendenzahlungen während der Laufzeit der Option aus. Dies ist sicherlich keine sehr realistische Annahme. Es ist zu vermuten, dass der Wert einer Aktie nicht unabhängig von der Höhe der Dividendenzahlung ist; genauer gilt unter Ausschluss einer Arbitragemöglichkeit:

Proposition 5.5:

 Sei S der Wert einer Aktie unmittelbar vor Ausschüttung der Dividende $D \leq S$, dann ist unter Ausschluss einer Arbitragemöglichkeit der Wert der Aktie unmittelbar nach der Dividendenzahlung gleich $S - D$.

Beweis: Siehe Übungsaufgabe 5.2.

Wie wirkt sich nun die Einbeziehung von Dividendenzahlungen auf die Bewertung einer Europäischen Option aus? Ein wichtiger Spezialfall ist die konstante prozentuale Dividene $\delta = D/S$, z.B. 5%, des aktuellen Aktienkurses S. Gemäß Proposition 5.5 ergibt sich für die Aktienkursentwicklung der um die Dividende erweiterte Binomialprozess in Abbildung 5.9. Entsprechend bestimmt sich die Auszahlung einer Call-Option nun relativ zu dem Kursprozess unter Berücksichtigung der Dividende. Für eine Call-Option mit Ausübungszeitpunkt t_1 gibt dies Abbildung 5.10 wieder. Auf diese Weise wird erfasst, dass der Halter der Option kein Anrecht auf die Dividendenzahlung hat, solange er sein Optionsrecht nicht ausübt. Durch die Einbeziehung der Dividendenzahlung verliert jedoch die Aussage des Satzes von Merton ihre Gültigkeit, d.h. die Äquivalenz zwischen Europäischen und Amerikanischen Call-Optionen ist nicht mehr gegeben. Es zeigt sich nun, dass die Ausübung einer Amerikanischen Call-Option vor Fälligkeit vorteilhaft für den Halter sein kann. Folglich ist der Wert einer Amerikanischen Call-Option nicht mehr gleich dem der Europäischen. Der jetzige Wert einer zukünftigen Auszahlung

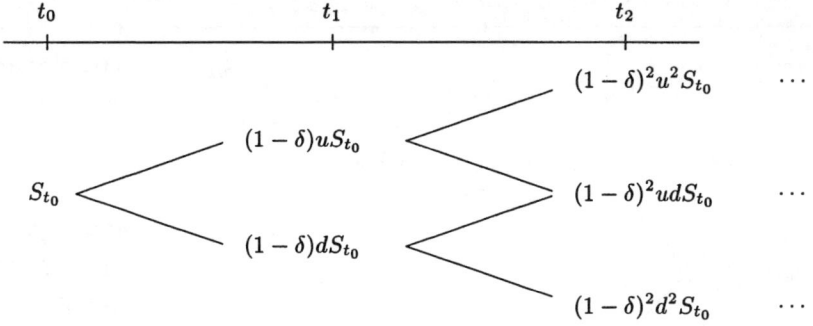

ABBILDUNG 5.9. Binomialmodell mit konstanter proportionaler Dividende

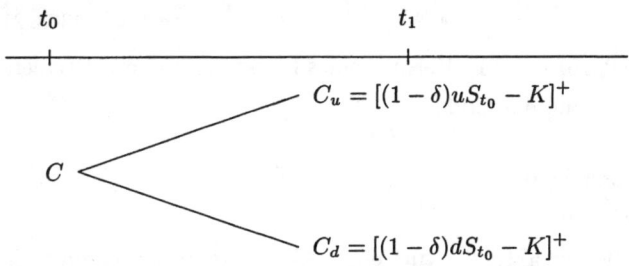

ABBILDUNG 5.10. Auszahlung einer Call-Option bei proportionaler Dividende

ist gleich der erwarteten diskontierten Auszahlung. Für eine Call-Option bedeutet dies, dass vorzeitiges Ausüben genau dann vorteilhaft ist, falls die Auszahlung einer Call-Option bei Ausübung den diskontierten erwarteten Auszahlungsstrom übersteigt, d.h. falls gilt

$$[S_{t_0} - K]^+ > \frac{1}{1+r}[p^*C_u + (1-p^*)C_d].$$

Offensichtlich ist dies in Abhängigkeit der Dividendenhöhe δ durchaus möglich. Der Wert einer einperiodischen Amerikanischen Call-Option ist somit gegeben durch

$$(5.2) \qquad C_a = \max\left\{[S_{t_0} - K]^+, \frac{1}{1+r}[p^*C_u + (1-p^*)C_d]\right\}$$

und kann den Wert der entsprechenden Europäischen Call-Option

$$C_e = \frac{1}{1+r}[p^*C_u + (1-p^*)C_d]$$

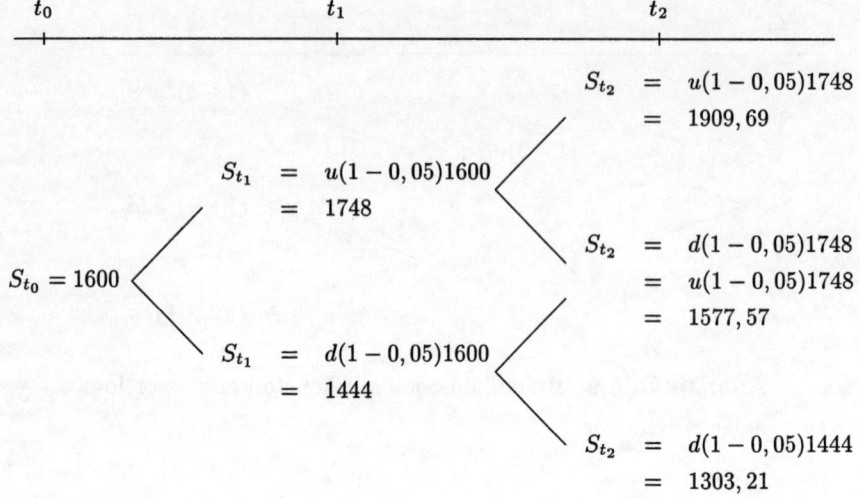

t_0 t_1 t_2

$$S_{t_2} = u(1-0,05)1748$$
$$= 1909,69$$

$$S_{t_1} = u(1-0,05)1600$$
$$= 1748$$

$$S_{t_0} = 1600$$

$$S_{t_2} = d(1-0,05)1748$$
$$= u(1-0,05)1748$$
$$= 1577,57$$

$$S_{t_1} = d(1-0,05)1600$$
$$= 1444$$

$$S_{t_2} = d(1-0,05)1444$$
$$= 1303,21$$

ABBILDUNG 5.11. Beispiel eines Kursprozesses mit Dividende im Binomialmodell

durchaus übersteigen.

∇ **Beispiel 5.4:**

Ist $S_{t_0} = 1600$ der aktuelle Kurs einer Aktie, die in den kommenden beiden Perioden jeweils eine Dividende von 5% ausschüttet. Seien $u = 1,15$ und $d = 0,95$ vorgegeben. Der Marktzins pro Periode betrage 6,2%. Mit diesen Angaben besitzt der Kursprozess der Aktie die in Abbildung 5.11 wiedergegebene Darstellung. Das Martingalmaß ist durch die Übergangswahrscheinlichkeit

$$p^* = \frac{(1+r)-d}{u-d} = \frac{1,062-0,95}{1,15-0,95} = 0,56$$

wiederum vollständig bestimmt, d.h. es liegt ein arbitragefreier und vollständiger Markt vor.

Ein Europäischer Call mit Basispreis $K = 1440$ führt zu der in Abbildung 5.12 wiedergegebenen Auszahlung. Der Preis der Europäischen Call-Option ist gleich dem diskontierten Wert dieser Auszahlung unter dem Martingalmaß P^*, d.h.

$$C_e := \left(\frac{1}{1,062}\right)^2 [(p^*)^2 C_{uu} + 2p^*(1-p^*)C_{ud} + (1-p^*)^2 C_{dd}] = 190,708.$$

Für einen sonst identischen Amerikanischen Call muss zusätzlich die Möglichkeit des vorzeitigen Ausübens einbezogen werden. Dies bedingt den

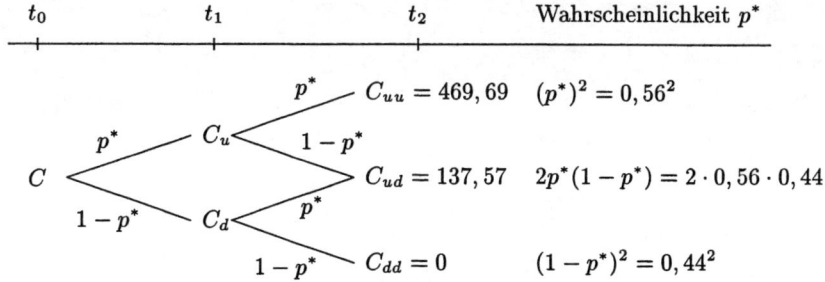

ABBILDUNG 5.12. Beispiel der Auszahlung eines Europäischen Call

in Gleichung (5.2) angegebenen zusätzlichen Vergleich zwischen dem Betrag bei Ausübung und dem erwarteten diskontierten zukünftigen Wert. Wiederum handelt es sich um einen Rückwärtsalgorithmus, d.h. Ausgangspunkt ist die Auszahlung bei Fälligkeit zum Zeitpunkt t_2. Abbildung 5.13 fasst die notwendigen Rechenschritte und Ergebnisse zusammen. Es zeigt sich, dass der so bestimmte Preis des Amerikanischen Call den des Europäischen übersteigt. Dies begründet sich aus der vorzeitigen Ausübung des Call zum Zeitpunkt t_1, falls der Aktienkurs den Wert 1748 annimmt.

Δ

Die im Beispiel 5.4 dargestellte Vorgehensweise lässt sich unmittelbar in einem Rechenalgorithmus zur Bewertung Amerikanischer Optionen im Binomialmodell umsetzen. Wird beispielsweise eine Amerikanische Call-Option betrachtet, so dient der Wert dieser Option bei Fälligkeit, d.h. zum Zeitpunkt t_N als Anfangswert des Rückwärtsalgorithmus. Zum Zeitpunkt t_N beträgt die verbleibende Restlaufzeit der Option Null. Der Wert einer Amerikanischen Option stimmt somit mit der Auszahlung einer Europäischen Option zu diesem Zeitpunkt überein. Wie in Beispiel 5.4 wird eine konstante proportionale Dividendenrate δ angenommen, d.h. $D = \delta$. Die Dividendenrate δ ist natürlich wie der Zinssatz von der Periodenlänge abhängig. Die Realisationen des Aktienkurses im Binomialmodell zum Zeitpunkt t_N, nach N Perioden, sind somit für $j = 0, \ldots, N$ gegeben durch:

$$S(N, j) := (1 - \delta)^N S(t_0) u^j d^{N-j}.$$

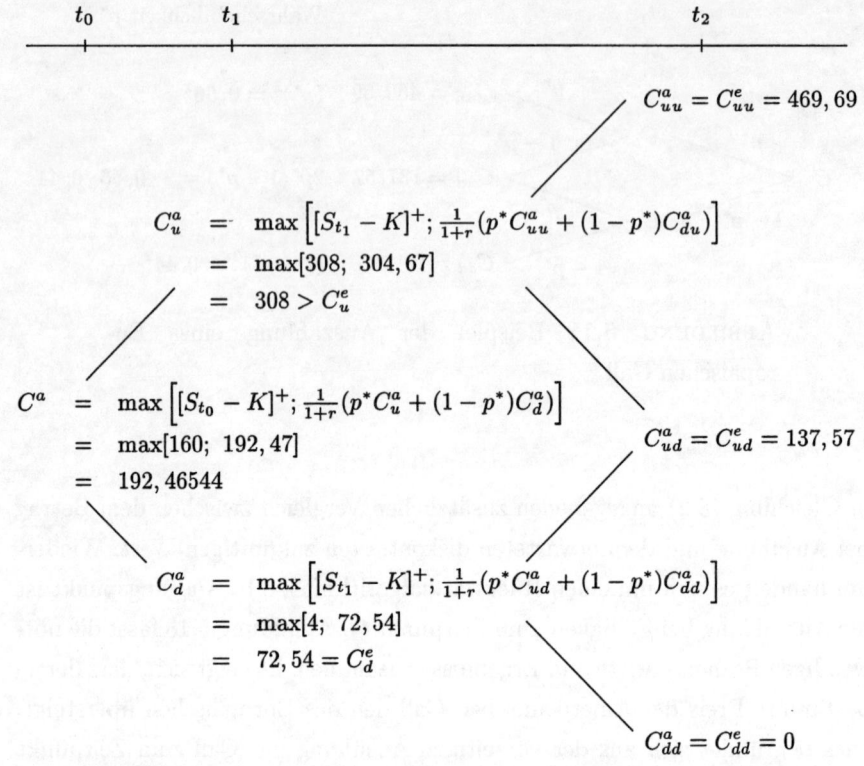

$$C_u^a = \max\left[[S_{t_1} - K]^+; \tfrac{1}{1+r}(p^*C_{uu}^a + (1-p^*)C_{du}^a)\right]$$
$$= \max[308;\ 304,67]$$
$$= 308 > C_u^e$$

$$C^a = \max\left[[S_{t_0} - K]^+; \tfrac{1}{1+r}(p^*C_u^a + (1-p^*)C_d^a)\right]$$
$$= \max[160;\ 192,47]$$
$$= 192,46544$$

$$C_d^a = \max\left[[S_{t_1} - K]^+; \tfrac{1}{1+r}(p^*C_{ud}^a + (1-p^*)C_{dd}^a)\right]$$
$$= \max[4;\ 72,54]$$
$$= 72,54 = C_d^e$$

$$C_{uu}^a = C_{uu}^e = 469,69$$

$$C_{ud}^a = C_{ud}^e = 137,57$$

$$C_{dd}^a = C_{dd}^e = 0$$

ABBILDUNG 5.13. Beispiel der Auszahlung eines Amerikanischen Call

Entsprechend ist der Wert der Amerikanischen Call-Option $C_a(N,j)$ zum Zeitpunkt t_N gleich

$$C_a(N,j) := [(1-\delta)^N S(t_0)u^j d^{N-j} - K]^+ \quad \text{für } j = 0,\dots,N.$$

Zu jedem Zeitpunkt $t_i < t_N$ ist der Arbitragepreis der Amerikanischen Call-Option gleich dem Maximum zwischen dem inneren Wert und dem erwarteten diskontierten zukünftigen Wert unter dem Martingalmaß. Dies kann nun in einen rückwärtigen Rechenalgorithmus zur Berechnung des Arbitragepreises umgesetzt werden. Bezeichnet hierzu $C_a(i,j)$ den Wert der Amerikanischen Call-Option zum Zeitpunkt t_i falls der Aktienkurs gleich $(1-\delta)^i S(t_0)u^j d^{i-j}$

ist. Für $i = N - 1, N - 2, \ldots, 0$ und $j = 0, \ldots, i$ gilt dann

$$C_a(i,j) := \max \Big\{ \big[(1 - \delta)^i S(t_0) u^j d^{i-j} - K\big]^+ ;$$

$$\frac{1}{1 + r} \left[p^* C_a(i + 1, j + 1) + (1 - p^*) C_a(i + 1, j) \right] \Big\},$$

wobei $p^* = \frac{(1+r)-d}{u-d}$ ist. Der Wert $C_a(0,0)$ ist gleich dem Arbitragepreis der Amerikanischen Call-Option. Der entsprechende Algorithmus für Amerikanische Put-Optionen ergibt sich in analoger Weise vgl. Übungsaufgabe 5.3.

Tabelle 5.1 verdeutlicht den Unterschied zwischen dem Arbitragepreis einer Europäischen und Amerikanischen Call- und Put-Option im Binomialmodell für verschiedene Basispreise und Dividendenraten. Entsprechend der Aussage des Satzes von Merton besteht kein Unterschied zwischen dem Arbitragepreis einer Europäischen und Amerikanischen Call-Option falls keine Dividendenzahlungen erfolgen. Wird jedoch die Dividende erhöht, so gilt dies für die Call-Option nicht mehr, d.h. die Möglichkeit der vorzeitigen Ausübung bedingt eine zusätzliche Prämie. Die Differenz zwischen dem Arbitragepreis einer Europäischen und einer Amerikanischen Call-Option steigt in der Höhe der Dividende. Die Arbitragepreise der Put-Option verhalten sich umgekehrt. Vorzeitige Ausübung bedingt selbst bei einer Devidendenhöhe von Null eine zusätzliche Prämie. Für sehr hohe Dividendenraten verschwindet diese Differenz jedoch fast vollständig. Darüber hinaus weisen die Binomialwerte für beide Optionen auf kein monotones Konvergenzverhalten in der Anzahl N der Perioden hin.

5.4. Grenzwertresultat des Binomialmodells

Die Problematik, die eine diskrete Beschreibung in sich birgt, ist in Abschnitt 5.3 angesprochen. Eine stetige, d.h. kontinuierliches Handeln zulassende Beschreibung ist ebenfalls nur als Approximation der Realität zu verstehen. Sie bietet jedoch den Vorteil, dass sie nicht in dem Maße an im vorhinein festgelegte Handelszeitpunkte gebunden ist wie die bisherige Vorgehensweise. Eine weitere Möglichkeit, diese einschränkende Voraussetzung zu beseitigen, wäre durch eine zufallsabhängige Festlegung der Handelszeitpunkte denkbar. Ein solches Vorgehen wirft jedoch analytische Schwierigkeiten auf und wird hier nicht weiter verfolgt.

Call-Option

N	Basis	Dividende $\delta = 0\%$		Dividende $\delta = 5\%$		Dividende $\delta = 7\%$	
		Europ.	Amerik.	Europ.	Amerik.	Europ.	Amerik.
100	90	15,4743	15,4743	11,4337	11,6524	9,9988	10,8586
250	90	15,47	15,47	11,4328	11,6516	9,9996	10,8606
500	90	15,467	15,467	11,4346	11,6531	10,0026	10,8626
1000	90	15,4669	15,4669	11,4353	11,6536	10,0017	10,8624
100	100	8,5764	8,5764	5,6935	5,758	4,7434	5,0045
250	100	8,5855	8,5855	5,69	5,7542	4,7402	5,0047
500	100	8,5886	8,5886	5,6877	5,7519	4,7385	5,0032
1000	100	8,5901	8,5901	5,6873	5,7515	4,7394	5,004
100	110	4,0724	4,0724	2,3708	2,3883	1,8797	1,9515
250	110	4,0688	4,0688	2,3789	2,3959	1,8773	1,9505
500	110	4,074	4,074	2,3769	2,394	1,8779	1,951
1000	110	4,0744	4,0744	2,3783	2,3953	1,8783	1,9515

Put-Option

N	Basis	Dividende $\delta = 0\%$		Dividende $\delta = 5\%$		Dividende $\delta = 7\%$	
		Europ.	Amerik.	Europ.	Amerik.	Europ.	Amerik.
100	90	1,0849	1,1866	1,9237	1,9377	2,3746	2,3747
250	90	1,0806	1,1832	1,9214	1,9349	2,3727	2,3728
500	90	1,0777	1,1811	1,9228	1,936	2,3748	2,3748
1000	90	1,0775	1,1807	1,9232	1,9364	2,3735	2,3735
100	100	3,6993	4,2268	5,6959	5,7608	6,6315	6,6323
250	100	3,7085	4,2304	5,691	5,7554	6,6256	6,6264
500	100	3,7115	4,2315	5,6882	5,7525	6,623	6,6238
1000	100	3,7131	4,2321	5,6876	5,7518	6,6234	6,6242
100	110	8,7076	10,4858	11,8855	12,1032	13,2801	13,2858
250	110	8,704	10,4838	11,8921	12,1083	13,2749	13,2807
500	110	8,7092	10,4856	11,8897	12,1058	13,2746	13,2804
1000	110	8,7096	10,486	11,8909	12,1067	13,2746	13,2804

Parameter: $S(t_0) = 100, T - t_0 = 1$ Jahr, $r = 5\%$p.a.

Anpassung pro Periode:

$\Delta t := \frac{T - t_0}{N}, 1 + r(n) := \exp\{r \cdot \Delta t\}, \delta(n) := \exp\{\delta \cdot \Delta t\} - 1,$

$\sigma(n) := \sigma \cdot \sqrt{\Delta t}, u(n) := \exp\{\sigma(n) \cdot \sqrt{\Delta t}\}, d(n) := u(n)^{-1}$

TABELLE 5.1. Arbitragepreise Europäischer und Amerikanischer Call und Put-Optionen im Binomialmodell

Die bisherige Analyse ist davon ausgegangen, dass die Laufzeit T einer Option in N Zeitintervalle gleicher Länge aufzuteilen ist. Am Ende jedes Zeitintervalls erfolgt eine Änderung. Die Länge der Zeitintervalle ist somit festgelegt durch

$$h := \frac{T}{N} \quad \text{bzw.} \quad \left(= \frac{T - t_0}{N} \right) \quad \text{falls } t_0 > 0.$$

Für eine gegebene Laufzeit T drückt h bei Vergrößerung von N ein tägliches, stündliches oder minütliches Handeln aus. Das folgende Vorgehen besteht nun darin, h im Grenzwert gegen Null streben zu lassen, was immer dichter aufeinanderfolgenden Handelsdaten entspricht. Dazu ist es erforderlich, die bezüglich der Länge der Zeitintervalle definierten Parameter r, u und d sowie gegebenenfalls δ genauer zu betrachten.

Bisher gibt r der Zinssatz, bezogen auf eine Periode, an. Für eine feste Zeiteinheit, z.B. 1 Jahr, sei nun $\hat{r}$ der Zinssatz. Ist T die Laufzeit der Option, bezogen auf diese Einheit, z.B. $T = 3$ Monate $= \frac{1}{4}$ Jahre, so entspricht $(1+\hat{r})^T$ dem Zinssatz plus 1, bezogen auf die Laufzeit. In Abhängigkeit der Anzahl der Perioden stellt sich der periodische Zinssatz dar als

$$(5.3) \qquad\qquad 1 + r(N) := (1 + \hat{r})^{\frac{T}{N}}.$$

Ebenso ist es notwendig, die Proportionalitätsfaktoren des Aktienkurses in Abhängigkeit der Periodenlänge auszudrücken. Grundsätzlich sind zwei Ansätze möglich. Einerseits kann die Aktienkursentwicklung als ein Sprungprozess aufgefasst werden, d.h. plötzliche Sprünge beschränkter Höhe sind einbezogen. Für die Aktienkursentwicklung heißt dies, dass in kleinen Zeitintervallen durchaus relativ große Wertänderungen stattfinden können, der Prozess also unstetig ist. Andererseits kann, wie im folgenden, von einem stetigen Prozess ausgegangen werden, d.h. in kleinen Zeitintervallen sind nur kleine Wertveränderungen zugelassen. Die Aktienkursentwicklung ist dann als stetig in der Zeit modelliert.

Im Binomialmodell wird angenommen, dass, ausgehend von einem gegebenen Kurs S, dieser eine Periode später mit Wahrscheinlichkeit q zu uS ansteigt und mit Wahrscheinlichkeit $(1 - q)$ auf dS fällt. In einem nichtdegenerierten Modell muss $q \in]0,1[$ gelten. Der Proportionalitätsfaktor ist als Zufallsvariable beschreibbar, dessen Realisierung jedoch nicht vom Zeitpunkt abhängt. Ist S_{t_i} der Kurs in Periode $i < N$, dann ist der Faktor gegeben durch

$$\frac{S_{t_{i+1}}}{S_{t_i}} \qquad \forall 0 \le i < N.$$

Der erwartete lokale Proportionalitätsfaktor pro Periode beträgt unter der Wahrscheinlichkeit q

$$E\left[\frac{S_{t_{i+1}}}{S_{t_i}} \Big| S_{t_i}\right] = q \cdot u + (1-q)d$$

bzw. falls die logarithmierte Größe betrachtet wird

$$(5.4) \qquad E\left[\ln\left(\frac{S_{t_{i+1}}}{S_{t_i}}\right) \Big| S_{t_i}\right] = q \cdot \ln u + (1-q)\ln d = q \cdot \ln\left(\frac{u}{d}\right) + \ln d.$$

Ebenso gilt für die lokale Varianz

$$(5.5) \qquad V\left[\ln\left(\frac{S_{t_{i+1}}}{S_{t_i}}\right) \Big| S_{t_i}\right] = q(1-q)[\ln u - \ln d]^2 = q(1-q)\left[\ln\frac{u}{d}\right]^2.$$

Allgemein lassen sich lokale Aussagen, wie sie bezüglich des Erwartungswertes und der Varianz in den Gleichungen (5.4) und (5.5) gegeben sind, nicht unmittelbar auf die unbedingten, d.h. globalen Werte übertragen. Im Binomialmodell ist dies jedoch möglich. Die Zufallsvariable $\ln\left(\frac{S_{t_{i+1}}}{S_{t_i}}\right)$ ist zu jedem Zeitpunkt t_i binomialverteilt, d.h. insgesamt ist der logarithmierte Proportionalitätsfaktor im Binomialmodell identisch und unabhängig verteilt. Bezogen auf die gesamte Veränderung R^* über die Laufzeit T ergibt sich für

$$R^*(N) := R^* = \frac{S_T}{S_{t_0}} = \frac{S_{t_1}}{S_{t_0}} \cdot \frac{S_{t_2}}{S_{t_1}} \cdots \frac{S_{t_N}}{S_{t_{N-1}}},$$

$$E[\ln R^*] = N[q \ln u + (1-q)\ln d],$$

$$V[\ln R^*] = Nq(1-q)\left[\ln\frac{u}{d}\right]^2.$$

Analog zum Zinssatz wird für eine feste Zeiteinheit, z.B. 1 Jahr, die logarithmierte erwartete Preisänderung der Aktienkursentwicklung und deren Varianz betrachtet. Beide Werte beziehen sich auf die zukünftige Aktienkursentwicklung.

Aufgabe ist es nun, die Parameter u und d so zu wählen, dass die modellierte Kursentwicklung mit zunehmender Verfeinerung vorgegebene Größen des Erwartungswertes und der Varianz annähert, d.h. es soll gelten

$$(5.6) \qquad \lim_{N \to \infty} E[\ln R^*] = \mu T, \qquad \lim_{N \to \infty} V[\ln R^*] = \sigma^2 T,$$

wobei μ und σ diese Größen darstellen. Ziel ist es, die Veränderung der Aktienkursentwicklung vollständig durch diesen Erwartungswert und diese Varianz zu beschreiben. Dabei ist speziell angenommen, dass die beiden Parameter μ und σ über den betrachteten Zeitraum konstant sind. Eine Möglichkeit besteht darin, die gesuchten Proportionalitätsfaktoren pro Periode $u(N)$ und $d(N)$ reziprok zu wählen, d.h. $u(N) = d(N)^{-1}$. Gesucht ist nun eine Festlegung von $u(N)$, so dass die Grenzwertforderungen (5.6) erfüllt sind. Die Parameter u und d müssen nun in Abhängigkeit von N spezifiziert werden. Eine spezielle Festlegung, die, wie gezeigt wird, das Gewünschte leistet, lautet:

$$(5.7) \qquad u(N) := \exp\left\{\sigma\sqrt{\frac{T}{N}}\right\} \text{ und } d(N) := \exp\left\{-\sigma\sqrt{\frac{T}{N}}\right\}.$$

In einem ersten Schritt wird die das äquivalente Martingalmaß definierende Übergangswahrscheinlichkeit p^* für die obige Festlegung analysiert.

Proposition 5.6:

Für die Festlegung der Parameter $u(N), d(N)$ und $r(N)$ gemäß (5.7) und (5.3) gilt

$$a) \qquad \lim_{N\to\infty} p^*(N) := \lim_{N\to\infty} \frac{1 + r(N) - d(N)}{u(N) - d(N)} = \frac{1}{2}$$

$$b) \qquad p^*(N) \approx \frac{1}{2} + \frac{1}{2}\frac{\ln(1+\hat{r}) - \frac{1}{2}\sigma^2}{\sigma}\sqrt{\frac{T}{N}}.$$

Beweis:

a) Nach Voraussetzung gilt für die Übergangswahrscheinlichkeit p^*

$$p^*(N) := \frac{1 + r(N) - d(N)}{u(N) - d(N)} = \frac{\exp\left\{\frac{T}{N}\ln(1+\hat{r})\right\} - \exp\left\{-\sigma\sqrt{\frac{T}{N}}\right\}}{\exp\left\{\sigma\sqrt{\frac{T}{N}}\right\} - \exp\left\{-\sigma\sqrt{\frac{T}{N}}\right\}}.$$

Mit

$$f(x) := \exp\{x^2\ln(1+\hat{r})\} - \exp\{-x\sigma\}$$

$$g(x) := \exp\{\sigma x\} - \exp\{-\sigma x\}$$

sind zwei beliebig oft differenzierbare Funktionen gegeben. Insbesondere gilt $\lim_{x\to 0} f(x) = 0 = \lim_{x\to 0} g(x)$.

Nach der Regel von l'Hopital ist der gesuchte Grenzwert gleich:

$$\lim_{x\to 0}\frac{f(x)}{g(x)} = \lim_{x\to 0}\frac{f'(x)}{g'(x)}.$$

Differenzieren nach x ergibt

$$f'(x) = \frac{\partial f(x)}{\partial x} = 2x\ln(1+\hat{r})\exp\{x^2\ln(1+\hat{r})\} + \sigma\exp\{-x\sigma\} \xrightarrow[x\to 0]{} \sigma$$

$$g'(x) = \frac{\partial g(x)}{\partial x} = \sigma\exp\{x\sigma\} + \sigma\exp\{-x\sigma\} \xrightarrow[x\to 0]{} 2\sigma$$

$$\Rightarrow \quad \lim_{x\to 0}\frac{f(x)}{g(x)} = \frac{\sigma}{2\sigma} = \frac{1}{2}$$

$$\Rightarrow \quad \lim_{N\to\infty} p^*(N) = \frac{1}{2}, \text{ da } \{p^*(N)\}_N \text{ eine Teilfolge aus } \left\{\frac{f(x)}{g(x)}\right\}_{x\to 0} \text{ ist.}$$

b)

$$p^*(N) = \frac{1 + r(N) - d(N)}{u(N) - d(N)}$$

$$= \frac{1}{2}\left[\frac{u(N) - d(N)}{u(N) - d(N)}\right] + \frac{1 + r(N) - \frac{1}{2}(u(N) + d(N))}{u(N) - d(N)}$$

$$= \frac{1}{2} + \frac{\exp\{\frac{T}{N}\ln(1+\hat{r})\} - \frac{1}{2}(\exp\{\sigma\sqrt{\frac{T}{N}}\} + \exp\{-\sigma\sqrt{\frac{T}{N}}\}}{\exp\{\sigma\sqrt{\frac{T}{N}}\} - \exp\{-\sigma\sqrt{\frac{T}{N}}\}}.$$

Für große N approximiert das Taylorpolynom der Ordnung 2 die Exponentialfunktion, d.h. Terme ab der Ordnung 3 werden vernachlässigt.

$$p^*(N) \approx \frac{1}{2} + \frac{1 + \frac{T}{N}\ln(1+\hat{r}) - \frac{1}{2}\left(1 + \sigma\sqrt{\frac{T}{N}} + \frac{\sigma^2}{2}\frac{T}{N} + 1 - \sigma\sqrt{\frac{T}{N}} + \frac{\sigma^2}{2}\frac{T}{N}\right)}{1 + \sigma\sqrt{\frac{T}{N}} + \frac{\sigma^2}{2}\frac{T}{N} - \left(1 - \sigma\sqrt{\frac{T}{N}} + \frac{\sigma^2}{2}\frac{T}{N}\right)}$$

$$= \frac{1}{2} + \frac{\frac{T}{N}\ln(1+\hat{r}) - \frac{1}{2}\sigma^2\frac{T}{N}}{2\sigma\sqrt{\frac{T}{N}}}$$

$$= \frac{1}{2} + \frac{1}{2}\frac{\ln(1+\hat{r}) - \frac{1}{2}\sigma^2}{\sigma}\sqrt{\frac{T}{N}}.$$

$\square$

Proposition 5.6 ermöglicht es nun, die in (5.6) angegebene Grenzwertforderung für eine spezielle Wahrscheinlichkeitsverteilung, nämlich die Martingalwahrscheinlichkeit P^*, zu überprüfen.

$$\lim_{N \to \infty} E_{P^*}[\ln R^*]$$

$$= \lim_{N \to \infty} N \left(p^* \ln u + (1 - p^*) \ln d\right) = \lim_{N \to \infty} N \left(\ln d + p^* \ln \frac{u}{d}\right)$$

$$(5.8) \quad = \lim_{N \to \infty} N \left(-\sigma \sqrt{\frac{T}{N}} + \left(\frac{1}{2} + \frac{1}{2} \frac{\ln(1 + \hat{r}) - \frac{1}{2}\sigma^2}{\sigma} \sqrt{\frac{T}{N}}\right) 2\sigma \sqrt{\frac{T}{N}}\right)$$

$$= \lim_{N \to \infty} N \left(\ln(1 + \hat{r}) - \frac{1}{2}\sigma^2\right) \frac{T}{N} = \left(\ln(1 + \hat{r}) - \frac{1}{2}\sigma^2\right) T$$

Dies bedeutet, dass unter der Martingalwahrscheinlichkeit P^* der Grenzwert für den Mittelwert (Driftrate) $\mu \cdot T$ festgelegt ist durch $\mu = \ln(1 + \hat{r}) - \frac{1}{2}\sigma^2$. Diese Aussage bezieht sich natürlich nur auf das äquivalente Martingalmaß P^*. Unter einer anderen Wahrscheinlichkeitsverteilung würde sich ein anderer Mittelwert einstellen. Das äquivalente Martingalmaß besitzt jedoch für die Bewertung eine herausragende Bedeutung, da arbitragefreie Preise sich als Erwartungswerte der diskontierten zukünftigen Auszahlung unter P^* darstellen.

$$\lim_{N \to \infty} V_{P^*}[\ln R^*(N)] = \lim_{N \to \infty} N \left(p^*(1 - p^*) \left(\ln \frac{u}{d}\right)^2\right)$$

$$(5.9) \quad = \lim_{N \to \infty} N \left(\frac{1}{4} - \frac{1}{4} \left(\frac{\ln(1 + \hat{r}) - \frac{1}{2}\sigma^2}{\sigma}\right)^2 \frac{T}{N}\right) 4\sigma^2 \frac{T}{N}$$

$$= \lim_{N \to \infty} \sigma^2 T - \left(\ln(1 + \hat{r}) - \frac{1}{2}\sigma^2\right)^2 \frac{T^2}{N} = \sigma^2 T$$

Der Parameter σ wird als die *Volatilität* der Wertpapierentwicklung bezeichnet. Er entspricht der Standardabweichung der logarithmierten Kurssteigerung und wird auf annualisierter Basis angegeben.

An die bisherigen Überlegungen knüpfen zwei Fragen unmittelbar an:

• Welche Verteilung für den Aktienkurs wird im Grenzwert durch das Binomialmodell angenähert?

• Welche Optionspreise ergeben sich als Grenzwert der Binomialformel für Europäische Call- und Put-Optionen?

Satz 5.3:

Ist T ein fest vorgegebener Zeitpunkt und gibt $\frac{T}{N}$ die Intervallbreite zweier aufeinanderfolgender Handelszeitpunkte an, so genügt in einem pfadunabhängigen Binomialmodell für die Aktienkursentwicklung $\{S_t\}$ mit $u(N) = \exp\left\{\sigma\sqrt{\frac{T}{N}}\right\}$, $d(N) = u(N)^{-1}$ und $p^*(N) = \frac{1+r(N)-d(N)}{u(N)-d(N)}$ die logarithmierte proportionale Kursänderung

$$\ln\frac{S(T)}{S(t_0)} = \ln R^*(N) = \sum_{j=1}^{N} \ln\frac{S_{t_j}}{S_{t_{j-1}}}$$

dem Zentralen Grenzwertsatz, d.h.

$$prob\left[\frac{\ln R^* - E_{p^*}[\ln R^*]}{\sqrt{V_{p^*}[\ln R^*]}} \leq z\right] \xrightarrow[N \to \infty]{} N(z) \quad \forall z \in \mathbb{R}$$

mit $\quad N(z) := \frac{1}{\sqrt{2\pi}} \int_{-\infty}^{z} \exp\left\{\frac{-x^2}{2}\right\} dx.$

Beweis:

Für den Nachweis des Zentralen Grenzwertsatzes genügt es, die Ljapunoff-Bedingung zu überprüfen (vgl. Bauer (1978), S. 268f.), d.h. die Behauptung ist bewiesen, falls ein $\delta > 0$ existiert, so dass

$$\lim_{N \to \infty} \frac{1}{s_N^{2+\delta}} \sum_{j=1}^{N} E_{p^*}\left[\left|\ln\frac{S_{t_j}}{S_{t_{j-1}}} - \eta_j\right|^{2+\delta}\right] = 0,$$

wobei $\quad \eta_j = E_{p^*}\left[\ln\frac{S_{t_j}}{S_{t_{j-1}}}\right] = p^* \ln u + (1-p^*)\ln d =: \hat{\mu}$

$\qquad\quad s_N^2 = V_{p^*}[\ln R^*(N)] = Np^*(1-p^*)\left(\ln\frac{u}{d}\right)^2 =: N\hat{\sigma}^2.$

Für $\delta = 1$ berechnet sich der Wert der endlichen Summe zu:

$$\begin{aligned}
L(N) &:= \frac{1}{s_N^3} \sum_{j=1}^{N} E_{p^*}\left[\left|\ln\frac{S_{t_j}}{S_{t_{j-1}}} - \eta_j\right|^3\right] \\
&= \left(\frac{1}{N\hat{\sigma}^2}\right)^{\frac{3}{2}} \sum_{j=1}^{N} p^* |(\ln u - \hat{\mu}|^3 + (1-p^*)|\ln d - \hat{\mu}|^3 \\
&= \frac{N}{N\sqrt{N}\hat{\sigma}^3} \left(p^* |\ln u - \hat{\mu}|^3 + (1-p^*)(|\ln d - \hat{\mu}|)^3\right).
\end{aligned}$$

Aus der Definition der Variable $\hat{\mu}$ und den Annahmen an u und d ergibt sich:

$$
\begin{aligned}
|\ln u - \hat{\mu}|^3 &= |\ln u - (p^* \ln u + (1 - p^*) \ln d)|^3 \\
&= (1 - p^*)^3 \left| \ln \frac{u}{d} \right|^3 = 8(1 - p^*)^3 \sigma^3 \left(\frac{T}{N} \right)^{\frac{3}{2}},
\end{aligned}
$$

$$
\begin{aligned}
|\ln d - \hat{\mu}|^3 &= |\ln d - (p^* \ln u + (1 - p^*) \ln d)|^3 \\
&= p^{*3} \left| \ln \frac{d}{u} \right|^3 = 8 p^{*3} \sigma^3 \left(\frac{T}{N} \right)^{\frac{3}{2}}.
\end{aligned}
$$

Der Wert der endlichen Summe ist somit gleich

$$
\begin{aligned}
L(N) &= \frac{1}{\hat{\sigma}^3 \sqrt{N}} \left[p^* (1 - p^*)^3 + (1 - p^*) p^{*3} \right] \sigma^3 \left(\frac{T}{N} \right)^{\frac{3}{2}} \cdot 8 \\
&= \frac{1}{\sqrt{N}} \frac{(\sigma^2 T)^{\frac{3}{2}}}{(\hat{\sigma}^2 N)^{\frac{3}{2}}} p^* (1 - p^*) \left((1 - p^*)^2 + p^{*2} \right) \cdot 8.
\end{aligned}
$$

Gemäß Proposition 5.6 und Gleichung (5.9) gilt für den Grenzwert

$$
\lim_{N \to \infty} p^* = \lim_{N \to \infty} \frac{(1 + r(N)) - d(N)}{u(N) - d(N)} = \frac{1}{2}
$$

$$
\lim_{N \to \infty} N \hat{\sigma}^2 = \lim_{N \to \infty} N p^*(N)(1 - p^*(N)) \left(\ln \frac{u(N)}{d(N)} \right)^2 = \sigma^2 T
$$

und somit $\lim_{N \to \infty} L(N) = 0$. $\qquad\qquad \square$

Mit Satz 5.3 ist gezeigt, dass die standardisierte Zufallsvariable

$$
(5.10) \qquad X(N) := \frac{\ln \frac{S_T}{S_{t_0}} - E_{P^*} \left[\ln \left(\frac{S_T}{S_{t_0}} \right) \right]}{\sqrt{V_{P^*} \left[\ln \left(\frac{S_T}{S_{t_0}} \right) \right]}}
$$

unter dem äquivalenten Martingalmaß im Binomialmodell asymptotisch normalverteilt ist. Hierbei sind der Grenzwert des Erwartungswertes und der Varianz unter dem äquivalenten Martingalmaß gemäß den Gleichungen (5.8) und (5.9) bestimmt. Die asymptotische Verteilung des Aktienkurses unter dem Martingalmaß ist gegeben durch

$$
\lim_{N\to\infty} P^*[S_T \le z] = \lim_{N\to\infty} P^* \left[X(N) \le \frac{\ln\left(\frac{z}{S_{t_0}}\right) - E_{P^*}\left[\ln\left(\frac{S_T}{S_{t_0}}\right)\right]}{\sqrt{V_{P^*}\left[\ln\left(\frac{S_T}{S_{t_0}}\right)\right]}} \right]
$$

$$
= \int_{-\infty}^{\frac{\ln\left(\frac{z}{S_{t_0}}\right) - (\ln(1+\hat{r}) - \frac{1}{2}\sigma^2)T}{\sigma\sqrt{T}}} \frac{1}{\sqrt{2\pi}} \exp\left\{ -\frac{x^2}{2} \right\} dx
$$

$$
= \int_0^z \frac{1}{\sqrt{2\pi\sigma^2 T}} \frac{1}{u} \exp\left\{ -\frac{\left(\ln\left(\frac{u}{S_{t_0}}\right) - (\ln(1+\hat{r}) - \frac{1}{2}\sigma^2)\,T\right)^2}{2\sigma^2 T} \right\} du
$$

$$
=: \int_0^z \rho^*(u)du,
$$

wobei die Substitution $u(x) = S_{t_0}(1 + \hat{r})^T \exp\{x\sigma\sqrt{T} - \frac{1}{2}\sigma^2 T\}$ verwendet wird. Da der Logarithmus des Aktienkurses zum Zeitpunkt T asymptotisch normalverteilt ist, ist der Aktienkurs S_T im Binomialmodell unter dem Martingalmaß asymptotisch lognormalverteilt (vgl. auch Beispiel 4.3, S. 108). Hierbei gibt $\rho^*(u)$ die Dichte der Lognormalverteilung an, wobei σ die Volatilität und $\ln(1 + \hat{r}) - \frac{1}{2}\sigma^2$ die Driftrate darstellen. Es wird sich später zeigen (Abschnitt 7.4), dass die durch die Dichtefunktion $\rho^*(u)$ definierte Wahrscheinlichkeitsverteilung das Martingalmaß des zum Binomialmodell zugehörigen Grenzwertmodells angibt. Insbesondere ist der für den Zeitpunkt T erwartete diskontierte Aktienkurs unter der Dichte $\rho^*(u)$ gleich dem Aktienkurs S_{t_0} zum Zeitpunkt t_0.

$$
\lim_{N\to\infty} E_{P^*}\left[\frac{S_T}{(1+\hat{r})^T} \right] = \frac{1}{(1+\hat{r})^T} \int_0^{+\infty} u\rho^*(u)du
$$

$$
= \frac{1}{(1+\hat{r})^T} \int_0^{+\infty} u \frac{1}{\sqrt{2\pi\sigma^2 T}} \frac{1}{u} \exp\left\{ -\frac{\left(\ln\left(\frac{u}{S_{t_0}(1+\hat{r})^T}\right) - \frac{1}{2}\sigma^2 T\right)^2}{2\sigma^2 T} \right\} du
$$

$$= S_{t_0} \int\limits_{0}^{+\infty} \frac{u}{S_{t_0}(1+\hat{r})^T} \frac{1}{\sqrt{2\pi\sigma^2 T}} \frac{1}{u} \exp\left\{ -\frac{\left(\ln\left(\frac{u}{S_{t_0}(1+\hat{r})^T} \right) - \frac{1}{2}\sigma^2 T \right)^2}{2\sigma^2 T} \right\} du$$

$$= S_{t_0} \int\limits_{0}^{+\infty} \frac{1}{\sqrt{2\pi\sigma^2 T}} \frac{1}{u}$$

$$\cdot \exp\left\{ \ln\left(\frac{u}{S_{t_0}(1+\hat{r})^T} \right) - \frac{\left(\ln\left(\frac{u}{S_{t_0}(1+\hat{r})^T} \right) - \frac{1}{2}\sigma^2 T \right)^2}{2\sigma^2 T} \right\} du$$

$$= S_{t_0} \int\limits_{0}^{+\infty} \frac{1}{\sqrt{2\pi\sigma^2 T}} \frac{1}{u} \exp\left\{ -\frac{\left(\ln\left(\frac{u}{S_{t_0}(1+\hat{r})^T} \right) + \frac{1}{2}\sigma^2 T \right)^2}{2\sigma^2 T} \right\} du$$

$$= S_{t_0} \int\limits_{-\infty}^{+\infty} \frac{1}{\sqrt{2\pi}} \exp\left\{ -\frac{x^2}{2} \right\} dx = S_{t_0}$$

Abbildung 5.14 verdeutlicht die in Satz 5.3 nachgewiesene Konvergenzeigenschaft des Aktienkurses im Binomialmodell. Für verschiedene Intervallbreiten $h = \frac{T}{N}$ ist die Verteilung des Aktienkurses unter dem äquivalenten Martingalmaß durch ein Histogramm wiedergegeben. Wie in der deskriptiven Statistik üblich, ergeben die jeweiligen Realisationen des Aktienkurses die Intervallmittelpunkte des Histogramms. Der Grenzwert der Histogramme für $N \to \infty$ entspricht der Dichtefunktion $\rho^*(u)$ der Lognormalverteilung bzw. der standardisierten Normalverteilung im Fall der standardisierten Variable $X(N)$ gemäß Gleichung (5.10). Abschließend wird nun die zweite Frage beantwortet, d.h. die Konvergenz der arbitragefreien Bewertungsformel für Europäische Call- und Put-Optionen im Binomialmodell untersucht.

Satz 5.4:

Für $u(N) = \exp\left\{ \sigma\sqrt{\frac{T}{N}} \right\} = d(N)^{-1}$ konvergiert die Bewertungsformel einer Europäischen Call-Option bezüglich einer dividendengeschützten Aktie gegen die Black-Scholes-Formel, d.h. gegen

$$Call_e[S_{t_0}, K, t_0, T] = S_{t_0} N(d_1) - K(1+\hat{r})^{-T} N(d_2)$$

$$mit \qquad d_1 = \frac{\ln\left(\frac{S_{t_0}}{K(1+\hat{r})^{-T}} \right) + \frac{1}{2}\sigma^2(T-t_0)}{\sigma\sqrt{T-t_0}}$$

$$d_2 = d_1 - \sigma\sqrt{T-t_0},$$

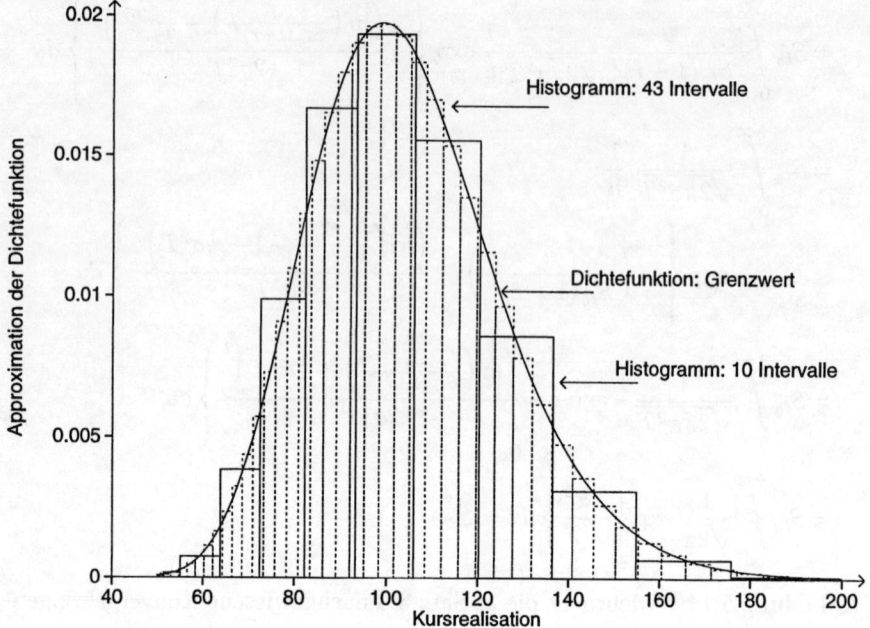

ABBILDUNG 5.14. Verteilungskonvergenz im Binomialmodell: $S_{t_0} = 100, \hat{r} = 6\%, T = 1, \sigma = 20\%$.

wobei K den Basispreis, $T - t_0$ die Restlaufzeit der Option und $\hat{r}$ den Zinssatz pro Jahr angeben.

Beweis:

Zur Vereinfachung der Notation sei wie zuvor $t_0 = 0$. Aus Proposition 5.2 ergibt sich der Preis einer Europäischen Call-Option in einem Binomialmodell mit N Perioden zu

$$
\begin{aligned}
\text{Call}_e[S_{t_0}, K, t_0, T] &= S_{t_0} \sum_{j=a}^{N} \binom{N}{j} \left(\frac{u}{1+r}\, p^* \right)^j \left(\frac{d}{1+r}\, (1 - p^*) \right)^{N-j} \\
&\quad - \frac{N}{(1+r)^N} \sum_{j=a}^{N} \binom{N}{j} (p^*)^j (1 - p^*)^{N-j} \\
&= S_{t_0} \Phi_N(a, N, p') - K(1 + \hat{r})^{-N} \Phi_N(a, N, p^*),
\end{aligned}
$$

wobei $p' := \dfrac{u}{1+r}p^*$ und a gleich der kleinsten nicht-negativen ganzen Zahl größer als $\ln\left(\frac{K}{Sd^N}\right)\big/\ln\frac{u}{d}$ sind. Es genügt zu zeigen, dass für $N \to \infty$ gilt:

$$\Phi_N[a, N, p'] \to N(d_1) \quad ; \quad \Phi_N[a, N, p^*] \to N(d_2).$$

Der Ausdruck $\Phi_N[a; N, p^*]$ steht für die Wahrscheinlichkeit, dass eine Summe von N unabhängigen, 0-1-verteilten Zufallsvariablen größer oder gleich a ist. Die Wahrscheinlichkeit, mit der eine 1 beobachtet wird, ist p^*. Sei $j(N)$ also die Summe von N unabhängigen, 0-1-verteilten Zufallsvariablen, so gilt

$$
\begin{aligned}
1 - \Phi_N[a; N, p^*] &= \text{prob}[j(N) \le a - 1] \\
&= \text{prob}\left[\frac{j(N) - Np^*}{\sqrt{Np^*(1-p^*)}} \le \frac{a - 1 - Np^*}{\sqrt{Np^*(1-p^*)}}\right].
\end{aligned}
$$

Die Verteilung der zu betrachtenden Größen besitzt nun die folgenden Eigenschaften:[4]

- $\ln R^* = \ln\left(\dfrac{S_T}{S_{t_0}}\right) \doteq j(N)\ln\left(\dfrac{u}{d}\right) + N\ln d$

$$E_{p^*}[\ln R^*] = Np^*\ln\left(\frac{u}{d}\right) + N\ln d$$

$$V_{p^*}[\ln R^*] = Np^*(1-p^*)\ln\left(\frac{u}{d}\right)^2$$

- $\dfrac{j(N) - Np^*}{\sqrt{Np^*(1-p^*)}} = \dfrac{j(N)\ln\frac{u}{d} - Np^*\ln\frac{u}{d} + N\ln d - N\ln d}{\sqrt{Np^*(1-p^*)\left(\ln\frac{u}{d}\right)^2}}$

$$\doteq \frac{\ln R^* - E_{p^*}[\ln R^*]}{\sqrt{V_{p^*}[\ln R^*]}},$$

- es existiert ein $\epsilon \in [0, 1[$ mit

$$a - 1 = \ln\frac{K}{Sd^N}\bigg/\ln\frac{u}{d} - \epsilon \quad \text{und } a - 1 \in \mathbb{N}.$$

$$
\begin{aligned}
\Rightarrow \quad \frac{a - 1 - Np^*}{\sqrt{Np^*(1-p^*)}} &= \frac{\ln\frac{K}{S_{t_0}} - N\ln d - \epsilon\ln\frac{u}{d} - Np^*\ln\frac{u}{d}}{\sqrt{Np^*(1-p^*)\left(\ln\frac{u}{d}\right)^2}} \\
&= \frac{\ln\frac{K}{S_{t_0}} - E_{p^*}[\ln R^*] - \epsilon\ln\frac{u}{d}}{\sqrt{V_{p^*}[\ln R^*]}}.
\end{aligned}
$$

---

[4]Zwei Zufallsvariablen X und Y heißen in Verteilung gleich, kurz $X \doteq Y$, falls $\text{prob}[X \le a] = \text{prob}[Y \le a]$ für alle a.

Insgesamt ist die gesuchte Wahrscheinlichkeit somit gleich

$$\text{prob}[j(N) \leq a-1] = \text{prob}\left[\frac{\ln R^* - E_{p^*}[\ln R^*]}{\sqrt{V_{p^*}[\ln R^*]}} \leq \frac{\ln \frac{K}{S_{t_0}} - E_{p^*}[\ln R^*] - \epsilon \ln \frac{u}{d}}{\sqrt{V_{p^*}[\ln R^*]}}\right].$$

Gemäß Satz 5.3 ist die Zufallsvariable $\frac{\ln R^* - E_{p^*}[\ln R^*]}{\sqrt{V_{p^*}[\ln R^*]}}$ asymptotisch standard-normalverteilt und mit den Konvergenzeigenschaften (5.8) und (5.9) folgt

$$\lim_{N \to \infty} E_{p^*}[\ln R^*] - \epsilon \ln \frac{u}{d} = \ln(1+\hat{r})^T - \frac{1}{2}\sigma^2 T$$

$$\lim_{N \to \infty} V_{p^*}[\ln R^*] = \sigma^2 T$$

$$\Rightarrow \quad 1 - \Phi_N[a, N, p^*] = \text{prob}[j(N) \leq a - 1] \underset{N \to \infty}{\longrightarrow} N(-d_2)$$

$$\Leftrightarrow \quad \Phi_N[a, N, p^*] = 1 - \text{prob}[j(N) \leq a - 1] \underset{N \to \infty}{\longrightarrow} 1 - N(-d_2) = N(d_2).$$

Eine analoge Argumentation liefert $\Phi_N[a, N, p'] \to N(d_1)$, wobei nun der Erwartungswert und die Varianz unter p' betrachtet werden. Es lässt sich zeigen

$$p' \approx \frac{1}{2} + \frac{1}{2}\frac{\ln(1+\hat{r}) + \frac{1}{2}\sigma^2}{\sigma}\sqrt{\frac{T}{N}} \underset{N \to \infty}{\longrightarrow} \frac{1}{2}$$

$$\text{und} \quad \lim_{N \to \infty} E_{p'}[\ln R^*] = \left(\ln(1+\hat{r}) + \frac{1}{2}\sigma^2\right) T$$

$$\lim_{N \to \infty} V_{p'}[\ln R^*] = \sigma^2 T$$

$$\Rightarrow \quad 1 - \Phi_N(a; N, p') = \text{prob}\left[\frac{j(N) - E_{p'}(j(N))}{\sqrt{V_{p'}[j(N)]}} \leq \frac{a - 1 - E_{p'}(j(N))}{\sqrt{V_{p'}[j(N)]}}\right]$$

$$= \text{prob}\left[\frac{\ln R^* - E_{p'}[\ln R^*]}{\sqrt{V_{p'}[\ln R^*]}} \leq \frac{\ln \frac{K}{S_{t_0}} - E_{p'}[\ln R^*] - \epsilon \ln \frac{u}{d}}{\sqrt{V_{p'}[\ln R^*]}}\right].$$

Für $p'(N)$ ist der Satz 5.3, d.h. die Konvergenzaussage, wiederum gültig (der Beweis benötigt nur die Konvergenz von $p(N)$ gegen eine Konstante in $]0,1[$), d.h. die standardisierte Zufallsvariable ist wiederum approximativ normalverteilt. Zusammenfassend gilt somit

$$1 - \Phi_N(a, N, p') \to N(-d_1). \qquad \square$$

Aus dem Beweis der Grenzwertformel für das Binomialmodell leitet sich eine wichtige und interessante Interpretation ab. Wie im Binomialmodell so auch im Grenzwert sind die Portfoliogewichte des die Auszahlung duplizierenden Portfolios unmittelbar aus der Formel ablesbar. Die arbitragefreie

Bewertungsformel für eine Europäische Call-Option bezüglich einer dividendengeschützten Aktie S im Grenzwert des Binomialmodells lautet

$$\text{Call}_e[S_{t_0}, K, t_0, T] \quad = \quad S_{t_0} N(d_1) - K(1+\hat{r})^{-(T-t_0)} N(d_2),$$

$$d_1 \quad := \quad \frac{\ln \frac{S_{t_0}}{K(1+\hat{r})^{-T}} + \frac{1}{2}\sigma^2(T-t_0)}{\sigma\sqrt{T-t_0}},$$

$$d_2 \quad := \quad d_1 - \sigma\sqrt{T-t_0}.$$

Hierbei ist $N(d_1)$ der Grenzwert der Hedgeratio im Binomialmodell, gibt also die Anzahl der zu kaufenden Aktien an, die sich im Grenzwert des Binomialmodells einstellt. Ebenso ist $K(1+\hat{r})^{-(T-t_0)} N(d_2)$ gleich dem Nennwert der Kreditaufnahme zum annualisierten Zinssatz $\hat{r}$ mit Rückzahlung in T. Über die Put-Call-Parität bestimmt sich der Grenzwert der Binomialformel für eine Europäische Put-Option bezüglich einer dividendengeschützten Aktie zu

$$\text{Put}_e[S_{t_0}, K, t_0, T] \quad = \quad \text{Call}_e[S_{t_0}, K, t_0, T] - S_{t_0} + K(1+\hat{r})^{-(T-t_0)}$$

(5.11)
$$= \quad K(1+\hat{r})^{-(T-t_0)}(1 - N(d_2)) - S_{t_0}(1 - N(d_1))$$

$$= \quad K(1+\hat{r})^{-(T-t_0)} N(-d_2) - S_{t_0} N(-d_1).$$

Hierbei besitzen die einzelnen Gleichungsterme die analoge Interpretation wie im Fall der Call-Option, d.h. sie geben die Grenzwerte der Hedgeratio (hier eine short position) und der Geldanlage des Binomialmodells an. Gleichung (5.11) ist die Black-Scholes-Formel für den Preis einer Europäischen Put-Option über einem dividendengeschützten Wertpapier.

Aus den Black-Scholes-Formeln für Europäische Call- und Put-Optionen bezüglich eines dividendengeschützten Wertpapiers leitet sich ebenfalls die Grenzwertformel einiger Exotischer Optionen her. Die Grundlage der in Tabelle 5.2 angegebenen Grenzwertformeln sind die Aussagen der Proposition 5.4. Darüber hinaus ist die konstante Zahlung c einer Pay Later Option, d.h. einer Gap Option mit Wert Null, im Grenzwert des Binomialmodells gleich

$$c = \frac{(1+\hat{r})^{(T-t_0)} S_{t_0} N(d_1)}{N(d_2)}$$

und für einen Pay Later Put gleich

$$c = \frac{(1+\hat{r})^{(T-t_0)} S_{t_0} N(-d_1)}{N(-d_2)}.$$

cash or nothing Call	CN-Call $[S, K, t_0, T, c]$	$= c(1+r)^{-(T-t_0)} N(d_2)$
cash or nothing Put	CN-Put $[S, K, t_0, T, c]$	$= c(1+r)^{-(T-t_0)} N(-d_2)$
asset or nothing Call	AN-Call $[S, K, t_0, T]$	$= S_{t_0} N(d_1)$
asset or nothing Put	AN-Put $[S, K, t_0, T]$	$= S_{t_0} N(-d_1)$
Gap Call	Gap-Call $[S, K, t_0, T, c]$	$= S_{t_0} N(d_1) - c(1+r)^{-(T-t_0)} N(d_2)$
Gap Put	Gap Put $[S, K, t_0, T, c]$	$= c(1+r)^{-(T-t_0)} N(-d_2) - S_{t_0} N(-d_1)$

$$d_1 := \left(\ln \left(\frac{S_{t_0}}{K(1+r)^{-(T-t_0)}} \right) + \tfrac{1}{2}\sigma^2(T-t_0) \right) \bigg/ \sigma\sqrt{T-t_0}, \; d_2 := d_1 - \sigma\sqrt{T-t_0}$$

TABELLE 5.2. Black-Scholes-Formeln für cash und asset or nothing sowie für Gap Optionen

Weiterführende Literatur

Das Binomialmodell zur Bewertung von Aktienoptionen findet sich in den beiden Originalartikeln von Cox, Ross und Rubinstein (1979b) sowie Rendleman und Bartter (1979). Einige Erweiterungen, wie die Berücksichtigung proportionaler Transaktionskosten oder Dividenden, die Möglichkeit vorzeitiger Ausübung und die algorithmische Bewertung einer down-and-out Option werden in Cox und Rubinstein (1985) diskutiert. Eine weitere Darstellung des Binomialmodells findet sich in dem Übersichtsartikel von Trautmann (1995). Das Binomialmodell ist einerseits eine Methode zur numerischen Berechnung eines Optionspreises bzw. der Lösung einer partiellen Differentialgleichung. Andererseits erweist es sich als geeigneter Modellrahmen, die Grundlagen der Bewertung unter Abwesenheit von Arbitrage darzustellen. Bensaid, Lesne, Pagès und Scheinkman (1992) nutzten das Binomialmodell unter expliziter Berücksichtigung der Transaktionskosten zur Bewertung von Optionen und zur Formulierung geeigneter Portfoliostrategien. Eine wichtige Anwendung des Binomialmodells ist die Bewertung Amerikanischer Optionen. Interessante und die Konvergenzeigenschaften vergleichende Arbeiten sind Amin und Khanna (1994), Broadie und Detemple (1996), Reimer (1997) sowie Leisen (1998). Die Konvergenzeigenschaften wie die Konvergenzgeschwindigkeit der Bewertung verschiedener Optionsverträge im Binomialmodell werden sowohl von den Vertragseigenschaften wie auch der Definition der Parameter des Modells beeinflusst. Eine klare, umfassende und vergleichende Diskussion der verschiedenen Modellspezifikationen liefern Leisen und Reimer (1996).

Wichtige Beiträge, die sich mit der Konvergenz des Binomialmodells und Erweiterungen hinsichtlich Trinomialmodellen befassen, sind Boyle (1988), Madan, Milne und Shefrin (1989), He (1990), Amin (1991) und Tian (1993).

Übungsaufgaben

Aufgabe 5.1:

Bestimmen Sie in einem Binomialmodell den Arbitragepreis und die Hedge-strategie der gemeinsamen Auszahlung einer Europäischen Call-Option mit Basispreis 295,74 und einer Europäischen Put-Option mit Basispreis 266,02. Die Restlaufzeit der Optionen beträgt zwei Perioden. Der aktuelle Kurs des zugrundeliegenden dividendengeschützten Wertpapiers ist gleich 250, die Werte der Proportionalitätsfaktoren lauten 1,14 bzw. 0,98 und der Zinssatz pro Periode beträgt 8%.

Aufgabe 5.2:

Beweisen Sie die Aussage der Proposition 5.5, S 178.

Aufgabe 5.3:

Geben Sie auf der Grundlage der Rückwärtsinduktion einen Rechenalgorithmus zur Bestimmung des Arbitragepreises einer Amerikanischen Put-Option in einem arbitragefreien Binomialmodell mit konstanten Parametern u, d, und r an.

Aufgabe 5.4:

Zeigen Sie in einem Binomialmodell mit proportionaler Dividendenzahlung, dass es vorteilhaft ist, eine Call-Option vorzeitig auszuüben, falls der Wert der Dividende den diskontierten Ertrag aus der Anlage des Basispreises übersteigt.

KAPITEL 6

Anwendung des Binomialmodells auf Barrier Optionen und verwandte Vertragsformen

Ziel ist es, die in Abschnitt 3.1 dargestellten Schrankenoptionen im Rahmen des Binomialmodells zu bewerten und die entsprechende Hedgestrategie zu bestimmen. Die diskrete Struktur des Binomialmodells ermöglicht es, rekursive Berechnungsverfahren für die entsprechenden Verträge herzuleiten. Diese Verfahren sind insofern von Interesse, da sie sich unmittelbar für die Bewertung einer Vielzahl von Vertragsvarianten verallgemeinern lassen. Darüber hinaus kann für einige Verträge eine Binomialformel hergeleitet werden, deren Struktur der Binomialformel für Europäische Call- und Put-Optionen gleicht. Analog den Überlegungen zum Grenzwert der Bewertungsformel für Europäische Standardoptionen in Abschnitt 5.4 ist es weiter möglich, für einige Vertragsformen die Grenzwerte zu bestimmen. Insofern bietet das Binomialmodell einen methodisch einfachen Zugang zu einer Reihe bekannter Bewertungsformeln für Exotische Optionen im Black-Scholes-Modell.

6.1. Rekursive Algorithmen

In einem arbitragefreien und vollständigen Finanzmarktmodell ist der Arbitragepreis jeder zustandsabhängigen Auszahlung gleich ihrem erwarteten diskontierten Wert unter dem äquivalenten Martingalmaß. Handelt es sich um ein diskretes Modell, so lässt sich in Fortsetzung der Überlegungen zur Bewertung Amerikanischer Optionen (vgl. S. 181ff.) auch für Barrier Optionen ein Rechenverfahren ableiten, das rekursiv den Arbitragepreis einer gegebenen Auszahlung bestimmt. Das grundsätzliche Problem der Auszahlung einer Barrier Option ist deren Abhängigkeit von der Kursentwicklung. Es ist somit nicht möglich, die Auszahlung einzig aus der Kenntnis des Schlusskurses

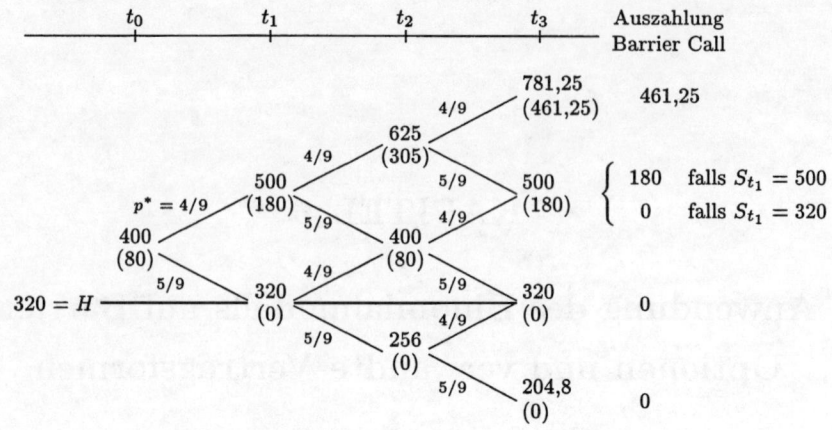

ABBILDUNG 6.1. Beispiel eines Binomialmodells mit Barrier Option

zu bestimmen. Vielmehr wird diese zusätzlich von einer Kursschranke beeinflusst, d.h. von einer Bedingung an den Kursverlauf des zugrundeliegenden
Wertpapiers.

▽ **Beispiel 6.1:**

Die Kursentwicklung einer Aktie genüge einem Binomialmodell mit konstanten Parametern $u = 1,25$ und $d = 0,8$. Der Initialkurs der Aktie ist
400 und der periodische Zinssatz r betrage Null. Abbildung 6.1 gibt u.a. die
Kursentwicklung der Aktie und die Auszahlung einer Europäischen down-
and-out Call-Option mit Basispreis $K = 320$, Kursschranke $H = 320$ und
Endfälligkeit in t_3 wieder. Die algorithmische Bewertung der down-and-out
Call-Option muss berücksichtigen, dass der Wert der Option gleich Null ist,
falls die Kursschranke berührt oder unterschritten wird. Dies führt zu folgen-
dem rekursiven Rechenverfahren:

$$X(3,j) := \begin{cases} \left[u^j d^{3-j} S_{t_0} - K\right]^+ & \text{falls } u^j d^{3-j} S_{t_0} > H \\ 0 & \text{falls } u^j d^{3-j} S_{t_0} \le H \end{cases} \quad \forall j = 0,\dots,3$$

und für $n = 2,1,0, j = 0,\dots,n$

$$X(n,j) := \begin{cases} \frac{1}{1+r}\left[p^* X(n+1,j+1) + (1-p^*)X(n+1,j)\right] & \text{falls } u^j d^{n-j} S_{t_0} > H \\ 0 & \text{falls } u^j d^{n-j} S_{t_0} \le H. \end{cases}$$

Die Werte des rekursiven Algorithmus sind in Klammern (vgl. Abbildung
6.1) angegeben. Der Arbitragepreis der Option ist gleich $X(0,0) = 80$.   ▵

Wie Beispiel 6.1 zeigt, kann die Bewertung einer Europäischen Barrier Option per *Rückwärtsinduktion* erfolgen. Allgemein stellt sich dieser Algorithmus für Europäische down-and-out Call- oder Put-Optionen mit einer Kursschranke H und Fälligkeit zum Zeitpunkt $T = t_u$ wie folgt dar:

$X_T(n,j)$ bezeichnet den Wert einer down-and-out Option, die zum Zeitpunkt $t_n \in \underline{T} = \{0 = t_0 < t_1 < \cdots < t_N = T\}$ emittiert wird und die die Fälligkeit $t_N = T$ besitzt, wobei der Aktienkurs zum Zeitpunkt t_n gleich $S_{t_0} u^j d^{n-j}$ ist. Der Wert $X_T(n,j)$ stimmt mit dem Arbitragepreis einer zum Zeitpunkt $t < t_n$ emittierten down-and-out Option überein, falls die Kursschranke bis zum Zeitpunkt t_n noch nicht berührt oder unterschritten wurde. Der Algorithmus besitzt somit die folgende Gestalt:

- Zum Zeitpunkt t_N gilt für alle $j = 0, \ldots, N$

$$(6.1) \quad X_T(N,j) := \begin{cases} \left[S_{t_0} u^j d^{N-j} - K\right]^+ \text{ bzw. } \left[K - S_{t_0} u^j d^{N-j}\right]^+ \\ \qquad \text{falls} \quad S_{t_0} u^j d^{N-j} > H \\ 0 \qquad \text{falls} \quad S_{t_0} u^j d^{N-j} \le H. \end{cases}$$

- Für alle Zeitpunkte $t_n \in \underline{T} \backslash \{t_N\}$ und $j = 0, \ldots, n$

$$(6.2) \quad X_T(n,j) := \begin{cases} \frac{1}{1+r} \left[p^* X_T(n+1, j+1) + (1-p^*) X_T(n+1, j)\right] \\ \qquad \text{falls} \quad S_{t_0} u^j d^{n-j} > H \\ 0 \qquad \text{falls} \quad S_{t_0} u^j d^{n-j} \le H. \end{cases}$$

Das Prinzip der Rückwärtsinduktion beruht auf der Martingaleigenschaft des diskontierten Preisprozesses der Option und auf der Vollständigkeit des Marktes. In gleicher Weise ergeben sich die Algorithmen für Europäische up-and-out Optionen. Darüber hinaus ermöglicht es eine kleine Modifikation, diese Algorithmen auch für die Berechnung des Arbitragepreises Amerikanischer up-and-out bzw. down-and-out Optionen anzuwenden. Z.B. für eine Amerikanische down-and-out Call-Option oder Put-Option muss die rekursive Berechnung in (6.2) ersetzt werden durch

$$X_T(n,j) := \begin{cases} \max \ \{S_{t_0} u^j d^{n-j} - K; \\ \qquad \frac{1}{1+r} [p^* X_T(n+1, j+1) + (1-p^*) X_T(n+1, j)]\} \\ \qquad \qquad \text{falls} \quad S_{t_0} u^j d^{n-j} > H \\ 0 \qquad \qquad \text{falls} \quad S_{t_0} u^j d^{n-j} \le H, \end{cases}$$

wobei die Anfangsbedingung (6.1) unverändert bleibt.

Die Bewertung von Barrier Optionen des "in"-Typs bedarf einer anderen Vorgehensweise. Einerseits ist es möglich, den Arbitragepreis Europäischer up-and-in bzw. down-and-in Optionen aufgrund der engen Preisbeziehung zwischen Europäischen Standardoptionen und Barrier Optionen (vgl. Proposition 3.1) indirekt durch die dargestellten Algorithmen zu bestimmen. So ist der Arbitragepreis eines Europäischen up-and-in Put gleich der Differenz zwischen dem Arbitragepreis des sonst identischen Europäischen Put und des entsprechenden up-and-out Put. Andererseits gelten diese Beziehungen jedoch nur für Europäische Optionen und nicht für Optionen amerikanischen Typs. Mit Blick auf die Bewertung Amerikanischer Optionen ist es deshalb notwendig, eigene Algorithmen anzugeben. Diese beruhen natürlich wieder auf den entsprechenden Algorithmen für Optionen europäischen Typs.

∇ **Beispiel 6.2:**

Als Beispiel für die Überlegungen, die zu einem rekursiven Bewertungsalgorithmus für "in"-Optionen führen, dient eine down-and-in Put-Option. Es ist vorausgesetzt, dass die untere Kursschranke H mit einer Realisation des Schlusskurses übereinstimmt, d.h. es existiert eine ganze Zahl $J_H \in \mathbb{N}$ mit $H = S_{t_0} u^{J_H} d^{N-J_H}$. Zusätzlich wird für die Proportionalitätsfaktoren im Binomialmodell $u \cdot d = 1$ angenommen. Aufgrund dieser Symmetrieeigenschaft ist nun $N - 2J_H$ gleich der kleinsten Zahl von direkten Abwärtsbewegungen im Wertpapierkurs, so dass die Kursschranke H berührt wird. Da H eine untere Kursschranke ist $(H < S_{t_0})$, gilt $N - 2J_H > 0$. Falls der Aktienkurs zum Zeitpunkt t_n mit der Kursschranke H übereinstimmt, entspricht eine zu diesem Zeitpunkt emittierte Europäische down-and-in Option der entsprechenden Europäischen Standardoption. Mit dieser Vorbemerkung ist der Bewertungsalgorithmus einer Europäischen down-and-in Put-Option bestimmt durch:

- Zum Zeitpunkt t_N gilt für alle $j = 0, \ldots, N$

$$(6.3) \qquad X_T(N, j) := \begin{cases} 0 & \text{falls } S_{t_0} u^j d^{N-j} > H \\ \left[K - S_{t_0} u^j d^{N-j}\right]^+ & \text{falls } S_{t_0} u^j d^{N-j} \leq H. \end{cases}$$

- Für alle Zeitpunkte $t_n \in \underline{T} \setminus \{t_N\}$ und $j = 0, \ldots, n$

$$(6.4) \quad X_T(n,j) := \begin{cases} \frac{1}{1+r} [p^* X_T(n+1, j+1) + (1 - p^*) X_T(n+1, j)] \\ \qquad\qquad\qquad\qquad\qquad \text{falls } S_{t_0} u^j d^{n-j} \neq H \\ \left(\frac{1}{1+r}\right)^{N-n} \sum_{i=0}^{N-n} \binom{N-n}{i} (p^*)^i (1 - p^*)^{N-n-i} \\ \left[K - S_{t_0} u^{j+i} d^{N-(j+i)} \right]^+ \text{ falls } S_{t_0} u^j d^{n-j} = H. \end{cases}$$

Handelt es sich um eine Amerikanische down-and-in Put-Option, so muss die Berechnung etwas modifiziert werden. Die Startbedingung (6.3) bleibt unverändert, hingegen erhält die rekursive Berechnung (6.4) die Form

$$A_T(N, j) := \left[K - S_{t_0} u^j d^{N-j} \right]^+$$

$$A_T(n, j) := \max \left\{ K - S_{t_0} u^j d^{n-j}; \right.$$

$$\left. \frac{1}{1+r} [p^* A_T(n+1, j+1) + (1 - p^*) A_T(n+1, j)] \right\}$$

$$X_T(n,j) := \begin{cases} \frac{1}{1+r} [p^* X_T(n+1, j+1) + (1 - p^*) X_T(n+1, j)] \\ \qquad\qquad\qquad \text{falls} \quad S_{t_0} u^j d^{n-j} > H \\ A_T(n, j) \qquad\qquad \text{falls} \quad S_{t_0} u^j d^{n-j} = H \\ \max \left\{ K - S_{t_0} u^j d^{n-j}; \right. \\ \left. \frac{1}{1+r} [p^* X_T(n+1, j+1) + (1 - p^*) X_T(n+1, j)] \right\} \\ \qquad\qquad\qquad \text{falls} \quad S_{t_0} u^j d^{n-j} < H. \end{cases}$$

Hierbei stimmt der Wert von $A_T(n, j)$ mit dem einer sonst identischen Amerikanischen Put-Option überein, die zum Zeitpunkt t_n noch nicht vorzeitig ausgeübt wurde.

$$\Delta$$

Ähnliche Algorithmen berechnen den Arbitragepreis Europäischer und Amerikanischer Barrier-Optionen des "in"-Typs. Einschränkend sei jedoch an dieser Stelle bemerkt, dass auch für Barrier Optionen eine Aussage, wie sie der Satz von Merton formuliert, übertragen werden kann (vgl. Proposition 6.2,S. 225).

Für die in Tabelle 3.1 aufgeführten Grundformen der Barrier Option ermöglichen die angesprochenen Algorithmen die Berechnung des Arbitragepreises. Noch nicht erfasst sind jedoch die Vertragsvarianten, die eine Rückvergütung (Rebate) vorsehen, und die Klasse der Binary-Optionen. Im wesentlichen besitzen die zugehörigen Bewertungsalgorithmen eine ähnliche

Struktur. Zwei mögliche Auszahlungsvarianten sind für die Herleitung von besonderem Interesse. Hierbei handelt es sich um die sogenannte *payment at hit,* d.h. Auszahlung unmittelbar bei Erfüllung der Schrankenbedingung, und die *payment at expiry* Situation. Die nachfolgenden Beispiele verdeutlichen die Struktur der algorithmischen Bewertung in beiden Fällen.

∇ **Beispiel 6.3:**

Der in Beispiel 3.5, S. 71 angesprochene *Hit-Call* des Schweizerischen Bankvereins ist eine up-and-in cash at hit Binary-Option. Wie der Name sagt, erhält der Halter des Optionsrechtes eine feste Rückvergütung R, falls die obere Kursschranke H berührt oder überschritten wird. Die Rückvergütung wird unmittelbar bei Erfüllung der Schrankenbedingung ausbezahlt. Der rekursive Algorithmus zur Bewertung dieser Option geht davon aus, dass eine symmetrische Modellierung der Kursdynamik vorliegt, d.h. $u \cdot d = 1$. Weiter ist die Kursschranke H als ein möglicher Schlusskurs angenommen. Es existiert somit ein $J_H \in \mathbb{N}$ mit $H = S_{t_0} u^{J_H} d^{N-J_H}$. Da $H > S_{t_0}$, ist $2J_H - N > 0$ und gleich der minimalen Anzahl von unmittelbaren Aufwärtsbewegungen des Kurses, die zu einem Berühren der Kursschranke führen. Stimmt H nicht mit einem möglichen Schlusskurs überein, so existiert entweder ein $\tilde{J}_H \in \mathbb{N}$, so dass $H = S_{t_0} u^{\tilde{J}_H} d^{N-1-\tilde{J}_H}$, oder kein möglicher Aktienkurs stimmt mit der Kursschranke überein. Der erste Fall hat keinen Einfluß auf die Struktur des Bewertungsalgorithmus. Im zweiten Fall erfolgt die Bewertung relativ zu einer erhöhten Kursschranke H, die gleich dem minimalen möglichen Kurs zu den Zeitpunkten t_N und t_{N-1} ist, der größer als die tatsächliche Kursschranke ist. Hierin drückt sich die Ungenauigkeit des Binomialmodells aus. Ist nun H ein möglicher Kurs des Binomialmodells, so berechnet sich der Arbitragepreis einer *up-and-in cash at hit Binary-Option* aus der folgenden Rekursion:

- Zum Zeitpunkt t_N gilt für alle $j = 0, \ldots, N$

$$X_T(N, j) := \begin{cases} c & \text{falls } S_{t_0} u^j d^{N-j} \geq H \\ 0 & \text{falls } S_{t_0} u^j d^{N-j} < H. \end{cases}$$

- Für alle Zeitpunkte $t_n \in \underline{T} \backslash \{t_N\}$ und $j = 0, \ldots, n$

$$X_T(n, j) := \begin{cases} \frac{1}{1+r} \; [p^* X_T(n+1, j+1) + (1-p^*) X_T(n+1, j)] \\ \qquad\qquad\qquad\qquad \text{falls} \quad S_{t_0} u^j d^{n-j} \neq H \\ c \qquad\qquad\qquad \text{falls} \quad S_{t_0} u^j d^{n-j} = H. \end{cases}$$

Analog berechnen sich die down-and-in cash at hit- oder die asset at hit-Vertragsformen.

—————————————————————————————————— △

▽ Beispiel 6.4:

Bestandteil der in Beispiel 3.6, S. 74 diskutierten *COOL-Option* ist eine down-and-out cash or nothing at expiry Binary-Option. Die Bewertung dieses Vertragsbestandteils wirft das Problem der Diskontierung auf. Während bei einer Auszahlung at hit der rekursive Algorithmus die Auszahlung mit einem für diesen Zeitpunkt relevanten Diskontfaktor versieht, gilt für den Fall der Zahlung bei Fälligkeit der gleiche Diskontfaktor, unabhängig vom Zeitpunkt, zu dem die Kursschranke erreicht wurde. Da das Binomialmodell einen konstanten Zinssatz pro Periode voraussetzt, berechnet der folgende, unter den gleichen Annahmen wie in Beispiel 6.3 gültige Algorithmus den Arbitragepreis einer down-and-out cash or nothing at expiry Binary Option mit Kursschranke H:

- Zum Zeitpunkt t_N gilt für alle $j = 0, \ldots, N$

$$X_T(N,j) := \begin{cases} c & \text{falls } S_{t_0} u^j d^{N-j} > H \\ 0 & \text{falls } S_{t_0} u^j d^{N-j} \leq H. \end{cases}$$

- Für alle Zeitpunkte $t_n \in \underline{T} \setminus \{t_0\}$ und $j = 0, \ldots, n$

$$X_T(n,j) := \begin{cases} p^* X_T(n+1,j+1) + \ (1-p^*) X_T(n+1,j) \\ \qquad\qquad \text{falls } S_{t_0} u^j d^{n-j} > H \\ \qquad 0 \qquad\qquad \text{falls } S_{t_0} u^j d^{n-j} \leq H. \end{cases}$$

Der Arbitragepreis der down-and-out cash or nothing at expiry Binary Option ist dann gleich $(1+r)^{-N} X_T(0,0)$.

Bezogen auf die rekursive Bewertung einer COOL-Option kann die erarbeitete Vorgehensweise auch an dem in Abbildung 6.1 gegebenen Zahlenbeispiel verdeutlicht werden. Wie in Beispiel 6.1 genüge die Kursentwicklung einer Aktie einem Binomialmodell mit $u = 1,25$ und $d = 0,8$. Weiter sei der Initialkurs der Aktie gleich 400 und der Zinssatz pro Periode gleich Null. Die das äquivalente Martingalmaß definierende Übergangswarscheinlichkeit ist somit gleich $p^* = \frac{4}{9}$.

Bewertet werden soll ein COOL-Call mit Basispreis $K = 606,29$, einer Rückvergütung von $R = 21,87$, falls die untere Kursschranke $H = 330$ nicht unterschritten wird, mit Fälligkeit in t_3. Entsprechend

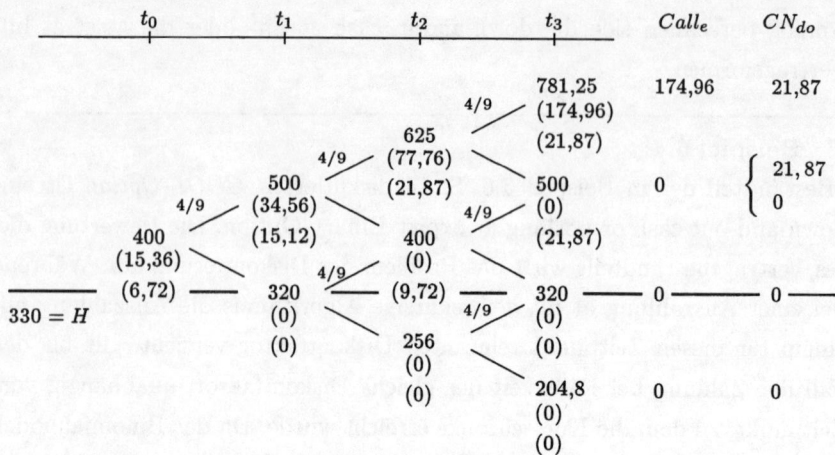

ABBILDUNG 6.2. Beispiel der Bewertung einer COOL-Option im Binomialmodell.

der allgemeinen Überlegung werden die Europäische Call-Option und die Binary Option getrennt betrachtet. Die Prämie des COOL-Call entspricht dann der Summe der Einzelprämien.

Abbildung 6.2 verdeutlicht die notwendigen rekursiven Rechenschritte. Unter den Kursnotierungen des Binomialmodells sind in Klammern die jeweiligen Optionswerte der Europäischen Call-Option und darunter diejenigen der down-and-out cash or nothing at expiry Binary Option (kurz CN_{do}) angegeben. Die Prämie der COOL-Option ergibt sich zu $15,36+6,72 = 22,08$. Da die Rückvergütung gleich $21,87$ ist, handelt es sich um eine Option die unter bestimmten Voraussetzungen fast kostenlos ist, wobei diese Eigenschaft eine Prämie von $6,72$ bedingt, also ca. 30,4% der Gesamtprämie ausmacht.

———————————————————————————————— Δ

6.2. Binomialformeln

Rekursive Algorithmen im Sinne der Rückwärtsinduktion sind eine Möglichkeit, den Arbitragepreis Europäischer oder Amerikanischer Barrier Optionen und verwandter Verträge zu berechnen. Aus diesen Algorithmen lässt sich jedoch nur schwer erkennen, ob und – wenn ja – wogegen der Arbitragepreis eines Vertrages konvergiert, falls die Länge der Zeitintervalle gegen

Null strebt. Nicht zuletzt aus diesem Grund ist es notwendig, entsprechende
Bewertungsformeln herzuleiten.

▽ **Beispiel 6.5:**

Die in Beispiel 6.1 dargestellte down-and-out Call-Option besitzt einen Arbitragepreis gleich 80. Dieser Preis wurde dort rekursiv bestimmt. Eine andere
Möglichkeit der Berechnung besteht in der Anwendung der Martingaleigenschaft. Sie besagt, dass der Arbitragepreis gleich dem erwarteten diskontierten Wert der Auszahlung unter dem Martingalmaß ist. Die Auszahlung der in
Abbildung 6.3 dargestellten down-and-out Call-Option ist gleich $[S_T - 320]^+$,
falls die Kursschranke $H = 320$ nicht berührt oder unterschritten wurde. Im
Beispiel führt der Kurspfad ($S_{t_0} = 400, S_{t_1} = 320, S_{t_2} = 400$ und $S_{t_3} = 500$)
zu einem Erlöschen des Optionsrechtes, obwohl der Schlusskurs größer als
der Basispreis K ist. Dies ist der einzige Kurspfad des Beispiels mit dieser
Eigenschaft. Definiert für $j = 0, \ldots, N$

- $A(j, H)$ die Anzahl der Kurspfade vom Kurs S_{t_0} zum Schlusskurs
  $S_{t_0} u^j d^{N-j}$, die die Kursschranke H weder berühren noch unterschreiten,

so ist der Arbitragepreis des down-and-out Call in einem symmetrischen Binomialmodell mit konstanten Parametern u, d und r gleich

$$\left(\frac{1}{1+r}\right)^N \sum_{j=0}^{N} A(j, H)(p^*)^j (1 - p^*)^{N-j} \left[S_{t_0} u^j d^{N-j} - K\right]^+.$$

Mit den Daten des Beispiels berechnet sich dieser Wert zu

$$\left(\frac{1}{1+0}\right)^3 \left[2 \cdot \left(\frac{4}{9}\right)^2 \frac{5}{9} \cdot 180 + 1 \cdot \left(\frac{4}{9}\right)^3 \cdot 481,25\right] = 80.$$

Die Berechnung des Initialhedge, d.h. des Hedgeportfolios zum Zeitpunkt t_0,
kann auf zwei Wegen erfolgen. Zum einen ist es möglich, von der terminalen
Auszahlung auszugehen und die gesamte Hedgestrategie zu bestimmen. Dies
ist aufwendig und zusätzlich müssen nun die Kurspfade getrennt betrachtet
werden. Andererseits ist es jedoch auch möglich, direkt die Kurse der Option
zum Zeitpunkt t_1 in Abhängigkeit des Aktienkurses zu ermitteln.

Da $dS_{t_0} = 320 = H$ ist, erlischt das Optionsrecht in diesem Fall, d.h. der
Wert der down-and-out Option ist gleich Null;

$$\text{Call}_{do}[dS_{t_0}, 320, t_1, t_3, 320] = 0.$$

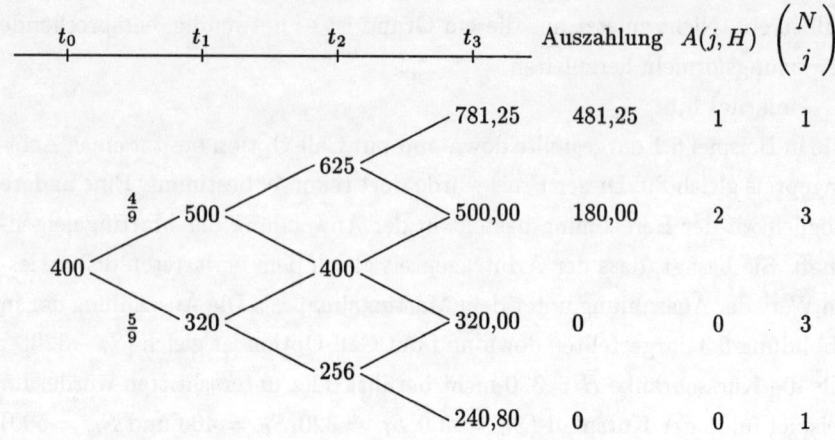

ABBILDUNG 6.3. Beispiel eines Binomialmodells mit Barrier Option

Analog den Überlegungen zum Zeitpunkt t_0 ist der Arbitragepreis der down-and-out Option zum Zeitpunkt t_1, falls der Kurs gleich 500 ist, gleich

$$\text{Call}_{do}[500, 320, t_1, t_3, 0, H = 320]$$

$$= 2 \cdot \frac{4}{9} \cdot \frac{5}{9} \cdot [500 - 320] + 1 \cdot \left(\frac{4}{9}\right)^2 [781, 25 - 320] = 180$$

Der Initialhedge ist gleich einem Portfolio $\Delta S + B$ zum Zeitpunkt t_0, falls für die Anzahl der Aktien Δ (Hedgeratio) und den zu leihenden Betrag B gilt

$$\Delta_0 S_{t_0} u + B_0 = 180 = \text{Call}_{do}[u S_{t_0}, 320, t_1, t_3, 320]$$

$$\Delta_0 S_{t_0} d + B_0 = 0 = \text{Call}_{do}[d S_{t_0}, 320, t_1, t_3, 320].$$

Das Hedgeportfolio ist somit gleich

$$\Delta_0 = \frac{\text{Call}_{do}[u S_{t_0}] - \text{Call}_{do}[d S_{t_0}]}{S(u - d)} = \frac{180 - 0}{400(1, 25 - 0, 8)} = 1$$

$$B_0 = -\Delta_0 S_{t_0} d = -320.$$

Wird nun ein anderer Basispreis betrachtet, so ändert sich die Auszahlung, hingegen bleibt die Anzahl der Pfade $A(j, H)$ unverändert. Für $K = 137, 75$ gilt beispielsweise

$$\text{Call}_{do}[400, 137, 75, t_1, t_3, 0, 320]$$

$$= 2 \cdot \left(\frac{4}{9}\right)^2 \frac{5}{9} \cdot 362, 25 + 1 \cdot \left(\frac{4}{9}\right)^3 \cdot 643, 5 = 136.$$

Die Hedgestrategie ergibt sich wiederum aus

$$\text{Call}_{do}[500, 137, 75, t_1, t_3, 320]$$

$$= \quad 2 \cdot \frac{4}{9} \cdot \frac{5}{9} \cdot [500 - 137, 75] + 1 \cdot \left(\frac{4}{9}\right)^2 [781, 25 - 137, 75] = 306$$

$$\text{zu} \quad \Delta_0 \quad = \quad \frac{\text{Call}_{do}[uS_{t_0}] - \text{Call}_{do}[dS_{t_0}]}{S_{t_0}(u - d)} \quad = \quad \frac{306 - 0}{400(1, 25 - 0, 8)} = 1, 7$$

$$B_0 \quad = \quad -\Delta_0 S_{t_0} d = -1, 7 \cdot 320 \quad = \quad -544.$$

Wieder gilt für den Initialwert des Hedgeportfolios

$$\Delta_0 \cdot S_o + B_0 \quad = \quad 1, 7 \cdot 400 - 544 = 136 = \text{Call}_{do}[400, 137, 75, t_0, t_3, 320] \; .$$

Im Unterschied zur Hedgeratio Δ_0 eines Europäischen Call kann die Hedge-ratio eines Europäischen down-and-out Call größer als 1 sein.

_____ Δ

Beispiel 6.5 zeigt, dass es für die Konstruktion der Lösungsformel einer Europäischen Barrier Option notwendig ist, die Anzahl der Kurspfade zu bestimmen, die zu einem bestimmten Schlusskurs führen, jedoch eine gegebene Kursschranke H nicht berühren. Wesentlich für die Berechnung dieser Anzahl ist die *Symmetrie* des Binomialmodells, die sich aus $u \cdot d = 1$ ergibt. Unter dieser Voraussetzung liefert das *Reflektionsprinzip* die gesuchte Anzahl.

Satz 6.1:

Genügt der stochastische Prozess des Aktienkurses $\{S_t\}_{t \in \underline{T}}$ einem symmetrischen Binomialmodell mit $S_{t_n} = S_{t_0} u^j d^{n-j} \; \forall t_n \in \underline{T} = \{t_0 < t_1 < \cdots < t_N\}$ und stimmt die Kursschranke H mit einem möglichen Aktienkurs zum Zeitpunkt t_N überein, d.h. existiert ein $J_H \in I\!N$ mit $H = S_{t_0} u^{J_H} d^{N-J_H}$, so gilt:

a) *Die Anzahl der Kurspfade vom Initialkurs S_{t_0} zum Schlusskurs $S_{t_N} = S_{t_0} u^j d^{N-j}$, die eine untere Kursschranke $H = S_{t_0} u^{J_H} d^{N-J_H} < S_{t_0}$ berühren oder unterschreiten, ist gleich*

$$A_d(j, J_H) := \begin{cases} \dbinom{N}{j} & \text{falls} \quad j \leq J_H \\[2mm] \dbinom{N}{2J_H - j} & \text{falls} \quad J_H \leq j \leq 2J_H \\[2mm] 0 & \text{falls} \quad 2J_H < j \; . \end{cases}$$

b) *Die Anzahl der Kurspfade vom Initialkurs S_{t_0} zum Schlusskurs $S_{t_N} = S_{t_0} u^j d^{N-j}$, die eine obere Kursschranke $H = S_{t_0} u^{J_H} d^{N-J_H} > S_{t_0}$ berühren oder überschreiten, ist gleich*

$$A_u(j, J_H) := \begin{cases} 0 & \text{falls} \quad j < \frac{J_H}{2} \\[2mm] \begin{pmatrix} N \\ 2J_H - j \end{pmatrix} & \text{falls} \quad \frac{J_H}{2} \leq j \leq J_H \\[2mm] \begin{pmatrix} N \\ j \end{pmatrix} & \text{falls} \quad j \geq J_H \ . \end{cases}$$

Beweis:

Der Beweis der Behauptung beruht auf dem Reflektionsprinzip.[1]

Gesucht ist die Anzahl der Kurspfade in einem symmetrischen Binomialmodell, die vom Kurs S_{t_0} zu einem Schlusskurs $S_{t_0} u^j d^{N-j}$ führen und die Kursschranke H berühren oder unterschreiten. Nach Voraussetzung existiert eine Zahl $J_H \in \mathbb{N}$ mit $H = S_{t_0} u^{J_H} d^{H-J_H}$. Sei

$$s := \left(S_{t_0}, S_{t_1}, \ldots, S_{t_n} = H, S_{t_{n+1}}, \ldots, S_{t_N} = S_{t_0} u^j d^{N-j} \right)$$

ein Kurspfad, der zum Zeitpunkt $t_n \in \underline{T}$ erstmals die Kursschranke H berührt. Es wird nun für eine feste Kursschranke H und einen festen Schlusskurs S_{t_N} die auf der Menge der H berührenden Kurspfade wie folgt definierte Abbildung betrachtet:

$$\begin{aligned} s \longmapsto \tilde{s} \ &:= \ \left(\tilde{S}_{t_0}, \tilde{S}_{t_1}, \ldots, \tilde{S}_{t_n}, \tilde{S}_{t_{n+1}}, \ldots, \tilde{S}_{t_N} \right) \\ &:= \ \left(\frac{H^2}{S_{t_0}}, \frac{H^2}{S_{t_1}}, \ldots, \frac{H^2}{S_{t_n}} = H, S_{t_{n+1}}, \ldots, S_{t_N} \right), \end{aligned}$$

wobei t_n der erste Zeitpunkt ist, zu dem der Kurspfad s die Schranke H berührt. Es handelt sich um eine eineindeutige (bijektive) Abbildung mit der Umkehrung

$$\tilde{s} \longmapsto s := \left(\frac{H^2}{\tilde{S}_{t_0}}, \ldots, \frac{H^2}{\tilde{S}_{t_n}}, \tilde{S}_{t_{n+1}}, \ldots, \tilde{S}_{t_N} \right).$$

Somit ist die Anzahl der Kurspfade von S_{t_0} zum Schlusskurs S_{t_N}, die den Kurs H berühren, gleich der Anzahl der Kurspfade, die den Ursprung $\tilde{S}_{t_0} = \frac{H^2}{S_{t_0}}$ besitzen und in S_{t_N} enden. Aus $H = S_{t_0} u^{J_H} d^{N-J_H} < S_{t_0}$, d.h. $N - 2J_H >$

---

[1]Vgl. hierzu z.B. Feller (1968, S.72f.)

0 folgt nun

$$\tilde{S}_{t_0} = S_{t_0} u^{2J_H} d^{2N-2J_H}$$

$$\tilde{S}_{t_N} = S_{t_0} u^j d^{N-j} = \tilde{S}_{t_0} u^{N-(2J_H-j)} d^{2J_H-j}.$$

Die Anzahl der Kurspfade von $\tilde{S}_{t_0}$ zum Schlusskurs $S_{t_N} = \tilde{S}_{t_N}$ ist somit gleich

$$A_d(j, J_H) := \begin{cases} \dbinom{N}{j} & \text{falls} \quad j \le J_H, \text{ d.h. } H > S_{t_N} \\ \dbinom{N}{2J_H - j} & \text{falls} \quad J_H \le j \le 2J_H \\ 0 & \text{falls} \quad 2J_H < j. \end{cases}$$

Die analoge Betrachtung führt auf das Ergebnis im Fall einer oberen Kursschranke $H = S_{t_0} u^{J_H} d^{N-J_H} > S_{t_0}$. Abbildung 6.4 verdeutlicht nochmals die Anwendung des Reflektionsprinzips in den beiden Fällen. Für eine gegebene feste Kursschranke lässt sich die durch die Abildung $s \longmapsto \tilde{s}$ definierte Vorschrift als Spiegelung desjenigen Teils des Pfades s an der Kursschranke interpretieren, der die Kursentwicklung bis zum ersten Berühren der Kursschranke wiedergibt. □

Eine unmittelbare Folge des Reflektionsprinzips ist die Bewertung bedingter Zustandswertpapiere. Hierbei handelt es sich um Zustands- oder Arrow-Debreu Wertpapiere im Sinne von Abschnitt 4.3, deren Auszahlung zusätzlich von einer Kursschranke abhängt. Zwei Spezialfälle besitzen für die Bewertung der Barrier Optionen eine übergeordnete Bedeutung. Sind $S_{t_N} = x$ ein vorgegebener Schlusskurs und H eine Kursschranke, so ist die Auszahlung eines down-and-in Zustandswertpapiers zum Zeitpunkt t_N bestimmt durch

$$g_d(x, H) := \begin{cases} 1 & \text{falls } S_{t_N} = x \text{ und } S_{t^*} \le H \text{ für ein } t^* \in \underline{\underline{T}} \\ 0 & \text{sonst.} \end{cases}$$

Analog ergibt sich die Auszahlung eines up-and-in Zustandswertpapiers zu

$$g_u(x, H) := \begin{cases} 1 & \text{falls } S_{t_N} = x \text{ und } S_{t^*} \ge H \text{ für ein } t^* \in \underline{\underline{T}} \\ 0 & \text{sonst.} \end{cases}$$

Der Arbitragepreis dieser (idealisierten) Wertpapiere lässt sich in einem symmetrischen Binomialmodell wieder durch Rückwärtsinduktion bestimmen. Er ist gleich dem erwarteten diskontierten Wert der Auszahlung unter dem äquivalenten Martingalmaß P^*. Unter den Voraussetzungen von Satz 6.1 ist für

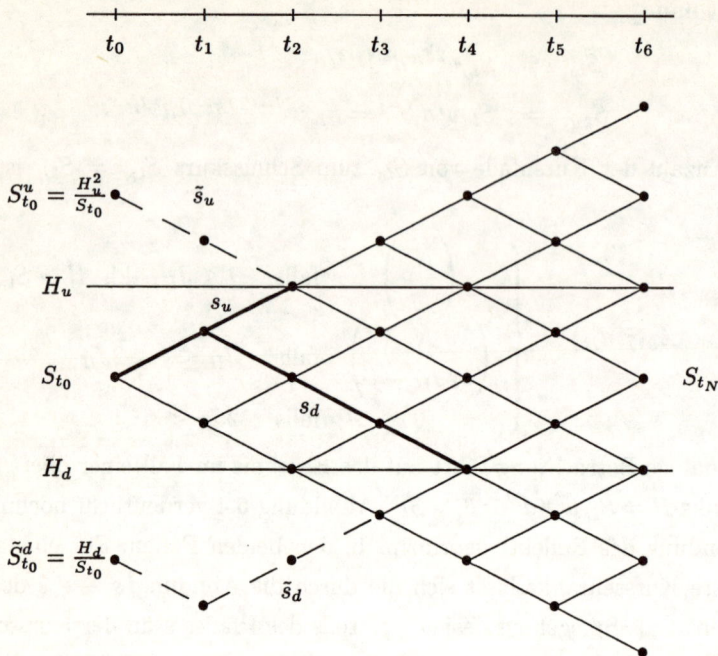

ABBILDUNG 6.4. Reflektionsprinzip im Binomialmodell mit unterer Kursschranke H_d bzw. oberer Kursschranke H_u.

$j = 0, \ldots, N$ der Arbitragepreis $\Pi_d(N, j, J_H)$ eines down-and-in Zustandswertpapiers mit *unterer* Kursschranke $H = S_{t_0} u^{J_H} d^{N-J_H}$ somit gleich[2]

$$\Pi_d(N, j, J_H) = E_{P^*}\left[\left(\frac{1}{1+r}\right)^N g_d\left(S_{t_0} u^j d^{N-j}, H = S_{t_0} u^{J_H} d^{N-J_H}\right)\right]$$

$$= \begin{cases} \left(\frac{1}{1+r}\right)^N \binom{N}{j} (p^*)^j (1-p^*)^{N-j} & \text{falls } j \leq J_H \\ \left(\frac{1}{1+r}\right)^N \binom{N}{2J_H - j} (p^*)^j (1-p^*)^{N-j} & \text{falls } J_H \leq j \leq 2J_H \\ 0 & \text{falls } 2J_H < j. \end{cases}$$

Unter den gleichen Voraussetzungen berechnet sich für $j = 0, \ldots, N$ der Arbitragepreis eines up-and-in Zustandswertpapiers $\Pi_u(N, j, J_H)$ mit *oberer*

---

[2]Down-and-in bezieht sich immer auf eine untere Kursschranke, d.h. für $J_H \in \mathbb{N}$ mit $H = S_{t_0} u^{J_H} d^{N-J_H} \leq S_{t_0}$ gilt $N \geq 2J_H$. Entsprechend liegt eine obere Kursschranke $H = S_{t_0} u^{J_H} d^{N-J_H}$ vor, falls $N \leq 2J_H$.

Kursschranke $H = S_{t_0} u^{J_H} d^{N-J_H}$ zu

$$
\Pi_u(N, j, J_H) = \begin{cases} 0 & \text{falls } j < \frac{J_H}{2} \\ \left(\frac{1}{1+r}\right)^N \begin{pmatrix} N \\ 2J_H - j \end{pmatrix} (p^*)^j (1-p^*)^{N-j} & \text{falls } \frac{J_H}{2} \leq j \leq J_H \\ \left(\frac{1}{1+r}\right)^N \begin{pmatrix} N \\ j \end{pmatrix} (p^*)^j (1-p^*)^{N-j} & \text{falls } J_H \leq j. \end{cases}
$$

Aus diesen Überlegungen leiten sich die Binomialformeln für Europäische Barrier Optionen mit und ohne Rückvergütung zum Fälligkeitszeitpunkt (at expiry) her.

▽ Beispiel 6.6:

In einem symmetrischen Binomialmodell mit konstanten Parametern $u > 1 + r > d$ und N Perioden soll ein Europäischer down-and-out Call mit Rückvergütung $R > 0$ bewertet werden. Die untere Kursschranke H ist gleich einem möglichen Schlusskurs zum Zeitpunkt t_N. Es existiert somit eine Zahl $J_H \in \mathbb{N}$ mit $0 \leq 2J_H \leq N$. Die resultierende Binomialformel für den Europäischen down-and-out Call mit Rückvergütung R, Basispreis K und Fälligkeitszeitpunkt t_N ist somit gleich

$$
\text{Call}_{do}[S, K, t_0, t_N, T, H, R]
$$
$$
= \left(\frac{1}{1+r}\right)^N \sum_{j=0}^{N} \begin{pmatrix} N \\ j \end{pmatrix} (p^*)^j (1-p^*)^{N-j} [S_{t_0} u^j d^{N-j} - K]^+
$$
$$
- \left(\frac{1}{1+r}\right)^N \sum_{j=0}^{J_H} \begin{pmatrix} N \\ j \end{pmatrix} (p^*)^j (1-p^*)^{N-j} \left([S_{t_0} u^j d^{N-j} - K]^+ - R\right)
$$
$$
- \left(\frac{1}{1+r}\right)^N \sum_{j=J_H+1}^{2J_H} \begin{pmatrix} N \\ 2J_H - j \end{pmatrix} (p^*)^j (1-p^*)^{N-j} \left([S_{t_0} u^j d^{N-j} - K]^+ - R\right).
$$

Der Arbitragepreis der down-and-out Option ist somit gleich dem der sonst identischen Europäischen Call-Option ohne Kursschranke, minus den mit der Auszahlung gewichteten down-and-in Zustandswertpapieren. Ähnlich wie im Fall der Standard Call-Option (vgl. Proposition 5.2, S. 170) kann diese Binomialformel in eine einfachere Form überführt werden. Für $n_1 \leq n_2 \leq N; n_1, n_2 \in \mathbb{N}$ und $p \in]0, 1[$ definiert

$$
(6.5) \qquad \Phi_N[n_1, n_2, p] := \sum_{i=n_1}^{n_2} \begin{pmatrix} N \\ i \end{pmatrix} p^i (1-p)^{N-i}
$$

die Binomialverteilung und (für $J_H \leq n_1 \leq n_2 \leq 2J_H$)

$$(6.6) \qquad \tilde{\Phi}_N[n_1, n_2, p] := \sum_{i=n_1}^{n_2} \binom{N}{2J_H - i} p^i (1-p)^{N-i}$$

die bedingte Binomialverteilung mit Kursschranke $H = S_{t_0} u^{J_H} d^{N-J_H}$. Weiter sind

$$p^* := \frac{(1+r) - d}{u - d}; \quad p' := \frac{u \cdot p^*}{1+r}$$

$$\hat{K} := \left(\frac{1}{1+r}\right)^N \cdot K; \quad \hat{R} := \left(\frac{1}{1+r}\right)^N \cdot R$$

$$(6.7) \qquad a := \min\left\{i \in \mathbb{N} \mid S_{t_0} u^i d^{N-i} \geq K\right\};$$

$$b := \max\left\{i \in \mathbb{N} \mid S_{t_0} u^i d^{N-i} \leq K\right\}$$

$$a \vee J_H := \max\{a, J_H\}; \quad a \wedge J_H := \min\{a, J_H\}.$$

Mit dieser Notation ist der Arbitragepreis der down-and-out Option gleich

$$\text{Call}_{do}[S, K, t_0, t_N, H, R] = S_{t_0} \Phi_N[a \vee J_H, N, p'] - \hat{K} \Phi_N[a \vee J_H, N, p^*]$$

$$- \quad S_{t_0} \tilde{\Phi}_N[a \vee J_H, 2J_H, p'] + \hat{K} \Phi_N[a \vee J_H, 2J_H, p^*]$$

$$+ \quad \hat{R} \Phi_N[0, J_H, p^*] + \hat{R} \Phi_N[J_H, 2J_H, p^*].$$

$$\Delta$$

Mit der in Beispiel 6.5 eingeführten Schreibweise und aufgrund der gleichen Überlegungen fasst Tabelle 6.1 die Binomialformeln für Europäische Barrier Optionen mit oder ohne Rückvergütung zum Fälligkeitszeitpunkt zusammen. Die insgesamt 16 Preisformeln ($R = 0$ und $R > 0$ eingerechnet) reduzieren sich im wesentlichen auf die Bestimmung der beiden Summen (6.5) und (6.6) für verschiedene Parameter. Hierbei wird $\Phi[a, b, p] = 0 = \tilde{\Phi}[a, b, p]$ für $a > b$ gesetzt. Ebenso lassen sich aus Tabelle 6.1 die Binomialformeln verschiedener Binary Optionen ablesen. So ist beispielsweise der Arbitragepreis einer down-and-out cash or nothing Binary Option gleich

$$\left(\frac{1}{1+r}\right)^N \cdot c \left(\Phi_N[J_H, N, p^*] - \tilde{\Phi}_N[J_H, 2J_H, p^*]\right)$$

und der einer down-and-in asset or nothing Binary Option mit Zahlung bei Fälligkeit (at expiry) gleich

$$S_{t_0} \left(\Phi_N[0, J_H - 1, p'] + \tilde{\Phi}_N[J_H, 2J_H, p']\right).$$

In ähnlicher Weise kann der Arbitragepreis einer Binary Option mit Kursschranke *und* Basispreis aus Tabelle 6.1 ersehen werden, falls die Auszahlung bei Fälligkeit erfolgt. Ein Europäischer up-and-in asset or nothing Call mit Basispreis K besitzt somit den Arbitragepreis

$$S_{t_0} \left(\Phi_N[a \vee (J_H + 1), N, p'] + \tilde{\Phi}_N[a \vee \frac{[J_H]}{2}, J_H, p'] \right),$$

wobei $\frac{[J_H]}{2}$ die kleinste natürliche Zahl größer als $\frac{J_H}{2}$ ist. Bis auf den Fall der unmittelbaren Auszahlung bei Berührung der Kursschranke (payment at hit) liefert Tabelle 6.1 alle Bewertungsformeln im Binomialmodell der angesprochenen Binary Optionen. Für $H = 0$ stimmen die Formeln mit den in Abschnitt 5.3, S. 177, hergeleiteten Binomialformeln der cash or nothing und asset or nothing sowie Gap Optionen überein.

∇ Beispiel 6.7:

Der in Beispiel 3.6, S. 74 angesprochene und von Goldman & Sachs angebotene COOL Call ist definiert durch die Auszahlung zum Fälligkeitszeitpunkt T

$$\begin{cases} [S_T - K]^+ + R & \text{falls } S_t \geq H \quad \forall t \leq T \\ [S_T - K]^+ & \text{falls } S_{t^*} < H \text{ für ein } t^* \leq T. \end{cases}$$

Diese Auszahlung ist gleich der einer Call-Option mit Basispreis K und Fälligkeit T plus der einer down-and-out cash or nothing (at expiry) Binary Option mit Kursschranke H und Nennwert R. Die gesuchte Binomialformel für die Bewertung der COOL Option kann jedoch nicht unmittelbar angegeben werden, da die Rückvergütung erst verfällt, wenn die Kursschranke H unterschritten wird. Es sind zwei Fälle zu unterscheiden.

1. Fall:

Ist die Kursschranke gleich einer möglichen Kursrealisation zum Zeitpunkt t_{N-1}, so existiert eine Zahl $J_H \in \mathbb{N}$ mit $H = S_{t_0} u^{J_H} d^{N-J_H-1}$. Die Schranke $\tilde{H} = S_{t_0} u^{J_H} d^{N-J_H} < H$ ist die größte Kursrealisation unterhalb von H. Der Preis des COOL ist gleich dem der Call-Option plus dem einer down-and-out cash or nothing (at expiry) Binary Option mit Kursschranke $\tilde{H}$, d.h.

$$\text{COOL Call}[S, K, t_0, t_N, H, R] = S_{t_0} \Phi_N[a, N, p'] - \left(\frac{1}{1+r} \right)^N K \Phi_N[a, N, p^*]$$

$$+ \left(\frac{1}{1+r} \right)^N R \left(\Phi_N[J_H, N, p^*] - \tilde{\Phi}_N[J_H, 2J_H, p^*] \right).$$

Untere Kursschranke : $H = S_{t_0} u^{J_H} d^{N-J_H} \quad \Rightarrow \quad 0 \le 2J_H \le N$

$\mathrm{Call}_{do}[S, K, t_0, t_N, H, R] =$
$$S_{t_0}\left(\Phi_N[a \vee J_H, N, p'] - \bar{\Phi}_N[a \vee J_H, 2J_H, p'] \right) - \hat{K}\left(\Phi_N[a \vee J_H, N, p^*] - \tilde{\bar{\Phi}}_N[a \vee J_H, 2J_H, p^*]\right)$$
$$+ \hat{R}\left(\Phi_N[0, J_H - 1, p^*] + \tilde{\bar{\Phi}}_N[J_H, 2J_H, p^*]\right)$$

$\mathrm{Call}_{di}[S, K, t_0, t_N, H, R] =$
$$S_{t_0}\left(\Phi_N[a, J_H - 1, p'] + \bar{\Phi}_N[a \vee J_H, 2J_H, p'] \right) - \hat{K}\left(\Phi_N[a, J_H - 1, p^*] + \tilde{\bar{\Phi}}_N[a \vee J_H, 2J_H, p^*]\right)$$
$$+ \hat{R}\left(\Phi_N[J_H, N, p^*] - \tilde{\bar{\Phi}}_N[J_H, 2J_H, p^*]\right)$$

$\mathrm{Put}_{do}[S, K, t_0, t_N, H, R] =$
$$\hat{K}\left(\Phi_N[J_H, b, p^*] - \tilde{\bar{\Phi}}_N[J_H, 2J_H \wedge b, p^*] \right) - S_{t_0}\left(\Phi_N[J_H, b, p'] - \bar{\Phi}_N[J_H, 2J_H \wedge b, p']\right)$$
$$+ \hat{R}\left(\Phi_N[0, J_H - 1, p^*] + \tilde{\bar{\Phi}}_N[J_H, 2J_H, p^*]\right)$$

$\mathrm{Put}_{di}[S, K, t_0, t_N, H, R] =$
$$\hat{K}\left(\Phi_N[0, (J_H - 1) \wedge b, p^*] + \tilde{\bar{\Phi}}_N[J_H, 2J_H \wedge b, p^*]\right)$$
$$- S_{t_0}\left(\Phi_N[0, (J_H - 1) \wedge b, p'] + \bar{\Phi}_N[J_H, 2J_H \wedge b, p']\right) + \hat{R}\left(\Phi_N[J_H, N, p^*] - \tilde{\bar{\Phi}}_N[J_H, 2J_H, p^*]\right)$$

Obere Kursschranke : $H = S_{t_0} u^{J_H} d^{N-J_H} > S_{t_0} \quad \Rightarrow \quad \frac{N}{2} \le J_H$ und $\left\lceil \frac{J_H}{2} \right\rceil \triangleq$ kleinste natürliche Zahl größer oder gleich $\frac{J_H}{2}$

$\mathrm{Call}_{uo}[S, K, t_0, t_N, H, R] =$
$$S_{t_0}\left(\Phi_N[a, J_H, p'] - \bar{\Phi}_N[a \vee \lceil\tfrac{J_H}{2}\rceil, J_H, p'] \right) - \hat{K}\left(\Phi_N[a, J_H, p^*] - \tilde{\bar{\Phi}}_N[a \vee \lceil\tfrac{J_H}{2}\rceil, J_H, p^*]\right)$$
$$+ \hat{R}\left(\Phi_N[(J_H + 1), N, p^*] + \tilde{\bar{\Phi}}_N[\lceil\tfrac{J_H}{2}\rceil, J_H, p^*]\right)$$

$\mathrm{Call}_{ui}[S, K, t_0, t_N, H, R] =$
$$S_{t_0}\left(\Phi_N[a \vee (J_H + 1), N, p'] + \bar{\Phi}_N[a \vee \lceil\tfrac{J_H}{2}\rceil, J_H, p'] \right) + \hat{R}\left(\Phi_N[0, J_H, p^*] - \tilde{\bar{\Phi}}_N[\lceil\tfrac{J_H}{2}\rceil, J_H, p^*]\right)$$
$$- \hat{K}\left(\Phi_N[a \vee (J_H + 1), p^*] + \tilde{\bar{\Phi}}_N[a \vee \lceil\tfrac{J_H}{2}\rceil, J_H, p^*]\right)$$

$\mathrm{Put}_{uo}[S, K, t_0, t_N, H, R] =$
$$\hat{K}\left(\Phi_N[0, b \wedge J_H, p^*] - \tilde{\bar{\Phi}}_N[\lceil\tfrac{J_H}{2}\rceil, b \wedge J_H, p^*]\right) - S_{t_0}\left(\Phi_N[0, b \wedge J_H, p'] - \bar{\Phi}_N[\lceil\tfrac{J_H}{2}\rceil, b \wedge J_H, p']\right)$$
$$+ \hat{R}\left(\Phi_N[J_H + 1, N, p^*] + \tilde{\bar{\Phi}}_N[\lceil\tfrac{J_H}{2}\rceil, J_H, p^*]\right)$$

$\mathrm{Put}_{ui}[S, K, t_0, t_N, H, R] =$
$$\hat{K}\left(\Phi_N[(J_H + 1), b, p^*] + \tilde{\bar{\Phi}}_N[\lceil\tfrac{J_H}{2}\rceil, b \wedge J_H, p^*]\right) - S_{t_0}\left(\Phi_N[(J_H + 1), b, p'] + \bar{\Phi}_N[\lceil\tfrac{J_H}{2}\rceil, b \wedge J_H, p']\right)$$
$$+ \hat{R}\left(\Phi_N[0, J_H, p^*] - \tilde{\bar{\Phi}}_N[\lceil\tfrac{J_H}{2}\rceil, J_H, p^*]\right)$$

TABELLE 6.1. Binomialformeln Europäischer Barrier Optionen mit Rückvergütung bei Fälligkeit (at expiry)

2. Fall:

Ist die Kursschranke gleich einer möglichen Kursrealisation zum Zeitpunkt t_N, so existiert eine Zahl $J_H \in \mathbb{N}$ mit $H = S_{t_0} u^{J_H} d^{N-J_H}$. Die Schranke $\tilde{H} = S_{t_0} u^{J_H-1} d^{N-J_H} < H$ ist somit die größte Kursschranke unterhalb von H. Satz 6.1 lässt sich jedoch nicht unmittelbar anwenden, da $\tilde{H}$ nicht mit einem möglichen Kurs zum Zeitpunkt t_N übereinstimmt. Wird das Reflektionsprinzip bezüglich $\tilde{H}$ angewendet, so ist

$$\tilde{S}_{t_0} = \frac{\tilde{H}^2}{S_{t_0}} = S_{t_0} u^{2J_H-2} d^{2N-2J_H}$$

$$\tilde{S}_{t_N} = S_{t_N} = S_{t_0} u^j d^{N-j} = \tilde{S}_{t_0} u^{N-(2J_H-j-1)} d^{2J_H-j-1}.$$

Die Anzahl der Kurspfade vom Initialkurs S_{t_0} zum Schlusskurs S_{t_N}, die die Kursschranke $\tilde{H}$ berühren, ist gleich der Anzahl der Kurspfade von $\tilde{S}_{t_0}$ zum Schlusskurs S_{t_N}, d.h. sie stimmt überein mit

$$\begin{cases} \dbinom{N}{j} & j \leq J_H - 1 \\ \dbinom{N}{2J_H - j - 1} & J_H - 1 \leq j \leq 2J_H - 1 \\ 0 & 2J_H - 1 < j. \end{cases}$$

Die Binomialformel für den COOL Call mit Kursschranke $H = S_{t_0} u^{J_H} d^{N-J_H}$ ist somit gleich

$$\text{COOL Call}[S, K, t_0, t_N, H, R] = S_{t_0} \Phi_N[a, N, p'] - \left(\frac{1}{1+r}\right)^N K \Phi_N[a, N, p^*]$$

$$+ \left(\frac{1}{1+r}\right)^N R \left(\Phi_N[J_H, N, p^*] - \frac{1-p}{p} \tilde{\Phi}_N[J_H, 2J_H, p^*]\right)$$

$$\triangle$$

Entsprechende Binomialformeln für Look Back Optionen und Barrier Optionen, deren Auszahlung bei Berührung der Kursschranke erfolgt, sind ebenso ableitbar. Die Struktur dieser Formeln erscheint auf den ersten Blick komplizierter. So bietet es sich hier an, die rekursiven Algorithmen aus Abschnitt 6.1 zu verwenden. Eine einfache Überlegung führt jedoch unmittelbar zu der Binomialformel einer asset or nothing at hit Option.

∇ **Beispiel 6.8:**

Eine asset or nothing hit Option führt im Fall der Berührung der Kurs-schranke zu einer Auszahlung. Tritt dieser Fall ein, so ist aus der Sicht des Zeitpunktes t_0 der Barwert gleich dem Initialkurs des Wertpapiers. Es ist so-mit für die Bewertung unerheblich, zu welchem Zeitpunkt die Kursschranke berührt wird. Ist $H = S_{t_0} u^{J_H} d^{N-J_H}$ eine obere Kursschranke, so ist der Ar-bitragepreis einer up-and-in asset or nothing at hit Option mit Endfälligkeit $t_N = T$ gleich

$$AN_{ui}[S, t_0, T, H] = S_{t_0} \left(\Phi_N[J_H + 1, N, p'] + \tilde{\Phi}_N \left[\frac{[J_H]}{2}, J_H, p' \right] \right),$$

wobei $p' = \frac{u \cdot p^*}{1+r}$ ist. Entsprechend ist der Arbitragepreis einer down-and-in asset or nothing at hit Option mit Endfälligkeit $t_n = T$ und unterer Kurs-schranke $H = S_{t_0} u^{J_H} d^{N-J_H} < S_{t_0}$ gleich

$$AN_{di}[S, t_0, T, H] = S_{t_0} \left(\Phi_N[0, J_H - 1, p'] + \tilde{\Phi}_N[J_H, 2J_H, p'] \right).$$

$$\Delta$$

In Abschnitt 6.3 stellt sich heraus, dass sich Amerikanische Barrier Op-tionen in gewissen Spezialfällen darstellen lassen als Europäische Barrier Op-tionen, die eine konstante Rückvergütung gewähren. Die Rückvergütung er-folgt, sobald die Kursschranke berührt wird, d.h. es liegt eine payment at hit Vertragsform vor. Diese Vertragsausgestaltung reduziert sich auf die schon diskutierte Barrier Option ohne Rückvergütung und eine cash or nothing at hit Option.

Proposition 6.1:

In einem symmetrischen und arbitragefreien Binomialmodell mit konstanten Parametern $u > 1 + r > d := u^{-1}$ und N Perioden sind die Arbitragepreise einer up-and-in bzw. down-and-in cash or nothing Option mit payment at hit, Kursschranke $H = S_{t_0} u^{J_H} d^{N-J_H}$ und Rückvergütung c bestimmt durch

$$CN_{ui}[S, t_0, t_N, H, c] = c\frac{S_{t_0}}{H} \left[\Phi_N[J_H + 1, N, p'] + \tilde{\Phi}_N \left[\frac{[J_H]}{2}, J_H, p' \right] \right];$$

$$J_H > \frac{N}{2},$$

$$CN_{di}[S, t_0, t_N, H, c] = c\frac{S_{t_0}}{H} \left[\Phi_N[0, J_H - 1, p'] + \tilde{\Phi}_N[J_H, 2J_H, p'] \right]; J_H < \frac{N}{2},$$

wobei Φ, $\tilde{\Phi}$ und p' gemäß (6.5-6.7) gegeben sind.

Bemerkung:

Ist die konstante Rückvergütung c gleich der Kursschranke H, so stimmt die Auszahlung einer cash or nothing Option mit der einer asset or nothing Option überein. Die komplizierte kombinatorische Argumentation des Beweises zu Proposition 6.1 ist insofern nur eine weitere Begründung der Überlegung in Beispiel 6.6. Umgekehrt leitet sich Proposition 6.1 auch direkt aus dem Argument in Beispiel 6.6 ab, da eine cash or nothing at hit Option mit Rückvergütung c den gleichen Auszahlungsbetrag bewirkt wie $\frac{c}{H}$ asset or nothing Optionen.

Beweis:

Sei $H = S_{t_0} u^{J_H} d^{N-J_H}$ eine untere Kursschranke, so kann H nicht vor dem Zeitpunkt t_h mit $h := N - 2J_H > 0$ durch einen Kurspfad erreicht werden. Zu den Zeitpunkten t_{h+2i} mit $i = 0, 1, \ldots, J_H$ existieren somit Kurspfade, die im Kurs H enden. Die Anzahl der Kurspfade, die zu einem Zeitpunkt t_{h+2i} zum ersten Mal die Kursschranke H erreichen, ist gleich der Anzahl der Kurspfade, die zum Zeitpunkt t_{h+2i-1} den Kurs uH erreichen und die Kursschranke H weder berührt noch unterschritten haben. Aufgrund der Symmetrie des Binomialmodells ($d = u^{-1}$) ist H kein möglicher Kurs zum Zeitpunkt t_{h+2i-1}. Für $i = 0$ ist die gesuchte Anzahl jedoch gleich $\binom{h-1}{0} = 1$, da die Kursschranke H zuvor nicht erreicht werden kann. Für $i \geq 1$ ergibt sich die gesuchte Anzahl aus dem Reflektionsprinzip (vgl. Satz 6.1) wie folgt:

Sei $s = (S_{t_0}, S_{t_1}, \ldots, S_{t_{h+2i-1}} = uH)$ ein Kurspfad, der zum Zeitpunkt t_{h+2i-1} in $uH = S_{t_0} d^{h-1}$ endet. Nach dem Reflektionsprinzip ist die Anzahl der Kurspfade s, die den Kurs H berühren und in uH zum Zeitpunkt t_{h+2i-1} enden, gleich der Anzahl der Kurspfade von $\tilde{S}_{t_0}$ nach uH mit

$$\tilde{S}_{t_0} = \frac{H^2}{S_{t_0}} = S_{t_0} d^{2h}$$

$$S_{t_{h+2i-1}} = uH = \tilde{S}_{t_0} \cdot \frac{uS_{t_0}}{H} = \tilde{S}_{t_0} \cdot \frac{uS_{t_0}}{S_{t_0} d^h} = \tilde{S}_{t_0} u^{h+i} d^{i-1}.$$

Die Anzahl der Kurspfade, die zum Zeitpunkt t_{h+2i-1} den Kurs uH erreichen und die Kursschranke H weder berührt noch unterschritten haben, ist somit gleich

$$\binom{h+2i-1}{i} - \binom{h+2i-1}{i-1} = \frac{h}{h+1}\binom{h+2i-1}{i}.$$

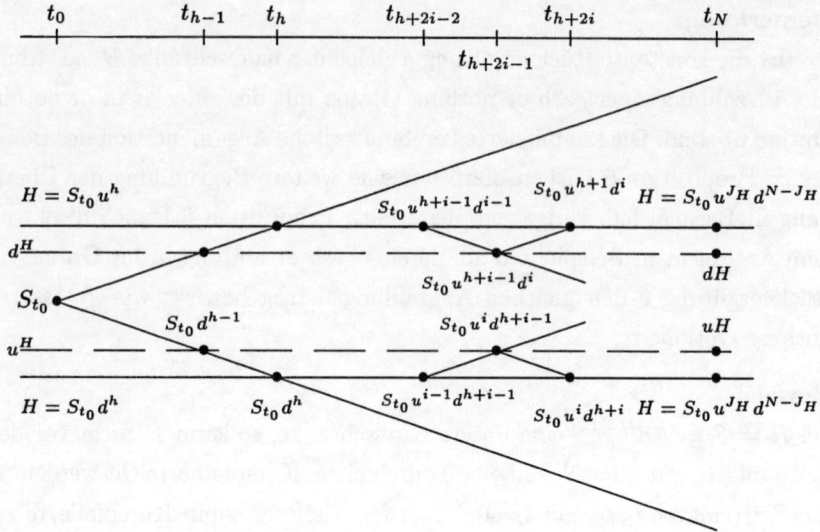

ABBILDUNG 6.5. Reflektionsprinzip und cash or nothing Optionen

Unter dem äquivalenten Martingalmaß ist der Arbitragepreis einer down-and-in cash or nothing Option mit Endfälligkeit in t_N gleich

$$c \cdot \sum_{i=0}^{J_H} \left[\frac{h}{h+i} \binom{h+2i-1}{i} \right] \left(\frac{1}{1+r} \right)^{h+2i} (p^*)^i (1-p^*)^{h+i}.$$

Die verbleibenden Schritte des Beweises beruhen auf zwei Überlegungen:

• Der diskontierte Preisprozess des Wertpapiers ist ein Martingal unter dem durch p^* definierten äquivalenten Martingalmaß P^*. Insbesondere gilt zum Zeitpunkt t_{h+2i}

$$H = S_{t_0} u^i d^{h+i} = E_{P^*} \left[\left(\frac{1}{1+r} \right)^{N-h-2i} S_{t_N} \middle| S_{t_{h+2i}} = H \right]$$

$$= \sum_{j=0}^{N-h-2i} \binom{N-h-2i}{j} H u^j d^{(N-h-2i)-j}$$

$$\left(\frac{1}{1+r} \right)^{N-h-2i} (p^*)^j (1-p^*)^{(N-h-2i)-j}$$

$$\Rightarrow H \left(\frac{1}{1+r} \right)^{h+2i} (p^*)^i (1-p^*)^{h+i}$$

$$= \sum_{j=0}^{N-h-2i} \binom{N-h-2i}{j} S_{t_0} u^{j+i} d^{N-(j+i)} \left(\frac{1}{1+r} \right)^N (p^*)^{j+i} (1-p^*)^{N-(j+i)}$$

$$= \sum_{j=i}^{N-h-i} \binom{N-h-2i}{j-i} S_{t_0} (p')^j (1-p')^{N-j}.$$

- Einerseits ist die Anzahl der Pfade, die zum Zeitpunkt t_N im Kurs $S_{t_0} u^j d^{N-j}$ enden und die untere Kursschranke $H = S_{t_0} u^{J_H} d^{N-J_H}$ berühren, gemäß Satz 6.1 gleich

$$A_d(j, J_H) = \begin{cases} \dbinom{N}{j} & \text{falls } j < J_H \\ \dbinom{N}{2J_H - j} & \text{falls } J_H \leq j \leq 2J_H \\ 0 & \text{falls } 2J_H < j. \end{cases}$$

Andererseits ist diese Anzahl gleich der Summe der Pfade, die zu den Zeitpunkten t_{h+2i} die untere Kursschranke H erstmals berühren und in $S_{t_0} u^j d^{N-j}$ enden, d.h.

$$A_d(j, J_H) = \sum_{i=0}^{\min\{j, 2J_H - j\}} \underbrace{\left[\frac{h}{h+i} \binom{h+2i-1}{i} \right]}_{\substack{\text{\# Pfade, die zum Zeitpunkt} \\ t_{h+2i} \text{ erstmals } H \text{ berühren}}} \cdot \underbrace{\binom{N-h-2i}{j-i}}_{\substack{\text{\# Pfade, die von } H \text{ zu} \\ S_{t_0} u^j d^{N-j} \text{ führen}}} .$$

Wird zunächst die Martingaleigenschaft und später die Pfadeigenschaft in die Ausgangsgleichung eingesetzt, so ergibt sich mit $h = N - 2J_H$ für den

Arbitragepreis einer down-and-in cash or nothing Option:

$$\frac{c}{H}\sum_{i=0}^{J_H}\left(\left[\frac{h}{h+i}\binom{h+2i-1}{i}\right]H\left(\frac{1}{1+r}\right)^{h+2i}(p^*)^i(1-p^*)^{h+i}\right)$$

$$=\frac{c}{H}\sum_{i=0}^{J_H}\left(\left[\frac{h}{h+i}\binom{h+2i-1}{i}\right]\sum_{j=i}^{N-h-i}\binom{N-h-2i}{j-i}S_{t_0}(p')^j(1-p')^{N-j}\right)$$

$$=\frac{cS_{t_0}}{H}\sum_{i=0}^{J_H}\sum_{j=i}^{2J_H-i}\left(\left[\frac{h}{h+i}\binom{h+2i-1}{i}\right]\binom{N-h-2i}{j-i}(p')^j(1-p')^{N-j}\right)$$

$$=\frac{cS_{t_0}}{H}\left[\sum_{i=0}^{J_H}\sum_{j=i}^{J_H-1}\left[\frac{h}{h+i}\binom{h+2i-1}{i}\right]\binom{N-h-2i}{j-i}(p')^j(1-p')^{N-j}\right.$$

$$\left.+\sum_{i=0}^{J_H}\sum_{j=J_H}^{2J_H-i}\left[\frac{h}{h+i}\binom{h+2i-1}{i}\right]\binom{N-h-2i}{j-i}(p')^j(1-p')^{N-j}\right]$$

$$=\frac{cS_{t_0}}{H}\left[\sum_{j=0}^{J_H-1}\sum_{i=0}^{j}\left[\frac{h}{h+i}\binom{h+2i-1}{i}\right]\binom{N-h-2i}{j-i}(p')^j(1-p')^{N-j}\right.$$

$$\left.+\sum_{j=J_H}^{2J_H}\sum_{i=0}^{2J_H-j}\left[\frac{h}{h+i}\binom{h+2i-1}{i}\right]\binom{N-h-2i}{j-i}(p')^j(1-p')^{N-j}\right]$$

$$=\frac{cS_{t_0}}{H}\left[\sum_{j=0}^{J_H-1}\binom{N}{j}(p')^j(1-p')^{N-j}+\sum_{j=J_H}^{2J_H}\binom{N}{2J_H-j}(p')^j(1-p')^{N-j}\right]$$

Der Beweis im Fall einer up-and-in cash or nothing Option erfolgt in analoger Weise.   □

▽ Beispiel 6.9:

Die Arbitragepreise der vom Schweizerischen Bankverein begebenen Hit-Call bzw. Hit-Put Optionsscheine (vgl. Beispiel 3.5, S. 71) sind, da es sich um cash or nothing Optionen handelt, durch Proposition 6.2 gegeben. Ebenso kann Tabelle 6.1 erweitert werden um diejenigen Bewertungsformeln der "out" Barrier Optionen im Binomialmodell, die eine Rückvergütung bei Berühren der Kursschranke vorsehen.

——————————————————————————— △

6.3. Amerikanische Barrier Optionen

Nach dem Satz von Merton (Satz 2.2, S. 43) ist es nicht vorteilhaft, eine Amerikanische Call-Option vor dem Fälligkeitszeitpunkt auszuüben, falls das

Untere Kursschranke : $H = S_{t_0} u^{J_H} d^{N-J_H}$ $\Rightarrow$ $0 \le 2J_H \le N$

$$
\begin{aligned}
\text{Call}_{do}[S,K,t_0,t_N,H,R] \ =\ & S_{t_0}\left(\Phi_N[a \vee J_H, N, p'] - \tilde{\Phi}_N[a \vee J_H, 2J_H, p']\right) \\
& -\hat{K}\left(\Phi_N[a \vee J_H, N, p^*] - \tilde{\Phi}_N[a \vee J_H, 2J_H, p^*]\right) \\
& +R\tfrac{S_{t_0}}{H}\left(\Phi_N[0, J_H - 1, p'] + \tilde{\Phi}_N[J_H, 2J_H, p']\right) \\
\text{Put}_{do}[S,K,t_0,t_N,H,R] \ =\ & \hat{K}\left(\Phi_N[J_H, b, p^*] - \tilde{\Phi}_N[J_H, 2J_H \wedge b, p^*]\right) \\
& -S_{t_0}\left(\Phi_N[J_H, b, p'] - \tilde{\Phi}_N[J_H, 2J_H \wedge b, p']\right) \\
& +R\tfrac{S_{t_0}}{H}\left(\Phi_N[0, J_H - 1, p'] + \tilde{\Phi}_N[J_H, 2J_H, p']\right)
\end{aligned}
$$

Obere Kursschranke : $H = S_{t_0} u^{J_H} d^{N-J_H}$ $\Rightarrow$ $\tfrac{N}{2} < J_H < N$

$$
\begin{aligned}
\text{Call}_{uo}[S,K,t_0,t_N,H,R] \ =\ & S_{t_0}\left(\Phi_N[a, J_H, p'] - \tilde{\Phi}_N[a \vee \tfrac{\lceil J_H \rceil}{2}, J_H, p']\right) \\
& -\hat{K}\left(\Phi_N[a, J_H, p^*] - \tilde{\Phi}_N[a \vee \tfrac{\lceil J_H \rceil}{2}, J_H, p^*]\right) \\
& +R\tfrac{S_{t_0}}{H}\left(\Phi_N[J_H + 1, N, p'] + \tilde{\Phi}_N[\tfrac{\lceil J_H \rceil}{2}, J_H, p']\right) \\
\text{Put}_{uo}[S,K,t_0,t_N,H,R] \ =\ & \hat{K}\left(\Phi_N[0, b \wedge J_H, p^*] - \tilde{\Phi}_N[\tfrac{\lceil J_H \rceil}{2}, b \wedge J_H, p^*]\right) \\
& -S_{t_0}\left(\Phi_N[0, b \wedge J_H, p'] - \tilde{\Phi}_N[\tfrac{\lceil J_H \rceil}{2}, b \wedge J_H, p']\right) \\
& +R\tfrac{S_{t_0}}{H}\left(\Phi_N[J_H + 1, N, p'] + \tilde{\Phi}_N[\tfrac{\lceil J_H \rceil}{2}, J_H, p']\right)
\end{aligned}
$$

$$\Phi_N[n_1, n_2, p] := \sum_{i=n_1}^{n_2} \binom{N}{i} p^i (1-p)^{N-i}, \tilde{\Phi}_N[n_1, n_2, p] := \sum_{i=n_1}^{n_2} \binom{N}{2J_H - i} p^i (1-p)^{N-i}$$

$$p^* := \tfrac{(1+r)-d}{u-d}, \quad p' := \tfrac{up^*}{1+r}, \quad \hat{K} := K\left(\tfrac{1}{1+r}\right)^N,$$

$$a := \min\{i \in \mathbb{N} | S_{t_0} u^i d^{N-i} \ge K\}, \quad b := \max\{i \in \mathbb{N} | S_{t_0} u^i d^{N-i} \le K\}$$

$$a \vee J_H := \max\{a, J_H\}, \quad a \wedge J_H := \min\{a, J_H\}$$

TABELLE 6.2. Binomialformeln Europäischer Barrier Optionen mit Rückvergütung bei Berührung der Kursschranke (at hit)

zugrundeliegende Wertpapier während der Laufzeit der Option dividenden-geschützt ist. In diesem Fall stimmen die Arbitragepreise Europäischer und Amerikanischer Call-Optionen überein. Dieses Ergebnis lässt sich teilweise auch auf Barrier Optionen übertragen.

Proposition 6.2:

Ist das zugrundeliegende Wertpapier während der Laufzeit der Option divi-dendengeschützt, so gilt:

a) *Es ist nicht vorteilhaft, Amerikanische down-and-in und up-and-in Call-Optionen vorzeitig auszuüben.*

b) *Vorzeitiges Ausüben kann für eine Amerikanische up-and-out Call-Option vorteilhaft sein, falls die Kursschranke H größer ist als der Basispreis K.*

c) *Ist die Kursentwicklung stetig, so ist vorzeitiges Ausüben einer Amerikanischen down-and-out Call-Option dann und nur dann optimal, falls die Kursschranke H größer ist als der Basispreis K.*

Beweis:

a) Nach Definition kann die Option erst nach Berühren der Kursschranke ausgeübt werden. Ist dies der Fall, so entsprechen die beiden Optionen einer Europäischen Call-Option und mit dem Satz von Merton folgt die Behauptung.

b) Eine up-and-out Call-Option ist wertlos, falls $H \leq K$ ist. Ist also $H > K$ und wurde bis zum Zeitpunkt t die obere Kursschranke noch nicht berührt, so ist der Innere Wert der Option gleich

$$g(S_T) := \begin{cases} 0 & \text{falls } H \leq K \\ S_t - K & \text{falls } K \leq S_t < H \\ 0 & \text{falls } S_t < K < H. \end{cases}$$

An der Stelle $S_t = H$ weist die Auszahlung bei vorzeitiger Ausübung eine Unstetigkeit auf. Außerdem ist sie durch $H - K$ von oben beschränkt. Eine hinreichende Bedingung für vorzeitiges Ausüben der up-and-out Option ist somit ein Kurs S_t mit

$$(S_t - K)(1 + r)^{(T-t)} \geq H - K > g(S_T) \quad \forall S_T$$
$$\Leftrightarrow \quad S_t \geq H(1 + r)^{-(T-t)} - K\left(1 - (1 + r)^{-(T-t)}\right).$$

c) Für die down-and-out Call-Option müssen zwei Fälle betrachtet werden.

1. Fall:

Sei $H \leq K$ und ist die down-and-out Option zum Zeitpunkt t noch nicht verfallen. Falls $H < S_t < K$ ist, so ist der Innere Wert der Option Null, d.h. ein vorzeitiges Ausüben ist nicht vorteilhaft. Es ist somit noch die Situation $H \leq K < S_t$ zu untersuchen. Analog den

Überlegungen zu Amerikanischen und Europäischen Standardoptionen genügt es zu zeigen, daß der Wert einer Europäischen down-and-out Call-Option in diesem Fall immer den Inneren Wert übersteigt. Hierzu wird das folgende Portfolio betrachtet:

- Kaufe einen down-and-out Call zum Zeitpunkt t mit Restlaufzeit $T - t$,
- verkaufe das zugrundeliegende Wertpapier,
- lege den Betrag K zum Zinssatz r an.

Der Wert des Portfolios beträgt

$$\text{Call}_{do}[S, K, t, T, H] - S_t + K.$$

Die Auszahlung zum Zeitpunkt T ist abhängig vom Kursverlauf. Falls $S_{t^*} > H \; \forall t^* \in [t, T]$, so gilt für die Auszahlung

$$g(S_T) = \begin{cases} K\left((1+r)^{(T-t)} - 1\right) > 0 & \text{falls } S_T \geq K \\ K(1+r)^{(T-t)} - S_T > 0 & \text{falls } S_T < K. \end{cases}$$

Existiert hingegen ein $t^* \in [t, T]$ mit $S_{t^*} = H$, so verfällt die Option. Kaufe in diesem Fall zum Zeitpunkt t^* das Wertpapier zum Kurs H zurück und lege den Wert des Portfolios für die Restlaufzeit $t^* - T$ an, so ergibt sich

$$g(S_T) = \left(-H + K(1+r)^{(t^*-T)}\right)(1+r)^{(T-t^*)} > 0.$$

Die Auszahlung der Portfoliostrategie ist immer positiv ($r > 0$ vorausgesetzt), d.h. die Initialkosten müssen unter Ausschluss von Arbitrage positiv sein

$$\text{Call}_{do}[S, K, t, T, H] > S_t - K.$$

2. Fall:

Sei nun $H > K$ und ist wiederum die down-and-out Option zum Zeitpunkt t noch nicht verfallen. Wiederum wird ein Portfolioargument benutzt, d.h.

- kaufe einen Europäischen down-and-out Call zum Zeitpunkt t mit Restlaufzeit $T - t$,
- verkaufe das zugrundeliegende Wertpapier,
- lege den Betrag $K(1+r)^{-(T-t)}$ zum Zinssatz r an.

Den gleichen Überlegungen wie im ersten Teil folgend, ist die Auszahlung zum Zeitpunkt T des Portfolios, falls die down-and-out Option nicht verfällt, gleich

$$g(S_T) := \begin{cases} 0 & \text{falls } S_T > K \\ K - S_T & \text{falls } S_T \leq K. \end{cases}$$

Verfällt hingegen die Option zum Zeitpunkt $t^* \in [t, T]$, so besitzt das Portfolio zum Zeitpunkt t^* den Wert

$$K(1 + r)^{-(T-t^*)} - H < 0.$$

Dies bedeutet, dass dem Halter des Portfolios für Kurse unmittelbar vor der Kursschranke eine Zahlungsverpflichtung entstehen kann, falls der Kurs die Kursschranke erreicht. Da die Kursentwicklung als stetig vorausgesetzt ist, existiert somit ein Kurs S_t, so dass für das Portfolio gilt

$$\text{Call}_{do}[S, K, t, T, H] - S_t + K(1 + r)^{-(T-t)} < 0,$$

d.h. die Europäische Option notiert unter dem Inneren Wert; vorzeitiges Ausüben der Amerikanischen Option wäre in diesem Fall vorteilhaft.

□

Proposition 6.2 ist eine Erweiterung des Satzes von Merton für Barrier Optionen des Typs Call. Eine entsprechende Aussage für Put Optionen ist nicht möglich. Über die getroffene Aussage hinaus ermöglicht es jedoch die zusätzliche Struktur des Binomialmodells, eine Lösungsformel für Amerikanische up-and-in und down-and-in Call-Optionen auch dann anzugeben, wenn die Kursschranke über dem Basispreis liegt. Wie der Beweis der Proposition 6.2 andeutet, ist es vorteilhaft, eine Amerikanische Barrier Option in den betrachteten Fällen unmittelbar vor der Kursschranke H auszuüben. In dieser Situation würde ein Verfallen des Optionsrechtes den Verlust des Inneren Wertes in Höhe von $H - K$ nach sich ziehen. Proposition 6.3 präzisiert diese Aussage.

Proposition 6.3:

Ist $H = S_{t_0} u^{J_H} d^{N-J_H} > K$ eine oberhalb des Basispreises liegende Kursschranke und sind $d < 1 + r < u$ die konstanten Parameter eines symmetrischen Binomialmodells mit N Perioden und nicht negativem Zinssatz.

a) *Ist $H > K$ eine obere Kursschranke mit $dH > K$, so wird eine Amerikanische up-and-out Call-Option dann und nur dann zum Zeitpunkt $t_n \in \underline{T}$ ausgeübt, wenn $S_{t_n} = dH$ ist.*

b) *Ist H eine untere Kursschranke mit $dH > K$ und $\frac{1-p^*}{p^*}dH > K$, so wird eine Amerikanische down-and-out Call-Option dann und nur dann zum Zeitpunkt $t_n \in \underline{T}$ ausgeübt, wenn $S_{t_n} = uH$ ist.*

Beweis:

a) Sei $S_{t_n} < H$ der Kurs des zugrundeliegenden Wertpapiers einer zum Zeitpunkt $t_n < T$ noch nicht ausgeübten oder verfallenen up-and-out Call-Option. Es sind zwei Fälle zu betrachten.

   1. Fall: $S_{t_n} \leq d^2 H$, d.h. zum Zeitpunkt t_{n+1} kann die Kursschranke noch nicht erreicht werden. Der Innere Wert einer Amerikanischen up-and-out Option ist zum Zeitpunkt t_n gleich $[S_{t_n} - K]^+$.

   Wird die Amerikanische Option hingegen nicht zum Zeitpunkt t_n, sondern frühestens zum Zeitpunkt t_{n+1} ausgeübt, so ist der Wert der Option nicht kleiner als der erwartete diskontierte Wert des Ausübungsbetrages in t_{n+1}, d.h.

$$
\begin{aligned}
\text{Call}^{am}_{do}[S, K, t_n, T, H] &\geq \frac{1}{1+r} E_{p^*}\left[[S_{t_{n+1}} - K]^+ \big| S_{t_n} \leq d^2 H\right] \\
&= \text{Call}_e[S, K, t_n, t_{n+1}] \\
&\geq \max\left\{0, S_{t_n} - \frac{K}{1+r}\right\} \\
&\geq [S_{t_n} - K]^+.
\end{aligned}
$$

   Es ist somit nicht vorteilhaft, die Amerikanische Option vorzeitig auszuüben, falls $S_{t_n} \leq d^2 H$ ist.

   2. Fall: $S_{t_n} = dH > K$. Der Innere Wert der up-and-out Call Option ist gleich $dH - K > 0$. Dies ist gleichzeitig der maximale Auszahlungsbetrag der Option, da H die Kursschranke ist. Vorzeitiges Ausüben ist somit optimal, falls der Zinssatz nicht negativ ist.

b) Sei $S_{t_n} > H > K$ der Kurs des zugrundeliegenden Wertpapiers einer zum Zeitpunkt $t_n < T$ noch nicht ausgeübten oder verfallenen down-and-out Call-Option. Falls $S_{t_n} \geq u^2 H$ ist, so ist ein vorzeitiges Ausüben aus dem gleichen Grund wie unter a) nicht vorteilhaft. Es bleibt die Situation $S_{t_n} = uH$ zu betrachten. Es genügt zu zeigen, dass eine Europäische down-and-out Call-Option in diesem Fall einen Arbitragepreis kleiner als $uH - K > 0$ besitzt. Zum Zeitpunkt $t_n < t_N$ existieren noch $N_1 = N - n$ verbleibende Perioden. Da H mit einem möglichen Schlusskurs zum Zeitpunkt t_N übereinstimmt, ist N_1 eine ungerade Zahl mit

$$H = (uH)u^{\frac{N_1-1}{2}}d^{\frac{N_1+1}{2}} = S_{t_n}u^{J_H}d^{N-J_H} \quad \text{für} \quad 2J_H := N_1 - 1.$$

Der Arbitragepreis einer Europäischen down-and-out Option ist gemäß Satz 6.1 gleich

$$
\begin{aligned}
&\text{Call}_{do}^{eur}[uH, K, t_n, t_N, H] \\
&= \left(\frac{1}{1+r}\right)^{N_1} \left[\sum_{j=J_H}^{N_1} \binom{N_1}{j}(p^*)^j(1-p^*)^{N_1-j}[(uH)u^j d^{N_1-j} - K]^+ \right. \\
&\qquad\qquad\quad \left. - \sum_{j=J_H}^{N_1-1} \binom{N_1}{N_1-1-j}(p^*)^j(1-p^*)^{N_1-j}[(uH)u^j d^{N_1-j} - K]^+ \right] \\
&= \left(\frac{1}{1+r}\right)^{N_1} \left[\sum_{j=J_H}^{N_1} \binom{N_1}{j}(p^*)^j(1-p^*)^{N_1-j}\left((uH)u^j d^{N_1-j} - K\right) \right. \\
&\qquad\qquad\quad \left. - \left(\frac{1-p^*}{p^*}\right) \sum_{j=J_H+1}^{N_1} \binom{N_1}{N_1-j}(p^*)^j(1-p^*)^{N_1-j}\left((dH)u^j d^{N_1-j} - K\right) \right] \\
&\leq \left(\frac{1}{1+r}\right)^{N_1} \left[\binom{N_1}{J_H}(p^*)^{J_H}(1-p^*)^{N_1-J_H}(H-K) \right. \\
&\qquad\qquad\quad + \left[\sum_{j=J_H+1}^{N_1} \binom{N_1}{j}(p^*)^j(1-p^*)^{N_1-J_H} \right. \\
&\qquad\qquad\qquad\qquad \left.\left. \cdot \left(\left(u - \frac{1-p^*}{p^*}d\right)Hu^j d^{N_1-j} - \left(1 - \frac{1-p^*}{p^*}d\right)K\right)\right]\right] \\
&\leq \left(\frac{1}{1+r}\right)^{N_1} \sum_{j=J_H}^{N_1} \binom{N_1}{j}(p^*)^j(1-p^*)^{N_1-J_H}(uH-K)u^j d^{N_1-j} \\
&< uH - K,
\end{aligned}
$$

da aus $\frac{1-p^*}{p^*}dH > K$ folgt

$$\left(u - \frac{1-p^*}{p^*}d\right)Hu^j d^{N_1-j} - \left(1 - \frac{1-p^*}{p^*}d\right)K \leq (uH-K)u^j d^{N_1-j}.$$

$\square$

Bemerkung:

Die in Proposition 6.3 Teil b) geforderten Bedingungen $dH > K$ und $\frac{1-p^*}{p^*}dH > K$ stellen keine wesentliche Einschränkung dar. Es genügt, eine entsprechend große Anzahl von Perioden N zu wählen, um diese zu erfüllen.

Aus Proposition 6.3 folgt nun unmittelbar, dass der Arbitragepreis einer Amerikanischen up-and-out bzw. down-and-out Call-Option mit einer Kursschranke H größer als der Basispreis K gleich dem der entsprechenden Europäischen Barrier Option mit einer Rückvergütung (at hit) in Höhe $dH - K$ bzw. $uH - K$ ist. Im Binomialmodell ist der Arbitragepreis dieser Amerikanischen Optionen in Tabelle 6.2 angegeben.

6.4. Grenzwert des Binomialmodells für Barrier Optionen

In Abschnitt 5.4 wurde das Verhalten des Binomialmodells untersucht, falls die Periodenlänge $t_{n+1} - t_n$ zwischen zwei aufeinanderfolgenden Zeitpunkten gegen Null strebt. Da die Bewertung einer Option auf einer selbstfinanzierenden, die Auszahlung duplizierenden Portfoliostrategie beruht, bedingt diese Vorstellung die Veränderung der Portfoliogewichte in immer kürzeren Zeitabständen. Im Grenzwert verlangt dies eine kontinuierliche (stetige) Anpassung.

Der mit Blick auf das Black-Scholes-Modell interessante Grenzwert stellt sich für die spezielle Wahl $u = \exp\left\{\sigma \frac{\sqrt{T-t_0}}{N}\right\}, d = u^{-1}$ und $1 + r = (1 + \hat{r})^{\frac{T-t_0}{N}}$ ein. In dieser Situation approximiert die Binomialverteilung des Wertpapierkurses im Grenzwert eine Lognormalverteilung (vgl. Satz 5.4, S. 193). Darüber hinaus approximiert die Binomialformel einer Europäischen Standardoption die entsprechende Black-Scholes Formel. Ziel dieses Abschnittes ist es, diese Grenzwertbetrachtung auf Barrier Optionen zu übertragen. Es genügt, sich hierbei auf den Grenzwert der gemäß (6.5) und (6.6) definierten Summen Φ_N und $\tilde{\Phi}_N$ für verschiedene Parametersituationen zu beschränken. Aus dem Beweis zu Satz 5.4, S. 194ff., ergibt sich unmittelbar für jedes feste K mit $J_K := \max\left\{i \in \mathbb{N} \,\middle|\, S_{t_0} u^i d^{N-i} \leq K\right\}$ der Grenzwert der Summe Φ_N zu

$$\lim_{N\to\infty} \Phi_N[0, J_K, p'] = N(-d_1(K))$$
$$\lim_{N\to\infty} \Phi_N[0, J_K, p^*] = N(-d_2(K)),$$

wobei
$$d_{1/2}(K) = \frac{\ln\left(\frac{S_{t_0}}{K(1+\hat{r})^{-(T-t_0)}}\right) \pm \frac{1}{2}\sigma^2(T-t_0)}{\sigma\sqrt{T-t_0}}.$$

Die gesuchten Grenzwerte der in Tabelle 6.1 und 6.2 aufgeführten Binomial-formeln sind nur noch abhängig vom Grenzverhalten der Summe $\tilde{\Phi}_N$ für die jeweiligen Parameter.

Proposition 6.4:

In einem symmetrischen Binomialmodell für den Kurs eines dividenden-geschützten Wertpapiers S mit $u = \exp\{\sigma\sqrt{\Delta t}\} = d^{-1}$, konstanter Zinsrate $r = \ln(1+\hat{r})$ und Kursschranke $H = S_{t_0}u^{J_H}d^{N-J_H}$ gilt:

Für jeden festen Basispreis K mit $J_K := \min\left\{i \in I\!N \,\middle|\, S_{t_0}u^i d^{N-i} \geq K\right\}$ und $\frac{J_H}{2} < J_K < 2J_H$ gilt

$$\lim_{\Delta t \to 0} \tilde{\Phi}_N[J_K, 2J_H, p'] = \left(\frac{S_{t_0}}{H}\right)^{-1-\frac{2r}{\sigma^2}} N(Y_1(K))$$

$$\lim_{\Delta t \to 0} \tilde{\Phi}_N[J_K, 2J_H, p^*] = \left(\frac{S_{t_0}}{H}\right)^{1-\frac{2r}{\sigma^2}} N(Y_2(K))$$

mit
$$Y_{1/2}(K) := \frac{\ln\left(\frac{H^2}{S_{t_0}K}\right) + \left(r \pm \frac{1}{2}\sigma^2\right)(T-t_0)}{\sigma\sqrt{T-t_0}}$$

$$\lim_{\Delta t \to 0} \tilde{\Phi}_N[0, 2J_H, p^*] = \lim_{\Delta t \to 0} \tilde{\Phi}_N\left[\frac{[J_H]}{2}, 2J_H, p^*\right] = \left(\frac{S_{t_0}}{H}\right)^{1-\frac{2r}{\sigma^2}}$$

$$\lim_{\Delta t \to 0} \tilde{\Phi}_N[0, 2J_H, p'] = \lim_{\Delta t \to 0} \tilde{\Phi}_N\left[\frac{[J_H]}{2}, 2J_H, p'\right] = \left(\frac{S_{t_0}}{H}\right)^{-1-\frac{2r}{\sigma^2}}.$$

Beweis:

Aus der Definition der Summe $\tilde{\Phi}_N$ folgt für $J_K \leq 2J_H$

$$\tilde{\Phi}_N[J_K, 2J_H, p^*] = \sum_{j=J_K}^{2J_H} \binom{N}{2J_H - j} (p^*)^j (1-p^*)^{N-j}$$

$$= \left(\frac{1-p^*}{p^*}\right)^{N-2J_H} \left(\sum_{j=0}^{2J_H-J_K} \binom{N}{j} (p^*)^{N-j}(1-p^*)^j\right).$$

Die Konvergenzbetrachtung erfolgt nun getrennt für die beiden Terme des Produkts. Gemäß Proposition 5.6 wird für große N die Übergangswahrscheinlichkeit approximiert durch

$$p^* \approx \frac{1}{2} + \frac{1}{2} \frac{r - \frac{1}{2}\sigma^2}{\sigma} \sqrt{\Delta t}$$

mit $\Delta t := \frac{t_N - t_0}{N}$ und $r := \ln(1 + \hat{r})$. Bezeichnet $o : \mathbb{R}_{\geq 0} \to \mathbb{R}$ eine Fehlerfunktion mit $\lim_{x \to 0} \frac{o(x)}{x} = 0$, so gilt für N groß genug

$$
\begin{aligned}
\frac{1 - p^*}{p^*} &= \frac{1 - \frac{r - \frac{1}{2}\sigma^2}{\sigma}\sqrt{\Delta t}}{1 + \frac{r - \frac{1}{2}\sigma^2}{\sigma}\sqrt{\Delta t}} + o(\Delta t) \\[2mm]
&= 1 - \left(2\frac{r - \frac{1}{2}\sigma^2}{\sigma}\sqrt{\Delta t}\right) \cdot \frac{1}{1 + \frac{r - \frac{1}{2}\sigma^2}{\sigma}\sqrt{\Delta t}} + o(\Delta t) \\[2mm]
&= 1 - \left(2\frac{r - \frac{1}{2}\sigma^2}{\sigma}\sqrt{\Delta t}\right) \sum_{i=0}^{\infty} (-1)^i \left(\frac{r - \frac{1}{2}\sigma^2}{\sigma}\sqrt{\Delta t}\right)^i + o(\Delta) \\[4mm]
&= 1 + 2\sum_{i=0}^{\infty} (-1)^{i+1} \left(\frac{r - \frac{1}{2}\sigma^2}{\sigma}\sqrt{\Delta t}\right)^{i+1} + o(\Delta t) \\[2mm]
&= 1 - 2\frac{r - \frac{1}{2}\sigma^2}{\sigma}\sqrt{\Delta t} + 2\left(\frac{r - \frac{1}{2}\sigma^2}{\sigma}\right)^2 \Delta t + o(\Delta t) \\[2mm]
&= \exp\left\{-2\frac{r - \frac{1}{2}\sigma^2}{\sigma}\sqrt{\Delta t}\right\} + o(\Delta t),
\end{aligned}
$$

d.h. bis auf einen Fehlerterm $o(\Delta t)$ stimmt der Quotient mit der angegebenen Exponentialfunktion überein. Hierbei strebt der Fehlerterm schneller gegen Null als das Argument selbst. Da die Kursschranke H gleich einem möglichen Kurs zum Zeitpunkt $t_N = T$ ist, gilt weiter

$$
\begin{aligned}
H = S_{t_0} u^{J_H} d^{N - J_H} \Rightarrow N - 2J_H &= \ln\left(\frac{H}{S_{t_0}}\right) / \ln(d) \\[2mm]
J_H &= \ln\left(\frac{H}{S_{t_0} d^N}\right) / \ln\left(\frac{u}{d}\right).
\end{aligned}
$$

Insgesamt ist der Grenzwert des Quotienten somit gleich

$$\lim_{\Delta t \to 0} \left(\frac{1 - p^*}{p^*} \right)^{N - 2J_H}$$

$$= \lim_{\Delta t \to 0} \exp \left\{ - \left(2 \frac{r - \frac{1}{2}\sigma^2}{\sigma} \sqrt{\Delta t} \right) \left(\ln \left(\frac{H}{S_{t_0}} \right) \cdot \frac{-1}{\sigma \sqrt{\Delta t}} \right) \right\}$$

$$= \exp \left\{ \ln \left(\frac{H}{S_{t_0}} \right) \cdot \left(2 \frac{r}{\sigma^2} - 1 \right) \right\} = \left(\frac{S_{t_0}}{H} \right)^{1 - \frac{2r}{\sigma^2}}$$

Sei $J(N)$ gleich einer Summe von N unabhängig und identisch verteilten Zufallsvariablen, die jeweils mit Wahrscheinlichkeit $(1 - p^*)$ den Wert 1 und mit p^* den Wert Null annehmen. Es gilt (vgl. auch Abschnitt 5.4)

- $E_{p^*}[J(N)] = N(1 - p^*), V_{p^*}[J(N)] = Np^*(1 - p^*)$
- $\text{prob}[J(N) \leq 2J_H - J_K] = \sum_{j=0}^{2J_H - J_K} \binom{N}{j} (p^*)^{N-j} (1 - p^*)^j$
- $S_{t_N} = S_{t_0} u^{N - J(N)} d^{J(N)}$
- $\lim_{\Delta t \to 0} E_{p^*} \left[\ln \left(\frac{S_{t_N}}{S_{t_0}} \right) \right] = \left(r - \frac{\sigma^2}{2} \right) (T - t_0)$
- $\lim_{\Delta t \to 0} V_{p^*} \left[\ln \left(\frac{S_{t_N}}{S_{t_0}} \right) \right] = \sigma^2 (T - t_0)$.

Offensichtlich genügt der stochastische Prozess $\{J(N)\}_N$ dem Zentralen Grenzwertsatz. Weiter ist

$$\frac{J(N) - E_{p^*}[J(N)]}{\sqrt{V_{p^*}[J(N)]}} = \frac{J(N) - N(1 - p^*)}{\sqrt{Np^*(1 - p^*)}} = \frac{\ln \frac{S_{t_N}}{S_{t_0}} - E_{p^*} \left[\ln \frac{S_{t_N}}{S_{t_0}} \right]}{\sqrt{V_{p^*} \left[\ln \frac{S_{t_N}}{S_{t_0}} \right]}}.$$

Da K nicht notwendig mit dem möglichen Schlusskurs übereinstimmt, existiert zu jedem N ein $\epsilon(N) \in [0, 1[$ mit $\lim_{N \to \infty} \epsilon(N) = 0$, so dass

$$2J_H - J_K = \left[2 \ln \left(\frac{H}{S_{t_0} d^N} \right) - \ln \left(\frac{K}{S_{t_0} d^N} \right) \right] / \ln \left(\frac{u}{d} \right) - \epsilon.$$

Es gilt nun

$$\lim_{N\to\infty} \frac{2J_H - J_K - E_{p^*}[J(N)]}{\sqrt{V_{p^*}[J(N)]}}$$

$$= \lim_{N\to\infty} \frac{2\ln(H) - \ln(S_{t_0}) - \ln(K) - \epsilon(N)\ln\left(\frac{u}{d}\right) + E_{p^*}\left[\ln\frac{S_{t_N}}{S_{t_0}}\right]}{\sqrt{V_{p^*}\left[\ln\frac{S_{t_N}}{S_{t_0}}\right]}}$$

$$= \frac{2\ln(H) - \ln(S_{t_0}) - \ln(K) + \left(r - \frac{\sigma^2}{2}\right)(T - t_0)}{\sigma\sqrt{T - t_0}}$$

$$=: Y_2(K)$$

$$\Rightarrow \quad \lim_{N\to\infty} \tilde{\Phi}_N[J_K, 2J_H, p^*]$$

$$= \lim_{N\to\infty} \left(\frac{1-p^*}{p^*}\right)^{N-2J_H} \sum_{j=0}^{2J_H - J_K} \binom{N}{j} (p^*)^{N-j}(1-p^*)^j$$

$$= \left(\frac{S_{t_0}}{H}\right)^{1-\frac{2r}{\sigma^2}} \cdot N(Y_2(K)).$$

Grundsätzlich erfolgt der Beweis mit p' als Übergangswahrscheinlichkeit in analoger Weise. Es ist jedoch zu beachten, dass nun gilt

$$p' = \frac{p^* \cdot u}{1+r} \quad \text{und} \quad p' \approx \frac{1}{2} + \frac{1}{2}\frac{r + \frac{1}{2}\sigma^2}{\sigma}\sqrt{\Delta t}.$$

Dies führt zu den nachfolgenden Änderungen

$$\Phi_N[J_K, 2J_H, p'] = \left(\frac{1-p'}{p'}\right)^{N-2J_H} \sum_{j=0}^{2J_H - J_K} \binom{N}{j} (p')^{N-j}(1-p')^j$$

$$= \left(\frac{1-p^*}{p^*} \cdot \frac{d}{u}\right)^{N-2J_H} \sum_{j=0}^{2J_H - J_K} \binom{N}{j} (p')^{N-j}(1-p')^j$$

mit

- $\lim_{\Delta t\to 0} \left(\frac{d}{u}\right)^{N-2J_H} = \lim_{N\to\infty} \exp\left\{-2\sigma\sqrt{\Delta t}\left(\ln\left(\frac{H}{S_{t_0}}\right)\right) \cdot \frac{1}{\sigma\sqrt{\Delta t}}\right\}$
  $$= \left(\frac{H}{S_{t_0}}\right)^2.$$
- $\lim_{\Delta t\to 0} E_{p'}\left[\ln\left(\frac{S_{t_N}}{S_{t_0}}\right)\right] = \left(r - \frac{\sigma^2}{2}\right)(T - t_0)$
- $\lim_{\Delta t\to 0} V_{p'}\left[\ln\left(\frac{S_{t_N}}{S_{t_0}}\right)\right] = \sigma^2(T - t_0)$

Die gleiche Überlegung wie zuvor ergibt nun

$$\lim_{\Delta t \to 0} \tilde{\Phi}_N[J_K, 2J_H, p'] = \left(\frac{S_{t_0}}{H}\right)^{-1-\frac{2r}{\sigma^2}} \cdot N(Y_1(K))$$

$$Y_1(K) := \frac{2\ln(H) - \ln(S_{t_0}) - \ln(K) + \left(r + \frac{\sigma^2}{2}\right)(T - t_0)}{\sigma\sqrt{T - t_0}}.$$

Ist speziell $J_K = 0$, so ist notwendig $K = 0$, d.h.

$$\lim_{K \to 0} Y_{1/2}(K) = +\infty$$

$$\Rightarrow \quad \lim_{\Delta t \to 0} \tilde{\Phi}_N[0, 2J_H, p^*] = \left(\frac{S_{t_0}}{H}\right)^{1-\frac{2r}{\sigma^2}}$$

$$\text{bzw.} \quad \lim_{\Delta t \to 0} \tilde{\Phi}_N[0, 2J_H, p'] = \left(\frac{S_{t_0}}{H}\right)^{-1-\frac{2r}{\sigma^2}}.$$

Ist $J_K = \frac{J_H}{2}$, so gilt

$$\frac{2J_H - J_K - E_{p^*}[J(N)]}{\sqrt{V_{p^*}[J(N)]}}$$

$$= \frac{\frac{3}{2}\ln\left(\frac{H}{S_{t_0}}\right) - \frac{1}{2} \cdot N\ln(d) - \epsilon\ln\left(\frac{u}{d}\right) + E_{p^*}\left[\ln\left(\frac{S_{t_N}}{S_{t_0}}\right)\right]}{\sqrt{V_{p^*}\left[\ln\left(\frac{S_{t_N}}{S_{t_0}}\right)\right]}} \xrightarrow{\Delta t \to 0} +\infty,$$

d.h. $\lim_{\Delta t \to 0} \tilde{\Phi}_N[\frac{J_H}{2}, 2J_H, p^*] = \left(\frac{S_{t_0}}{H}\right)^{1-\frac{2r}{\sigma^2}}.$ □

▽ **Beispiel 6.10:**

Der Grenzwert des Arbitragepreises einer Europäischen down-and-out Call-Option mit Rückvergütung (at hit), Basispreis K und unterer Kursschranke H bestimmt sich mit Proposition 6.4 zu

$$S_{t_0} N(d_1(K \vee H)) - e^{-r(T-t_0)} K N(d_2(K \vee H))$$

$$- \quad S_{t_0} \left(\frac{S_{t_0}}{H}\right)^{-1-\frac{2r}{\sigma^2}} N(Y_1(K \vee H))$$

$$+ \quad e^{-r(T-t_0)} K \left(\frac{S_{t_0}}{H}\right)^{1-\frac{2r}{\sigma^2}} N(Y_2(K \vee H))$$

$$+ \quad R\frac{S_{t_0}}{H}\left(N(-d_1(H)) + \left(\frac{S_{t_0}}{H}\right)^{-1-\frac{2r}{\sigma^2}} N(Y_1(H))\right).$$

Ist $H > K$, so entspricht dies für $R = H - K$ dem Wert der Amerikanischen down-and-out Call-Option.

Δ

Die Tabellen 6.3 und 6.4 am Ende dieses Abschnitts fassen die Grenzwertformeln aller angesprochenen Binary- und Barrier Verträge nochmals zusammen. Diese ergeben sich, wie in Beispiel 6.10, direkt aus den Propositionen 6.4 und 5.4. Der Grund für die aufwendige und ausführliche Grenzwertbetrachtung ist zweifach. Zum einen beruhen die Grenzwertresultate außer auf dem Reflektionsprinzip nur auf dem Zentralen Grenzwertsatz für Summen identisch und unabhängig verteilter Zufallsvariablen. Es handelt sich insofern um ein vergleichsweise einfaches Vorgehen. Zum zweiten geben die Grenzwertresultate Anlass, das Konvergenzverhalten des Binomialmodells genauer zu untersuchen.

∇ **Beispiel 6.11:**

Die Binomialformeln für die verschiedenen Barrier Optionen sind gültig, falls die Kursschranke mit einem möglichen Kurs zum Fälligkeitszeitpunkt übereinstimmt. Wie Beispiel 6.5 zeigt, genügt es, dass die Kursschranke gleich einem möglichen Kurs des binomialen Gitters ist. Ist dies für den Zeitpunkt t_{N-1} der Fall, so beziehen sich die entsprechenden Binomialkoeffizienten auf $2J_H + 1$, statt $2J_H$. Der Arbitragepreis einer Barrier Option im Binomialmodell mit einer festen Periodenzahl ist als Funktion der Kursschranke konstant zwischen zwei aufeinanderfolgenden Kursniveaus. Dies ist begründet in der diskreten Struktur des Binomialmodells, die sich neben der Zeit auch auf die möglichen Kurse bezieht. Die Konvergenz der diskreten Bewertungsformel einer Barrier Option wird somit kein monotones Verhalten aufweisen, falls die Periodenlänge gegen Null strebt. Abbildung 6.6 verdeutlicht dies für eine Europäische down-and-out Call-Option. Obwohl die Binomialformel konvergiert, führt eine kürzere Periodenlänge nicht unbedingt zu einer besseren Annäherung des Grenzwertes. Für spezielle Zahlen N ist die Näherung der Binomialformel an den Grenzwert jedoch besonders gut. Dies ist dann der Fall, wenn die Kursschranke mit einem möglichen Kurs zum Fälligkeitszeitpunkt $T = t_N$ übereinstimmt. Die Aufgabe besteht darin, die Periodenzahl N und damit die Periodenlänge Δt so zu bestimmen, dass dies für eine vorgegebene Kursschranke H gilt. Sei hierzu $k \in \mathbb{N}$ die kleinste "Zahl" von unmittelbaren

Abwärtsbewegungen, die zu einem Berühren der Kursschranke führt,[3] d.h.

$$H \;=\; S_{t_0} d^k = S_{t_0} \exp\left\{-k\sigma\sqrt{\Delta t}\right\} = S_{t_0} \exp\left\{-k\sigma\sqrt{\frac{T-t_0}{N}}\right\}$$

$$\Leftrightarrow \Delta t \;=\; \left(\frac{\ln\left(\frac{S_{t_0}}{H}\right)}{k \cdot \sigma}\right)^2 \quad \Leftrightarrow \quad N(k) = \frac{(T-t_0)k^2\sigma^2}{\left(\ln\left(\frac{S_{t_0}}{H}\right)\right)^2}.$$

Für ein vorgegebenes $k \in \mathbb{N}$ ist die Größe $N(k)$ in der Regel keine natürliche Zahl. Wird in Abhängigkeit der Zahl k die Anzahl der Perioden des Binomialmodells definiert durch

$$N^*(k) := \max\left\{i \in \mathbb{N}\,\Big|\, i \le N(k) = \frac{(T-t_0)k^2\sigma^2}{\ln\left(\frac{S_{t_0}}{H}\right)^2}, i - k \text{ ist eine gerade Zahl}\right\}$$

so ist für $j = \frac{N^*(k)-k}{2}$ die Kursschranke H annähernd gleich $S_{t_0}u^j d^{N^*(k)-j}$, d.h. gleich einem möglichen Kurs bei Fälligkeit, und wird frühestens zum Zeitpunkt t_{k+1} unterschritten, da

$$S_{t_0} \exp\left\{-k \cdot \sigma\sqrt{\frac{T-t_0}{N^*(k)}}\right\} \;\ge\; S_{t_0} \exp\left\{-k \cdot \sigma\sqrt{\frac{T-t_0}{N(k)}}\right\} = H$$

$$\ge\; S_{t_0} \exp\left\{-k \cdot \sigma\sqrt{\frac{T-t_0}{N^*(k)+1}}\right\}.$$

In diesem Sinne ist $N^*(k)$ für ein gegebenes k die optimale Periodenzahl. Abbildung 6.6 verdeutlicht diese Eigenschaft der Periodenzahl $N^*(k)$ für verschiedene k. Die optimale Periodenzahl $N^*(k)$ ist für ein festes k monoton fallend im Abstand zwischen der Kursschranke und dem Initialkurs, d.h.

$$N^*(k, H_1) \ge N^*(k, H_2) \text{ falls } |S_{t_0} - H_1| < |S_{t_0} - H_2|.$$

Dies bedeutet, dass zwei unterschiedliche Periodenzahlen für die Berechnung zweier Barrier Optionen auch dann notwendig sind, falls diese sich nur in der Kursschranke H unterscheiden. Im Fall der down-and-out Call-Option ist der Grenzwert des Binomialmodells bekannt, d.h. eine numerische Annäherung nicht notwendig. Bei Veränderungen der Vertragseigenschaften, wie z.B. im Fall einer double Barrier Option oder vorgegebener diskreter Zeitpunkte, zu denen die Schrankenbedingung erfolgt, ist dies jedoch nicht mehr der

---

[3]Falls eine obere Kursschranke vorliegt, müssen die Aufwärtsbewegungen betrachtet werden.

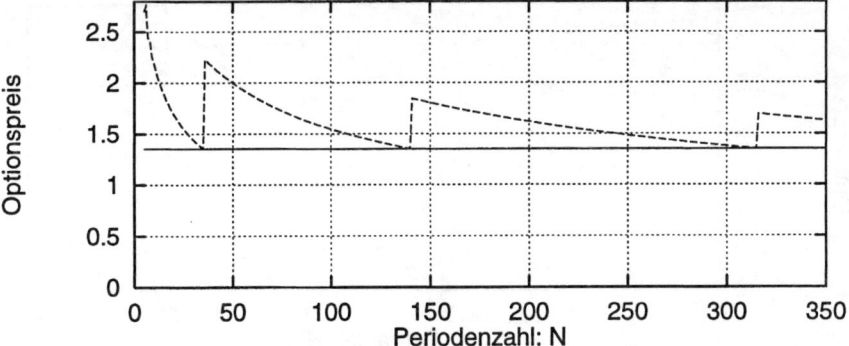

ABBILDUNG 6.6. Arbitragepreis und optimale Periodenzahl im Binomialmodell für eine Europäische down-and-out Call-Option mit $S_{t_0} = 40, K = 40, r = 5\%, \sigma = 15\%, T = 365$ Tage, $H = 39$ und $N^*(k) = 35, 140, 315$ für $k = 1, 2, 3$.

Fall. In diesen Situationen ist eine numerische Annäherung durchaus sinnvoll. Eine Möglichkeit der Konstruktion derartiger Annäherungen besteht in der Berücksichtigung zusätzlicher Eigenschaften der Grenzwertlösung. Im Fall der down-and-out Call-Option bietet es sich an, die Bewertung in Abhängigkeit der Kursschranke zu untersuchen. Offensichtlich ist der Arbitragepreis einer down-and-out Call-Option monoton fallend in der Kursschranke $H < S_{t_0}$. Da ein linearer Zusammenhang zwischen Arbitragepreis und Kursschranke nicht zu vermuten ist, bietet sich eine quadratische Interpolation bezüglich der Kursschranke an. Sei H eine beliebige untere Kursschranke, N eine feste Anzahl von Perioden und

$$\begin{aligned}
H_1 &:= S_{t_0} u^{J_H} d^{N-J_H} < H_2 := S_{t_0} u^{J_H} d^{N-J_H-1} \\
&< H_3 = S_{t_0} u^{J_H+1} d^{N-J_H-1} \\
J_H &:= \max\left\{ i \in \mathbb{N} \,\middle|\, S_{t_0} u^i d^{N-i} \leq H \right\} \Rightarrow H_1 \leq H < H_3.
\end{aligned}$$

Die Binomialformel kann nun zur Berechnung der Arbitragepreise der down-and-out Call-Option mit Kursschranken H_1, H_2 und H_3 angewendet werden. Der Arbitragepreis der down-and-out Call-Optionen mit Kursschranke $H \in [H_1, H_3[$ kann z.B. durch das *Lagrangepolynom 2. Ordnung* angenähert

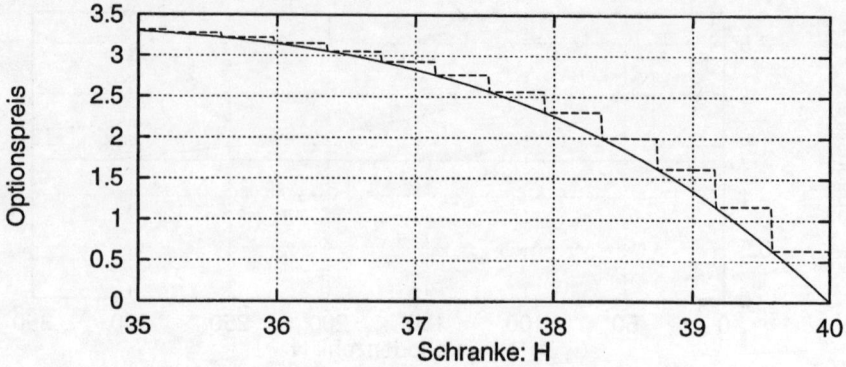

ABBILDUNG 6.7. Approximation und Grenzwert des Arbitragepreises einer Europäischen down-and-out Call-Option im Binomialmodell mit $N = 200$ Perioden mit und ohne Lagrangeinterpolation; $S_{t_0} = 40, K = 40, r = 5\%, \sigma = 15\%$ und $T = 365$ Tage.

werden, d.h.

$$\text{Call}_{do}[S, K, t_0, T, H] \approx \sum_{i=1}^{3} L_i(H) \cdot \text{Call}_{do}[S, K, t_0, T, H_i]$$

$$L_i(H) := \prod_{j \neq i}^{3} (H - H_j) \Big/ \prod_{j \neq i}^{3} (H_i - H_j).$$

Abbildung 6.7 zeigt den Effekt der Lagrangeinterpolation für verschiedene Kursschranken auf. Die Treppenfunktion gibt den Arbitragepreis ohne Interpolation wieder, während die konkave Kurve das Resultat mit Lagrangeinterpolation anzeigt. Die Differenz zwischen den interpolierten Werten und der Grenzwertlösung der down-and-out Call-Option gemäß Gleichung (6.8) mit $R \equiv 0$ ist im Beispiel so klein, daß sie grafisch nicht veranschaulicht werden kann.

—————————————————————————————————— Δ

Neben dem Arbitragepreis kann auch die Hedgestrategie mittels der entsprechenden Binomialformel bestimmt werden. Ist der Kurs des zugrundeliegenden Wertpapiers gleich S_{t_j} zum Zeitpunkt t_j, so bestimmt sich die Hedgeratio eines Vertrages aus den beiden möglichen Werten dieses Vertrages zum

Zeitpunkt t_{j+1}. Handelt es sich beispielsweise um eine Europäische down-and-out Call-Option, so ist die Hedgeratio zum Zeitpunkt t_j gleich

$$\Delta(S_{t_j}) = \Delta = \frac{\text{Call}_{do}(uS_{t_j}, K, t_{j+1}, t_N, H) - \text{Call}_{do}(dS_{t_j}, K, t_{j+1}, t_N, H)}{(u-d)S_{t_j}}.$$

Ist die untere Kursschranke H gleich einem möglichen Kurs zum Zeitpunkt t_N (bzw. t_{N-1}), so können wieder die entsprechenden Binomialformeln verwendet werden. Die Berechnung der Hedgeratio in Beispiel 6.5 beruht auf dieser Überlegung. Außerdem kann der Grenzwert der Hedgeratio berechnet werden, falls Δt, die Periodenlänge, gegen Null strebt. Da die Grenzwerte der Arbitragepreise der Barrier-Optionen zu jedem Zeitpunkt $t \in [0, T]$ differenzierbar im Kurs des zugrundeliegenden Wertpapiers sind (vgl. Tabellen 6.3 und 6.4), strebt die Hedgeratio im Grenzwert gegen die partielle Ableitung des Preises nach dem Kurs, d.h. für die Europäische down-and-out Call-Option ist die Hedgeratio zum Zeitpunkt t gleich ($S > H$):

$$\lim_{\Delta t \to 0} \Delta(S) = \frac{\partial \text{Call}_{do}[S, K, t, T, H]}{\partial S}$$

$$= N(d_1(K \vee H)) + \frac{2r}{\sigma^2}\left(\frac{S_t}{H}\right)^{-1-\frac{2r}{\sigma^2}} N(Y_1(K \vee H))$$

$$+ \left(1 - \frac{2r}{\sigma^2}\right)\frac{K}{H}e^{-r(T-t)}\left(\frac{S_t}{H}\right)^{-\frac{2r}{\sigma^2}} N(Y_2(K \vee H)),$$

wobei S_t den Kurs des zugrundeliegenden Wertpapiers zum Zeitpunkt t, $T-t$ die Restlaufzeit, K den Basispreis, H die untere Kursschranke, r die konforme Zinsrate und σ die Volatilität angeben mit

$$d_1(x) := \frac{\ln\left(\frac{S_t}{xe^{-r(T-t)}}\right) + \frac{1}{2}\sigma^2(T-t)}{\sigma\sqrt{T-t}},$$

$$Y_{1/2}(x) := \frac{\ln\left(\frac{H^2}{S_t xe^{-r(T-t)}}\right) \pm \frac{1}{2}\sigma^2(T-t)}{\sigma\sqrt{T-t}},$$

$$K \vee H := \max\{K, H\}.$$

Insbesondere ist die Hedgeratio einer down-and-out Call-Option größer als eins in der Nähe der Kursschranke und gleich Null für $S \leq H$.

	Vertrag	Bewertungsformel
cash or nothing	Call:	$\hat{c}N(d_2(K))$
	Put:	$\hat{c}N(-d_2(K))$
asset or nothing	Call:	$S_{t_0}N(d_1(K))$
	Put:	$S_{t_0}N(-d_1(K))$
down-and-out ($H < S_{t_0}$) — cash or nothing		$\hat{c}\left[N(d_2(H)) - \left(\frac{S_{t_0}}{H}\right)^{1-\alpha}N(Y_2(H))\right]$
	Call:	$\hat{c}\left[N(d_2(H \vee K)) - \left(\frac{S_{t_0}}{H}\right)^{1-\alpha}N(Y_2(H \vee K))\right]$
	Put($K > H$):	$\hat{c}\left[\left[N(d_2(H)) - N(d_2(K))\right] - \left(\frac{S_{t_0}}{H}\right)^{1-\alpha}\left[N(Y_2(H)) - N(Y_2(K))\right]\right]$
asset or nothing		$S_{t_0}\left[N(d_1(H)) - \left(\frac{S_{t_0}}{H}\right)^{-1-\alpha}N(Y_1(H))\right]$
	Call:	$S_{t_0}\left[N(d_1(H \vee K)) - \left(\frac{S_{t_0}}{H}\right)^{-1-\alpha}N(Y_1(H \vee K))\right]$
	Put($K > H$):	$S_{t_0}\left[\left[N(d_1(H)) - N(d_1(K))\right] - \left(\frac{S_{t_0}}{H}\right)^{-1-\alpha}\left[N(Y_1(H)) - N(Y_1(K))\right]\right]$
up-and-out ($H > S_{t_0}$) — cash or nothing		$\hat{c}\left[N(-d_2(H)) - \left(\frac{S_{t_0}}{H}\right)^{1-\alpha}N(-Y_2(H))\right]$
	Call($K < H$):	$\hat{c}\left[N(d_2(K)) - N(d_2(H)) + \left(\frac{S_{t_0}}{H}\right)^{1-\alpha}[N(Y_2(K)) - N(Y_2(H))]\right]$
	Put:	$\hat{c}\left[N(-d_2(K \wedge H)) - \left(\frac{S_{t_0}}{H}\right)^{1-\alpha}N(-Y_2(K \wedge H))\right]$
asset or nothing		$S_{t_0}\left[N(-d_1(H)) - \left(\frac{S_{t_0}}{H}\right)^{-1-\alpha}N(-Y_1(H))\right]$
	Call($K < H$):	$S_{t_0}\left[N(d_1(K)) - N(d_1(H)) - \left(\frac{S_{t_0}}{H}\right)^{-1-\alpha}[N(Y_1(K)) - N(Y_1(H))]\right]$
	Put:	$S_{t_0}\left[N(-d_1(K \wedge H)) - \left(\frac{S_{t_0}}{H}\right)^{-1-\alpha}N(-Y_1(K \wedge H))\right]$
down-and-in ($H < S_{t_0}$) — cash or nothing	at hit:	$\hat{c}\frac{S_{t_0}}{H}\left[N(-d_1(H)) + \left(\frac{S_{t_0}}{H}\right)^{-1-\alpha}N(Y_1(H))\right]$
	at expiry:	$\hat{c}\left[N(-d_2(H)) + \left(\frac{S_{t_0}}{H}\right)^{1-\alpha}N(Y_2(H))\right]$
	Call($K < H$):	$\hat{c}\left[N(d_2(K)) - N(d_2(H)) - \left(\frac{S_{t_0}}{H}\right)^{1-\alpha}N(Y_2(H))\right]$
	Call($K > H$):	$\hat{c}\left(\frac{S_{t_0}}{H}\right)^{1-\alpha}N(Y_2(K))$
	Put($K < H$):	$\hat{c}N(-d_2(K))$
	Put($K > H$):	$\hat{c}\left[N(-d_2(H)) + \left(\frac{S_{t_0}}{H}\right)^{1-\alpha}\left[N(Y_2(H)) - N(Y_2(K))\right]\right]$
asset or nothing	at hit:	$S_{t_0}\left[N(-d_1(H)) + \left(\frac{S_{t_0}}{H}\right)^{-1-\alpha}N(Y_1(H))\right]$
	at expiry:	$S_{t_0}\left[N(-d_1(H)) + \left(\frac{S_{t_0}}{H}\right)^{-1-\alpha}N(Y_1(H))\right]$
	Call($K < H$):	$S_{t_0}\left[N(d_1(K)) - N(d_1(H)) + \left(\frac{S_{t_0}}{H}\right)^{-1-\alpha}N(Y_1(H))\right]$
	Call($K > H$):	$S_{t_0}\left(\frac{S_{t_0}}{H}\right)^{-1-\alpha}N(Y_1(K))$
	Put($K < H$):	$S_{t_0}N(-d_1(K))$
	Put($K > H$):	$S_{t_0}\left[N(-d_1(H)) + \left(\frac{S_{t_0}}{H}\right)^{-1-\alpha}\left[N(Y_1(H)) - N(Y_1(K))\right]\right]$
	at hit:	$\hat{c}\frac{S_{t_0}}{H}\left[N(d_1(H)) + \left(\frac{S_{t_0}}{H}\right)^{-1-\alpha}N(-Y_1(H))\right]$
	at expiry:	$\hat{c}\left[N(d_2(H)) + \left(\frac{S_{t_0}}{H}\right)^{1-\alpha}N(-Y_2(H))\right]$

Tabelle 6.3: Bewertungsformeln Europäischer Binary Optionen über einem dividendengeschützten Wertpapier

	Vertrag	Bewertungsformel
up-and-in $(H > S_{t_0})$ — cash or nothing	Call$(K < H)$:	$\hat{c}\left[N(d_2(H)) + \left(\frac{S_{t_0}}{H}\right)^{1-\alpha}[N(Y_2(K)) - N(Y_2(H))]\right]$
	Call$(K > H)$:	$\hat{c}N(d_2(K))$
	Put$(K < H)$:	$\hat{c}\left(\frac{S_{t_0}}{H}\right)^{1-\alpha}N(-Y_2(K))$
	Put$(K > H)$:	$\hat{c}\left[N(d_2(H)) - N(d_2(K)) + \left(\frac{S_{t_0}}{H}\right)^{1-\alpha}N(-Y_2(H))\right]$
asset or nothing	at hit:	$S_{t_0}\left[N(d_1(H)) + \left(\frac{S_{t_0}}{H}\right)^{-1-\alpha}N(-Y_1(H))\right]$
	at expiry:	$S_{t_0}\left[N(d_1(H)) + \left(\frac{S_{t_0}}{H}\right)^{-1-\alpha}N(-Y_1(H))\right]$
	Call$(K < H)$:	$S_{t_0}\left[N(d_1(H)) + \left(\frac{S_{t_0}}{H}\right)^{-1-\alpha}[N(Y_1(K)) - N(Y_1(H))]\right]$
	Call$(K > H)$:	$S_{t_0}N(d_1(K))$
	Put$(K < H)$:	$S_{t_0}\left(\frac{S_{t_0}}{H}\right)^{-1-\alpha}N(-Y_1(K))$
	Put$(K > H)$:	$S_{t_0}\left[N(d_1(H)) - N(d_1(K)) + \left(\frac{S_{t_0}}{H}\right)^{-1-\alpha}N(-Y_1(H))\right]$

$\hat{c} := c \cdot \exp\{-r(T - t_0)\}; K \vee H := \max\{K, H\}; K \wedge H := \min\{K, H\}; \alpha = \frac{2r}{\sigma^2}$

$$d_{1/2}(x) := \frac{\ln\left(\frac{S_{t_0}}{xe^{-r(T-t_0)}}\right) \pm \frac{1}{2}\sigma^2(T-t_0)}{\sigma\sqrt{(T-t_0)}}; Y_{1/2}(x) := \frac{\ln\left(\frac{H^2}{S_{t_0} \cdot xe^{-r(T-t_0)}}\right) \pm \frac{1}{2}\sigma^2(T-t_0)}{\sigma\sqrt{(T-t_0)}}$$

Tabelle 6.3: *Fortsetzung:* Bewertungsformeln Europäischer Binary Optionen über einem dividendengeschützten Wertpapier

Vertrag	Bewertungsformel

down-and-out ($H < S_{t_0}$)

Call: (at hit)

$$S_{t_0}\left[N(d_1(K \vee H)) - \left(\frac{S_{t_0}}{H}\right)^{-1-\alpha} N(Y_1(K \vee H))\right]$$
$$-\hat{K}\left[N(d_2(K \vee H)) - \left(\frac{S_{t_0}}{H}\right)^{1-\alpha} N(Y_2(K \vee H))\right]$$
$$+R\frac{S_{t_0}}{H}\left[N(-d_1(H)) + \left(\frac{S_{t_0}}{H}\right)^{-1-\alpha} N(Y_1(H))\right]$$

Put($K > H$): (at hit)

$$K\left[N(d_2(H)) - N(d_2(K)) - \left(\frac{S_{t_0}}{H}\right)^{1-\alpha} [N(Y_2(H)) - N(Y_2(K))]\right]$$
$$-S_{t_0}\left[N(X_1(H)) - N(X_1(K)) - \left(\frac{S_{t_0}}{H}\right)^{-1-\alpha} [N(Y_1(H)) - N(Y_1(K))]\right]$$
$$+R\frac{S_{t_0}}{H}\left[N(-d_1(H)) + \left(\frac{S_{t_0}}{H}\right)^{-1-\alpha} N(Y_1(H))\right]$$

up-and-out ($H > S_{t_0}$)

Call($K < H$): (at hit)

$$S_{t_0}\left[N(d_1(K)) - N(d_1(H)) - \left(\frac{S_{t_0}}{H}\right)^{-1-\alpha} [N(Y_1(K)) - N(Y_1(H))]\right]$$
$$-\hat{K}\left[N(d_2(K)) - N(d_2(H)) - \left(\frac{S_{t_0}}{H}\right)^{1-\alpha} [N(Y_2(K)) - N(Y_2(H))]\right]$$
$$+R\frac{S_{t_0}}{H}\left[N(d_1(H)) + \left(\frac{S_{t_0}}{H}\right)^{-1-\alpha} N(-Y_1(H))\right]$$

Put: (at hit)

$$\hat{K}\left[N(-d_2(K \wedge H)) - \left(\frac{S_{t_0}}{H}\right)^{1-\alpha} N(-Y_2(K \wedge H))\right]$$
$$-S_{t_0}\left[N(-d_1(K \wedge H)) - \left(\frac{S_{t_0}}{H}\right)^{-1-\alpha} N(-Y_1(K \wedge H))\right]$$
$$+R\frac{S_{t_0}}{H}\left[N(d_1(H)) + \left(\frac{S_{t_0}}{H}\right)^{-1-\alpha} N(-Y_1(H))\right]$$

down-and-in

Call($K > H$):

$$S_{t_0}\left(\frac{S_{t_0}}{H}\right)^{-1-\alpha} N(Y_1(K)) - \hat{K}\left(\frac{S_{t_0}}{H}\right)^{1-\alpha} N(Y_2(K))$$
$$+\hat{R}\left[N(d_2(H)) - \left(\frac{S_{t_0}}{H}\right)^{1-\alpha} N(Y_2(H))\right]$$

Call($K < H$):

$$S_{t_0}\left[N(d_1(K)) - N(d_1(H)) + \left(\frac{S_{t_0}}{H}\right)^{-1-\alpha} N(Y_1(H))\right]$$
$$-\hat{K}\left[N(d_2(K)) - N(d_2(H)) + \left(\frac{S_{t_0}}{H}\right)^{1-\alpha} N(Y_2(H))\right]$$
$$+\hat{R}\left[N(d_2(H)) - \left(\frac{S_{t_0}}{H}\right)^{1-\alpha} N(Y_2(H))\right]$$

Put($K < H$):

$$\hat{K}N(-d_2(K)) - S_{t_0}N(-d_1(K)) + \hat{R}\left[N(d_2(H)) - \left(\frac{S_{t_0}}{H}\right)^{1-\alpha} N(Y_2(H))\right]$$

Put($K > H$):

$$\hat{K}\left[N(-d_2(H)) + \left(\frac{S_{t_0}}{H}\right)^{1-\alpha} [N(Y_2(H)) - N(Y_2(K))]\right]$$
$$-S_{t_0}\left[N(-d_1(H)) + \left(\frac{S_{t_0}}{H}\right)^{-1-\alpha} [N(Y_1(H)) - N(Y_1(K))]\right]$$
$$+\hat{R}\left[N(d_2(H)) - \left(\frac{S_{t_0}}{H}\right)^{1-\alpha} N(Y_2(H))\right]$$

Call($K > H$):

$$S_{t_0}N(d_1(K)) - \hat{K}N(d_2(K)) + \hat{R}\left[N(-d_2(H)) - \left(\frac{S_{t_0}}{H}\right)^{1-\alpha} N(-Y_2(H))\right]$$

Call($K < H$):

$$S_{t_0}\left[N(d_1(H)) + \left(\frac{S_{t_0}}{H}\right)^{-1-\alpha} [N(Y_1(K)) - N(Y_1(H))]\right]$$
$$-\hat{K}\left[N(d_2(H)) + \left(\frac{S_{t_0}}{H}\right)^{1-\alpha} [N(Y_2(K)) - N(Y_2(H))]\right]$$

Tabelle 6.4: Bewertungsformeln Europäischer Barrier Optionen über einem dividendengeschützten Wertpapier mit Rückvergütung

Vertrag	Bewertungsformel
up-and-in	$+\hat{R}\left[N(-d_2(H)) - \left(\frac{S_{t_0}}{H}\right)^{1-\alpha} N(-Y_2(H))\right]$
Put($K < H$):	$\hat{K}\left(\frac{S_{t_0}}{H}\right)^{1-\alpha} N(-Y_2(K)) - S_{t_0}\left(\frac{S_{t_0}}{H}\right)^{-1-\alpha} N(-Y_1(K))$
	$+\hat{R}\left[N(-d_2(H)) - \left(\frac{S_{t_0}}{H}\right)^{1-\alpha} N(-Y_2(H))\right]$
Put($K > H$):	$\hat{K}\left[N(d_2(H)) - N(d_2(K)) + \left(\frac{S_{t_0}}{H}\right)^{1-\alpha} N(-Y_2(H))\right]$
	$-S_{t_0}\left[N(d_1(H)) + N(d_1(K)) + \left(\frac{S_{t_0}}{H}\right)^{-1-\alpha} N(-Y_1(H))\right]$
	$+\hat{R}\left[N(-d_2(H)) - \left(\frac{S_{t_0}}{H}\right)^{1-\alpha} N(-Y_2(H))\right]$

$\hat{K} := K \cdot \exp\{-r(T - t_0)\}, \hat{R} := R \cdot \exp\{-r(T - t_0)\},$

$K \vee H := \max\{K, H\}, K \wedge H := \min\{K, H\}, \alpha := \frac{2r}{\sigma^2}$

$$d_{1/2}(x) := \frac{\ln\left(\frac{S_{t_0}}{X e^{-r(T-t_0)}}\right) \pm \frac{1}{2}\sigma^2(T-t_0)}{\sigma\sqrt{T-t_0}}; \quad Y_{1/2}(x) := \frac{\ln\left(\frac{H^2}{S_{t_0} X e^{-r(T-t_0)}}\right) \pm \sigma^2(T-t_0)}{\sigma\sqrt{T-t_0}}$$

Tabelle 6.4: *Fortsetzung:* Bewertungsformeln Europäischer Barrier Optionen über einem dividendengeschützten Wertpapier mit Rückvergütung

Weiterführende Literatur

Ein erster Algorithmus zur Bewertung von down-and-out Optionen im Binomialmodell findet sich in Cox und Rubinstein (1985). Merton (1973) leitet die erste Bewertungsformel für Barrier Optionen im stetigen Modell her. Eine umfangreiche und vollständige Darstellung der Bewertungsformeln im stetigen Modell für Barrier und Binary Optionen geben Rubinstein und Reiner (1991a,b).

Die spezielle Analyse von Barrier Optionen im diskreten Modell beruht auf zwei Überlegungen. Zum einen eignen sich Barrier Optionenn besonders, um die Eigenschaften numerischer Verfahren zu untersuchen. Zum anderen existieren für eine Reihe von Vertragsspezifikationen keine analytisch geschlossenen Bewertungsformeln, d.h. die Lösung bedarf einer numerischen Vorgehensweise. Wichtige Arbeiten im Rahmen des Binomialmodells stammen von Boyle und Lau (1994) sowie Kat und Verdonk (1995). Die Herleitung der Binomialformeln und die Konvergenzüberlegungen finden sich in Reimer und Sandmann (1994a,b). Eine gute und lesenswerte Diskussion liefert Berger (1996).

Neben Barrier Optionen lässt sich auch eine Vielzahl anderer Exotischer Optionen im Binomialmodell bewerten. Eine interessante Analyse von Look-Back Optionen liefern Cheuk und Vorst (1994); vgl. hierzu auch Goldman, Sosin und Gatto (1979), die eine stetige Bewertungsformel für Look-Back Optionen herleiten. Eine Vielzahl von Beispielen verschiedener Optionen kann der Dissertation von Cheuk (1996) entnommen werden. Zur Konvergenz des Binomialmodells sei nochmals auf die Arbeit von Leisen und Reimer (1996) und auch auf die Dissertation von Reimer (1997) hingewiesen.

Weitere numerische Verfahren, wie die Monte Carlo Simulation und die Technik der finiten Differenzen, werden ausführlich in Wilmott, Dewynne und Howison (1996) angesprochen.

Übungsaufgaben

Aufgabe 6.1:
Bestimmen Sie in einem Binomialmodell mit drei Perioden den Arbitragepreis und die Hedgeratio zum Zeitpunkt t_0 einer Look Back Call-Option. Die Parameter des Binomialmodells sind $S_{t_0} = 400, u = 1,25, d = 0,8$ und $r = 10\%$.

Aufgabe 6.2:
Bewerten Sie in einem dreiperiodigen Binomialmodell einen up-and-out Call mit Rückvergütung R zum Fälligkeitszeitpunkt. Der anfängliche Aktienkurs ist $S_{t_0} = 600$, die Kursschranke $H = 690$, der Basispreis $K = 390$ und die Rückvergütung beträgt 45,48. Die Parameter des Binomialmodells sind $u = 1,1, d = 0,8$ und $r = 5\%$. Bestimmen Sie ebenfalls die Hedgeratio des Vertrages zum Zeitpunkt t_0.

Aufgabe 6.3:
Betrachten Sie ein Binomialmodell mit $S_{t_0} = 480, u = 1,25, d = 0,8$ und $r = 7\%$, sowie $\underline{T} = \{t_0 < t_1 < t_2 < t_3\}$. Bestimmen Sie den Arbitragepreis und die Hedgeratio zum Zeitpunkt t_0 eines Europäischen Look Back Put.

Aufgabe 6.4:
Ist $S_{t_0} = 625$ der Initialkurs einer Aktie in einem dreiperiodigen Binomialmodell $\underline{T} = \{t_0 < t_1 < t_2 < t_3\}$. Der Kurs steigt oder fällt jeweils um 8%, d.h. $u = 1,08, d = 0,92$. Der risikolose Zinssatz pro Periode ist Null. Bestimmen Sie den Arbitragepreis und die Hedgeratio einer Europäischen down-and-out

Look Back Call-Option mit Auszahlung $X(t_3)$ zum Zeitpunkt t_3

$$X(t_3) := \begin{cases} S(t_3) - \min_{t \in \underline{\underline{T}}}\{S_t\} & \text{falls } S_t > H = 580 \; \forall t \in \underline{\underline{T}} \\ 0 & \text{sonst.} \end{cases}$$

Aufgabe 6.5:

Gegeben sei ein symmetrisches Binomialmodell mit N Perioden und $u > 1 + r > d = u^{-1}$ für ein dividendengeschütztes Wertpapier. Bestimmen Sie die rekursiven Algorithmen zur Berechnung der folgenden Optionsverträge

a) Europäische und Amerikanische up-and-out Put-Option ohne Rückvergütung,

b) Europäische und Amerikanische up-and-in Call-Option ohne Rückvergütung,

c) Europäische und Amerikanische down-and-out Call-Option ohne Rückvergütung,

wobei die Kursschranke H gleich einem möglichen Kurs des Modells ist.

KAPITEL 7

Grundlagen zeitstetiger Kursprozesse und das Black-Scholes-Modell

Die Überlegungen, die zu den Grenzwertresultaten des Binomialmodells geführt haben, werfen einige grundlegende methodische Fragen auf. Die bisherige Begriffsbildung, Argumentation und Beweisführung ist eng mit der diskreten Parametrisierung der Zeitachse verbunden. Die Konvergenzresultate zeigen jedoch, dass die inhaltlichen Aussagen auch im Rahmen einer stetigen Parametrisierung der Zeitachse ihre Gültigkeit haben. Hieraus ergibt sich die Notwendigkeit einer Klärung. Anders ausgedrückt, wenn es prinzipiell möglich ist, zu konkreten Modellen mit diskreter Zeitstruktur Grenzwertresultate herzuleiten, deren Interpretation sich aufgrund der Approximationseigenschaft ergibt, so sollte es auch möglich sein, unmittelbar in einem zeitstetigen Rahmen sinnvoll argumentieren zu können. Hierbei ist sowohl aus modelltheoretischer wie auch aus mathematischer Sicht zu beachten, dass die bisher nachgewiesenen Konvergenzresultate noch nicht die hierfür notwendige Begriffsbildung zur Verfügung stellen und durchaus unterschiedlicher Qualität sind. Konvergenz im Sinne der Bewertungsformeln beschränkt sich auf den Grenzwert eines Erwartungswertes. Diese Grenzwertbetrachtung schließt nicht notwendig die Konvergenz einer diskreten gegen eine stetige Verteilung ein. Die Aussagen des Satzes 4.3, S. 146, über die asymptotische Verteilung des Binomialmodells besitzt eine andere Qualität und wird als *Konvergenz in Verteilung* bzw. schwache Konvergenz bezeichnet.[1] Die Zielsetzung des folgenden Kapitels ist es, in knapper und unmittelbarer Weise die wesentlichen mathematischen Konzepte, die notwendig sind, zu verdeutlichen. Dabei

---

[1]Dem Konvergenzbegriff kommt in der Maß- und Integrationstheorie eine zentrale Bedeutung zu. Stellvertretend sei auf die Lehrbücher von Feller (1971), Chung (1974) und Schürger (1998) verwiesen.

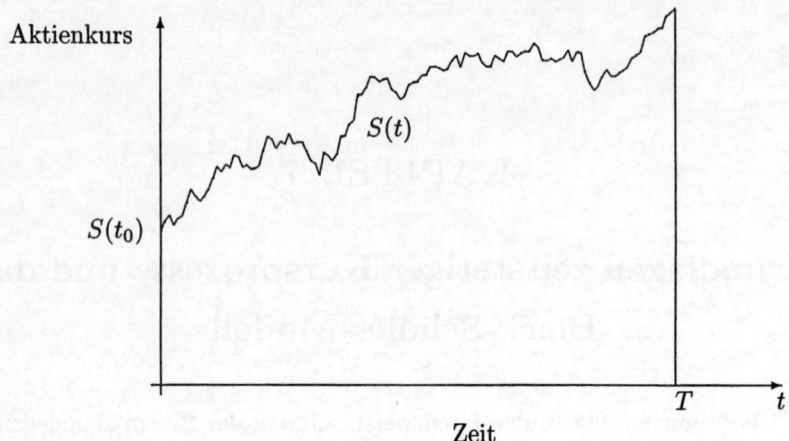

ABBILDUNG 7.1. Trajektorie eines Kursverlaufs

wird auf eine allgemeine mathematische Darstellung zugunsten einer auf die
konkrete Fragestellung bezogenen verzichtet.

7.1. Brown'sche Bewegung, stochastisches Integral und weitere Hilfsmittel

Ziel dieses Abschnittes ist es, das Konzept der Diffusionsprozesse für die
Beschreibung einer Aktienkursentwicklung nutzbar zu machen. Wie bisher
wird die Kursentwicklung durch einen adaptierten numerischen stochastischen Prozess

$$S : [0, T] \times \Omega \to \mathbb{R}$$

über einem filtrierten Wahrscheinlichkeitsraum $(\Omega, \{\mathcal{F}_t\}_{t\in[0,T]}, P)$ beschrieben, wobei die Zeitparametrisierung nun durch das Intervall $[0, T]$ bestimmt
ist. Es handelt sich also um einen stochastischen Prozess in stetiger Zeit.
Grafisch bedeutet dies, dass die mathematische Formulierung für ein Modell
gesucht wird, das mit dem in Abbildung 7.1 dargestellten Verlauf einer möglichen Trajektorie verbunden ist. Abbildung 7.1 verdeutlicht zwei wesentliche
Aspekte:

- Das Interesse konzentriert sich auf solche Prozesse, die pfadweise (d.h.
  für jedes feste ω) stetig sind, d.h. für fast alle $\omega \in \Omega$ und jeden
  Zeitpunkt $t \in [0, T]$ existiert zu jeder Schranke $\varepsilon > 0$ eine Zahl

$\delta = \delta(\varepsilon, t, \omega) > 0$ mit

$$|S_t(\omega) - S_s(\omega)| < \varepsilon \quad \forall s \in [0, T] \ \text{ mit } \ |t - s| < \delta.$$

Auf die Kursentwicklung bezogen bedeutet dies, dass sich für kleine Zeitveränderungen auch nur kleine Wertveränderungen ergeben.

• Der "zackige" Verlauf der Trajektorie soll andeuten, dass es nicht möglich sein soll, die Ableitung des Kurses, d.h. deren Wertänderung pro Zeiteinheit, zu approximieren. Eine gegebene Trajektorie ist nicht differenzierbar bezüglich der Zeit. Diese Eigenschaft mag zunächst verwundern, steht jedoch in unmittelbarem Zusammenhang mit der ökonomischen Interpretation. Wären die Trajektorien, verstanden als die möglichen Kursverläufe, differenzierbar in der Zeit, so eröffnete dies die Möglichkeit, den zukünftigen Kurs durch eine Tangente an den augenblicklich beobachteten Kurs zu approximieren. Der Zufall als bestimmendes Element der wahrscheinlichkeitstheoretischen Modellbildung würde seine Bedeutung verlieren, und das Modell könnte die Kursentwicklung nicht mehr annähernd befriedigend abbilden.

Mit der nun folgenden weiteren Forderung wird die Bedeutung der Information aus ökonomischer Sicht präzisiert. Es wird angenommen, dass der aktuelle Kurs jede für die zukünftige Entwicklung relevante Information beinhaltet. Die darüber hinausgehende Kenntnis der vergangenen Kursentwicklung hat demzufolge keinen Einfluss auf die zukünftige Entwicklung des Aktienkurses.

"Ist die Gegenwart bekannt, so ist die Zukunft unabhängig von der Vergangenheit."

In der Form bedingter Wahrscheinlichkeiten ausgedrückt bedeutet dies:

$$(7.1) \qquad \text{prob}[S_u \in A | S_s \ \forall s \le t] = \text{prob}[S_u \in A | S_t] \quad \forall A \in \mathcal{B},$$

wobei t den gegenwärtigen Zeitpunkt und $u > t$ den zukünftigen angeben. Ein stochastischer Prozess mit dieser Eigenschaft heißt *Markov-Prozess*.

Die ersten beiden Anforderungen beziehen sich auf die Pfade bzw. Trajektorien der Kursentwicklung, die Markov-Bedingung hingegen bezieht sich auf die zugrundeliegende Wahrscheinlichkeitsverteilung. Ziel ist es nun, Bedingungen an die erwartete Kursentwicklung und an die zu erwartende Abweichung zu formulieren, die eine Interpretation zulassen und eine möglichst eindeutige Charakterisierung ermöglichen. Dies führt zu dem Konzept der Diffusionsprozesse, wobei die Existenz der Momente vorausgesetzt ist.

Definition 7.1:

Ein numerischer, eindimensionaler stochastischer Prozess $S : [0, T] \times \Omega \to \mathbb{R}$, auf einem Wahrscheinlichkeitsraum $(\Omega, \mathcal{F}, P)$, der die Markoveigenschaft (7.1) erfüllt, heißt *Diffusionsprozess*, falls

- $\text{prob}\left[|S_{t+h} - S_t| \leq \varepsilon | S_t\right] = 1 - o(h) \qquad \forall \varepsilon > 0,$

  wobei $\lim\limits_{h \to 0, h > 0} \frac{o(h)}{h} = 0$, d.h. große Veränderungen in kurzer Zeit sind unwahrscheinlich.

- $E_P[S_{t+h} - S_t | S_t] = \mu(t, S_t) \cdot h + o(h)$, d.h. der lokale[2] Erwartungs- wert des Kurszuwachses zum Zeitpunkt t auf den Zeitpunkt $t + h$ ist annähernd proportional zur Länge des Zeitintervalls $[t, t + h]$. Der Proportionalitätsfaktor $\mu(t, S_t)$ kann hierbei vom gegenwärtigen Zeit- punkt t und dem aktuellen Aktienkurs S_t, nicht aber von den vergan- genen Kursen abhängen. Die Funktion μ heißt der *Drift* des stocha- stischen Prozesses.

- $E_P[(S_{t+h} - S_t)^2 | S_t] = \sigma^2(t, S_t) \cdot h + o(h)$, d.h. die lokale Varianz des Kurszuwachses ist ebenfalls annähernd proportional zur Länge des Zeitintervalls. Der Proportionalitätsfaktor $\sigma^2(t, S_t)$ kann hierbei vom gegenwärtigen Zeitpunkt t und dem aktuellen Aktienkurs S_t, nicht aber von den vergangenen Kursen abhängen.

Die vom mathematischen Standpunkt entscheidende Eigenschaft ist, dass die Übergangswahrscheinlichkeiten

$$\text{prob}[S_s \in A | S_t] \qquad \forall s \geq t$$

---

[2]Der Begriff lokal bezieht sich auf die zur Verfügung stehende Information. In der hier betrachteten Situation ist zum Zeitpunkt t die gesamte Kursentwicklung bis einschließlich des Kurses S_t bekannt. Aufgrund der Markoveigenschaft (7.1) genügt jedoch die Kenntnis des Kurses S_t. In diesem Sinne handelt es sich bei einem lokalen Erwartungswert oder einer lokalen Varianz um bedingte Momente. Da sich die Bedingung unmittelbar auf den Zeitpunkt und erst mittelbar auf den Kurs bezieht, wird im folgenden von lokalen Größen gesprochen.

unter gewissen Regularitätsannahmen[3] bereits durch die alleinige Vorgabe des stochastischen Drifts $\mu(t, x)$ und der *stochastischen Fluktuation* $\sigma(t, x)$ eindeutig bestimmt sind.

▽ **Beispiel 7.1:**

Für $\mu(t, S_t) = \mu S_t$ und $\sigma(t, S_t) = \sigma S_t$ bedeutet dies:

$$E[S_{t+h} - S_t | S_t] = \mu S_t \cdot h + o(h) \quad \Leftrightarrow \quad E\left[\left.\frac{S_{t+h} - S_t}{S_t}\right| S_t\right] = \mu \cdot h + \frac{o(h)}{S_t}$$

$$\Rightarrow \quad \lim_{h \to 0, h > 0} \frac{1}{h} E\left[\left.\frac{S_{t+h} - S_t}{S_t}\right| S_t\right] = \mu ,$$

d.h. die infinitesimalen (augenblicklichen) erwarteten lokalen prozentualen Zuwächse des Aktienkurses sind konstant. Die lokale Varianz der prozentualen Zuwächse ist gleich

$$E_P\left[\left.\left(\frac{S_{t+h} - S_t}{S_t} - E_P\left[\left.\left(\frac{S_{t+h} - S_t}{S_t}\right)\right| S_t\right]\right)^2\right| S_t\right]$$

$$= E_P\left[\left.\left(\frac{S_{t+h} - S_t}{S_t}\right)^2\right| S_t\right] - \left(E_P\left[\left.\left(\frac{S_{t+h} - S_t}{S_t}\right)\right| S_t\right]\right)^2$$

$$= \sigma^2 h - \mu^2 h^2 + \left(\frac{o(h)}{S_t}\right)$$

$$\Rightarrow \lim_{h \to 0, h > 0} \frac{1}{h} E_P\left[\left.\left(\frac{S_{t+h} - S_t}{S_t} - E_P\left[\left.\left(\frac{S_{t+h} - S_t}{S_t}\right)\right| S_t\right]\right)^2\right| S_t\right] = \sigma^2 ,$$

d.h. auch die infinitesimale (augenblickliche) lokale Varianz der Zuwächse ist konstant.

△

Die Frage lautet nun, wie sich die gemäß Definition 7.1 eingeführten Diffusionsprozesse auf geeignete Art und Weise darstellen lassen. Die Konstruktion des Kursprozesses im Binomialmodell beruht auf einer binomialverteilten Zufallsvariable, die die Anzahl der Aufwärtsbewegungen bis zu einem

---

[3]Regularitätsannahmen für einen eindimensionalen stochastischen Prozess:

a) $\mu(t, x)$ und $\sigma(t, x)$ sind meßbare reellwertige Funktionen; $\mu, \sigma : [0, T] \times \mathbf{R} \to \mathbf{R}$.

b) $\exists K_1 > 0$, so dass die Lipschitzbedingung erfüllt ist, d.h. $\forall t \in [0, T]$, $\forall x, y \in \mathbf{R}$

$$|\mu(t, x) - \mu(t, y)| + |\sigma(t, x) - \sigma(t, y)| \leq K_1 |x - y|.$$

c) Wachstumsbeschränkung: $\exists K_2 > 0$, so dass $\forall t \in [0, T]$, $x \in \mathbf{R}$

$$|\mu(t, x)|^2 + |\sigma(t, x)|^2 \leq K_2(1 + x^2).$$

vorgegebenen Zeitpunkt angibt. Der Normalverteilung kommt hierbei in der Grenzwertbetrachtung eine entscheidende Rolle zu. Es liegt somit nahe, für die weitere Prozessspezifikation die Normalverteilung heranzuziehen.

Definition 7.2:

Ein stochastischer Prozess $\{W_t\}_{t\in[0,T]}$ mit stetigen Pfaden heißt standardisierte *Brown'sche Bewegung*, falls

- für jede Diskretisierung $0 < t_1 < \cdots < t_n (n \geq 2)$ die Zuwächse $W_{t_1}, W_{t_2} - W_{t_1}, \ldots, W_{t_n} - W_{t_{n-1}}$ stochastisch unabhängig verteilt sind,
- die Zuwächse $(W_u - W_t)$ für $u > t$ normalverteilt sind mit

$$W_u - W_t \sim N\Big(0, (u-t)\Big) ,$$

- $W_0 = 0$ (Anfangswert).

Abbildung 7.2 zeigt einen Pfad einer Brown'schen Bewegung. Offensichtlich ist die Brown'sche Bewegung noch nicht vollständig die Form einer Aktienkursbewegung. Insbesondere sind negative Realisationen nicht ausgeschlossen. Andererseits finden sich jedoch zumindest grafisch einige Eigenschaften wieder, die mit der in Abbildung 7.1 verbundenen Zielvorstellung im Einklang sind. Es ist somit sinnvoll einige Eigenschaften der Brown'schen Bewegung kurz anzusprechen.

Zum einen ist die Verteilung der Zuwächse $(W_u - W_t)$ zeitlich homogen, d.h. $(W_{u+h} - W_{t+h})$ ist wiederum $N(0, u-t)$ verteilt. Die Verteilung ist nicht abhängig von der Lage des Zeitintervalls $[t, u]$ sondern nur von der Länge $u - t$. Darüber hinaus sind die Trajektorien der Brown'schen Bewegung mit Wahrscheinlichkeit eins nicht differenzierbar. Zur Illustration definiert

$$\frac{W_{t+h} - W_t}{h} \sim N\left(0, \frac{1}{|h|}\right)$$

den Differenzenquotienten für eine gegebene Trajektorie. Sei $h > 0$ und sei $A =]a, b]$ ein beliebiges Intervall mit $a < b$, so gilt für die Wahrscheinlichkeit

$$\text{prob}\left[\frac{W_{t+h} - W_t}{h} \in A\right] = \int_a^b \frac{\sqrt{h}}{\sqrt{2\pi}} \exp\left\{\frac{-x^2}{2/h}\right\} dx$$

$$= \int_{\sqrt{h}a}^{\sqrt{h}b} \frac{1}{\sqrt{2\pi}} \exp\left\{-\frac{x^2}{2}\right\} dx \longrightarrow 0 \text{ für } h \to 0 ,$$

d.h. mit Wahrscheinlichkeit Null ist die Ableitung einer gegebenen Trajektorie nach der Zeit in einem endlichen Intervall enthalten.

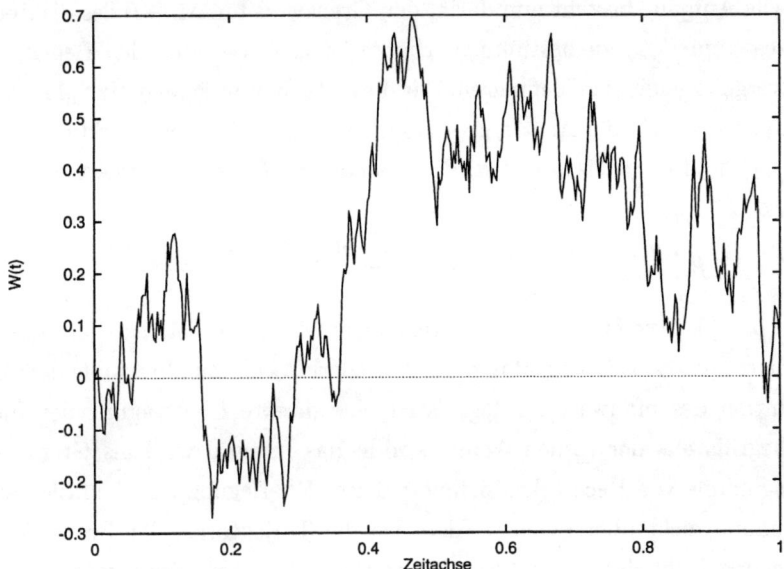

ABBILDUNG 7.2. Trajektorie einer Brown'schen Bewegung

Wie im Fall des Binomialprozesses sollen nun die stetigen Prozesse als Grenzwerte geeigneter diskreter Prozesse hergeleitet werden. Im Unterschied zu den Binomialprozessen beruht die Klasse der nun zu betrachtenden diskreten Prozesse auf der Brown'schen Bewegung. Sei $\underline{T} = \{t_0 < t_1 < \ldots < t_N\}$ eine gegebene äquidistante Diskretisierung der Zeitachse mit $\Delta t = t_{i+1} - t_i$ und seien $\tau_i \in [t_i, t_{i+1}]$ für $i = 0, \ldots, N-1$ beliebige Zwischenzeitpunkte, so beschreibt für $n = 1, \ldots, N$ und gegebene Funktionen $\mu(\cdot, \cdot)$ und $\sigma(\cdot, \cdot)$

$$(7.2) \quad S_{t_n} - S_{t_0} := \sum_{i=0}^{n-1} \mu(\tau_i, S_{\tau_i})(t_{i+1} - t_i) + \sum_{i=0}^{n-1} \sigma(\tau_i, S_{\tau_i})(W_{t_{i+1}} - W_{t_i})$$

den Wertzuwachs eines diskreten stochastischen Prozesses. Offensichtlich gilt für die lokalen Kurszuwächse dieses Prozesses

$$S_{t_{i+1}} - S_{t_i} = \mu(\tau_i, S_{\tau_i})(t_{i+1} - t_i) + \sigma(\tau_i, S_{\tau_i})(W_{t_{i+1}} - W_{t_i}) \ .$$

Falls die Zwischenzeitpunkte $\tau_i \in [t_i, t_{i+1}]$ mit der jeweiligen linken Intervallgrenze t_i übereinstimmen, so genügt dieser Prozess den Bedingungen an den lokalen Erwartungswert und die lokale Varianz eines Diffusionsprozesses.

Die Aufgabe besteht nun darin, den Grenzwert für $\Delta t \to 0$ des diskreten Prozesses in (7.2) zu bestimmen. Hierzu ist es notwendig, den Begriff der Konvergenz genauer zu definieren. Für die erste Summe genügt eine pfadweise Betrachtung, d.h. für $\Delta t = t_{i+1} - t_i$ eine beliebige Zwischenpunktwahl $\tau_i \in [t_i, t_{i+1}]$, und für jedes $\omega \in \Omega$ wird das *pfadweise Intergral* definiert durch

$$(7.3) \qquad \int_0^T \mu(u, S_u(\omega))du := \lim_{\Delta t \to 0} \sum_{i=0}^{N-1} \mu(\tau_i, S_{\tau_i}(\omega))(t_{i+1} - t_i) .$$

Falls $\mu : [0, T] \times \mathbb{R} \to \mathbb{R}$ eine integrierbare Funktion ist, existiert das so definierte pfadweise Integral und stellt wiederum eine Zufallvariable dar. Die Definition des pfadweisen Integrals ist eine direkte Übertragung des Integralbegriffs aus der reellen Analysis, d.h. das Integral wird als Grenzwert einer Summe von Rechtecken definiert. Diese Überlegung kann auf die zweite Summe nicht übertragen werden. Da die Trajektorien der Brown'schen Bewegung nicht differenzierbar sind, existiert der pfadweise Grenzwert der zweiten Summe nicht. Es ist deshalb notwendig, ein anderes Grenzwertkonzept zu betrachten und den Begriff des stochastischen Integrals einzuführen. Hierzu befassen sich die Überlegungen zunächst mit *einfachen* und quadratintegrierbaren stochastischen Prozessen, die an die durch die Brown'sche Bewegung erzeugte Filtration adaptiert sind. Es wird also ein stochastischer Prozess

$$g : [0, T] \times \Omega \longrightarrow \mathbb{R}$$

betrachtet, der die folgenden Eigenschaften erfüllt:

- $\displaystyle\int_0^T E[g^2(t)]dt < \infty$
- $g(t)_{t \in [0;T]}$ ist adaptiert an die durch die Brown'sche Bewegung $W(t)_{t \in [0,T]}$ erzeugte Filtration.
- Es existiert eine endliche Menge $\underline{T} = 0 = t_0 < t_1 < \cdots < t_N = T \subset [0, T]$ von Zeitpunkten, so dass

$$g(t) = g(t_n) \qquad \forall t \in [t_n, t_{n+1}[.$$

Das Integral bezüglich eines einfachen Prozesses stellt insofern eine auf die Situation von stochastischenProzessen verallgemeinerte Rechteckfunktion dar. Es kann auch als eine Folge zufälliger Rechtecke aufgefasst werden, wobei die Breite der Intervalle zufällig ist, d.h. durch die normalverteilte Variable

$W(t_{n+1}) - W(t_n)$ bestimmt wird und die Höhe sich nur zu den Zeitpunkten t_n ändert. Abbildung 7.3 gibt die Trajektorie eines einfachen Prozesses wieder.

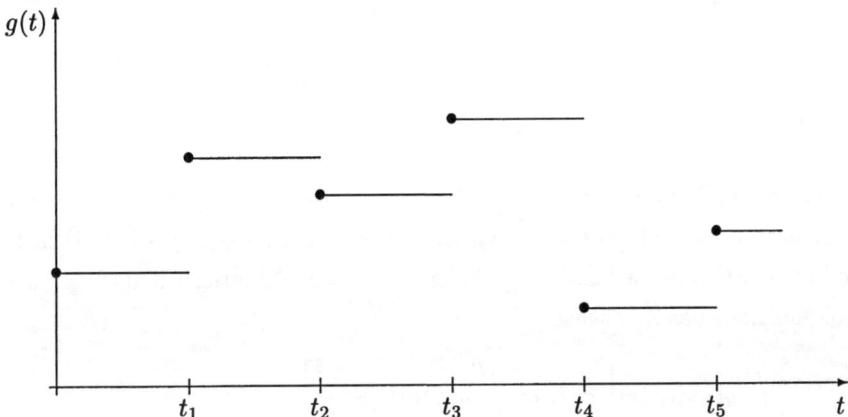

ABBILDUNG 7.3. Trajektorie eines einfachen Prozesses

Für einen einfachen quadratintegrierbaren und an die von der Brown'schen Bewegung erzeugte Filtration $(\mathcal{F}(W(s)|s \leq t))_{t\in[0,T]}$ adaptierten stochastischen Prozess $(g(t))_{t\in[0,T]}$ ist das stochastische Integral für $t \in [0,T]$ definiert durch

$$(7.4) \qquad \int_0^t g(s)dW(s) := \sum_{i=0}^{n-1} g(t_i)(W(t_{i+1}) - W(ti))$$

mit

$n := n(t) = \min\{i \in \{0,\dots,N\}|t_i \geq t\}$

$\underline{T} := \{0 = t_0 < t_1 < \cdots < t_N\}$, der Menge der diskreten Stützpunkte.

Die mit 7.4 gegebene Definition bezieht sich auf eine sehr spezielle Situation. Zum einen handelt es sich um einen stückweise konstanten stochastischen Prozess der als Integrand betrachtet wird. Zum zweiten werden jeweils die linken Zeitpunkte für die Definition verwendet. Im Fall eines stochastischen Integrals bzgl. eines einfachen Prozesses lassen sich nun unmittelbar die folgenden wichtigen Eigenschaften bzgl. dem Erwartungswert und der Varianz nachweisen

$$E\left[\int_0^t g(s)dW(s)\right] = \sum_{i=0}^{n-1} E[g(t_i) \cdot (W(t_{i+1}) - W(t_i))]$$

$$(7.5) \qquad = \sum_{i=0}^{n-1} E[g(t_i)] \cdot E(W(t_{i+1}) - W(t_i)))$$

$$= 0$$

da g an $(\mathcal{F}(W(s)|s \leq t))_{t\in[0,T]}$ adaptiert ist und somit $g(t_i)$ von den un-abhängigen Zuwächsen der Brown'schen Bewegung $(W(t_{i+1}) - W(t_i))$ nicht abhängt. Für die Varianz folgt wiederum aus der Adaptiertheit und der Un-abhängigkeit der Zuwächse

$$V\left[\int_0^t g(s)dW(s)\right] = E\left[\left(\int_0^t g(S)dW(S)\right)^2\right]$$

$$= E\left[\left(\sum_{i=0}^{n-1} g(t_i)(W(t_{i+1}) - W(t_i))\right)^2\right]$$

$$(7.6) = E\left[\left(\sum_{i=0}^{n-1} g^2(t_i)(W(t_{i+1}) - W(t_i))\right)^2\right.$$

$$\left. +2\sum_{i=0}^{n-2}\sum_{j=i+1}^{n-1} g(t_i)g(t_j)\left(W(t_{i+1}) - W(t_i)\right)(W(t_{j+1}) - W(t_j))\right]$$

$$= \sum_{i=0}^{n-1} E\left[g^2(t_i)\right](t_{i+1} - t_i)$$

$$= \int_0^t E\left[g^2(s)\right]ds < \infty$$

Ebenso folgt aus der Adaptiertheit des einfachen stochastischen Prozesses für die beiden Erwartungswerte mit $u \leq t$

$$(7.7)\quad E\left[\int_0^t g(s)dW(s)|\mathcal{F}_u = \mathcal{F}(W(v)|v \leq u)\right] = \int_0^u g(S)dW(S),$$

d.h. die Martingaleigenschaft ist für das stochastische Integral erfüllt. Die De-finition des stochastischen Integrals soll nun auf quadratintegrierbare und an $(\mathcal{F}(W(s)|s \leq t))_t$ adaptierte stochastische Prozesse übertragen werden. Die Idee besteht darin, diese dann nicht mehr notwendig einfachen stochastischen

Prozesse als Grenzwert von einfachen Prozessen darzustellen und so den Integralbegriff zu übertragen. Hierzu wird auf das Konzept der Konvergenz im quadratischen Mittel zurückgegriffen.

Definition 7.3:

Eine Folge $\{X_N\}_{k=1}^{+\infty}$ von Zufallsvariablen über einem Wahrscheinlichkeitsraum $(\Omega, \mathcal{F}, P)$ mit $E_p[X_N^2] < \infty$ für alle $N \geq 1$ heißt *konvergent im quadratischen Mittel* gegen eine Zufallsvariable X, kurz $\operatorname{qm}\lim_{N\to\infty} X_N = X$, falls gilt

$$\lim_{k\to\infty} \left(E_P\left[(X_k - X)^2\right]\right)^{\frac{1}{2}} = 0 \ .$$

Definition 7.4:

Sei $g(t)_{t\in[0,T]}$ ein quadratintegrierbarer und an $\mathcal{F}_t = \mathcal{F}(W(S)|S \leq t)_t$ adaptierter stochastischer Prozess. Sei weiter $(g_k)_k$ eine Folge von einfachen, quadratintegrierbaren und an die gleiche Filtration adaptierten stochastischen Prozessen, die im quadratischen Mittel gegen den Prozess $g(t)_{t\in[0,T]}$ konvergieren, d.h.

$$\lim_{k\to\infty} \int_0^T E[(g(s) - g_k(s))^2]dS = 0$$

so ist das stochastische Integral definiert durch

$$\int_0^t g(s)dW(s) := \lim_{k\to\infty} \int_0^t g_k(s)dW(s) \qquad \forall t \in [0,T].$$

Die mit Definition 7.4 vorgenommene Begriffsbestimmung wird auch das Ito-Integral des stochastischen Prozzeses $g(t)_{t\in[0,T]}$ bzgl. der Brown'schen Bewegung $W(t)_{t\in[0,T]}$ genannt[4].

Es ist nun möglich, die in (7.2) vorgenommene diskrete Beschreibung des Wertzuwachses eines Kurses in den zeitstetigen Modellrahmen zu überführen. Sind $\mu(t,x)$ und $\sigma(t,x)$ vorgegebene Drift- und Fluktuationsfunktionen, so dass sowohl das pfadweise wie auch das stochastische Integral existiert, so heißt der Prozess $\{S_t\}_{t\in[0,T]}$ Lösung der *stochastischen Differentialgleichung*

$$(7.8) \qquad dS_t = \mu(t, S_t)dt + \sigma(t, S_t)dW_t \quad t \in [t_0, T]$$

---

[4]Es kann gezeigt werden, dass das stochastische Integral nicht von der speziellen Wahl der Folge einfacher Prozesse abhängt und unter den getroffenen Annahmen existiert; vgl. z.B. Arnold (1991, Abschnitt 4.4 insbesondere Lemma 4.4.9 und 4.4.12, S. 69 ff).

mit Anfangsbedingung $S_{t_0} = c$, falls er die *stochastische Integralgleichung*

$$(7.9) \qquad \int_{t_0}^{T} dS_u = \int_{t_0}^{T} \mu(u, S_u) du + \int_{t_0}^{T} \sigma(u, S_u) dW_u$$

mit der Anfangsbedingung $S_{t_0} = c$ löst. Hierbei stellt (7.8) nur eine Kurz-schreibweise für die stochastische Integralgleichung (7.9) dar. Wie der reelle Integralbegriff, ist der stochastische Integralbegriff definiert als Grenzwert einer Folge. Da es sich jedoch um ein mit der reellen Analysis nur schwer ver-gleichbares Grenzwertkonzept handelt, ist es notwendig, einige Eigenschaften des stochastischen Integrals anzugeben. Ist z.B. σ eine Konstante, so gilt

$$\int_{t_0}^{t} \sigma dW_u = \sigma(W_t - W_{t_0}), \forall t \in [0, T]$$

d.h. es handelt sich um eine normalverteilte Zufallsvariable mit Erwartungs-wert Null und Varianz $\sigma^2(t - t_0)$. Ist $\sigma : [0, T] \to \mathbb{R}$ eine quadratinte-grierbare Funktion der Zeit, so gilt für jede Diskretisierung der Zeitachse $\underline{T}(N) = \{t_0 < t_1 < \ldots < t_N = T\}$

$$E_P \left[\sum_{i=0}^{N-1} \sigma(t_i)(W_{t_{i+1}} - W_{t_i}) \right] = 0 \;\Rightarrow\; E_P \left[\int_{t_0}^{t} \sigma(u) dW_u \right] = 0,$$

und aufgrund der Unabhängigkeit der Zuwächse der Brown'schen Bewegung

$$V_P \left[\sum_{i=0}^{N-1} \sigma(t_i)(W_{t_{i+1}} - W_{t_i}) \right] = \sum_{i=0}^{N-1} \sigma^2(t_i)(t_{i+1} - t_i) \stackrel{\Delta t \to 0}{\longrightarrow} \int_{t_0}^{T} \sigma^2(u) du$$

$$\Rightarrow \quad V_P \left[\int_{t_0}^{T} \sigma(u) dW_u \right] = \int_{t_0}^{T} \sigma^2(u) du .$$

Da die Summe normalverteilter Zufallsvariablen wiederum normalverteilt ist, ist $\int_{t_0}^{t} \sigma(u) dW_u$ normalverteilt mit Erwartungswert Null und Varianz $\int_{t_0}^{t} \sigma^2(u) du$.

Die allgemeine Darstellung des stochastischen Intergrals beschränkt sich nicht auf zeitabhängige, d.h. deterministische Funtionen $\sigma(\cdot)$. Die Ergebnisse im Fall des stochastischen Integrals bzgl. einer deterministischen Funktion oder eines einfachen stochastischen Prozesses wie sie mit (7.5) und (7.6) her-geleitet wurden können verallgemeinert werden.

Satz 7.1:

Sei $g(t)_{t\in[0,T]}$ *ein quadratintegrierbarer bzgl. der Filtration* $\mathcal{F} = \mathcal{F}(W(s) \mid s \leq t)_t$ *adaptierter stochastischer Prozess, so gilt* $\forall t \in [0,T]$

$$E\left[\int_0^t g(s)dW(s)\right] = 0,$$

$$V\left[\int_0^t g(s)dW(s)\right] = \int_0^t E[g^2(s)]dS,$$

$$\left(\int_0^t g(s)dW(s)\right)_t \text{ ist adaptiert an } (\mathcal{F}(W(s)|s \leq t))_t.$$

Bemerkung:

Der allgemeine Beweis findet sich u.a. bei Arnold (1991, S. 73, Satz 4.4.14). Für einfache stochastische Prozesse wurden die obigen Eigenschaften mit (7.5) und (7.6) nachgewiesen. Zum Nachweis der weitergehenden Aussage ist es jedoch notwendig für einen gegebenen stochastischen Prozess die Existenz einer Folge einfacher stochastischer Prozesse nachzuweisen, die im quadratischen Mittel gegen diesen konvergiert. Weiter muss die Unabhängigkeit des stochastischen Integrals von der gewählten Folge bewiesen werden. Gegeben diese Eigenschaft ergeben sich die obigen Behauptungen aus der Grenzwertbetrachtung.

Es fällt auf, dass in der Definition des stochastischen Integrals jeweils der linke Intervallpunkt des (einfachen) Integranden gewählt wird. Dies ist ein Unterschied zum reellen Integralbegriff, der einen beliebigen Zwischenpunkt annimmt. Darüber hinaus zeigt sich im reellen Fall, dass der Grenzwert, d.h. das Integral nicht von speziellen Zwischenpunktwahl abhängt. Dies trifft für das stochastische Integral nicht zu, wie der folgende Satz nachweist.

Satz 7.2:

Sei $(\underline{T}(N) = 0 = t_0 < t_1 < \cdots < t_N = T)_N$ *eine Folge von feiner werdenden Zerlegungen des Intervalls* $[0,T]$ *mit*

$$\lim_{N\to\infty} \max\{t_{i+1} - t_i | t_{i+1}, t_i \in T(N)\} = 0$$

und $a \in [0,1]$ *eine feste Zahl. Durch*

$$\tau_i := (1-a)t_i + at_{i+1} \quad i = 0,\ldots.N-1$$

wird eine feste Folge von Zwischenpunkten zu jeder Diskretisierung $\underline{T}(N)$ gegeben. Es gilt dann

$$qm \lim_{N \to \infty} \sum_{i=0}^{N-1} W_{\tau_i}(W_{t_{i+1}} - W_{t_i}) = \frac{1}{2}W_T^2 + (a - \frac{1}{2})T.$$

Beweis:

Für ein gegebenes $\underline{T}(N)$ mit maximaler Intervallbreite $\delta_N = \max\{t_{i+1} - t_i\}$ wird die Folge $\{X_N\}_N$ definiert durch

$$
\begin{aligned}
X_N \;:=\; & \sum_{i=0}^{N-1} W_{\tau_i}(W_{t_{i+1}} - W_{t_i}). \\[2mm]
=\; & \frac{1}{2}W_{t_N}^2 - \frac{1}{2}\sum_{i=0}^{N-1}(W_{t_{i+1}} - W_{t_i})^2 \\[2mm]
& + \sum_{i=0}^{N-1}(W_{\tau_i} - W_{t_i})^2 + \sum_{i=0}^{N-1}(W_{t_{i+1}} - W_{\tau_i})(W_{\tau_i} - W_{t_i}).
\end{aligned}
$$

Hieraus ist ersichtlich, dass $\frac{1}{2}W_{t_N}^2$ Teil des Grenzwertes sein muss. Die Idee besteht nun darin nachzuweisen, dass jede der verbleibenden Summen zwar einen endlichen Erwartungswert, jedoch im Grenzwert eine Varianz von Null besitzen, es sich somit um Konstanten handelt. Ist dies der Fall, so ist der Grenzwert im quadratischen Mittel der Teilfolgen gleich dem Erwartungswert. Der Grenzwert der Ausgangsfolge ist in diesem Fall gleich der Summe der einzelnen Terme. Für die einzelnen Terme gilt nun:

- $E_P\left[\sum_{i=0}^{N-1}(W_{t_{i+1}} - W_{t_i})^2\right] = \sum_{i=0}^{N-1} t_{i+1} - t_i = t_N - t_0 = T - t_0$

$$
\begin{aligned}
V_P\left[\sum_{i=0}^{N-1}(W_{t_{i+1}} - W_{t_i})^2\right] &= \sum_{i=0}^{N-1} V[(W_{t_{i+1}} - W_{t_i})^2] \\[2mm]
&= \sum_{i=0}^{N-1} E[(W_{t_{i+1}} - W_{t_i})^4] - (t_{i+1} - t_i)^2 \\[2mm]
&\overset{5)}{=} \sum_{i=0}^{N-1} 3(t_{i+1} - t_i)^2 - (t_{i+1} - t_i)^2 = 2\sum_{i=0}^{N-1}(t_{i+1} - t_i)^2
\end{aligned}
$$

$$\leq \; 2\sum_{i=0}^{N-1}(t_{i+1}-t_i)\delta_N = 2(T-t_0)\delta_N \stackrel{\delta_N \to 0}{\to} 0$$

$$\Rightarrow \quad \underset{N\to\infty}{\text{qm}\lim} \sum_{i=0}^{N-1}(W_{t_{i+1}}-W_{t_i})^2 = T-t_0.$$

- $E_P\left[\displaystyle\sum_{i=0}^{N-1}(W_{\tau_i}-W_{t_i})^2\right] \; = \; \sum_{i=0}^{N-1}(\tau_i-t_i)$

$$V_P\left[\sum_{i=0}^{N-1}(W_{\tau_i}-W_{t_i})^2\right] \; = \; \sum_{i=0}^{N-1}E\left[(W_{\tau_i}-W_{t_i})^4\right]-(\tau_i-t_i)^2$$

$$= \; 2\sum_{i=0}^{N-1}(\tau_i-t_i)^2 \leq 2(T-t_0)\delta_N \to 0$$

$$\Rightarrow \quad \underset{N\to\infty}{\text{qm}\lim}\sum_{i=0}^{N-1}(W_{\tau_i}-W_{t_i})^2 = \sum_{i=0}^{N-1}(\tau_i-t_i)$$

- $E\left[\displaystyle\sum_{i=0}^{N-1}(W_{t_{i+1}}-W_{\tau_i})(W_{\tau_i}-W_{t_i})\right] = 0$

$$V\left[\sum_{i=0}^{N-1}(W_{t_{i+1}}-W_{\tau_i})(W_{\tau_i}-W_{t_i})\right] = \sum_{i=0}^{N-1}E\left[(W_{t_{i+1}}-W_{\tau_i})^2(W_{\tau_i}-W_{t_i})^2\right]$$

$$= \; \sum_{i=0}^{N-1}(t_{i+1}-\tau_i)(\tau_i-t_i) \leq (T-t_0)\delta_N \to 0$$

$$\Rightarrow \quad \underset{N\to\infty}{\text{qm}\lim}\sum_{i=0}^{N-1}(W_{t_{i+1}}-W_{\tau_i})(W_{\tau_i}-W_{t_i}) = 0\;.$$

Da bis auf den ersten Summanden die verbleibenden gegen eine deterministische Größe im quadratischen Mittel konvergieren, gilt

$$\underset{N\to\infty}{\text{qm}\lim}\sum_{i=0}^{N-1}W_{\tau_i}(W_{t_{i+1}}-W_{t_i}) = \frac{1}{2}W_T-\frac{1}{2}T+\sum_{i=0}^{N-1}(\tau_i-t_i).$$

---

[5]Die Momente einer Normalverteilung bestimmen sich rekursiv aus $Y \sim N(0,\sigma^2)$

$$\Rightarrow \quad E[Y^k] = \begin{cases} (k-1)\sigma^2 E[Y^{k-2}] & \text{falls } k=2n \qquad n=1,\ldots \\ 0 & \text{falls } k=2n+1, \quad n=0,1,\ldots \end{cases}$$

Wird nun die spezielle Zwischenpunktwahl $\tau_i = (1-a)t_i + at_{i+1}$ betrachtet, so gilt

$$\sum_{i=0}^{N-1}(\tau_i - t_i) = \sum_{i=0}^{N-1} a(t_{i+1} - t_i) = aT \ .$$

□

Das stochastische Integral besitzt in der Stochastik der Finanzmärkte eine herausragende Bedeutung. Durch die Wahl $a=0$ ergibt sich $\int_{t_o}^{t} W(u)dW(u) = \frac{1}{2}W^2(t) - \frac{1}{2}t$ und wird die Vorstellung, die mit einer nichtvorgreifenden Handelsstrategie assoziiert ist, in den Grenzwertbegriff integriert. Aus dem Beweis zu Satz 7.2 leiten sich einige, für den Umgang mit dem stochastischen Integral (Itô-Integral) wichtige und auf den ersten Blick überraschende Ergebnisse ab.

- $\int_{t_0}^{t} (dW(u))^2 = qm \lim_{N\to\infty} \sum_{i=0}^{n-1}(W_{t_{i+1}} - W_{t_i})^2 = t$

  In der Kurzschreibweise der stochastischen Differentialgleichungen erhält dies die Form $(dW_t)^2 = dt$

- Aus $E_P\left[\sum_{i=0}^{N-1}(t_{i+1} - t_i)(W_{t_{i+1}} - W_{t_i})\right] = 0$ und

  $$V_P\left[\sum_{i=0}^{N-1}(t_{i+1} - t_i)(W_{t_{i+1}} - W_{t_i})\right] = \sum_{i=0}^{N-1}(t_{i+1} - t_i)^2 \leq (T - t_0)\delta_N^2 \longrightarrow 0$$

  folgt $\int_{t_0}^{T} dudW_u = 0$ bzw. $dtdW_t = 0$.

- $\int_{t_0}^{T} (du)^2 = \lim_{\delta_N\to 0}\sum_{i=0}^{T}(t_{i+1} - t_i)^2 \leq \lim_{\delta_N\to 0}(T - t_0)\delta_N = 0$ bzw. $(dt)^2 = 0$.

Das nachfolgende *Itô-Lemma* bezieht sich auf den Zusammenhang zwischen stochastischen Differentialgleichungen, d.h. zwischen stochastischen Prozessen, die Lösung einer stochastischen Integralgleichung im Sinne des Itô-Intergrals sind, und solchen stochastischen Prozessen, die vollständig durch diese Lösungen bestimmt sind.

U.a. liefert es eine Rechenregel wie aus der Kenntnis der Lösung einer stochastischen Differentialgleichung die Lösung einer mit dieser eng verbundenen hergeleitet werden kann. Es wird sich herausstellen, dass die Aussage des Itô-Lemma ein sehr hilfreiches Werkzeug für die Analyse des Finanzmarktes ist. Sprachlich lässt sie sich wie folgt formulieren:

Angenommen, eine Anzahl von stochastischen Prozessen ist durch stochastische Differentialgleichungen gegeben, d.h. sie sind Lösungen der entsprechenden Integralgleichungen. Eine "gutmütige" Funktion, die nur von
diesen stochastischen Prozessen abhängt – z.B. ein Portfolio aus Aktien, ist
dann ebenfalls darstellbar mittels einer stochastischen Integralgleichung.

Satz 7.3:

*Sei $u(t, x_1, \ldots, x_n)$ eine auf $[t_0, T] \times I\!R^n$ stetige Funktion mit stetigen par-
tiellen Ableitungen 1. und 2. Ordnung*

$$\frac{\partial u}{\partial t} = u_t, \quad \frac{\partial u}{\partial x_i} = u_{x_i}, \quad \frac{\partial^2 u}{\partial x_i \partial x_j} = u_{x_i x_j}, \quad i, j, \leq n \ .$$

*Seien n eindimensionale stochastische Prozesse $\{X_i(t)\}_t$ durch die stochasti-
schen Differentialgleichungen*

$$dX_i(t) = f_i(t, X_i(t))dt + g_i(t, X(t_i))dW_t \quad i = 1, \ldots, n$$

*bezüglich derselben Brown'schen Bewegung gegeben, dann ist der Prozess
$u\Big(t, X_1(t), \ldots, X_n(t)\Big)$ ebenfalls Lösung einer stochastischen Integralgleichung
und es gilt*

$$(7.10) \qquad du = u_t dt + \sum_{i=1}^{n} u_{x_i} dX_i + \frac{1}{2} \sum_{i=1}^{n} \sum_{j=1}^{n} u_{x_i x_j} dX_i dX_j \ ,$$

*wobei sich $dX_i dX_j$ ergeben aus der folgenden Tabelle, d.h. $dX_i dX_j = g_i g_j dt$,
$\forall i, j, \leq n$.*

x	dW	dt
dW	dt	0
dt	0	0

Bemerkung:

Die Itô-Formel (7.10) wird in vielen Arbeiten über eine Taylorreihe (heu-
ristisch) begründet, wobei Terme der Ordnung größer als zwei vernachlässigt
werden. Ein ausführlicher Beweis des Itô-Lemmas findet sich z.B. bei Liptser
und Shiryayev (1977) sowie Arnold (1991).

∇ **Beispiel 7.2:**

Über das Itô-Lemma ist es nun möglich, die Lösung der stochastischen Differentialgleichung

$$(7.11) \qquad \frac{dS_t}{S_t} = \mu dt + \sigma dW_t \qquad S_{t_0} = c$$

zu bestimmen, wobei μ und σ Konstanten sind. Ausgangspunkt ist der stochastische Prozess $\{X_t\}_{t=t_0}^T$, gegeben durch

$$dX_t = \left(\mu - \frac{\sigma^2}{2}\right)dt + \sigma dW_t \; .$$

Die Lösung der stochastischen Differentialgleichung lautet

$$
\begin{aligned}
X_t - X_{t_0} &= \int_{t_0}^t \left(\mu - \frac{\sigma^2}{2}\right)ds + \int_0^t \sigma dW_s \\
&= \left[\mu - \frac{\sigma^2}{2}\right](t - t_0) + \sigma(W_t - W_{t_0}) \; .
\end{aligned}
$$

Für $S_t = \exp\{X_t\} = u(X_t)$ und die Anfangsbedingung $S_{t_0} = e^{X_{t_0}}$ gilt damit nach dem Itô-Lemma,

$$
\begin{aligned}
dS_t &= du &&= u_t dt + u_x dX_t + \frac{1}{2}u_{xx}(dX_t)^2 \\
&&&= 0\,dt + \exp\{X_t\}dX_t + \frac{1}{2}\exp\{X_t\}(dX_t)^2 \\
&&&= S_t\left[\left(\mu - \frac{\sigma^2}{2}\right)dt + \sigma dW_t\right] + \frac{1}{2}S_t\sigma^2 dt \\
&&&= S_t\mu dt + S_t\sigma dW_t
\end{aligned}
$$

$$
\Leftrightarrow \qquad \frac{dS_t}{S_t} = \mu dt + \sigma dW_t \; ,
$$

$$
\Rightarrow \qquad S_t = S_{t_0}\exp\left\{\left[\mu - \frac{\sigma^2}{2}\right]t + \sigma W_t\right\}
$$

ist die Lösung der stochastischen Diffentialgleichung (7.11).

$$\Delta$$

7.2. Das Black-Scholes-Modell

Dem Black-Scholes-Modell (1973) und der hieraus resultierenden Bewertung Europäischer Call- und Put-Optionen kommt eine fundamentale Bedeutung zu. 1973 publiziert, hat dieses Modell in zweifacher Hinsicht eine bemerkenswerte Entwicklung ausgelöst. Zum einen begründet das Modell die wesentlichen und grundlegenden Ideen des Financial Engineering. Diese Ideen finden sich wieder in einer Vielzahl von Bewertungsformeln unterschiedlicher Verträge bis hin zu Zinsstrukturmodellen. Zum anderen beeinflusst das Black-Scholes-Modell aber auch nachhaltig die Bewertung von Optionsverträgen an der Börse und die institutionellen Rahmenbedingungen der Börse. Eine Börse wie die DTB in Frankfurt spiegelt in ihrer Architektur die praktische Umsetzung eines im Black-Scholes-Modell idealisierten Marktgeschehens wider. Die Verleihung des Nobelpreises für Wirtschaftswissenschaften 1997 an Robert C. Merton und Myron Scholes hat die herausragende Bedeutung nochmals eindrucksvoll gewürdigt.

Die Grundannahmen entsprechen weitestgehend denjenigen des Binomialmodells. Dies ist nicht weiter verwunderlich, da die ursprüngliche Motivation für die Binomialformulierung eine einfache Erklärung des Black-Scholes-Modells ist. Im einzelnen bedeutet dies:

- Keine Transaktionskosten, Steuern etc. werden berücksichtigt.
- Es wird angenommen, dass zu jedem Zeitpunkt $t \in [0, T]$ die Märkte geöffnet sind und Handel stattfindet.
- Der Markt ist reibungslos, d.h. gewünschte Transaktionen können in beliebigem Umfang ohne Rückwirkung auf die Kursentwicklung durchgeführt werden.
- Die Wertpapiere stehen in beliebig teilbaren Einheiten zur Verfügung.
- Der Zinssatz $\hat{r}$ ist konstant über die Zeit, d.h. für den Preis einer Nullkuponanleihe mit Endfälligkeit zum Zeitpunkt T und Nennwert 1 gilt

$$
\begin{aligned}
B(t, T) &= \exp\{-r(T - t)\} \\
\Rightarrow \quad \frac{\partial B(t, T)}{\partial t} &= r \, \exp\{-r(T - t)\} = r B(t, T) \\
dB &= r \, B(t, T) dt \,,
\end{aligned}
$$

wobei $r = \ln(1 + \hat{r})$ die konforme Zinsrate angibt.
- Der Preisprozess des dividendengeschützten Aktienkurses

$$
S : [0, T] \times \Omega \rightarrow \mathbb{R}_{\geq 0}
$$

ist ein Prozess mit stetigen Pfaden über einem Wahrscheinlichkeitsraum $(\Omega, \mathcal{F}, P)$, der durch die stochastische Differentialgleichung

$$
dS(t) = \mu S(t) dt + \sigma S(t) dW(t)
$$

mit konstanten Parametern $\mu \in \mathbb{R}$ und $\sigma > 0$ gegeben ist.

Wie in Abschnitt 7.1 diskutiert, bedeutet dies für die augenblicklichen prozentualen Änderungen des Aktienkurses

$$\lim_{dt \to 0} \frac{1}{dt} E_P \left[\frac{dS(t)}{S(t)} \Big| S(t) \right] = \mu \,,$$

$$\lim_{dt \to 0} \frac{1}{dt} V_P \left[\frac{dS(t)}{S(t)} \Big| S(t) \right] = \sigma^2 \,,$$

wobei die (lokale) Standardabweichung σ der logarithmierten Zuwächse das Risikomaß des Prozesses ist und als *Volatilität* bezeichnet wird. Die Lösung der stochastischen Differentialgleichung ist gemäß Beispiel 7.2 für $t_0 = 0$ gleich

$$S(t) = S(t_0) \, \exp \left\{ \left(\mu - \frac{1}{2} \sigma^2 \right) t + \sigma W(t) \right\} \,.$$

Die logarithmierten Zuwächse sind somit normalverteilt mit

$$\ln \frac{S(t)}{S(t - \Delta t)} \sim N \left(\left(\mu - \frac{1}{2} \sigma^2 \right) \Delta t, \sigma^2 \Delta t \right) \,.$$

Insbesondere handelt es sich um einen stationären Prozess, dessen ersten beiden Momente gegeben sind durch:[6]

$$E[S(t)|S(t_0)] = S_0 \exp\{\mu t\}$$

$$V[S(t)|S(t_0)] = S_0^2 \exp\{2\mu t\} \left(e^{\sigma^2 t} - 1 \right) \,.$$

Weiter ist die Informationsstruktur, d.h. die Filtration, durch die Kursspezifikation festgelegt. Der Aktienkursprozess $\{S(t)\}_{t \in [0,T]}$ wird durch die Brown'sche Bewegung $\{W(t)\}_{t \in [0,T]}$ (und μ und σ) vollständig beschrieben. Für die Filtration bedeutet dies

$$\mathcal{F}_t := \mathcal{F}(W(t)) = \mathcal{F}\{W(s) \mid s \leq t\} = \mathcal{F}\{S(s) | s \leq t\} \,,$$

d.h. $\mathcal{F}_t$ wird von der Brown'schen Bewegung $W(t)_t$ erzeugt und beinhaltet die Information über alle möglichen Kurspfade der Aktie bis zum Zeitpunkt t einschließlich.

---

[6]Ist x eine normalverteilte Zufallsvariable, $x \sim N(\mu, \sigma^2)$ verteilt, so gilt

$$E[e^x] = \exp \left\{ \mu + \frac{\sigma^2}{2} \right\}$$

$$V[e^x] = \exp \left\{ 2\mu + \sigma^2 \right\} \left(e^{\sigma^2} - 1 \right) \,.$$

Eine letzte Annahme betrifft nun die weitere Struktur des Marktes bezüglich der Bewertung einer Europäischen Option. Es wird angenommen, dass die Aktie alle relevanten Informationen für die Preisbildung der Option besitzt. Die Einführung einer Option fügt dem Markt keine neue, nicht schon im Kursprozess der Aktie enthaltene Information zu und verändert diesen auch nicht. Da der Aktienkursprozess ein Markov-Prozess ist, ist der Preisprozess der Europäischen Call- oder Put-Option unter dieser Annahme ebenfalls ein Markov-Prozess. Mit Bezug auf die bisherige Begriffsbildung ist der Finanzmarkt $(B(t), S(t))_{t \in [[0,T]]}$ vollständig. Der Kursprozess einer Option ist somit ausschließlich eine Funktion $f(\cdot, \cdot)$ der Zeit bzw. der Restlaufzeit und des Aktienkurses

$$\text{Call}_e[S, K, t, T,] = f(t, S(t))$$

und rechtfertigt die Anwendung des Itô-Lemmas zur Beschreibung der Veränderung des Optionswertes

$$
\begin{aligned}
(7.12) \quad df(t, S) &= f_t(t, S)dt + f_S(t, S)dS + \frac{1}{2}f_{SS}(t, S)(dS)^2 \\
&= f_t dt + f_S(\mu S dt + \sigma S dW(t)) + \frac{1}{2}f_{SS}S^2\sigma^2 dt \\
&= [f_t + \mu S f_S + \frac{1}{2}f_{SS}S^2\sigma^2]dt + \sigma S f_S dW(t) \,.
\end{aligned}
$$

Das Itô-Lemma ermöglicht es, die Dynamik des Optionsprozesses in Verbindung zu der Entwicklung des zugrundeliegenden Aktienkurses zu setzen. Die gesuchte funktionale Form, die in Abhängigkeit des Aktienkursprozesses und der Restlaufzeit $T - t$ ($t \in [0, T]$) den Preisprozess der Option angibt, ist Lösung der stochastischen Differentialgleichung (7.12). Aus der Vertragseigenschaft des Europäischen Call ergibt sich zum Zeitpunkt $t = T$, d.h. falls die Restlaufzeit der Option gleich 0 ist, die Endwertbedingung

$$f(T, S) = \max\{0, S_T - K\} \,.$$

Alternativ zu der Herleitung der stochastischen Differentialgleichung kann die Bewertung des Optionsvertrages auch durch eine selbstfinanzierende Portfoliostrategie, die die terminale Auszahlung der Option dupliziert, erfolgen. Hierzu ist es notwendig, die Definitionen der Portfoliostrategie und Selbstfinanziertheit in den zeitstetigen Modellrahmen zu übertragen.

Definition 7.5:

Ein zweidimensionaler stochastischer Prozess

$$\phi = (\phi^1, \phi^2) : [0, T] \times \Omega \to \mathbb{R}^2$$

heißt *Portfoliostrategie*, falls

- $\phi^1(t)$ und $\phi^2(t)$ *vorhersehbar* bezüglich der Informationsstruktur $\{\mathcal{F}_t\}_{t\in[0,T]}$ sind, die durch die Entwicklung des Aktienkurses gegeben ist, d.h. $\phi^1(t)$ und $\phi^2(t)$ sind messbar bezüglich der σ-Algebra $\mathcal{F}_{t-} = \mathcal{F}(S_u | \forall u < t)$. Die Vorhersehbarkeit besagt, dass die Entscheidung über die Portfoliogewichte nur auf Informationen vor dem Zeitpunkt t beruht.

- Die Anteile $\phi^1(t)B(t,T) = \phi^1(t)\exp\{-(T-t)r\}$ und $\phi^2(t)S(t)$ im Portfolio sind in $L^2(\Omega, \mathcal{F}, P)$ enthalten.

Der *Wertprozess* einer Portfoliostrategie $\{\phi\}_{t\in[0,T]} = \{\phi^1(t), \phi^2(t)\}_{t\in[0,T]}$ ist bestimmt durch

$$V(\phi(t)) := \phi^1(t)B(t,T) + \phi^2(t)S(t) \quad \forall t \in [0, T] \, .$$

Eine Portfoliostrategie heißt *selbstfinanzierend*, falls

$$dV(\phi(t)) = \phi^1(t)dB(t,T) + \phi^2(t)dS(t),$$

d.h. die Wertveränderung des Portfolios ist ausschließlich bestimmt durch die Kursveränderung der Aktie und den Zinsertrag. Eine selbstfinanzierende Portfoliostrategie *erzeugt* die terminale Auszahlung x_T, falls mit Wahrscheinlichkeit 1 der Wert des Portfolios zum Zeitpunkt T mit der Auszahlung x_T übereinstimmt, d.h.

$$V(\phi(T)) = x_T \qquad P \text{ fast sicher.}$$

Die Vollständigkeit des durch die Anleihe und den Aktienkurs beschriebenen Finanzmarktes mit Bezug auf die Bewertung einer Europäischen Call-Option sichert die Existenz einer selbstfinanzierenden Portfoliostrategie, die die terminale Auszahlung der Option dupliziert. Es existiert somit eine Portfoliostrategie mit

(7.13)
$$V(\phi(T)) = \max\{0, S_T - K\} \qquad P \text{ fast sicher}$$
$$dV(\phi(t)) = \phi^1(t)dB(t,T) + \phi^2(t)dS(t) \, .$$

Die Gleichungen (7.12) und (7.13) charakterisieren beide den Preis einer Europäischen Call-Option. Falls keine Arbitragemöglichkeit besteht, müssen die jeweiligen Lösungen übereinstimmen. Unter Ausschluss von Arbitrage muss gelten:

(7.14)
$$V(\phi(t)) = f(t, S(t)) \quad \forall t \in [0, T]$$
$$dV(\phi(t)) = df(t, S(t)) \quad \forall t \in [0, T] \,,$$

d.h. sowohl der Wertprozess des Portfolios als auch die Zuwächse müssen mit dem Wertprozess der Option bzw. seinen Zuwächsen zu jedem Zeitpunkt übereinstimmen. Werden die durch (7.12) und (7.13) gegebenen Darstellungen eingesetzt, so gilt

(7.15)
$$
\begin{aligned}
f(t, S(t)) &= \phi^1(t)B(t, T) + \phi^2(t)S(t) \quad \forall t \in [0, T] \\
df(t, S(t)) &= \left[f_t + \mu S f_S + \frac{1}{2}\sigma^2 S^2 f_{SS} \right] dt + \sigma S f_s dW(t) \\
&= \phi^1(t)dB(t, T) + \phi^2(t)dS(t) \\
&= \phi^1 r B dt + \phi^2 \mu S dt + \phi^2 \sigma S dW(t) \\
&= \left[\phi^1 r B + \phi^2 \mu S \right] dt + \sigma S \phi^2 dW(t) = dV(\phi(t)) \,.
\end{aligned}
$$

Der Koeffizientenvergleich in Gleichung (7.15) liefert

$$
\begin{aligned}
\phi^1 r B + \phi^2 \mu S &= f_t + \mu S f_S + \frac{1}{2}\sigma^2 S^2 f_{SS} \\
\sigma S \phi^2 &= \sigma S f_S \quad \Leftrightarrow \quad \phi^2 = f_S \,.
\end{aligned}
$$

Die zweite Gleichung besagt, dass die *Hedgeratio* $\phi^2(t)$ durch die partielle Ableitung des Optionspreises $\frac{\partial f(t)}{\partial S}$ gegeben ist. Diese Beziehung zwischen Hedgeratio und partieller Ableitung gilt unabhängig von der Endwertbedingung, da diese auf die bisherigen Überlegungen keinen Einfluss hat. Insofern stimmt beispielsweise die partielle Ableitung der Bewertungsformel einer Barrier Option nach dem zugrundeliegenden Wertpapier wiederum mit der Hedgeratio im zeitstetigen Modell überein. Weiter folgt für den Wert der Anleihen im duplizierenden Portfolio aus (7.14)

$$\phi^1(t)B(t, T) = f(t, S(t)) - \phi^2(t)S(t) = f - S \cdot f_S \,.$$

Zusammenfassend ergibt sich für den Arbitragepreis einer Europäischen Call-Option

$$\phi^1 rB + \phi^2 \mu S \;=\; f_t + \mu S f_S + \frac{1}{2}\sigma^2 S^2 f_{SS}$$

(7.16) $$\Leftrightarrow \quad rf - rSf_S + \mu S f_S \;=\; f_t + \mu S f_S + \frac{1}{2}\sigma^2 S^2 f_{SS}$$

$$\Leftrightarrow \qquad\qquad 0 \;=\; f_t + Srf_S + \frac{1}{2}\sigma^2 S^2 f_{SS} - rf$$

mit der Endwertbedingung $f(T, S) = \max[0, S - K]$.

Die funktionale Form der Optionspreise $f(t, S)$ in Abhängigkeit des Aktienkurses und der Restlaufzeit muss dieser Differentialgleichung genügen. Da dies für jede Trajektorie des Aktienkursprozesses S, d.h. für festes $\bar\omega \in \Omega$

$$S(\cdot, \bar\omega) : [0, T] \to \mathbb{R}_{\geq 0}$$

gelten muss, kann die Bestimmungsgleichung (7.16) mit der entsprechenden Endwertbedingung als gewöhnliche partielle Differentialgleichung zweiter Ordnung interpretiert werden. Die verbleibende Aufgabe zur Herleitung der Black-Scholes-Formel reduziert sich auf die Lösung dieser gewöhnlichen partiellen Differentialgleichung.

Satz 7.4:

Der Arbitragepreis im Black-Scholes-Modell einer Europäischen Call-Option zum Zeitpunkt $t \in [0, T]$ über einer dividendengeschützten Aktie S mit Basispreis K und Ausübungszeitpunkt T ist gleich

$$Call_e[S, K, t, T] \;=\; S(t)N(d_1) - Ke^{-(T-t)r}N(d_2) \;,$$

$$d_{1/2} \;=\; \frac{\ln\left(\dfrac{S_t}{Ke^{-(T-t)r}}\right) \pm \dfrac{1}{2}\sigma^2(T - t)}{\sigma\sqrt{T - t}} \;.$$

Beweis:

Mit Argumentation über die Duplizierungsstrategie ist der Arbitragepreis einer Europäischen Call-Option durch die Lösung der Differentialgleichung (7.16) gegeben. In einem ersten Schritt soll diese vereinfacht werden. Hierzu ist es sinnvoll, die folgenden in der Modellbildung begründeten Eigenschaften zu berücksichtigen:

- Die Lösung der Differentialgleichung muss homogen vom Grade 1 im Aktienkurs und Basispreis sein.
- Der logarithmierte Aktienkurs folgt einer Normalverteilung.

Diese Eigenschaften bilden den Hintergrund der nachfolgenden Parameter-substitution:

Restlaufzeit: $\quad \tau(t) := \sigma^2(T - t) \Rightarrow \frac{\partial \tau}{\partial t} = -\sigma^2$

Aktienkurs: $\quad z := \ln\left(Se^{r(T-t)}\right) - \frac{1}{2}\tau(t) \Rightarrow \frac{\partial z}{\partial t} = -r + \frac{1}{2}\sigma^2, \frac{\partial z}{\partial S} = \frac{1}{S}$

Arbitragepreis: $\quad f(t, S) := e^{-r(T-t)}u(\tau, z)$

Es gilt nun:

$$
\begin{aligned}
\frac{\partial f}{\partial t} &= re^{-r(T-t)}u + e^{-r(T-t)}\left(\frac{\partial u}{\partial \tau}\frac{\partial \tau}{\partial t} + \frac{\partial u}{\partial z}\frac{\partial z}{\partial t}\right) \\
&= e^{-r(T-t)}\left[ru - u_\tau \sigma^2 + u_z\left(\frac{1}{2}\sigma^2 - r\right)\right], \\
\frac{\partial f}{\partial S} &= e^{-r(T-t)}u_z\frac{1}{S}, \\
\frac{\partial^2 f}{\partial S^2} &= e^{-r(T-t)}\left(u_{zz} - u_z\right)\frac{1}{S^2} .
\end{aligned}
$$

Wird diese Substitution in (7.16) eingesetzt, so folgt

$$
\begin{aligned}
0 &= f_t + rSf_S + \frac{1}{2}\sigma^2 S^2 f_{SS} - rf \\
\Leftrightarrow \quad 0 &= e^{-r(T-t)}\left[ru - \sigma^2 u_\tau + \frac{1}{2}\sigma^2 u_z - ru_z\right] \\
&\quad + rSe^{-r(T-t)}u_z\frac{1}{S} + \frac{1}{2}\sigma^2 S^2 e^{-r(T-t)}(u_{zz} - u_z)\frac{1}{S^2} - re^{-r(T-t)}u \\
\Leftrightarrow \quad 0 &= u_\tau - \frac{1}{2}u_{zz}
\end{aligned}
$$

mit der neuen Randbedingung (Anfangswertbedingung)

$$
u(0, z) = [e^z - K]^+ =: h\left(e^z\right) .
$$

Die so erhaltene Differentialgleichung ist unter dem Namen *"Rückwärtige Wärmeleitungsgleichung"* bekannt. Ihre Lösung ist durch das folgende Integral gegeben:

$$
u(\tau, z) = \frac{1}{\sqrt{2\pi}}\int_{-\infty}^{+\infty} h\left(e^{z+x\sqrt{\tau}}\right)e^{-\frac{x^2}{2}}\,dx
$$

$$
\Rightarrow \quad f(t, S) = \frac{e^{-r(T-t)}}{\sqrt{2\pi}}\int_{-\infty}^{+\infty} h\left(Se^{r(T-t)}e^{-\frac{1}{2}\tau + x\sqrt{\tau}}\right)e^{-\frac{x^2}{2}}\,dx
$$

$$
= \frac{e^{-r(T-t)}}{\sqrt{2\pi}} \int_{-\infty}^{+\infty} \left[Se^{r(T-t)} e^{-\frac{1}{2}\tau + x\sqrt{\tau}} - K \right]^+ e^{\frac{-x^2}{2}} dx
$$

$$
= \frac{S}{\sqrt{2\pi}} \int_{a}^{+\infty} \exp\left\{ -\frac{1}{2}\tau + x\sqrt{\tau} - \frac{x^2}{2} \right\} dx - \frac{Ke^{-r(T-t)}}{\sqrt{2\pi}} \int_{a}^{+\infty} e^{-\frac{x^2}{2}} dx
$$

$$
= \frac{S}{\sqrt{2\pi}} \int_{a}^{+\infty} \exp\left\{ -\frac{1}{2}\left(x - \sqrt{\tau} \right)^2 \right\} dx - Ke^{-r(T-t)} N(-a)
$$

$$
= \frac{S}{\sqrt{2\pi}} \int_{a-\sqrt{\tau}}^{+\infty} \exp\left\{ -\frac{1}{2}x^2 \right\} dx - Ke^{-r(T-t)} N(-a)
$$

$$
= SN\left(-a + \sqrt{\tau} \right) - Ke^{-r(T-t)} N(-a)
$$

mit $\quad a := \dfrac{\ln \frac{K}{Se^{r(T-t)}} + \frac{1}{2}\tau}{\sqrt{\tau}}$. $\square$

Die Black-Scholes-Formel ist unabhängig vom Erwartungswert des Aktienkurses. Dies ist begründet durch die Martingaleigenschaft des diskontierten Aktienkursprozesses unter dem Wahrscheinlichkeitsmaß P^*. Stimmt das
Wahrscheinlichkeitsmaß P mit P^* überein, so gilt

$$
\begin{aligned}
S_t &= e^{-r\Delta t} E_{P^*}\left[S_{t+\Delta t} | S_t \right] = e^{-r\Delta t} E_P[S_{t+\Delta t}|S_t] \\
&= e^{-r\Delta t} S_t \, \exp\left\{ \left(\mu - \frac{1}{2}\sigma^2 \right) \Delta t + \frac{1}{2}\sigma^2 \Delta t \right\} \\
\Rightarrow \quad \mu &= r \, ,
\end{aligned}
$$

d.h. unter dem Martingalmaß P^* sind der erwartete Zuwachs des Aktienkurses und der sichere Zinsertrag gleich. Unter dem äquivalenten Martingalmaß
P^* ist der Kursprozess eines Wertpapiers somit Lösung der stochastischen
Differentialgleichung

$$
dS_t = rS_t dt + \sigma S_t dW_t^* \, , \quad t \in [t_0, T] \, ,
$$

wobei $\{W_t^*\}_{t\in[0,T]}$ eine Brown'sche Bewegung unter P^* ist. Aus der Put-
Call-Parität lässt sich nun wiederum der Arbitragepreis für eine Europäische
Put-Option berechnen

$$
\begin{aligned}
\text{Put}_e\left[S, K, t, T \right] &= \text{Call}_e\left[S, K, t, T \right] - S + Ke^{-r(T-t)} \\
&= SN(d_1) - Ke^{-r(T-t)} N(d_2) - S + Ke^{-r(T-t)} \\
&= Ke^{-r(T-t)}(1 - N(d_2)) - S(1 - N(d_1)) \\
&= Ke^{-r(T-t)} N(-d_2) - SN(-d_1).
\end{aligned}
$$

7.3. Risikokennziffern im Black-Scholes-Modell

Grundlage der arbitragefreien Bewertung im Black-Scholes-Modell (1973) ist die Duplizierung mittels einer selbstfinanzierenden Portfoliostrategie. Die Überlegungen im Zusammenhang mit der stochastischen Differentialgleichung (7.15) haben gezeigt, dass die Hedgeratio, d.h. die für die Duplizierung notwendige Position im zugrundeliegenden Wertpapier, bestimmt ist, durch die partielle Ableitung des Arbitragepreises nach dem Wertpapierpreis. Dieses Ergebnis beschränkt sich nicht auf die Duplizierung einer Europäischen Call-Option, sondern gilt z.B. auch für die in Kapitel 3 betrachteten Barrier Optionen.[7] Darüber hinaus stimmt es mit der aus der diskontierten Darstellung im Binomialmodell gewonnenen Intuition überein, die für die diskrete Hedgeratio in eine zum Differenzenquotienten des Optionspreises bezüglich des Aktienkurses ähnliche Darstellung mündet.

Die Hedgeratio einer Europäischen Call-Option berechnet sich aus

$$\frac{\partial \mathrm{Call}_e[S,K,t,T]}{\partial S} = N(d_1) + S\frac{\partial N(d_1)}{\partial S} - Ke^{-r(T-t)}\frac{\partial N(d_2)}{\partial S} \ .$$

Es gilt nun für die einzelnen partiellen Ableitungen

$$\frac{\partial N(d_1)}{\partial S} = \frac{\partial N(d_1)}{d_1}\frac{\partial d_1}{\partial S} = n(d_1)\frac{\partial d_1}{\partial S}$$

$$\frac{\partial N(d_2)}{\partial S} = \frac{\partial N(d_2)}{\partial d_2}\frac{\partial d_2}{\partial S} = n(d_2)\frac{\partial d_2}{\partial S} = n(d_2)\frac{\partial (d_1 - \sigma\sqrt{T-t})}{\partial S} = n(d_2)\frac{\partial d_1}{\partial S},$$

wobei $n(\cdot)$ die Dichtefunktion der standardisierten Normalverteilung ist, d.h.

$$
\begin{aligned}
n(d_2) &:= \frac{1}{\sqrt{2\pi}}\exp\left\{-\frac{d_2^2}{2}\right\} = \frac{1}{\sqrt{2\pi}}\exp\left\{-\frac{d_1^2 - 2d_1\sigma\sqrt{T-t} + \sigma^2(T-t)}{2}\right\} \\
&= \exp\left\{d_1\sigma\sqrt{T-t} - \frac{1}{2}\sigma^2(T-t)\right\}\frac{1}{\sqrt{2\pi}}\exp\left\{\frac{-d_1^2}{2}\right\} \\
&= \exp\left\{\ln\frac{S}{Ke^{-r(T-t)}}\right\}n(d_1) \\
&= \frac{S}{Ke^{-r(T-t)}}n(d_1)
\end{aligned}
$$

---

[7]Die stochastische Differentialgleichung (7.15) bezieht sich auf Optionsverträge, die von einem zugrundeliegenden Wertpapier abhängen. Eine Verallgemeinerung auf mehrere Wertpapiere, wie im Fall der Two Color Rainbow Optionen, ist möglich. Dementsprechend beschränkt sich die Aussage über die Hedgeratio auch nicht auf die oben angesprochene Situation.

$$\Rightarrow \quad \frac{\partial \text{Call}_e[S,K,t,T]}{\partial S} = N(d_1) + Sn(d_1)\frac{\partial d_1}{\partial S} - Ke^{-r(T-t)}n(d_2)\frac{\partial d_1}{\partial S} = N(d_1).$$

Die *Hedgeratio* oder auch das *Delta* einer Europäischen Call-Option ist somit im Intervall [0, 1] enthalten. Die Duplizierung besteht aus einer long-Position, die maximal einem Wertpapier pro Option gleichkommt. Entsprechend besteht die Gegenposition aus einer Kreditaufnahme zum konstanten Zinssatz. Die Höhe dieser Kassenhaltung, der sogenannte *Kassa-Hedge*, ist für den Europäischen Call gleich

$$\phi_t^1 B(t,T) = f(t,S_t) - \phi_t^2 S_t$$
$$= \text{Call}_e[S,K,t,T] - N(d_1) \cdot S_t = -Ke^{-r(T-t)}N(d_2) \ .$$

Analog der Binomialformel lassen sich aus der Black-Scholes-Formel die Hedgeratio und der Kassa-Hedge unmittelbar ablesen:

$$\text{Call}_e[S_t,K,t,T] = S_t \underbrace{N(d_1)}_{\text{Hedgeratio}} \underbrace{-Ke^{-r(T-t)}N(d_2)}_{\text{Kassa--Hedge}} \ .$$

Der sogenannte *Gamma-Faktor* beschreibt die Veränderung der Hedgeratio bezüglich des Aktienkurses, d.h.

$$\gamma = \frac{\partial^2 \text{Call}_e[S,K,t,T]}{\partial S^2} = \frac{\partial}{\partial S}N(d_1) = n(d_1)\frac{\partial d_1}{\partial S} = n(d_1)\frac{1}{S\sigma\sqrt{T-t}}.$$

Für $S > 0$ gilt $\gamma > 0$, d.h. die Hedgeratio ist monoton wachsend im Aktienkurs. Den Beobachtungen im Binomialmodell entsprechend, ergibt sich im Black-Scholes-Modell ebenfalls eine δ-Strategie, d.h. die Hedgeratio steigt mit steigendem Aktienkurs.

Die Veränderung des Preises einer Call-Option durch Änderung der Restlaufzeit $(T - t)$ verdeutlicht der sogenannte *Theta-Faktor*.

$$\theta = \frac{\partial \text{Call}_e[S,K,t,T]}{\partial t} = S\frac{\partial N(d_1)}{\partial t} - Kre^{-r(T-t)}N(d_2) - Ke^{-r(T-t)}\frac{\partial N(d_2)}{\partial t}$$

mit

$$\frac{\partial N(d_1)}{\partial t} = \frac{\partial N(d_1)}{\partial d_1}\frac{\partial d_1}{\partial t} = n(d_1)\frac{\partial d_1}{\partial t}$$
$$\frac{\partial N(d_2)}{\partial t} = \frac{\partial N(d_2)}{\partial d_2}\frac{\partial d_2}{\partial t} = n(d_2)\frac{\partial d_2}{\partial t} = \frac{S}{Ke^{-r(T-t)}}n(d_1)\frac{\partial d_2}{\partial t}$$
$$\frac{\partial d_2}{\partial t} = \frac{\partial}{\partial t}\left(d_1 - \sigma\sqrt{T-t}\right) = \frac{\partial d_1}{\partial t} + \frac{\sigma}{2\sqrt{T-t}}$$

$$\Rightarrow \quad \theta = -Ke^{-r(T-t)}\left[\frac{\sigma}{2\sqrt{T-t}}n(d_2) + rN(d_2)\right] < 0 .$$

Der Wert einer Europäischen Call-Option ist monoton wachsend in der Restlaufzeit $(T-t)$.

Die Veränderung des Callpreises durch Änderungen im Zinssatz erfasst der *Rho-Faktor*, d.h.

$$\rho = \frac{\partial \text{Call}_e[S,K,t,T]}{\partial r} = (T-t)Ke^{-r(T-t)}N(d_2) > 0.$$

Die Sensitivitätsanalyse einer Europäischen Call-Option, wie sie sich in den Faktoren Delta, Gamma, Theta und Rho widerspiegelt, bezieht sich auf zum Zeitpunkt t beobachtbare Größen. Demgegenüber stellt die Volatilität σ einen nicht unmittelbar beobachtbaren Wert dar, der eventuell geschätzt werden muss. Die Sensitivität des Optionspreises bezüglich der Volatilität heißt *Omega-* bzw. *Vega-Faktor*,

$$\omega = \frac{\partial \text{Call}_e[S,K,t,T]}{\partial \sigma} = -S\frac{\partial N(d_1)}{\partial \sigma} - Ke^{-r(T-t)}\frac{\partial N(d_2)}{\partial \sigma}$$
$$= \sqrt{T-t}\, Ke^{-r(T-t)}n(d_2) = \sqrt{T-t}\, Sn(d_1) > 0 .$$

Für den Europäischen Put über einer dividendengeschützten Aktie berechnen sich die jeweiligen Risikokenngrößen aus der Put-Call Parität zu

- Hedgeratio: $\dfrac{\partial \text{Put}}{\partial S} = -N(-d_1) \leq 0$,

- Kassa-Hedge: $\phi^2 B(t,T) = Ke^{-r(T-t)}N(-d_2) \geq 0$,

- Gamma-Faktor: $\dfrac{\partial^2 \text{Put}}{\partial S^2} = n(d_1)\dfrac{1}{S\sigma\sqrt{T-t}} = \dfrac{\partial^2 \text{Call}}{\partial S^2} \geq 0$,

- Theta-Faktor: $\dfrac{\partial \text{Put}}{\partial t} = Ke^{-r(T-t)}\left[rN(-d_2) - \dfrac{\sigma}{2\sqrt{T-t}}n(d_2)\right]$

- Rho-Faktor: $\dfrac{\partial \text{Put}}{\partial t} = -(T-t)\,Ke^{-r(T-t)}N(-d_2) \leq 0$,

- Omega-Faktor: $\dfrac{\partial \text{Put}}{\partial \sigma} = \sqrt{T-t}Ke^{-r(T-t)}n(d_2) = \dfrac{\partial \text{Call}}{\partial \sigma} \geq 0$.

Die letzte Aussage bezieht sich auf die prozentuale Änderung im Callpreis relativ zur prozentualen Aktienkursänderung. Dieser sogenannte *Hebel* ist definiert durch

$$\frac{\partial \text{Call}_e[S,K,t,T]}{\partial S}\frac{S}{\text{Call}_e[S,K,t,T]} = \frac{S \cdot N(d_1)}{SN(d_1) - Ke^{-r(T-t)}N(d_2)} \geq 1 .$$

Für den Europäischen Put gilt

$$\left| \frac{\partial \text{Put}_e[S,K,t,T]}{\partial S} \frac{S}{\text{Put}_e[S,K,t,T]} \right| = \left| \frac{-S \cdot N(-d_1)}{Ke^{-r(T-t)}N(-d_2) - SN(-d_1)} \right| \geq 1.$$

▽ Beispiel 7.3:

Der von Goldmann & Sachs begebene COOL-Call ist eine Kombination aus einer Europäischen Call-Option und einer up-and-out cash or nothing Option mit Auszahlung zum Fälligkeitszeitpunkt (vgl. auch Beispiele 3.6, S. 74, 6.7, S. 217 und Tabelle 6.3, S. 242). Die Bewertungsformel des COOL-Call im Black-Scholes-Modell ist gleich dem Grenzwert der in Beispiel 6.7 angegebenen Binomialformel. Demnach lautet der Arbitragepreis des COOL-Call im zeitstetigen Fall

$$\text{COOL-Call}[S,K,t_0,T,H,R] = S_{t_0}N(d_1(K)) - Ke^{-r(T-t_0)}N(d_2(K))$$
$$+ Re^{-r(T-t_0)} \left[N(d_2(H)) - \left(\frac{S_{t_0}}{H} \right)^{1-\frac{2r}{\sigma^2}} N(Y_2) \right]$$

$$d_{1/2}(x) := \frac{\ln\left(\frac{S_{t_0}}{xe^{-r(T-t_0)}} \right) \pm \frac{1}{2}\sigma^2(T-t_0)}{\sigma\sqrt{T-t_0}},$$

$$Y_2 := \frac{\ln\left(\frac{H}{S_{t_0}e^{-r(T-t_0)}} \right) - \sigma^2(T-t_0)}{\sigma\sqrt{T-t_0}} = d_2\left(\frac{S}{H} \right).$$

Die Hedgeratio für den COOL-Call im Black-Scholes-Modell ist gleich der partiellen Ableitung der Preisformel nach dem Kurs des zugrundeliegenden Wertpapiers, d.h.

$$\delta_{\text{COOL}} = \frac{\partial \text{COOL-Call}[S,K,t_0,T,H,R]}{\partial S}$$
$$= N(d_1(K)) + \left(\frac{R}{S_{t_0}} \right) e^{-r(T-t_0)} \left[n(d_2(H)) \frac{1}{\sigma\sqrt{T-t_0}} \right.$$
$$\left. - \left(1 - \frac{2r}{\sigma^2} \right) \left(\frac{S_{t_0}}{H} \right)^{1-\frac{2r}{\sigma^2}} N(Y_2) + \left(\frac{S_{t_0}}{H} \right)^{1-\frac{2r}{\sigma^2}} n(Y_2) \frac{1}{\sigma\sqrt{T-t_0}} \right].$$

Der Hebel der COOL-Option ist definiert durch

$$\frac{\partial \text{COOL-Call}[S,K,t_0,T,H,R]}{\partial S} \cdot \frac{S}{\text{COOL-Call}[S,K,t_0,T,H,R]}.$$

Abbildung 7.4 zeigt den Hebeleffekt des COOL-Call als Funktion des aktuellen Kurses $S > H$. Wie in Beispiel 3.6 angedeutet, zeigt sich, dass der Hebel

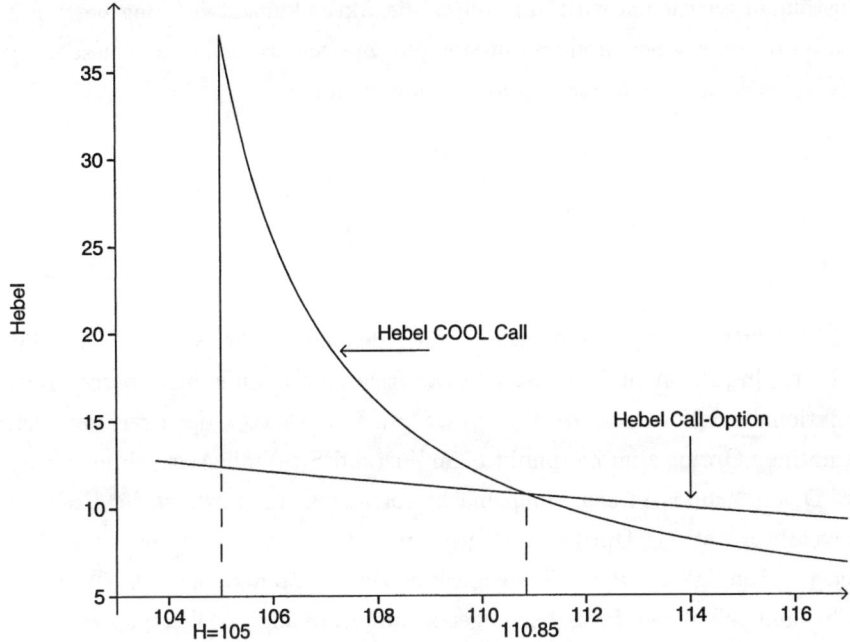

ABBILDUNG 7.4. Hebeleffekt des COOL-Call und Europäischen Call mit $H = 105, K = 125, r = 5\%, T = 1, R = 10$ und $\sigma = 15\%$.

des COOL-Call durchaus unterhalb dem einer Europäischen Call-Option liegen kann und sein Maximum kurz vor der Kursschranke H erreicht.

Δ

7.4. Zustandspreise und Martingalmaß im Black-Scholes-Modell

Ziel dieses Abschnittes ist es, das Black-Scholes-Modell unter dem Gesichtspunkt der Zustandspreise zu charakterisieren. Diese Fragestellung knüpft an die Bedeutung der Zustandspreise und deren Beziehung zum arbitragefreien Preisfunktional an, wie sie in Abschnitt 4.3 diskutiert wurden. Steht die Postulierung der Zustände am Anfang eines Gleichgewichtsmodells unter Unsicherheit, so ergeben sich die Zustände im Rahmen des Black-Scholes-Modells aus der exogenen Spezifikation des Aktienkursprozesses. D.h. zu jedem Zeitpunkt $t \geq 0$ sind die Zustände bestimmt durch die möglichen Kursrealisationen der Aktie S_t. Insbesondere bedeutet dies, dass nur solche Wertpapiere im Modell erfasst werden, deren Auszahlung vollständig durch diese

Zustände beschrieben wird, d.h. durch die Aktienkursentwicklung bestimmt ist. Im Rahmen eines Modells mit stetigem Zustandsraum ist die Auszahlung $\pi(t, x)$ einer *cash or nothing Option* definiert durch

$$\pi(t, x) = \begin{cases} 1 & \text{falls} \quad S_t \leq x \\ 0 & \text{falls} \quad S_t > x \ . \end{cases}$$

Sei im folgenden angenommen, dass für jeden Zeitpunkt $t_0 \in [0, T]$ und für jedes $t \in [t_0, T]$ ein eindeutiges, arbitragefreies, stetig differenzierbares Preisfunktional existiert, so dass $F(t, x; t_0, S_{t_0}) : \mathbb{R}_{\geq 0} \to \mathbb{R}_{> 0}$ der Preis der cash or nothing Option zum Zeitpunkt t_0 im Zustand $S(t_0)$ mit Auszahlung $\pi(t, x)$ ist. Da ein arbitragefreier Finanzmarkt vorrausgesetzt wird, ist der Preis einer cash or nothing Option nicht negativ und monoton wachsend in x. Aus der Vollständigkeit dieses Finanzmarktes zum Zeitpunkt $t_0 \in \{0, T\}$ ergibt sich unmittelbar der Preis beliebiger zustandsabhängiger Wertpapiere. Insbesondere gilt:

- Die Auszahlung einer Nullkuponanleihe mit Fälligkeit in $\tau > t_0$ und Nennwert 1 lässt sich darstellen als Grenzwert der Auszahlung einer cash or nothing Option, d.h. durch $\lim_{y \to \infty} \pi(\tau, y)$. Für den Kurs $B(t_0, \tau)$ einer Nullkuponanleihe folgt somit

$$
\begin{aligned}
B(t_0, \tau) = e^{-r(\tau - t_0)} &= \lim_{y \to +\infty} F(\tau, y; t_0, S(t_0)) \\
&= \lim_{y \to +\infty} \int_0^y 1 \, dF(\tau, x; t_0, S(t_0)).
\end{aligned}
$$

- Wird ein diskreter Zustandsraum für die Kursentwicklung eines Aktienkurses zum Zeitpunkt $\tau > t_0$ angenommen, so lässt sich die Auszahlung einer Europäischen Put-Option mit Fälligkeit in τ als endliches Portfolio aus cash or nothing Optionen darstellen. Seien hierzu $0 = x_0 < \cdots < x_N$ die möglichen Realisationen. Setze $x_{-1} < 0$ und $\pi(\tau, x_{-1}) := 0$, so gilt:

$$
\begin{aligned}
[K - S]^+ \;=\;& [K - S]^+ \pi(\tau, x_N) \\
=\;& [K - S]^+ (\pi(\tau, x_N) - \pi(\tau, x_{N-1})) + [K - S]^+ \pi(\tau, x_{N-1}) \\
=\;& [K - x_N]^+ (\pi(\tau, x_N) - \pi(\tau, x_{N-1})) \\
& + [K - S]^+ \pi(\tau, x_{N-1}) \\
& \;\;\vdots \\
=\;& \sum_{n=0}^{N} [K - x_n]^+ (\pi(\tau, x_n) - \pi(\tau, x_{n-1})).
\end{aligned}
$$

Unter der Annahme eines diskreten Zustandraumes ist der Preis einer Europäischen Put-Option gleich dem Wert eines Portfolio aus cash or nothing Optionen. Wird ein Kursprozess von stetigen Realisationen zum Zeitpunkt τ ausgegangen, so kann die Auszahlung durch ein endliches Portfolio nur noch approximiert werden. Die Grenzwertbetrachtung liefert jedoch für jede wachsende Folge $(x_n)_{n=0}^{\infty}$ mit $\delta = [\max x_{n+1} - x_n], x_{N(\delta)} = K$ und $x_0 = 0$. Unter den getroffenen Annahmen an das Preisfunktional F

$$
\begin{aligned}
& \mathrm{Put}_e[S_{t_0}, K, t_0, \tau] \\
=\;& \lim_{\delta \to \infty} \sum_{n=0}^{N(\delta)} [K - x_n]^+ \left(F(\tau, X_n; t_0, S(t_0)) - F(\tau, x_{n-1}; t_0, S(t_0)) \right) \\
=:\;& \int_0^K [K - x] \, dF(\tau, x, t_0, S(t_0)).
\end{aligned}
$$

Unter Berücksichtigung dieser Gleichungen lässt sich das Preisfunktional $F(t, x; t_0, S_{t_0})$ auch als bedingtes Wahrscheinlichkeitsmaß interpretieren, d.h.

$$
\begin{aligned}
P^*(\tau, z; t_0, S_{T_0}) \;:=& \operatorname{prob}\left[S_\tau \le z | S_{t_0} \right] := e^{r(\tau - t_0)} \int_0^z 1 \, dF(\tau; x; t_0, S_{t_0}) \\
=\;& e^{r(\tau - t_0)} F(\tau, z; t_0, S_{t_0})
\end{aligned}
$$

definiert eine Wahrscheinlichkeitsverteilung. Darüber hinaus ergibt sich unmittelbar aus der Interpretation des Preisfunktionals, d.h. aus

$$
\begin{aligned}
\mathrm{Put}_e[S, K, t_0, \tau] \;=\;& \int_0^{+\infty} \mathrm{Put}_e[x, K, t, \tau] \, dF(t, x; t_0, S_{t_0}) \qquad \forall t_0 < t < \tau \\
=\;& e^{-r(\tau - t)} \int_0^{+\infty} \mathrm{Put}_e[x, K, t, \tau] \, dP^*(t, x; t_0, S_{t_0}) \,,
\end{aligned}
$$

die Martingaleigenschaft des diskontierten Kursprozesses der Put-Option unter dem so definierten Wahrscheinlichkeitsmaß P^*, d.h. P^* ist das äquivalente Martingalmaß.

Die Frage ist nun, unter welcher Spezifikation des Preisfunktionals $F(\cdot)$ die Bewertung Europäischer Put-Optionen gleich der im Black-Scholes-Modell erhaltenen ist. Die Antwort zu dieser Frage lässt sich aus der von Breeden und Litzenberger (1978) entwickelten allgemeinen Idee ableiten. Ist der Preis einer Europäischen Put-Option als Funktion des Basispreises zweimal stetig differenzierbar, so gilt die folgende Beziehung zwischen den Preisen der Put-Optionen und den Zustandspreisen:

$$\frac{\partial}{\partial K}\mathrm{Put}_e[S,K,t_0,\tau] = \frac{\partial}{\partial K}\int_0^K (K-x)\,dF(\tau,x;t_0,S_{t_0})$$

$$= \frac{\partial}{\partial K}\left[(K-x)F(\tau,x;t_0,S_{t_0})\Big|_{x=0}^{x=K} + \int_0^K F(\tau,x;t_0,S_{t_0})dx\right]$$

$$= F(\tau,K;t_0,S_{t_0}) - F(\tau,0;t_0,S_{t_0})$$

$$\frac{\partial^2}{\partial K^2}\mathrm{Put}_e[S,K,t,\tau] = \frac{\partial}{\partial K}F(\tau,K;t_0,S_{t_0})\,,$$

Aus der letzten Gleichung folgt, dass die Dichtefunktion der Wahrscheinlichkeitsverteilung P^*, die durch $F(\tau,K;t_0,S_{t_0})$ definiert wurde, bestimmt ist durch:

$$e^{r(\tau-t_0)}\frac{\partial}{\partial K}F(\tau,K;t_0,S_{t_0}) = e^{r(\tau-t_0)}\frac{\partial^2}{\partial K^2}\,\mathrm{Put}_e[S,K;t_0,\tau]\,.$$

Darüber hinaus berechnen sich die Zustandspreise, d.h. die Preise in t_0, einer Auszahlung

$$1_{\{S_\tau=x\}} = \begin{cases} 1 & \text{falls} \quad S_\tau = x \\ 0 & \text{falls} \quad S_\tau \neq x \end{cases}$$

zum Zeitpunkt τ aus der Differenz der cash or nothing Optionspreise

$$\lim_{\Delta x\to 0}\frac{F(\tau,x+\Delta x;t_0,S_{t_0}) - F(\tau,x,t_0,S_{t_0})}{\Delta x} = \frac{\partial^2}{\partial K^2}\mathrm{Put}_e[S,K,t_0,\tau]\Big|_{K=x}.$$

Bis hierher wurden die speziellen Annahmen des Black-Scholes-Modells nicht verwendet. Sind die Preise der Put-Optionen als Funktion des Basispreises jedoch gegeben durch

$$\mathrm{Put}_e[S,K,t_0,\tau] = Ke^{-r(\tau-t_0)}N(-d_2) - S_{t_0}N(-d_1)$$

$$d_{1/2} = \frac{1}{\sigma\sqrt{\tau - t_0}} \left[\ln\left(\frac{S_{t_0}}{Ke^{-r(\tau-t_0)}} \pm \frac{\sigma^2}{2}(\tau - t_0) \right) \right] ,$$

so lassen sich die korrespondierenden Zustandspreise und die Dichtefunktion des äquivalenten Martingalmaßes berechnen.

$$\frac{\partial}{\partial K}\text{Put}_e[S, K, t_0, \tau] = e^{-r(\tau-t_0)}N(-d_2) - Ke^{r(\tau-t_0)}n(-d_2)\frac{\partial d_2}{\partial K}$$
$$+ S_{t_0}n(-d_1)\frac{\partial d_1}{\partial K}$$
$$= e^{-r(\tau-t_0)}N(-d_2)$$

Für die Preise der cash or nothing Optionen bedeutet dies

$$F(\tau, x; t_0, S_{t_0}) = e^{-r(\tau-t_0)}N(-d_2)$$
$$= e^{-r(\tau-t_0)}N\left(\frac{\ln\left(\frac{x}{S_{t_0}}\right) + \left(\frac{\sigma^2}{2} - r\right)(\tau - t_0)}{\sigma\sqrt{\tau - t_0}} \right) .$$

Die dem Black-Scholes-Modell zugrundeliegende Darstellung der Zustandspreise bestimmt sich nun aus

$$\frac{\partial^2}{\partial K}\text{Put}_e[S, K, t_0, \tau] = e^{-r(\tau-t_0)}\frac{\partial}{\partial K}N(-d_2) = -e^{-r(\tau-t_0)}n(-d_2) \cdot \frac{\partial d_2}{\partial K}$$
$$= -e^{-r(\tau-t_0)}\frac{1}{\sqrt{2\pi}\,\sigma\,\sqrt{\tau - t_0}}$$
$$\cdot \frac{1}{K}\exp\left\{ -\frac{\left(\ln K - \ln(S_{t_0}) + \left(\frac{\sigma^2}{2} - r\right)(\tau - t_0)\right)^2}{\sigma^2(\tau - t_0)} \right\} .$$

Für die Dichtefunktion $\rho(\tau, x; t_0, S_{t_0})$ mit $t_0 \in [0, T], \tau \in [t_0, T]$ des äquivalenten Martingalmaßes gilt dann $(x > 0)$

$$\rho(\tau, x; t_0, S_{t_0}) := \frac{1}{\sqrt{2\pi}\sigma\sqrt{\tau - t_0}}$$
$$\cdot \frac{1}{x}\exp\left\{ -\frac{\left(\ln x - \ln(S_{t_0}) + \left(\frac{\sigma^2}{2} - r\right)(\tau - t_0)\right)^2}{\sigma^2(\tau - t_0)} \right\} .$$

Einfache Umformung ergibt

$$
\begin{aligned}
E_{P^*}[x|S_{t_0}] &= \int_0^{+\infty} x\rho(\tau, x; t_0, S_{t_0})dx = S_{t_0} \cdot e^{r(\tau - t_0)} \\
F(\tau, y; t_0, S_{t_0}) &= \int_0^y 1\, dF(\tau, x; t_0, S_{t_0}) = e^{-r(\tau - t_0)} \int_0^y 1\, dP^*(\tau, x; t_0, S_{t_0}) \\
&= e^{-r(\tau - t_0)} \int_0^y \rho(\tau, x; t_0, S_{t_0})dx \ .
\end{aligned}
$$

Dies entspricht der bijektiven Beziehung zwischen den Zustandspreisen und dem äquivalentem Martingalmaß, wie sie Satz 4.2, S. 137, für den Fall eines Modells mit diskretem Zustandsraum und diskreten Zeitpunkten ausdrückt.

Abschließend können nun auch mittels der Zustandspreise bzw. der Dichtefunktion des äquivalenten Martingalmaßes die Bewertungsgrenzen für Europäische Call- bzw. Put-Optionen überprüft werden. Für den Europäischen Call gilt

$$
\begin{aligned}
\text{Call}_e[S, K, t_0, \tau] &= \int_0^{+\infty} [x - K]^+ dF(\tau, x, t_0, S_{t_0}) \\
&= e^{-r(\tau - t_0)} \int_0^{+\infty} [x - K]^+ \rho(\tau, x, t_0, S_{t_0})dx \\
&\geq e^{-r(\tau - t_0)} \int_0^{+\infty} (x - K)\rho(\tau, x, t_0, S_{t_0})dx \\
&= e^{-r(\tau - t_0)} E_{P^*}[x|S_{t_0}] - K \cdot e^{-r(\tau - t_0)} = S_{t_0} - K \cdot e^{-r(\tau - t_0)} \\
\text{Call}_e[S, K, t_0, \tau] &\leq \int_0^{+\infty} x\, dF(\tau, x, t_0, S_{t_0}) = e^{-r(\tau - t_0)} E_{P^*}[x|S_{t_0}] = S_{t_0} \ .
\end{aligned}
$$

Analog ergibt sich für die Europäische Put-Option

$$
\begin{aligned}
\text{Put}_e[S, K, t_0, \tau] &= \int_0^{+\infty} [K - x]^+ dF(\tau, x, t_0, S_{t_0}) \\
&= e^{-r(\tau - t_0)} \int_0^{+\infty} [K - x]^+ \rho(\tau, x, t_0, S_{t_0})dx \\
&\geq e^{-r(\tau - t_0)} \int_0^{+\infty} (K - x)\rho(\tau, x, t_0, S_{t_0})dx = K \cdot e^{-r(\tau - t_0)} - S_{t_0} \\
\text{Put}_e[S, K, t_0, \tau] &\leq \int_0^{+\infty} K\, dF(\tau, x, t_0, S_{t_0}) = K \cdot e^{-r(\tau - t_0)}
\end{aligned}
$$

7.5. Zusammenfassung

Das Black-Scholes-Modell zur Bewertung Europischer Aktienoptionen stellt eine der wichtigsten Modelle der Bewertung zustandsabhängiger Zahlungsströme dar. Die wesentliche Eigenschaft der Bewertungsformel ist die Unabhängigkeit von individuellen Risikopräferenzen und speziell vom erwarteten Kursverlauf. Die Parameter der Black-Scholes-Formel sind entsprechend ihrer Bedeutung gegliedert in

- Vertragsparameter
    - S zugrundeliegende Aktie
    - K Basispreis der Option
    - $T - t$ Laufzeit der Option,
- Marktparameter
    - r Zinssatz bzw. $\tilde{r}$ Zinsrate
    - S_t Kurs der zugrundeliegenden Aktie,
- Strukturparameter
    - σ Volatilität des Aktienkurses (pro Jahr).

Der Parameter σ stellt die einzige nicht unmittelbar beobachtbare Größe des Modells dar. Er kann z.B. aus dem historischen Kursverlauf geschätzt werden. Ebenso bietet es sich an, eine Schätzung der Volatilität mittels ARCH-Prozessen vorzunehmen. Eine weitere Möglichkeit besteht darin, den Parameter σ implizit aus den Preisen der Option zu bestimmen. Der Parameter σ_{imp} wird dann so bestimmt, dass der Marktpreis einer Option mit dem Wert der Black-Scholes-Formel übereinstimmt. Der Vergleich der *impliziten Volatilität* σ_{imp} und der historischen Volatilität $\hat{\sigma}_{\text{hist}}$ kann dann Aufschluß über die Risikostruktur geben. Die Annahmen, die zu der Black-Scholes-Formel geführt haben, lassen sich ebenfalls aufschlüsseln:

- Allgemeine Marktannahmen:
    - Die Märkte sind zu jedem Zeitpunkt $t \in [0, T]$ geöffnet.
    - Marktteilnehmer sind in der Lage, kontinuierlich zu handeln.
    - Es werden keine Transaktionskosten, Steuern etc., erhoben.
    - Der Marktzins r ist konstant.
    - Der Markt ist reibungslos und die Marktteilnehmer agieren als Preisnehmer.

- Prozeßannahme:

  Die logarithmierten prozentualen Zuwächse des Aktienkurses sind normalverteilt mit konstantem Mittelwert und konstanter Varianz. Insbesondere sind die Pfade der Kursentwicklung (P fast sicher) stetig.

- Vollständigkeitsannahme:

  Der Preisprozess der Option wird vollständig durch den Kursprozess der Aktie beschrieben. Er fügt dem Markt insofern keine nicht schon im Aktienkurs reflektierte Information hinzu und kann diesen auch nicht verändern.

Wird die Black-Scholes-Formel ausschließlich im Rahmen des "Financial Engineering" gesehen, so lautet eine knappe Formulierung des Bewertungsprinzips:

> "Gegeben der exogene Preisprozess der zugrundeliegenden Aktie, so ist der Wert einer Option gleich dem Initialwert einer den Auszahlungsstrom der Option duplizierenden, selbstfinanzierenden und dynamischen Portfoliostrategie."

Insofern ist das ursprünglich Neue der Option nicht neu, sondern lässt sich erzeugen (ist redundant). Die wesentliche Erkenntnis ist, dass sich durch die Entwicklung der Prozesse in der Zeit der Markt dynamisch vervollständigen lsst. Die Vollständigkeit ist also nicht statisch durch die Anzahl der Wertpapiere begrndet, sondern wird dynamisch durch die Möglichkeit des Handelns erreicht. Die Konsequenz aus der Modellierung ist jedoch, dass die Handelsstrategien in einem gewissen Sinne automatisch, d.h. zum Zeitpunkt t_0 für alle Zustände bestimmt sind. Dies entspricht dem sehr strikten Gleichgewichtskonzept des "perfect foresight".

Weiterführende Literatur

Die grundlegenden Arbeiten zur Bewertung Europäischer Optionen in einem zeitstetigen Modellrahmen stammen von Black und Scholes (1973) und Merton (1973). Die wissenschaftliche Beschäftigung mit der Bewertung von Optionen geht jedoch schon auf die im Jahre 1900 verteidigte Dissertation von Louis Bachelier (vgl. Bachelier (1964)) zurück. Bachelier entwickelt mit Blick auf die Modellierung von Kursbewegungen das Konzept der Brown'schen Bewegung und leitet unter der Annahme einer normalverteilten

Kursentwicklung eine Optionsbewertungsformel her. Der wesentliche Unterschied zur Black-Scholes-Formel besteht in der Verwendung der Normal-, statt der Lognormalverteilung und in der auf dem Konzept des fairen Preises basierenden Argumentation. Darüber hinaus bietet die Artikelsammlung von Merton (1992) einen breiten und tiefen Überblick zu Fragestellungen zeitstetiger Modelle. Weitere wichtige Originalarbeiten, die sich mit einem stetigen Finanzmarkt auseinandersetzen, sind von Harrison und Pliska (1981) und (1983). Die Beziehung zwischen Zustandspreisen und der arbitragefreien Bewertung Europäischer Optionen geht auf Breeden und Litzenberger (1978) zurück. Lesenswert sind in diesem Zusammenhang auch die Überblicksartikel von Rubinstein (1987) und Varian (1987). Insbesondere Rubinstein (1994) sowie Jackwerth und Rubinstein (1996) greifen die Beziehung zu Zustandspreisen im Rahmen empirischer Untersuchungen auf.

Eine Vielzahl von Lehrbüchern befasst sich mit dem Black-Scholes-Modell und der Bewertung von Optionen. Ein gutes und nicht nur auf diese Fragestellung beschränktes Buch ist von Ingersoll jr. (1987). Hull (1997) liefert eine umfassende Darstellung verschiedener Finanzverträge und ihrer Bewertung. Sehr zu empfehlen ist das Lehrbuch von, dass sich mit der Bewertung von Optionsverträgen im zeitstetigen Finanzmarktmodell befasst. Neben Europäischen Call- und Put-Optionen werden u.a. Devisen- und Barrier-Optionen sowie Zinsstrukturmodelle diskutiert. Weitere Lehrbücher, die sich ausführlicher mit der Optionsbewertung befassen und teilweise auch Exotische Verträge berücksichtigen, sind Baxter und Rennie (1996), Jarrow und Turnbull (1996), Shimko (1996) sowie Neftci (1996). Wilmott, Dewynne und Howison (1996) liefern eine mathematisch geprägte Darstellung, die auch numerische Aspekte einschließt. Mit der Beschränkung auf Europäische und Amerikanische Call- und Put-Optionen gibt Seydel (2000) eine empfehlenswerte Einführung in verschiedene numerische Verfahren der Optionsbewertung im Black-Scholes Modell. Ein theoretisches und umfassendes Lehrbuch stammt von Musiela und Rutkowski (1997).

Zu stochastischen Differential- und Integralgleichungen liefert Arnold (1973) eine gute und einfache Einführung, die sich auf das Grundlegende beschränkt. Empfehlenswert sind auch die klassischen Lehrbücher von Feller (1968), Karlin und Taylor (1975) sowie Karlin und Taylor (1981). Eine umfassende mathematische Darstellung findet sich bei Karatzas und Shreve

(1991), während Yor (1992) sich ausführlich mit der Brown'schen Bewegung befasst.

Übungsaufgaben

Aufgabe 7.1:

Bestimmen Sie im Black-Scholes-Modell die stochastische Differentialgleichung für den Terminpreis mit Lieferung in T eines Wertpapiers unter dem äquivalenten Martingalmaß und geben Sie die Lösung an.

Aufgabe 7.2:

Seien $\{S_1(t)\}_t$ und $\{S_2(t)\}_t$ zwei Kursprozesse, die unter dem äquivalenten Martingalmaß Lösungen der stochastischen Differentialgleichung

$$dS_1(t) = rS_1(t)dt + \sigma S_1(t)dW_1^*(t)$$
$$dS_2(t) = rS_2(t)dt + aS_2(t)dW_1^*(t) + bS_2(t)dW_2^*(t)$$

für $t \in [t_0, T]$ sind. Hierbei seien $\{W_1^*(t)\}_t$ und $\{W_2^*(t)\}_t$ zwei unabhängige Brown'sche Bewegungen, a, b Parameter größer als Null und $t_0 = 0$.

a) Geben Sie die Lösungen für die beiden Kursprozesse an.

b) Berechnen Sie die Covarianz und die Korrelation zwischen den logarithmierten Zuwächsen beider Prozesse unter dem äquivalenten Martingalmaß.

c) Geben Sie die stochastische Differentialgleichung und die Lösung für den Quotientenprozess $\left\{ X(t) := \frac{S_1(t)}{S_2(t)} \right\}_t$ an.

d) Geben Sie die Verteilung des Quotientenprozesses unter dem Martingalmaß an und zeigen Sie, dass der Quotientenprozess unter P^* kein Martingal ist.

Aufgabe 7.3:

Berechnen Sie die Hedgeratio im Black-Scholes-Modell einer Europäischen down-and-out Call-Option mit Rückvergütung at hit und einem Basispreis oberhalb der Kursschranke.

Aufgabe 7.4:

Sei $\{S(t)\}_t$ ein Kursprozess im Black-Scholes-Modell und Lösung der stochastischen Differentialgleichung

$$dS(t) = rS(t)dt + \sigma S(t)dW^*(t) \ ,$$

wobei $\{W^*(t)\}$ eine Brown'sche Bewegung unter dem äquivalenten Martin-galmaß P^* ist. Zeigen Sie, dass auf $(\Omega, \mathcal{F}, P^*)$ durch

$$\frac{dP_S}{dP^*}(t) := \frac{\exp\{-rt\}S(t)}{S(t_0)}$$

und $P_S[A] := E_{P^*}\left[1_A \frac{\exp\{-rt\}S(t)}{S(t_0)}\right]$ für $A \in \mathcal{F}_t$ eine Dichtefunktion und mit P_S eine zu P^* äquivalente Wahrscheinlichkeitsverteilung definiert wird.

Aufgabe 7.5:

Zeigen Sie, dass unter den in Aufgabe 7.4 getroffenen Annahmen der sto-chastische Prozeß

$$W_S(t) := W^*(t) - \sigma \cdot t$$

eine standardisierte Brown'sche Bewegung unter dem Wahrscheinlichkeits-maß P_S ist.

KAPITEL 8

Zinsstruktur: Begriffsbildung und grundlegende Verträge

"Much of the difficulty with the term structure of interest rates is caused by the cumbersome notation often used. To a less extent, confusion is also caused by an inconsistent use of terminology." (Ingersoll jr. (1987), S. 387)

Ein Blick in den Wirtschafts- und/oder Börsenteil einer größeren Tageszeitung liefert die unmittelbare Erkenntnis, dass es nicht möglich ist, von *dem Zinssatz* oder *dem Marktzins* zu sprechen. Ausgehend von der traditionellen Funktion des Zinses, dem Transfer von Vermögen entlang der Zeitachse, folgt die Abhängigkeit des Zinssatzes von einem spezifischen Zeitintervall. Die FAZ vom 19.01.1999 liefert für den 18.01.1999 die folgenden Geldmarktsätze unter Banken[1]:

Tagesgeld Frankfurt	3,05 - 3,15 %	$\frac{1}{4}$ Jahresgeld	3,06 - 3,16 %
Monatsgeld	3,08 - 3,18 %	$\frac{1}{2}$ Jahresgeld	2,99 - 3,09 %
		Jahresgeld	2,97 - 3,07 %.

Im Rahmen dieser Zinsspanne, wobei eventuell Risikozuschläge in Abhängigkeit der Bonität noch zu berücksichtigen sind, haben die Banken untereinander während des 18.01.1999 Geld verliehen bzw. geliehen. Daneben finden sich ebenfalls in der FAZ vom 19.01.1999 die Notierungen des *EURIBOR* (Euro Interbank Offered Rate), der den bis zum 31.12.1998 notierten *FIBOR* (Frankfurt Interbank Offered Rate) ersetzt.[2] Neben dem EURIBOR

---

[1]Die Quotierungsbasis der Geldmarktsätze in Deutschland beträgt abweichend vom internationalen Standard $\frac{360}{360}$.

[2]Der EURIBOR ist ein Referenzzinssatz des Geldmarktes bezogen auf unterschiedliche Zinsbindungsfristen in der Währung €. Die Quotierung erfolgt in nominaler Weise auf der Basis $\frac{actual}{360}$. Insgesamt stehen dreizehn Zinsbindungsfristen im EURIBOR zur Verfügung, d.h. 14 Tage und 1, 2, 3,..., 12 Monate. Neben dem EURIBOR wird mit dem

wird weiterhin der LIBOR (London Interbank Offered Rate) quotiert. Der EURIBOR wird für Zinsbindungsfristen von 14 Tagen bis 12 Monaten angegeben, z.B.:

EURIBOR 3 Monate: 3,10200   EURIBOR 6 Monate: 3,05600

Für den Privatkunden sind diese Sätze jedoch nicht verfügbar. Hier findet sich beispielsweise in der gleichen Ausgabe der institutsabhängige Zinssatz für Spareinlagen mit 3-monatiger Kündigungsfrist mit 2,11%. Auf einen Bindungszeitraum über ein Jahr beziehen sich die Angaben zu den Finanzierungsschätzen des Bundes, wobei die Zinsgröße in Form der Rendite angegeben ist

Rendite   1.Jahr   2,85%   Rendite   2.Jahr   2,5%.

Für die zweijährigen Finanzierungsschätze des Bundes ergibt sich hieraus eine Verzinsung plus Zinseszinseffekt von 2,5% für jedes Jahr. Da es sich um ein diskontiertes Wertpapier handelt, bestimmt sich sein Preis am 18.01.1999 aus dem in zwei Jahren zurückgezahlten Nennwert

$$\frac{\text{Nennwert}}{(1,025)^2} = \frac{1000}{(1,025)^2} = 951,81440.$$

Anleihen mit Restlaufzeiten von 3 bis 15 Jahren sind in der FAZ mit ihren Renditen angegeben. Im wesentlichen handelt es sich um die Umlaufrenditen von Bundesanleihen und um die von der FAZ bestimmten Renditen unterschiedlicher öffentlicher Anleihen, Pfandbriefe und Kommunalobligationen. Wie schon der EURIBOR sind dies Durchschnittsgrößen. Sie beziehen sich auf die Kurse von Kuponanleihen mit unterschiedlichen Kuponzahlungen und

---

Eonia (Euro Over Night Interest Agreement) ein Referenzzinssatz mit der Bindungsfrist von einem Tag gebildet. Die Berechnung der EURIBOR-Sätze erfogt auf der Basis der täglich gemeldeten Notierungen von z.Z. 57 Banken mit einem hohen Volumen von Gelmarktgeschäften in der Eurozone. Hierbei stammen 47 Banken aus Ländern die am € teilnehmen (12 aus Deutschland), 4 Banken aus Ländern der EU die nicht am € teilnehmen und 6 Banken aus Ländern außerhalb der EU mit einem starken Engagement in der Eurozone. Gemeldet werden Geldmarktgeschäfte im Interbankenhandel mit den entsprechenden Fälligkeiten. Das täglich auf 11:00 h bezogene Fixing berücksichtigt die jeweils 15% höchsten und niedrigsten Notierungen nicht. Aus den verbleibenden Werten wird ein Durchschnittssatz für jede der genannten Fälligkeiten ermittelt. Es handelt sich insofern um einen Referenzzinssatz hoher Bonität.

annähernd vergleichbaren Restlaufzeiten. Stark vereinfacht sind dies Kenngrößen, die eine Vergleichbarkeit von Anleihen unterschiedlicher Ausstattung ermöglichen sollen.

Neben diesen, vom heutigen Zeitpunkt an geltenden Zins- bzw. Renditesätzen, sogenannten Kassasätzen, existiert eine Vielzahl von Terminverträgen bzw. Terminzinssätzen. Allgemein bezeichnet ein Terminzinssatz einen Zinssatz, der zum heutigen Zeitpunkt $t_0 = 0$ vereinbart wird, jedoch für ein in der Zukunft liegendes Zeitintervall gilt.

Wie die bisherige recht oberflächliche Diskussion gezeigt hat, ist das Phänomen Zinssatz bzw. Anleihekurs vielschichtig. Aus diesem Grund ist es notwendig, die weitere Vorgehensweise zu skizzieren, ohne an dieser Stelle schon auf später relevante Details einzugehen. Grundsätzlich sind die folgenden Schritte erforderlich:

- Eine klare und möglichst umfassende Definition der unterschiedlichen Zinsgrößen sowie der sich ergebenden definitorischen Zusammenhänge unter der Annahme der vollkommenen Sicherheit, d.h. falls keine Unsicherheit über die zukünftige Entwicklung besteht.
- Die Einführung von Unsicherheit mittels Begriffen der Wahrscheinlichkeitstheorie.
- Die Diskussion des Konzepts der Arbitragefreiheit mit Blick auf die Zinsentwicklung.
- Die Modellierung der Veränderung der unterschiedlichen Zinsgrößen in der Zeit unter Berücksichtigung der Arbitragefreiheit und die Diskussion spezieller Modelle.
- Die Bewertung spezieller Zinsderivate relativ zu den entsprechenden Modellannahmen.

Bevor die Details in den Vordergrund rücken, ist jedoch unmissverständlich darauf hinzuweisen, dass es *nicht* um eine *Erklärung der Veränderung* von Zinssätzen in der Zeit geht, sondern ausschließlich um die *Darstellung* unter Ausschluss von Arbitrage. Ebenso ist die *Schätzung* bzw. *Vorhersage* der Zinsentwicklung *nicht* Gegenstand, sondern die *Sicherung* gegenüber Zinsänderungen ist Anliegen der Theorie der *Zinsstrukturmodelle*.

8.1. Begriffsbildung

Ziel dieses Abschnittes ist es, die grundlegenden Begriffe und die notwendige Notation einzuführen. Ausgangspunkt ist eine Modellwelt ohne Unsicherheit über die zukünftige Entwicklung. Die Begriffe orientieren sich an der folgenden Darstellung der Zeitachse:

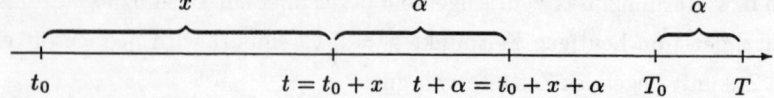

Definition 8.1:

- $D(t_0, x)$ für $x \geq 0$ gibt zum Zeitpunkt t_0 den Wert einer Geldeinheit an, deren Auszahlung zum Zeitpunkt $t_0 + x$ erfolgt. Es gilt unter Ausschluss des Bonitätsrisikos $D(t_0, 0) = 1$. Die Abbildung

$$D(t_0, \cdot) : \mathbb{R}_{\geq 0} \longrightarrow \mathbb{R}$$

heißt *Diskontfunktion* oder *Zinsstrukturkurve* zum Zeitpunkt t_0.

- $B(t_0, t) := D(t_0, t - t_0)$ ist der Preis einer *Nullkuponanleihe* mit Nennwert 1 und Fälligkeit t (Restlaufzeit $t - t_0$) zum Zeitpunkt t_0. Als Funktion der Zeit t_0 beschreibt

$$B(t_0, \cdot) : [0, t] \longrightarrow \mathbb{R}$$

den *Kursverlauf einer Nullkuponanleihe* mit $D(t, 0) = B(t, t) = 1$.

- Der *effektive Terminzinssatz* $r_e(t_0, t, \alpha)$ zum Zeitpunkt $t_0 \leq t = t_0 + x$ für das Zeitintervall $[t, t + \alpha]$ ist bestimmt durch

$$B(t_0, t + \alpha) =: B(t_0, t) \cdot (1 + r_e(t_0, t, \alpha))^{-\alpha}$$

- Die *effektive Rendite* $y_e(t_0, x)$ zum Zeitpunkt t_0 für das Zeitintervall $[t_0, t_0 + x]$ ist bestimmt durch

$$B(t_0, t_0 + x) = D(t_0, x) =: (1 + y_e(t_0, x))^{-x} .$$

Wenn von der *Zinsstruktur* gesprochen wird, so bezieht sich dies im allgemeinen auf die Diskontfunktion oder die Kurse der Nullkuponanleihen. Ebenso ist es jedoch auch möglich, die Zinsstruktur durch die Terminzinssätze oder Renditen vollständig zu erfassen. Speziell wird von einer *flachen* Zinsstrukturkurve gesprochen, falls die Rendite $y_e(t_0, x)$ zum Zeitpunkt t_0 konstant, d.h. unabhängig von x ist. Die Zinsstrukturkurve heißt *normal*, falls $y_e(t_0, x)$

monoton wachsend in x und *invers*, falls $y_e(t_0, x)$ monoton fallend in x ist. Im Fall einer inversen Zinsstrukturkurve liegt der kurzfristige Zinssatz über dem langfristigen Zinssatz.

Neben den effektiven Zinssätzen existieren sogenannte *nominale* Zinssätze. Auch diese beziehen sich auf die eingeführte Darstellung der Zeitachse. Die Zinsgrößen werden jedoch linear bezüglich der Zeit angepasst.

Definition 8.2:

- Der *nominale Terminzinssatz* $r_n(t_0, t, \alpha)$ zum Zeitpunkt $t_0 \leq t = t_0 + x$ für das Zeitintervall $[t, t + \alpha]$ ist bestimmt durch

$$B(t_0, t + \alpha) =: B(t_0, t)(1 + \alpha r_n(t_0, t, \alpha))^{-1} .$$

- Die *nominale Rendite* $y_n(t_0, x)$ zum Zeitpunkt t_0 für das Zeitintervall $[t_0, t_0 + x]$ ist definiert durch

$$D(t_0, x) =: (1 + x \cdot y_n(t_0, x))^{-1} .$$

Üblicherweise notieren Zinssätze, die sich auf eine Bindungsfrist unter einem Jahr beziehen, in nominaler Form, während über einem Jahr Bindungsfrist effektive Zinssätze angegeben werden. Beispiele für nominale Zinssätze sind die verschiedenen EURIBOR- und LIBOR-Sätze. Die mit der unterschiedlichen Interpretation der Zinssätze verbundene Problematik beruht auf dem Umstand, daß Zinsgrößen auch dann per anno notiert werden, wenn die Bindungsfrist α ungleich einem Jahr ist. Die Definition der effektiven und nominalen Größen basiert auf einer diskreten Interpretation der Zeitachse. Die Literatur bezieht sich jedoch oftmals auf *konforme* bzw. augenblickliche Zinsraten oder auch die Momentanverzinsung (continuously compounded interest rates). Diese sind wie folgt definiert:

Definition 8.3:
Sei die Kurskurve der Nullkuponanleihen $B(t_0, t)$ stetig differenzierbar in t, so ist

- die *konforme Terminzinsrate* oder *continuously compounded forward rate* $f_c(t_0, t)$ definiert durch

$$f_c(t_0, t) := -\frac{\partial}{\partial t} (\ln B(t_0, t)) \ ;$$

- die *continuously compounded spot yield* oder *konforme (Kassa-)Rendite* zum Zeitpunkt t_0 für das Intervall $[t_0, t_0 + x]$ definiert als

$$y_c(t_0, x) := \frac{1}{x} \int_{t_0}^{t_0+x} f_c(t_0, u) du \; ;$$

- die *continuously compounded forward yield* oder *konforme Terminrendite* zum Zeitpunkt t_0 für das Intervall $[t_0 + x, t_0 + x + \alpha]$ definiert als

$$y_c(t_0, t_0 + x, \alpha) := \frac{1}{\alpha} \int_{t_0+x}^{t_0+x+\alpha} f_c(t_0, u) du.$$

Konforme Zinsgrößen orientieren sich am Begriff der (Wachstums-)Rate und werden in logarithmierter Form angegeben. Aufgrund der Eigenschaften der Exponentialfunktion eignet sich diese Interpretation der Zinsgrößen besonders, um Stückzinsen und Zinseszinseffekte einzubeziehen. In der theoretischen Betrachtung kommt diesem Zinsbegriff eine herausragende Bedeutung zu. Der Begriff des effektiven und nominalen Zinssatzes orientiert sich an der diskreten Zeitvorstellung und entspricht der häufig in Datensätzen zugrundegelegten Zinsinterpretation. Es ergeben sich die folgenden Zusammenhänge:

Proposition 8.1:

Sind die Kurse der Nullkuponanleihen $B(t_0, t)$ zum Zeitpunkt t_0 stetig differenzierbar in der Restlaufzeit t, so gilt

$$f_c(t_0, t) = \lim_{\alpha \to 0} \ln(1 + r_e(t_0, t, \alpha)) = \lim_{\alpha \to 0} r_n(t_0, t, \alpha)$$

$$B(t_0, t) = \exp\left\{ -\int_{t_0}^{t} f_c(t_0, u) du \right\} = \exp\{-(t - t_0) y_c(t_0, t - t_0)\} \; .$$

Beweis:

Aus der Definition des effektiven Terminsatzes folgt

$$[1 + r_e(t_0, t, \alpha)]^{\alpha} = \frac{B(t_0, t)}{B(t_0, t + \alpha)}$$

$$\Leftrightarrow \ln[1 + r_e(t_0, t, \alpha)] = -\frac{\ln B(t_0, t + \alpha) - \ln B(t_0, t)}{\alpha}$$

$$\Rightarrow \lim_{\alpha \to 0} \ln[1 + r_e(t_0, t, \alpha)] = -\frac{\partial \ln B(t_0, t)}{\partial t} = f_c(t_0, t) \; .$$

Die Definition des nominalen Terminzinssatzes besagt

$$[1 + \alpha r_n(t_0, t, \alpha)] \quad = \quad \frac{B(t_0, t)}{B(t_0, t + \alpha)}$$

$$\Leftrightarrow r_n(t_0, t, \alpha) \quad = \quad \frac{-1}{B(t_0, t + \alpha)} \cdot \frac{B(t_0, t + \alpha) - B(t_0, t)}{\alpha}$$

$$\lim_{\alpha \to 0} r_n(t_0, t, \alpha) \quad = \quad \frac{-1}{B(t_0, t)} \cdot \frac{\partial B(t_0, t)}{\partial t} = -\frac{\partial \ln B(t_0, t)}{\partial t} = f_c(t_0, t) \ ,$$

wobei letztere Umformung sich aus der Kettenregel ergibt. Schließlich folgt
aus der Definition der konformen Terminzinsrate

$$f_c(t_0, t) = -\frac{\partial}{\partial t} \ln B(t_0, t) \ \Leftrightarrow \ \int_{t_0}^{t} f_c(t_0, u) du = -\ln B(t_0, t).$$

$\square$

In der englischsprachigen Literatur heißt

$$f_c(t_0, t_0) = -\frac{\partial B(t_0, t)}{\partial t} \bigg|_{t=t_0} = \lim_{\alpha \to 0} \ln [1 + r_e(t_0, t_0, \alpha)] = \lim_{\alpha \to 0} r_n(t_0, t_0, \alpha)$$

die *(continuously compounded) short rate* oder *spot rate*.

Besteht keine Unsicherheit über die zukünftige Entwicklung der Zinssätze,
so ist die zeitliche Veränderung aller genannten Größen zum Zeitpunkt t_0 bekannt. Dies bedeutet u.a.

- $D(t, x)$ ist als Funktion der Zeit t zum Zeitpunkt t_0 bekannt $\forall x \geq 0$,
- $B(t, T)$ ist als Funktion der Zeit t zum Zeitpunkt t_0 bekannt $\forall T \geq 0$,
- $f_c(t, t+x)$ ist als Funktion der Zeit t zum Zeitpunkt t_0 bekannt $\forall x \geq 0$,
- $r_e(t, t + x, \alpha)$ ist als Funktion der Zeit t bekannt $\forall x \geq 0, \alpha \geq 0$.

Ziel eines Zinsstrukturmodells ist es, unter Unsicherheit die gemeinsame Veränderung dieser Größen zu beschreiben. Zusammenfassend gilt:

- Die Zinsstrukturkurve ist bestimmt durch die Diskontfaktoren $D(t_0, T)$,
  die sich u.a. wiederum eindeutig aus den effektiven, nominalen oder
  continuously compounded Terminzinssätzen bzw. Raten ergeben.
- Falls im folgenden von der Zinsstrukturkurve zum Zeitpunkt t gesprochen wird, so bezieht sich dies sowohl auf
    - die *aggregierte* Zinsstrukturkurve, d.h. auf die Diskontfunktion
      $D(t, x)$ als Funktion von x, oder
    - die *disaggregierte* Zinsstrukturkurve, d.h. die Terminzinsraten
      $f_c(t, t + x)$ als Funktion von x.

- Gegenstand eines Zinsstrukturmodells ist die Modellierung der Änderung dieser Kurven in der Zeit t unter Berücksichtigung der Unsicherheit.

8.2. Forward, Futures und Zinsswap

Die bisherige Darstellung eines Terminvertrages bzw. einer Terminzinsstruktur ist nicht vollständig. Die Praxis unterscheidet zwischen zwei Vertragsformen,

- dem Forward Vertrag und
- dem Futures Vertrag.

Beim *Forward* handelt es sich um ein einfaches Termingeschäft. Ist das zugrundeliegende Wertpapier eine Nullkuponanleihe, so ist ein Forward zwischen zwei Parteien gleich der folgenden Vereinbarung zum Zeitpunkt t_0:

- Partei A liefert zum Zeitpunkt $T_0 > t_0$ eine Nullkuponanleihe mit Nennwert 1 und Fälligkeit $T > T_0$.
- Partei B bezahlt zum Zeitpunkt T_0 den Preis B^F für diese Nullkuponanleihe.

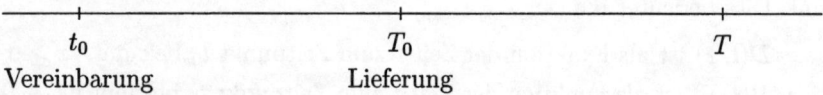

$$\begin{array}{ccc} t_0 & T_0 & T \\ \text{Vereinbarung} & \text{Lieferung} & \end{array}$$

Der Lieferzeitpunkt T_0 und der zu zahlende Forward-Preis B^F sind zum Zeitpunkt t_0 fixiert. Es findet jedoch zum Zeitpunkt t_0 kein Austausch von Zahlungen statt; der Wert des Vertrages zum Zeitpunkt t_0 ist gleich Null. Erst zum Zeitpunkt T_0 werden die Verpflichtungen ausgetauscht. Es stellt sich somit die Frage, welcher Forward-Preis B^F zu vereinbaren ist. Die resultierende Auszahlung des Forward ist aus der Sicht der Partei A zum Zeitpunkt T_0 gleich:

$$\text{Erhalte } B^F - \text{ Lieferung } B(T_0, T) = B^F - B(T_0, T).$$

Liegen keine Transaktionskosten zum Zeitpunkt t_0 vor und werden Nullkuponanleihen mit Fälligkeit T_0 und T gehandelt, so erhält die Partei A die gleiche Auszahlung durch das folgende Portfolio:

Zeitpunkt t_0	Portfoliowert in t_0	Portfoliowert in T_0
kaufe B^F Nullkupon-anleihen mit Nennwert 1 und Fälligkeit T_0	$B^F \cdot B(t_0, T_0)$	B^F
Verkaufe eine Nullkupon-anleihe mit Nennwert 1 und Fälligkeit T	$-B(t_0, T)$	$-B(T_0, T)$
	$B^F \cdot B(t_0, T_0) - B(t_0, T)$	$B^F - B(T_0, T)$

Unter diesen Annahmen liefert das Portfolio die gleiche Auszahlung wie der Forward. Dies hat zur Folge, dass der Wert des Portfolios zum Zeitpunkt t_0 mit dem Wert des Forward übereinstimmen muss, da andernfalls die Partei A entweder durch Kauf des Portfolios und Verkauf des Forward (falls das Portfolio billiger ist) oder durch Verkauf des Portfolios und Kauf des Forward einen risikolosen Gewinn erwirtschaftet. Dies ist eine Arbitragemöglichkeit, die unter der Annahme eines sich im Gleichgewicht befindenden Marktes nicht vorliegen kann. Für den Forward-Preis B^F bedeutet dies:

$$0 = B^F \cdot B(t_0, T_0) - B(t_0, T) \quad \Leftrightarrow \quad B^F = \frac{B(t_0, T)}{B(t_0, T_0)} \ .$$

Der Forward-Preis B^F einer Nullkuponanleihe ist somit gleich dem aufgezinsten Wert des zugrundeliegenden Wertpapiers.

Von der Grundidee stimmt der *Futures* mit dem Forward überein. Zum Zeitpunkt t_0 wird ein Auflösungszeitpunkt T_0 fixiert, das zugrundeliegende Wertpapier vereinbart und ein Futures-Preis $B^f(t_0, T_0, T)$ festgelegt. Wiederum erfolgt keine Auszahlung in t_0. Im Unterschied zum Forward bewirkt der Futures jedoch einen Auszahlungsstrom (cashflow), der zwischen den beiden Parteien kontinuierlich während der gesamten Laufzeit $T_0 - t_0$ stattfindet. Der cashflow berechnet sich aus den Wertänderungen des Futures-Preises und führt zu einem in der Praxis täglichen Verlustausgleich. Dieses Verfahren heißt *marked-to-market*. In der Praxis müssen beide Vertragsparteien einen Anfangsbetrag, die sogenannte *initial margin*, bei Abschluss eines Futures hinterlegen, aus dem die täglichen Wertänderungen finanziert werden. Fällt z.B. der Futures-Preis zum Zeitpunkt t_i, so entrichtet der Anleger, der im Futures *long* ist, sich also zum Kauf des Wertpapiers verpflichtet hat,

den Betrag $B^f(t_{i-1}, T_0, T) - B^f(t_i, T_0, T)$ aus seinem *Marginkonto*. Der neue
Futures-Preis ist dann $B^f(t_i, T_0, T)$. Umgekehrt erhält er den entsprechenden
Betrag. Sinkt das Guthaben des Marginkontos unter eine bestimmte Grenze,
die *maintenance margin*, so besteht die Verpflichtung, das Marginkonto wieder aufzufüllen (*variation margin*). Ein Motiv für das "marked-to-market"
Verfahren ist in der Eingrenzung des Bonitätsrisikos zu sehen. Mit Bezug auf
eine diskrete Menge von Handelszeitpunkten $\underline{T} = \{t_0 < t_1 < \ldots < t_N = T_0\}$
ist der Zahlungsstrom eines Futures gleich:

Zeitpunkt	Cashflow
t_0	0
t_1	$B^f(t_1, T_0, T) - B^f(t_0, T_0, T)$
t_2	$B^f(t_2, T_0, T) - B^f(t_1, T_0, T)$
$\vdots$	$\vdots$
t_N	$B^f(t_N, T_0, T) - B^f(t_{N-1}, T_0, T)$.

Wie beim Forward stellt sich die Frage nach dem Preis des Futures zum
Zeitpunkt t_0.

Satz 8.1:

*Werden zu jedem Zeitpunkt $t_i \in \underline{T}$ Nullkuponanleihen mit Fälligkeit t_{i+1}
gehandelt, so existiert eine selbstfinanzierende Portfoliostrategie, die den Be-
trag $B(T_0, T) \cdot \left(\prod_{i=0}^{N-1} B(t_i, t_{i+1}) \right)^{-1}$ als Auszahlung in $t_N = T_0$ liefert und
in t_0 die Kosten $B^f(t_0, T_0, T)$ besitzt, d.h. der Futures-Preis $B^f(t_0, T_0, T)$ ist
der Gegenwartswert dieser Auszahlung.*

Beweis:

Der Beweis geht auf Cox, Ingersoll jr. und Ross (1981b) zurück und beruht, wie im Fall des Forward Vertrages, auf einer Portfolioüberlegung, die
nun jedoch eine komplizierte Struktur besitzt. Die Portfoliostrategie lautet:

- Kaufe im Wert von $B^f(t_0, T_0, T)$ Nullkuponanleihen mit Fälligkeit t_1
  und lege den Ertrag (incl. Zinsen) zu jedem Zeitpunkt t_i wiederum in
  Nullkuponanleihen mit Fälligkeit t_{i+1} an. Zum Zeitpunkt t_N ist der
  Wert gleich $B^f(t_0, T_0, T) \cdot \left[\prod_{i=0}^{N-1} B(t_i, t_{i+1}) \right]^{-1}$.

- Kaufe $1/B(t_0, t_1)$ Futures zum Zeitpunkt t_0 und verkaufe diese zum Zeitpunkt t_1. Dies ergibt einen Gewinn oder Verlust in Höhe

$$\frac{1}{B(t_0, t_1)} \cdot \left[B^f(t_1, T_0, T) - B^f(t_0, T_0, T) \right] .$$

Lege diesen Gewinn oder Verlust immer wieder für eine Periode an. Zum Zeitpunkt t_N ergibt dies

$$\begin{aligned}
&\frac{1}{B(t_0, t_1)} \cdot \left[B^f(t_1, T_0, T) - B^f(t_0, T_0, T) \right] \cdot \left(\prod_{i=1}^{N-1} B(t_i, t_{i+1}) \right)^{-1} \\
= \quad &\left[B^f(t_1, T_0, T) - B^f(t_0, T_0, T) \right] \cdot \left(\prod_{i=0}^{N-1} B(t_i, t_{i+1}) \right)^{-1} .
\end{aligned}$$

- Kaufe zum Zeitpunkt t_1 $1/B(t_0, t_1) \cdot 1/B(t_1, t_2)$ Futures und verkaufe diese zum Zeitpunkt t_2. Lege den Gewinn bzw. Verlust wiederum jeweils in Nullkuponanleihen mit einer Restlaufzeit von einer Periode an. Zum Zeitpunkt t_N ergibt dies

$$\frac{1}{B(t_0, t_1)} \cdot \frac{1}{B(t_1, t_2)} \left[B^f(t_2, T_0, T) - B^f(t_1, T_0, T) \right] \cdot \left(\prod_{i=2}^{N-1} B(t_i, t_{i+1}) \right)^{-1} .$$

- Verfahre zu allen Zeitpunkten $t_i \in \underline{T} \setminus \{t_N\}$ analog.

Diese rollierende Portfoliostrategie liefert zum Zeitpunkt t_N den Ertrag

$$\begin{aligned}
&B^f(t_0, T_0, T) \cdot \left(\prod_{i=0}^{N-1} B(t_i, t_{i+1}) \right)^{-1} \\
&+ \quad \left[B^f(t_1, T_0, T) - B^f(t_0, T_0, T) \right] \cdot \left(\prod_{i=0}^{N-1} B(t_i, t_{i+1}) \right)^{-1} \\
&\vdots \\
&+ \quad \left[B^f(t_N, T_0, T) - B^f(t_{N-1}, T_0, T) \right] \cdot \left(\prod_{i=0}^{N-1} B(t_i, t_{i+1}) \right)^{-1} \\
= \quad &B^f(t_N, T_0, T) \cdot \left(\prod_{i=0}^{N-1} B(t_i, t_{i+1}) \right)^{-1} = B(T_0, T) \cdot \left(\prod_{i=0}^{N-1} B(t_i, t_{i+1}) \right)^{-1} .
\end{aligned}$$

Da für die Futures-Verträge zu keinem Zeitpunkt Mittel aufgewendet werden müssen, ist der Preis der Strategie gleich $B^f(t_0, T_0, T)$. $\qquad\square$

Gemäß Satz 8.1 ist der Unterschied zwischen einem Forward und einem Futures sehr verwandt mit dem Unterschied zwischen dem Kauf langlaufender Anleihen und der Investition zu einem variablen Zinssatz. Um dies zu verdeutlichen, ist das folgende Ergebnis nützlich.

Proposition 8.2:

Ist die Entwicklung der Zinsstruktur deterministisch, d.h. gibt es keine Unsicherheit bezüglich der zukünftigen Zinssätze, so gilt

$$\frac{1}{B(t_0, T_0)} = \left(\prod_{i=0}^{N-1} B(t_i, t_{i+1}) \right)^{-1} \quad und \quad B^f(t_0, T_0, T) = \frac{B(t_0, T)}{B(t_0, T_0)} = B^F.$$

Beweis:

Unter der Annahme einer deterministischen Zinsentwicklung sind insbesondere die Kurse der Nullkuponanleihen $B(t_i, t_{i+1}) \ \forall \ t_i \in \underline{T}$ zum Zeitpunkt t_0 bekannt. Dies bedeutet, dass unter Ausschluss von Arbitrage der Kauf von $1/B(t_0, T_0)$ Nullkuponanleihen mit Fälligkeit in T_0 und die periodische Investition zum deterministischen, variablen Zinssatz die gleiche Auszahlung erzeugen müssen. Zu Initialkosten $B^f(t_0, T_0, T)$ ist es gemäß Satz 8.1 möglich, die Auszahlung

$$B(T_0, T) \cdot \left(\prod_{i=0}^{N-1} B(t_i, t_{i+1}) \right)^{-1}$$

zum Zeitpunkt $t_N = T_0$ zu erzeugen. Unter der Annahme einer deterministischen Zinsentwicklung ist dies gleich

$$B(T_0, T) \cdot \frac{1}{B(t_0, T_0)} \ ,$$

wobei $B(T_0, T)$, ebenfalls unter Sicherheit, zum Zeitpunkt t_0 schon bekannt ist. Die Portfoliostrategie liefert somit eine zum Zeitpunkt t_0 bekannte Auszahlung, deren diskontierter Wert gleich

$$B(t_0, T_0) \cdot \left(B(T_0, T) \cdot \frac{1}{B(t_0, T_0)} \right) = \frac{B(t_0, T)}{B(t_0, T_0)}$$

ist. Insbesondere besteht dann zwischen dem Forward-Preis und dem Futures-Preis kein Unterschied, falls eine deterministische Zinsstruktur vorliegt. □

Proposition 8.3:

Sei $\underline{T}$ die Diskretisierung der Zeitachse. Die Differenz zwischen dem Forward-Preis und dem Futures-Preis zum Zeitpunkt t_0

$$B^F(t_0, T_0, T) - B^f(t_0, T_0, T)$$

ist gleich dem Wert in t_0 einer Auszahlung in Höhe

$$-\frac{1}{B(t_0, T_0)} \sum_{i=0}^{N-1} \left([B^f(t_{i+1}, T_0, T) - B^f(t_i, T_0, T)] \left[\frac{B(t_i, T_0)}{B(t_{i+1}, T_0)} - 1 \right] \right)$$

zum Zeitpunkt $t_N = T_0$.

Beweis:

Der Beweis beruht auf einer Portfoliostrategie, die keine Investition zu Zwischenzeitpunkten erfordert:

- Verkaufe einen Forward-Vertrag zum Zeitpunkt t_0 mit Forward-Preis $B^F(t_0, T_0, T)$.
- Zu jedem Zeitpunkt $t_i \in \underline{T} \setminus \{t_N\}$ kaufe $B(t_i, T_0)$ Futures und verkaufe diese zum Zeitpunkt t_{i+1}. Den Gewinn (Verlust) investiere (finanziere) in (durch) Anleihen mit Fälligkeit $t_N = T_0$.

Zum Zeitpunkt t_N ergibt sich die folgende Auszahlung:

$$
\begin{aligned}
& B^F(t_0, T_0, T) - B(T_0, T) \\
& \quad + \sum_{i=0}^{N-1} B(t_i, T_0) \left[B^f(t_{i+1}, T_0, T) - B^f(t_i, T_0, T) \right] \cdot \frac{1}{B(t_{i+1}, T_0)} \\
= \ & B^F(t_0, T_0, T) - B(T_0, T) + \sum_{i=0}^{N-1} \left[B^f(t_{i+1}, T_0, T) - B^f(t_i, T_0, T) \right] \\
& \quad + \sum_{i=0}^{N-1} \left[B^f(t_{i+1}, T_0, T) - B^f(t_i, T_0, T) \right] \cdot \left[\frac{B(t_i, T_0)}{B(t_{i+1}, T_0)} - 1 \right] \\
= \ & B^F(t_0, T_0, T) - B^f(t_0, T_0, T) \\
& \quad + \sum_{i=0}^{N-1} \left[B^f(t_{i+1}, T_0, T) - B^f(t_i, T_0, T) \right] \cdot \left[\frac{B(t_i, T_0)}{B(t_{i+1}, T_0)} - 1 \right] ,
\end{aligned}
$$

da $B^f(T_0, T_0, T) = B(T_0, T)$ ist und keine Investition benötigt wurde. Weiter ist der Wert in t_0 einer sicheren Auszahlung von $B^F(t_0, T_0, T) - B^f(t_0, T_0, T_0)$

in $t_N = T_0$ gleich

$$\left[B^F(t_0, T_0, T) - B^f(t_0, T_0, T)\right] \cdot B(t_0, T) .$$

$\square$

Eine wesentliche Schlussfolgerung aus der vorherigen Proposition ist die Abhängigkeit des Futures-Preises von der Korrelation des periodischen Zinssatzes. Diese ergibt sich aus

$$\frac{B(t_i, T_0)}{B(t_{i+1}, T_0)} - 1 = \exp\left\{-\int_{t_i}^{t_{i+1}} f_c(u, u) du\right\} - 1$$
$$= \left[1 + r_e(t_i, t_i, t_{i+1} - t_i)\right]^{-(t_{i+1}-t_i)} - 1 .$$

Die Bewertung des Futures setzt somit ein Modell der Entwicklung der Zinsstruktur in der Zeit voraus, während dies für den Forward nicht notwendig ist.

Ein weiterer, in der Praxis wichtiger Vertrag ist der *Kuponswap (floating gegen fix)* oder kurz *Swap*.[3] Grundsätzlich handelt es sich um den Tausch (swap) einer variablen Verzinsung gegen eine feste Verzinsung. Im Fall eines *Payer Swap* leistet der Halter die feste Zahlung und erhält die variable. Der *Receiver Swap* entspricht dem umgekehrten Sachverhalt, d.h. der Halter erhält die feste Zahlung und leistet die variable. Neben den individuell vereinbarten Swaps werden von einigen Banken auch standardisierte Swaps gehandelt, deren Quotierung in Form der Swapyield erfolgt. Der Zahlungsstrom eines in der Praxis mit einer Laufzeit von 2 bis 10 Jahren gehandelten Swap, bezogen auf seinen Nennwert, bestimmt sich durch die Zahlung des fixen Zinssatzes einmal pro Jahr und des variablen Zinssatzes alle drei Monate bzw. alle sechs Monate. Sei L der vereinbarte feste Zinssatz, das Swaplevel, und $r_L(t)$ der entsprechende variable Zinssatz zum Zeitpunkt t (z.B. 3-Monats-EURIBOR oder-LIBOR) sowie V der Nennwert des Swap mit Laufzeit T, so ist der Zahlungsstrom eines Kuponswap in Abbildung 8.1 wiedergegeben.

Proposition 8.4:

Seien L das Swaplevel, $\underline{T} = \{t_1 < \ldots < t_N = T_0\}$ die Menge der Zeitpunkte,

---

[3]Der Begriff Swap steht für eine Vielzahl von Verträgen im Zins-, Devisen- und Aktienbereich. Gemeinsames Kennzeichen ist der Tausch von Wertpapieren oder Verbindlichkeiten. Im folgenden wird unter einem Swap immer ein Kuponswap verstanden.

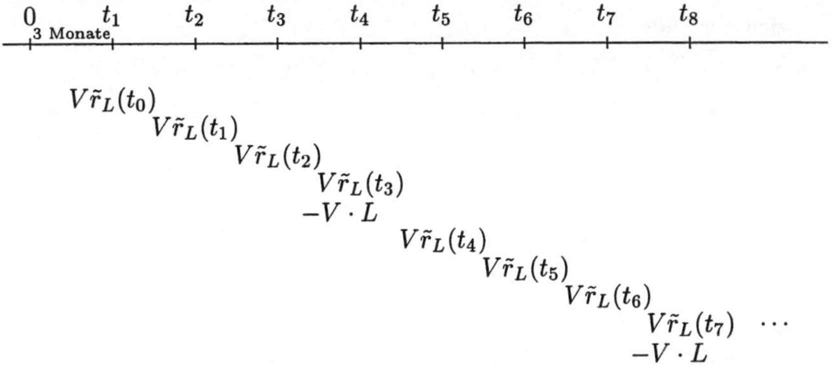

$$\begin{array}{ccccccccc} 0 & t_1 & t_2 & t_3 & t_4 & t_5 & t_6 & t_7 & t_8 \end{array}$$

$\underset{\text{3 Monate}}{}$

$V\tilde{r}_L(t_0)$
$\quad V\tilde{r}_L(t_1)$
$\qquad V\tilde{r}_L(t_2)$
$\qquad\quad V\tilde{r}_L(t_3)$
$\qquad -V \cdot L$
$\qquad\qquad V\tilde{r}_L(t_4)$
$\qquad\qquad\quad V\tilde{r}_L(t_5)$
$\qquad\qquad\qquad V\tilde{r}_L(t_6)$
$\qquad\qquad\qquad\quad V\tilde{r}_L(t_7) \quad \cdots$
$\qquad\qquad\qquad -V \cdot L$

ABBILDUNG 8.1. Zahlungsstrom eines Payer Swap mit Swaplevel L und variablem Zinssatz $\tilde{r}_L(t_i) = r_L(t_i) \cdot \frac{\text{actual}}{360}$.

zu denen die Zahlungen zu variablem Zins anfallen, sowie $t_{4 \cdot i}$ die Zeitpunkte der jährlichen Zahlungen. Es existiert dann eine Portfoliostrategie mit Preis

$$(8.1) \qquad V - V \cdot \left[\sum_{i=1}^{N/4} L \cdot B(t_0, t_{4 \cdot i}) + B(t_0, T_0) \right],$$

die keine weiteren Mittel benötigt und den Zahlungsstrom des Swap erzeugt.

Beweis:

Der Beweis beruht auf der folgenden Portfoliostrategie:

- Zum Zeitpunkt t_0 verkaufe eine Kuponanleihe mit jährlichem Kupon L, Nennwert V und Endfälligkeit T_0. Lege den Nennwert V zum aktuellen Zinssatz für das Zeitintervall $\Delta t = t_1 - t_0$ an.

- Zu jedem Zeitpunkt $t_i \in \underline{T}$ $\{t_0, t_N\}$ behalte die erhaltenen Zinsen aus der Anlage zum variablen Zinssatz ein und lege den Nennwert wiederum für $\Delta t = t_{i+1} - t_i$ an. Falls ein Zinstermin der Kuponanleihe eintritt, zahle den festen Zinssatz L, bezogen auf den Nennwert, aus.

- Zum Zeitpunkt $T_N = T_0$ zahle den Nennwert und den festen Zinssatz L zurück und löse das Portfolio auf.

Die Auszahlung ist zu jedem Zeitpunkt $t_i \in \underline{T} \setminus \{t_0\}$ bestimmt durch:

$$V \cdot \tilde{r}(t_{i-1}), \qquad \text{falls kein Kupontermin vorliegt;}$$
$$V \cdot (\tilde{r}(t_{i-1}) - L), \quad \text{falls ein Kupontermin vorliegt.}$$

Zum Zeitpunkt t_0 werden zum Aufbau der Portfoliostrategie Mittel benötigt, die gleich der Differenz des Nennwertes V und dem Kurs einer Kuponanleihe sind. Sind die Diskontfaktoren bekannt, so entspricht der Kurs der Kuponanleihe mit jährlichem Kupon L (in Prozent), Nennwert V und Endfälligkeit T_0

$$
V \left[\sum_{i=1}^{N/4} L \cdot B(t_0, t_{i\cdot 4}) + B(t_0, t_N) \right] .
$$

□

Definition 8.4:

Die *Swapyield* y_s eines Kuponswap mit Endfälligkeit T_0 ist gleich demjenigen Swaplevel L, bei dem der aktuelle Kurs (Preis) des Kuponswap Null ist.

Aus der Definition der Swapyield und (8.1) ergibt sich, dass die Swapyield y_s eines Swap mit Endfälligkeit T_0 als Kuponhöhe einer zu pari emitierten Kuponanleihe mit jährlichem Kuponsatz von y_s interpretiert werden kann. Sind die Diskontfaktoren bekannt, so berechnet sich die Swapyield y_s eines Swap mit Endfälligkeit T_0 aus den Diskontfaktoren bzw. Nullkuponkursen zu

$$
(8.2) \qquad y_s = \frac{1 - B(t_0, T_0)}{\sum\limits_{j=1}^{M} B(t_0, t_j)} ,
$$

wobei $\Delta t = t_{j+1} - t_j$ gleich der Zeitdifferenz zwischen zwei Festzinsterminen und $T_0 = t_M$ ist.

Im Unterschied zum Forward-Preis, der sich aus dem Quotienten zweier Anleihekurse berechnet, ist die Swapyield eine Funktion der Anleihekurse, deren Fälligkeiten mit den Festzinsterminen übereinstimmen, d.h. in stärkerem Maße abhängig von der Zinsstrukturkurve. Zur Beschreibung der Veränderung der Swapyield im Zeitverlauf genügt es somit nicht, nur die Veränderung zweier Anleihekurse zu betrachten. Umgekehrt ist im Unterschied zum Futures-Preis die Swapyield zum gegenwärtigen Zeitpunkt t_0 unabhängig vom speziellen Modell der Zinsstrukturentwicklung; sie berechnet sich aus der Diskontfunktion zum entsprechenden Zeitpunkt.

8.3. Renten- und Zinssatzoptionen

Forward, Futures und Swap sind die ersten einfachen derivativen Vertragsformen. Renten- und Zinssatzoptionen stellen weitere Vertragstypen dar, deren wesentlicher Unterschied zu den vorherigen darin besteht, daß sie ein *Recht* darstellen und nicht eine Verpflichtung. Haben die bisher betrachteten Vertragsformen noch die Eigenschaft, daß neben positiven Auszahlungen (Gewinne) auch negative (Verluste bzw. Verpflichtungen) auftreten, so besitzen die verschiedenen Optionsstypen den Charakter einer Versicherung gegenüber unerwünschten Zinsentwicklungen.

Rentenoptionen sind Optionen im Sinne von Kapitel 1, deren zugrundeliegendes Wertpapier eine Anleihe ist. Entsprechend ist wieder zwischen Europäischen und Amerikanischen Call- und Put-Optionen zu unterscheiden. Im einfachsten Fall handelt es sich bei der zugrundeliegenden Anleihe um eine Nullkuponanleihe $B(\cdot, T)$ mit Fälligkeit $T > T_0$. Das Folgende wird sich, falls nicht explizit angegeben, auf diesen Fall beschränken. Es lassen sich die wesentlichen *verteilungsunabhängigen Eigenschaften*, die für die Call- und Put-Option über Aktien gelten, übertragen.

Proposition 8.5:

Der Wert einer Europäischen Call-Option zum Zeitpunkt t_0 mit Ausübungszeitpunkt T_0 und Basispreis K über einer Nullkuponanleihe $B(t_0, T)$ mit Endfälligkeit $T > T_0$ ist beschränkt durch

$$(8.3) \qquad \begin{aligned} B(t_0, T) \quad &\geq \quad Call_e[B(t_0, T), K, t_0, T_0] \\ &\geq \quad \max\{B(t_0, T) - B(t_0, T_0) \cdot K, 0\} \, . \end{aligned}$$

Für den Wert einer sonst identischen Europäischen Put-Option gilt:

$$\begin{aligned} K \cdot B(t_0, T_0) \quad &\geq \quad Put_e[B(t_0, T), K, t_0, T_0] \\ &\geq \quad \max\{K \cdot B(t_0, T_0) - B(t_0, T), 0\} \, . \end{aligned}$$

Für den Wert einer sonst identischen Amerikanischen Put-Option gilt:

$$K \geq Put_a[B(t_0, T), K, t_0, T_0] \geq [K - B(t_0, T)]^+ \, .$$

Beweis:

Betrachte das folgende Portfolioargument:

Wert des Portfolios in $t = t_0$		Wert des Portfolios in $t = T_0$	
		$B(T_0,T) \leq K$	$B(T_0,T) > K$
kaufe Call	$+C$	0	$B(T_0,T) - K$
verkaufe $B(t_0,T)$	$-B(t_0,T)$	$-B(T_0,T)$	$-B(T_0,T)$
lege $K \cdot B(t_0,T_0)$ an	$+KB(t_0,T_0)$	K	K
Wert des Portfolios ≥ 0		≥ 0	0

Betrachte das folgende Portfolioargument:

Wert des Portfolios in $t = t_0$		Wert des Portfolios in $t = T_0$	
		$B(T_0,T) < K$	$B(T_0,T) \geq K$
kaufe Put	$+P$	$K - B(T_0,T)$	0
kaufe $B(t_0,T)$	$+B(t_0,T)$	$+B(T_0,T)$	$+B(T_0,T)$
leihe $K \cdot B(t_0,T_0)$	$-KB(t_0,T_0)$	$-K$	$-K$
Wert des Portfolios ≥ 0		0	≥ 0

$\square$

Sind zusätzlich nicht-negative Terminzinsen zu jedem Zeitpunkt $t \in [t_0, T]$ vorausgesetzt[4], so lassen sich die Bewertungsgrenzen (8.3) des Europäischen Call angeben als

$$B(t_0,T_0)[1 - K] \geq \text{Call}_e[B(t_0,T), K, t_0, T_0]$$
$$\geq \max\{B(t_0,T) - B(t_0,T_0) \cdot K, 0\} .$$

Satz 8.2:

Für den Wert einer sonst identischen Europäischen Call- und Put-Option über einer Nullkuponanleihe zum Zeitpunkt t_0 gilt

$$Put_e[B(t_0,T), K, t_0, T_0] = Call_e[B(t_0,T), K, t_0, T_0] - B(t_0,T) + K \cdot B(t_0,T_0) .$$

---

[4]Diese Annahme ist nicht unabhängig von entsprechenden Verteilungsannahmen und beispielsweise im Ho-Lee- und allgemein in Gauß-Zinsstrukturmodellen nicht erfüllt.

Beweis:

Wiederum beruht der Beweis auf einer Portfolioüberlegung

	$t = t_0$	$t = T_0$	
		$B(T_0, T) \leq K$	$B(T_0, T) > K$
kaufe Put	$+P$	$K - B(T_0, T)$	0
verkaufe Call	$-C$	0	$-(B(T_0, T) - K)$
kaufe $B(t_0, T)$	$+B(t_0, T)$	$B(T_0, T)$	$B(T_0, T)$
leihe $K \cdot B(t_0, T_0)$	$-K \cdot B(t_0, T_0)$	$-K$	$-K$
Wert des Portfolios	$= 0$	$= 0$	$= 0$

$\square$

Für den Zusammenhang zwischen Europäischen und Amerikanischen Optionen gilt darüber hinaus die Aussage des Satzes von Merton.

Satz 8.3:

Falls zu keinem Zeitpunkt negative Terminzinssätze möglich sind, so ist es nicht optimal, eine Amerikanische Call-Option vorzeitig auszuüben, d.h. die Werte einer Europäischen und einer sonst identischen Amerikanischen Call-Option über einer Nullkuponanleihe stimmen überein.

Falls negative Terminzinssätze ausgeschlossen sind, kann es optimal sein, eine Put-Option über einer Nullkuponanleihe vorzeitig auszuüben.

Beweis:

Es gilt $\forall\, t \in [t_0, T_0]$

$$\text{Call}_e\,[B(t,T), K, t, T_0] \;\geq\; \max\{B(t,T) - B(t,T_0) \cdot K, 0\}$$
$$\geq\; \max\{B(t,T) - K, 0\}\,,$$

falls $B(t, T_0) \leq 1 = $ Nennwert $\forall t$ (Annahme nicht-negativer Terminzinssätze). Andererseits ergibt sich bei vorzeitigem Ausüben die Auzahlung

$$B(t,T) - K =: \text{Innerer Wert}\,.$$

Da der Wert der Europäischen Option den Inneren Wert schon dominiert, gilt dies erst recht für die Amerikanische Option, d.h. die Option hat einen höheren Wert als der unmittelbar erzielbare Wert bei Ausübung. Folglich wird die Amerikanische Option ebenso wie die Europäische Option erst zum Zeitpunkt T_0 ausgeübt.

Zum Beweis der zweiten Aussage genügt es zu zeigen, dass es zum Zeitpunkt t einen Anleihekurs $B^*(t,T)$ gibt, zu dem ein vorzeitiges Ausüben optimal ist. Eine schwache Bedingung ist sicherlich:

$$K - B^*(t,T) > B(t,T_0) \cdot [K - B(T_0,T)] \quad \forall \, B(T_0,T) \geq 0$$

$$\Rightarrow \quad B^*(t,T) < K(1 - B(t,T_0)) \quad \text{ist hinreichend, da } B(t,T_0) < 1 \;.$$

Falls der Kurs der zugrundeliegenden längerfristigen Nullkuponanleihe $B(t,T)$ zum Zeitpunkt t kleiner ist als die Differenz zwischen dem Basispreis und dem zum Zeitpunkt $T_0 < T$ diskontierten Basispreis, ist es immer günstiger, den Inneren Wert der Put-Option für die Restlaufzeit der Option anzulegen. □

Im Unterschied zu Rentenoptionen ist das zugrundeliegende Wertpapier einer *Zinssatzoption* ein Zinssatz, z.B.ein EURIBOR-Satz, und es erfolgen Zahlungen zu mehreren Zeitpunkten. Es sind zwei Grundtypen zu unterscheiden.

Definition 8.5:
Die Definition eines *Cap* oder *Floor* setzt die folgenden Festlegungen voraus:

r_L kurzfristiger nominaler Zinssatz, z.B. EURIBOR bzw. EURIBOR plus Konstante,

$\underline{T} = \{t_1 < \cdots < t_N = T_0\}$ eine Menge von Zeitpunkten (Vertragstenor), z.B. vierteljährlich mit $t_1 > t_0$,

$L \geq 0$ vereinbartes Basislevel oder Vergleichszinssatz,

$V \geq 0$ Nennwert des Vertrages.

- Ein *Cap* ist ein Vertrag, dessen Auszahlung *zu jedem* Zeitpunkt $t_i \in \underline{T} \setminus \{t_1\}$ bestimmt ist durch die positive Differenz zwischen dem variablen Zinssatz und dem Level, bezogen auf den Nennwert, d.h.

$$V \cdot \alpha_{i-1}[r_L(t_{i-1}) - L]^+ \quad \text{mit} \quad \alpha_{i-1} := t_i - t_{i-1} \;.$$

- Ein *Floor* ist entsprechend bestimmt durch seine Auszahlung zu jedem Zeitpunkt $t_i \in \underline{T} \setminus \{t_1\}$

$$V \cdot \alpha_{i-1}[L - r_L(t_{i-1})]^+ \;.$$

Der Auszahlungsstrom eines Cap ist eine Versicherung gegen steigende, der eines Floor gegen fallende Zinssätze. Mit Bezug auf die Auszahlung eines Cap oder Floor fällt auf, dass die Höhe der Zahlung zum Zeitpunkt t_{i+1}

schon zum Zeitpunkt t_i bekannt ist, d.h. Vergleichszeitpunkt und Auszahlungszeitpunkt sind nicht identisch. Beide Verträge zahlen im nachhinein aus (*payment in arrear*). Wird wie bisher von einem reibungslosen Kapitalmarkt ausgegangen, so fallen insbesondere keine Transaktionskosten an und speziell besteht zwischen dem nominalen Zinssatz r_L und den Anleihekursen die folgende Beziehung

$$1 + \alpha_i r_L(t_i) = (1 + r_e(t_i, i_i, \alpha_i))^{\alpha_i} = D(t_i, \alpha_i)^{-1} = B(t_i, t_{i+1})^{-1} .$$

Unter dieser zusätzlichen Annahme lässt sich der Wert zum Zeitpunkt t_i der Auszahlung des Cap zum Zeitpunkt t_{i+1} formulieren als

$$
\begin{aligned}
& B(t_i, t_{i+1}) \cdot V \cdot \alpha_i \cdot [r_L(t_i) - L]^+ \\
= \ & V \cdot \left[\frac{1 + \alpha_i \cdot r_L(t_i)}{1 + \alpha_i \cdot r_L(t_i)} - (1 + \alpha_i \cdot L) \cdot B(t_i, t_{i+1}) \right]^+ \\
= \ & V \cdot (1 + \alpha_i \cdot L) \cdot \left[\frac{1}{1 + \alpha_i \cdot L} - B(t_i, t_{i+1}) \right]^+ ,
\end{aligned}
$$

d.h. die Auszahlung eines Cap zum Zeitpunkt t_{i+1} ist gleich derjenigen aus $V \cdot (1 + \alpha_i \cdot L)$ Europäischen Put-Optionen mit Ausübungszeitpunkt t_i und Basispreis $\frac{1}{1+\alpha_i \cdot L}$ über einer Nullkuponanleihe mit Endfälligkeit t_{i+1}. Dies begründet den Zusammenhang zwischen Zinssatz- und Rentenoptionen.

Satz 8.4:

Unter der Annahme eines reibungslosen Kapitalmarktes ist die Auszahlung eines Cap mit Level L, Nennwert V, Vergleichszeitpunkten $\underline{T} = \{t_1 < \ldots < t_{N-1}\}$ und $\alpha_i = t_{i+1} - t_i$ über dem nominalen Zinssatz r_L gleich der eines Portfolios aus Europäischen Put-Optionen über Nullkuponanleihen:

$$Cap\ [r_L, L, V, \underline{T}] = V \sum_{i=1}^{N-1} (1 + \alpha_i \cdot L)\ Put_e[B(t_0, t_{i+1}), \frac{1}{1 + \alpha_i \cdot L}, t_0, t_i].$$

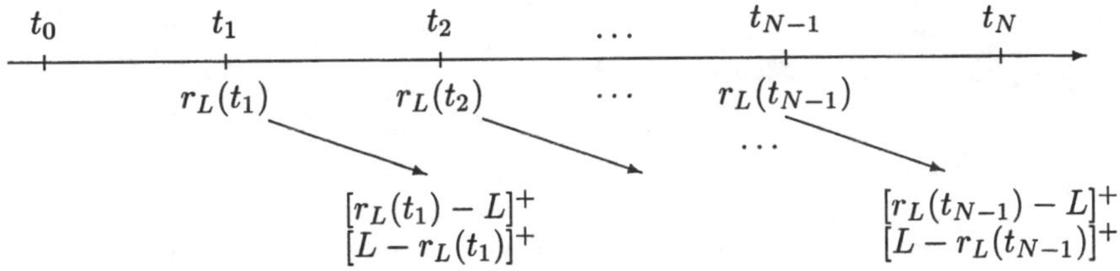

ABBILDUNG 8.2. Auszahlung eines Cap bzw. Floor.

Ebenso ist die Auszahlung eines sonst identischen Floor gleich der eines Port-
folios aus Europäischen Call-Optionen über Nullkuponanleihen

$$Floor\,[r_L, L, V, \underline{T}] = V \sum_{i=1}^{N-1} (1 + \alpha_i \cdot L)\ Call_e[B(t_0, t_{i+1}), \frac{1}{1 + \alpha_i \cdot L}, t_0, t_i] \ .$$

Aus dem engen Zusammenhang[5] zwischen Renten- und Zinssatzoptionen
leiten sich unmittelbar Bewertungsgrenzen für den Cap und Floor her. Die
wichtigsten verteilungsunabhängigen Wertgrenzen beider Verträge lauten:

Proposition 8.6:

Ist $\underline{T} = \{t_1 < t_2 < \ldots < t_{N-1}\}$ die Menge der äquidistanten Vergleichszeit-
punkte $(\alpha_i = \alpha \forall i)$ eines Cap bzw. Floor mit Basislevel L und Nennwert V
bezüglich des nominalen Zinssatzes r_L, so gilt für den arbitragefreien Preis
eines Cap zum Zeitpunkt t_0

$$(8.4) \qquad V \cdot \max \left\{ 0, B(t_0, t_1) - B(t_0, t_N) - \alpha \cdot L \sum_{i=2}^{N} B(t_0, t_i) \right\}$$
$$\leq\ Cap[r_L, L, V, \underline{T}]\ \leq\ V[B(t_0, t_1) - B(t_0, t_N)]\ .$$

Nimmt darüber hinaus $r_L(t)$ keine negativen Werte an, so gilt für den Floor

$$(8.5) \qquad 0\ \leq\ Floor[r_L, L, V, \underline{T}]\ \leq\ V \cdot \alpha \cdot L \sum_{i=2}^{N} B(t_0, t_i)\ .$$

Weiter ist die Differenz der Arbitragepreise eines Cap oder Floor mit Basis-
level $L_1 < L_2$ beschränkt durch:

(8.6)

$$Cap[r_L, L_1, V, \underline{T}] - Cap[r_L, L_2, V, \underline{T}]\ \leq\ V \cdot \alpha \cdot (L_2 - L_1) \sum_{i=2}^{N} B(t_0, t_i)\ ,$$

(8.7)

$$Floor[r_L, L_2, V, \underline{T}] - Floor[r_L, L_1, V, \underline{T}]\ \leq\ V \cdot \alpha \cdot (L_2 - L_1) \sum_{i=2}^{N} B(t_0, t_i)\ .$$

---

[5]Dieser enge Zusammenhang zwischen Rentenoptionen und Caps und Floors kann
im Falle der Positionsbewertung eines gesamten Optionsbuches problematisch sein, da
insbesondere beide Verträge innerhalb eines Modellrahmens betrachtet werden müssen.

Beweis:

Die Auszahlung der Differenz zweier Cap Verträge mit Basislevel $L_1 < L_2$ ist zu jedem Auszahlungszeitpunkt t_i, $i = 2, \ldots, N$ gleich

$$V \cdot \alpha \cdot [r_L(t_{i-1}) - L_1]^+ - V \cdot \alpha \cdot [r_L(t_{i-1}) - L_2]^+ \leq V \cdot \alpha \cdot (L_2 - L_1) \, .$$

Der Barwert dieser Differenz wird somit durch

$$B(t_0, t_i) \cdot V \cdot \alpha \cdot (L_2 - L_1)$$

nach oben beschränkt. Aggregation über alle Auszahlungszeitpunkte ergibt unmittelbar die Behauptung (8.6). Analog ist die Auszahlung der Differenz zweier Floor Verträge zum Zeitpunkt t_i, $i = 2, \ldots, N$ beschränkt durch

$$V \cdot \alpha \cdot [L_2 - r_L(t_{i-1})]^+ - V \cdot \alpha \cdot [L_1 - r_L(t_{i-1})]^+ \leq V \cdot \alpha \cdot (L_2 - L_1) \, ,$$

woraus (8.7) folgt. Insbesondere ist für $L_1 = 0$ die Gleichung (8.5) erfüllt, falls $r_L(t)$ keine negativen Werte annimmt.

Die Auszahlung eines Cap mit Basislevel $L = 0$ ist zu jedem Zeitpunkt t_i, $i = 2, \ldots, N$ gleich $V \cdot \alpha \cdot r_L(t_{i-1})$. Da zum Zeitpunkt t_1 keine Zahlung erfolgt, kann diese Auszahlung durch eine Anlage mit Nennwert $V \cdot B(t_0, t_1)$ zum Zinssatz $r_L(t_0)$ bis zum Zeitpunkt t_1 und einer Kreditaufnahme in Höhe von $V \cdot B(t_0, t_N)$ bis zum Zeitpunkt t_N dupliziert werden. Zu allen Zeitpunkten t_i, $i = 1, \ldots, N - 1$ wird jeweils der Betrag V für eine weitere Periode zum Zinssatz $r_L(t_i)$ angelegt. Die Zinserträge entsprechen dann der Auszahlung eines Cap mit Basislevel $L = 0$. Zum Zeitpunkt t_N genügt der Nennwert der Anlage zur Tilgung des Kredits. Der Wert des Cap mit Basislevel $L = 0$ ist unter Ausschluß von Arbitrage gleich $V (B(t_0, t_1) - B(t_0, t_N))$. Da der Wert eines Cap monoton fällt im Basislevel, gilt somit

$$V (B(t_0, t_1) - B(t_0, t_N)) = \mathrm{Cap}[r_L, 0, V, \underline{T}] \geq \mathrm{Cap}[r_L, L, V, \underline{T}] \quad \forall \, L \geq 0 \, .$$

Die untere Kursschranke des Cap folgt nun unmittelbar aus der schon bewiesenen Gleichung (8.6) für $L_1 = 0$

$$\mathrm{Cap}[r_L, 0, V, \underline{T}] - \mathrm{Cap}[r_L, L, V, \underline{T}] \leq V \cdot \alpha \cdot L \sum_{i=2}^{N} B(t_0, t_i)$$

$$\Leftrightarrow \quad \mathrm{Cap}[r_L, L, V, \underline{T}] \geq V \left(B(t_0, t_1) - B(t_0, t_N) - \alpha \cdot L \sum_{i=2}^{N} B(t_0, t_i) \right)$$

und der nicht-negativen Auszahlung eines Cap. $\qquad\qquad\square$

Die Konvexität des Arbitragepreises einer Call- und Put-Option im Basispreis K überträgt sich für den Cap und Floor auf das Basislevel L.

Proposition 8.7:

Cap und Floor-Verträge sind konvexe Funktionen des Basislevels. Für $L_1 < L_2 < L_3$ gilt

$$Cap[r_L, L_2, V, \underline{T}] \leq \frac{L_3 - L_2}{L_3 - L_1} Cap[r_L, L_1, V, \underline{T}] + \frac{L_2 - L_1}{L_3 - L_1} Cap[r_L, L_3, V, \underline{T}] \ ,$$

$$Floor[r_L, L_2, V, \underline{T}] \leq \frac{L_3 - L_2}{L_3 - L_1} Floor[r_L, L_1, V, \underline{T}] + \frac{L_2 - L_1}{L_3 - L_1} Floor[r_L, L_3, V, \underline{T}].$$

Beweis:

Sei $L_2 = \beta L_1 + (1 - \beta)L_3$ mit $\beta \in [0, 1]$ das Basislevel eines Cap. Aus

$$
\begin{aligned}
[r_L(t_{i-1}) - L_2]^+ &= [r_L(t_{i-1}) - (\beta L_1 + (1 - \beta)L_3)]^+ \\
&\leq \beta[r_L(t_{i-1}) - L_1]^+ + (1 - \beta)[r_L(t_{i-1}) - L_3]^+
\end{aligned}
$$

für alle $i = 2, \dots, N$ folgt

$$\text{Cap}[r_L, L_2, V, \underline{T}] \leq \beta \text{Cap}[r_L, L_1, V, \underline{T}] + (1 - \beta)\text{Cap}[r_L, L_3, V, \underline{T}] \ ,$$

d.h. die Konvexität des Cap im Basislevel. Analog gilt für die Auszahlung des Floor mit Basislevel L_2 zu jedem Zeitpunkt t_i, $i = 2, \dots, N$

$$
\begin{aligned}
[L_2 - r_L(t_{i-1})]^+ &= [\beta L_1 + (1 - \beta)L_3 - r_L(t_{i-1})]^+ \\
&\leq \beta[L_1 - r_L(t_{i-1})]^+ + (1 - \beta)[L_3 - r_L(t_{i-1})]^+ \ ,
\end{aligned}
$$

d.h. auch der Arbitragepreis des Floor ist konvex im Basispreis. Wird speziell für $L_1 < L_2 < L_3$ der Parameter $\beta := \frac{L_3 - L_2}{L_3 - L_1}$ gesetzt, so gilt

$$\beta \in [0, 1] \ , \quad \beta \cdot L_1 + (1 - \beta)L_3 = L_2 \quad \text{und} \quad 1 - \beta = \frac{L_2 - L_1}{L_3 - L_1} \ .$$

$\square$

Analog zur Put-Call-Parität gilt für Caps und Floors die sogenannte *Cap-Floor-Parität*. Wurde im Fall der Put-Call-Parität die Differenz beider Optionsverträge durch den Forward bestimmt, so zeigt sich, dass hier der Kuponswap die entsprechende Position einnimmt. Das Argument ist jedoch nicht direkt anwendbar, da der standardisierte Kuponswap die feste Zahlung jährlich, hingegen die variable Zahlung vierteljährlich bzw. halbjährlich festlegt.

Satz 8.5:

Seien r_L ein nominaler variabler Zinssatz, L ein Basislevel, V der Nennwert und $\underline{T} = \{t_1 < \ldots < t_{N-1}\}$ die Menge der äquidistanten Vergleichszeitpunkte mit $\alpha = t_{i+1} - t_i$. Falls ein Payer Swap mit fester und variabler Zahlung zu allen Zeitpunkten $t \in \{\underline{T} \setminus (t_1)\} \cup \{t_N\}$ existiert, so gilt

$$Cap\,[r_L, L, V, \underline{T}] = Floor\,[r_L, L, V, \underline{T}] + Swap\,[r_L, L, V, \underline{T}] \;.$$

Unter der Annahme eines reibungslosen Kapitalmarktes existiert eine Portfoliostrategie, die nur zum Zeitpunkt t_0 Kosten in Höhe

$$C[r_L, L, V, \underline{T}] := V \cdot \left(B(t_0, t_1) - B(t_0, t_N) - \alpha \cdot L \sum_{i=2}^{N} B(t_0, t_i) \right)$$

verursacht und deren Auszahlung die folgende Parität begründet

$$Cap\,[r_L, L, V, \underline{T}] = Floor\,[r_L, L, V, \underline{T}] + C[r_L, L, V, \underline{T}] \;.$$

Beweis:

Aus dem Kauf eines Cap und dem gleichzeitigen Verkauf eines sonst identischen Floor ergibt sich zu jedem Zeitpunkt $t_i \in \{t_2 < t_3 < \ldots < t_{N-1} < t_N = T_0\}$ die Auszahlung

$$V \cdot \alpha [r_L(t_{i-1}) - L]^+ - V \cdot \alpha [L - r_L(t_{i-1})]^+ = V \cdot \alpha (r_L(t_{i-1}) - L).$$

Dies entspricht jedoch exakt der Auszahlung eines Payer Swap mit den geforderten Vertragseigenschaften. Es genügt nun, eine selbstfinanzierende Portfoliostrategie zu bestimmen, deren Auszahlung zu jedem Zeitpunkt $t_i \in \{t_2 < t_3 < \ldots < t_{N-1} < t_N\}$ gleich $V \cdot \alpha\,[r_L(t_{i-1}) - L]$ ist.

Zeitpunkt t_0

Verkaufe   je $V \cdot \alpha \cdot L$ Nullkuponanleihen mit Nennwert 1 und Endfälligkeiten $t_i \in \{t_2 < t_3 < \ldots < t_N\}$,

verkaufe V Nullkuponanleihen mit Nennwert 1 und Fälligkeit t_N,

kaufe   für den Betrag $V \cdot B(t_0, t_1)$ Nullkuponanleihen mit Fälligkeit t_1.

Zeitpunkt t_1

Kaufe   für den Betrag V Nullkuponanleihen mit Fälligkeit t_2.

Zeitpunkt t_2

Erhalte $V \cdot (1 + \alpha \cdot r_L(t_1))$ aus den zum Zeitpunkt t_1 erworbenen Nullkuponanleihen, zahle $V \cdot L \cdot \alpha$, den Nennwert der in t_0 verkauften Nullkuponanleihen mit Fälligkeit t_N zurück,

kaufe für den Betrag V Nullkuponanleihen mit Fälligkeit t_3.

⋮

Zeitpunkt t_N

Erhalte $V \cdot (1 + \alpha \cdot r_L(t_{N-1}))$ aus den zum Zeitpunkt t_{N-1} erworbenen Nullkuponanleihen,

zahle $V \cdot L \cdot \alpha$, den Nennwert der in t_0 verkauften Nullkuponanleihen mit Fälligkeit t_N zurück,

zahle V, den Nennwert der zum Zeitpunkt t_0 zusätzlich verkauften Nullkuponanleihen mit Fälligkeit t_N zurück.

□

Unter einer *Swaption* im Zinsbereich wird das Recht verstanden, einen zugrundeliegenden Kuponswap zu einem zukünftigen Zeitpunkt zu erwerben. Entsprechend der Unterscheidung zwischen Payer und Receiver Swap ist zu unterscheiden zwischen einer *Payer* und *Receiver Swaption*. Eine Payer Swaption stellt das Recht des Käufers dar, zu einem zukünftigen Zeitpunkt einen Payer Swap mit fest vereinbartem Swaplevel und vorgegebenen Zahlungs- und Vergleichszeitpunkten vom Käufer zu erhalten. Im Unterschied zum Cap und Floor wird bei Ausübung dieses Rechtes durch den Käufer jedoch nicht ein neues Vertragsverhältnis begründet (eben ein Payer Swap), sondern es erfolgt ein monetärer Ausgleich, d.h. das *Cash Delivery*-Verfahren wird statt der *Physical Delivery* durchgeführt. Zwei wesentliche Vorteile des Cash Delivery sind, dass der Verkäufer zum einen nicht gezwungen ist, einen gegebenenfalls illiquiden oder sogar am Markt nicht verfügbaren Swap zu liefern (es handelt sich um außerbörsliche Verpflichtungen), zum zweiten wird das Bonitätsrisiko eingegrenzt, da die zu liefernden Swap-Verträge mittel- bis langfristige Laufzeiten aufweisen. Die Höhe der geldwerten Ausgleichszahlung, die der Käufer der Swaption bei Ausübung seines Rechtes erhält, ergibt sich aus der – bezogen auf den Nennwert – diskontierten Differenz zwischen der zum Ausübungszeitpunkt vorhandenen Swapyield $y_s(t_j)$ und dem bei Vertragsabschluss vereinbarten Swaplevel L der Swaption. Im Fall einer Payer Swaption mit einem Swaplevel L, Ausübungszeitpunkt t_j und Nennwert V ist diese bestimmt durch

$$(8.8) \qquad V \cdot \sum_{i=j+1}^{N} B(t_j, t_i) \max\{y_s(t_j) - L, 0\} \,,$$

wobei $y_s(t_j)$ die Swapyield zum Zeitpunkt t_j eines Swap mit Endfälligkeit $t_N > t_j$ und festen jährlichen Zinszahlungen zu den Zeitpunkten $t_{j+1}, \dots, t_N$ ist.[6]

Unter Berücksichtigung der Beziehung (8.2) (S. 306) zwischen der Swapyield und den Anleihekursen lässt sich dies umformen zu:

$$(8.9) \quad V \cdot \sum_{i=j+1}^{N} B(t_j, t_i) \cdot \max \left\{ \frac{1 - B(t_j, t_N)}{\sum\limits_{k=j+1}^{N} B(t_j, t_k)} - L, 0 \right\}$$

$$= \quad V \cdot \max \left\{ 1 - B(t_j, t_N) - L \sum_{k=j+1}^{N} B(t_j, t_k), 0 \right\}$$

$$= \quad \max \left\{ V - V \left(\sum_{k=j+1}^{N} L \cdot B(t_j, t_k) + B(t_j, t_N) \right), 0 \right\} \,,$$

Die Auszahlung einer Payer Swaption mit Swaplevel L entspricht somit derjenigen einer Europäischen Put-Option mit Ausübungspreis V über einer Kuponanleihe mit Kupon L und Nennwert V. Analog lässt sich zeigen, dass eine Receiver Swaption einer Europäischen Call-Option bezüglich einer Kuponanleihe entspricht. Zusammenfassend stellen die genannten Vertragsformen Rentenoption, Cap, Floor und Swaption Versicherungen gegen das Zinsänderungsrisiko dar, d.h. gegenüber Veränderungen der Zinsentwicklung bezüglich verschiedener Fristigkeiten.

Bedingt durch die lange Vertragslaufzeit eines Cap und Floor sind die mit ihnen verbundenen Prämien nicht unerheblich. Eine Möglichkeit, diese Prämien zu begrenzen, stellt eine Kombination bestehend aus einem Cap und Floor dar, der sogenannte *Collar*. Der Collar lässt sich auffassen als Erwerb

---

[6]Die Swapyield und der zugrundeliegende Swap beziehen sich auf eine jährliche feste Zinszahlung in Höhe $L \cdot V$. Dies stellt den allgemein üblichen Fall dar und wurde in den Gleichungen (8.8) und (8.9) angenommen. Falls die Swapyield und das Level sich auf eine andere Zinsbindungsfrist ($\alpha \neq 1$) beziehen, so müssen die entsprechenden Gleichungen angepasst werden.

eines Cap mit Basislevel L_C und dem gleichzeitigen Verkauf eines sonst identischen Floor mit Basislevel $L_F < L_C$. Zu jedem Auszahlungszeitpunkt t_i ergibt sich die Auszahlung aus Sicht des Halters aus

$$V \cdot (t_i - t_{i-1}) \cdot (\max\{r_L(t_{i-1}) - L_C, 0\} - \max\{L_F - r_L(t_{i-1}), 0\}) \ .$$

Die Versicherung gegenüber steigenden Zinsen wird teilweise mit einer Verpflichtung bei fallenden Zinsen abgegolten. Stimmen die beiden Level überein, d.h. $L_C = L_F$, so entspricht der Collar einem Payer Swap mit gleichzeitigem Austausch von variabler und fester Zinszahlung und erstem Zinsvergleich zum Zeitpunkt t_1. Für die Basislevel

$$L_C = L_F = \frac{B(t_0, t_1) - B(t_0, t_N)}{\alpha \sum_{i=2}^{N} B(t_0, t_i)}$$

ist der Wert des Collar gleich Null, wobei t_N die Endfälligkeit und $t_2, \dots, t_N$ die Zahlungszeitpunkte mit $\alpha = t_{i+1} - t_i$ darstellen.

Weiterführende Literatur

Die in diesem Kapitel eingeführte Begriffsbildung und Notation orientiert sich an der Darstellung in Ingersoll jr. (1987) (Chapter 18). Die wesentlichen und wichtigen Aussagen zum Unterschied zwischen Forward und Futures stammen von Cox, Ingersoll jr. und Ross (1981b). Wie Satz 8.1, S. 300, und Proposition 8.2, S. 302 zeigen, ist dieser Unterschied auf denjenigen zwischen einer (langfristigen) Rendite und der zeitlichen Entwicklung des kurzfristigen Zinssatzes zurückzuführen. Liegt eine deterministische Entwicklung der Zinsstruktur vor, so hebt sich dieser auf. Der Unterschied zwischen einem Forward oder Futures bleibt insofern auch bestehen, falls das zugrundeliegende Wertpapier eine Aktie, eine Devise oder ein Zinssatz ist. Beispiele zu den verschiedenen Verträgen finden sich in vielen Lehrbüchern. Stellvertretend sei hier nur auf die umfassenden Lehrbücher von Luenberger (1998), Hull (1997), Grabbe (1996) und Sercu und Uppal (1995) hingewiesen. Bühler (1988) leitet u.a. die verteilungsunabhängigen Bewertungsgrenzen für Rentenoptionen bezüglich Kupon- und Nullkuponanleihen her. Zu (Financial) Swaps findet sich eine weiterführende Darstellung in Nabben (1990) und in Ohl (1994). Verteilungsunabhängige Bewertungsgrenzen zu Caps und Floors werden u.a. in Sandmann und Sondermann (1990) hergeleitet.

Übungsaufgaben

Aufgabe 8.1:

Ein Investor besitzt heute $(t_0 = 0)$ Nullkuponanleihen mit einer aktuellen effektiven Rendite von $6,25\%$ im Nennwert von DM 100.000 und einer Fälligkeit zum Zeitpunkt $T = 3$ Jahre. Er beabsichtigt, diese zum Zeitpunkt $T_0 = 2$ Jahre zu verkaufen, möchte jedoch eine effektive Mindestrendite von 6% bis zum Zeitpunkt T_0 erzielen.

a) Geben Sie einen geeigneten Vertrag an, der diesen Zielen gerecht wird.

b) Nehmen Sie an, dass dieser Vertrag zusätzlich zur vorzeitigen Ausübung berechtigt. Zum Zeitpunkt $t = 1$ Jahr mit $t_0 < t < T_0$ ist die effektive Rendite einer Nullkuponanleihe mit Fälligkeit in T_0 auf $8,5\%$ gestiegen. Unter welchen Bedingungen sollte der Investor spätestens das Recht der vorzeitigen Ausübung nutzen?

Aufgabe 8.2:

Ein Investor erwirbt eine zu pari emitierte fünfjährige Kuponanleihe mit einem jährlichen Kupon von 6% und Nennwert von DM 100.000. Nach der ersten Kuponzahlung soll die Anleihe wieder verkauft werden, wobei jedoch eine effektive Mindestrendite von $5,75\%$ und eine Maximalrendite von 7% garantiert werden sollen. Zeigen Sie, dass dies durch eine Kombination aus Optionen erreicht werden kann.

Aufgabe 8.3:

Ein Unternehmen nimmt einen fünfjährigen Kredit über DM 5 Mio. zum 6-Monats-EURIBOR plus $0,125\%$ auf. Die Zinsobergrenze soll jedoch $9,5\%$ betragen. Im Fall sinkender Zinsen ist das Unternehmen bereit, mindestens 8% zu zahlen, selbst wenn der EURIBOR noch weiter sinken sollte. Geben Sie eine geeignete Vertragskombination an, und berechnen Sie die möglichen Zinsaufwendungen des Unternehmens, wobei von standardisierten Monaten mit 30 Tagen ausgegangen werden darf.

Aufgabe 8.4:

a) Ein Unternehmen beabsichtigt, einen Cap mit Laufzeit fünf Jahren, Nennwert 10 Mio., jährlichem Zinsvergleich und Basislevel $L_1 = 5,5\%$ zu kaufen und einen sonst identischen Cap mit Basislevel $L_2 = 6\%$ zu verkaufen. Welchen Preis ist es maximal bereit, für dieses Portfolio zu zahlen, falls die Swapyield für fünf Jahre 5, 75%, der Kurs einer fünfjährigen Anleihe 77% und der einer einjährigen 96% beträgt?

b) Auf Nachfrage werden einem Unternehmen die aktuellen Preise für drei bis auf den Basispreis identischen Floorverträge genannt. Bezogen auf den Nennwert von DM 1 Mio. betragen die Prämien 10.100 (Level = 6, 75%), 11.200 (Level = 7, 25%) und 11.600 (Level = 7, 5%). Welche Schlussfolgerung sollte das Unternehmen hieraus ziehen?

Aufgabe 8.5:

Betrachten Sie einen standardisierten Zinsswap mit einer vierteljährlichen variablen Zinszahlung gegen eine jährliche feste Zinszahlung. Die Swapyield sei 4, 5% für einen einjährigen Swap, 5% für einen zweijährigen und 5, 5% für einen dreijährigen Swap. Bestimmen Sie den resultierenden nominalen Kassazinssatz für ein Jahr und die beiden nominalen Terminzinssätze vom ersten auf das zweite und vom zweiten auf das dritte Jahr. Nehmen Sie an, dass keine Transaktionskosten anfallen.

Aufgabe 8.6:

Betrachten Sie einen einjährigen Cap mit vierteljährlichem Vergleich, Nennwert von DM 15 Mio. und Caplevel von 4% p.a. Die Entwicklung des nominalen vierteljährlichen Zinssatzes p.a. sei deterministisch und gegeben durch:

$$3, 75\% \quad \text{aktueller Vierteljahressatz p.a.,}$$
$$4, 15\% \quad \text{Vierteljahressatz p.a. in 3 Monaten,}$$
$$3, 95\% \quad \text{Vierteljahressatz p.a. in 6 Monaten,}$$
$$4, 25\% \quad \text{Vierteljahressatz p.a. in 9 Monaten.}$$

a) Bestimmen Sie den Auszahlungsstrom des Cap und seine Prämie zum Zeitpunkt t_0, wobei von standardisierten Monaten mit jeweils 30 Tagen ausgegangen werden kann.

b) Das Swaplevel eines einjährigen standardisierten Kuponswap (vierteljährlich variabel gegen jährlich fest) betrage 4%. Handelt es sich hierbei um eine mit den obigen Zinsrealisationen übereinstimmende Quotierung? Geben Sie gegebenenfalls eine Arbitragemöglichkeit an.

Aufgabe 8.7:

Zeigen Sie, dass eine Receiver Swaption mit nicht unbedingt jährlichen Festzinsterminen einer Europäischen Call-Option über einer Kuponanleihe entspricht.

KAPITEL 9

Diskrete Zinsstrukturmodelle

Ziel dieses Kapitels ist es, zwei konkrete Zinsstrukturmodelle, das Modell von Ho und Lee (1986) und ein diskretes Modell von Sandmann und Sondermann (1990) und (1993), zu diskutieren. Darüber hinaus soll die algorithmische Bewertung von Zinsderivaten wie Caps, Floors und Rentenoptionen hergeleitet werden.

Von der historischen Entwicklung aus gesehen orientiert sich die Formulierung der Zinsstrukturmodelle an der Notwendigkeit der Bewertung unterschiedlicher Optionsformen (Rentenoptionen über Kupon- und Nullkuponanleihen, Zinssatzoptionen, Swaptions, etc.) in einem konsistenten Rahmen, d.h. einheitlich und unter Ausschluss von Arbitragemöglichkeiten. Die Bewertung und Absicherung steht zunächst im Mittelpunkt des Interesses. Die Eigenschaften der entsprechenden Modelle bilden erst in zweiter Linie den Arbeitsschwerpunkt.

Das Modell von Ho und Lee ist das erste Modell der Arbitragetheorie zur Entwicklung der Zinsstruktur. Es handelt sich im Gegensatz zu den älteren Gleichgewichtsmodellen (Vasicek (1977), Cox, Ingersoll jr. und Ross (1985a) und (1985b) und Brenner und Schwartz (1982)) um ein relatives Bewertungsmodell. Konkret bedeutet dies, dass die initial beobachtete Kurve der Anleihenkurse in die Modellstruktur aufgenommen und die Entwicklung der Zinsstrukturkurve relativ zu dieser aufgebaut wird. Insofern beseitigt dieser Ansatz zwei wesentliche Nachteile, die mit dem traditionellen Ansatz aus der Sicht des Financial Engineering verbunden sind: Zum einen die Abhängigkeit von nicht unmittelbar am Markt beobachtbaren Parametern (z.B. Risikoaversion), und zum anderen die Differenz zwischen der endogen berechneten aktuellen Zinsstrukturkurve und der zum Initialzeitpunkt tatsächlich vorliegenden Zinsstrukturkurve. Die Grundidee der beiden zu betrachtenden

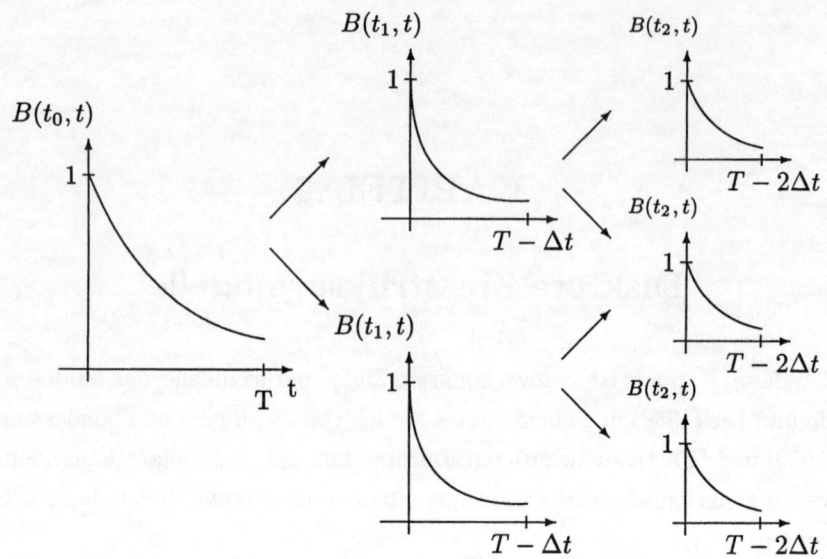

ABBILDUNG 9.1. Binomialmodell der Anleihenkurse.

Zinsstrukturmodelle ist einfach. Ausgangspunkt ist die "beobachtbare" Kurskurve der Nullkuponanleihen, d.h.

$$B(t_0, \cdot) : \underline{T} \longrightarrow \mathbb{R}_{\geq 0} \quad \text{bzw.} \quad B(t_0, \cdot) : [0, T] \longrightarrow \mathbb{R}_{\geq 0} .$$

Beide Modelle nehmen an, dass sich diese Kurve bei gegebener diskreter Zeitstruktur $\underline{T}$ im Rahmen eines pfadunabhängigen Binomialmodells verändert.
Abbildung 9.1 erinnert an die Modellierung des Aktienkurses im Binomialmodell (Cox, Ross und Rubinstein (1979b) bzw. Rendleman und Bartter
(1979)). Ein erster Unterschied besteht jedoch darin, dass es sich nicht um
ein Wertpapier handelt, sondern die simultane Änderung einer Vielzahl von
Kursen. Daneben verkürzt sich die Anzahl der Kurse in jedem Schritt um
eins, d.h. nach N Perioden ist das Modell beendet; die Nullkuponanleihe mit
der ursprünglich längsten Laufzeit $T = N \cdot \Delta t$ hat die Endfälligkeit erreicht.

Die zu beantwortende Kernfrage betrifft die Modellierung des Übergangsverhaltens der Kurskurve vom Zeitpunkt t auf den Zeitpunkt $t + \alpha t$. Diese
Frage lässt sich in zwei Teilaspekte zerlegen:

• Welche grundsätzliche Beziehung besteht zwischen den "heutigen"
  Kursen und den möglichen Kursen des Folgezeitpunktes?

- Welche formale Parametrisierung ermöglicht eine mit der grundsätzlichen Beziehung in Einklang zu bringende Beschreibung des Übergangsverhaltens?

Die Beantwortung der ersten Frage ist weitestgehend modellunabhängig. Sie basiert wesentlich auf der Arbitragefreiheit und ist eng verbunden mit der Diskussion von Erwartungswerthypothesen. Die Antwort zur zweiten Fragestellung ist modellabhängig und für die beiden Modelle verschieden.

9.1. Diskretes Beispiel

Ausgangspunkt ist ein äquidistantes 3-Perioden-Modell mit der Menge der Handelszeitpunkte $\underline{T} = \{t_0 < t_1 < t_2 < t_3\}$ und $\alpha t = 1$. Der Prozess des periodischen Zinssatzes wird zur Vereinfachung mit $\{r(t_i)\}_{i=0,1,2}^{2}$ bezeichnet. Zum Zeitpunkt t_0 sind die folgenden Marktdaten gegeben:

$$
\begin{array}{rclclcl}
 & B(t_0, t_1) & = & (1,08)^{-1} & \Rightarrow & r_0 := r(t_0) & = & 8\% \\
R_0 := & B(t_0, t_2) & = & 0,85244 & \Rightarrow & y_e(t_0, t_2 - t_0) & = & 8,31\% \\
B_0 := & B(t_0, t_3) & = & 0,78030 & \Rightarrow & y_e(t_0, t_3 - t_0) & = & 8,62\% \ .
\end{array}
$$

Für den Prozess des periodischen Zinssatzes wird der in Abbildung 9.2 angegebene pfadunabhängige Binomialprozess angenommen, d.h.

$$\Omega = \{\omega_1, \omega_2, \omega_3, \omega_4\} = \{\{up, up\}, \{up, down\}, \{down, up\}, \{down, down\}\} \, ,$$

$$\mathcal{F}_{t_0} = \{\emptyset, \Omega\}, \quad \mathcal{F}_{t_1} = \{\emptyset, \Omega, \{\omega_1, \omega_2\}, \{\omega_3, \omega_4\}\} \, ,$$

$$\mathcal{F}_{t_2} = \mathcal{P}(\Omega) = \text{Potenzmenge von } \Omega.$$

Gegeben diese Struktur, stellt sich die Frage, welche Kursprozesse sich unter der Annahme der Arbitragefreiheit im Rahmen des Beispiels ergeben. Hierzu wird von einer Situation ohne Bonitätsrisiko ausgegangen, d.h.

$$B(t_2, t_2) = 1 \quad \forall A \in \mathcal{F}_{t_2} \, , \quad B(t_3, t_3) = 1 \quad \forall A \in \mathcal{F}_{t_3} \text{ mit } P[A] > 0 \ .$$

Insbesondere ist der Kurs einer Anleihe unmittelbar, d.h. eine Periode vor ihrer Endfälligkeit, durch den entsprechenden periodischen Zins bestimmt. Zur besseren Übersichtlichkeit sei die Nullkuponanleihe $B(\cdot, t_2)$ (Endfälligkeit t_2) mit R notiert und entsprechend mit B diejenige mit Endfälligkeit t_3. Die Frage ist nun, welche Kurse sich für die 3-Perioden-Anleihe zum Zeitpunkt t_1 ergeben. Hierzu wird von einer zufällig gewählten Übergangswahrscheinlichkeit $p = \frac{1}{2}$ (wie in Abbildung 9.2 dargestellt) ausgegangen. Gegeben diese

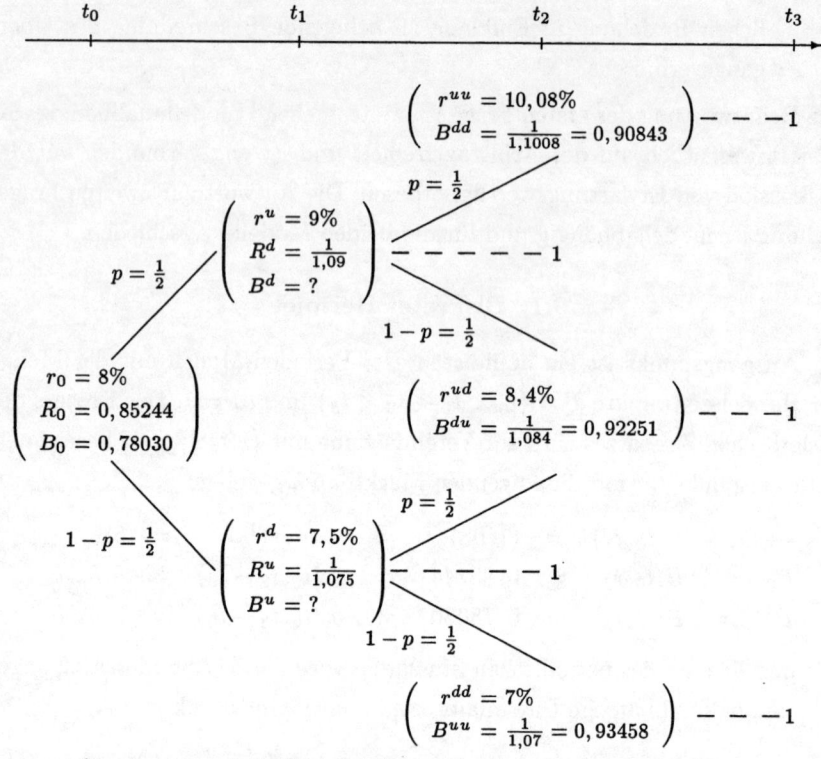

ABBILDUNG 9.2. Binomialprozess der Zinsstruktur (Beispiel).

Übergangswahrscheinlichkeit, läßt sich eine normierte Risikoprämie, die sogenannte *"excess return per unit risk"*, für die Nullkuponanleihe R definieren.

$$(9.1) \quad \lambda(t_1; r(t_0), R(t_0), p) := \frac{E_p\left[\frac{R(t_1) - R(t_0)}{R(t_0)} \mid R(t_0)\right] - r(t_0)}{\sqrt{V_p\left[\frac{R(t_1) - R(t_0)}{R(t_0)} \mid R(t_0)\right]}}$$

$$\lambda\left(t_1; r(t_0), R(t_0), p = \frac{1}{2}\right) = \frac{\left[\frac{0,5}{1,09} + \frac{0,5}{1,075}\right] - 1,08 \cdot R(t_0)}{\frac{1}{2}\left[\frac{1}{1,075} - \frac{1}{1,09}\right]} = 0,5$$

Der nicht risikonormierte Überschussertrag ergibt sich hieraus zu:

$$E_{p=\frac{1}{2}} \left[\frac{R(t_1)}{R(t_0)} \,\middle|\, R(t_0) \right] - (1 + r(t_0))$$

$$= \; \lambda \left(t_1; r(t_0), R(t_0), p = \frac{1}{2} \right) \cdot \sqrt{V_{p=\frac{1}{2}} \left[\frac{R(t_1)}{R(t_0)} \,\middle|\, R(t_0) \right]} = 0,38\% \; .$$

Wird sich für den Augenblick auf die erste Teilperiode $[t_0, t_1]$ konzentriert, so lassen sich aus der Vollständigkeit des beschriebenen Finanzmarktmodells die Preise der Zustandswertpapiere für die erste Teilperiode eindeutig bestimmen. Gesucht ist ein Portfolio (ϕ_1, ϕ_2) mit

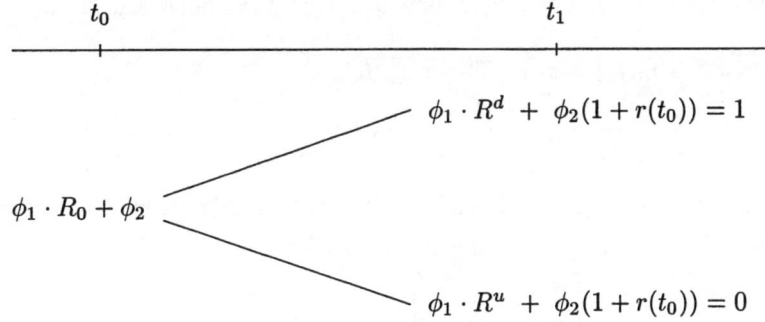

Unter der Bedingung der Arbitragefreiheit entspricht der Preis $\pi_{1,1}$ zum Zeitpunkt t_0 des Zustandswertpapiers mit der Auszahlung

$$1_{\{\omega_1,\omega_2\}}(A) = \begin{cases} 1 & \text{falls} \quad A = \{\omega_1, \omega_2\} \\ 0 & \text{falls} \quad A = \{\omega_2, \omega_3\} \end{cases}$$

dem Wert des Portfolios in t_0, d.h. $\pi_{1,1} = \phi_1 \cdot R + \phi_2$. Die Portfoliogewichte berechnen sich aus den Werten des Beispiels zu

$$\phi_1 = \frac{-1}{R^u - R^d} = -78,11\bar{6}$$

$$\phi_2 = \frac{1}{1 + r(t_0)} \frac{R^u}{R^u - R^d} = 67,284$$

$$\Longrightarrow \pi_{1,1} = \frac{1}{1 + r(t_0)} \left[\frac{R^u - R_0(1 + r(t_0))}{R^u - R^d} \right] = \frac{0,75}{1 + r(t_0)} = 0,69\bar{4}.$$

Analog berechnet sich der Preis $\pi_{1,0}$ des zweiten Zustandswertpapiers mit der Auszahlung

$$1_{\{\omega_3,\omega_4\}}(A) = \begin{cases} 0 & \text{falls} \quad A = \{\omega_1, \omega_2\} \\ 1 & \text{falls} \quad A = \{\omega_3, \omega_4\} \end{cases}$$

zu $\pi_{1,0} = \frac{0,25}{1+r(t_0)} = 0,2315$.

Der Preis eines Portfolios aus je einer dieser Zustandswertpapiere ist gleich demjenigen einer Nullkuponanleihe mit Nennwert 1 und Endfälligkeit t_1, d.h.

$$\frac{1}{1 + r(t_0)} = B(t_0, t_1) = \pi_{1,1} + \pi_{1,0} \ .$$

Mit $p^* := \pi_{1,1}(1+r(t_0))$ und $q^* := \pi_{1,0}(1+r(t_0)) = 1 - \pi_{1,1}(1+r(t_0)) = 1 - p^*$ können nun Übergangswahrscheinlichkeiten aus den Preisen der Zustandswertpapiere definiert werden. Aus der Definition der Zustandspreise folgt zusätzlich das folgende Portfolioargument für die 2-Perioden-Anleihe

$$R(t_0) := B(t_0, t_2) = \pi_{1,1} \cdot R^d + \pi_{1,0} \cdot R^u$$

$$= \frac{p^*}{1 + r(t_0)} \cdot R^d + \frac{1 - p^*}{1 + r(t_0)} \cdot R^u = \frac{1}{1 + r(t_0)} \cdot E_{p^*}[R(t_1)|R(t_0)],$$

d.h. unter der Übergangswahrscheinlichkeit p^* ist der diskontierte Kursprozeß der 2-Perioden-Anleihe ein Martingal und es gilt:

- $1 + r(t_0) = E_{p^*}\left[\dfrac{R(t_1)}{R(t_0)} \ \Big| \ R(t_0)\right]$,
- die Risikoprämie unter dem Maß p^* ist gleich Null, d.h. $\lambda\Big(t_1; r(t_0), R(t_0), p^*\Big) = 0$.

Die Übergangswahrscheinlichkeit p^* besitzt somit eine ausgezeichnete Eigenschaft. Die Beziehung ist gegeben durch die Maßtransformation zwischen der zuvor angenommenen Wahrscheinlichkeit p und p^*

- $\lambda(t_1; r(t_0), R(t_0), p) = \dfrac{[p \cdot R^d + (1-p) \cdot R^u] \ - \ [1 + r(t_0)] \cdot R_0}{\sqrt{p(1-p)} \ [R^u - R^d]}$,
- $p^* = \dfrac{R^u \ - \ [1 + r(t_0)] \cdot R_0}{R^u - R^d}$.

Durch Substitution bestimmt sich p^* als Funktion der Risikoprämie zu:

$$p^* = p^*(p, \lambda(t_1; r(t_0), R(t_0), p)) = p + \sqrt{p(1 - p)}\lambda(t_1; r(t_0), R(t_0), p) \ .$$

Dies zieht nun eine wesentliche Schlussfolgerung nach sich. Da die Preise der Zustandswertpapiere $\pi_{1,1}$ und $\pi_{1,0}$ aufgrund der Arbitragefreiheit unabhängig von den Preisprozessen sein müssen (d.h. der Preis in t_0 eines Portfolios, welches die Auszahlung eines Zustandswertpapiers dupliziert, unabhängig von den gewählten Instrumenten sein muss) und gleichzeitig über p^* die Preise von $\pi_{1,1}$ und $\pi_{1,0}$ bestimmt sind, muss p^* unabhängig von $R(t_0)$ sein.

$$p^* = p + \sqrt{p(1-p)}\ \lambda(t_1; r(t_0), R(t_0), p)$$

$$= p + \sqrt{p(1-p)}\ \lambda(t_1; r(t_0), B(t_0), p)$$

$$\Leftrightarrow \quad \lambda(t_1; r(t_0), R(t_0), p) = \lambda(t_1; r(t_0), B(t_0), p)\ ,$$

d.h. die normierte Risikoprämie als lokales Maß muss unabhängig von der gewählten Anleihe sein und somit ist auch der diskontierte Kursprozess der 3-Perioden-Anleihe für die erste Periode zu einem Martingal unter p^*. Um die Kurse der 3-Perioden-Anleihe zum Zeitpunkt t_1 vollständig zu bestimmen, bedarf es jedoch einer weiteren Annahme. Es ist hierzu notwendig, die lokale normierte Risikoprämie für den Zeitpunkt t_2 exogen festzulegen. Sei $\lambda(t_2; r(t_1), p = \frac{1}{2}) = 0,5$ unabhängig von $r(t_1)$ angenommen, so folgt für die Übergangswahrscheinlichkeiten von t_1 auf t_2 jeweils $p^* = 0,75$. Unter dem durch die nun konstanten Übergangswahrscheinlichkeiten p^* definierten Maß P^* sind die *diskontierten* Kursprozesse *aller* Wertpapiere Martingale. Speziell ergibt sich für die Preise in t_0 der Zustandswertpapiere mit Auszahlung in t_2:

$$\pi_{2,2} = \frac{1}{1 + r(t_0)}\ E_{p^*}\left[\frac{1}{1 + r(t_1)}\ E_{p^*}\left[\ 1_{\{\omega_1\}}(A)\ |\ r(t_1)\ \right]\ \Big|\ r(t_0)\right]$$

$$= \frac{1}{1 + r(t_0)} \cdot \frac{1}{1 + r^u}\ (p^*)^2\ ,$$

$$\pi_{2,1} = \frac{1}{1 + r(t_0)}\ p^*(1 - p^*)\left[\frac{1}{1 + r^u} + \frac{1}{1 + r^d}\right]\ ,$$

$$\pi_{2,0} = \frac{1}{1 + r(t_0)}\ \frac{1}{1 + r^d}\ (1 - p^*)^2\ .$$

Abbildung 9.3 fasst die Ergebnisse zusammen. Mit der Kenntnis des Martingalmaßes P^* ist es möglich, den Preis in t_0 eines beliebigen bedingten Zahlungsstromes zu bestimmen. Durch die stochastische Entwicklung des periodischen Zinssatzes bedingt, muss hierfür jedoch *jeder* Pfad getrennt betrachtet werden, da die Diskontierung die Pfadunabhängigkeit des Modells aufhebt. Konkret bedeutet dies, dass die Rekursion, die im Fall der Zustandswertpapiere durchgeführt wurde, für jeden Zahlungsstrom wiederum notwendig ist. Zumindest bezüglich des Rechenaufwandes scheint dies nicht sinnvoll zu sein. Darüber hinaus ist die Frage der eventuellen Abhängigkeit des Wertes eines bedingten Vertrages von der Risikoprämie noch nicht vollständig geklärt.

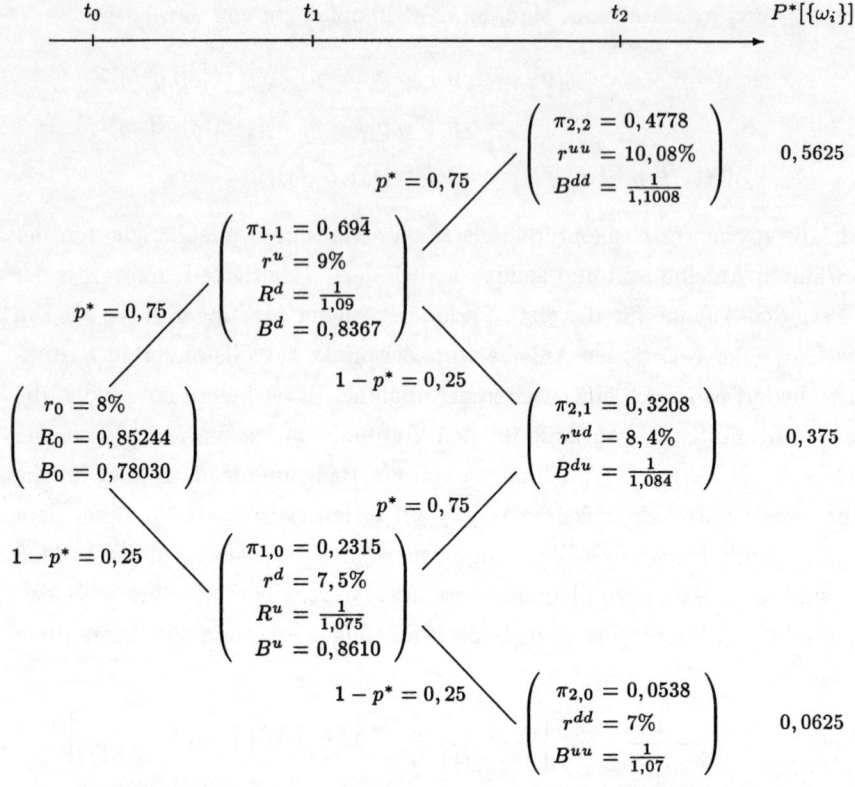

ABBILDUNG 9.3. Binomialprozess der Zinsstruktur (Beispiel).

Analog dem bisherigen Vorgehen besteht die Idee darin, eine weitere Maßtransformation von P^* zu einem äquivalenten Maß Q zu bestimmen, unter welchem diese Rekursion bzw. pfadweise Betrachtungsweise unnötig ist. Die Preise der Zustandswertpapiere erweisen sich als die geeigneten Kandidaten. Unter der Bedingung der Arbitragefreiheit gilt für die 2-Perioden-Anleihe:

$$B(t_0, t_2) = \pi_{2,2} + \pi_{2,1} + \pi_{2,0} \Leftrightarrow 1 = \frac{\pi_{2,2}}{B(t_0, t_2)} + \frac{\pi_{2,1}}{B(t_0, t_2)} + \frac{\pi_{2,0}}{B(t_0, t_2)} \ .$$

Mittels

$$Q_1 := \frac{\pi_{2,2}}{B(t_0, t_2)} \ , \quad Q_2 := \frac{\pi_{2,1}}{B(t_0, t_2)} \ , \quad Q_3 := \frac{\pi_{2,0}}{B(t_0, t_2)} = 1 - Q_1 - Q_2$$

wird eine weitere Wahrscheinlichkeitsverteilung Q definiert. Sei nun ein bedingter Vertrag mit ausschließlicher Auszahlung $a(\omega)$ in t_2 gegeben, so ist der Arbitragepreis C dieses Vertrages gleich

$$C = a(\omega_1) \cdot \pi_{2,2} + a(\omega_2) \cdot \pi_{2,1} + a(\omega_3) \cdot \pi_{2,0} = B(t_0, t_2) \cdot E_Q[a(\cdot)] \ .$$

Im Unterschied zu dem äquivalenten Martingalmaß P^* ist das Maß $Q = Q^{t_2}$ abhängig von dem Zeitpunkt, bezüglich dessen die Normierung erfolgt. Die Wahl des Maßes, d.h. der Normierungszeitpunkt, ergibt sich aus den Anforderungen der Bewertung. Aus

$$\pi_{2,2} = \frac{P^*[\{\omega_1\}]}{(1 + r(t_0))(1 + r^u)}$$

$$\pi_{2,1} = \frac{P^*[\{\omega_1, \omega_2\}] \cdot P^*[\{\omega_2\}|\{\omega_1, \omega_2\}]}{(1 + r(t_0))(1 + r^u)}$$

$$+ \frac{P^*[\{\omega_2, \omega_3\}] \cdot P^*[\{\omega_2\}|\{\omega_2, \omega_3\}]}{(1 + r(t_0))(1 + r^d)}$$

$$\pi_{2,0} = \frac{P^*[\{\omega_3\}]}{(1 + r(t_0))(1 + r^d)}$$

lässt sich diese Maßtransformation beschreiben durch:

$$Q^{t_2}[\{\omega_1\}] = \frac{(B(t_0, t_2))^{-1}}{(1 + r(t_0))(1 + r^u)} \, P^*[\{\omega_1\}] \quad \text{etc.}$$

Für die Bewertung besitzt das Maß Q^{t_2} eine herausragende Bedeutung. Die ökonomische Interpretation entspricht dem Übergang vom Geld- zum Terminmarkt. In der Literatur wird Q^{t_2} als das *Forward Risk Adjusted Measure bezüglich des Zeitpunktes t_2* bezeichnet.[1] Die Idee des Forward Risk Adjusted Measure besteht darin, das Numeraire zu ändern. Im Fall eines Zinsmarktes bietet sich als Numeraire oftmals der Preisprozess einer Nullkuponanleihe an. Drückt das Martingalmaß P^* die Wahrscheinlichkeit aus, die mit einem speziellen Pfad der Zinsentwicklung verbunden ist, so wird diese beim Übergang zu einem Forward Risk Adjusted Measure mit der Wertentwicklung einer Nullkuponanleihe entlang dieses Pfades multipliziert und durch den Initialkurs der Nullkuponanleihe dividiert. Die Division mit dem Initialkurs der Nullkuponanleihe entspricht dem Übergang vom Kassa- zum Terminmarkt. Es ist jedoch auch ein anderes Numeraire denkbar und die konkrete Wahl ist im Einzelfall abhängig von dem speziellen Bewertungsproblem. Ist z.B.

---

[1] Gelegentlich wird in der Literatur auch von dem Terminmaß gesprochen.

$\{X_t\}_{t\in \underline{T}}$ ein Auszahlungsstrom mit

(9.2)

$$x(t_j,\omega) = 0 \quad \forall\, t_j \neq t_i,\ t_j \in \underline{T} \quad P^* \text{ fast sicher} \quad \text{und} \quad P[x(t_i,\omega) \neq 0] > 0\ ,$$

z.B. eine Call-Option bezüglich einer Nullkuponanleihe mit Endfälligkeit $t_j >$ t_i und Ausübungszeitpunkt t_i. Sei $c : \left(\underline{T} \setminus \{t_{i+1},\dots,t_N\}\right) \times \Omega \longrightarrow \mathbb{R}$ der zugehörige Preisprozess, so ist

$$c^*(t,\omega) := \frac{c(t,\omega)}{B(t,t_i)}$$

der Terminpreisprozess. Das t_i-Forward Risk Adjusted Measure Q^{t_i} ist dann definiert als ein zu P^* äquivalentes Wahrscheinlichkeitsmaß auf $(\Omega, \mathcal{F}_{t_i})$, so dass der Terminpreisprozess zu einem Martingal unter Q^{t_i} wird, d.h.

$$c^*(t_j,\omega) = E_{Q^{t_i}}\left[c^*(t_{j+1},\omega) \mid \mathcal{F}_{t_j}\right], \quad \forall\, t_j < t_i.$$

Insbesondere gilt

$$
\begin{aligned}
\frac{c(t_0)}{B(t_0,t_i)} &= c^*(t_0) = E_{Q^{t_i}}\left[c^*(t_1,\omega) \mid \mathcal{F}_{t_0}\right] \\
&= E_{Q^{t_i}}\left[E_{Q^{t_i}}\left[c^*(t_2,\omega) \mid \mathcal{F}_{t_1}\right] \mid \mathcal{F}_{t_0}\right] = E_{Q^{t_i}}\left[c^*(t_i,\omega) \mid \mathcal{F}_{t_0}\right] \\
&= E_{Q^{t_i}}\left[\frac{c(t_i,\omega)}{B(t_i,t_i)} \mid \mathcal{F}_{t_0}\right], \\
\Rightarrow \quad c(t_0) &= B(t_0,t_i) \cdot E_{Q^{t_i}}\left[c(t_i,\omega) \mid \mathcal{F}_{t_0}\right].
\end{aligned}
$$

Handelt es sich hingegen um einen Auszahlungsstrom, der nicht durch die Form (9.2) gegeben ist, so kann dies bedeuten, dass mehrere Maßwechsel notwendig sind. Dies ist typischerweise der Fall für die Zinssatzoptionen Cap und Floor.

9.2. Erwartungswerthypothesen

In Abschnitt 8.1 wurden definitorische Beziehungen zwischen den Kursen der Nullkuponanleihen $B(t_i,t_j)$, dem effektiven bzw. nominalen Terminzinssatz $r(t_i,t,\alpha)$ und der effektiven bzw. nominalen Rendite $y(t_i,x)$ betrachtet. Sei eine feste Diskretisierung der Zeitachse $\underline{T}$ gegeben, so ist es sinnvoll, die folgende Vereinfachung der Notation zu verwenden. Sei $t_i < t_j < t_k \in \underline{T}$, so bezeichnen für $\alpha_i := t_{i+1} - t_i$ und $\alpha_{i,j} := t_j - t_i$

- $r_n(t_i)$ den nominalen (Kassa)Zinssatz p.a. für das Intervall $[t_i, t_{i+1}]$ zum Zeitpunkt t_i,

- $r_n(t_i, t_j, \alpha_{j,k})$ den nominalen Terminsatz p.a. zum Zeitpunkt t_i für das Intervall $[t_j, t_k]$,
- $y_e(t_i, \alpha_{i,j})$ die effektive Rendite p.a. zum Zeitpunkt t_i für das Intervall $[t_i, t_j]$.

Es bestehen die folgenden definitorischen Beziehungen für $t_i < t_j < t_k$:

$$
\begin{aligned}
r_n(t_i, t_i, \alpha_i) &= r_n(t_i) \,, \\
r_n(t_i, t_j, \alpha_{j,k}) &= \left(\frac{B(t_i, t_j)}{B(t_i, t_k)} - 1 \right) \frac{1}{\alpha_{j,k}} \,, \\
B(t_i, t_j) &= [1 + y_e(t_i, \alpha_{i,j})]^{-\alpha_{i,j}} \,, \\
B(t_i, t_j) &= \frac{1}{(1 + \alpha_i \cdot r_n(t_i)) \prod\limits_{k=i+1}^{j-1} (1 + \alpha_k \cdot r_n(t_i, t_k, \alpha_k))} \,.
\end{aligned}
$$

Besteht keine Unsicherheit, so gilt zu jedem Zeitpunkt t_i

$$(9.3) \qquad r_n(t_i, t_{N-1}, \alpha_{N-1}) = r_n(t_{N-1}) \,,$$

$$(9.4) \qquad [1 + y_e(t_i, \alpha_{i,N})]^{\alpha_{i,N}} = \prod_{j=i}^{N-1} (1 + \alpha_j \cdot r_n(t_j)) \,,$$

$$(9.5) \qquad \frac{1}{B(t_i, t_N)} = \left[\prod_{j=1}^{N-1} (1 + \alpha_j \cdot r_n(t_j)) \right] \,,$$

$$(9.6) \qquad \frac{B(t_i, t_j)}{B(t_{i+1}, t_j)} = [1 + \alpha_i \cdot r_n(t_i)]^{-1} \,.$$

Diese Beziehungen gelten unter der Annahme einer deterministischen Zinsentwicklung und beschreiben den Zusammenhang zwischen der aktuellen und zukünftigen Zinsstrukturkurve. Erwartungswerthypothesen postulieren derartige Zusammenhänge unter der Annahme einer stochastischen Zinsentwicklung. Mit Blick auf die Gleichungen (9.3) bis (9.6) lassen sich vier mögliche Hypothesen über den Zusammenhang zwischen aktueller und zukünftiger Zinsstrukturkurve formulieren, die in Tabelle 9.1 bezüglich der nominalen Kassa- und Terminzinssätze angegeben sind. Falls die Zinssätze paarweise unkorreliert sind und P ein festes Wahrscheinlichkeitsmaß ist, so gilt

$$
\prod_{j=i+1}^{N-1} E_P[(1 + \alpha_j \cdot r_n(t_j)) \mid \mathcal{F}_{t_i}] = E_P \left[\prod_{j=i+1}^{N-1} (1 + \alpha_j \cdot r_n(t_j)) \;\middle|\; \mathcal{F}_{t_i} \right] \,.
$$

Name	Beziehung
Unbiased Expectation Hypothesis	$r_n(t_i, t_{N-1}, \alpha_{N-1}) = E_P[r_n(t_{N-1}) \mid \mathcal{F}_{t_i}]$ $\Rightarrow B(t_i, t_N) = \dfrac{1}{(1 + \alpha_i \cdot r_n(t_i)) \prod\limits_{j=i+1}^{N-1} E_P\left[(1 + \alpha_j \cdot r_n(t_j)) \mid \mathcal{F}_{t_i}\right]}$
Return-to-Maturity Expectation Hypotheses	$\dfrac{1}{B(t_i, t_N)} = E_P\left[\prod\limits_{j=i}^{N-1}(1 + \alpha_j \cdot r_n(t_j)) \,\Big|\, \mathcal{F}_{t_i}\right]$
Yield-to-Maturity Expectation Hypothesis	$1 + y_e(t_i, \alpha_i, N) = B(t_i, t_N)^{-\frac{1}{\alpha_{i,N}}}$ $= E_P\left[\prod\limits_{j=i}^{N-1}(1 + \alpha_j \cdot r_n(t_j))^{\frac{1}{\alpha_{i,N}}} \,\Big|\, \mathcal{F}_{t_i}\right]$
Local Expectation Hypothesis	$B(t_i, t_N) = \dfrac{E_P[B(t_{i+1}, t_N) \mid \mathcal{F}_{t_i}]}{1 + \alpha_i \cdot r_n(t_i)}$ $= E_P\left[\dfrac{1}{\prod\limits_{j=i}^{N-1}(1 + \alpha_j \cdot r_n(t_j))} \,\Big|\, \mathcal{F}_{t_i}\right]$

TABELLE 9.1. Erwartungswerthypothesen bei äquidistanter Diskretisierung.

Im allgemeinen ist dies jedoch nicht der Fall, d.h. die Kurse der Nullkuponanleihen unter der *Unbiased-* und der *Return-to-Maturity Expectation Hypothesis* sind unterschiedlich. Eine positive Autokorrelation führt beispielsweise zu einem höheren Kurs der Nullkuponanleihen unter der Unbiased Expectation Hypothesis als unter der Return-to-Maturity Expectation Hypothesis, d.h.

$$(U) - B > (RTM) - B \,.$$

Unter Anwendung der Ungleichung von Jensen[2] gilt darüber hinaus

$$(L) - B \geq (YTM) - B \geq (RTM) - B ,$$

so dass für ein festes Wahrscheinlichkeitsmaß P nur eine der obigen vier Hypothesen mit der Bedingung der Arbitragefreiheit verträglich sein kann.

Falls P^* ein äquivalentes Martingalmaß ist, ist unter diesem Maß die lokale Erwartungswerthypothese erfüllt. In einem diskreten Modell ist die Existenz eines äquivalenten Martingalmaßes hinreichend und notwendig für die Arbitragefreiheit des Modells, d.h. die Existenz eines arbitragefreien Preisfunktionals. Dies bedeutet zunächst, dass die lokale Erwartungswerthypothese verträglich ist mit der Bedingung der Arbitragefreiheit.

Eine wesentliche Schlussfolgerung aus dem diskreten Beispiel in Abschnitt 9.1 ist, dass das lokale Maß der "Excess Return per unit risk" unter jedem Wahrscheinlichkeitsmaß unabhängig von der Restlaufzeit der gewählten Anleihe ist. Falls nun unter einem Maß P entweder die *Yield-to-Maturity* oder die *Return-to-Maturity Expectation Hypothesis* erfüllt ist, so folgt, dass diese Unabhängigkeit der "Excess Return per unit risk" nicht mehr gegeben ist (vgl. Ingersoll jr. (1987), S. 399-401)), d.h. diese Erwartungswerthypothesen sind nicht verträglich mit der Bedingung der Arbitragefreiheit. Bezüglich der *Unbiased Expectation Hypothesis* ist eine derartige Aussage nicht zulässig. Neben dem äquivalenten Martingalmaß P^* zeigt Abschnitt 9.1 die Bedeutung eines weiteren, mit P^* eng verbundenen Wahrscheinlichkeitsmaßes auf, dem Forward Risk Adjusted Measure. Während unter dem Martingalmaß die diskontierten Kurzprozesse Martingale sind, sind unter dem Forward Risk Adjusted Measure Q^{t_i} mit Normierungszeitpunkt t_i die Terminpreisprozesse (Forward-Preise) mit Lieferung zum Zeitpunkt t_i Martingale. Hieraus ergibt

---

[2]Die Ungleichung von Jensen besagt, dass für eine konkave Funktion $g(\cdot)$ und eine messbare Zufallsvariable x auf einem Wahrscheinlichkeitsraum $(\Omega, \mathcal{F}, P)$ gilt

$$E_P[g(x)] \leq g(E_P[x]) .$$

sich nun unmittelbar die folgende entscheidende Konsequenz:

$$B(t_0, t_i) = E_{P^*}\left[\prod_{j=0}^{i-1}(1 + \alpha_j \cdot r_n(t_j))^{-1}\Big|\mathcal{F}_{t_0}\right]$$

$$= E_{P^*}\left[\left(\prod_{j=0}^{i}(1 + \alpha_j \cdot r_n(t_j))^{-1}\right)(1 + \alpha_i \cdot r_n(t_i))\Big|\mathcal{F}_{t_0}\right]$$

$$= B(t_0, t_{i+1})E_{Q^{t_{i+1}}}\left[1 + \alpha_i \cdot r_n(t_i) \mid \mathcal{F}_{t_0}\right]$$

$$\frac{B(t_0, t_i)}{B(t_0, t_{i+1})} = E_{Q^{t_{i+1}}}\left[1 + \alpha_i \cdot r_n(t_i)\big| \mathcal{F}_{t_0}\right]$$

$$r_n(t_0, t_i, \alpha_i) = E_{Q^{t_{i+1}}}\left[r_n(t_i) \mid \mathcal{F}_{t_0}\right] = E_{Q^{t_i + \alpha_i}}\left[r_n(t_i) \mid \mathcal{F}_{t_0}\right],$$

d.h. unter dem Forward Risk Adjusted Measure, konditioniert auf den Zeitpunkt t_{i+1}, ist die Unbiased Expectation Hypothesis für den nominalen Terminzins von t_i auf t_{i+1} erfüllt.

9.3. Martingalmaß und Rückwärtsinduktion

Ziel der folgenden Überlegungen ist es, ein algorithmisches Verfahren abzuleiten, das sowohl für die Implementierung und Analyse der Modelle wie auch für die Bewertung genutzt werden kann. Sei hierzu $c : \underline{T} \times \Omega \longrightarrow \mathbb{R}$ der Preisprozess eines Auszahlungsstromes $x : \underline{T} \times \Omega \longrightarrow \mathbb{R}$. Unter der Bedingung der Arbitragefreiheit und der Vollständigkeit des Marktes existiert ein Wahrscheinlichkeitsmaß P^*, so dass

$$c(t_j) = B(t_j, t_{j+1})E_{P^*}[c(t_{j+1}) + x(t_{j+1})|\mathcal{F}_{t_j}].$$

Übersetzt in den Rahmen eines *pfadunabhängigen Binomialmodells* der Zinsstruktur bedeutet dies, dass unter den das äquivalente Martingalmaß definierenden Übergangswahrscheinlichkeiten $p_{n,i}^*$ für einen *pfadunabhängigen* Auszahlungsstrom $x \ \forall \ j = 1, \ldots, N$ und $i = 0, \ldots, j$ gilt:

$$(9.7) \quad c(j,i) = B(j,i) \cdot [\, p_{j,i}^* \cdot (c(j+1, i+1) + x(j+1, i+1))$$
$$+ (1 - p_{j,i}^*) \cdot (c(j+1, i) + x(j+1, i))]\,.$$

Der algorithmischen Schreibweise entsprechend geben hierbei

- $c(j,i) \hat{=}$ den Preis zum Zeitpunkt t_j im i-ten up-Zustand des Modells,
- $x(j,i) \hat{=}$ die Auszahlung zum Zeitpunkt t_j im i-ten up-Zustand und

- $B(j, i) = $ den Kurs einer Nullkuponanleihe zum Zeitpunkt t_j mit Fälligkeit t_{j+1} im i-ten up-Zustand an.

Zum Zeitpunkt t_N ergibt sich aus der Endwertbedingung

$$c(N - 1, i) = B(N - 1, i) \cdot [p^*_{N-1,i} \cdot (N, i + 1) + (1 - p^*_{N-1,i}) \cdot (N, i)].$$

Bei gegebenen Kursen $B(j, i)$ und Übergangswahrscheinlichkeiten $p^*_{j,i}$ ist durch (9.7) eine rekursive Berechnung des arbitragefreien Preisprozesses für jeden pfadunabhängigen Auszahlungsstrom x definiert. Dieses Verfahren heißt *Rückwärtsinduktion* oder *Backward Induction*, da ausgehend von der Endwertbedingung die Berechnung erfolgt. Die Rekursionsgleichung kann ebenfalls auf die Preisprozesse der Nullkuponanleihen angewendet werden. Der Auszahlungsstrom einer Nullkuponanleihe mit Fälligkeit t_k ist gleich

$$x(j, i) = \begin{cases} 1, & \text{falls} \quad j = k \quad \forall i = 0, \dots, j, \\ 0, & \text{falls} \quad j \neq k \quad \forall i = 0, \dots, j. \end{cases}$$

Die Spezifikation eines diskreten Zinsstrukturmodells entspricht der Festlegung bzw. Bestimmung der Übergangswahrscheinlichkeiten $p^*_{j,i}$ und der Diskontfaktoren $B(j, i)$, $\forall j = 0, \dots, N$, $\forall i = 0, \dots, J$, so dass der Wert des rekursiven Algorithmus zum Zeitpunkt t_0 mit einer vorgegebenen Kursnotierung der Nullkuponanleihen $B(t_0, t_j)$, $\forall j = 0, \dots, N$ übereinstimmt.

9.4. Forward Risk Adjusted Measure und Vorwärtsinduktion

Die Formulierung der Rückwärtsinduktion hat die Eigenschaft, dass für jede Bewertung der rekursive Algorithmus (9.7) benutzt werden muss. Dies erscheint nicht besonders sinnvoll. Die Methode der *Forward Induction* (Jamshidian (1991b)) stellt eine Lösung des Bewertungsproblems für pfadunabhängige Auszahlungsströme dar und entspricht den Überlegungen im Abschnitt 9.1, die zum Forward Risk Adjusted Measure führten. Die algorithmische Darstellung im Binomialmodell nutzt wieder den Zusammenhang zwischen den Zustandspreisen, dem Martingalmaß und dem Forward Measure. Bezeichne hierzu $r_{i,j}$ den nominalen Zinssatz pro Periode, d.h. zur Vereinfachung der Notation nicht den per anno, sondern den bezüglich der Periodenlänge angepassten Zinssatz. Unter der lokalen Erwartungswerthypothese sind die Zustandspreise $\pi_{1,0}$ und $\pi_{1,1}$ für die beiden Zustände zum Zeitpunkt t_1 gleich dem erwarteten diskontierten Wert der Auszahlung einer Geldeinheit in dem jeweiligen Zustand, d.h.

$$\pi_{1,0} = \frac{1 - p_0^*}{1 + r_0}, \qquad \pi_{1,1} = \frac{p_0^*}{1 + r_0} \ .$$

Aus $B(t_0, t_1) = \pi_{1,0} + \pi_{1,1} = \frac{1}{1+r_0}$ ergibt sich r_0 als 1-Perioden-Zinssatz. Um den Auszahlungsstrom der 2-Perioden-Nullkuponanleihe zu duplizieren, genügt es, $\frac{1}{1+r_{1,0}}$ Zustandswertpapiere mit Preis $\pi_{1,0}$ und $\frac{1}{1+r_{1,1}}$ Zustandswertpapiere mit Preis $\pi_{1,1}$ zu kaufen. D.h. unter der Bedingung der Arbitragefreiheit folgt

$$B(t_0, t_2) = \frac{1}{1 + r_{1,1}} \, \pi_{1,1} + \frac{1}{1 + r_{1,0}} \, \pi_{1,0} \ .$$

Analog ergibt sich für den Kurs der Nullkuponanleihe mit Endfälligkeit t_{j+1}

$$B(t_0, t_{j+1}) = \sum_{i=0}^{j} \hat{\pi}_{j,i} \quad \text{mit} \quad \hat{\pi}_{j,i} = \frac{\pi_{j,i}}{1 + r_{j,i}} \quad \text{und} \quad B(t_0, t_j) = \sum_{i=0}^{j} \pi_{j,i}.$$

Sind beispielsweise die Zinsrealisationen $r_{j,i}$ in jeder Periode Funktionen eines Parameters z und die Übergangswahrscheinlichkeiten exogen gegeben bzw. ebenfalls Funktionen dieses Parameters, so führt dies zu der folgenden induktiven und nicht-linearen Bestimmungsgleichung der Zustandspreise $\pi_{j,i}$

$$
\begin{aligned}
B(t_0, t_{j+1}) \;=\;& \sum_{i=0}^{j} \frac{\pi_{j,i}}{1 + r_{j,i}} \\
=\;& \sum_{i=1}^{j-1} \frac{p_{j-1,i-1}^*(z)\hat{\pi}_{j-1,i-1} + (1 - p_{j-1,i}^*(z))\hat{\pi}_{j-1,i}}{1 + r_{j,i}(z)} \\
& + (1 - p_{j-1,0}^*(z))\frac{\hat{\pi}_{j-1,0}}{1 + r_{j,0}(z)} + p_{j-1,j-1}^*(z) \cdot \frac{\hat{\pi}_{j-1,j-1}}{1 + r_{j,j}(z)}
\end{aligned}
$$

mit $\pi_{j,i} = (1 - p_{j-1,i}^*) \, \hat{\pi}_{j-1,i} + p_{j-1,i-1}^* \, \hat{\pi}_{j-1,i-1}, \quad \forall \, 0 < i < j$. Aus der Lösung der Preise der Zustandswertpapiere $\pi_{j,i}$ berechnet sich der Arbitragepreis eines pfadunabhängigen Auszahlungsstromes $x : \underline{T} \times \Omega \to \mathbb{R}$ zu

$$(9.8) \qquad\qquad \pi(z) := \sum_{j=0}^{N} \sum_{i=0}^{j} x(j, i) \cdot \pi_{j,i} \ .$$

Dies entspricht genau der Überlegung, die dem Forward Risk Adjusted Measure zugrundeliegt. Statt unter dem durch die Übergangswahrscheinlichkeiten definierten äquivalenten Martingalmaß wird aus den Zustandspreisen durch Normierung mit dem Preis einer Nullkuponanleihe ein Wahrscheinlichkeitsmaß gewonnen, unter dem die Bewertung erfolgt. Genauer ergibt sich der

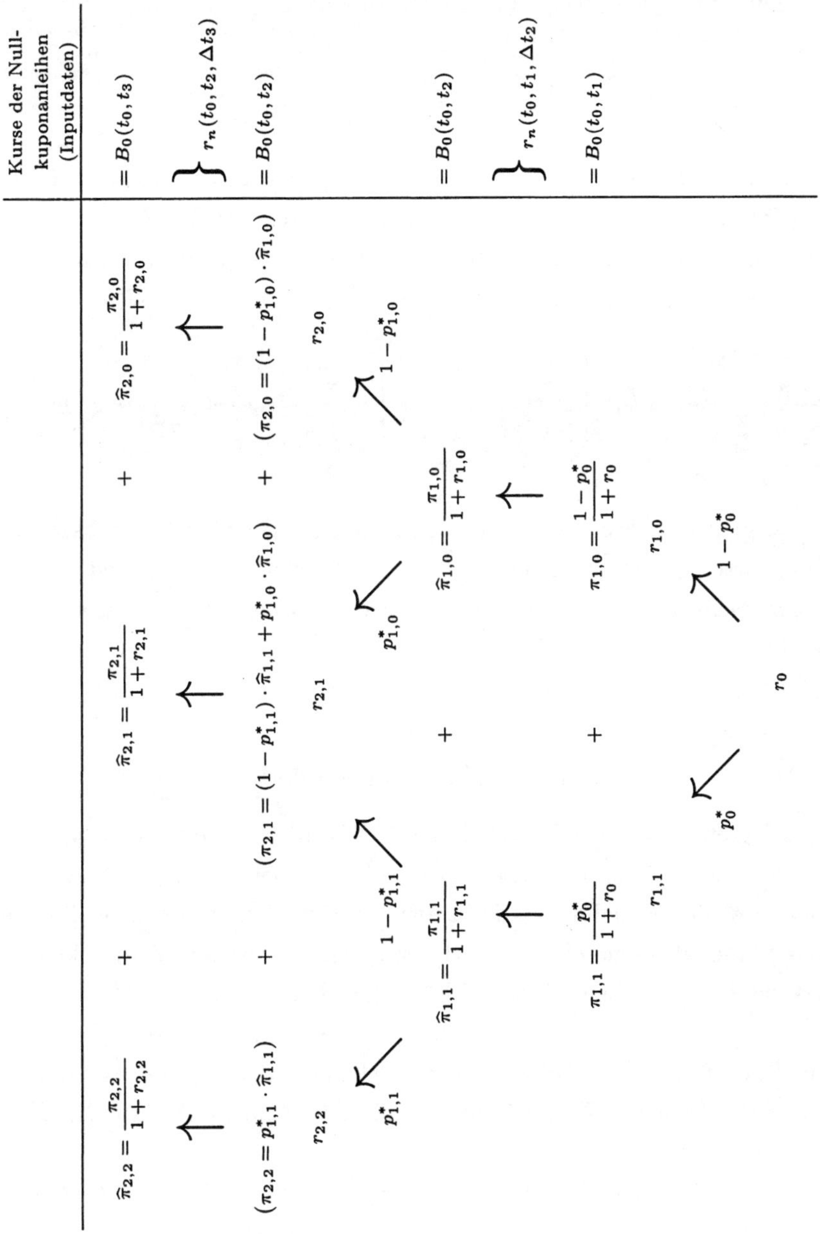

Kurse der Nullkuponanleihen (Inputdaten)

$= B_0(t_0, t_3)$

$r_n(t_0, t_2, \Delta t_3)$

$= B_0(t_0, t_2)$

$= B_0(t_0, t_2)$

$r_n(t_0, t_1, \Delta t_2)$

$= B_0(t_0, t_1)$

$$\hat{\pi}_{2,0} = \frac{\pi_{2,0}}{1 + r_{2,0}}$$

$$\left(\pi_{2,0} = (1 - p_{1,0}^*) \cdot \hat{\pi}_{1,0}\right)$$

$r_{2,0}$ \qquad $1 - p_{1,0}^*$

$$\hat{\pi}_{2,1} = \frac{\pi_{2,1}}{1 + r_{2,1}}$$

$$\left(\pi_{2,1} = (1 - p_{1,1}^*) \cdot \hat{\pi}_{1,1} + p_{1,0}^* \cdot \hat{\pi}_{1,0}\right)$$

$r_{2,1}$ \qquad $p_{1,0}^*$

$$\hat{\pi}_{1,0} = \frac{\pi_{1,0}}{1 + r_{1,0}}$$

$$\pi_{1,0} = \frac{1 - p_0^*}{1 + r_0}$$

$r_{1,0}$ \qquad $1 - p_0^*$

$$\hat{\pi}_{2,2} = \frac{\pi_{2,2}}{1 + r_{2,2}}$$

$$\left(\pi_{2,2} = p_{1,1}^* \cdot \hat{\pi}_{1,1}\right)$$

$r_{2,2}$ \qquad $p_{1,1}^*$

$$\hat{\pi}_{1,1} = \frac{\pi_{1,1}}{1 + r_{1,1}}$$

$$\pi_{1,1} = \frac{p_0^*}{1 + r_0}$$

$r_{1,1}$ \qquad $1 - p_{1,1}^*$

r_0 \qquad p_0^*

ABBILDUNG 9.4. Systematik der Vorwärtsinduktion

folgende Zusammenhang zwischen den Preisen $\pi_{j,i}$ der Zustandswertpapiere und dem t_j-Forward Risk Adjusted Measure Q^{t_j}:

$$(9.9) \qquad Q^{t_j}[r_n(t_j) = r_{j,i}] := Q_{j,i} := \frac{\pi_{j,i}}{B(t_0, t_j)} \; .$$

Für festes j definiert $q_{j,\cdot} : \{0 \le i \le j\} \to [0,1]$ eine Wahrscheinlichkeitsverteilung, das t_j-Forward Risk Adjusted Measure, über den Zuständen zum Zeitpunkt t_j aus der Sicht des Zeitpunktes t_0. Der Arbitragepreis zum Zeitpunkt t_0 eines pfadunabhängigen Auszahlungsstromes x ist gleich

$$(9.10) \qquad \pi(z) = E_{P^*}\left[\sum_{j=0}^{N} \frac{x(j,\cdot)}{\prod_{k=0}^{j-1}(1+r_{k,\cdot})} \right] = \sum_{j=0}^{N} B(t_0, t_j) \cdot E_{Q^{t_j}}[x(j,\cdot)] \; ,$$

d.h. ist gleich der Summe über die Auszahlungszeitpunkte t_j der diskontierten erwarteten Auszahlungen unter dem t_j-Forward Risk Adjusted Measure im Unterschied zur erwarteten diskontierten Auszahlung unter dem Martingalmaß.

9.5. Das Ho-Lee-Modell

Sei $\underline{T}$ eine gegebene Diskretisierung der Zeitachse und seien $B(t_0, t_i)_{t_i \in \underline{T}}$ die Kurse der Nullkuponanleihen. Das Ho-Lee-Modell von (1986) besteht aus einer speziellen Annahme an die Entwicklung der Kursprozesse im Rahmen eines Binomialmodells. Sei $D_i(j,k)$ der Diskontfaktor zum Zeitpunkt t_j im Zustand i für das Zeitintervall der kommenden k-Perioden, d.h. $[t_j, t_{j+k}]$. Für $j = 0, \ldots, N$, $i = 0, \ldots, j$ und $k = 0, \ldots, N-j$ sind dies in jedem Knoten des Binomialmodells wohldefinierte Größen. Insbesondere gilt $D_0(0,k) = B(t_0, t_k)$. Es wird nun die folgende Binomialstruktur angenommen:

$$D_i(j, k+1) \begin{cases} D_{i+1}(j+1, k) := \dfrac{D_i(j, k+1)}{D_i(j,1)} \cdot h(p, \delta, k) & \text{``up-Zustand''} \\[4mm] D_i(j+1, k) := \dfrac{D_i(j, k+1)}{D_i(j,1)} \cdot h^*(p, \delta, k) & \text{``down-Zustand''} \end{cases}$$

mit $h(p, \delta, k) = \dfrac{1}{p + (1-p)\delta^k}$, $h^*(p, \delta, k) = \dfrac{\delta^k}{p + (1-p)\delta^k} = \delta^k h(p, \delta, k)$, konstanter Übergangswahrscheinlichkeit $p \in\ ]0, 1[$ und einem zunächst nicht interpretierten Parameter $\delta \in]0, 1[$. Für den unter der Übergangswahrscheinlichkeit p erwarteten diskontierten Kurs einer Nullkuponanleihe gilt

$$D_i(j, 1)E_P[D(j+1, k)|(j, i)]$$
$$= D_i(j, 1)[p \cdot D_{i+1}(j+1, k) + (1-p)D_i(j+1, k)]$$
$$= D_i(j, k+1)[p \cdot h(p, \delta, k) + (1-p)h^*(p, \delta, k)]$$
$$= D_i(j, k+1), \quad \forall\, j = 0, \ldots, N,\ \forall\, i = 0, \ldots, j,\ \forall\, k = 0, \ldots, N-j-1,$$

d.h. unter P ist der diskontierte Kursprozess ein Martingal und das Modell ist somit arbitragefrei und vollständig. Weiter folgt aus

$$D_{i+1}(j+1, k) \cdot \frac{h^*(p, \delta, k-1)}{D_{i+1}(j+1, 1)}$$
$$= \left(\frac{D_i(j, k+1)}{D_i(j, 1)} \cdot h(p, \delta, k)\right) \cdot \frac{1}{D_{i+1}(j+1, 1)} \cdot h^*(p, \delta, k-1)$$
$$= \left(\frac{D_i(j, k+1)}{D_i(j, 1)} \cdot h(p, \delta, k)\right) \cdot \frac{\delta}{D_i(j+1, 1)} \cdot \delta^{k-1} h(p, \delta, k-1)$$
$$= \left(\frac{D_i(j, k+1)}{D_i(j, 1)} \cdot h^*(p, \delta, k)\right) \cdot \frac{h(p, \delta, k-1)}{D_i(j+1, 1)} = D_i(j+1, k) \cdot \frac{h(p, \delta, k-1)}{D_i(j+1, 1)}$$

die Pfadunabhängigkeit des Modells. Darüber hinaus ergibt sich induktiv für den Preisprozess der Nullkuponanleihe mit einer Restlaufzeit von einer Periode die Beziehung

$$D_0(j, 1) = \frac{D_0(j-1, 2)}{D_0(j-1, 1)} \cdot h^*(p, \delta, 1)$$
$$= \left[\frac{D_0(j-2, 3)}{D_0(j-2, 1)} \cdot h^*(p, \delta, 2)\right]\left[\frac{D_0(j-2, 2)}{D_0(j-2, 1)} \cdot h^*(p, \delta, 1)\right]^{-1} \cdot h^*(p, \delta, 1)$$
$$= \frac{D_0(j-2, 3)}{D_0(j-2, 2)} \cdot h^*(p, \delta, 2)$$

$$= \left[\frac{D_0(j-3, 4)}{D_0(j-3, 1)} \cdot h^*(p, \delta, 3)\right]\left[\frac{D_0(j-3, 3)}{D_0(j-3, 1)} \cdot h^*(p, \delta, 2)\right]^{-1} \cdot h^*(p, \delta, 2)$$
$$= \frac{D_0(j-3, 4)}{D_0(j-3, 3)} \cdot h^*(p, \delta, 3) = \ldots =$$
$$= \frac{D_0(0, j+1)}{D_0(0, j)} \cdot h^*(p, \delta, j) = \frac{B(t_0, t_{j+1})}{B(t_0, t_j)} \cdot h^*(p, \delta, j),$$

$$\Rightarrow D_i(j,1) = \frac{D_{i-1}(j-1,2)}{D_{i-1}(j-1,1)} \cdot h(p,\delta,1) = \frac{D_{i-1}(j-1,2)}{D_{i-1}(j-1,1)} \cdot h^*(p,\delta,1) \cdot \delta^{-1}$$

$$= D_{i-1}(j,1) \cdot \delta^{-1} = D_{i-2}(j,1) \cdot \delta^{-2} = D_0(j,1) \cdot \delta^{-i}$$

$$= \frac{B(t_0,t_{j+1})}{B(t_0,t_j)} \cdot h^*(p,\delta,j) \cdot \delta^{-i} = \frac{B(t_0,t_{j+1})}{B(t_0,t_j)} \cdot \frac{\delta^{j-i}}{p+(1-p)\delta^j} \, .$$

Aus dieser Gleichung leitet sich die Entwicklung des kurzfristigen Zinssatzes ab. Mit Vorgriff auf die Konvergenzüberlegungen ist es zweckmäßig, hierzu die konforme, d.h. continuously compounded, Rendite zu betrachten. Sei die Diskretisierung $\underline{T} = t_0 < t_1 < \ldots < t_N$ fest mit $\alpha_j = t_{j+1} - t_j \;\; \forall i = 0, \ldots, N-1$, so ist die konforme Rendite y_i in jedem Zeitpunkt und Zustand des Binomialmodells bestimmt durch

$$(9.11) \; D_i(j,1) = \exp\{-\alpha_j \cdot y_i(t_j,\alpha_j)\} = \frac{1}{1+r_{i,j}},$$

$$\Leftrightarrow y_i(t_j,\alpha_j) = -\frac{1}{\alpha_j} \ln D_i(j,1)$$

$$= -\frac{1}{\alpha_j} \left(\ln \left[\frac{B(t_0,t_{j+1})}{B(t_0,t_j)} \right] + (j-i) \ln \delta - \ln(p+(1-p)\delta^j) \right) \, .$$

Wie im Cox, Ross und Rubinstein (1979b) Modell für den Kurs eines Wertpapiers stellt $i(j)$ eine binomialverteilte Zufallsvariable dar, d.h. ist gleich der Anzahl der up-Bewegungen innerhalb der Binomialstruktur nach insgesamt j Schritten. Für den Erwartungswert und die Varianz unter P bedeutet dies

$$E_P[y_{i(j)}(t_j,\alpha_j)]$$

$$= -\frac{1}{\alpha_j} \ln \left[\frac{B(t_0,t_{j+1})}{B(t_0,t_j)} \right] + \frac{1}{\alpha_j} \ln(p\delta^{-j} + (1-p)) + \frac{1}{\alpha_j} E_p[i(j)] \ln \delta$$

$$= -\frac{1}{\alpha_j} \ln \left[\frac{B(t_0,t_{j+1})}{B(t_0,t_j)} \right] + \frac{1}{\alpha_j} \ln(p\delta^{-j} + (1-p)) + \frac{1}{\alpha_j} p \cdot j \ln \delta,$$

$$V_P[y_{i(j)}(t_j,\alpha_j)] = \left(\frac{1}{\alpha_j} \right)^2 \cdot j(\ln \delta)^2 \cdot p\,(1-p)$$

Der Parameter δ lässt sich nun in Beziehung setzen zum Begriff der *Volatilität*, wie er in Kapitel 5 eingeführt wurde. Analog zum Black-Scholes-Modell ist die Volatilität definiert als die Standardabweichung der logarithmierten Änderungen im 1-Perioden-Diskontfaktor. Unter der Annahme, dass die Volatilität

σ konstant pro Zeiteinheit ist, ergibt sich hieraus für die Periode $[t_j, t_{j+1}]$:

$$
\begin{aligned}
\sigma^2 \alpha_j &= V_P \left[\frac{1}{\alpha_j} \ln \frac{D(t_j, 1)}{D(t_{j-1}, 1)} \Big| \mathcal{F}_{t_{j-1}} \right] \\
&= V_P \left[\frac{1}{\alpha_j} \ln D(t_j, 1) - \frac{1}{\alpha_j} \ln D(t_{j-1}, 1) | \mathcal{F}_{t_{j-1}} \right] \\
&= V_P \left[\frac{1}{\alpha_j} \ln D(t_j, 1) | \mathcal{F}_{t_{j-1}} \right] = V_P[-y_{i(j)}(t_j, \alpha_j) | \mathcal{F}_{t_{j-1}}] \\
&= \left(\frac{1}{\alpha_j} \right)^2 \cdot p\,(1-p)(\ln \delta)^2 , \\
\Leftrightarrow \quad \delta &= \exp \left\{ -\frac{\sigma \cdot (\alpha_j)^{3/2}}{\sqrt{p\,(1-p)}} \right\} , \text{ da } \delta \in [0,1] .
\end{aligned}
$$

Aus algorithmischer Sicht ist damit das Bewertungsproblem gelöst. Entsprechend den Überlegungen des vorherigen Abschnittes können die Diskontfaktoren pro Periode bzw. besser die continuously compounded yield $y_i(t_j, \alpha_j)$, $\forall j = 0, \ldots, N-1, i = 0, \ldots, j$ aus den Kursen der Nullkuponanleihen, den exogenen Übergangswahrscheinlichkeiten p (konstant pro Periode) und der Volatilität σ (konstant pro Periode) konstruiert werden. Zur Bewertung genügt es dann, den rekursiven Algorithmus für den entsprechenden Auszahlungsstrom anzuwenden oder, wie zu empfehlen ist, mit dem Forward Risk Adjusted Measure zu arbeiten. Grundsätzlich ist jedoch zu beachten, dass für die Bewertung von Derivaten zuerst der Kurs des zugrundeliegenden Wertpapiers bestimmt werden muss, bevor der Auszahlungsstrom bestimmt werden kann.

Für die Bestimmung der bzw. einer Duplizierungsstrategie gilt diese Bemerkung ebenso. Es müssen in geeigneter Weise die Preisprozesse der für die Duplizierung verwendeten Wertpapiere wie auch der Auszahlungsstrom erzeugt werden. Grundsätzlich kann der dargestellte, sich aufgrund der Martingaleigenschaft ergebende rekursive Algorithmus genutzt werden. Es ist jedoch auch hier von Vorteil, sich mit dem Forward Risk Adjusted Measure bzw. einer Variante zu befassen.

Das Konvergenzresultat für das Ho-Lee-Modell bezieht sich auf den stochastischen Prozess des konformen kurzfristigen Zinssatzes, d.h. auf $f_c(t, t)$.

Satz 9.1:

Sei die Kurve der Nullkuponanleihen $B(t_0, t)$ zum Zeitpunkt t_0 stetig differenzierbar in t. Für konstantes $p \in]0, 1[$ und $\sigma > 0$ mit $\delta = \exp\left\{-\dfrac{\sigma(\alpha)^{3/2}}{\sqrt{p(1-p)}}\right\}$ konvergiert der Prozess der konformen Rendite $y(t_j, \alpha)$ im Ho-Lee-Modell unter dem Martingalmaß für $\alpha \to 0$ in Verteilung gegen eine Normalverteilung mit

$$\lim_{\alpha \to 0} E_P[y(t_j, \alpha)|\mathcal{F}_{t_0}] = f_c(t_0, t_j) + \frac{1}{2}\sigma^2(t_j - t_0)^2$$

$$\lim_{\alpha \to 0} V_P[y(t_j, \alpha)|\mathcal{F}_{t_0}] = \sigma^2(t_j - t_0) \, ,$$

d.h. $\quad f(t_j, t_j) \sim N\left(f_c(t_0, t_j) + \frac{1}{2}\sigma^2(t_j - t_0)^2, \ \sigma^2(t_j - t_0)\right) \, .$

Beweis:

Ausgangspunkt ist eine äquidistante Diskretisierung der Zeitachse, d.h.

$$\alpha := t_{j+1} - t_j = \frac{t_N - t_0}{N} \quad \Longrightarrow \quad (t_j - t_0) = j \cdot \alpha,$$

$$y_i(t_j, \alpha) = -\frac{1}{\alpha}\left(\left[\ln\left(\frac{B(t_0, t_{j+1})}{B(t_0, t_j)}\right)\right] + (j - i)\ln\delta - \ln(p + (1-p)\delta^j)\right),$$

wobei $i = i(j)$ gleich der Summe der up-Bewegungen nach insgesamt j Zeitschritten ist, mit

$$i(j) = \sum_{k=1}^{j} x_k \quad \text{mit} \quad x_k \sim \begin{cases} 1 & p \\ 0 & 1-p \end{cases} \quad \text{i.i.d.}$$

und $E_P[i(j)] = j \cdot p$, $V_P[i(j)] = j \cdot p(1-p)$. Aus dem zentralen Grenzwertsatz folgt, dass die standardisierte Zufallsvariable z_i asymptotisch standardnormalverteilt ist:

$$z_i = \frac{y_i(t_j, \alpha) - E[y_i(t_j, \alpha)|\mathcal{F}_{t_0}]}{\sqrt{V[y_i(t_j, \alpha)|\mathcal{F}_{t_0}]}}$$

$$= \frac{i(j) \cdot \ln\delta - j \ p \ \ln\delta}{\sqrt{j \ p \ (1-p)} \cdot \ln\delta} = \frac{\frac{1}{j}i(j) - p}{\sqrt{\frac{p(1-p)}{j}}} \sim N(0, 1) \, .$$

Für die Varianz und den Mittelwert der konformen Rendite gilt nun

- $V_P[y_i(t_j, \alpha)|\mathcal{F}_{t_0}] = (\frac{1}{\alpha})^2 \ j \ p \ (1-p) \ (\ln\delta)^2 = \sigma^2 \ j \ \alpha = \sigma^2(t_j - t_0),$

- $E_P[y_i(t_j, \alpha)|\mathcal{F}_{t_0}] = -\frac{1}{\alpha} \ \ln\left[\frac{B(t_0, t_j + \alpha)}{B(t_0, t_j)}\right]$

$$+ \frac{1}{\alpha} \ \ln(p \ \delta^{-j} + (1-p)) + \frac{1}{\alpha} \ p \ j \ \ln\delta,$$

wobei definitionsgemäß die continuously compounded forward rate gegeben ist durch

$$\lim_{\alpha \to 0} -\frac{1}{\alpha} \ln \left[\frac{B(t_0, t_j + \alpha)}{B(t_0, t_j)} \right] = -\frac{\partial \ln B(t_0, t)}{\partial t}\bigg|_{t=t_j} = f_c(t_0, t_j) \ .$$

Weiter gilt:

$$\delta = \exp\left\{ -\frac{\sigma \, (\alpha)^{\frac{3}{2}}}{\sqrt{p(1-p)}} \right\} \ \longrightarrow \ 1, \ \text{für } \alpha \to 0.$$

Zur Konvergenzbetrachtung des verbleibenden Teils ist es zweckmäßig, für

$$\tilde{\delta} := \delta^j = \exp\left\{ -j \cdot \frac{\sigma \, (\alpha)^{\frac{3}{2}}}{\sqrt{p(1-p)}} \right\} = \exp\left\{ -\sigma(t_j - t_0) \frac{\sqrt{\alpha}}{\sqrt{p(1-p)}} \right\}$$

die folgende Funktion zu definieren

$$f(\alpha) := \ln[p \cdot \delta^{-j} + (1-p)] + p \cdot j \cdot \ln \delta = \ln[p \cdot \delta^{(p-1)j} + (1-p)\delta^{p \cdot j}]$$

$$= \ln[p \cdot \tilde{\delta}^{p-1} + (1-p)\tilde{\delta}^p],$$

$$\lim_{\alpha \to 0} f(\alpha) = 0 \ .$$

Da f stetig differenzierbar auf $\mathbb{R}_+$ ist, genügt es, zur Bestimmung des Grenzwertes die Regel von de l'Hospital anzuwenden, d.h.

$$\lim_{\alpha \to 0} \frac{f(\alpha)}{\alpha} = \lim_{\alpha \to 0} \left(\frac{\partial f}{\partial x}\bigg|_{x=\alpha} \right) \ ,$$

wobei

$$\frac{\partial f(x)}{\partial x}\bigg|_{x=\alpha} = \frac{1}{p \cdot \tilde{\delta}^{p-1} + (1-p)\tilde{\delta}^p} \cdot [(p \, (p-1)\tilde{\delta}^{p-2} + (1-p) \, p \, \tilde{\delta}^{p-1}] \cdot \frac{\partial \tilde{\delta}}{\partial \alpha}$$

$$\frac{\partial \tilde{\delta}}{\partial \alpha} = -\tilde{\delta} \cdot \frac{\sigma(t_j - t_0)}{\sqrt{p(1-p)}} \cdot \frac{1}{2\sqrt{\alpha}} \ .$$

Hieraus ergibt sich:

$$\lim_{\alpha \to 0} \frac{f(\alpha)}{\alpha} = \lim_{\alpha \to 0} \frac{1}{2}\sigma(t_j - t_0)\sqrt{p(1-p)} \left(\frac{1}{\sqrt{\alpha}} \frac{1 - \tilde{\delta}}{p + (1-p)\tilde{\delta}} \right) \ .$$

Erneute Anwendung der Regel von de l'Hospital liefert:

$$\frac{\partial}{\partial \alpha}\left(\frac{1-\tilde{\delta}}{p+(1-p)\tilde{\delta}}\right) = \frac{\tilde{\delta}}{\left(p+(1-p)\tilde{\delta}\right)^2} \cdot \frac{\sigma(t_j-t_0)}{\sqrt{p(1-p)}} \cdot \frac{1}{2\sqrt{\alpha}}$$

$$\frac{\partial}{\partial \alpha}\sqrt{\alpha} = \frac{1}{2\sqrt{\alpha}},$$

$$\Rightarrow \lim_{\alpha \to 0}\frac{f(\alpha)}{\alpha} = \lim_{\alpha \to 0}\frac{1}{2}\sigma(t_j-t_0)\sqrt{p(1-p)}\cdot\left[\frac{\frac{\tilde{\delta}}{(p+(1-p)\tilde{\delta})^2} \cdot \frac{\sigma(t_j-t_0)}{\sqrt{p(1-p)}} \cdot \frac{1}{2\sqrt{\alpha}}}{\frac{1}{2\sqrt{\alpha}}}\right]$$

$$= \frac{1}{2}\sigma^2(t_j-t_0)^2 .$$

$\square$

Mit Satz 9.1 ist der konforme Zinssatz im Ho-Lee-Modell unter dem äquivalenten Martingalmaß asymptotisch normalverteilt. Darüber hinaus sind der Mittelwert und die Varianz nicht abhängig von der exogen angenommenen Übergangswahrscheinlichkeit p, d.h. die resultierende Grenzwertverteilung ist unabhängig von p.

∇ **Beispiel 9.1:**

Ausgangspunkt des Beispiels ist eine flache Zinsstrukturkurve mit einer konformen Zinsrate von 6% p.a. und einer maximalen Restlaufzeit $T = 3$ Jahre. Die Periodenlänge sei zunächst auf ein Jahr festgelegt, die Volatilität des kurzfristigen Zinssatzes auf 10% p.a. und die Übergangswahrscheinlichkeit auf 0,5. Mit diesen Eingabedaten ist es möglich, die Entwicklung der Zinsstruktur im Ho-Lee-Modell zu berechnen. Als Ausgangsgleichung dient (9.11), die Dynamik der konformen Rendite, d.h. für $j = 0, 1, 2$ und $i = 0, \ldots, j$

$$y_i(t_j, \alpha_j) = -\frac{1}{\alpha_j}\left[\ln\left(\frac{B(t_0, t_{j+1})}{B(t_0, t_j)}\right) + (j-i)\ln\delta - \ln(p+(1-p)\delta^j)\right] .$$

Diese Ausgangsgleichung vereinfacht sich durch die Festsetzung

$$\alpha_j = \alpha = 1$$

$$B(t_0, t_j) = \exp\{-(t_j-t_0)0,06\} \Rightarrow \frac{B(t_0, t_{j+1})}{B(t_0, t_j)} = \exp\{-\alpha \cdot 0,06\}$$

$$\delta = \exp\left\{-\frac{\sigma(\alpha)^{\frac{3}{2}}}{\sqrt{p(1-p)}}\right\} = \exp\{-0,2\}$$

$$\Rightarrow y_i(t_j, \alpha) = 0,06 + (j-i)0,2 + \ln\left(0,5 + 0,5 \cdot e^{-0,2\cdot j}\right) .$$

Die Entwicklung der Diskontfaktoren mit einer Restlaufzeit von einem Jahr ist somit gegeben durch

$$
\begin{aligned}
D_i(j,1) &= \exp\{-\alpha\, y_i(t_j,\alpha)\} \\
&= \exp\left\{-0,06 - (j-i)0,2\right\} \cdot \left(0,5 + 0,5e^{-0,2j}\right)^{-1} .
\end{aligned}
$$

Das Martingalmaß ist per Konstruktion durch die Übergangswahrscheinlichkeiten $p = 0,5$ bestimmt. Unter diesem Maß sind die diskontierten Kursprozesse Martingale. Für den Diskontfaktor mit einer Restlaufzeit von zwei Jahren zum Zeitpunkt t_1 bedeutet dies

$$
\begin{aligned}
D_i(1,2) &= E_{P^*}\left[\exp\{-y_i(t_1,1)\}\cdot D_0(2,1) \mid y_i(t_1,1)\right] \\
&= \exp\{-y_i(t_1,1)\}\cdot\left[\frac{1}{2}D_{i+1}(2,1) + \frac{1}{2}D_i(2,1)\right] .
\end{aligned}
$$

Das Forward Risk Adjusted Measure berechnet sich aus dem mit der entsprechenden Nullkuponanleihe normierten Preis der Zustandswertpapiere (vgl. (9.9)). Da die Kurse der Zustandswertpapiere wiederum Martingale unter P^* sind, bedeutet dies

- für das t_1-Forward Risk Adjusted Measure Q^{t_1}

$$
\begin{aligned}
Q_{1,1} &= \frac{1}{B(t_0,t_1)}\cdot p\cdot B(t_0,t_1) = p = \frac{1}{2} \\
Q_{1,0} &= \frac{1}{B(t_0,t_1)}\cdot (1-p)\cdot B(t_0,t_1) = 1-p = \frac{1}{2} ,
\end{aligned}
$$

- für das t_2-Forward Risk Adjusted Measure Q^{t_2}

$$
\begin{aligned}
Q_{2,2} &= \frac{B(t_0,t_1)}{B(t_0,t_2)}p^2 D_1(1,1) = \frac{1}{2}(1+e^{-0,2})^{-1}, \\
Q_{2,1} &= \frac{B(t_0,t_1)}{B(t_0,t_2)}\left[p(1-p)D_1(1,1) + p(1-p)D_0(1,1)\right] = \frac{1}{2}, \\
Q_{2,0} &= \frac{B(t_0,t_1)}{B(t_0,t_2)}(1-p)^2 D_0(1,1) = \frac{1}{2}e^{-0,2}(1+e^{-0,2})^{-1} ,
\end{aligned}
$$

• für das t_3-Forward Risk Adjusted Measure Q^{t_3}

$$Q_{(3,3)} = \frac{B(t_0,t_1)}{B(t_0,t_3)}D_1(1,1)D_2(2,1)p^3 = \frac{1}{2}\left[(1+e^{-0,2})(1+e^{-0,4})\right]^{-1},$$

$$Q_{(3,2)} = \frac{B(t_0,t_1)}{B(t_0,t_3)}$$
$$\cdot \left[D_1(1,1)D_2(2,1) + D_1(1,1)D_1(2,1) + D_0(1,1)D_1(2,1)\right]p^2(1-p)$$
$$= \frac{1}{2}\left[(1+e^{-0,2})(1+e^{-0,4})\right]^{-1}\left[1+e^{-0,2}+e^{-0,4}\right]$$

$$Q_{(3,1)} = \frac{B(t_0,t_1)}{B(t_0,t_3)}$$
$$\cdot \left[D_1(1,1)D_1(2,1) + D_0(1,1)D_1(2,1) + D_0(1,1)D_0(2,1)\right]p(1-p)^3$$
$$= \frac{1}{2}\left[(1+e^{-0,2})(1+e^{-0,4})\right]^{-1}\left[1+e^{-0,2}+e^{-0,4}\right]e^{-0,2},$$

$$Q_{(3,0)} = \frac{B(t_0,t_1)}{B(t_0,t_3)}D_0(1,1)D_0(2,1)(1-p)^3$$
$$= \frac{1}{2}\left[(1+e^{-0,2})(1+e^{-0,4})\right]^{-1}e^{-0,6}.$$

Abbildung 9.5 fasst die berechneten Ergebnisse zusammen. Darüber hinaus ist es möglich, mit diesen Angaben den Arbitragepreis eines Finanzvertrages auf zwei Weisen zu berechnen. Die Auszahlung einer Europäischen Call-Option mit Ausübungspreis $K = 92\%$ und Fälligkeit zum Zeitpunkt t_2 über der Nullkuponanleihe mit Fälligkeit zum Zeitpunkt t_3 ist bestimmt durch

$$[B(t_2,t_3) - 92\%]^+ = [D_0(2,1) - 92\%]^+.$$

Der Arbitragepreis (in Prozent des Nennwertes) ist gleich dem erwarteten diskontierten Wert der Auszahlung unter dem Martingalmaß (Rückwärtsinduktion), d.h.

$$E_{P^*}\left[\prod_{j=0}^{1}\exp\{-y(j,1)\}[D(2,1) - 92\%]^+\right]$$
$$= e^{-0,06}\left[p^2 D_1(1,1)[D_2(2,1) - 92]^+ + p(1-p)D_1(1,1)[D_1(2,1) - 92]^+\right.$$
$$\left. + p(1-p)D_0(1,1)[D_1(2,1) - 92]^+\right] \doteq 5,2066\%$$

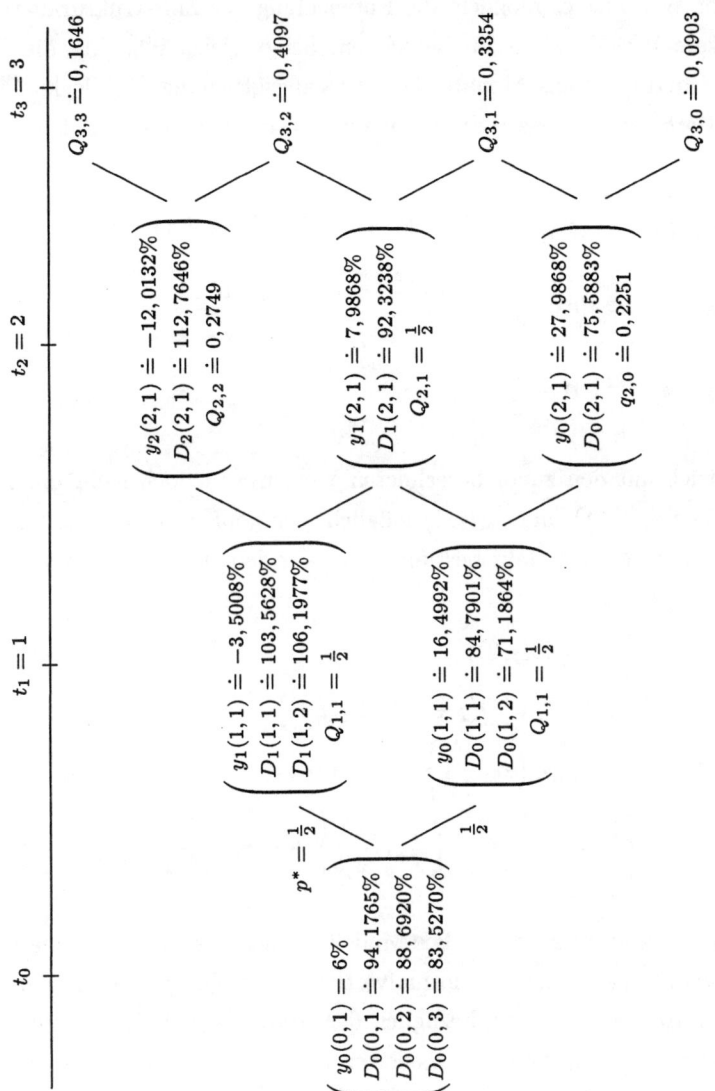

ABBILDUNG 9.5. Entwicklung der Zinsstrukturkurve im Ho-
Lee-Modell (Beispiel).

bzw. lässt sich als diskontierter Erwartungswert der Auszahlung unter dem
t_2-Forward Risk Adjusted Measure berechnen

$$B(t_0, t_2)\ E_{Q^{t_2}}\left[[D(2,1) - 92\%]^+\right]$$
$$=\quad B(t_0, t_2)\left[Q_{2,2}[D_2(2,1) - 92]^+ + Q_{2,1}[D_1(2,1) - 92]^+\right] \doteq 5,2066\%.$$

In gleicher Weise ist es möglich, die Entwicklung der Zinsstrukturkurve für
eine kürzere Periodenlänge zu berechnen. Sei α gleich 0,5, d.h. die Periodenlänge beträgt sechs Monate. Die Ausgangsgleichung für die konforme
Zinsrate (bezogen auf eine Halteperiode von sechs Monaten) lautet nun

$$y_i(t'_j, \frac{1}{2}) = -\frac{1}{0,5}\left[0,03 + (j-i)\ln\delta - \ln\left(\frac{1}{2} + (1-p)\delta^j\right)\right],$$

$$\delta = \exp\left\{-\frac{\delta(0,5)^{\frac{3}{2}}}{\sqrt{p(1-p)}}\right\} = \exp\left\{\frac{-0,1}{\sqrt{2}}\right\},$$

$$t'_{j+1} - t'_j = \alpha = \frac{1}{2}.$$

Ein Vergleich mit den zuvor berechneten Werten ist jedoch nicht unmittel-
bar zwischen $y_i(t'_j, \frac{1}{2})$ und $y_i(t'_j, 1)$ möglich. Die konforme Zinsrate für eine
Halteperiode von einem Jahr bestimmt sich aus den Diskontfaktoren, d.h.

$$y_i(t'_j, 1) = \frac{1}{-2\alpha}\ln\left(D_i(j,2)\right),$$

$$D_i(j,2) = D_i(j,1)\,E_{P^*}\left[D(j+1,1)|D_i(j,1)\right]$$

$$= \exp\left\{-\frac{1}{2}y_i\left(t'_j, \frac{1}{2}\right)\right\}$$

$$\cdot\left[\frac{1}{2}\exp\left\{-\frac{1}{2}y_{i+1}\left(t'_{j+1}, \frac{1}{2}\right)\right\} + \frac{1}{2}\exp\left\{-\frac{1}{2}y_i\left(t'_{j+1}, \frac{1}{2}\right)\right\}\right].$$

Das Konvergenzresultat im Ho-Lee-Modell besagt, dass die konforme kurzfristige Zinsrate im Grenzwert normalverteilt ist. Aufgrund der Abgeschlos-
senheit der Normalverteilung bezüglich der Addition, d.h. die Summe normalverteilter Zufallsvariablen ist wiederum normalverteilt, überträgt sich die
Verteilungseigenschaft auch auf konforme Zinsraten, die eine vorgegebene
Zinsbindungsdauer betreffen. So verstanden kann die Veränderung der konformen Zinsrate mit der Zinsbindungsdauer von einem Jahr in den Abbildungen 9.5 und 9.7 als eine Annäherung an die Normalverteilung aufgefaßt
werden. Abbildung 9.6 verdeutlicht dies, wobei die jeweiligen Realisationen
der Binomialprozesse zum Zeitpunkt $t_2 = 2$ Jahre die Intervallmittelpunkte
sind und die Histogrammhöhen sich auf das Martingalmaß beziehen.

Δ

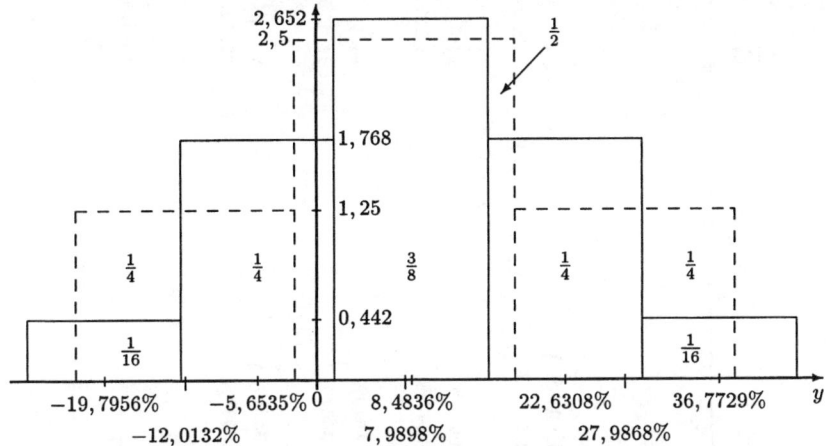

ABBILDUNG 9.6. Histogramm der konformen Zinsrate zum Zeitpunkt $t_2 = 2$ Jahre für eine einjährige bzw. halbjährige Schrittweite im Ho-Lee-Modell.

9.6. Binomialmodell mit nicht-negativen Zinsrealisationen

Die asymptotische Normalverteilung der continuously compounded short rate $\{f(t, t)\}_t$ im Ho-Lee-Modell (1986) bedingt negative effektive Zinssätze auf dem Kassa- und Terminmarkt und in der Folge Kurse von Nullkuponanleihen, die oberhalb des Nennwertes notieren. Daneben hat die diskrete Formulierung den Nachteil, dass sie in dieser Form nur für konstante Parameter p und σ bzw. δ gilt. Demgegenüber ist die Festlegung von p für das Grenzwertresultat nicht von Bedeutung. Dies bedeutet, dass der letztendlich nicht ökonometrisch schätzbare und nur aus theoretischer Sicht interpretierbare Parameter p asymptotisch keinen Einfluss auf das Modell hat.

Im Unterschied zu der Modellstruktur von Ho und Lee basiert das nachfolgende Modell auf der Betrachtung des nominalen oder effektiven Zinssatzes und führt nicht zu negativen Zinsrealisationen. Die Martingalübergangswahrscheinlichkeiten werden wiederum als exogen angenommen, sind jedoch nicht notwendig konstant, d.h. können sowohl zeit- wie zustandsabhängig sein. Ebenso kann die Volatilität des effektiven Zinssatzes zeit- und zustandsabhängig sein. Die Konsequenz ist eine aufwendigere numerische Handhabung, als sie das Ho-Lee-Modell erfordert.

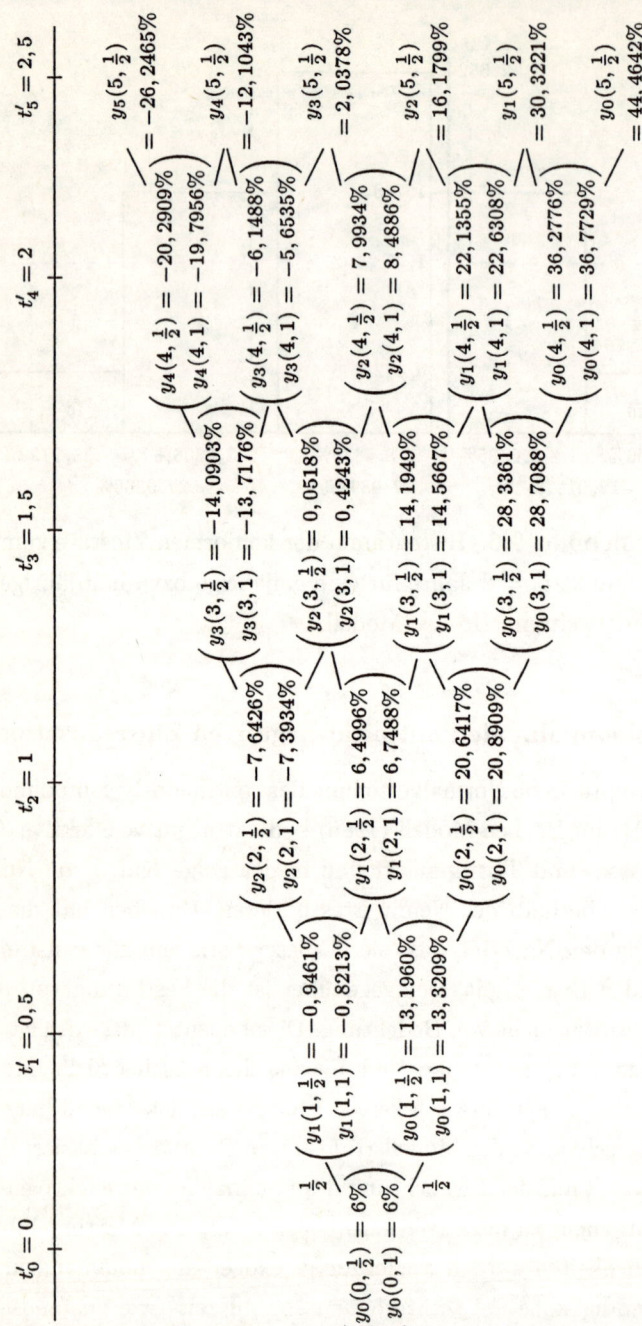

ABBILDUNG 9.7. Entwicklung der konformen Zinsrate im Ho-Lee-Modell (Beispiel).

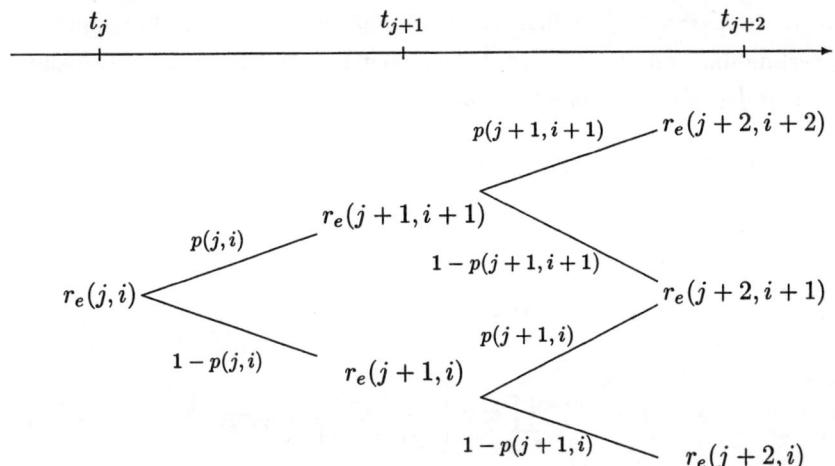

ABBILDUNG 9.8. Binominalprozess des effektiven Zinssatzes

Sei $\underline{T} = \{t_0 < t_1 < \cdots < t_N = T\}$ eine Diskretisierung der Zeitachse mit $\alpha_i = t_{i+1} - t_i \forall i$. Wiederum genügt der Prozess des kurzfristigen Zinssatzes einem pfadunabhängigen Binomialmodell. Diese Annahme bezieht sich nun jedoch auf den Prozess der effektiven Zinssätze, d.h. auf $r_e(t_i, t_i, \alpha_i)$. Zur Vereinfachung der algorithmischen Darstellung bezeichnet $r_e(j, i)$ den annualisierten effektiven Zinssatz zum Zeitpunkt $t_j \in \underline{T} \setminus \{t_N\}$ für die Periode t_j auf t_{j+1}, falls i Aufwärtsbewegungen stattgefunden haben. Der Diskontfaktor $D_i(j, 1)$ zum Zeitpunkt t_j im Knoten i ist dann bestimmt durch:

$$D_i(j, 1) = (1 + r_e(j, i))^{-\alpha_j}.$$

Weiter sei das äquivalente Martingalmaß P^* exogen vorgegeben durch die zugehörigen Übergangswahrscheinlichkeiten $p(j, i)$. Die Prozessentwicklung entspricht der in Abbildung 9.8 gegebenen Darstellung. Der Volatilitätsbegriff bezieht sich nun auf den effektiven Zinssatz, d.h. es existiert eine exogene Funktion $\sigma(\cdot, \cdot)$, die jedem Zeitpunkt und Zustand die Volatilität des effektiven Zinssatzes zuordnet, so dass

$$\sigma^2(j, i) = V_{p(j,i)} [\ln[r_e(j+1, \cdot)] | r_e(j, i)].$$

Die Volatilität wie auch die Übergangswahrscheinlichkeiten können sowohl vom Zeitpunkt wie auch dem Knoten abhängen. Die Volatilitätsannahme in Verbindung mit der Pfadunabhängigkeit begründet nun eine Beziehung zwischen den verschiedenen Zinsrealisationen zu einem Zeitpunkt.

$$
\sigma^2(j,i) = V_{p(j,i)}\Big[\ln[r_e(j+1,\cdot)]|r_e(j,i)\Big]
$$

$$
= p(j,i)(1-p(j,i)) \cdot \left(\ln\left[\frac{r_e(j+1,i+1)}{r_e(j+1,i)}\right]\right)^2,
$$

$$
(9.12) \quad \Leftrightarrow \quad r_e(j+1,i+1) = r_e(j+1,i) \cdot \exp\left\{\frac{\sigma(j,i)}{\sqrt{p(j,i)(1-p(j,i))}}\right\}
$$

$$
= r_e(j+1,0) \cdot \prod_{k=0}^{i} \exp\left\{\frac{\sigma(j,k)}{\sqrt{p(j,k)(1-p(j,k))}}\right\}, \quad i = 0,\dots,j.
$$

Sind $p(j,i)$ und $\sigma(j,i)$ konstant über alle Knoten in einem Zeipunkt, d.h. nur zeitabhängig, so gilt

$$
r_e(j+1,i+1) = r_e(j+1,0)\left[\exp\left\{\frac{\sigma(j)}{\sqrt{p(j)(1-p(j))}}\right\}\right]^{i+1},
$$

wobei $r_e(j+1,0)$ die niedrigste Zinsrealisation zum Zeitpunkt t_j ist. Die proportionale Beziehung zwischen den effektiven Zinssätzen eines Zeitpunktes beruht nicht auf einem Zusammenhang zwischen den Zinsrealisationen zum Zeitpunkt t_j und denen zum Zeitpunkt t_{j+1}. Im Unterschied zum Ho-Lee-Modell ist dies auch nicht nötig, da unter dem äquivalenten Martingalmaß die Kurse der Nullkuponanleihen zum Zeitpunkt t_0 dem erwarteten diskontierten Wert ihrer Auszahlung entsprechen. Dies bedeutet für die Zeitpunkte t_0 und t_1

$$
B(t_0,t_1) = \left(\frac{1}{1+r(0,0)}\right)^{\alpha_0} \Rightarrow r(0,0) = (B(t_0,t_1))^{-\frac{1}{\alpha_0}} - 1,
$$

$$
B(t_0,t_2) = E_{p^*}\left[\frac{1}{[1+r(0,0)]^{\alpha_0}} \cdot \frac{1}{[1+r(1,\cdot)]^{\alpha_1}}\right]
$$

$$
= \frac{1}{[1+r(0,0)]^{\alpha_0}}\left(\frac{p(0,0)}{[1+r(1,1)]^{\alpha_1}} + \frac{1-p(0,0)}{[1+r(1,0)]^{\alpha_1}}\right)
$$

$$
= \frac{1}{[1+r(0,0)]^{\alpha_0}}\left(\frac{p(0,0)}{[1+r(1,0)\cdot f(0,0)]^{\alpha_1}} + \frac{1-p(0,0)}{[1+r(1,0)]^{\alpha_1}}\right)
$$

$$
f(0,0) := \exp\left\{\frac{\sigma(0,0)}{\sqrt{p(0,0)(1-p(0,0))}}\right\} > 0 \text{ für } \sigma(0,0) > 1.
$$

Dies ist eine nicht lineare Gleichung in einer Unbekannten $r(1,0)$, der niedrigsten Zinsrealisation zum Zeitpunkt t_1. Der folgende Satz besagt insbesondere, dass das durch (9.12) spezifizierte Zinsstrukturmodell arbitragefrei ist.

Satz 9.2:

Sei $\underline{\underline{T}} = \{t_0 < \ldots < t_N\}$ eine Diskretisierung der Zeitachse und seien $1 = B(t_0, t_0) > B(t_0, t_1) > B(t_0, t_2) > \ldots > B(t_0, t_N) > 0$ die Kurse der Nullkuponanleihen zum Zeitpunkt t_0 mit Fälligkeit $t_i \in \underline{\underline{T}}$ und Nennwert 1. Für jede Spezifikation der Übergangswahrscheinlichkeiten und der Volatilitätsfunktion

$$p : A \longrightarrow \;]0,1[\;, \quad \sigma : A \longrightarrow \mathbb{R}_{>0}$$

mit $A := \{(j,i)|j = 0,\ldots,N-1;\ i = 0,\ldots,j\}$ existiert ein eindeutiger pfadunabhängiger und nicht-negativer Binomialprozess des effektiven annualisierten Zinssatzes pro Periode, so dass die diskontierten Kursprozesse der Nullkuponanleihen unter dem durch p definierten Wahrscheinlichkeitsmaß P^* zu Martingalen werden.

Beweis:

Der Beweis wird mittels Induktion über die Zeitpunkte t_j geführt und beruht auf einem einfachen Zwischenwertargument. $r(0,0)$ ergibt sich aus dem Kurs $B(t_0, t_1)$ der Nullkuponanleihe mit Fälligkeit in t_1.

Induktionsanfang: Setze $y := r(1,0)$ und $f(0,0) = \exp\left\{\dfrac{\sigma(0,0)}{\sqrt{p(0,0)(1-p(0,0))}}\right\}$.

Die Martingalbedingung für den Kurs der Anleihe $B(t_0, t_1)$ lautet:

$$B(t_0, t_2) \;=\; \frac{1}{[1 + r(0,0)]^{\alpha_0}}\left[\frac{p(0,0)}{[1 + y \cdot f(0,0)]^{\alpha_1}} + \frac{1 - p(0,0)}{[1 + y]^{\alpha_1}}\right] \;.$$

Definiere die Funktion

$$g_2(y) := \frac{1}{[1 + r(0,0)]^{\alpha_0}}\left[\frac{p(0,0)}{[1 + y \cdot f(0,0)]^{\alpha_1}} + \frac{1 - p(0,0)}{[1 + y]^{\alpha_1}}\right] - B(t_0, t_2).$$

Da $f(0,0) > 1$, ist $g_2 : \mathbb{R}_{\geq 0} \longrightarrow \mathbb{R}$ eine stetige und streng monoton fallende Funktion mit

$$g_2(0) \;=\; \frac{1}{[1 + r(0,0)]^{\alpha_0}} = B(t_0, t_1) - B(t_0, t_2) > 0$$

$$\lim_{y \to \infty} g_2(y) \;=\; -B(t_0, t_2) < 0 \;.$$

Aus dem Zwischenwertsatz folgt somit die Existenz einer eindeutigen Zahl $y^* > 0$ mit $g_2(y^*) = 0$.

Induktionsbehauptung Für alle $j \leq n$ sei die Behauptung erfüllt.

Induktionsschritt $(j = n + 1)$: Die Martingalbedingung besagt:

$$B(t_0, t_{n+1}) = \frac{1}{[1 + r(0,0)]^{\alpha_0}}$$

$$\cdot \sum_{i \in K(n)} \left[\prod_{j=0}^{n-1} p(j, s(j,i))^{i_{j+1}} (1 - p(j, s(j,i)))^{1-i_{j+1}} \left(\frac{1}{1 + r_e(j+1, s(j+1, i))} \right)^{\alpha_j} \right]$$

wobei $K(n) := \{i = (0, i_1, \ldots, i_n) \in \{0\} \times \{0,1\}^n\} \hat{=}$ Menge der Pfade,

$$s(j, i) := \sum_{k=0}^{j} i_k \hat{=} \text{Zahl der Aufwärtsbewegungen des Pfades } i \in K(n)$$

zum Zeitpunkt $t_j \leq t_n$.

Definiere $y := r_e(n - 1, 0), \qquad f(j, 0) := 1,$

$$f(j, i + 1) := \prod_{k=0}^{i} \exp \left\{ \frac{\sigma(j, k)}{\sqrt{p(j, k)(1 - p(j, k))}} \right\} > 1, \ \forall i = 0, \ldots, j - 1.$$

Wiederum ist die Funktion $g_{n+1} : \mathbb{R}_{\geq 0} \longrightarrow \mathbb{R}_{\geq 0}$ mit

$$g_{n+1}(y)$$

$$:= \left[\frac{1}{[1 + r(0,0)]^{\alpha_0}} \sum_{i \in K(n)} \prod_{j=0}^{n-1} p(j, s(j,i))^{i_{j+1}} (1 - p(j, s(j,i)))^{1-i_{j+1}} \right.$$

$$\left. \left(\frac{1}{1 + r_e(j + 1, s(j + 1, i))} \right)^{\alpha_j} \right] - B(t_0, t_{n+1})$$

$$= \left[\frac{1}{[1 + r(0,0)]^{\alpha_0}} \sum_{i \in K(n)} \left[\left[\prod_{j=0}^{n-2} p(j, s(j,i))^{i_{j+1}} (1 - p(j, s(j,i)))^{1-i_{j+1}} \right. \right. \right.$$

$$\left. \left(\frac{1}{1 + r_e(j + 1, s(j + 1, i))} \right)^{\alpha_j} \right]$$

$$\left. \left. \left(\frac{p(n - 1, s(n - 1, i)^{i_n} (1 - p(n - 1, s(n - 1, i)))^{1-i_n}}{[1 + y \cdot f(n, s(n, i))]^{\alpha_n}} \right) \right] \right] - B(t_0, t_{n+1})$$

stetig und streng monoton fallend in y mit

$$g_{n+1}(0) = B(t_0, t_n) - B(t_0, t_{n+1}) > 0 \qquad \text{(Induktionsbehauptung)},$$

$$\lim_{y \to \infty} g_{n+1}(y) = -B(t_0, t_{n+1}) < 0,$$

d.h. es existiert eine eindeutige Lösung $y^* > 0$ mit $g_{n+1}(y^*) = 0$. $\qquad \square$

Basierend auf dem obigen Beweis ist es möglich, eine Implementierung vorzunehmen. Der erste Teil des Beweises, die Darstellung der Erwartungswerte, basiert auf der Rückwärtssubstitution. Der zweite Teil ist jedoch nicht konstruktiv und liefert nur die Existenz und Eindeutigkeit einer Lösung. Das resultierende Nullstellenproblem muss somit mittels eines Iterationsverfahrens gelöst werden. In Verbindung mit der Rückwärtssubstitution ist nicht zu erwarten, einen schnellen (bezogen auf die Rechenzeit) Algorithmus zu erhalten. Es bietet sich an, die Vorwärtssubstitution anzuwenden. In der Tat führt dies zu einer erheblichen Verbesserung der Rechenzeit. Die algorithmische Formulierung lautet für $j = 0, \dots, N$; $i = 0, \dots, j$:

$$
\begin{aligned}
\pi_{0,0} &:= 1, \hat{\pi}_{0,0} := \frac{1}{[1 + r(0,0)^{\alpha_0}]} \, , \\
\hat{\pi}_{j,i} &:= \frac{\pi_{j,i}}{[1 + r(j,i)]^{\alpha_j}} \, , \\
\pi_{j,j} &:= p(j-1, j-1) \cdot \hat{\pi}_{j-1,j-1} \, , \\
\pi_{j,0} &:= (1 - p(j-1,0)) \cdot \hat{\pi}_{j-1,0} \, , \\
\pi_{j,i} &:= p(j-1, i-1) \cdot \hat{\pi}_{j-1,i-1} + (1 - p(j-1,i)) \cdot \hat{\pi}_{j-1,i} \, .
\end{aligned}
$$

Das Nullstellenproblem erhält die Form:

$$
\begin{aligned}
B(t_0, t_{j+1}) &= \sum_{i=0}^{j} \hat{\pi}_{j,i} = \sum_{i=0}^{j} \frac{\pi_{j,i}}{[1 + r(j,i)]^{\alpha_j}} \\
&= \sum_{i=1}^{j} p_{j-1,i-1} \frac{\hat{\pi}_{j-1,i-1}}{[1 + y \cdot f(j,i)]^{\alpha_j}} + \sum_{i=0}^{j-1} (1 - p_{j-1,i}) \frac{\hat{\pi}_{j-1,i}}{[1 + y \cdot f(j,i)]^{\alpha_j}} \, ,
\end{aligned}
$$

$$
\begin{aligned}
\text{wobei} \quad f(j,0) &:= 1, \quad r(j,i) = y \cdot f(j,i), \\
f(j,i) &:= \prod_{k=1}^{i} \exp\left\{ \frac{\sigma(j,k)}{\sqrt{p(j,k)(1 - p(j,k))}} \right\} ,
\end{aligned}
$$

mit der Lösung $y = r(j,0)$.

Wiederum ist es möglich, das Verhalten des Modells für $\alpha \to 0$ zu studieren. Im Unterschied zum Ho-Lee-Modell bezieht sich der Grenzprozeß auf den effektiven annualisierten Zinssatz. Die Beziehung zum konformen Zinssatz ist gegeben durch

$$
[1 + r(j,i)]^{\alpha} = \exp\{\alpha \cdot y_i(j,\alpha)\} \quad \Leftrightarrow \quad \ln(r(j,i)) = \ln[\exp\{y_i(j,\alpha)\} - 1],
$$

Satz 9.3:

Für eine konstante Übergangswahrscheinlichkeit $p \in \,]0,1[$ und eine konstante Volatilität $\sigma > 0$ genügt der Prozess der logarithmierten effektiven Zinssätze pro Periode $\{x_{t_j} = \ln\, r(t_j, t_j, \alpha)\}$ für $n \to \infty$ dem Zentralen Grenzwertsatz, d.h. der effektive Zinssatz ist unter dem Martingalmaß asymptotisch lognormalverteilt. Darüber hinaus gilt für die Varianz

$$V_P[\ln r(t_j, t_j, \alpha) \mid \mathcal{F}_{t_0}] = \sigma^2 \cdot (t_j - t_0).$$

Beweis:

Sei $\underline{T} = \{t_0 < t_1 < \cdots < t_N = T\}$ eine äquidistante Diskretisierung der Zeitachse mit $\alpha = t_{j+1} - t_j$, d.h. $j \cdot \alpha = t_j - t_0$ und $\alpha = \frac{t_N - t_0}{N}$. Für konstantes $p \in \,]0,1[$ und $\sigma > 0$ gilt:

$$r_{j,i} = r_{j,0} \cdot \exp\left\{ \frac{\sigma\sqrt{\alpha}}{\sqrt{p(1-p)}} \right\}^i =: r_{j,0} \cdot f^i, \qquad i = 0, \ldots, j \,,$$

wobei $r_{j,0}$ die niedrigste Zinsrealisation zum Zeitpunkt t_j darstellt. $i = i(j)$ lässt sich wiederum als Summe identisch und unabhängig verteilter Zufallsvariablen interpretieren. Darüber hinaus gilt für die standardisierte Variable:

$$\frac{\ln r_{j,\cdot} - E_p[\ln r_{j,\cdot}]}{\sqrt{V_p[\ln r_{j,\cdot}]}} = \frac{i(j)\ln f - jp \cdot \ln f}{\sqrt{jp(1-p)(\ln f)^2}} = \frac{\frac{i(j)}{j} - p}{\sqrt{\frac{p(1-p)}{j}}},$$

$$\Rightarrow \quad E_p[\ln r_{j,\cdot}] = \ln r_{j,0} + E_p[i(j)\ln f] = \ln r_{j,0} + j\, p \cdot \ln f,$$

$$V_p[\ln r_{j,\cdot}] = V_p[i(j) \cdot \ln f] = j\, p(1-p)(\ln f)^2$$

$$= j \cdot p(1-p) \cdot \frac{\sigma^2 \alpha}{p(1-p)} = \sigma^2(t_j - t_0),$$

d.h. sie ist asymptotisch $N(0,1)$-verteilt. $\square$

Satz 9.3 präzisiert die asymptotische Verteilung und Varianz des effektiven Zinssatzes, jedoch nicht den Erwartungswert unter dem Martingalmaß. Aus der Martingaleigenschaft der Terminpreise unter dem Forward Risk Adjusted Measure folgt jedoch zumindest

$$\frac{1}{(1 + r_e(t_0, t_i, \alpha))^\alpha} = \frac{B(t_0, t_i + \alpha)}{B(t_0, t_i)} = E_{Q^{t_i}}\left[\frac{1}{[1 + r_e(t_i, t_i, \alpha)]^\alpha} \right].$$

Diese Modellierung des effektiven Zinssatzes kann in analoger Weise auch für den nominalen Zinssatz erfolgen. Die qualitativen Eigenschaften, d.h. die

Sätze 9.2 und 9.3, übertragen sich in diesem Fall auf den nominalen Zinssatz. Es handelt sich jedoch dann um ein anderes, d.h. unterschiedliches, Zinsstrukturmodell.

Die hergeleiteten Grenzwertresultate dieses wie auch des Ho-Lee-Modells beziehen sich jedoch auf konforme Zinsraten bzw. nominale oder effektive Zinssätze mit einer Zinsbindungsfrist, die gegen Null strebt. Die Grenzverteilung überträgt sich im allgemeinen nicht auf Zinsraten oder Zinssätze mit einer endlichen Berechnungsperiode, z.B. 3 Monate. Diese zusätzliche Eigenschaft im Ho-Lee-Modell beruht auf der Additivität der Normalverteilung und ist für andere Modelle nicht gegeben. Hier zeigt sich auch ein grundsätzliches Problem der Interpretation diskreter Modelle und ihrer Grenzwerte. Während die diskrete Formulierung eine Interpretation der Zinssätze bezüglich der Bindungsperioden zulässt, bezieht sich das Konvergenzresultat auf sogenannte augenblickliche Zinssätze bzw. Zinsraten.

Weiterführende Literatur

Ältere Arbeiten, die sich mit der diskreten Modellierung des Zinsänderungsrisikos befassen, sind beispielsweise Rendleman und Bartter (1980) und Pitts (1985). Hierbei handelt es sich jedoch noch nicht um ein Zinsstrukturmodell, da die Kurse der Anleihen zum Zeitpunkt t_0 endogen bestimmt werden, d.h. nicht Ausgangsgrößen der Modellbildung sind. Das erste Zinsstrukturmodell in diesem Sinne stammt von Ho und Lee (1986). Weitere Vorschläge zu diskreten Zinsstrukturmodellen wurden von Black, Derman und Toy (1990) sowie Sandmann und Sondermann (1990) und (1997) entwickelt. Für ersteres Modell haben Black und Karasinski (1991) den Grenzwert untersucht. Einen Überblick zu verschiedenen diskreten Ansätzen liefern Jensen und Nielsen (1994). Neben Fragen der Modellbildung dient die Darstellung diskreter Zinsstrukturmodelle hauptsächlich der numerischen Berechnung von Optionspreisen und von Hedgestrategien. Insofern befassen sich diese Arbeiten nicht mit einem speziellen Modell, sondern mit Modellklassen, die bestimmte analytische Gemeinsamkeiten aufweisen. Wichtige Arbeiten hierzu stammen von Hull und White (1990a,b; 93; 94a,b,c), Li, Ritchken und Sankarasubramanian (1995) sowie Schmidt (1997). Im Zusammenhang mit der numerischen Problemstellung kommt dem Wechsel zum Forward Risk Adjusted Measure eine entscheidende Bedeutung zu. Diese wurde erstmals von

Jamshidian (1991b) hergeleitet und ist Grundlage der vereinfachten Darstellung im Binomialmodell von Sandmann und Schlögl (1996). Die für die Bewertung relevanten Wahrscheinlichkeitsmaße, das äquivalente Martingalmaß und das Forward Risk Adjusted Measure, stehen in enger Verbindung zur Bedeutung der verschiedenen Erwartungswerthypothesen. Die grundlegende Arbeit stammt hier von Cox, Ingersoll jr. und Ross (1981a). Lesenswert ist hierzu auch die Diskussion in Ingersoll jr. (1987).

Eine Reihe von Lehrbüchern befasst sich u.a. mit Modellen zum Zinsänderungsrisiko. Eine breitere Darstellung erfährt diese Fragestellung beispielsweise in Rebonato (1996), Musiela und Rutkowski (1997) und Björk (1998).

Übungsaufgaben

Aufgabe 9.1:

Betrachten Sie ein diskretes Zinsstrukturmodell mit vier Zeitpunkten t_0, t_1, t_2 und t_3. Die Periodenlänge beträgt jeweils 1 Jahr. Weiter betrage der kurzfristige Zinssatz aktuell 8% und steigt bzw. fällt um jeweils zwei Prozentpunkte pro Periode. Die Kurse der Nullkuponanleihe mit Fälligkeit t_2 und t_3 seien gegeben durch

$$B(t_0, t_2) = 85,9221\% \qquad B(t_0, t_3) = 79,5698\% \ .$$

Weiter sei angenommen, dass der Kurs der Nullkuponanleihe mit Fälligkeit in t_3 zum Zeitpunkt t_1 entweder auf $82,9726\%$ steigt, falls der kurzfristige Zinssatz 10% beträgt, oder auf $88,3594\%$ steigt, falls der kurzfristige Zinssatz 6% beträgt.

   a) Bestimmen Sie das Martingalmaß und das Forward Risk Adjusted Measure zum Zeitpunkt t_2.

   b) Berechnen Sie den Arbitragepreis einer Europäischen Put-Option über der Nullkuponanleihe mit Fälligkeit in t_3, Ausübungszeitpunkt t_2 und Basispreis $93,45\%$.

Aufgabe 9.2:

Abschnitt 9.1 gibt ein Zahlenbeispiel für ein diskretes Zinsstrukturmodell wieder. Berechnen Sie die Arbitragepreise eines Cap und Floor mit Basislevel 8%, Nennwert 1 Mio. DM und Vergleichszeitpunkten t_1 und t_2. Benutzen Sie die in Abbildung 9.3, S. 328, angegebenen Daten.

Aufgabe 9.3:

In einem diskreten Zinsstrukturmodell mit vier Zeitpunkten beträgt der aktuelle nominale Zinssatz 4% und fällt bzw. steigt um jeweils einen Prozentpunkt pro Periode. Die Periodenlänge sei jeweils gleich einem Jahr und das Martingalmaß ist durch eine konstante Übergangswahrscheinlichkeit $p^* = 0,25$ für eine Aufwärtsbewegung im Zinssatz gegeben.

a) Berechnen Sie die arbitragefreien Preisprozesse der Nullkuponanleihen mit Fälligkeit in t_1, t_2 und t_3.

b) Berechnen Sie die Preise der Zustandswertpapiere und das t_2-Forward Risk Adjusted Measure.

c) Bestimmen Sie den Preis einer Europäischen Call-Option mit Ausübungszeitpunkt t_2, Basispreis 96, 20% bezüglich der Nullkuponanleihe mit Fälligkeit in t_3. Geben Sie zwei unterschiedliche Berechnungswege an.

KAPITEL 10

Zeitstetige Zinsstrukturmodelle

Die Lognormalverteilung, die dem Black-Scholes-Modell zugrundeliegt, ist zur Bewertung von Aktien- und Devisenoptionen in der Praxis wie auch in der Theorie eine weit verbreitete Grundannahme. Obwohl auch andere Verteilungen, wie z.b. die hypergeometrische Verteilung, die inverse Gaußverteilung oder Sprungdiffusionsprozesse aus unterschiedlichen Gründen das Kursverhalten besser beschreiben, ist das Black-Scholes-Modell ein allgemein akzeptiertes Referenzmodell. Diese herausragende Bedeutung des Black-Scholes-Modells kommt in dieser eindeutigen Weise keinem speziellen Zinsstrukturmodell zu. Vielmehr existiert eine Reihe verschiedener Modelle, deren Unterschiede von technischen Details bis zu grundlegenden methodischen Fragen reichen. Ziel des vorliegenden Abschnittes ist es nicht, einen vollständigen Überblick der in der Literatur diskutierten und in der Praxis verwendeten Modelle und Modellansätze zu geben. Vielmehr beschränkt sich die Darstellung auf zwei unmittelbar mit dem Black-Scholes-Modell in Zusammenhang stehende Modellklassen, die sogenannten *Gauß-Zinsstrukturmodelle* und die *lognormalen Zinsstrukturmodelle*. Beide Modelle bieten die Grundlage der in der Praxis verbreiteten Bewertungsformeln für zinsabhängige Verträge mit Optionscharakter. Dies bedeutet jedoch nicht, dass andere Modellspezifikationen, wie z.B. das Quadratwurzelmodell von Cox, Ingersoll jr. und Ross (1985b) oder der algorithmische Modellrahmen von Hull und White (1993a; 94a,b), den beiden genannten unterzuordnen sind. Im Gegenteil verdeutlicht die Vielfalt der anzutreffenden Modellspezifikationen die Komplexität der Fragestellung.

Beschränkt sich das Black-Scholes-Modell zunächst auf die Modellierung der Kursentwicklung eines Wertpapiers, so befassen sich Zinsstrukturmodelle mit der Veränderung eines gesamten Marktes. Schon die definitorischen Beziehungen zwischen den Kursen unterschiedlicher Anleihen und den Renditen,

Zinssätzen und Zinsraten in Kapitel 8 lassen unterschiedliche Ausgangsüberlegungen zu. Eine grobe Unterteilung der Modellansätze orientiert sich insofern am Ausgangsobjekt. Es ist zu unterscheiden zwischen einem zinsorientierten und einem kursorientierten Ansatz.

Der *zinsorientierte Modellansatz* befasst sich im ersten Schritt mit der
Modellierung der Kassa- und Terminzinsraten bzw. -sätze. Die das Modell
darstellende exogene Verteilungsannahme bezieht sich auf den verwendeten
Zinsbegriff. Die Kursprozesse der Anleihen mit und ohne Kuponzahlungen
sind endogen in einem zweiten Schritt zu bestimmen. Die Konzeption des
Kapitels 9 verfolgt diesen zinsorientierten Ansatz. Bezogen auf zeitstetige
Zinsstrukturmodelle hat dieser Ansatz seinen Ursprung in der grundlegenden
Arbeit von Heath, Jarrow und Morton (1992).

Der *kursorientierte Modellansatz* stellt eine Umkehrung der zinsorientierten Modellierung dar. Die das Modell darstellenden exogenen Verteilungsannahmen beziehen sich hier auf den Kursprozess der Anleihen, d.h. in der
Regel Nullkuponanleihen. Hieraus leiten sich endogen die verschiedenen Zinsprozesse ab. Mit Blick auf die Bewertung von Rentenoptionen stellt der kursorientierte Ansatz einen natürlichen Zugang dar. Demgegenüber war die
arbitragefreie Modellierung beliebig vieler Anleihenprozesse eine im kursorientierten Ansatz nicht leicht zu beantwortende Frage. Erst die unveröffentlichten Arbeiten von El Karoui, Lepage, Myneni, Roseau und Viswanathan
(1991) und El Karoui, Myneni und Viswanathan (1992) und der Artikel von
Geman, El Karoui und Rochet (1995) erweitern den kursorientierten Ansatz
im Sinne eines Zinsstrukturmodells.

Aufgrund der definitorischen Beziehungen zwischen den Kursen der Anleihen und den Kassa- und Terminzinsraten bzw. -sätzen bedingen sich der
zins- und der kursorientierte Ansatz. So erscheint auf den ersten Blick die
Wahl der Vorgehensweise unerheblich. Dies ist aus ökonomischer Sicht richtig, falls die sich gegenseitig entsprechenden Verteilungsannahmen der Zinsraten und Kurse einen jeweils eigenen Zugang der Interpretation und Beurteilung der Modellstruktur ermöglichen. Ein Beispiel hierfür sind die Gauß-
Zinsstrukturmodelle. Umgekehrt ist der Ausgangspunkt der Modellbildung
entscheidend, falls die Verteilungsannahmen für die endogenen Größen zu bisher nicht in diesem Maße beachteten Verteilungscharakteristika führen. Dies

gilt für die zinsorientierten Ansätze mittels Quadratwurzel- oder lognormalen Prozessen.

10.1. Kursorientierter Ansatz

Ziel ist es, den Kursprozess von Nullkuponanleihen als einen zeitstetigen Prozess zu modellieren. Dies geschieht mit Rückgriff auf die in Abschnitt 7.1 im Zusammenhang mit dem Black-Scholes-Modell motivierten Begriffe und Konzepte. Hierbei sind jedoch drei wichtige und für Nullkuponanleihen charakteristische *Aspekte* zu beachten:

- *Endwertproblem:* Unter Ausschluss des Bonitätsrisikos ist der Kurs einer Nullkuponanleihe bei Fälligkeit gleich dem Nennwert. Zum Zeitpunkt $t < T$ stellt die Auszahlung einer Nullkuponanleihe mit Fälligkeit in T keine Zufallsvariable dar, es gilt vielmehr

$$B(T,T) = 1 \qquad P \text{ fast sicher.}$$

  Insofern ist es nicht möglich, den Kursprozess eines Wertpapiers, wie er im Black-Scholes-Modell verwendet wird, unverändert zur Modellierung der Anleihenkurse zu übernehmen.

- *Abnehmende Volatilität:* Aus dem Endwertproblem ergibt sich die Notwendigkeit einer zeitabhängigen Volatilität des Anleihekurses. Da der Kurs der Anleihe zum Fälligkeitszeitpunkt bekannt ist, beträgt der Wert der Volatilität zu diesem Zeitpunkt Null. Es ist somit sinnvoll, die Volatilität ν einer Nullkuponanleihe mit Fälligkeit zum Zeitpunkt T zumindest als eine Funktion der Zeit und insbesondere der Restlaufzeit zu definieren, d.h.

$$\nu(\cdot,T) \; : \; [0,T] \; \to \; \mathbb{R}_{\geq 0} \quad \text{mit} \quad \nu(T,T) = 0 \; .$$

- *Arbitragefreiheit:* Das in Abschnitt 9.1 diskutierte Beispiel eines Zinsstrukturmodells zeigt, dass der Kursprozess einer langfristigen Anleihe nicht unabhängig von dem einer kurzfristigen Anleihe modelliert werden kann. Eine hinreichende Bedingung für die Arbitragefreiheit beliebig vieler Kursprozesse ist die Existenz einer Wahrscheinlichkeits-verteilung P^*, unter der *alle* diskontierten Kursprozesse Martingale sind.[1]

Mit diesen Vorbemerkungen ist es nun grundsätzlich möglich, den Kurspro-zess einer Nullkuponanleihe zu modellieren. Sei hierzu $(\Omega, \mathcal{F}, P^*)$ ein Wahr-scheinlichkeitsraum und ist $\{W^*(t)\}_{t\in[0,T]}$ eine *n-dimensionale standardisier-te Brown'sche Bewegung* für $n \in \mathbb{N}$, d.h.

- $W^*(t) = (W_1^*(t), \ldots, W_n^*(t))^T \in \mathbb{R}^n$,

- $\left(W_j^*(t)\right)_{t\in[0,T]}$ ist für jedes $j = 1, \ldots, n$ unter dem Wahrscheinlich-keitsmaß P^* eine Brown'sche Bewegung gemäß Definition 7.2 (Seite 254),

- für jedes $j \neq k$; $j, k = 1, \ldots, n$ sind die Brown'schen Bewegun-gen $\left(W_j^*(t)\right)_{t\in[0,T]}$ und $(W_k^*(t))_{t\in[0,T]}$ unabhängig verteilt unter dem Wahrscheinlichkeitsmaß P^*.

Definition 10.1:

Sei $[t_0, T]$ ein vorgegebenes Zeitintervall und $(\Omega, \mathcal{F}, \{\mathcal{F}_t\}_t, P^*)$ ein filtrier-ter Wahrscheinlichkeitsraum, wobei die Filtration durch eine n-dimensionale Brown'sche Bewegung $\{W^*(t)\}_{t\in[t_0,T]}$ unter dem Wahrscheinlichkeitsmaß P^* erzeugt wird, d.h. $\mathcal{F}_t = \mathcal{F}(W^*(s)\,,\ s \in [t_0, t])$. Sind die Kursprozesse der Null-kuponanleihen mit Fälligkeit in $\tau \in [t_0, T]$ für jedes τ definiert durch

(10.1)
$$B(t,\tau) := B(t_0,\tau) \exp \left\{ \int_{t_0}^t r_c(u) - \frac{1}{2}\|\nu(u,\tau)\|^2 du + \int_{t_0}^t \nu(u,\tau) \cdot dW^*(u) \right\},$$

wobei der eindimensionale numerische stochastische Prozeß $\{r_c(t)\}_{t\in[t_0,\tau]}$ an die Filtration adaptiert ist und für die Volatilitätsfunktion $\nu(t,\tau) \in \mathbb{R}^n$ gilt:

- für jedes $\tau \in [t_0, \tau]$ ist $\nu(t,\tau)$ quadratintegrierbar bezüglich t, d.h.

$$\int_{t_0}^\tau \|\nu(u,\tau)\|^2 du := \int_{t_0}^\tau \sum_{j=1}^n \nu_j(u,\tau)^2 du < \infty \,,$$

- $\nu(\tau,\tau) = (\nu_1(\tau,\tau), \ldots, \nu_n(\tau,\tau))^T = 0 \in \mathbb{R}^n, \ \forall \tau \in [t_0, T]\,,$

- für jedes $t \in [0, \tau]$ ist $\nu(t,\tau)$ stetig differenzierbar nach τ,

---

[1]Für diskrete Modelle ist die Existenz eines äquivalenten Martingalmaßes ebenso not-wendig. In einem zeitstetigen Modell ist diese Umkehrung i.a. nicht richtig, besitzt aber für Gauß-Zinsstrukturmodelle Gültigkeit.

so heißt das durch (10.1) definierte Modell ein n-Faktor *Gauß-Zinsstruktur-modell*.

Der durch die Anleihenprozesse implizit definierte Prozess $\{r_c(t)\}_{t \in [t_0, T]}$ heißt *spot rate-* bzw. *konformer Zinsratenprozess.* Die Definition der Kursprozesse (10.1) bezieht sich sowohl auf das *pfadweise Integral* (erstes Integral) wie auch auf das *Itô-Integral.* Hierbei gilt für das Itô-Integral

$$\int_{t_0}^{t} \nu(u, \tau) \cdot dW^*(u) := \sum_{j=1}^{n} \int_{t_0}^{t} \nu_j(u, \tau) dW_j^*(u) \ .$$

Die Arbitragefreiheit des Gauß-Zinsstrukturmodells folgt aus der Martingal-eigenschaft der diskontierten Kursprozesse unter dem Wahrscheinlichkeits-maß P^*. Sei hierzu $\mathcal{F}_t$ die Informationsmenge zum Zeitpunkt t. Diese wird erzeugt durch die Pfade der Brown'schen Bewegung bis zum Zeitpunkt t ein-schließlich. Die bedingte Erwartung bezüglich der Informationsmenge $\mathcal{F}_t$ wird gebildet unter der Voraussetzung, dass der Pfad der Brown'schen Bewegung und insbesondere die Kursentwicklung aller Nullkuponanleihen bis zum Zeit-punkt t einschließlich bekannt ist. Für beliebige Zeitpunkte t, t' und τ mit $t_0 \leq t < t' \leq \tau \leq T$ gilt

$$
\begin{aligned}
&E_{P^*}\left[\exp\left\{-\int_{t}^{t'} r_c(u)du\right\} B(t', \tau) \Big| \mathcal{F}_t\right] \\
&= \ E_{P^*}\left[\exp\left\{-\int_{t}^{t'} r_c(u)du\right\} B(t_0, \tau)\right. \\
&\qquad \left. \cdot \exp\left\{\int_{t_0}^{t'} r_c(u) - \frac{1}{2}\|\nu(u, \tau)\|^2 du + \int_{t_0}^{t'} \nu(u, \tau) \cdot dW^*(u)\right\} \Big| \mathcal{F}_t\right] \\
&= \ E_{P^*}\left[B(t_0, \tau) \exp\left\{\int_{t_0}^{t} r_c(u) - \frac{1}{2}\|\nu(u, \tau)\|^2 du + \int_{t_0}^{t} \nu(u, \tau) \cdot dW^*(u)\right\}\right. \\
&\qquad \left. \cdot \exp\left\{-\frac{1}{2}\int_{t}^{t'} \|\nu(u, \tau)\|^2 du + \int_{t}^{t'} \nu(u, \tau) \cdot dW^*(u)\right\} \Big| \mathcal{F}_t\right] \\
&= \ B(t, \tau) E_{P^*}\left[\exp\left\{-\frac{1}{2}\int_{t}^{t'} \|\nu(u, \tau)\|^2 du + \int_{t}^{t'} \nu(u, \tau) \cdot dW^*(u)\right\} \Big| \mathcal{F}_t\right] \\
&= \ B(t, \tau) \ .
\end{aligned}
$$

Insbesondere folgt für $t = t_0$

$$E_{P^*}\left[\exp\left\{-\int_{t_0}^{t'} r_c(u)du\right\}B(t',\tau)\Big|\mathcal{F}_{t_0}\right] = B(t_0,\tau) \quad \forall t' \in [t_0,\tau]\forall\tau \in [t_0,T],$$

d.h. die zum Zeitpunkt t_0 bekannten Kurse der Nullkuponanleihen sind gleich dem erwarteten diskontierten Wert der Anleihenkurse unter P^*. Die Wahrscheinlichkeitsverteilung P^* ist somit gleich dem für die Bewertung bedeutenden äquivalenten Martingalmaß.

Die Definition der Kursprozesse eines Gauß-Zinsstrukturmodells beinhaltet die kurzfristige Zinsrate $r_c(t)$. Allgemein besteht zwischen den *konformen Terminzinsraten* $f_c(t,\tau)$ und den Anleihenkursen die folgende Beziehung:

$$f_c(t,\tau) = -\frac{\partial\ln B(t,\tau)}{\partial\tau}$$

$$= \frac{\partial}{\partial\tau}\left[-\ln B(t_0,\tau) - \int_{t_0}^{t} r_c(u) - \frac{1}{2}\|\nu(u,\tau)\|^2 du - \int_{t_0}^{t}\nu(u,\tau)\cdot dW^*(u)\right]$$

$$= -\frac{\partial\ln B(t_0,\tau)}{\partial\tau} + \int_{t_0}^{t}\nu(u,\tau)\cdot\frac{\partial\nu(u,\tau)}{\partial\tau}du - \int_{t_0}^{t}\frac{\partial\nu(u,\tau)}{\partial\tau}\cdot dW^*(u)$$

$$= f_c(t_0,\tau) + \int_{t_0}^{t}\nu(u,\tau)\cdot\frac{\partial\nu(u,\tau)}{\partial\tau}du - \int_{t_0}^{t}\frac{\partial\nu(u,\tau)}{\partial\tau}\cdot dW^*(u) .$$

In der Schreibweise der stochastischen Differentialgleichungen ist der konforme Terminzins bestimmt durch

$$df_c(t,\tau) = \nu(t,\tau)\frac{\partial\nu(t,\tau)}{\partial\tau}dt - \frac{\partial\nu(t,\tau)}{\partial\tau}\cdot dW^*(t) .$$

Da die Volatilitätsfunktion nicht als stochastisch angenommen wird, sondern nur von der Zeit abhängt, ist der konforme Terminzins im Gauß-Zinsstrukturmodell unter dem Martingalmaß P^* normalverteilt mit

$$f_c(t,\tau) \underset{P^*}{\sim} N\left(f_c(t_0,\tau) + \int_{t_0}^{t}\nu(u,\tau)\cdot\frac{\partial\nu(u,\tau)}{\partial\tau}du , \int_{t_0}^{t}\left\|\frac{\partial\nu(u,\tau)}{\partial\tau}\right\|^2 du\right) .$$

Speziell für $\tau = t$ definiert $f_c(t,t)$ die *konforme Kassazinsrate* $r_c(t)$, d.h.

(10.2)

$$r_c(t) = f_c(t_0,t) + \int_{t_0}^{t}\nu(u,t)\cdot\frac{\partial\nu(u,t)}{\partial t}du - \int_{t_0}^{t}\frac{\partial\nu(u,t)}{\partial t}\cdot dW^*(u)$$

$$\underset{P^*}{\sim} N\left(f_c(t_0,t) + \int_{t_0}^{t}\nu(u,t)\cdot\frac{\partial\nu(u,t)}{\partial t}du , \int_{t_0}^{t}\left\|\frac{\partial\nu(u,t)}{\partial t}\right\|^2 du\right) .$$

Diese *zinsorientierte* Darstellung eines Gauß-Zinsstrukturmodells ist äquivalent zu der in Gleichung (10.1) gegebenen Form. Wie die Terminzinsraten, so werden üblicherweise auch die Kursprozesse als Lösung einer stochastischen Differentialgleichung angegeben. Aus der Normalverteilung des kurzfristigen Zinssatzes $r_c(t)$ lässt sich nun auf die Verteilung der Anleihenkurse schließen. Die Kursprozesse der Nullkuponanleihen in einem Gauß-Zinsstrukturmodell sind lognormalverteilt. Dies unterstreicht die enge Beziehung zwischen dieser Spezifikation eines Zinsstrukturmodells und dem Black-Scholes-Modell. In Analogie zum Black-Scholes-Modell sind die Kursprozesse der Nullkuponanleihen (10.1) Lösung der folgenden stochastischen Differentialgleichung

$$(10.3) \qquad dB(t,\tau) = r_c(t)B(t,\tau)dt + B(t,\tau)\nu(t,\tau) \cdot dW^*(t) \quad \forall t \in [0,\tau].$$

Zur Überprüfung der Endwertbedingung ist es sinnvoll, das Integral bezüglich des kurzfristigen Zinssatzes genauer zu betrachten. Aus (10.2) folgt bei Tausch der Integrationsreihenfolge:

$$
\begin{aligned}
\int_{t_0}^{t} r_c(u)du &= \int_{t_0}^{t} f_c(t_0,u)du + \int_{t_0}^{t}\left[\int_{t_0}^{u}\frac{1}{2}\frac{\partial}{\partial u}\|\nu(s,u)\|^2 ds\right]du \\
&\quad - \int_{t_0}^{t}\left[\int_{t_0}^{u}\frac{\partial \nu(s,u)}{\partial u}dW^*(s)\right]du \\
&= -\ln B(t_0,t) + \frac{1}{2}\int_{t_0}^{t}\int_{s}^{t}\frac{\partial}{\partial u}\|\nu(s,u)\|^2 du\,ds \\
&\quad - \int_{t_0}^{t}\left[\int_{s}^{t}\frac{\partial \nu(s,u)}{\partial u}du\right]\cdot dW^*(s) \\
&= -\ln B(t_0,t) + \frac{1}{2}\int_{t_0}^{t}\|\nu(s,t)\|^2 - \|\nu(s,s)\|^2 ds \\
&\quad - \int_{t_0}^{t}(\nu(s,t) - \nu(s,s))\cdot dW^*(s) \\
(10.4) \qquad &= -\ln B(t_0,t) + \frac{1}{2}\int_{t_0}^{t}\|\nu(s,t)\|^2 ds - \int_{t_0}^{t}\nu(s,t)\cdot dW^*(s).
\end{aligned}
$$

Wird diese Integralgleichung in (10.1) eingesetzt, so führt dies zu einer neuen Darstellung für den Kursprozess einer Nullkuponanleihe;

(10.5)

$$B(t,\tau) = B(t_0,\tau) \exp\left\{ \int_{t_0}^t r_c(u) - \frac{1}{2}||\nu(u,\tau)||^2 du + \int_{t_0}^t \nu(u,\tau) \cdot dW^*(u) \right\}$$

$$= \frac{B(t_0,\tau)}{B(t_0,t)} \exp\left\{ -\frac{1}{2} \int_{t_0}^t \left(||\nu(u,\tau)||^2 - ||\nu(u,t)||^2 \right) du \right.$$

$$\left. + \int_{t_0}^t \left(\nu(u,\tau) - \nu(u,t) \right) dW^*(u) \right\}.$$

Insbesondere ist die Endwertbedingung $B(\tau,\tau) = 1$ $\forall \tau$ erfüllt. Darüber hinaus verdeutlicht (10.5) den Einfluss des Terminpreises (Forward-Preis) $\frac{B(t_0,\tau)}{B(t_0,t)}$ zum Zeitpunkt t_0 mit Lieferung zum Zeitpunkt t auf die Kursentwicklung.

Die Darstellung (10.5) der Anleihenkurse ermöglicht es nun, auch den Futures-Preis in einem Gauß-Zinsstrukturmodell zu bestimmen. Die bisherigen Überlegungen zu Forward und Futures haben gezeigt, dass ersterer unabhängig von dem speziellen Zinsstrukturmodell gleich dem Quotienten zweier Anleihenkurse ist, während der zweite von der Modellstruktur abhängt. Darüber hinaus ist gemäß Satz 8.1 (Seite 300) der Futures-Preis gleich dem erwarteten Kurs des zugrundeliegenden Wertpapiers unter dem Martingalmaß P^*. Findet das "marked-to-market", d.h. der Verlustausgleich, kontinuierlich statt, so berechnet sich der Futures-Preis für $t_0 < t < \tau \leq T$ zu

$$B^f(t_0,t,\tau) = E_{P^*}[B(t,\tau)]$$

$$= \frac{B(t_0,\tau)}{B(t_0,t)} \exp\left\{ -\frac{1}{2} \int_{t_0}^t \left(||\nu(u,\tau)||^2 - ||\nu(u,t)||^2 \right) du \right.$$

(10.6)

$$\left. + \frac{1}{2} \int_{t_0}^t ||\nu(u,\tau) - \nu(u,t)||^2 du \right\}$$

$$= \frac{B(t_0,\tau)}{B(t_0,t)} \exp\left\{ -\int_{t_0}^t \nu(u,t) \cdot (\nu(u,\tau) - \nu(u,t)) \, du \right\}.$$

Dies bedeutet, dass der Future-Preis nicht notwendig kleiner als der Forward-Preis sein muss. Hinreichend für einen kleineren Futures-Preis ist z.B. $\nu(u,\tau) - (u,t) > 0$.

∇ **Beispiel 10.1:**

In Abschnitt 9.5 wurde der Grenzwert des Ho-Lee-Modells bestimmt. Die *konforme Zinsrate (Spot Rate)* dieses Modells ist gemäß Satz 9.1, S. 342, im

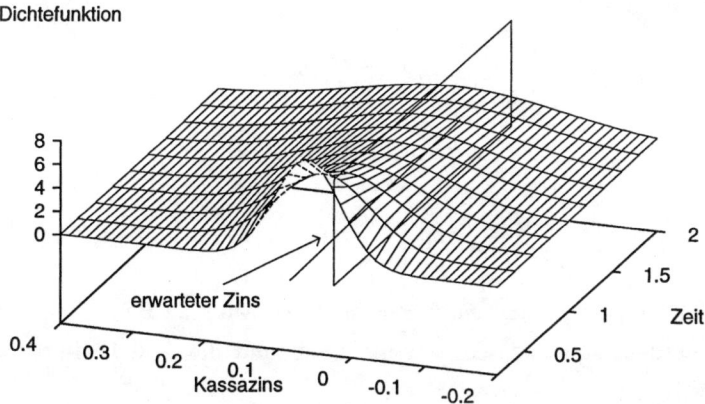

ABBILDUNG 10.1. Dichtefunktion der konformen Zinsrate im Ho-Lee-Modell unter dem äquivalenten Martingalmaß, $f_c(t_0, t) = 6\%$ $\forall t$ und $\sigma = 10\%$.

Grenzwert normalverteilt, wobei unter dem äquivalenten Martingalmaß gilt

$$r_c(t) \sim N\left(f_c(t_0, t) + \frac{1}{2}\sigma^2(t - t_0)^2, \sigma^2(t - t_0)\right) \quad \text{mit } \sigma > 0 .$$

Abbildung 10.1 verdeutlicht den Einfluss der konformen Terminzinsrate auf die Verteilung der Kassazinsrate im Ho-Lee-Modell. Es wird eine flache Zinsstrukturkurve mit einer konformen Terminzinsrate $f_c(t_0, t) = 0,06$ angenommen. Der Vergleich mit der Verteilung der konformen Zinsrate eines Gauß-Zinsstrukturmodells (10.2) liefert die Bedingungen

$$\sigma = \frac{\partial \nu(u, t)}{\partial t} \quad \text{und} \quad \frac{1}{2}\sigma^2(t - t_0)^2 = \int_{t_0}^{t} \nu(u, t) \cdot \frac{\partial \nu(u, t)}{\partial t} du .$$

Der Grenzwert des Ho-Lee-Modells ist ein *1-Faktor Gauß-Zinsstrukturmodell* mit $\nu(u, \tau) := \sigma(\tau - u)$. Für die Kursprozesse der Nullkuponanleihen bedeutet dies mit $t_0 = 0$

$$
\begin{aligned}
B(t, \tau) &= \frac{B(t_0, \tau)}{B(t_0, t)} \exp\left\{ -\frac{1}{2} \int_{t_0}^{t} \sigma^2(\tau - u)^2 - \sigma^2(t - u)^2 du \right. \\
&\qquad\qquad\qquad \left. + \int_{t_0}^{t} \sigma(\tau - t) dW^*(s) \right\} \\
&= \frac{B(t_0, \tau)}{B(t_0, t)} \exp\left\{ -\frac{1}{2}\sigma^2(\tau - t)\tau \cdot t + \sigma(\tau - t)W^*(t) \right\} ,
\end{aligned}
$$

wobei $\{W^*(t)\}_{t \in [0,T]}$ eine eindimensionale Brown'sche Bewegung unter P^* ist. Unter dem äquivalenten Martingalmaß sind die Anleihenkurse lognormalverteilt mit

$$
\ln B(t, \tau) \underset{P^*}{\sim} N\left(\ln\left(\frac{B(t_0, \tau)}{B(t_0, t)} \right) - \frac{1}{2}\sigma^2(\tau - t)\tau \cdot t , \; \sigma^2(\tau - t)^2 t \right) .
$$

Der Futures-Preis berechnet sich gemäß (10.6) zu

$$
B_c^f(t_0, t, \tau) = \frac{B(t_0, \tau)}{B(t_0, t)} \exp\left\{ -\frac{1}{2}\sigma^2(\tau - t)t^2 \right\} < \frac{B(t_0, \tau)}{B(t_0, t)}
$$

Abbildung 10.2 zeigt die Veränderung der Dichtefunktion des Kurses einer Nullkuponanleihe, falls die Restlaufzeit gegen Null strebt. Es zeigt sich deutlich der Unterschied zum Black-Scholes-Modell, da die Verteilung degeneriert, falls die Restlaufzeit $\tau - t$ gleich Null ist.

-- Δ

∇ **Beispiel 10.2:**

Neben dem Ho-Lee-Modell ist das Vasicek-Modell (1977) eines der wichtigsten stetigen Zinsstrukturmodelle. Hierbei handelt es sich in der Originalfassung ebenfalls um ein 1-Faktor Gauß-Zinsstrukturmodell. Die Volatilitätsfunktion des Vasicek-Modells für den Kurs einer Nullkuponanleihe mit Fälligkeit in $\tau \in [t_0, T]$ besitzt die Form

$$
\nu(t, \tau) = \frac{\sigma}{\alpha}\left(1 - \exp\{-\alpha(\tau - t)\} \right) ,
$$

wobei σ und α nicht-negative Parameter des Modells sind. Weiter ist

$$
\lim_{\alpha \to +\infty} \nu(t, \tau) = 0 ,
$$

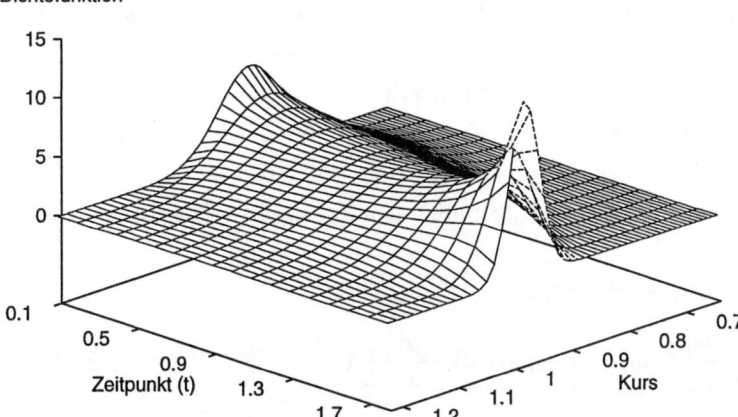

ABBILDUNG 10.2. Dichtefunktion des Kurses einer Nullkuponanleihe mit $\tau = 2$ im Ho-Lee-Modell unter dem äquiva-
lenten Martingalmaß, $B(t_0, \tau) = e^{-0{,}06 \cdot (\tau - t_0)}$, und $\sigma = 10\%$.

d.h. für $\alpha \to +\infty$ strebt das Modell gegen ein deterministisches Zinsstrukturmodell und unter Ausnutzung der Regel von l'Hopital

$$\lim_{\alpha \to 0} \nu(t, \tau) = \lim_{\alpha \to 0} \sigma(\tau - t) \exp\{-\alpha(\tau - t)\} = \sigma(\tau - t)$$

ist der Grenzwert für $\alpha \to 0$ gleich dem Ho-Lee-Modell. Die Darstellung und
die Verteilung der konformen Zinsrate unter dem Martingalmaß im Vasicek-
Modell ergibt sich aus (10.2) zu

$$r_c(t) = f_c(t_0, t) + \int_{t_0}^{t} \frac{\sigma}{\alpha} \left(1 - e^{-\alpha(t-u)}\right) \sigma e^{-\alpha(t-u)} du - \int_{t_0}^{t} \sigma e^{-\alpha(t-u)} dW^*(u)$$

$$= f_c(t_0, t) + \frac{\sigma^2}{2\alpha^2} \left(1 - e^{-\alpha(t-t_0)}\right)^2 - \int_{t_0}^{t} \sigma e^{-\alpha(t-u)} dW^*(u) ,$$

$$r_c(t) \underset{P^*}{\sim} N\left(f_c(t_0, t) + \frac{\sigma^2}{2\alpha^2} p(1 - e^{-\alpha(t-t_0)})^2 , \int_{t_0}^{t} \sigma^2 e^{-2\alpha(t-u)} dt\right)$$

$$\underset{P^*}{\sim} N\left(f_c(t_0, t) + \frac{\sigma^2}{2\alpha^2}(1 - e^{-\alpha(t-t_0)})^2 , \frac{\sigma^2}{2\alpha}(1 - e^{-2\alpha(t-t_0)})\right) .$$

Aus den Überlegungen zum Grenzwert der Volatilitätsfunktion ist ersichtlich, dass die Varianz der konformen Zinsrate für $\alpha \to +\infty$ monoton fallend ist und gegen Null strebt. Desweiteren strebt der Erwartungswert der konformen Zinsrate gegen $f_c(t_0, t)$ für wachsendes α. Eine weitergehende Interpretation lässt die Darstellung der konformen Zinsrate als Lösung einer stochastischen Differentialgleichung zu. Im einzelnen gilt für den lokalen Erwartungswert und die lokale Varianz der Zinsänderung unter dem Martingalmaß P^*, falls die konforme Terminzinsrate zum Zeitpunkt t_0 differenzierbar nach t ist,

$$
\lim_{h\to 0} \frac{1}{h} E_{P^*}\left[r_c(t+h) - r_c(t)|r_c(t)\right]
$$

$$
= \lim_{h\to 0} \frac{1}{h}\left[f_c(t_0, t+h) - f_c(t_0, t) + \frac{\sigma^2}{2\alpha^2}\left((1-e^{-\alpha(t+h-t_0)})^2 - (1-e^{-\alpha(t-t_0)})^2\right)\right.
$$

$$
\left. - \int_{t_0}^t \sigma\left(e^{-\alpha(t+h-u)} - e^{-\alpha(t-u)}\right) dW^*(u)\right]
$$

$$
= \frac{\partial f_c(t_0, t)}{\partial t} + \frac{\sigma^2}{2\alpha^2}\left((1-e^{-\alpha(t-t_0)})^2 2\alpha e^{-\alpha(t-t_0)}\right) + \int_{t_0}^t \alpha \cdot \sigma e^{-\alpha(t-u)} dW^*(u)
$$

$$
= \alpha\left[\theta(t) - r_c(t)\right]
$$

mit $\theta(t) := f_c(t_0, t) + \dfrac{1}{\alpha}\dfrac{\partial f_c(t_0, t)}{\partial t} + \dfrac{\sigma^2}{2\alpha}\left(1 - e^{-2\alpha(t-t_0)}\right).$

$$
\lim_{h\to 0} \frac{1}{h} V_{P^*}\left[r_c(t+h) - r_c(t)|r_c(t)\right] = \lim_{h\to 0} \frac{1}{h} V_{P^*}\left[\int_t^{t+h} \sigma e^{-\alpha(t+h-u)} dW^*(u)\right]
$$

$$
= \lim_{h\to 0} \frac{1}{h} \int_t^{t+h} \sigma^2 e^{-2\alpha(t+h-u)} du
$$

$$
= \lim_{h\to 0} \frac{1}{h} \frac{\sigma^2}{2\alpha}\left(1 - e^{-2\alpha h}\right) = \sigma^2
$$

Die *konforme Zinsrate (Spot Rate)* im Vasicek-Modell ist somit Lösung der stochastischen Differentialgleichung

$$
(10.7) \qquad dr_c(t) = \alpha\left[\theta(t) - r_c(t)\right] dt + \sigma dW^*(t) .
$$

Der Parameter $\theta(t)$ des Vasicek-Modells entspricht der langfristigen Zinsrate während α die Kraft angibt, mit der die konforme Zinsrate von diesem angezogen wird. α heißt auch der *Speed-Faktor* und $\theta(t)$ der *Mean Reverting* Parameter des Modells, allgemein heißt der durch (10.7) definierte Prozess ein *Mean-Reverting Process.* Die Lösung für den Kursprozess einer Nullkuponanleihe berechnet sich wieder aus (10.5)

$$
\begin{aligned}
B(t,\tau) \;=\; & \frac{B(t_0,\tau)}{B(t_0,t)} \exp\left\{ -\frac{1}{2}\frac{\sigma^2}{\alpha^2} \int_{t_0}^{t} \left(1 - e^{-\alpha(\tau-u)}\right)^2 - \left(1 - e^{-\alpha(t-u)}\right)^2 du \right. \\
& \left. + \frac{\sigma}{\alpha}\left(e^{-\alpha t} - e^{-\alpha \tau}\right) \int_{t_0}^{t} e^{\alpha u} dW^*(u) \right\}
\end{aligned}
$$

und die des Futures Preises aus (10.6). Da wiederum $\nu(u,\tau) - \nu(u,t) > 0$ gilt, ist auch im Vasicek-Modell der Futures-Preis kleiner als der Forward-Preis.

―――――――――――――――――――――――――――――――――― Δ

10.2. Forward Risk Adjusted Measure

Im Zusammenhang mit dem diskreten Beispiel eines Zinsstrukturmodells in Abschnitt 9.1 und der algorithmischen Darstellung diskreter Modelle in Abschnitt 9.4 hat sich das *Forward Risk Adjusted Measure* als ein für die Bewertung geeignetes Wahrscheinlichkeitsmaß erwiesen. Unter dem Martingalmaß P^* berechnet sich der Arbitragepreis einer Option aus dem erwarteten diskontierten Wert der Auszahlung. Da im Unterschied zum Black-Scholes-Modell die Diskontierung stochastisch ist, ist die Berechnung dieses Erwartungswertes i.a. nicht einfach. Wie die Überlegungen im diskreten Modellrahmen gezeigt haben, kann dieses Problem teilweise umgangen werden, falls statt des Martingalmaßes ein äquivalentes Wahrscheinlichkeitsmaß, das Forward Risk Adjusted Measure, herangezogen wird. Ziel dieses Abschnittes ist es, diese Beobachtung auf das zeitstetige Modell zu übertragen und zu präzisieren. Wie schon in Abschnitt 10.1 beschränkt sich die Darstellung auf die Klasse der Gauß-Zinsstrukturmodelle, d.h. Ausgangspunkt der Überlegung ist ein durch Definition 10.1, S. 364, bestimmtes Modell mit

$$
dB(t,\tau) = r_c(t)B(t,\tau)dt + B(t,\tau)\nu(t,\tau) \cdot dW^*(t),
$$

wobei $\{W^*(t)\}_t$ eine n-dimensionale Brown'sche Bewegung unter P^* ist.

Der folgende Satz präzisiert die Beziehung zwischen dem Martingalmaß P^* und dem Forward Risk Adjusted Measure. Die Konstruktion dieser neuen Wahrscheinlichkeitsverteilung erfolgt in Analogie zu der diskreten Vorgehensweise, d.h. sie berechnet sich aus den mit dem jeweiligen Zinspfad diskontierten Zustandspreisen.

Satz 10.1:

Sei $(\Omega, \mathcal{F}, P^*)$ ein Wahrscheinlichkeitsraum und ist ein Gauß-Zinsstruktur-modell gemäß Definition 10.1 mit $B(t_0, \tau) > 0$ gegeben, so wird auf dem Messraum $(\Omega, \mathcal{F}_\tau)$ durch

$$(10.8) \qquad \frac{dQ^\tau}{dP^*}\bigg|_{\mathcal{F}_\tau} := \frac{\exp\left\{-\int_{t_0}^\tau r_c(u)du\right\} B(\tau, \tau)}{B(t_0, \tau)}$$

$$Q^\tau[A] := E_{P^*}\left[1_A \frac{dQ^\tau}{dP^*}\right] = \int_A \frac{\exp\left\{-\int_{t_0}^\tau r_c(u)du\right\} B(\tau, \tau)}{B(t_0, \tau)} dP^* \quad \forall A \in \mathcal{F}_\tau$$

ein zu P^* äquivalentes Wahrscheinlichkeitsmaß definiert. Darüber hinaus ist der stochastische Prozess

$$(10.9) \qquad W^\tau(t) := W^*(t) - \int_{t_0}^t \nu(u, \tau)du \qquad \text{für } t \in [t_0, \tau]$$

$$\Leftrightarrow dW^\tau(t) = dW^*(t) - \nu(t, \tau)dt$$

eine Brown'sche Bewegung unter Q^τ, falls $\nu(t, \tau)$ stetig differenzierbar nach t ist.

Beweis:

Da nach Voraussetzung der diskontierte Kursprozess der Nullkuponanleihe fast sicher nicht negativ und ein Martingal unter P^* ist, wird durch (10.8) eine Dichtefunktion definiert und Q^τ ist ein zu P^* äquivalentes Wahrscheinlichkeitsmaß, d.h.

$$\frac{dQ^\tau}{dP^*}\bigg|_{\mathcal{F}_\tau} > 0 \qquad P^* \text{ fast sicher}$$

$$E_{P^*}\left[\frac{dQ^\tau}{dP^*}\bigg|_{\mathcal{F}_\tau}\right] = \frac{E_{P^*}\left[\exp\left\{-\int_{t_0}^\tau r_c(u)du\right\} B(\tau, \tau)\right]}{B(t_0, \tau)} = 1.$$

Für den durch (10.9) definierten stochastischen Prozess gilt $W^\tau(t_0) = W^*(t_0) = 0$. Aus der Darstellung (10.1) des Kursprozesses unter dem äquivalenten Martingalmaß P^* bestimmt sich die Dichtefunktion zu

$$\frac{dQ^\tau}{dP^*}\bigg|_{\mathcal{F}_\tau} = \exp\left\{-\frac{1}{2}\int_{t_0}^\tau \|\nu(u, \tau)\|^2 du + \int_{t_0}^\tau \nu(u, \tau) \cdot dW^*(u)\right\}.$$

Es genügt nun zu zeigen, dass der stochastische Prozess $\{W^\tau(t)\}_{t \in [0, \tau]}$ normalverteilt unter Q^τ ist und unabhängige Zuwächse besitzt. Die Dichtefunktion einer n-dimensionalen, standardisierten und in den einzelnen Dimensionen unabhängigen Normalverteilung ist gleich

$$\rho(x) = \rho(x_1, \ldots, x_n) := \left(\frac{1}{2\pi}\right)^{\frac{n}{2}} \exp\left\{-\sum_{j=1}^{n} \frac{x_j^2}{2}\right\}.$$

Die Verteilung des stochastischen Prozesses $\left\{\int_{t_0}^{t} \nu(u,\tau) \cdot dW^*(u)\right\}_t$ unter dem Martingalmaß ist somit gegeben durch

$$\int_{t_0}^{t} \nu(u,\tau) \cdot dW^*(u) \underset{P^*}{\sim} N\left(0, \int_{t_0}^{t} \|\nu(u,\tau)\|^2 du\right) \underset{P^*}{\sim} N\left(0, \sum_{j=1}^{n} \int_{t_0}^{t} \nu_j^2(u,\tau) du\right).$$

Die Dichtefunktion des stochastischen Prozesses $\left\{\int_{t_0}^{t} \nu(u,\tau) \cdot dW^*(u)\right\}_t$ unter dem Wahrscheinlichkeitsmaß Q^τ ist gleich

$$\frac{1}{\sqrt{2\pi}\sigma(t)} \cdot \exp\left\{-\frac{1}{2}\sigma^2(t) + x - \frac{x^2}{2\sigma^2(t)}\right\} = \frac{1}{\sqrt{2\pi}\sigma(t)} \exp\left\{-\frac{(x-\sigma^2(t))^2}{2\sigma^2(t)}\right\}$$

mit $\sigma^2(t) := \int_{t_0}^{t} \|\nu(u,\tau)\|^2 du$. Der Prozess $\left\{\int_{t_0}^{t} \nu(u,\tau) dW^*(u)\right\}$ ist folglich ebenfalls normalverteilt unter Q^τ, wobei gilt

$$\int_{t_0}^{t} \nu(u,\tau) \cdot dW^*(u) \underset{Q^\tau}{\sim} N\left(\sigma^2(t), \sigma^2(t)\right)$$

$$(10.10) \Rightarrow \int_{t_0}^{t} \nu(u,\tau) \cdot dW^\tau(u) \underset{Q^\tau}{\sim} N\left(0, \sigma^2(t)\right) \underset{Q^\tau}{\sim} N\left(0, \int_{t_0}^{t} \|\nu(u,\tau)\|^2 du\right).$$

Der Übergang von der Wahrscheinlichkeitsverteilung P^* zu Q^τ entspricht einer linearen Verschiebung des Erwartungswertes, wobei die Varianz unverändert bleibt.[2] Dies bedeutet, dass die Normalverteilungsklasse für die Prozesse $\{W^\tau(t)\}$ und $\{W^*(t)\}$ unter Q^τ erhalten bleibt und insbesondere für die Varianz des Prozesses $\{W^*(t)\}_t$ gilt

$$V_{Q^\tau}\left[W_j^*(t)\right] = t \qquad \forall j = 1, \ldots, n$$

$$\Leftrightarrow \quad V_{Q^\tau}\left[W_j^\tau(t)\right] = V_{Q^\tau}\left[W_j^*(t) - \int_{t_0}^{t} \nu_j(u,\tau) du\right] = t.$$

---

[2]Für das Produkt der beiden Dichten gilt

$$\exp\left\{-\frac{1}{2}\sigma^2(t) + \frac{\sigma(t)}{k(t)}x\right\} \frac{1}{\sqrt{2\pi k^2(t)}} \exp\left\{-\frac{x^2}{2k^2(t)}\right\} = \frac{1}{\sqrt{2\pi k^2(t)}} \exp\left\{-\frac{(x-\sigma(t)k(t))^2}{2k^2(t)}\right\},$$

mit $\sigma^2(t) = \int_{t_0}^{t} \|\nu(u,\tau)\|^2 du$. D.h. jede Zufallsvariable der Form $\int_{t_0}^{t} \tilde{\nu}(u,\tau) dW^*(u)$ mit $k^2(t) := \int_{t_0}^{t} \|\tilde{\nu}(u,\tau)\|^2 du$ ist wiederum normalverteilt unter Q^τ und besitzt die gleichen Unabhängigkeitseigenschaften unter Q^τ wie unter P^*.

Ebenso bleiben die Unabhängigkeitseigenschaften des Prozesses $\{W^*(t)\}$ erhalten und übertragen sich auf $\{W^\tau(t)\}$. Da weiter die Volatilitätsfunktion $\nu(t,\tau) \geq 0 \ \forall t \in [t_0,\tau]$ und differenzierbar bezüglich t ist, folgt aus dem Itô-Lemma und $W^\tau(t_0) = 0$ dann für jedes $j = 1,\ldots,n$

$$d(\nu_j(t,\tau)W_j^\tau(t)) = \nu_j(t,\tau)dW_j^\tau(t) + \left(\frac{\partial}{\partial t}\nu(t,\tau)\right)W_j^\tau(t)dt$$

$$\Leftrightarrow \quad \nu_j(t,\tau)W_j^\tau(t) = \int_{t_0}^t \nu_j(t,\tau)dW_j^\tau(u) + \int_{t_0}^t \left(\frac{\partial}{\partial u}\nu_j(u,\tau)\right)W_j^\tau(u)du$$

$$\Rightarrow E_{Q^\tau}[\nu_j(t,\tau)W_j^\tau(t)] = 0 + \int_{t_0}^t \left(\frac{\partial}{\partial u}\nu_j(u,\tau)\right)E_{Q^\tau}\left[W_j^\tau(u)\right]du$$

$$= \nu_j(t,\tau)E_{Q^\tau}\left[W_j^\tau(t)\right] - \int_{t_0}^t \nu_j(u,\tau)\frac{\partial}{\partial u}E_{Q^\tau}\left[W_j^\tau(u)\right]du$$

$$\Leftrightarrow \quad 0 = \int_{t_0}^t \nu_j(u,\tau)\frac{\partial}{\partial u}E_{Q^\tau}\left[W_j^\tau(u)\right]du \qquad \forall t \in [0,\tau].$$

Da dies für jeden Zeitpunkt $t \in [t_0,\tau]$ gelten muß, ist

$$\frac{\partial}{\partial u}E_{Q^\tau}\left[W^\tau(u)\right] = 0 \ \Leftrightarrow \ E_{Q^\tau}\left[W^\tau(u)\right] = c$$

die einzige zulässige Lösung, wobei c eine Konstante ist. Aus Gleichung (10.10) folgt dann jedoch $c = 0$. $\qquad\qquad\square$

Bemerkung:

Satz 10.1 ist ein Spezialfall des Satzes von Girsanov. Allgemeinere Formulierungen, die sich nicht nur auf zeitabhängige Volatilitätsstrukturen beziehen, finden sich bei Elliott (1982). Ein allgemeiner Beweis dieses Satzes findet sich bei Liptser und Shiryayev (1977).

Es bleibt noch zu zeigen, dass die durch (10.8) definierte Wahrscheinlichkeitsverteilung dem Forward-Risk-Adjusted Measure entspricht. Sei nun τ ein fester Zeitpunkt und $\{B(t,\tau)\}_{t\in[0,\tau]}$ der Kursprozess der Nullkuponanleihe mit Fälligkeit zum Zeitpunkt τ. Die in (10.1) definierten Kursprozesse drücken den Kurs eines Wertpapiers in Geldeinheiten zum Zeitpunkt t aus. Alternativ ist es möglich, den Kurs eines Wertpapiers in Einheiten eines anderen Wertpapiers anzugeben. Dieses bezeichnet man als *Numerairewechsel*. Wird als neues Numeraire zum Zeitpunkt t der Kurs $B(t,\tau)$ gewählt, so entspricht dies auf dem Zinsmarkt dem Wechsel von Kassa- zu Forward-Preisen. Sind beispielsweise τ und T zwei feste Zeitpunkte und zusätzlich $\tau < T$, so

ist der *Forward-Preis* zum Zeitpunkt $t \leq \tau$ der Nullkuponanleihe mit Rück-
zahlungszeitpunkt T und Lieferzeitpunkt τ gleich $\frac{B(t,T)}{B(t,\tau)}$.

Der stochastische Prozess des Forward-Preises ergibt sich aus der im
Gauß-Zinsstrukturmodell gegebenen Kursdynamik (10.3) und der Anwendung des Itô-Lemma zu

$$
\begin{aligned}
d\left(\frac{B(t,T)}{B(t,\tau)}\right) &= \frac{1}{B(t,\tau)} dB(t,T) - \frac{B(t,T)}{B(t,\tau)^2} dB(t,\tau) \\
&\quad - \frac{1}{B(t,\tau)^2} dB(t,\tau) dB(t,T) + \frac{B(t,T)}{B(t,\tau)^3} (dB(t,\tau))^2 \\
&= \frac{B(t,T)}{B(t,\tau)} \left[(\|\nu(t,\tau)\|^2 - \nu(t,\tau)\nu(t,T)) \, dt \right. \\
&\quad \left. + (\nu(t,T) - \nu(t,\tau)) \cdot dW^*(t) \right] \\
&= \frac{B(t,T)}{B(t,\tau)} (\nu(t,T) - \nu(t,\tau)) \cdot (dW^*(t) - \nu(t,\tau)dt) \\
&= \frac{B(t,T)}{B(t,\tau)} (\nu(t,T) - \nu(t,\tau)) \cdot dW^\tau(t) \ .
\end{aligned}
$$

(10.11)

Gemäß Satz 10.1 ist $\{W^\tau(t)\}_{t\in[0,\tau]}$ eine n-dimensionale Brown'sche Bewegung unter Q^τ, d.h. der *Forward-Preis* ist unter Q^τ lognormalverteilt mit

$$
\begin{aligned}
(10.12) \quad \frac{B(t,T)}{B(t,\tau)} &= \frac{B(t_0,T)}{B(t_0,\tau)} \exp\left\{ -\frac{1}{2} \int_{t_0}^{t} \|\nu(u,T) - \nu(u,\tau)\|^2 du \right. \\
&\quad \left. + \int_{t_0}^{t} (\nu(u,T) - \nu(u,\tau)) \cdot dW^\tau(u) \right\} \\
\frac{B(t,T)}{B(t,\tau)} &= E_{Q^\tau}\left[\frac{B(u,T)}{B(u,\tau)} \Big| \mathcal{F}_t \right] \qquad \forall t_0 \leq t < u \leq \tau \ .
\end{aligned}
$$

Aus der Martingaleigenschaft des Forward-Preises unter dem Wahrscheinlichkeitsmaß Q^τ begründet sich der spezielle Name dieser Verteilung. Das durch
(10.8) definierte Wahrscheinlichkeitsmaß heißt das τ-*Forward Risk Adjusted
Measure*. Im Unterschied zum Martingalmaß P^* ist das τ-Forward Risk Adjusted Measure Q^τ abhängig von der speziellen Wahl des Numeraire, d.h.
für verschiedene Zeitpunkte τ_1 und τ_2 unterscheiden sich diese beiden Wahr-
scheinlichkeitsverteilungen. Darüber hinaus gilt, wie schon im diskreten Modellrahmen, für den nominalen Terminzinssatz

$$B(t, \tau + \alpha) = B(t, \tau) \left(1 + \alpha r_n(t, \tau, \alpha)\right)^{-1}$$

$$\Leftrightarrow \quad r_n(t, \tau, \alpha) = \frac{1}{\alpha} \left(\frac{B(t, \tau)}{B(t, \tau + \alpha)} - 1 \right)$$

(10.13)
$$= \frac{1}{\alpha} \left(E_{Q^{\tau+\alpha}} \left[\frac{B(\tau, \tau)}{B(\tau, \tau + \alpha)} \Big| \mathcal{F}_t \right] - 1 \right)$$

$$= E_{Q^{\tau+\alpha}} \left[\frac{1}{\alpha} \left(\frac{B(\tau, \tau)}{B(\tau, \tau + \alpha)} - 1 \right) \Big| \mathcal{F}_t \right]$$

$$= E_{Q^{\tau+\alpha}} \left[r_n(\tau, \tau, \alpha) | \mathcal{F}_t \right]$$

die *Unbaised Expectation Hypothesis*. Dies überträgt sich für $\alpha \to 0$ auf die konforme Zinsrate in einem Gauß-Zinsstrukturmodell, da die Volatilitätsfunktionen als stetig in τ angenommen werden und für jedes τ quadratintegrierbar sind.

$$f_c(t, \tau) = \lim_{\alpha \to 0} r_n(t, \tau, \alpha) = E_{Q^\tau} \left[- \frac{\partial \ln B(\tau, T)}{\partial T} \Big|_{T=\tau} \Big| \mathcal{F}_t \right]$$

$$= E_{Q^\tau} \left[f_c(\tau, \tau) | \mathcal{F}_t \right] = E_{Q^\tau} \left[r_c(\tau) | \mathcal{F}_t \right]$$

10.3. Maßwechseltechnik und Optionsbewertung in Gauß-Zinsstrukturmodellen

Wie schon im diskreten Modellrahmen erweist sich auch im zeitstetigen Modell der Übergang von dem äquivalenten Martingalmaß zum Forward Risk Adjusted Measure als ein kraftvolles Werkzeug zur Bewertung verschiedener Optionsverträge. In der Literatur wird dieser Übergang mit zwei Begriffen belegt, die beide der Bedeutung Rechnung tragen. Mit dem Begriff *Maßwechsel* ist der Übergang vom Martingalmaß zum Forward Risk Adjusted Measure, d.h. der Wechsel zwischen zwei Wahrscheinlichkeiten, gemeint. Dies betont die technischen Aspekte aus Sicht der Wahrscheinlichkeitstheorie. Diese fasst für Gauß-Zinsstrukturmodelle Satz 10.1, S. 374, zusammen; insbesondere also der Umstand, dass $\{W^*(t)\}_t$ eine Brown'sche Bewegung unter P^* ist, während $\{W^\tau(t) = W^*(t) - \int_{t_0}^t \nu(u, \tau)dt\}_t$ eine Brown'sche Bewegung unter Q^τ ist. Der ökonomische Aspekt dieses Übergangs findet in dem synonym verwendeten Begriff *Numerairewechsel* seinen Niederschlag. Bezogen auf die Fragestellung in einem Zinsstrukturmodell ist der Numerairwechsel gleichzusetzen mit dem Übergang vom Kassa- zum Terminmarkt mit Lieferung in τ, falls das neue Numeraire eine Nullkuponanleihe mit Fälligkeit in τ ist. Es ist somit nicht verwunderlich, dass der Numerairewechsel auch außerhalb der Zinsstrukturmodelle eine geeignete Lösungstechnik zur Bewertung von Optionsverträgen ist. Ziel dieses Abschnittes ist die Bewertung der in Kapitel 8 angesprochenen Optionsverträge, d.h. die Bewertung Europäischer Optionen auf Nullkupon- und Kuponanleihen sowie der Zinssatzoptionen Cap, Floor und Swaption.

Der Arbitragepreis einer Europäischen Call-Option mit Ausübungszeitpunkt τ, Basispreis K bezüglich einer Nullkuponanleihe mit Fälligkeit zum Zeitpunkt $T > \tau$ ist gleich dem erwarteten diskontierten Wert der Auszahlung unter dem Martingalmaß P^*. Wird nun die Nullkuponanleihe mit Fälligkeit zum Zeitpunkt τ als Numeraire gewählt, so bedeutet dies

$$\text{Call}_e\left[B(t_0, T), K, t_0, \tau\right]$$

$$= E_{P^*}\left[\exp\left\{-\int_{t_0}^{t} r(u)du\right\}[B(\tau, T) - K]^+ \Big| \mathcal{F}_{t_0}\right]$$

(10.14) $$= B(t_0, \tau)E_{P^*}\left[\frac{\exp\left\{-\int_{t_0}^{\tau} r(u)du\right\}B(\tau, \tau)}{B(t_0, \tau)B(\tau, \tau)}[B(\tau, T) - K]^+ \Big| \mathcal{F}_{t_0}\right]$$

$$= B(t_0, \tau)E_{P^*}\left[\frac{dQ^\tau}{dP^*}\Big|_{\mathcal{F}_\tau} \frac{[B(\tau, T) - K]^+}{B(\tau, \tau)}\Big| \mathcal{F}_{t_0}\right]$$

$$= B(t_0, \tau)E_{Q^\tau}\left[\frac{[B(\tau, T) - K]^+}{B(\tau, \tau)}\Big| \mathcal{F}_{t_0}\right] \ .$$

Der Arbitragepreis ist gleich dem mit der Anleihe $B(t_0, \tau)$ diskontierten Erwartungswert der Auszahlung unter dem τ-Forward Risk Adjusted Measure. Der Unterschied besteht zum einen in der Art der Diskontierung und zum anderen in der Wahrscheinlichkeitsverteilung. Während unter dem Martingalmaß die Diskontierung pfadweise erfolgt, handelt es sich bei dem Forward Risk Adjusted Measure um eine Diskontierung mit dem zum Bewertungszeitpunkt gegebenen Kurs einer Nullkuponanleihe. Für den Forward-Preis der Call-Option folgt

$$\frac{\text{Call}_e\left[B(t_0, T), K, t_0, \tau\right]}{B(t_0, \tau)} = E_{Q^\tau}\left[\frac{[B(\tau, T) - K]^+}{B(\tau, \tau)}\Big| \mathcal{F}_{t_0}\right] \ ,$$

d.h. wie schon im Fall der Anleihen (vgl. (10.12)) ist auch der Forward-Preis der Europäischen Call-Option mit Lieferung zum Zeitpunkt τ ein Martingal bezüglich der Wahrscheinlichkeitsverteilung Q^τ. Die verbleibende Aufgabe besteht nun darin, den Erwartungswert unter Q^τ zu berechnen. Da von einem Gauß-Zinsstrukturmodell ausgegangen wird, lässt sich dies direkt auf die Situation im Black-Scholes-Modell zurückführen. Im einzelnen gilt

- $B(\tau, \tau) = 1$ Q^τ fast sicher .
- Der Forward-Preispozess $\left\{ \dfrac{B(t,T)}{B(t,\tau)} \right\}_t$ ist gemäß (10.12) lognormalverteilt unter Q^τ.

Der einzige Unterschied zum Black-Scholes-Modell besteht in der Zeitabhängigkeit der Volatilität.

Proposition 10.1:

In einem n-Faktor Gauß-Zinsstrukturmodell ist der Arbitragepreis einer Europäischen Call-Option mit Fälligkeit $\tau > t_0$, Basispreis K bezüglich einer Nullkuponanleihe mit Rückzahlung zum Zeitpunkt $T > \tau$ gleich

$$Call_e\left[B(t_0,T), K, t_0, \tau\right] = B(t_0,T)N(d_1) - KB(t_0,\tau)N(d_2),$$

$$wobei \quad d_{1/2} = d_{1/2}(t_0,\tau,T) := \frac{\ln\left(\frac{B(t_0,T)}{KB(t_0,\tau)}\right) \pm \frac{1}{2}g^2(t_0,\tau,T)}{g(t_0,\tau,T)}.$$

$$g^2(t_0,\tau,T) := \int_{t_0}^{\tau} \|\nu(u,T) - \nu(u,\tau)\|^2 du.$$

Beweis:

Unter dem τ-Forward Risk Adjusted Measure ist die Zufallsvariable

$$x = \int_{t_0}^{\tau} \nu(u,T) - \nu(u,\tau) \cdot dW^\tau(u)$$

normalverteilt mit Erwartungswert Null und Varianz $g^2(t_0,\tau,T)$. Weiter ist gemäß (10.12)

$$\frac{B(\tau,T)}{B(\tau,\tau)} = \frac{B(t_0,T)}{B(t_0,\tau)} \exp\left\{ -\frac{1}{2}g^2(t_0,\tau,T) + x \right\} \geq K$$

$$\Leftrightarrow \quad x \geq \ln\left(\frac{KB(t_0,\tau)}{B(t_0,T)}\right) + \frac{1}{2}g^2(t_0,\tau,T) =: a .$$

Der Erwartungswert unter dem τ-Forward Risk Adjusted Measure ist gleich

$$
E_{Q^\tau}\left[\left[\frac{B(\tau,T)}{B(\tau,\tau)}-K\right]^+\right]
$$

$$
= \int_{-\infty}^{+\infty}\left[\frac{B(t_0,T)}{B(t_0,\tau)}\exp\left\{-\frac{1}{2}g^2(t_0,\tau,T)+x\right\}-K\right]^+
$$

$$
\cdot\frac{1}{\sqrt{2\pi}g(t_0,\tau,T)}\exp\left\{-\frac{x^2}{2g^2(t_0,\tau,T)}\right\}dx
$$

$$
= \int_{a}^{+\infty}\left(\frac{B(t_0,T)}{B(t_0,\tau)}\exp\left\{-\frac{1}{2}g^2(t_0,\tau,T)+x\right\}-K\right)
$$

$$
\cdot\frac{1}{\sqrt{2\pi}g(t_0,\tau,T)}\exp\left\{-\frac{x^2}{2g^2(t_0,\tau,T)}\right\}dx
$$

$$
= \frac{B(t_0,T)}{B(t_0,\tau)}\int_{a}^{+\infty}\frac{1}{\sqrt{2\pi}g(t_0,\tau,T)}\exp\left\{-\frac{(x-g^2(t_0,\tau,T))^2}{2g^2(t_0,\tau,T)}\right\}dx
$$

$$
-K\int_{a}^{+\infty}\frac{1}{\sqrt{2\pi}g(t_0,\tau,T)}\exp\left\{-\frac{x^2}{2g^2(t_0,\tau,T)}\right\}dx
$$

$$
= \frac{B(t_0,T)}{B(t_0,\tau)}N\left(-\left(\frac{a-g^2(t_0,\tau,T)}{g(t_0,\tau,T)}\right)\right)-KN\left(-\frac{a}{g(t_0,\tau,T)}\right).
$$

Aus (10.14) und $d_1(t_0,\tau,T):=-\frac{(a-g^2(t_0,\tau,T))}{g(t_0,\tau,T)}$ folgt die Behauptung. $\square$

Ebenso wie im Black-Scholes-Modell ist die Hedgeratio gleich der partiellen Ableitung der Bewertungsformel nach dem Kurs des zugrundeliegenden Wertpapiers, d.h. für das die Auszahlung der Call-Option duplizierende und selbstfinanzierende Portfolio $\{V(\phi_t)=\phi_t^1 B(t,\tau)+\phi_t^2 B(t,T)\}_t$ gilt

$$
\phi_t^2 = \frac{\partial \text{Call}_e\left[B(t,T),K,t,T\right]}{\partial B(t,T)}=N\left(d_1(t,\tau,T)\right),
$$

$$
\phi_t^1 = -KN\left(d_2(t,\tau,T)\right).
$$

Der Arbitragepreis einer sonst identischen Europäischen Put-Option berechnet sich wiederum über die *Put-Call-Parität* zu

$$
\text{Put}_e\left[B(t_0,T),K,t_0,\tau\right] = \text{Call}_e\left[B(t_0,T),K,t_0,\tau\right]-B(t_0,T)+KB(t_0,\tau)
$$

$$
= KB((t_0,\tau)N\left(-d_2(t_0,\tau,T)\right)-B(t_0,T)N\left(-d_1(t_0,\tau,T)\right),
$$

wobei die selbstfinanzierende Hedgestrategie $\{\phi_t^1 B(t,\tau)+\phi_t^2 B(t,T)\}_t$ zu jedem Zeitpunkt $t\in[t_0,\tau]$ bestimmt ist durch

- den Erwerb von $KN\left(-d_2(t,\tau,T)\right)$ Nullkuponanleihen mit Fälligkeit zum Zeitpunkt τ und
- den Verkauf von $N\left(-d_1(t,\tau,T)\right)$ Nullkuponanleihen mit Fälligkeit zum Zeitpunkt T.

Die Bewertungsformeln für Europäische Call- und Put-Optionen ermöglichen es, den Arbitragepreis eines Cap oder Floor in einem n-Faktor Gauß-Zinsstrukturmodell zu berechnen. Gemäß Proposition 8.5, S. 307, ist dieser gleich dem eines Porfolios aus Europäischen Call- oder Put-Optionen. Sei L das nominale Level eines Cap oder Floor, $\{t_1, t_2, \ldots, t_{N-1}\}$ die Menge der Bewertungspunkte und V der Nennwert. Die Notation vereinfacht sich, falls die Zeitintervalle zwischen den Bewertungspunkten jeweils gleich lang sind, d.h. $\alpha = t_{i+1} - t_i \ \forall i = 1, \ldots, N-1$ gilt. In einem Gauß-Zinsstrukturmodell sind die konformen Kassa- und Terminzinsraten sowie Renditen normalverteilt. Es ist deshalb sinnvoll, die resultierenden Bewertungsformeln bezüglich konformer Größen zu formulieren. Sei also

- $L_c := \dfrac{1}{\alpha} \ln(1 + \alpha L)$ das konforme Level des Cap oder Floor und
- $y_c(t_0, t_i, \alpha)$ mit $B(t_0, t_{i+1}) = B(t_0, t_i) \cdot \exp\{-\alpha y_c(t_0, t_i, \alpha)\}$ die konforme Terminrendite.

Unter diesen Voraussetzungen ist der Arbitragepreis eines Cap im n-Faktor Gauß-Zinsstrukturmodell gleich

$$
\begin{aligned}
\operatorname{Cap}\left[r_L, L, V, \underline{T}\right] &= V(1 + \alpha \cdot L) \left(\sum_{i=1}^{N-1} \operatorname{Put}_e\left[B(t_0, t_{i+1}), \frac{1}{1 + \alpha \cdot L}, t_0, t_i \right] \right) \\
&= V(1 + \alpha \cdot L) \\
&\quad \left(\sum_{i=1}^{N-1} \frac{B(t_0, t_i)}{1 + \alpha \cdot L} N(-d_2(t_0, t_i, t_{i+1})) - B(t_0, t_{i+1}) N(-d_1(t_0, t_i, t_{i+1})) \right) \\
&= V \sum_{i=1}^{N-1} B(t_0, t_{i+1}) \\
&\quad \left(e^{\alpha \cdot y_c(t_0, t_i, \alpha)} N(-d_2(t_0, t_i, t_{i+1})) - e^{\alpha \cdot L_c} N(-d_1(t_0, t_i, t_{i+1})) \right),
\end{aligned}
$$

$$\text{wobei} \quad d_{1/2}(t_0, t_i, t_{i+1}) \quad := \quad \frac{\ln\left(\frac{B(t_0, t_{i+1})(1+\alpha \cdot L)}{B(t_0, t_i)}\right) \pm \frac{1}{2}g^2(t_0, t_i, t_{i+1})}{g(t_0, t_i, t_{i+1})}$$

$$= \quad \frac{(L_c - y_c(t_0, t_i, \alpha))\,\alpha \pm \frac{1}{2}g^2(t_0, t_i, t_{i+1})}{g(t_0, t_i, t_{i+1})}$$

$$\text{und} \quad g^2(t_0, t_i, t_{i+1}) \quad := \quad \int_{t_0}^{t_i} \|\nu(u, t_{i+1}) - \nu(u, t_i)\|^2 du.$$

In gleicher Weise berechnet sich der Arbitragepreis eines Floor im n-Faktor Gauß-Zinsstrukturmodell zu

$$\text{Floor}\left[r_L, L, V, \underline{T}\right] = V \sum_{i=1}^{N-1} B(t_0, t_{i+1}) \left(e^{\alpha \cdot L_c} N(d_1(t_0, t_i, t_{i+1}))\right.$$

$$\left. -e^{\alpha \cdot y_c(t_0, t_i, \alpha)} N(d_2(t_0, t_i, t_{i+1}))\right).$$

Diese Bewertungsformeln sind unter Ausschluss von Arbitrage konsistent mit der Bewertung Europäischer Call- und Put-Optionen in einem Gauß-Zinsstrukturmodell. Während Gauß-Zinsstrukturmodelle für die Bewertung von Rentenoptionen in der Praxis vielfach verwendet werden, gilt dies für die hergeleiteten Formeln des Cap und des Floor nicht. Für diese beiden Verträge findet die sogenannte Black-Formel Anwendung, die u.a. Gegenstand des Abschnitts 10.4 ist. Da jedoch die Bewertung einer Europäischen Rentenoption in einem Gauß-Zinsstrukturmodell gemäß Proposition 10.1 zwingend zu den obigen Arbitragepreisen für Caps und Floors führt, eröffnet die gleichzeitige Verwendung der Black-Formel aus theoretischer Sicht eine Arbitragemöglichkeit. Diese Arbitragemöglichkeit ist begründet in den nicht zu vereinbarenden Verteilungsannahmen des der Black-Formel zugrundeliegenden Modells mit einem Gauß-Zinsstrukturmodell. Während die Black-Formel lognormalverteilte nominale Zinssätze unterstellt, beruhen die obigen Formeln auf normalverteilten Zinsraten, d.h. die gleichzeitige Verwendung eines Gauß- Zinsstrukturmodells zur Bewertung von Rentenoptionen und eines lognormalen Zinsstrukturmodells zur Bewertung von Caps und Floors widerspricht der Bedingung der Arbitragefreiheit. Es stellt sich die Frage, welche Bedeutung dieser Inkonsistenz zuzumessen ist. Wenn auch eine abschließende Antwort hierzu nicht gegeben wird, so ist die folgende allgemeine Bemerkung für das Verständnis und die Anwendung eines Zinsstrukturmodells von Bedeutung:

Die verschiedenen Überlegungen eines Zinsstrukturmodells beruhen auf den in Kapitel 8 diskutierten definitorischen Beziehungen zwischen einerseits Anleihenkursen und andererseits nominalen, effektiven und konformen Kassa- und Terminzinssätzen bzw. -raten. Zum einen erfasst ein Zinsstrukturmodell diese Zusammenhänge in einem Modellrahmen, d.h. der Markt zinsabhängiger Verträge wird als ein in sich geschlossener Markt angesehen. Diese Betrachtungsweise beruht zu einem wesentlichen Teil auf dem Ausschluss des Bonitätsrisikos und der Vernachlässigung von Transaktionskosten. Der Handel mit zinsabhängigen Verträgen unterscheidet jedoch sehr wohl zwischen dem Rentenmarkt, dem Geldmarkt und dem Handel mit Zinsfutures. Zum zweiten sind Zinsstrukturmodelle relative Bewertungsmodelle, d.h. die Bewertung derivativer Verträge erfolgt relativ zu den Ausgangskursen und der angenommenen Veränderung der zugrundeliegenden Zinstitel. Die Formulierung der Gauß-Zinsstrukturmodelle bezieht sich auf die exogen gegebenen Kurse von Nullkuponanleihen. Da diese das zugrundeliegende Wertpapier der Rentenoptionen sind, bildet dieses Modell den relativen Bewertungsansatz für diese Optionen geeignet ab. Darüber hinaus bezieht sich der verwendete Begriff des Risikos, die Volatilität, ebenfalls auf die zugrundeliegenden Wertpapiere der Rentenoptionen. Damit und mit der Nähe zum Black-Scholes-Modell erfüllt das Gauß-Zinsstrukturmodell wichtige Voraussetzungen eines Referenzmodells der Bewertung dieser Optionen. Für die Bewertung von Caps und Floors ist aus Sicht der Anwendung der "gedankliche Umweg" über den Rentenmarkt nicht überzeugend. Das zugrundeliegende Wertpapier dieser Verträge ist ein Referenzzinssatz wie beispielsweise der EURIBOR oder LIBOR. Der theoretische Zusammenhang zwischen diesen Referenzzinssätzen und dem Anleihenmarkt entspricht in dieser Form nicht den Marktgegebenheiten. Weder die Kurse der Anleihen noch deren Volatilität sind aus Anwendungsüberlegungen geeignete Ausgangsgrößen einer relativen Bewertung. Nun lässt sich ein Gauß-Zinsstrukturmodell auch in einem zinsorientierten Ansatz formulieren (vgl. 10.4), so dass diesem Argument aus theoretischer Sicht Genüge getragen werden kann. Während jedoch die Lognormalverteilung der Anleihenkurse als Referenzmodell nicht zuletzt aufgrund der Nähe zum Black-Scholes-Modell weitestgehend akzeptiert wird, gilt dies für normalverteilte Terminzinsraten nicht. Negativen Terminzinsraten wird bezüglich der Bewertung von Derivaten ein anderes Gewicht zugemessen als Anleihenkursen, die oberhalb des Nennwertes notieren.

Die Bewertung einer Rentenoption bezüglich einer Kuponanleihe beruht zunächst auf dem engen Zusammenhang zwischen Nullkupon- und Kuponanleihen. Sind die Kurse der Nullkuponanleihen zu einem Zeitpunkt $t \in [t_0, T]$ bekannt, so ist der Kurs der Kuponanleihe gleich dem diskontierten Wert der Kuponzahlungen und des Rückzahlungsbetrages. Wird der Nennwert mit eins normiert, so ist der Kurs einer Kuponanleihe mit konstantem Kupon c zu den Zeitpunkten $t_1 < t_2 < \ldots < t_N$, $t_i \in [t, T]$ gleich

$$CB(t; t_1, \ldots, t_N) = \sum_{i=1}^{N} c \cdot B(t, t_i) + B(t, t_N).$$

Eine Europäische Call- oder Put-Option bezüglich einer Kuponanleihe ist somit gleich einer Option bezüglich eines Portfolios aus Nullkuponanleihen. In einem Gauß-Zinsstrukturmodell sind die Kurse dieser Nullkuponanleihen lognormalverteilt. Die Summe lognormalverteilter Zufallsvariablen genügt jedoch nicht dieser Verteilung, d.h. eine Bewertungsformel in Anlehnung an die Black-Scholes Formel ist nicht zu erwarten. Darüber hinaus ist die Verteilung der Summe lognormalverteilter Zufallsvariablen bisher unbekannt, so dass auf diesem Weg keine analytisch geschlossene Bewertungsformel hergeleitet werden kann. Die folgende, von Jamshidian (1991a) hergeleitete Bewertungsformel für Europäische Call- oder Put-Optionen bezüglich einer Kuponanleihe bezieht sich auf den Spezialfall eines 1-Faktor Gauß-Zinsstrukturmodells.

Proposition 10.2:

In einem 1-Faktor Gauß-Zinsstrukturmodell ist der Arbitragepreis zum Zeitpunkt t_0 einer Europäischen Call- oder Put-Option mit Basispreis K und Ausübungszeitpunkt $\tau > t_0$ bezüglich einer Kuponanleihe mit Nennwert eins, konstantem Kuponsatz c zu den Zeitpunkten $t_1 < t_2 < \ldots < t_N$, $t_i \in [\tau, T]$ und Rückzahlung zum Zeitpunkt t_N gleich

$$Call_e \left[CB(t_0; t_1, \ldots, t_N), K, t_0, \tau \right] = \sum_{i=1}^{N} c_i \, Call_e \left[B(t_0, t_i), K_i, t_0, \tau \right]$$

$$= \sum_{i=1}^{N} c_i \left[B(t_0, t_i) N(d_1(t_0, \tau, t_i)) - K_i B(t_0, \tau) N(d_2(t_0, \tau, t_i)) \right]$$

$$Put_e\left[CB(t_0;t_1,\ldots,t_N),K,t_0,\tau\right] = \sum_{i=1}^{N} c_i Put_e\left[B(t_0,t_i),K_i,t_0,\tau\right]$$

$$= \sum_{i=1}^{N} c_i\left[K_i B(t_0,\tau)N(-d_2(t_0,\tau,t_i)) - B(t_0,t_i)N(-d_1(t_0,\tau,t_i))\right],$$

wobei die einzelnen Parameter bestimmt sind durch

$$c_i := c \text{ für } i = 1,\ldots,N-1 \quad und \quad c_N := 1+c\,,$$

$$d_{1/2}(t_0,\tau,t_i) \quad = \quad \frac{\ln\left(\frac{B(t_0,t_i)}{K_i B(t_0,\tau)}\right) \pm \frac{1}{2}g^2(t_0,\tau,t_i)}{g(t_0,\tau,t_i)}\,,$$

$$g^2(t_0,\tau,t_i) \quad = \quad \int_{t_0}^{\tau}\left(\nu(u,t_i)-\nu(u,\tau)\right)^2 du\,.$$

Die Basispreise $K_1,\ldots,K_N$ *der Call- bzw. Put-Optionen sind gleich*

$$K_i := K_i(z^*) := \frac{B(t_0,t_i)}{B(t_0,\tau)}\exp\left\{-\frac{1}{2}g^2(t_0,\tau,t_i) + g(t_0,\tau,t_i)\cdot z^*\right\}$$

und $z^* \in \mathbb{R}$ *ist die eindeutige Lösung der Gleichung*

(10.15)

$$K = \sum_{i=1}^{N} c_i K_i = \sum_{i=1}^{N} c_i \frac{B(t_0,t_i)}{B(t_0,\tau)}\exp\left\{-\frac{1}{2}g^2(t_0,\tau,t_i) + g(t_0,\tau,t_i)\cdot z^*\right\}\,.$$

Beweis:

Unter dem τ-Forward Risk Adjusted Measure ist der Forward-Preis mit Lieferung zum Zeitpunkt τ einer Nullkuponanleihe mit Fälligkeit zum Zeitpunkt $t_i > \tau$ durch (10.12) gegeben

$$\frac{B(t,t_i)}{B(t,\tau)} = \frac{B(t_0,t_i)}{B(t_0,\tau)}\exp\left\{-\frac{1}{2}\int_{t_0}^{t}\left(\nu(u,t_i)-\nu(u,\tau)\right)^2 du\right.$$
$$\left. + \int_{t_0}^{t}\left(\nu(u,t_i)-\nu(u,\tau)\right)dW^{\tau}(u)\right\}\,,$$

wobei $\{W^{\tau}(t)\}_t$ eine eindimensionale Brown'sche Bewegung unter Q^{τ} ist. Der Arbitragepreis einer Europäischen Call-Option bezüglich einer Kuponanleihe ist somit gleich

$$Call_e\left[CB(t_0;t_1,\ldots,t_N),K,t_0,\tau\right]$$
$$= \quad E_{P*}\left[\exp\left\{-\int_{t_0}^{\tau} r_c(u)du\right\}\left[\sum_{i=1}^{N} c_i B(\tau,t_i) - K\right]^{+}\bigg|\mathcal{F}_{t_0}\right]$$

$$= B(t_0, \tau) E_{Q^\tau} \left[\left[\sum_{i=1}^{N} c_i B(\tau, t_i) - K \right]^+ \Big| \mathcal{F}_{t_0} \right].$$

Da $\{W^\tau(t)\}_t$ unter Q^τ eine eindimensionale Brown'sche Bewegung ist, ist das stochastische Integral ebenfalls normalverteilt. Ist Z normalverteilt unter Q^τ mit Erwartungswert Null und Varianz 1, so ist der Forward-Preis in Verteilung äquivalent zu

$$\frac{B(\tau, t_i)}{B(\tau, \tau)} \underset{Q^\tau}{\sim} \frac{B(t_0, t_i)}{B(t_0, \tau)} \exp\left\{ -\frac{1}{2} g^2(t_0, \tau, t_i) + g(t_0, \tau, t_i) \cdot Z \right\} \quad \forall t_i .$$

Da $g(\tau_0, \tau, t_i) \geq 0 \ \forall t_i$, ist

$$K_i(z) := \frac{B(t_0, t_i)}{B(t_0, \tau)} \exp\left\{ -\frac{1}{2} g^2(t_0, \tau, t_i) + g(t_0, \tau, t_i) \cdot z \right\}$$

für jedes $t_i > \tau$ eine stetige und streng monoton wachsende Funktion in $z \in \mathbb{R}$ mit $\lim_{z \to -\infty} K_i(z) = 0$ und $\lim_{z \to +\infty} K_i(z) = +\infty$. Es existiert somit eine eindeutige Zahl z^* mit $\sum_{i=1}^{N} c_i K_i(z^*) = K$ und

$$Q^\tau [CB(\tau_i; t_1, \ldots, t_N) \geq K] = Q^\tau[Z \geq z^*] = Q^\tau \left[\frac{B(\tau, t_i)}{B(\tau, \tau)} \geq K_i(z^*) \right] \quad \forall t_i .$$

Der Arbitragepreis der Europäischen Call-Option ist somit gleich

$$\text{Call}_e \left[CB(t_0; t_i, \ldots, t_N), K, t_0, \tau \right]$$

$$= B(t_0, \tau) E_{Q^\tau} \left[\left[\sum_{i=1}^{N} c_i \left(B(\tau, t_i) - K_i(z^*) \right) \right]^+ \Big| \mathcal{F}_{t_0} \right]$$

$$= B(t_0, \tau) E_{Q^\tau} \left[\left[\sum_{i=1}^{N} c_i \left(\frac{B(t_0, t_i)}{B(t_0, \tau)} \exp\left\{ -\frac{1}{2} g^2(t_0, \tau, t_i) \right. \right. \right. \right.$$

$$\left. \left. \left. \left. + \int_{t_0}^{\tau} (\nu(u, t_i) - \nu(u, \tau)) \, dW^\tau(u) \right\} - K_i(z^*) \right) \right]^+ \Big| \mathcal{F}_{t_0} \right]$$

$$
\begin{aligned}
= \quad & B(t_0,\tau)E_{Q^\tau}\left[\left[\sum_{i=1}^{N} c_i\left(\frac{B(t_0,t_i)}{B(t_0,\tau)}\exp\left\{-\frac{1}{2}g^2(t_0,\tau,t_i)+g(t_0,\tau,t_i)\cdot Z\right\}\right.\right.\right. \\
& \left.\left.\left. - K_i(z^*)\right)\right]^+\Big|\mathcal{F}_{t_0}\right]
\end{aligned}
$$

$$
\begin{aligned}
= \quad & B(t_0,\tau)E_{Q^\tau}\left[1_{\{Z\geq z^*\}}\sum_{i=1}^{N} c_i\left(\frac{B(t_0,t_i)}{B(t_0,\tau)}\right.\right. \\
& \left.\left. \cdot\exp\left\{-\frac{1}{2}g^2(t_0,\tau,t_i)+g(t_0,\tau,t_i)\cdot Z\right\}-K_i(z^*)\right)\Big|\mathcal{F}_{t_0}\right]
\end{aligned}
$$

$$
= \quad \sum_{i=1}^{N} c_i B(t_0,\tau)E_{Q^\tau}\left[\left[B(\tau,t_i)-K_i(z^*)\right]^+\Big|\mathcal{F}_{t_0}\right]
$$

$$
= \quad \sum_{i=1}^{N} c_i \mathrm{Call}_e\left[B(t_0,t_i),K_i(z^*),t_0,\tau\right]\,,
$$

wobei der Arbitragepreis der verbleibenden Europäischen Call-Optionen gemäß Proposition 10.1 bestimmt ist. Analog berechnet sich der Arbitragepreis der Put-Option.   □

In einem 1-Faktor Gauß-Zinsstrukturmodell ist der Arbitragepreis einer Europäischen Call-Option bezüglich einer Kuponanleihe gleich dem Wert eines Portfolios aus Europäischen Call-Optionen bezüglich verschiedener Nullkuponanleihen. Diese Aussage gilt in einem n-Faktor Zinsstrukturmodell nicht. In diesem Fall gelten die notwendigen Verteilungsäquivalenzen nicht in der benötigten Form. Unter den Annahmen der Proposition 10.2 lassen sich jedoch die Auszahlungsbedingung der Option und die Portfoliobildung vertauschen. In dieser Situation ist dann auch die Hedgeratio aus der Bewertungsformel direkt zu ersehen. Für die Europäische Call-Option bezüglich einer Kuponanleihe ist das die Auszahlung duplizierende und selbstfinanzierende Portfolio $\left(V(\phi)=\phi_t^1 B(t,t_1)+\ldots+\phi_t^N B(t,t_N)+\phi_t^{N+1}B(t,\tau)\right)_{t\in[t_0,\tau]}$ gleich:[3]

$$
\phi_t^i = N(d_1(t_0,\tau,t_i))\,\forall i=1,\ldots,N \text{ und } \phi_t^{N+1}=-\sum_{i=1}^{N}K_i(z^*)N(d_2(t_0,\tau,t_i))\,.
$$

---

[3]Vgl. hierzu auch Übungsaufgabe 10.3, da in einem 1-Faktor Gauß-Zinsstrukturmodell zur Duplizierung nicht eine Position in allen Nullkuponanleihen notwendig ist.

Die Basispreise $K_i(z^*)$ berechnen sich gemäß Proposition 10.2, wobei z^* Lösung der Gleichung (10.15) ist. Da es sich bei der Summe um eine stetige und streng monoton wachsende Funktion in z handelt, die für z gegen $-\infty$ gegen Null strebt und für positive z gegen $+\infty$, existiert eine eindeutige Lösung. Diese kann mit jedem Algorithmus zur Berechnung der Nullstelle einer monotonen Funktion approximiert werden.

Eine *Swaption* ist das Recht, zu einem zukünftigen Zeitpunkt einen Kuponswap zu einem festgelegten Swaplevel einzugehen. Im Fall einer *Reciever Swaption* handelt es sich um einen *Reciever Swap* und entsprechend bei einer *Payer Swaption* um einen *Payer Swap*. Bei Fälligkeit der Swaption erfolgt jedoch keine Lieferung des entsprechenden Swap, sondern der Halter der Option erhält den äquivalenten Geldbetrag. Der Wert eines Reciever Swap entspricht jedoch der Differenz zwischen dem Kurs einer Kuponanleihe, deren Kuponsatz gleich dem Swaplevel des Swap ist, und dem Nennwert der Anleihe, falls die Kupontermine gleich den Swapterminen des Festzinses sind und der Nennwert der Anleihe mit dem des Swap übereinstimmt. Die nominale Auszahlung einer Reciever Swaption ist gleich dem Wert der Auszahlung einer Europäischen Call-Option bezüglich einer Kuponanleihe. Sind V der Nennwert einer Reciever Swaption, L die vereinbarte Swapyield, τ der Ausübungszeitpunkt und $t_1 < \ldots < t_N$, $t_i > \tau$ die Zeitpunkte der ausstehenden Festzinszahlungen mit $\alpha = t_{i+1} - t_i$, so beträgt die Auszahlung

$$V \cdot \left[\sum_{i=1}^{N} L \cdot \alpha \cdot B(\tau, t_i) + B(\tau, t_N) - 1 \right]^+ ,$$

d.h. sie ist gleich der einer Europäischen Call-Option bezüglich einer Kuponanleihe mit Kuponsatz L und einem Basispreis gleich dem Nennwert der Swaption. In einem 1-Faktor Gauß-Zinsstrukturmodell ist mit Proposition 10.2 der Arbitragepreis der *Reciever Swaption* gleich

Receiver-Swaption $\left[r_L, L, \tau, \underline{T} = \{t_2, \ldots, t_N\} \right]$

$$= \quad V \cdot \alpha \cdot L \sum_{i=1}^{N} \mathrm{Call}_e \left[B(t_o, t_i), K_i, t_0, \tau \right] + V \cdot \mathrm{Call}_e \left[B(t_0, t_N), K_N, t_0, \tau \right]$$

wobei $K_i := K_i(z^*) := \dfrac{B(t_0, t_i)}{B(t_0, \tau)} \exp\left\{ -\dfrac{1}{2} g^2(t_0, \tau, t_i) + g(t_0, \tau, t_i) \cdot z^* \right\}$

und z^* ist eindeutige Lösung der Gleichung

$$1 = \sum_{i=1}^{N} \alpha \cdot L \cdot K_i(z^*) + K_N(z^*) \ .$$

Der Wert einer *Payer Swaption* ist gleich dem der entsprechenden Europäischen Put-Option.

Die Bedeutung der Gauß-Zinsstrukturmodelle beruht zu einem wesentlichen Teil auf den in diesem Modellrahmen hergeleiteten analytisch geschlossenen Bewertungsformeln für die wichtigsten zinsabhängigen Derivate. Diese ermöglichen es, die Preise von Rentenoptionen, Futures, Caps, Floors und Swaptions in einem arbitragefreien Modell zu berechnen und deren Abhängigkeit von der Zinsstrukturkurve zum Zeitpunkt t_0 und den Risikoparametern zu studieren. Die enge strukturelle Beziehung zum Black-Scholes-Modell erleichtert die Interpretation. Darüber hinaus eröffnet sich hierdurch ein Weg, die Wechselbeziehung zwischen dem Aktienkurs-, Devisenkurs- und Zinsänderungsrisiko zu studieren.[4] Somit erfüllen Gauß-Zinsstrukturmodelle wichtige Anforderungen eines Referenzmodells. Demgegenüber sind die getroffenen Verteilungsannahmen kritisch zu beurteilen. Die Volatilität wird als deterministisch vorausgesetzt, d.h. eine evtl. von der Entwicklung gewisser Zinsgrößen zustandsabhängige oder eine stochastische Form sind ausgeschlossen. Diese Volatilitätsannahme führt zu lognormalverteilten Kursprozessen der Nullkuponanleihen und normalverteilten konformen Zinsraten. Negative Zinsraten und über pari notierte Anleihenkurse wirken sich jedoch ihrerseits preisverzerrend auf die Bewertung aus. So kann der Wert einer Europäischen Call-Option bezüglich einer Nullkuponanleihe im Gauß-Zinsstrukturmodell die diskontierte Differenz zwischen Nennwert und Basispreis übersteigen[5]

$$\text{Call}_e\left[B(t_0, T), K, t_0, \tau\right] > B(t_0, \tau)(1 - K) \ .$$

Hierbei stellt $B(t_0, \tau)(1 - K)$ eine obere Kursgrenze dar, falls negative Zinssätze ausgeschlossen werden (Propostion 8.5, S. 307).

---

[4]Vgl. hierzu das Modell eines internationalen Finanzmarktes in Kapitel 11.

[5]In Schöbel (1987) und Briys, Crouhy und Schöbel (1991) werden die preisverzerrenden Effekte durch eine zusätzliche Randbedingung an die Bewertungsformel vermieden. Zu einer Kritik an diesem Ansatz vgl. auch Rady und Sandmann (1994).

10.4. Lognormale Zinsstrukturmodelle

Ein wesentliches Ziel der Entwicklung lognormaler Zinsstrukturmodelle ist es, negative Zinssätze durch die Modellbildung auszuschließen. Dieses kann beispielsweise dadurch erreicht werden, dass statt der Kursprozesse der Null-kuponanleihen die Zinsprozesse lognormalverteilt angenommen werden. Auch dieser Ansatz versucht, eine enge Beziehung zum Black-Scholes-Modell auf-rechtzuerhalten. Eine erste Formulierung entlang dieser Vorstellung stammt von Dothan (1978). Dothan beschreibt den Prozess der konformen Zinsrate mittels einer lognormalen Diffusion. Ähnlich modellieren Black und Karas-inski (1991) die logarithmierte konforme Zinsrate als einen normalverteilten Prozess mit Mean-Reverting, d.h. statt der konformen Zinsrate genügt die logarithmierte Zinsrate der Struktur des Vasicek-Modells (vgl. (10.7)). Die Verteilungsannahmen dieser Modelle schließen negative Zinsrealisationen aus. Beide Modelle erscheinen somit auf den ersten Blick geeignet zur Bewertung derivativer Verträge. In einer unveröffentlichten Arbeit untersuchen Hogan und Weintraub (1993) diese beiden Modellansätze bezüglich spezieller Fi-nanzverträge. Wesentliche Aussage ihrer Arbeit ist, dass es nicht möglich ist, *Eurodollar-Futures* in diesen Modellen zu bewerten. Eurodollar-Futures sind börsengehandelte Zins-Futures, die dem *marked-to-market* unterliegen, also einen täglichen Verlustausgleich bedingen. Sie gehören in der Praxis zu den wichtigsten Instrumenten zur Begrenzung des Zinsänderungsrisikos und weisen ein beträchtliches Handelsvolumen auf. Zugrundeliegendes Wertpapier eines Eurodollar-Futures ist ein Referenzzinssatz wie z.B. der EURIBOR-Satz mit dreimonatiger Bindung. Die Quotierung eines Eurodollar-Futures erfolgt jedoch nicht in Form von Zinssätzen, sondern in Anlehnung an die der Anlei-hen in Prozentsätzen des Nennwertes. Eine Eurodollar-Futures Quotierung von 90 % bezüglich einer dreimonatigen Bindung impliziert einen Zinssatz von 10 % und einen Futures-Preis von 97,5% des Nennwertes. Bezeichnen $Q(t)$ die Quotierung, $F(t)$ den Futures-Preis und $r_f(t, \alpha)$ den *impliziten Futures-Zinssatz* p.a. eines Eurodollar-Futures mit Bindungsfrist α Jahre ($\alpha \in]0, 1]$), so sind die Größen gegenseitig definiert durch

$$(10.16) \quad \begin{aligned} Q(t) &= 100 - \frac{1}{\alpha}(100 - F(t)) = 100 \cdot (1 - r_f(t, \alpha)) \\ F(t) &= 100 - \alpha(100 - Q(t)) = 100 \cdot (1 - \alpha r_f(t, \alpha)) \ . \end{aligned}$$

Der implizit durch die Quotierung definierte Futures-Zinssatz $r_f(t, \alpha)$ ist gemäß (10.16) nominal zu interpretieren. Ist $T > t$ der Fälligkeitszeitpunkt des Futures, so stimmt dieser zu diesem Zeitpunkt mit dem zugrundeliegenden EURIBOR-Satz überein. Wird modelltheoretisch von einem stetigen Verlustausgleich ausgegangen, so berechnet sich gemäß Satz 8.1, S. 300, der Futures-Preis aus dem Erwartungswert des zukünftigen Futures-Zinssatzes unter dem äquivalenten Martingalmaß, d.h. es gilt

$$F(t) = 100 \cdot E_{P^*} \left[1 - \alpha r_f(T, \alpha) | \mathcal{F}_t \right] .$$

Da Futures-Zinssatz und Referenzzinssatz zum Zeitpunkt T übereinstimmen, ergibt sich die folgende Beziehung zu den Anleihenkursen und konformen Terminzinssätzen

$$
\begin{aligned}
(1 + \alpha r_f(T, \alpha))^{-1} &= B(T, T + \alpha) = \exp \left\{ - \int_T^{T+\alpha} f_c(T, u) du \right\} \\
&= E_{P^*} \left[\exp \left\{ - \int_T^{T+\alpha} r_c(u) du \right\} \bigg| \mathcal{F}_T \right] .
\end{aligned}
$$

Unter dem Martingalmaß P^* ist der Preis eines Eurodollar-Futures gleich

$$
\begin{aligned}
F(t) &= 100 \left(2 - E_{P^*} \left[B^{-1}(T, T + \alpha) | \mathcal{F}_t \right] \right) \\
&= 100 \left(2 - E_{P^*} \left[\left(E_{P^*} \left[\exp \left\{ - \int_T^{T+\alpha} r_c(u) du \right\} \bigg| \mathcal{F}_T \right] \right)^{-1} \bigg| \mathcal{F}_t \right] \right) .
\end{aligned}
$$

∇ **Beispiel 10.3:**

In einem n-Faktor Gauß-Zinsstrukturmodell berechnet sich der Preis eines Eurodollar-Futures mit (10.5), S. 368, aus

$$
\begin{aligned}
&E_{P^*} \left[(B(T, T + \alpha))^{-1} | \mathcal{F}_t \right] \\
&= \frac{B(t, T)}{B(t, T + \alpha)} \exp \left\{ \int_t^T \nu(u, T + \alpha) \cdot (\nu(u, T + \alpha) - \nu(u, T)) \, du \right\} \\
\Rightarrow F(t) &= 100 \left(2 - \frac{B(t, T)}{B(t, T + \alpha)} \right. \\
&\quad \left. \cdot \exp \left\{ \int_t^T \nu(u, T + \alpha) \cdot (\nu(u, T + \alpha) - \nu(u, T)) \, du \right\} \right) .
\end{aligned}
$$

Der implizite Futures-Zinssatz in einem Gauß-Zinsstrukturmodell ist gleich

$$r_f(t, \alpha)$$

$$= \frac{1}{\alpha} \left(\frac{B(t, T)}{B(t, T + \alpha)} \exp \left\{ \int_t^T \nu(u, T + \alpha) \cdot (\nu(u, T + \alpha) - \nu(u, T)) \, du \right\} - 1 \right)$$

und für die Quotierung gilt im Gauß-Zinsstrukturmodell

_____ Δ

Genügt der Prozess der kurzfristigen Zinsrate $\{r_c(t)\}_t$ dem Dothan- (1978) oder dem Black-Karasinski-Modell (1991), so zeigen Hogan und Weintraub (1993), dass

(10.17)
$$E_{P^*} \left[B^{-1}(T, T + \alpha) | \mathcal{F}_t \right] = +\infty \quad \forall \alpha > 0 \, ,$$

$$E_{P^*} \left[\exp \left\{ \int_T^{t+\alpha} r_c(u) du \right\} \Big| \mathcal{F}_t \right] = +\infty \quad \forall \alpha > 0 \, ,$$

d.h. insbesondere ist der Futures-Preis gleich $-\infty$. Eurodollar-Futures können somit in diesen Modellen nicht bewertet werden. Darüber hinaus ist der erwartete Wert einer zukünftigen Anlage zum konformen Zins für jede Halteperiode $\alpha > 0$ gleich $+\infty$. Dies wird als "Explodieren" des erwarteten Ertrages bezeichnet. Aufgrund dieser beiden Eigenschaften sind lognormale Modelle der konformen Zinsrate nicht geeignet zur Beschreibung der Zinsunsicherheit. Die Existenz der Erwartungswerte in (10.17) ist jedoch gegeben, falls statt der konformen Zinsrate der *nominale Zinssatz* für eine Bindungsdauer der Länge $\alpha > 0$ lognormal verteilt ist. Die qualitativen Eigenschaften des Modells hängen somit entscheidend von dem verwendeten Zinsbegriff ab. Ein wesentlicher Unterschied der lognormalen Zinsstrukturmodelle zu den dargestellten Gauß-Zinsstrukturmodellen und darüber hinaus zu fast allen anderen zeitstetigen Modellen ist der Bezug auf den nominalen Zinsbegriff. Diese und nicht konforme Zinsraten sind der Ausgangspunkt der Modellierung. Hierbei ist zu beachten, dass sich ein nominaler Zinssatz immer auf ein Zeitintervall der Länge $\alpha > 0$ bezieht. In diesem Sinne entspricht der nominale Zinsbegriff unmittelbar beobachtbaren Zinssätzen, während die kurzfristige konforme Zinsrate den gedanklichen Grenzwert für eine Halteperiode der Länge Null angibt

$$\lim_{\alpha \to 0} r_n(t, T, \alpha) = \lim_{\alpha \to 0} \frac{1}{\alpha} \left(\frac{B(t, T+\alpha) - B(t, T)}{B(t, T)} \right) = f_c(t, T) \, ,$$

$$1 + \alpha r_n(t, T, \alpha) = \exp \left\{ \int_T^{T+\alpha} f_c(u, T) du \right\} \, .$$

Ausgangspunkt eines lognormalen Zinsstrukturmodells ist eine Menge von nominalen Terminzinssätzen. Diese sind zu jedem Zeitpunkt t gemäß Definition 8.2, S. 295, durch die Lage und Länge ihres Bezugsintervalls definiert. Für feste Zeitpunkte $t < \tau$ und $\alpha > 0$ ist $r_n(t, \tau, \alpha)$ der nominale Terminzinssatz zum Zeitpunkt t für das Zeitintervall $[\tau, \tau + \alpha]$. Sei I eine Indexmenge mit $\tau_i > t$ und $\alpha_i > 0 \; \forall i \in I$, so gibt

$$\{ r_n(t, \tau_i, \alpha_j) | i, j \in I \}$$

die Menge aller nominalen Terminzinssätze zum Zeitpunkt t an.

Der Grundgedanke eines lognormalen Zinsstrukturmodells besteht darin, eine möglichst große Anzahl dieser nominalen Terminzinssätze als lognormalverteilte stochastische Prozesse vorauszusetzen, d.h.

(10.18)

$$dr_n(t, \tau, \alpha) = \mu(t, \tau, \alpha) r_n(t, \tau, \alpha) dt + r_n(t, \tau, \alpha) \, , \gamma(t, \tau, \alpha) \cdot dW^*(t) \, ,$$

wobei $\{W^*(t)\}_t$ eine n-dimensionale Brown'sche Bewegung unter dem Martingalmaß P^* ist. Für jedes τ und $\alpha > 0$ gibt die deterministische Abbildung

$$\gamma(\cdot, \tau, \alpha) : [t_0, \tau] \to \mathbb{R}^n_{>0}$$

die Volatilitätsfunktion des nominalen Terminzinssatzes an, die als quadratintegrierbar und stetig differenzierbar bezüglich τ vorausgesetzt wird.

Da die Summe lognormalverteilter Zufallsvariablen nicht dieser Verteilung genügt, ist diese Verteilungsannahme nicht für eine beliebige Menge von Intervallen $[\tau, \tau + \alpha]$ zulässig. Es gilt beispielsweise für $\alpha_1, \alpha_2 > 0$ und beliebiges $\tau \geq t$

$$(1 + (\alpha_1 + \alpha_2) r_n(t, \tau, \alpha_1 + \alpha_2))$$
$$= (1 + \alpha_1 r_n(t, \tau, \alpha_1)) \cdot (1 + \alpha_2 r_n(t, \tau + \alpha_1, \alpha_2))$$
$$\Leftrightarrow \quad r_n(t, \tau, \alpha_1 + \alpha_2) = \frac{\alpha_1}{\alpha_1 + \alpha_2} r_n(t, \tau, \alpha_1) + \frac{\alpha_2}{\alpha_1 + \alpha_2} r_n(t, \tau + \alpha_1, \alpha_2)$$
$$+ \frac{\alpha_1 \cdot \alpha_2}{\alpha_1 + \alpha_2} r_n(t, \tau, \alpha_1) r_n(t, \tau + \alpha_1, \alpha_2),$$

d.h. die stochastischen Prozesse dieser drei Terminzinsprozesse können nicht gleichzeitig der Lognormalverteilung genügen. Allgemein können nur solche Prozesse der stochastischen Differentialgleichung (10.18) genügen, die sich nicht gegenseitig definieren. Mit dieser Einschränkung versehen, ist die konkrete Wahl der Prozesse beispielsweise durch die gehandelten Terminzinssätze eines speziellen Marktsegmentes vorgegeben. Weitestgehend zur Vereinfachung der Notation konzentrieren sich die folgenden Überlegungen auf eine konstante Intervalllänge $\alpha > 0$ und variierende Startzeitpunkte τ, d.h. für ein vorgegebenes T genügen die nominalen Terminzinssätze $\{r_n(t,\tau,\alpha)|\tau \in [t, T - \alpha]\}$ der stochastischen Differentialgleichung (10.18). Aus dieser Strukturannahme leiten sich zunächst zwei wichtige Konsequenzen ab:

- In einem lognormalen Zinsstrukturmodell werden die Verteilung und der stochastische Prozess der konformen Kassa- und Terminzinsraten endogen durch die der nominalen Terminzinssätze bestimmt. Die konformen Zinsraten sind jedoch nicht notwendig eindeutig festgelegt. Es ergeben sich die folgenden Beziehungen zur konformen Terminrendite

$$y_c(t,\tau,\alpha) := \frac{1}{\alpha} \ln(1 + \alpha r_n(t,\tau,\alpha)) = \frac{1}{\alpha} \int_\tau^{\tau+\alpha} f_c(t,u)du$$

$$\Rightarrow \quad \frac{\partial y_c(t,\tau,\alpha)}{\partial \tau} = \frac{1}{1 + \alpha r_n(t,\tau,\alpha)} \cdot \frac{\partial r_n(t,\tau,\alpha)}{\partial \tau}$$

$$= \frac{B(t,\tau+\alpha)}{B(t,\tau)} \frac{\partial r_n(t,\tau,\alpha)}{\partial \tau} ,$$

$$\frac{\partial y_c(t,\tau,\alpha)}{\partial \tau} = \frac{1}{\alpha} \left(f_c(t,\tau+\alpha) - f_c(t,\tau) \right) .$$

Die Annahmen eines lognormalen Zinsstrukturmodells legen somit eindeutig die Differenz zwischen zwei konformen Terminzinsraten fest;

$$(10.19) \qquad f_c(t,\tau+\alpha) - f_c(t,\tau) = \alpha \frac{B(t,\tau+\alpha)}{B(t,\tau)} \frac{\partial r_n(t,\tau,\alpha)}{\partial \tau} .$$

Für ein festes $\alpha > 0$ und für jedes $\tau \geq t + \alpha$ existieren Zahlen $s \in [t, t+\alpha[$ und $n \in \mathbb{N}$, mit $\tau = s + n \cdot \alpha$. Die Differenzengleichung (10.19) besitzt die Lösung

(10.20)

$$f_c(t, s + n \cdot \alpha) = f_c(t, s) + \sum_{i=0}^{n-1} \alpha \frac{B(t, s + (i+1) \cdot \alpha)}{B(t, s + i\alpha)} \cdot \frac{\partial r_n(t, \tau, \alpha)}{\partial \tau}\bigg|_{\tau = s + i\alpha}$$

mit der Anfangsbedingung

$$\int_{\tau}^{\tau + \alpha} f_c(t, u) du = \ln(1 + \alpha r_n(t, \tau, \alpha)) \ .$$

Die konformen Terminzinsraten $f_c(t, s)$ für $s \in [t, t + \alpha[$ sind durch die Annahmen an die nominalen Terminzinssätze nicht festgelegt und stellen exogene Größen dar. Insofern genügen die Annahmen an die nominalen Terminzinssätze nicht, um das Zinsstrukturmodell eindeutig festzulegen.

• Da der nominale Terminzinssatz $r_n(t, \tau, \alpha)$ ein Martingal unter dem $(\tau + \alpha)$-Forward Risk Adjusted Measure ist, gilt

$$dr_n(t, \tau, \alpha) = r_n(t, \tau, \alpha)\gamma(t, \tau, \alpha) \cdot dW^{\tau + \alpha}(t) \ ,$$

wobei $\{W^{\tau + \alpha}(t)\}_{t \in [t_0, \tau]}$ eine n-dimensionale Brown'sche Bewegung unter $Q^{\tau + \alpha}$ ist;

$r_n(t, \tau, \alpha)$

$$= r_n(t_0, \tau, \alpha) \exp\left\{ -\frac{1}{2} \int_{t_0}^{t} ||\gamma(u, \tau, \alpha)||^2 du + \int_{t_0}^{t} \gamma(u, \tau, \alpha) \cdot dW^{\tau + \alpha}(u) \right\} .$$

Satz 10.2:

Genügen die stochastischen Prozesse der nominalen Terminzinssätze $\{r_n(t, t_i, \alpha_i)\}_{i=1}^{N-1}$ mit $\alpha_i = t_{i+1} - t_i$ und $t_1 > t_0$ einem lognormalen Zinsstrukturmodell, d.h. sind Lösung der stochastischen Differentialgleichung (10.18), so sind die Arbitragepreise zum Zeitpunkt t_0 eines Cap bzw. Floor mit Basislevel L, Nennwert V, Auszahlungszeitpunkten $\{t_2, t_3, \ldots, t_N\}$ bezüglich des nominalen Zinssatzes $r_L(t) = r_n(t, t, \alpha)$ gleich

$$Cap\,[r_L, L, V, \{t_2, \ldots, t_N\}]$$

$$= V \sum_{i=1}^{N-1} \alpha_i B(t_0, t_{i+1}) \left[r_n(t_0, t_i, \alpha_i) \cdot N(d_1(t_0, t_i, \alpha_i)) - L \cdot N(d_2(t_0, t_i, \alpha_i)) \right],$$

$Floor\,[r_L, L, V, \{t_2, \ldots, t_N\}]$

$$= V \sum_{i=1}^{N-1} \alpha_i B(t_0, t_{i+1}) \left[LN(-d_2(t_0, t_i, \alpha_i)) - r_n(t_0, t_i, \alpha_i) N(-d_1(t_0, t_i, \alpha_i)) \right],$$

$$wobei \quad d_{1/2}(t_0, \tau, \alpha) \;:=\; \frac{\ln\left(\frac{r_n(t_0, \tau, \alpha)}{L}\right) \pm \frac{1}{2} g^2(t_0, \tau, \alpha)}{g(t_0, \tau, \alpha)}$$

$$g^2(t_0, \tau, \alpha) \;:=\; \int_{t_0}^{\tau} \|\gamma(u, \tau, \alpha)\|^2 \, du \ .$$

Beweis:

Die Auszahlung eines Cap zum Zeitpunkt t_{i+1}, $i \in \{1, \ldots, N-1\}$ ist gleich

$$V \cdot \alpha_i \left[r_n(t_i, t_i, \alpha_i) - L \right]^+ \ .$$

Der Arbitragepreis dieser Auszahlung ist gleich dem diskontierten erwarteten Wert unter dem $(\tau + \alpha_i)$-Forward Risk Adjusted Measure $Q^{\tau+\alpha_i}$. Unter $Q^{\tau+\alpha_i}$ ist der nominale zukünftige Kassazinssatz lognormalverteilt, d.h. analog dem Beweis der Black-Scholes Formel gilt für den Arbitragepreis dieser Auszahlung

$$B(t_0, t_{i+1}) E_{Q^{\tau+\alpha_i}} \left[V \cdot \alpha_i [r_n(t_i, t_i, \alpha_i) - L]^+ | \mathcal{F}_{t_0} \right]$$

$$= B(t_0, t_{i+1}) V \cdot \alpha_i \left[r_n(t_0, t_i, \alpha_i) \cdot N(d_1(t_0, t_i, \alpha_i)) - L \cdot N(d_2(t_0, t_i, \alpha)) \right] \ ,$$

wobei die Koeffizienten $d_{1/2}$ entsprechend bestimmt sind. Über alle Auszahlungszeitpunkte summiert folgt die Bewertungsformel für den Cap. Analog berechnet sich der Arbitragepreis eines Floor. □

Die obigen Bewertungsformeln des Cap und Floor werden als die *Black-Formeln* bezeichnet. Die Überlegungen des lognormalen Zinsstrukturmodells haben gezeigt, daß diese Formeln unter bestimmten Voraussetzungen in einem arbitragefreien Modell gültig sind. Die Bewertung von Caps und Floors mittels der Black-Formeln ist somit durchaus verträglich mit der Bedingung der Arbitragefreiheit. Ausgehend von der Black-Formel lassen sich nun ebenfalls Rentenoptionen in einem lognormalen Zinsstrukturmodell bewerten. Die resultierenden Bewertungsformeln weichen jedoch erheblich von denen in Gauß-Zinsstrukturmodellen ab.

Proposition 10.3:

Falls der Prozess des nominalen Terminzinssatzes $\{r_n(t, \tau, \alpha)\}_{t \in [t_0, \tau]}$ lognormalverteilt ist, so ist der Arbitragepreis einer Europäischen Call- oder Put-Option mit Basispreis K, Ausübungszeitpunkt τ bezüglich einer Nullkuponanleihe mit Fälligkeit zum Zeitpunkt $\tau + \alpha$ gleich

$$Call_e\left[B(t_0, \tau + \alpha), K, t_0, \tau\right]$$

$$= B(t_0, \tau + \alpha)N(e_1) - KB(t_0, \tau)N(e_2) - KB(t_0, \tau + \alpha)(N(e_1) - N(e_2))$$

$$= (1 - K)B(t_0, \tau + \alpha)N(e_1) - K(B(t_0, \tau) - B(t_0, \tau + \alpha))N(e_2) \ ,$$

$$Put_e\left[B(t_0, \tau + \alpha), K, t_0, \tau\right]$$

$$= K(B(t_0, \tau) - B(t_0, \tau + \alpha))N(-e_2) - (1 - K)B(t_0, \tau + \alpha)N(-e_1) \ ,$$

wobei $\quad e_{1/2} := \dfrac{\ln\left(\frac{B(t_0, \tau + \alpha)(1 - K)}{(B(t_0, \tau) - B(t_0, \tau + \alpha))K}\right) \pm \frac{1}{2}g^2(t, \tau, \alpha)}{g(t, \tau, \alpha)} \ ,$

$$g^2(t, \tau, \alpha) := \int_t^\tau \|\gamma(u, \tau, \alpha)\|^2 du \ .$$

Beweis:

Die Auszahlung einer Europäischen Call-Option zum Zeitpunkt τ ist gleich $[B(\tau, \tau + \alpha) - K]^+$. Wird diese Zahlung statt zum Zeitpunkt τ zum Zeitpunkt $\tau + \alpha$ geleistet, so entspricht dies einer Verzinsung mit dem nominalen Zinssatz $r_n(\tau, \tau, \alpha)$

$$(1 + \alpha r_n(\tau, \tau, \alpha))\left[B(\tau, \tau + \alpha) - K\right]^+ = \left[1 - K(1 + \alpha r_n(\tau, \tau, \alpha))\right]^+$$

$$= \alpha K\left[\frac{1 - K}{\alpha K} - r_n(\tau, \tau, \alpha)\right]^+$$

Dies ist gleich der Zahlung eines Floor zum Zeitpunkt $\tau + \alpha$ mit Nennwert αK und Level $\frac{1-K}{\alpha K}$. Der Arbitragepreis des Floor ist gleich dem diskontierten erwarteten Wert der Floor-Zahlung unter dem $(\tau + \alpha)$-Forward Risk Adjusted Measure. Nach Voraussetzung ist $r_n(\tau, \tau, \alpha)$ unter $Q^{\tau + \alpha}$ lognormalverteilt, d.h.

$\text{Call}_e\left[B(t_0, \tau + \alpha), K, t_0, \tau\right]$

$$= B(t_0, \tau + \alpha) E_{Q^{\tau+\alpha}}\left[\alpha K \left[\frac{1-K}{\alpha K} - r_n(\tau, \tau, \alpha)\right]^+ \Big| \mathcal{F}_{t_0}\right]$$

$$= B(t_0, \tau + \alpha) \alpha K \left(\frac{1-K}{\alpha K} N(-d_2) - r_n(\tau, \tau, \alpha) N(-d_1)\right)$$

$$= B(t_0, \tau + \alpha) N(-d_2) - K B(t_0, \tau + \alpha) N(-d_2)$$
$$- B(t_0, \tau + \alpha) K(1 + \alpha r_n(\tau, \tau, \alpha)) N(-d_1) + B(t_0, \tau + \alpha) K N(-d_1)$$

$$= B(t_0, \tau + \alpha) N(-d_2) - K B(t_0, \tau) N(-d_1)$$
$$- K B(t_0, \tau + \alpha)(N(-d_2) - N(-d_1)) ,$$

wobei $d_{1/2} = d_{1/2}(t_0, \tau, \alpha)$ gemäß Satz 10.2 definiert sind. Es gilt nun

$$d_{1/2}(t_0, \tau, \alpha) = \frac{\ln\left(\frac{r_n(t_0, \tau, \alpha)\alpha K}{1-K}\right) \pm \frac{1}{2} g^2(t_0, \tau, \alpha)}{g(t_0, \tau, \alpha)}$$

$$= \frac{\ln\left(\frac{B(t_0, \tau+\alpha)}{B(t_0, \tau+\alpha)} \frac{1+\alpha r_n(t_0, \tau, \alpha)-1}{1} \frac{K}{1-K}\right) \pm \frac{1}{2} g^2(t_0, \tau, \alpha)}{g(t_0, \tau, \alpha)}$$

$$= \frac{\ln\left(\frac{(B(t_0, \tau)-B(t_0, \tau+\alpha))K}{B(t_0, \tau+\alpha)(1-K)}\right) \pm \frac{1}{2} g^2(t_0, \tau, \alpha)}{g(t_0, \tau, \alpha)} = -e_{2/1} .$$

Die entsprechende Aussage für die Put-Option folgt analog bzw. direkt aus der Put-Call Parität. □

Wie im Black-Scholes-Modell lässt sich die duplizierende und selbstfinanzierende Portfoliostrategie einer Europäischen Call- oder Put-Option direkt aus Proposition 10.3 ablesen. Die Portfoliostrategie der Call-Option lautet

$$V(\phi(t)) = \phi^1(t) B(t, \tau) + \phi^2(t) B(t, \tau + \alpha)$$
$$\text{mit} \quad \phi^2(t) = N(e_1) - K(N(e_1) - N(e_2))$$
$$\phi^1(t) = -K N(e_2) .$$

Gauß-Zinsstrukturmodelle und lognormale Zinsstrukturmodelle unterscheiden sich in mehrerer Hinsicht. Wesentlich für das Verständnis ist der Bezug zu nominalen Terminzinssätzen. Diese und nicht konforme kurzfristige Zinssätze stellen die exogenen Größen der Modellbildung dar, die sich somit auf beobachtbare Marktdaten stützt. Ebenso bezieht sich der Begriff des Risikos in Form der Volatilität auf nominale Terminzinssätze. Die Annahme lognormalverteilter Terminzinssätze kann unter Ausschluss von Arbitrage nicht für alle Terminzinssätze zugelassen werden. Aufgrund des Zusammenhangs zwischen den verschiedenen Terminzinssätzen kann sich die Verteilungsannahme nicht auf implizit erzeugbare Zinssätze beziehen. Die Bewertungsformeln, d.h. die *Black-Formeln* und die entsprechenden Bewertungsformeln für Europäische Rentenoptionen sind somit auch nur gültig, falls die entsprechenden Terminzinssätze in einem Modellrahmen lognormalverteilt sind. Dies ist z.B. nicht der Fall, falls der Parameter α gleich drei Monate ist und eine Europäische Call-Option bezüglich einer Nullkuponanleihe bewertet werden soll, die ein Ausübungsrecht 6 Monate vor Fälligkeit der Nullkuponanleihe verbrieft. Der 6-monatige Terminzinssatz ist endogen bestimmt und genügt nicht den Voraussetzungen von Proposition 10.3. Eine analytische Bewertungsformel ist nicht bekannt und numerische Verfahren sind notwendig. Die Lösung ist jedoch nicht abhängig von der mit Gleichung (10.20) angesprochenen Unvollständigkeit lognormaler Zinsstrukturmodelle, da der 6-monatige Terminzinssatz durch die 3-monatigen Terminzinssätze vollständig bestimmt ist. Dies ist jedoch der Fall, falls das Ausübungsrecht beispielsweise 4 Monate vor Fälligkeit der Nullkuponanleihe besteht. Wiederum muß die Lösung mit numerischen Verfahren angenähert werden. Sie ist jedoch abhängig von der Veränderung der konformen Terminzinsraten $\{f_c(t, s)\}_t$ für $s \in [t, t + \alpha[$. Diese stochastischen Prozesse sind durch die Annahmen an die nominalen Terminzinssätze noch nicht vollständig festgelegt. Deutlich wird dies auch in der endogenen Struktur der Volatilität der konformen Terminzinsraten. Aus der Beziehung zwischen nominalen Terminzinssätzen und konformen Terminzinsraten leitet sich zunächst mit Hilfe des Itô-Lemmas die Veränderung der logarithmierten Terminrendite unter dem Forward Risk Adjusted Measure ab.

$$\alpha y_c(t, \tau, \alpha) = \int_\tau^{\tau+\alpha} f_c(t, u)du = \ln(1 + \alpha r_n(t, \tau, \alpha)),$$

$$(10.21) \quad d(\alpha y_c(t, \tau, \alpha)) = d\left(\int_\tau^{\tau+\alpha} f_c(t, u)du\right) = d\left(\ln(1 + \alpha r_n(t, \tau, \alpha))\right)$$

$$= \frac{\alpha}{1 + \alpha r_n(t,\tau,\alpha)} dr_n(t,\tau,\alpha) - \frac{1}{2} \frac{\alpha^2}{(1 + \alpha r_n(t,\tau,\alpha))^2} \cdot (dr_n(t,\tau,\alpha))^2$$

$$= \frac{\alpha r_n(t,\tau,\alpha)}{1 + \alpha r_n(t,\tau,\alpha)} \gamma(t,\tau,\alpha) \cdot dW^{\tau+\alpha}(t)$$

$$- \frac{1}{2} \frac{\alpha^2 r_n^2(t,\tau,\alpha)}{(1 + \alpha r_n(t,\tau,\alpha))^2} ||\gamma(t,\tau,\alpha)||^2 dt$$

$$= \left(1 - \frac{B(t,\tau+\alpha)}{B(t,\tau)}\right) \gamma(t,\tau,\alpha)$$

$$\cdot \left[dW^{\tau+\alpha}(t) - \frac{1}{2}\left(\frac{1 - B(t,\tau+\alpha)}{B(t,\tau)}\right) \gamma(t,\tau,\alpha)dt\right] .$$

Da der Maßwechsel zwischen dem Martingalmaß und dem Forward Risk Adjusted Measure die Volatilität des Prozesses nicht verändert, ist diese für die logarithmierte Terminrendite gleich

$$(V_{P^*}[d\alpha y_c(t,\tau,\alpha)|\mathcal{F}_t])^{\frac{1}{2}} = \left(V_{Q^{\tau+\alpha}}[d\alpha y_c(t,\tau,\alpha)|\mathcal{F}_t]\right)^{\frac{1}{2}}$$

$$= \left|1 - \frac{B(t,\tau+\alpha)}{B(t,\tau)}\right| ||\gamma(t,\tau,\alpha)|| .$$

Der Terminpreis einer Nullkuponanleihe ist gleich dem Quotienten zweier Nullkuponanleihen. Aus (10.21) ergibt sich somit unmittelbar die stochastische Differentialgleichung für den Terminpreis, falls zwischen Lieferung und Fälligkeit der Anleihe genau α Zeiteinheiten liegen

(10.22)

$$d\left(\frac{B(t,\tau+\alpha)}{B(t,\tau)}\right) = d\left(\exp\{\alpha y_c(t,\tau,\alpha)\}\right)$$

$$= \exp\{\alpha y_c(t,\tau,\alpha)\} \left(d\alpha y_c(t,\tau,\alpha) + \frac{1}{2}(d\alpha y_c(t,\tau,\alpha))^2\right)$$

$$= \frac{B(t,\tau+\alpha)}{B(t,\tau)} \left(1 - \frac{B(t,\tau+\alpha)}{B(t,\tau)}\right) \gamma(t,\tau,\alpha) \cdot dW^{\tau+\alpha}(t) .$$

Der Prozess des Terminpreises ist somit $Q^{\tau+\alpha}$ fast sicher in dem Intervall $[0,1]$ enthalten, d.h. mit Wahrscheinlichkeit eins gilt $B(t,\tau+\alpha) \leq B(t,\tau)$. Die Lösung der stochastischen Differentialgleichung für den Terminpreisprozess ist gleich

$$\frac{B(t,\tau+\alpha)}{B(t,\tau)} = (1 + \alpha r_n(t,\tau,\alpha))^{-1}$$

$$= \left(1 + \alpha r_n(t_0, \tau, \alpha) \exp\left\{-\frac{1}{2}\int_{t_0}^t \|\gamma(u, \tau, \alpha)\|^2 du\right.\right.$$

$$\left.\left. + \int_{t_0}^t \gamma(u, \tau, \alpha) \cdot dW^{\tau+\alpha}(t)\right\}\right)^{-1}$$

$$= \left(1 + \left(\frac{B(t_0, \tau)}{B(t_0, \tau+\alpha)} - 1\right) \exp\left\{-\frac{1}{2}\int_{t_0}^t \|\gamma(u, \tau, \alpha)\|^2 du\right.\right.$$

$$\left.\left. + \int_{t_0}^t \gamma(u, \tau, \alpha) \cdot dW^{\tau+\alpha}(t)\right\}\right)^{-1}$$

Die Implementierung eines lognormalen Zinsstrukturmodells ausgehend von der Anfangsgleichung (10.18) wirft jedoch das Problem auf, dass der Drift $\mu(t, \tau, \alpha)$ nicht bestimmt ist. Ohne numerische Überlegungen lässt sich die Dynamik der verschiedenen nominalen Zinssätze unter dem Martingalmaß P^* nicht angeben. Wie aber die Überlegungen zur Bewertung von Caps und Floors gezeigt haben, ist die Zinsdynamik unter dem Martingalmaß P^* nicht in erster Linie notwendig, sondern genügt es, diejenige unter dem geeigneten Forward Risk Adjusted Measure zu betrachten. Hierbei gilt unabhängig von der speziellen Struktur des lognormalen Modells, dass der nominale Terminzinssatz ein Martingal unter dem entsprechenden Forward Risk Adjusted Measure ist. Insbesondere ist der Driftprozess unter dieser Verteilung gleich Null. Unter der speziellen Annahme des lognormalen Modells bedeutet dies

$$dr_n(t, \tau, \alpha) = r_n(t, \tau, \alpha) \cdot \gamma(t, \tau, \alpha) \cdot W^{\tau+\alpha}(t) ,$$

wobei $\gamma(t, \tau, \alpha)$ die exogen vorgegebene und deterministische, n-dimensionale Volatilitätsfunktion bezeichnet. Diese Darstellung birgt nun jedoch den Nachteil, dass für jeden Zinsprozess eine eigene Wahrscheinlichkeitsverteilung, nämlich das $(\tau + \alpha)$-Forward Risk Adjusted Measure $Q^{\tau+\alpha}$ betrachtet werden muss. Nur unter $Q^{\tau+\alpha}$ ist der Prozess $\{W^{\tau+\alpha}(t)\}_t$ eine Brown'sche Bewegung. Werden nun zinsabhängige Verträge betrachtet, deren Auszahlung nicht auf den Zeitpunkt $\tau + \alpha$ zurückzuführen ist, so sind die bisherigen Überlegungen nicht unmittelbar zu übertragen. Es ist in diesen Fällen notwendig, die Veränderung des Prozesses des nominalen Zinssatzes $\{r_n(t, \tau, \alpha)\}_t$ unter einem anderen Forward Risk Adjusted Measure darzustellen. Um diesen Zusammenhang herzuleiten ist es sinnvoll, nochmals die Bedingung der Arbitragefreiheit zu betrachten.

In einem arbitragefreien Zinsstrukturmodell lassen sich die Kursprozesse der Nullkuponanleihen darstellen als Lösung der stochastischen Differentialgleichung

$$dB(t,\tau) = r_c(t)B(t,\tau)dt + B(t,\tau)\nu(t,\tau) \cdot dW^*(t) \;,$$

wobei $\{W^*(t)\}_t$ eine n-dimensionale Brown'sche Bewegung unter dem äquivalenten Martingalmaß P^* ist. Wird speziell ein Gauß-Zinsstrukturmodell vorausgesetzt, so sind die n-dimensionalen Volatilitätsfuntionen $\nu(\cdot,\tau) : [t_0,\tau] \to \mathbf{R}^d$ deterministisch. Dies ist jedoch nicht eine notwendige Voraussetzung. Für den Forward-Preisprozess $\left\{\frac{B(t,\tau+\alpha)}{B(t,\tau)}\right\}_t$ mit Lieferung zum Zeitpunkt τ gilt:

$$
\begin{aligned}
d\left(\frac{B(t,\tau+\alpha)}{B(t,\tau)}\right) &= \frac{B(t,\tau+\alpha)}{B(t,\tau)}[\nu(t,\tau+\alpha) - \nu(t,\tau)] \cdot (dW^*(t) - \nu(t,\tau)) \cdot dt \\
&= \frac{B(t,\tau+\alpha)}{B(t,\tau)}[\nu(t,\tau+\alpha) - \nu(t,\tau)] \cdot dW^\tau(t) \;,
\end{aligned}
$$

wobei

$$dW^\tau(t) = dW^*(t) - \nu(t,\tau) \cdot dt$$

eine Brown'sche Bewegung unter dem τ-Forward Risk Adjusted Measure Q^τ darstellt. Diese ergibt sich aus dem äquivalenten Martingalmaß durch (vgl. Satz 10.1, S. 374)

$$\left.\frac{dQ^\tau}{dP^*}\right|_{\mathcal{F}_\tau} := \frac{\exp\left\{-\int_{t_0}^\tau r_c(u)du\right\}B(\tau,\tau)}{B(t_0,\tau)} \;.$$

Wird nun als Numeraire eine andere Nullkuponanleihe gewählt, z.B. mit Fälligkeit T, so ist

$$
\begin{aligned}
dW^T(t) &:= dW^*(t) - \nu(t,T) \cdot dt \\
&= dW^*(t) - \nu(t,\tau) \cdot dt + (\nu(t,\tau) - \nu(t,T)) \cdot dt \\
&= dW^\tau(t) + (\nu(t,\tau) - \nu(t,T)) \cdot dt
\end{aligned}
$$

eine Brown'sche Bewegung unter der Wahrscheinlichkeitsverteilung Q^T. Dies bedeutet, dass der Forward-Prozess unter dem T-Forward Risk Adjusted

Measure die folgende Darstellung besitzt

$$d\left(\frac{B(t,\tau+\alpha)}{B(t,\tau)}\right) = \frac{B(t,\tau+\alpha)}{B(t,\tau)}[\nu(t,\tau+\alpha) - \nu(t,\tau)] \cdot dW^T(t)$$

$$- \frac{B(t,\tau+\alpha)}{B(t,\tau)}[\nu(t,\tau+\alpha) - \nu(t,\tau)] \cdot [\nu(t,\tau) - \nu(t,T)]dt \ ,$$

also durchaus einen Drift besitzt.

Aus der Beziehung zwischen nominalen Terminzinssätzen und den Forward-Preisen

$$r_n(t,\tau,\alpha) = \frac{1}{\alpha}\left(B^F(t,\tau,\alpha)^{-1} - 1\right)$$

$$B^F(t,\tau,\alpha) = \frac{B(t,\tau+\alpha)}{B(t,\tau)}$$

folgt nun durch Anwendung des Itô-Lemmas

$$dr_n(t,\tau,\alpha) = \frac{1}{\alpha}\left(-\frac{1}{B^F(t,\tau,\alpha)}dB^F(t,\tau,\alpha)\right)$$

$$+ \frac{1}{\alpha}\left(\frac{1}{B^F(t,\tau,\alpha)}\right)^3(dB^F(t,\tau,\alpha))^2$$

$$= -\frac{1}{\alpha}\frac{1}{B^F(t,\tau,\alpha)}[\nu(t,\tau+\alpha) - \nu(t,\tau)] \cdot dW^T(t)$$

$$- \frac{1}{\alpha}\frac{1}{B^F(t,\tau,\alpha)}[\nu(t,\tau+\alpha) - \nu(t,\tau)][\nu(t,\tau+\alpha) - \nu(t,T)]dt \ .$$

Wird nun ein lognormales Modell für den nominalen Zinssatz mit Bindungsfrist α angenommen, so bedeutet dies (vgl. (10.22))

$$\nu(t,\tau+\alpha) - \nu(t,\tau) = (1 - B^F(t,\tau,\alpha))\gamma(t,\tau,\alpha)$$

$$\Rightarrow \frac{1}{\alpha}\frac{1}{B^F(t,\tau,\alpha)}[\nu(t,\tau+\alpha) - \nu(t,\tau)] = \frac{1}{\alpha}\left(B^F(t,\tau,\alpha)^{-1} - 1\right) \cdot \gamma(t,\tau,\alpha)$$

$$= r_n(t,\tau,\alpha)\gamma(t,\tau,\alpha) \ .$$

Unter dem T-Forward Risk Adjusted Measure besitzt der nominale Zinsprozess $\{r_n(t,\tau,\alpha)\}_t$ die Darstellung

$$dr_n(t,\tau,\alpha) = -r_n(t,\tau,\alpha)\gamma(t,\tau,\alpha) \cdot dW^T(t)$$

$$-r_n(t,\tau,\alpha)\gamma(t,\tau,\alpha) \cdot [\nu(t,\tau+\alpha) - \nu(t,T)]dt \ .$$

Es muss jedoch beachtet werden, dass die Volatilitätsdifferenz $\nu(t, \tau + \alpha) - \nu(t, T)$ nicht deterministisch ist. Gilt jedoch $T = \tau + n \cdot \alpha$ mit $n > 1$, d.h. die Differenz zwischen T und τ ist ein Vielfaches der Zinsbindungsdauer α, so folgt:

$$
\begin{aligned}
\nu(t, \tau + \alpha) - \nu(t, T) &= \nu(t, \tau + \alpha) - \nu(t, \tau + n \cdot \alpha) \\
&= \sum_{i=1}^{n-1} \nu(t, \tau + i\alpha) - \nu(t, \tau + (i+1) \cdot \alpha) \\
&= -\sum_{i=1}^{n-1} [1 - B^F(t, \tau + i\alpha, \alpha)] \gamma(t, \tau + i\alpha, \alpha) \\
&= -\sum_{i=1}^{n-1} \frac{\alpha r_n(t, \tau + i\alpha, \alpha)}{1 + \alpha r_n(t, \tau + i\alpha, \alpha)} \gamma(t, \tau + i\alpha, \alpha) \ .
\end{aligned}
$$

Für die Dynamik des nominalen Terminzinssatzes in einem lognormalen Modell bedeutet dies

$$
\begin{aligned}
dr_n(t, \tau, \alpha) &= r_n(t, \tau, \alpha) \gamma(t, \tau, \alpha) \cdot dW^{\tau + \alpha}(t) \\
&= r_n(t, \tau, \alpha) \gamma(t, \tau, \alpha) \cdot dW^{\tau + n \cdot \alpha}(t) + r_n(t, \tau, \alpha) \gamma(t, \tau, \alpha) \\
&\quad \cdot \left[\sum_{i=1}^{n-1} \frac{\alpha r_n(t, \tau + i\alpha, \alpha)}{1 + \alpha r_n(t, \tau + i\alpha, \alpha)} \gamma(t, \tau + i\alpha, \alpha) \right] dt.
\end{aligned}
$$

Diese Darstellung stellt nun die Grundlage der numerischen Implementierung eines lognormalen Zinsstrukturmodells dar. Sie ermöglicht es, die Prozesse der nominalen Zinssätze unter einem Wahrscheinlichkeitsmaß zu betrachten.

Weiterführende Literatur

Ein Zinsstrukturmodell beschreibt das Zinsänderungsrisiko, ausgehend von den zum Startzeitpunkt t_0 vorliegenden Kursen der Anleihen unterschiedlicher Fristigkeit. In diesem Sinne handelt es sich bei den älteren Modellen einer kurzfristigen Zinsrate nicht um Zinsstrukturmodelle. Einige dieser Modelle lassen sich jedoch, wie Hull und White (1993b) zeigen, in natürlicher Weise in Zinsstrukturmodelle überführen. Die wichtigsten Arbeiten zu kurzfristigen Zinsraten stammen von Vasicek (1977), Dothan (1978), Cox, Ingersoll jr. und Ross (1985b) und Black und Karasinski (1991). Das Modell von Vasicek berücksichtigt explizit einen Mean-Reverting Effekt und gehört zur Familie der Gauß-Zinsstrukturmodelle. Cox, Ingersoll und Ross leiten in einem Gleichgewichtsmodell einen Prozess für die kurzfristige Zinsrate ab, der

neben der Mean-Reverting eine zur Quadratwurzel des Zinssatzes proportionale Volatilität besitzt. Diese Modellierung wird als Quadratwurzelprozeß
bezeichnet und vermeidet den mit Gauß-Zinsstrukturmodellen verbundenen
Effekt negativer Realisationen der Zinsrate. Jamshidian (1995) leitet für die
wichtigsten Optionen analytische Bewertungsformeln in diesem Modellrahmen her. In den Arbeiten von Dothan sowie Black und Karasinski wird die
Volatilität der Zinsrate als proportional zur Zinsrealisation angenommen.
Dies vermeidet einerseits negative Realisationen der Zinsrate, führt jedoch
andererseits, wie Hogan und Weintraub (1993) zeigen, zu einem im Mittel
unbeschränkten erwarteten Ertrag der rollierenden Anlage.

Neben diesen zinsorientierten Ansätzen befasst sich eine Reihe von Arbeiten mit Kursmodellen für den Anleihenprozess. Die wichtigsten Arbeiten stammen von Ball und Torous (1983), Schaefer und Schwartz (1987)
und Jamshidian (1989). Ein Überblick zu diesen kursorientierten Modellen
findet sich in Rady und Sandmann (1994). Wie Cheng (1991) nachweist,
lässt sich der Kursprozess von Ball und Torous nicht in ein arbitragefreies Zinsstrukturmodell einbetten. Die anderen genannten Arbeiten stellen
Spezialfälle der Gauß-Zinsstrukturmodelle dar. Schöbel (1987) und Briys,
Crouhy und Schöbel (1991) korrigieren den Wert einer Option in einem Gauß-
Zinsstrukturmodell um die sich in diesem Modellrahmen ergebende Preisver-
zerrung aus negativen Zinsrealisationen.

Während die genannten Arbeiten sich entweder mit der kurzfristigen
Zinsrate oder dem Kursprozess einer Anleihe befassen, leiten Heath, Jarrow
und Morton (1992) den allgemeinen Modellrahmen für ein Zinsstrukturmodell her. Diese Arbeit ist die Grundlage aller weiteren Untersuchungen. Im
Unterschied zu Heath, Jarrow und Morton, die den Begriff der Terminzinsrate als Ausgangspunkt der Modellierung wählen, befassen sich Artzner und
Delbaen (1989) mit der Charakterisierung über die Martingaleigenschaft. Geman, El Karoui und Rochet (1995) leiten das Modell der Zinsstruktur aus den
Kursprozessen der Anleihen ab und vervollständigen somit das Verständnis
des Heath-Jarrow-Morton-Modellrahmens entscheidend. Ebenso wie schon
Jamshidian (1993a) verdeutlichen sie die Bedeutung des Forward Risk Adjusted Measure. Musiela und Sondermann (1993) untersuchen im Zusammenhang mit den in Kapitel 9.2 angesprochenen Erwartungswerthypothesen ver-
gleichend kurs- und zinsorientierte Modellansätze. Die Beziehung zwischen

den verschiedene Wahrscheinlichkeitsmaßen, sowie die Verbindung zwischen dem zinsorientierten und kursorientierten Ansatz ist auch Gegenstand der beiden Dissertationen von Schlögl (1997) und Sommer (1996). Darüber hinaus werden unterschiedliche Modellannahmen bezüglich der Volatilitätsstruktur, der Einfluß der Mean Reverting und die Neuemission von Anleihen in diesen Arbeiten diskutiert.

Lognormale Zinsstrukturmodelle gehen von dem Begriff des Zinssatzes aus. Wie Sandmann und Sondermann (1997) zeigen, kann so die Problematik lognormaler Modelle für den Prozess der Zinsrate vermieden werden. Die ersten Arbeiten zu dieser Modellklasse und der Bewertung von Rentenoptionen sowie Caps und Floors stammen von Miltersen, Sandmann und Sondermann (1995, 1997). Brace, Gatarek und Musiela (1997) greifen diese Überlegung auf und beziehen Swaptions in die Betrachtung ein; dergleichen Jamshidian (1997), der die Modellstruktur von Miltersen, Sandmann und Sondermann (1997) auf Swapyields überträgt und unter dieser Annahme analytische Lösungen für Swaptions herleitet.

Neben der Volatilität wird die Duration als Maß für das Risiko einer Anleihe bzw. als Ausgangspunkt der Begründung einer Handelsstrategie verwendet. Stellvertretend sei auf Bierwag, Kaufman und Toevs (1983) und die dortige Literatur verwiesen. Die aus Sicht der zeitstetigen Modelle wesentlichen Kritikpunkte am Durationskonzept wurden von Cox, Ingersoll jr. und Ross (1979a) formuliert. Neben den angesprochenen Originalartikeln befassen sich u.a. die Lehrbücher von Rebonato (1996) und Musiela und Rutkowski (1997) mit Modellen der Zinsstruktur. Empfehlenswert ist auch das Lehrbuch von Björk (1998), dass sich ausführlich mit zeitstetigen Zinsstrukturmodellen auseinandersetzt. Rudolf (2000) konzentriert seine Darstellung auf die Implementierung von Zweifaktormodellen der Gaußfamilie und deren numerische Behandlung.

Übungsaufgaben

Aufgabe 10.1:
Unter dem Forward Risk Adjusted Measure ist der Forward-Preis ein Martingal. In Gleichung (10.11,S. 377) wird diese Eigenschaft unter Verwendung des Itô-Lemmas nachgewiesen. Zeigen Sie die Eigenschaft ohne Rückgriff auf

das Itô-Lemma, ausgehend von der Lösung des Kursprozesses ((10.1), S. 364) im Gauß-Zinsstrukturmodell.

Aufgabe 10.2:

In einem Zinsstrukturmodell besteht die Hedgestrategie einer Call-Option bezüglich einer Nullkuponanleihe aus dem Erwerb des zugrundeliegenden Wertpapiers und der Kreditaufnahme bis zum Ausübungszeitpunkt. Existiert jedoch keine Nullkuponanleihe, deren Fälligkeit mit dem Ausübungszeitpunkt übereinstimmt, so ist diese Hedgestrategie zunächst nicht anwendbar. Bestimmen Sie in einem 1-Faktor Gauß-Zinsstrukturmodell die Hedgestrategie für eine Europäische Call-Option bezüglich einer Nullkuponanleihe mit Fälligkeit in T, Basispreis K und Ausübungszeitpunkt τ, falls nur Nullkuponanleihen mit Endfälligkeiten T und $u > \tau$ zur Verfügung stehen.

Aufgabe 10.3:

Zur Duplizierung einer Swaption in einem 1-Faktor Gauß-Zinsstrukturmodell werden Nullkuponanleihen mit unterschiedlicher Fälligkeit benötigt. Geben Sie die Hedgestrategie einer Reciever-Swaption an, falls außer der Nullkuponanleihe, deren Fälligkeit mit dem Ausübungszeitpunkt übereinstimmt, nur die Anleihe mit Rückzahlung zum Zeitpunkt der letzten Swapzahlung zur Verfügung steht.

Aufgabe 10.4:

Die Auszahlung eines Cap erfolgt zu den verschiedenen Auszahlungszeitpunkten auf der Basis des zugrundeliegenden Referenzzinssatzes. Hierbei ist in der Regel der Wert des Referenzzinssatzes zum vorangegangenen Auszahlungszeitpunkt relevant.[6] Jede einzelne Auszahlung wird als *Caplet* bezeichnet. Betrachten Sie ein Caplet, dessen Auszahlung nicht vom Wert des Referenzzinssatzes zur Vorperiode, sondern vom Wert zum Auszahlungszeitpunkt abhängt. Bestimmen Sie den Arbitragepreis dieses Caplet in einem 1-Faktor Gauß-Zinsstrukturmodell.

Aufgabe 10.5:

Sei Y eine lognormalverteilte Zufallsvariable auf dem Wahrscheinlichkeitsraum $(\Omega, \mathcal{F}, P)$ mit $\ln Y \sim N(\mu, \sigma^2)$ für $\mu \in \mathbb{R}, \sigma > 0$. Zeigen Sie, dass der Erwartungswert von $\exp\{Y\}$ nicht existiert, d.h. $E[\exp\{Y\}] = \infty$.

---

[6]Dieses wird als Auszahlung im nachhinein (*payment in arrear*) bezeichnet.

Aufgabe 10.6:

In einem lognormalen Zinsstrukturmodell seien die Prozesse der nominalen Terminzinssätze $\{r_n(t,\tau,\alpha)\}_{t\in[t_0,\tau]}$ für ein festes $\alpha > 0$ und jedes $\tau \in [t_0, T - \alpha]$ Lösung der stochastischen Differentialgleichung (10.18), S. 394. Bestimmen Sie die Dichtefunktion des τ-Forward Risk Adjusted Measure und berechnen Sie den Erwartungswert des nominalen Terminzinssatzes $r_n(t,\tau,\alpha)$ unter dem τ-Forward Risk Adjusted Measure.

KAPITEL 11

Modell eines internationalen Finanzmarktes

Anliegen dieses abschließenden Kapitels ist es, die wechselseitigen Beziehungen zwischen den nationalen Aktien- und Zinsmärkten verschiedener Länder in einem Modellrahmen abzubilden. Hierbei kommt dem Devisenkursrisiko eine entscheidende Bedeutung zu. Darüber hinaus haben die Korrelationseffekte wesentlichen Einfluß auf die qualitativen und quantitativen Eigenschaften verschiedener Verträge. Exemplarisch wird dies an den in Abschnitt 3.3 diskutierten Currency Converted Optionen verdeutlicht. Eine umfassende Modellbildung findet sich in Amin und Jarrow (1991) und Frey und Sommer (1996). Die nachfolgenden Überlegungen beschränken sich jedoch auf die Situation zweier Länder. Wesentliche Grundannahme der Modellbildung ist es, dass die Beziehung zwischen diesen Finanzmärkten einer vollständigen Deregulierung unterliegt, d.h. keine Beschränkungen bezüglich des Kapitalverkehrs bestehen. Unter dieser Annahme kann die Beziehung zwischen unterschiedlichen nationalen Finanzmärkten durch einen Numerairewechsel beschrieben werden. Während das Numeraire des inländischen Finanzmarktes die inländische Währung ist, kommt diese Funktion der ausländischen Währung im ausländischen Finanzmarkt zu. Der Wechselkurs übt eine Scharnierfunktion zwischen beiden nationalen Märkten aus.

Da die wechselseitigen Beziehungen zwischen zwei nationalen Finanzmärkten im Vordergrund stehen, ist es zulässig, einige die Darstellung vereinfachende Annahmen zu treffen. Stellvertretend für die beiden Aktienmärkte wird jeweils von einer inländischen und einer ausländischen Aktie ausgegangen, deren Kurse in der jeweiligen Währung zum Zeitpunkt $t \in [t_0, T]$ mit $S_d(t)$ bzw. $S_f(t)$ notiert sind. Die Indizes d und f bezeichnen hierbei den inländischen (domestic) und ausländischen (foreign) Finanzmarkt. Die beiden Zinsmärkte sind entsprechend durch Nullkuponanleihen in den beiden Währungen charakterisiert, d.h. $\{B_d(t,\tau)\}_{t\in[t_0,\tau]}$ ist der Kursprozess einer Nullkuponanleihe mit Fälligkeit τ im inländischen Zinsmarkt und $\{B_f(t,\tau)\}_{t\in[t_0,\tau]}$ im ausländischen. Darüber hinaus konzentriert sich die Darstellung auf den Prozess der konformen kurzfristigen Zinsraten, die entsprechend mit $\{r_d(t)\}_{t\in[t_0,T]}$ und mit $\{r_f(t)\}_{t\in[t_0,T]}$ bezeichnet sind.[1] Schließlich ist $\{X(t)\}_{t\in[0,T]}$ der Wechselkursprozess zwischen beiden Ländern in der preisorientierten Notierung aus Sicht des Inlandes, z.B. 1,70 DM pro 1 USD.

Das Modell des so eingeschränkten *internationalen Finanzmarktes* besteht nun aus der Verbindung des Black-Scholes-Modells mit dem n-Faktor Gauß-Zinsstrukturmodell. Konkret bedeutet dies:

- $(\Omega, \mathcal{F}, P_d^*)$ ist ein gegebener Wahrscheinlichkeitsraum und $\{W_d^*(t)\}_t$ eine die Filtration $\{\mathcal{F}_t\}_{t\in[t_0,T]}$ erzeugende n-dimensionale Brown'sche Bewegung unter der Wahrscheinlichkeitsverteilung P_d^*.

- Der Kursprozess der *inländischen Aktie* $\{S_d(t)\}_{t\in[t_0,T]}$ ist Lösung der stochastischen Differentialgleichung

$$(11.1) \qquad dS_d(t) = r_d(t)S_d(t)dt + S_d(t)\sigma_d(t) \cdot dW_d^*(t)$$

bei gegebenem Anfangskurs $S_d(t_0)$, wobei die Volatilität $\sigma_d : [t_0, T] \to \mathbb{R}^n$ eine deterministische und quadratintegrierbare Funktion der Zeit ist. Speziell umfasst dies mit $\sigma_d(t) = \sigma_d \in \mathbb{R}^n \; \forall t \in [t_0, T]$ den Fall einer konstanten Volatilität. Der diskontierte Kursprozess der inländischen Aktie ist ein Martingal unter P_d^*.

- Die Kursprozesse der *inländischen Nullkuponanleihen* genügen einem n-Faktor Gauß-Zinsstrukturmodell unter dem Wahrscheinlichkeitsmaß P_d^*, d.h. $\forall \tau \in [t_0, T]$ und $t \in [t_0, \tau]$ sind die Kurse der inländischen Nullkuponanleihen Lösungen der stochastischen Differentialgleichung

$$(11.2) \qquad dB_d(t,\tau) = r_d(t)B_d(t,\tau)dt + B_d(t,\tau)\nu_d(t,\tau) \cdot dW_d^*(t)$$

mit $B_d(\tau,\tau) = 1$ bei gegebenem Anfangskurs $B_d(t_0,\tau)$. Die *inländische* Volatilitätsfunktion $\nu_d(\cdot,\cdot)$ genügt hierbei den Bedingungen in Definition 10.1, S. 364. Weiter ist die inländische konforme Zinsrate

---

[1] Zur Vereinfachung der Notation wird auf die explizite Bezeichnung der konformen Zinsrate verzichtet, d.h. es gilt immer $r_d(t) := r_{c,d}(t)$ bzw. $r_f(t) := r_{c,f}(t)$.

gemäß (10.2) gleich

$$r_d(t) = \frac{-\partial \ln B_d(t_0, \tau)}{\partial \tau}\bigg|_{\tau=t} + \int_{t_0}^{t} \nu_d(u, t) \cdot \frac{\partial \nu_d(u, t)}{\partial t} du$$

(11.3)
$$-\int_{t_0}^{t} \left(\frac{\partial \nu_d(u, t)}{\partial t}\right) \cdot dW_d^*(u) .$$

Die diskontierten Kursprozesse der inländischen Nullkuponanleihen sind wiederum Martingale unter der Wahrscheinlichkeitsverteilung P_d^*. Diese stellt also das *inländische äquivalente Martingalmaß* dar.

• Der *Wechselkursprozess* $\{X(t)\}_{t \in [t_0, T]}$ ist unter dem Wahrscheinlichkeitsmaß P_d^* bestimmt durch

(11.4) $\quad dX(t) = [r_d(t) - r_f(t)]X(t)dt + X(t)\sigma_X(t) \cdot dW_d^*(t)$

mit Anfangskurs $X(t_0)$ und der deterministischen und quadratintegrierbaren Volatilitätsfunktion $\sigma_x : [t_0, T] \to \mathbb{R}^n$.

• Der ausländische Aktienkursprozess $\{S_f(t)\}_{t \in [t_0, T]}$ ist unter P_d^* definiert durch

(11.5) $\quad dS_f(t) = [r_f(t) - \sigma_f(t) \cdot \sigma_x(t)]S_f(t)dt + S_f(t)\sigma_f(t) \cdot dW_d^*(t)$

mit Anfangskurs $S_f(t_0)$ und ebenfalls deterministischer und quadratintegrierbarer Volatilitätsfunktion $\sigma_f : [t_0, T] \to \mathbb{R}^n$.

• Der *ausländische Zinsmarkt* ist ebenfalls durch ein n-Faktor Gauß-Zinsstrukturmodell gegeben, d.h. $\forall \tau \in [t_0, T]$ und $t \in [t_0, \tau]$ sind die Kursprozesse der *ausländischen Nullkuponanleihen*, definiert durch

(11.6)
$$dB_f(t, \tau) = [r_f(t) - \nu_f(t, \tau) \cdot \sigma_x(t)] B_f(t, \tau)dt + B_f(t, \tau)\nu_f(t, \tau) \cdot dW_d^*(t)$$

mit $B_f(\tau, \tau) = 1$ und Anfangskurs $B_d(t_0, \tau)$. Die Volatilitätsfunktionen $\nu_f(\cdot, \cdot)$ der ausländischen Nullkuponanleihen genügen hierbei den gleichen Bedingungen wie die der inländischen.

Die mit (11.1)-(11.6) festgelegten Kursprozesse beschreiben ein allgemeines Finanzmarktmodell zweier Länder mit ausschließlich zeitabhängiger Definition der Volatilitätsfunktionen. Da die so spezifizierten Kursprozesse der Nullkuponanleihen, der Aktienkurse und des Wechselkurses jeweils unter der Wahrscheinlichkeitsverteilung P_d^* lognormalverteilt sind, kann dieser Rahmen als allgemeines Gauß-Modell bezeichnet werden. Darüber hinaus sind die diskontierten Kursprozesse des inländischen Finanzmarktes Martingale unter P_d^* und beschreiben einen arbitragefreien Markt. Die Martingaleigenschaft überträgt sich jedoch nicht auf die ausländischen Wertpapiere. Dies ist auch nicht zu erwarten, da die ausländischen Wertpapiere nicht in inländischer Währung notieren. Sie stellen aus Sicht des Inlandes keine inländischen Wertpapiere dar. Demgegenüber gilt für den inländischen Wert einer ausländischen Aktie $X(t)S_f(t)$

(11.7)
$$d(X(t)S_f(t)) = r_d(t)(X(t)S_f(t))dt + X(t)S_f(t)[\sigma_x(t) + \sigma_f(t)] \cdot dW_d^*(t),$$

d.h. der diskontierte Kursprozess des inländischen Wertes einer ausländischen Aktie ist ein Martingal unter P_d^*. Ebenso ist der inländische Wert einer ausländischen Nullkuponanleihe $Z_d(t, \tau) = X(t)B_f(t, \tau)$ Lösung der stochastischen Differentialgleichung

(11.8) $$dZ_d(t, \tau) = r_d(t)Z_d(t, \tau)dt + Z_d(t, \tau)[\sigma_x(t) + \nu_f(t, \tau)] \cdot dW_d^*(t).$$

Aus Sicht des Inlandes existieren mindestens vier verschiedene Wertpapiere, eine inländische und ausländische Aktie und eine inländische und ausländische Nullkuponanleihe. Falls keines dieser Wertpapiere durch die verbleibenden erzeugt werden kann, so bedeutet dies, dass notwendig die Dimension der Brown'schen Bewegung größer oder gleich vier sein muß. Weiter folgt aus den Annahmen an die Volatilitätsfunktionen, dass die diskontierten Kursprozesse (in inländischer Währung) eindeutig bestimmt sind und eine eindeutige Wahrscheinlichkeitsverteilung existiert, unter der sie zu Martingalen werden. (11.1)-(11.6) beschreiben einen arbitragefreien und vollständigen Finanzmarkt mit dem *inländischen äquivalenten Martingalmaß* P_d^*.

Analog den Überlegungen zum Übergang vom Martingalmaß zum Forward Risk Adjusted Measure ist es nun möglich, die Beziehung zwischen dem in- und ausländischen Markt aus Sicht des Auslandes zu betrachten. Durch

$$P_f^*[A|\mathcal{F}_t] := E_{P_d^*}\left[1_A \frac{dP_f^*}{dP_d^*}\Big|_{\mathcal{F}_\tau}\Big|\mathcal{F}_t\right] \quad \forall A \in \mathcal{F}_\tau$$

$$\frac{dP_f^*}{dP_d^*}\Big|_{t,\tau} := \frac{\exp\left\{-\int_t^\tau r_d(u)du\right\}\exp\left\{\int_t^\tau r_f(u)du\right\}X(\tau)}{E_{P^*}\left[\exp\left\{-\int_t^\tau r_d(u)du\right\}\exp\left\{\int_t^\tau r_f(u)du\right\}X(\tau)\Big|\mathcal{F}_t\right]}$$

$$= \exp\left\{-\frac{1}{2}\int_t^\tau \|\sigma_x(u)\|^2 du + \int_t^\tau \sigma_x(u) \cdot dW_d^*(u)\right\}$$

wird ein zu P_d^* äquivalentes Wahrscheinlichkeitsmaß definiert und gemäß Satz 10.1, S. 374, ist

$$dW_f^*(t) = dW_d^*(t) - \sigma_x(t)dt$$

eine n-dimensionale Brown'sche Bewegung unter P_f^*. Darüber hinaus gilt

$$
\begin{aligned}
dB_f(t,\tau) &= r_f(t)B_f(t,\tau)dt + B_f(t,\tau)\nu_f(t,\tau) \cdot dW_f^*(t), \\
dS_f(t) &= r_f(t)S_f(t)dt + S_f(t)\sigma_f(t) \cdot dW_f^*(t), \\
dX(t)^{-1} &= (r_f(t) - r_d(t))X(t)^{-1}dt + X(t)^{-1}\sigma_x(t) \cdot dW_f^*(t), \\
dB_d(t,\tau) &= [r_d(t) + \nu_d(t,\tau) \cdot \sigma_x(t)]B_d(t,\tau)dt + B_d(t,\tau)\nu_d(t,\tau) \cdot dW_f^*(t), \\
dS_d(t) &= [r_d(t) + \sigma_d(t) \cdot \sigma_x(t)]S_d(t)dt + S_d(t)\sigma_d(t) \cdot dW_f^*(t),
\end{aligned}
$$

d.h. P_f^* ist das eindeutig bestimmte *äquivalente Martingalmaß* aus der Sicht des *ausländischen* Finanzmarktes. Die ausländische konforme Zinsrate ist somit gleich

$$
\begin{aligned}
r_f(t) &= -\frac{\partial \ln B_f(t_0,t)}{\partial t} + \frac{1}{2}\int_{t_0}^{t} \frac{\partial \|\nu_f(u,t)\|^2}{\partial t}du - \int_{t_0}^{t}\left(\frac{\partial \nu_f(u,t)}{\partial t}\right) \cdot dW_f^*(u) \\
&= -\frac{\partial \ln B_f(t_0,t)}{\partial t} + \int_{t_0}^{t}(\nu_f(u,t) + \sigma_x(u)) \cdot \left(\frac{\partial \nu_f(u,t)}{\partial t}\right)du \\
&\quad - \int_{t_0}^{t}\left(\frac{\partial \nu_f(u,t)}{\partial t}\right) \cdot dW_d^*(u) \, .
\end{aligned}
$$

11.1. Devisenoptionen unter Zinsunsicherheit

Das Modell eines internationalen Finanzmarktes mit deterministischen Volatilitätsfunktionen ist eine Verallgemeinerung des Black-Scholes-Modells hinsichtlich Wechselkurs- und Zinsänderungsrisiken. Die gewählte Modellstruktur ermöglicht es, geschlossene Lösungen für eine Vielzahl von Optionsverträgen herzuleiten. Diese Formeln sind fast ausnahmslos Verallgemeinerungen der ursprünglichen Black-Scholes-Formel. Der wesentliche Unterschied besteht in den zu berücksichtigenden Risikoparametern. Damit ist dieser Modellrahmen geeignet, den Einfluß der unterschiedlichen Risiken und der Korrelation auf die Bewertung und das Hedging von Optionen zu untersuchen.

Die Auszahlung einer Europäischen Devisenoption berechnet sich aus dem Wechselkurs zum Ausübungszeitpunkt. Hierbei ist zu beachten, dass der

Wechselkursprozess $\{X(t)\}_{t\in[0,T]}$ nicht gleich dem Kursprozess eines Wertpapiers ist, sondern ein Austauschverhältnis angibt. Die Dimension des Wechselkurses ist gleich inländischer Währung pro ausländischer Währung. Diese Bemerkung erscheint auf den ersten Blick unnötig, besitzt jedoch im Zusammenhang mit stochastischen Zinsveränderungen eine besondere Bedeutung. Die stochastische Veränderung des Wechselkurses ist gemäß (11.4) abhängig von der Zinsdifferenz der in- und ausländischen konformen Zinsraten, während dies für den Wertprozess (11.8) einer ausländischen Anleihe, ausgedrückt in inländischer Währung, nicht gilt. Dies beruht auf dem Umstand, dass eine zum Zeitpunkt t erworbene und zum Zeitpunkt $\tau > t$ veräußerte Fremdwährungsposition eine Verzinsung in Höhe des ausländischen Zinssatzes beinhaltet. Diese kann beispielsweise als kontinuierliche Rendite der Fremdwährung interpretiert werden. Die Auszahlung einer Europäischen Devisenoption zum Ausübungszeitpunkt τ ist gleich

$$[X(\tau) \cdot B_f(\tau,\tau) - K]^+ = [Z_d(\tau,\tau) - K]^+ \quad \text{``Call-Option''}$$

$$\text{bzw. } [K - X(\tau) \cdot B_f(\tau,\tau)]^+ = [K - Z_d(\tau,\tau)]^+ \quad \text{``Put-Option''} \,,$$

wobei K den Basispreis in inländischer Währung angibt. Der Arbitragepreis ist durch den erwarteten, mit der inländischen konformen Zinsrate diskontierten Auszahlungsbetrag unter dem inländischen Martingalmaß P_d^* bestimmt. Wie im Fall der Rentenoptionen bietet es sich an, zum inländischen Forward Risk Adjusted Measure überzugehen. Das inländische τ-Forward Risk Adjusted Measure Q_d^τ ist gemäß Satz 10.1, S. 374, definiert durch

$$\left.\frac{dQ_d^\tau}{dP_d^*}\right|_{t,\tau} := \frac{\exp\left\{-\int_t^\tau r_d(u)du\right\} B_d(\tau,\tau)}{E_{P_d^*}\left[\exp\left\{-\int_t^\tau r_d(u)du\right\} B_d(\tau,\tau)\Big|\mathcal{F}_t\right]}$$

$$(11.9) \qquad = \exp\left\{-\frac{1}{2}\int_t^\tau \|\nu_d(u,\tau)\|^2 du + \int_t^\tau \nu_d(u,\tau) \cdot dW_d^*(u)\right\}.$$

Weiter ist unter der zu P_d^* äquivalenten Wahrscheinlichkeitsverteilung Q_d^τ

$$dW_d^\tau(t) := dW_d^*(t) - \nu_d(t,\tau)dt$$

eine n-dimensionale Brown'sche Bewegung. Die Anwendung des Itô-Lemmas liefert für den Kursprozess $\{Z_d(t,u) = X(t)B_f(t,u)\}_{t\in[T_0,u]}$ bezüglich des

Numeraire $B_d(t, \tau)$ mit $\tau \geq u$ die Darstellung

(11.10)
$$d\left(\frac{X(t)B_f(t, u)}{B_d(t, \tau)}\right) = \frac{X(t)B_f(t, u)}{B_d(t, \tau)}\left[\sigma_x(t) + \nu_f(t, u) - \nu_d(t, \tau)\right]dW_d^\tau(t) .$$

Der Arbitragepreis einer Europäischen Call-Option mit Ausübungszeitpunkt τ und einem in inländischer Währung notierten Basispreis K berechnet sich zu

$$\text{Call}_e[X(t), K, t, \tau] = E_{P_d^*}\left[\exp\left\{-\int_t^\tau r_d(u)du\right\}[X(\tau)B_f(\tau, \tau) - K]^+\Big|\mathcal{F}_t\right]$$

$$= B_d(t, \tau)E_{Q_d^\tau}\left[\left[\frac{X(\tau)B_f(\tau, \tau)}{B_d(\tau, \tau)} - K\right]^+\Big|\mathcal{F}_t\right]$$

$$= B_d(t, \tau)\left[\frac{X(t)B_f(t, \tau)}{B_d(t, \tau)}N(d_1) - KN(d_2)\right]$$

(11.11)
$$= X(t)B_f(t, \tau)N(d_1) - KB_d(t, \tau)N(d_2) ,$$

wobei $\quad d_{1/2} := \dfrac{\ln\left(\frac{X(t)B_f(t,\tau)}{KB_d(t,\tau)}\right) \pm \frac{1}{2}g^2(t, \tau)}{g(t, \tau)}$

$$g^2(t, \tau) := \int_t^\tau \|\sigma_x(u) + \nu_f(u, \tau) - \nu_d(u, \tau)\|^2 du.$$

Die Put-Call Parität liefert den Wert der sonst identischen Put-Option, d.h.

(11.12) $\quad \text{Put}_e[X(t), K, t, \tau] = KB_d(t, \tau)N(-d_2) - X(t)B_f(t, \tau)N(-d_1).$

Die Hedgestrategie lässt sich wie im Fall der Black-Scholes-Formel aus den beiden Bewertungsformeln ablesen. Für die Europäische Call-Option ist die Hedgestrategie zu jedem Zeitpunkt bestimmt durch

- den Erwerb von ausländischen Nullkuponanleihen mit Fälligkeit zum Zeitpunkt τ und mit Nennwert $N(d_1)$,
- den Verkauf von inländischen Nullkuponanleihen mit Fälligkeit zum Zeitpunkt τ und mit Nennwert $KN(d_2)$.

Der Unterschied zwischen der ursprünglichen Black-Scholes-Formel in Satz 7.4, S. 272, und den verallgemeinerten Formeln (11.11) und (11.12) reduziert sich auf den Ausdruck für die Volatilität, d.h. auf die Größe

$$g^2(t, \tau) = \int_t^\tau \|\sigma_x(u) + \nu_f(u, \tau) - \nu_d(u, \tau)\|^2 du.$$

Für eine konstante Volatilität des Wechselkurses und falls keine Unsicherheit bezüglich der zukünftigen Zinsentwicklung in den beiden Ländern besteht, folgt $\sigma_x(t) = \sigma_x \ \forall t \in [t_0, \tau]$ und $\nu_d(t, \tau) = \nu_f(t, \tau) = 0 \ \forall t \in [t_0, \tau]$, d.h.

$$g^2(t, \tau) = \int_t^\tau ||\sigma_x||^2 du = ||\sigma_x||^2(\tau - t) =: \sigma^2(\tau - t).$$

In diesem Fall stimmen die Bewertungsformeln (11.11) und (11.12) bis auf die zusätzliche Berücksichtigung des ausländischen Diskontfaktors mit denjenigen im Black-Scholes-Modell bei konstanter Volatilität σ und deterministischer Zinsentwicklung überein. Diese Bewertungsformeln für Devisenoptionen wurden erstmals von Garman und Kohlhagen (1983) hergeleitet. Im allgemeinen Fall ist jedoch nicht von einer deterministischen Zinsentwicklung in beiden Ländern auszugehen. In diesem Fall berücksichtigt $g^2(t, \tau)$ sowohl die Volatilität in den beiden Zinsmärkten wie auch die Kovarianz bzw. die Korrelation zwischen den verschiedenen Märkten.

$$
\begin{aligned}
g^2(t, \tau) &= \int_t^\tau \left(||\sigma_x(u)||^2 + 2\sigma_x(u) \cdot \nu_f(u, \tau) + ||\nu_f(u, \tau)||^2 \right. \\
&\quad \left. -2\sigma_x(u) \cdot \nu_d(u, \tau) - 2\nu_f(u, \tau) \cdot \nu_d(u, \tau) + ||\nu_f(u, \tau)||^2 \right) du \\
&= \int_t^\tau \left(||\sigma_x(u)||^2 + 2\rho_{x,f}(u, \tau)||\sigma_x(u)|| \ ||\nu_f(u, \tau)|| \right. \\
&\quad + ||\nu_f(u, \tau)||^2 - 2\rho_{x,d}(u, \tau)||\sigma_x(u)|| \ ||\nu_d(u, \tau)|| \\
&\quad \left. -2\rho_{f,d}(u, \tau)||\nu_f(u, \tau)|| \ ||\nu_d(u, \tau)|| + ||\nu_f(u, \tau)||^2 \right) du \ ,
\end{aligned}
$$

wobei die Korrelationskoeffizienten definiert sind durch

$$
\begin{aligned}
\rho_{x,f}(t, \tau) &:= \frac{\text{cov}_{Q_d^\tau}[dX(t), dB_f(t, \tau)|\mathcal{F}_t]}{\left(V_{Q_d^\tau}[dX(t)|\mathcal{F}_t]V_{Q_d^\tau}[dB_f(t, \tau)|\mathcal{F}_t]\right)^{\frac{1}{2}}} = \frac{\sigma_x(t) \cdot \nu_f(t, \tau)}{||\sigma_x(t)|| \ ||\nu_f(t, \tau)||} \\
\rho_{x,d} &:= \frac{\sigma_x(t) \cdot \nu_d(t, \tau)}{||\sigma_x(t)|| \ ||\nu_d(t, \tau)||} \\
\rho_{f,d} &:= \frac{\nu_f(t, \tau) \cdot \nu_d(t, \tau)}{||\nu_f(t, \tau)|| \ ||\nu_d(t, \tau)||} \ .
\end{aligned}
$$

Der Wert einer Europäischen Call- oder Put-Option ist monoton wachsend in $g(t, \tau)$;

$$\frac{\partial \text{Call}_e[X(t), K, t, \tau]}{\partial g(t, \tau)} = X(t)B_f(t, \tau)n(d_1) = \frac{\partial \text{Put}_e[X(t), K, t, \tau]}{\partial g(t, \tau)},$$

d.h. der Arbitragepreis beider Optionen ist monoton fallend bezüglich der Korrelationskoeffizienten $\rho_{x,d}$ und $\rho_{f,d}$ und monoton wachsend bezüglich $\rho_{x,f}$. Weitergehende Aussagen hängen von der speziellen Modellstruktur ab.

∇ **Beispiel 11.1:**

Die Volatilitätsfunktionen besitzen eine einfache Form, falls der Wechselkurs eine konstante Volatilität aufweist und der in- und ausländische Zinsmarkt jeweils Grenzwert eines Ho-Lee-Modells ist. In diesem Fall genügt es, den Arbitragepreis einer Devisenoption in einem 3-Faktor-Modell zu betrachten, da dort das Aktienkursrisiko die Bewertung nicht beeinflusst.

$$
\begin{aligned}
\sigma_x(t) &:= \sigma_x = (\sigma_{x,1}, 0, 0)^T \in \mathbf{R}^3_{>0} \\
&\Rightarrow \|\sigma_x(t)\| = \|\sigma_x\| = \sigma_{x,1}, \\
\nu_f(t,\tau) &:= \nu_f \cdot (\tau - t) = (\nu_{f,1}, \nu_{f,2}, 0)^T (\tau - t) \in \mathbf{R}^3_{\geq 0} \\
&\Rightarrow \|\nu_f(t,\tau)\| = \|\nu_f\| \cdot (\tau - t), \\
\nu_d(t,\tau) &:= \nu_d \cdot (\tau - t) = (\nu_{d,1}, \nu_{d,2}, \nu_{d,3})^T (\tau - t) \in \mathbf{R}^3_{\geq 0} \\
&\Rightarrow \|\nu_d(t,\tau)\| = \|\nu_d\| \cdot (\tau - t).
\end{aligned}
$$

Die Korrelationskoeffizienten sind dann gleich

$$
\begin{aligned}
\rho_{x,f} &:= \frac{\nu_{f,1}}{\|\nu_f\|} \Rightarrow \nu_{f,1} = \rho_{x,f} \cdot \|\nu_f\|, \quad \nu_{f,2} = \sqrt{1 - \rho_{x,f}^2} \|\nu_f\|, \\
\rho_{x,d} &:= \frac{\nu_{d,1}}{\|\nu_d\|} \Rightarrow \nu_{d,1} = \rho_{x,d} \cdot \|\nu_d\|, \quad \sqrt{\nu_{d,2}^2 + \nu_{d,3}^2} = \sqrt{1 - \rho_{x,d}^2} \|\nu_d\|, \\
\rho_{f,d} &:= \frac{\nu_{f,1}\nu_{d,1} + \nu_{f,2}\nu_{d,2}}{\|\nu_f\| \, \|\nu_d\|} = \rho_{x,f} \cdot \rho_{x,d} + \frac{\sqrt{1 - \rho_{x,f}^2}}{\|\nu_d\|} \nu_{d,2} \\
&\in \left[-1, \rho_{x,f}\rho_{x,d} + \sqrt{1 - \rho_{x,f}^2}\sqrt{1 - \rho_{x,d}^2}\right],
\end{aligned}
$$

$$
\Rightarrow \nu_{d,2} = \begin{cases} \frac{\rho_{f,d} - \rho_{x,f} \cdot \rho_{x,d}}{\sqrt{1 - \rho_{x,f}^2}} \|\nu_d\| & \text{falls } \rho_{x,f} \neq \pm 1 \\ 0 & \text{falls } \rho_{x,f} = \pm 1 \end{cases}
$$

$$
\Rightarrow \nu_{d,3} = \begin{cases} \left(\frac{(1 - \rho_{x,d}^2)(1 - \rho_{x,f}^2) - (\rho_{f,d} - \rho_{x,f}\rho_{x,d})^2}{1 - \rho_{x,f}^2}\right)^{\frac{1}{2}} \|\nu_d\| & \text{falls } \rho_{x,f} \neq \pm 1, \\ \sqrt{1 - \rho_{x,d}^2} \|\nu_d\| & \text{falls } \rho_{x,f} = \pm 1. \end{cases}
$$

Für gegebene Werte $\|\sigma_x\|, \|\nu_f\|$ und $\|\nu_d\|$ ist es somit möglich, den Arbitragepreis als Funktion der Korrelationskoeffizienten zu beschreiben.

$\triangle$

11.2. Currency Converted Optionen unter Zinsunsicherheit

Die verschiedenen Typen der Currency Converted Optionen sind in Tabelle 3.11, S. 98 aufgeführt. Die einfachste Auszahlungsform ist durch den Equity linked FX-Forward gegeben. Ist $\{S_f(t)\}_{t \in [t_0, T]}$ der Kursprozess einer ausländischen Aktie, so ist die Auszahlung eines *Equity linked FX-Forward* mit Fälligkeit τ bestimmt durch $\bar{X} S_f(\tau)$, wobei $\bar{X}$ der fest vereinbarte Wechselkurs bei Vertragsabschluss ist. Streng genommen handelt es sich somit nicht um eine Option. Darüber hinaus stimmt der Auszahlungswert $\bar{X} S_f(\tau)$ nicht mit dem eines inländischen Wertpapiers überein, da der Wechselkurs unabhängig vom Fälligkeitszeitpunkt ist. Der Arbitragepreis $FX(t, \tau)$ eines Equity linked FX-Forward ist gleich dem mit dem festen Wechselkurs bewerteten, erwarteten, diskontierten Wert des ausländischen Wertpapiers unter dem inländischen Martingalmaß, d.h.

$$FX(t, \tau) := \bar{X} \cdot E_{P_d^*}\left[\exp\left\{-\int_t^\tau r_d(u)du\right\} S_f(\tau)\Big|\mathcal{F}_t\right].$$

Der mit der inländischen Zinsrate diskontierte Kursprozess ist jedoch kein Martingal unter P_d^*. Dieser Erwartungswert kann unter dem inländischen Martingalmaß berechnet werden. Mit Blick auf die Bewertung der anderen Currency Converted Optionen ist es jedoch sinnvoll, den Maßwechsel zum inländischen τ-Forward Risk Adjusted Measure Q_d^τ zu vollziehen. Mit dem Numeraire $B_d(t, \tau)$ ist der Kursprozess der ausländischen Aktie Lösung der stochastischen Differentialgleichung

$$d\left(\frac{S_f(t)}{B_d(t, \tau)}\right) = \frac{S_f(t)}{B_d(t, \tau)}[r_f(t) - r_d(t) - \sigma_f(t) \cdot \sigma_x(t) - \sigma_f(t) \cdot \nu_d(t, \tau)$$

$$(11.13) \qquad + ||\nu_d(t, \tau)||^2]dt + \frac{S_f(t)}{B_d(t, \tau)}[\sigma_f(t) - \nu_d(t, \tau)] \cdot dW_d^*(t).$$

In einem Gauß-Zinsstrukturmodell gilt darüber hinaus für die konformen Zinsraten in den beiden Ländern entsprechend der Überlegungen in (10.4), S. 367

$$\int_t^\tau r_d(u)du = -\ln B_d(t, \tau) + \frac{1}{2}\int_t^\tau ||\nu_d(u, \tau)||^2 du - \int_t^\tau \nu_d(u, \tau) \cdot dW_d^*(u),$$

$$\int_t^\tau r_f(u)du = -\ln B_f(t, \tau) + \int_t^\tau \left(\frac{1}{2}||\nu_f(u, \tau)||^2 + \nu_f(u, \tau) \cdot \sigma_x(u)\right) du$$

$$(11.14) \qquad - \int_t^\tau \nu_f(u, \tau) \cdot dW_d^*(u).$$

Dies in die Lösung der stochastischen Differentialgleichung (11.13) eingesetzt, ergibt

$$\frac{S_f(\tau)}{B_d(\tau,\tau)}$$

$$= \frac{S_f(t)}{B_f(t,\tau)} \exp\left\{ \int_t^\tau (\nu_f(u,\tau) - \sigma_f(u)) \cdot (\sigma_x(u) + \nu_f(u,\tau) - \|\nu_d(u,\tau))du \right\}$$

$$\cdot \exp\left\{ -\frac{1}{2}\int_t^\tau \|\sigma_f(u) - \nu_f(u,\tau)\|^2 du + \int_t^\tau (\sigma_f(u) - \nu_f(u,\tau))dW_d^\tau(u) \right\},$$

wobei $dW_d^\tau(t) = dW_d^*(t) - \nu_d(u,\tau)dt$ eine Brown'sche Bewegung unter dem durch (11.9) definierten inländischen τ-Forward Risk Adjusted Measure Q_d^τ ist. Der Arbitragepreis $FX(t,\tau)$ eines Equity linked FX-Forward in einem Gauß-Modell ist somit bestimmt durch

$$FX(t,\tau) := E_{P_d^*}\left[\bar{X}\exp\left\{ -\int_t^\tau r_d(u)du \right\} S_f(\tau)|\mathcal{F}_t \right]$$

$$(11.15) \quad = B_d(t,\tau)\bar{X}E_{Q_d^\tau}\left[\frac{S_f(\tau)}{B_d(\tau,\tau)}|\mathcal{F}_t \right]$$

$$= \frac{B_d(t,\tau)}{B_f(t,\tau)}\bar{X}S_f(t)$$

$$\cdot \exp\left\{ \int_t^\tau (\nu_f(u,\tau) - \sigma_f(u)) \cdot (\sigma_x(u) + \nu_f(u,\tau) - \nu_d(u,\tau))du \right\}.$$

Der Arbitragepreis des Equity linked FX-Forward ist abhängig von der Volatilität der ausländischen Aktie, des Wechselkurses und der inländischen wie ausländischen Anleihen. Wird eine negative Covarianz zwischen dem Wechselkurs und der ausländischen Anleihe sowie eine positive Covarianz zwischen der ausländischen Aktie und der ausländischen Anleihe unterstellt, d.h.

$$\nu_f(t,\tau) \cdot \sigma_x(t) \leq 0 \text{ und } \nu_f(t,\tau) \cdot \sigma_f(t) \geq 0,$$

so wirkt sich dies reduzierend auf den Arbitragepreis aus. Insgesamt kann der Arbitragepreis eines Equity linked FX-Forward unter der Berücksichtigung einer stochastischen Zinsentwicklung durchaus niedriger sein als bei einer unterstellten deterministischen Zinsentwicklung. Wie Frey und Sommer (1996) nachweisen, überträgt sich dieser Effekt auch auf die Bewertung einer *Guaranteed Exchange Rate Option*. Die Auszahlung dieser Option bezüglich eines ausländischen Wertpapiers ist bestimmt durch

$$\bar{X}[S_f(\tau) - K_f]^+ \text{ bzw. } \bar{X}[K_f - S_f(\tau)]^+,$$

wobei K_f der in ausländischer Währung angegebene Basispreis und τ der Ausübungszeitpunkt sind. Der Arbitragepreis berechnet sich als erwarteter diskontierter Wert der Auszahlung unter dem inländischen Martingalmaß P_d^*. Mit dem Übergang zum inländischen τ-Forward Risk Adjusted Measure vereinfacht sich dies für den Guaranteed Exchange Rate Call zu

$$
\begin{aligned}
\text{Call}_{GER}&[S_f(t), \bar{X}, K_f, t, \tau] \\
&= \bar{X} E_{P_d^*} \left[\exp\left\{ -\int_t^\tau r_d(u)du \right\} [S_f(\tau) - K_f]^+ | \mathcal{F}_t \right] \\
&= \bar{X} B_d(t, \tau) E_{B_d^\tau} \left[\frac{1}{B_d(\tau, \tau)} [S_f(\tau) - K_f]^+ | \mathcal{F}_t \right] \\
&= FX(t, \tau) \cdot N(d_1(t, \tau)) - \bar{X} K_f B_d(t, \tau) N(d_2(t, \tau)) \\
d_{1/2}(t, \tau) &:= \frac{\ln\left(\frac{FX(t,\tau)}{B_d(t,\tau)K_f} \right) \pm \frac{1}{2} g^2(t, \tau)}{g(t, \tau)}, \\
g^2(t, \tau) &:= \int_t^\tau \| \sigma_f(u) - \nu_f(u, \tau) \|^2 du,
\end{aligned}
$$

da der Terminwertprozess eines Equity linked FX-Forward $\{FX(t, \tau)\}_{t \in [t_0, T]}$ ein Martingal unter Q_d^τ ist, d.h.

$$
\begin{aligned}
\frac{FX(\tau, \tau)}{B_d(\tau, \tau)} := \frac{\bar{X} S_f(\tau)}{B_d(\tau, \tau)} &= \frac{FX(t, \tau)}{B_d(t, \tau)} \exp\left\{ -\frac{1}{2} \int_t^\tau \| \sigma_f(u) - \nu_f(u, \tau) \|^2 du \right. \\
(11.16) &\qquad \left. + \int_t^\tau (\sigma_f(u) - \nu_f(u, \tau)) \cdot dW_d^\tau(u) \right\}.
\end{aligned}
$$

Entsprechend berechnet sich der Arbitragepreis des Guaranteed Exchange Rate Put zu

$$
\begin{aligned}
\text{Put}_{GER}&[S_f(t), \bar{X}, K_f, t, \tau] \\
&= \bar{X} K_f B_d(t, \tau) \cdot N(-d_2(t, \tau)) - FX(t, \tau) N(-d_1(t, \tau)).
\end{aligned}
$$

Die Bewertungsformeln einer Guaranteed Exchange Rate Option besitzen die gleiche Struktur wie die entsprechenden Black-Scholes-Formeln. Wesentliche Unterschiede betreffen die Form der Volatilität und das zugrundeliegende Wertpapier. Die Volatilität bezieht sich auf die ausländische Aktie, die in- und ausländischen Nullkuponanleihen und den Wechselkurs. Wie schon für den Equity linked FX-Forward bemerkt wurde, kann die zusätzliche Berücksichtigung der Zinsänderungsrisiken in Abhängigkeit der Covarianzstruktur zu einer Reduktion des Optionswertes relativ zu demjenigen bei einer unterstellten deterministischen Zinsentwicklung führen. Darüber hinaus ist die Auszahlung $\bar{X}S_f(\tau)$ abhängig von der Modellstruktur und entspricht nicht derjenigen eines der gehandelten Wertpapiere. Insofern muß die selbstfinanzierende Duplizierungsstrategie einer Guaranteed Exchange Rate Option zusätzlich die Duplizierung dieser Auszahlung berücksichtigen. Mit (11.16) ist der Forward Wertprozess $\{FX(t,\tau)\}_{t\in[t_0,\tau]}$ eines Equity linked FX-Forward ein Martingal unter Q_d^τ, d.h.

$$d\left(\frac{FX(t,\tau)}{B_d(t,\tau)}\right) = \frac{FX(t,\tau)}{B_d(t,\tau)}[\sigma_f(t) - \nu_f(t,\tau)]dW_d^\tau(t).$$

Darüber hinaus ist die Auszahlung eine Funktion der in inländischer Währung notierten Kursprozesse $B_d(t,\tau), X(t)S_f(t)$ und $X(t)B_f(t,\tau)$, d.h. eine selbstfinanzierende Portfoliostrategie $\{\phi(t) = (\phi_1(t), \phi_2(t), \phi_3(t))\}_t$ muß den folgenden Anforderungen genügen:

$$
\begin{aligned}
FX(t,\tau) &= \phi_1(t)B_d(t,\tau) + \phi_2(t)(X(t)S_f(t)) + \phi_3(t)(X(t)B_f(t,\tau)) \\
\Leftrightarrow \quad \frac{FX(t,\tau)}{B_d(t,\tau)} &= \phi_1(t) + \phi_2(t)\left(\frac{X(t)S_f(t)}{B_d(t,\tau)}\right) + \phi_3(t)\left(\frac{X(t)B_f(t,\tau)}{B_d(t,\tau)}\right) \\
d\left(\frac{FX(t,\tau)}{B_d(t,\tau)}\right) &= \phi_2(t)d\left(\frac{X(t)S_f(t)}{B_d(t,\tau)}\right) + \phi_3(t)d\left(\frac{X(t)B_f(t,\tau)}{B_d(t,\tau)}\right),
\end{aligned}
$$

wobei die stochastischen Differentialgleichungen unter dem inländischen τ-Forward Risk Adjusted Measure zu betrachten sind, insofern also den inländischen Terminmarkt mit Lieferung zum Zeitpunkt τ betreffen. Aus den Darstellungen (11.7) und (11.10) folgt

$$
\begin{aligned}
d\left(\frac{FX(t,\tau)}{B_d(t,\tau)}\right) &= \frac{FX(t,\tau)}{B_d(t,\tau)}[\sigma_f(t) - \nu_f(t,\tau)]dW_d^\tau(t) \\
&= \phi_2(t) \cdot \frac{X(t)S_f(t)}{B_d(t,\tau)}[\sigma_x(t) + \sigma_f(t) - \nu_d(t,\tau)]dW_d^\tau(t) \\
&\quad + \phi_3(t) \cdot \frac{X(t)B_f(t,\tau)}{B_d(t,\tau)}[\sigma_x(t) + \nu_f(t,\tau) - \nu_d(t,\tau)]dW_d^\tau(t),
\end{aligned}
$$

d.h. die den Wert eines Equity linked FX-Forward duplizierende Portfoliostrategie ist gleich

- $\phi_2(t) = \frac{FX(t,\tau)}{X(t)S_f(t)}$ Einheiten der ausländischen Aktie,
- $\phi_3(t) = -\frac{FX(t,\tau)}{X(t)B_f(t,\tau)}$ Einheiten der ausländischen Nullkuponanleihe mit Fälligkeit in τ,

- $\phi_1(t) = [FX(t,\tau) - \phi_2(t) \cdot X(t) S_f(t) - \phi_3(t) X(t) B_f(t,\tau)](B_d(t,\tau))^{-1} =$ $\frac{FX(t,\tau)}{B_d(t,\tau)}$ Einheiten der inländischen Nullkuponanleihe mit Fälligkeit in τ.

Die selbstfinanzierende Portfoliostrategie eines Guaranteed Exchange Rate Call berechnet sich durch Multiplikation mit dem entsprechenden Wert der Normalverteilung $N(d_1(t,\tau))$ und zusätzlichem Verkauf von $K_d \cdot \bar{X} \cdot N(d_2(t,\tau))$ Einheiten der inländischen Nullkuponanleihe mit Fälligkeit in τ.

Zur Bewertung der anderen in Tabelle 3.11, S. 98, angegebenen Optionstypen ist es zweckmäßig, den Wertprozeß der ausländischen Aktie in inländischer Währung, bezogen auf die inländische Nullkuponanleihe, mit Fälligkeit in τ zu betrachten. Es gilt

$$
\begin{aligned}
d\left(\frac{X(t)S_f(t)}{B_d(t,\tau)}\right) &= \frac{X(t)S_f(t)}{B_d(t,\tau)}(\sigma_x(t) + \sigma_f(t) - \nu_d(t,\tau)) \cdot (dW_d^*(t) - \nu_d(t,\tau)dt) \\
&= \frac{X(t)S_f(t)}{B_d(t,\tau)}(\sigma_x(t) + \sigma_f(t) - \nu_d(t,\tau)) \cdot dW_d^\tau(t),
\end{aligned}
$$

d.h. dieser Wertprozess ist auf dem Terminmarkt ein Martingal unter Q_d^τ. Dies ermöglicht es, unmittelbar den Arbitragepreis einer *Compo Option* anzugeben. Die Auszahlung dieser Option mit Ausübungszeitpunkt τ und inländischem Basispreis K_d ist gleich

$$
[X(\tau)S_f(\tau) - K_d]^+ \text{ bzw. } [K_d - X(\tau)S_f(\tau)]^+.
$$

Für den Arbitragepreis eines Compo-Call bedeutet dies

$$
\begin{aligned}
\text{Call}_{COM}&[S_f(t), X(t), K_d, t, \tau] \\
&= E_{P_d^*}\left[\exp\left\{-\int_t^\tau r_d(u)du\right\}[X(\tau)S_f(\tau) - K_d]^+ | \mathcal{F}_t\right] \\
&= B_d(t,\tau)E_{Q_d^\tau}\left[\frac{1}{B_d(\tau,\tau)}[X(\tau)S_f(\tau) - K_d]^+ | \mathcal{F}_t\right] \\
&= X(t)S_f(t)N(d_1(t,\tau)) - K_d B_d(t,\tau)N(d_2(t,\tau)), \\
d_{1/2}(t,\tau) &:= \frac{\ln\left(\frac{X(t)S_f(t)}{K_d B_d(t,\tau)}\right) \pm \frac{1}{2}g^2(t,\tau)}{g(t,\tau)}, \\
g^2(t,\tau) &:= \int_t^\tau \|\sigma_x(u) + \sigma_f(u) - \nu_d(u,\tau)\|^2 du.
\end{aligned}
$$

Die Auszahlung einer *Flexible Exchange Rate Option* ist abhängig von dem Wert des zugrundeliegenden ausländischen Wertpapiers und dem Wechselkurs zum Ausübungszeitpunkt τ. Wiederum ist zwischen einem Call oder

Put zu unterscheiden, d.h. zwischen den Auszahlungen

$$X(\tau)[S_f(\tau) - K_f]^+ \text{ und } X(\tau)[K_f - S_f(\tau)]^+.$$

Der Arbitragepreis des Flexible Exchange Rate Call ist gleich

$$
\begin{aligned}
&\text{Call}_{Flex}[S_f(t), X(t), K_f, t, \tau] \\
&= E_{P_d^*}\left[\exp\left\{-\int_t^\tau r_d(u)du\right\} X(\tau)[S_f(\tau) - K_f]^+ \big| \mathcal{F}_t\right] \\
&= E_{P_d^*}\left[\exp\left\{-\int_t^\tau r_d(u)du\right\} X(\tau)S_f(\tau)[1 - \frac{K_f}{S_f(\tau)}]^+ \big| \mathcal{F}_t\right].
\end{aligned}
$$

Da der diskontierte Wertprozess der ausländischen Aktie in inländischer Währung mit (11.7) ein Martingal unter P_d^* ist, wird durch Q^z mit

$$
\begin{aligned}
\frac{dQ^z}{dP_d^*}\bigg|_{t,\tau} &:= \frac{\exp\left\{-\int_t^\tau r_d(u)du\right\} X(\tau)S_f(\tau)}{E_{P_d^*}\left[\exp\left\{-\int_t^\tau r_d(u)du\right\} X(\tau)S_f(\tau)\big| \mathcal{F}_t\right]} \\
(11.17) &= \frac{\exp\left\{-\int_t^\tau r_d(u)du\right\} X(\tau)S_f(\tau)}{X(t)S_f(t)} \\
&= \exp\left\{-\frac{1}{2}\int_t^\tau \|\sigma_x(u) + \sigma_f(u)\|^2 du + \int_t^\tau (\sigma_x(u) + \sigma_f(u)) \cdot dW_d^*\right\}
\end{aligned}
$$

ein zu P_d^* äquivalentes Wahrscheinlichkeitsmaß definiert. Darüber hinaus ist den gleichen Überlegungen wie in Satz 10.1, S. 374, folgend

$$
\begin{aligned}
W^z(t) &:= W_d^*(t) - \int_{t_0}^t (\sigma_x(u) + \sigma_f(u))dt \\
dW^z(t) &:= dW_d(t) - (\sigma_x(t) + \sigma_f(t))dt
\end{aligned}
$$

eine n-dimensionale Brown'sche Bewegung unter Q^z. Es genügt nun, die Darstellung des Prozesses $\{(S_f(t))^{-1}\}_t$ unter dem Wahrscheinlichkeitsmaß Q^z zu bestimmen. Die Lösung der stochastischen Differentialgleichung (11.5) lautet

$$
\begin{aligned}
S_f(\tau) &= S_f(t)\exp\left\{\int_t^\tau \left(r_f(u) - \sigma_f(u)\sigma_x(u) - \frac{1}{2}\|\sigma_f(u)\|^2\right) du \right. \\
&\quad \left. + \int_t^\tau \sigma_f(u) \cdot dW_d^*(u)\right\}
\end{aligned}
$$

$$
= \frac{S_f(t)}{B_f(t,\tau)} \exp\left\{ \int_t^\tau \left(\frac{1}{2}\|\nu_f(u,\tau)\|^2 + \nu_f(u,\tau)\sigma_x(u) - \sigma_f(u)\sigma_x(u) \right. \right.
$$

$$
\left. \left. -\frac{1}{2}\|\sigma_f(u)\|^2 \right) du + \int_t^\tau (\sigma_f(u) - \nu_f(u,\tau)) \cdot dW_{\tilde{d}}^*(u) \right\}
$$

$$
= \frac{S_f(t)}{B_f(t,\tau)} \exp\left\{ \frac{1}{2} \int_t^\tau \|\sigma_f(u) - \nu_f(u,\tau)\|^2 du \right.
$$

$$
\left. + \int_t^\tau (\sigma_f(u) - \nu_f(u,\tau)) \cdot dW^z(u) \right\},
$$

wobei wiederum die Darstellung (11.14) der konformen Zinsrate eines Gauß-Zinsstrukturmodells verwendet wurde. Für den Arbitragepreis einer *Flexible Exchange Rate Call-Option* bedeutet dies

$$
\text{Call}_{Flex}[S_f(t), X(t), K_f, t, \tau]
$$

$$
= E_{P_d^*}\left[\exp\left\{ -\int_t^\tau r_d(u)du \right\} X(\tau)S_f(\tau)[1 - \frac{K_f}{S_f(\tau)}]^+ \Big| \mathcal{F}_t \right]
$$

$$
= X(t)S_f(t)E_{Q^z}\left[\left[1 - \frac{K_f}{S_f(\tau)}\right]^+ \Big| \mathcal{F}_t \right]
$$

$$
= X(t)S_f(t)\left[\int_{-\infty}^{+\infty} \frac{1}{\sqrt{2\pi}} \left[1 - \frac{K_f B_f(t,\tau)}{S_f(t)} \exp\left\{ -\frac{1}{2}g^2 + gx \right\}\right]^+ e^{-\frac{x^2}{2}} dx \right]
$$

$$
= X(t)S_f(t) \cdot N(d_1(t,\tau)) - K_f X(t)B_f(t,\tau) \cdot N(d_2(t,\tau))
$$

$$
\text{mit } d_{1/2}(t,\tau) := \frac{\ln\left(\frac{S_f(t)}{K_f B_f(t,\tau)}\right) \pm \frac{1}{2}g^2(t,\tau)}{g(t,\tau)}
$$

$$
g^2 := g^2(t,\tau) := \int_t^\tau \|\sigma_f(u) - \nu_f(u,\tau)\|^2 du.
$$

Entsprechend ist der Arbitragepreis der Flexible Exchange Rate Put-Option im Gauß-Modell eines internationalen Finanzmarktes gleich

$$
\text{Put}_{Flex}[S_f(t), X(t), K_f, t, \tau]
$$

$$
= K_f X(t)B_f(t,\tau) \cdot N(-d_2(t,\tau)) - X(t)S_f(t) \cdot N(-d_1(t,\tau)).
$$

Die Auszahlungen der Wertpapiere $X(t)B_f(t,\tau)$ und $X(t)S_f(t)$ sind gleich dem in inländischer Währung ausgedrückten Wert der ausländischen Null-kuponanleihe bzw. Aktie. Im Unterschied zur Guaranteed Exchange Rate Option ist das selbstfinanzierende Portfolio einer Flexible Exchange Rate Option unmittelbar aus den Bewertungsformeln ablesbar. Für den Flexible Exchange Rate Call ist diese zu jedem Zeitpunkt $t \in [t_0, \tau]$ bestimmt durch

- den Erwerb von $N(d_1(t,\tau))$ ausländischen Aktien,
- den Verkauf (Kreditaufnahme) von $K_f N(d_2(t,\tau))$ ausländischen Null-kuponanleihen mit Fälligkeit τ.

Mit der gleichen Maßtransformation zum Wahrscheinlichkeitsmaß Q^z läßt sich auch der Arbitragepreis einer *Equity linked FX-Option* berechnen. Die Auszahlung dieser Currency Converted Option ist gleich

$$S_f(\tau)[X(\tau) - \bar{X}]^+ \text{ bzw. } S_f(\tau)[\bar{X} - X(\tau)]^+,$$

wobei $\bar{X}$ wiederum ein zum Zeitpunkt $t < \tau$ fixierter Wechselkurs ist. Mit der Maßtransformation (11.17) ist der Arbitragepreis eines Equity linked FX-Call gleich

$$
\begin{aligned}
&\text{Call}_{FX}[S_f(t), X(t), \bar{X}, t, \tau] \\
&= E_{P_d^*}\left[\exp\left\{-\int_t^\tau r_d(u)du\right\} S_f(\tau)[X(\tau) - \bar{X}]^+ | \mathcal{F}_t\right] \\
&= S_f(t)X(t)E_{Q^z}\left[\left[1 - \frac{\bar{X}}{X(\tau)}\right]^+ | \mathcal{F}_t\right].
\end{aligned}
$$

Zur Berechnung des Arbitragepreises genügt es, den Wertprozess $\{(X(t))^{-1}\}_t$ unter dem Wahrscheinlichkeitsmaß Q^z zu bestimmen. Der Wechselkursprozeß ist Lösung der stochastischen Differentialgleichung (11.4). Zusätzlich erfüllen die konformen Zinsraten die aus dem Gauß-Zinsstrukturmodell abgeleiteten Bedingungen (11.14), d.h.

$$
\begin{aligned}
&X(\tau) \\
&= X(t)\exp\left\{\int_t^\tau (r_d(u) - r_f(u) - \frac{1}{2}\|\sigma_x(u)\|^2)du + \int_t^\tau \sigma_x(u) \cdot dW_d^*(u)\right\} \\
&= \frac{X(t)B_f(t,\tau)}{B_d(t,\tau)}\exp\left\{\frac{1}{2}\int_t^\tau (\|\nu_d(u,\tau)\|^2 - \|\nu_f(u,\tau)\|^2 - 2\sigma_x(u) \cdot \nu_f(u,\tau)\right. \\
&\quad \left. -\|\sigma_x(u)\|^2)\,du + \int_t^\tau (\sigma_x(u) + \nu_f(u,\tau) - \nu_d(u,\tau)) \cdot dW_d^*(u)\right\}
\end{aligned}
$$

$$= \frac{X(t)B_f(t,\tau)}{B_d(t,\tau)} \exp\left\{\int_t^\tau \left(\frac{1}{2}||\nu_d(u,\tau)||^2 - \frac{1}{2}||\nu_f(u,\tau)||^2 \right.\right.$$

$$\left. -\sigma_x(u) \cdot \nu_f(u,\tau) - \frac{1}{2}||\sigma_x(u)||^2\right) du$$

$$+ \int_t^\tau (\sigma_x(u) + \nu_f(u,\tau) - \nu_d(u,\tau))(\sigma_x(u) + \sigma_f(u))du$$

$$\left. + \int_t^\tau (\sigma_x(u) + \nu_f(u,\tau) - \nu_d(u,\tau)) \cdot dW^z(u)\right\}$$

$$= \bar{X}\frac{S_f(t)X(t)}{FX(t,\tau)} \exp\left\{\frac{1}{2}\int_t^\tau ||\sigma_x(u) + \sigma_f(u,\tau) - \nu_d(u,\tau)||^2 du\right.$$

$$\left. + \int_t^\tau (\sigma_x(u) + \nu_f(u,\tau) - \nu_d(u,\tau)) \cdot dW^z(u)\right\},$$

wobei der Arbitragepreis des Equity-linked FX-Forward $FX(t,\tau)$ in Gleichung (11.15) angegeben ist. Aus diesen Überlegungen folgt

$$\frac{\bar{X}}{X(\tau)} = \frac{FX(t,\tau)}{S_f(t)X(t)} \exp\left\{-\frac{1}{2}\int_t^\tau ||\sigma_x(u) + \nu_f(u,\tau) - \nu_d(u,\tau)||^2 du\right.$$

$$\left. + \frac{1}{2}\int_t^\tau (\sigma_x(u) + \nu_f(u,\tau) - \nu_d(u,\tau)) \cdot dW^z(u)\right\}.$$

Der Arbitragepreis einer Equity linked FX-Option berechnet sich nun in gleicher Weise wie der einer Flexible Exchange Rate Option zu

$$\text{Call}_{FX}[S_f(t),X(t),\bar{X},t,\tau] = S_f(t)X(t)E_{Q^z}\left[\left[1 - \frac{\bar{X}}{X(\tau)}\right]^+ \Big| \mathcal{F}_t\right]$$

$$= S_f(t)X(t)N(d_1(t,\tau)) - FX(t,\tau)N(d_2(t,\tau)),$$

$$\text{Put}_{FX}[S_f(t),X(t),\bar{X},t,\tau] = FX(t,\tau)N(-d_2(t,\tau)) - S_f(t)X(t)N(-d_1(t,\tau))$$

$$\text{mit}\qquad d_{1/2}(t,\tau) := \frac{\ln\left(\frac{S_f(t)X(t)}{FX(t,\tau)}\right) \pm \frac{1}{2}g^2(t,\tau)}{g(t,\tau)}$$

$$g^2(t,\tau) := \int_t^\tau ||\sigma_x(u) + \nu_f(u,\tau) - \nu_d(u,\tau)||^2 du.$$

Wie im Fall der Guaranteed Exchange Rate Option bestimmt sich die duplizierende und selbstfinanzierende Portfoliostrategie einer Equity linked FX-Option unter Berücksichtigung der Duplizierung des zugrundeliegenden Equity linked FX-Forward. Zu jedem Zeitpunkt $t \in [t,\tau]$ ist sie gegeben durch

- den Erwerb von $N(d_1(t,\tau)) - \frac{FX(t,\tau)}{X(t)S_f(t)}N(d_2(t,\tau))$ ausländischen Aktien,

- den Erwerb von $\frac{FX(t,\tau)}{X(t)B_f(t,\tau)}N(d_2(t,\tau))$ ausländischen Nullkuponanleihen mit Fälligkeit τ,

- den Verkauf von $\frac{FX(t,\tau)}{B_d(t,\tau)}N(d_2(t,\tau))$ inländischen Nullkuponanleihen mit Fälligkeit τ.

Die Bewertungsformeln der angesprochenen Verträge besitzen alle die Struktur der Black-Scholes Formel. Dies beruht auf den Verteilungsannahmen des Gauß-Modells eines internationalen Finanzmarktes. Unter dieser Annahme sind die Kursprozesse der in- und ausländischen Aktien, Nullkuponanleihen und des Wechselkurses lognormalverteilt. Insofern genügen auch Produkte oder Quotienten dieser Kursprozesse der gleichen Verteilungsannahme. In einem allgemeinen Gauß-Modell eines internationalen Finanzmarktes mit l Ländern, leiten Frey und Sommer (1996, in Anlehnung an Jamshidian (1993a)) ein die Bewertung fast aller in diesem Buch diskutierten (nicht pfadabhängigen) Optionsverträge betreffendes Resultat her: Seien $\{X(t)\}_{t\in[t_0,T]}$ und $\{Y(t)\}_{t\in[t_0,\tau]}$ unter dem inländischen äquivalenten Martingalmaß zwei lognormalverteilte Prozesse, die die Darstellung

$$X(\tau) = X(t_0)\exp\left\{\int_{t_0}^{\tau}r_d(u) - \frac{1}{2}||\mu_x(u,\tau)||^2 du + \int_{t_0}^{\tau}\mu_x(u,\tau)\cdot dW_d^*(u)\right\}$$

$$Y(\tau) = Y(t_0)\exp\left\{\int_{t_0}^{\tau}r_d(u) - \frac{1}{2}||\mu_y(u,\tau)||^2 du + \int_{t_0}^{\tau}\mu_y(u,\tau)\cdot dW_d^*(u)\right\}$$

besitzen, wobei $\mu_y(\cdot,\tau),\mu_x(\cdot,\tau):[t_0,\tau]\to\mathbb{R}^n$ deterministische und quadratintegrierbare Funktionen der Zeit sind. Der Arbitragepreis zum Zeitpunkt t einer Europäischen Option mit Ausübungszeitpunkt τ und der Auszahlung

$$[X(\tau) - Y(\tau)]^+$$

ist unter diesen Voraussetzungen gleich

$$E_{P_d^*}\left[\exp\left\{-\int_t^{\tau}r_d(u)du\right\}[X(\tau)-Y(\tau)]^+|\mathcal{F}_{t_0}\right]$$

$$= X(t)N(d_1) - Y(t)N(d_2)$$

$$\text{mit } d_{1/2}(t,\tau) = \frac{\ln\left(\frac{X(t_0)}{Y(t_0)}\right) \pm \frac{1}{2}\int_t^{\tau}||\mu_x(u,\tau)-\mu_y(u,\tau)||^2 du}{\left(\int_t^{\tau}||\mu_x(u,\tau)-\mu_y(u,\tau)||^2 du\right)^{\frac{1}{2}}}.$$

Darüber hinaus ist die selbstfinanzierende Duplizierungsstrategie bezüglich der Prozesse $\{X(t)\}_{t\in[t_0,T]}$ und $\{Y(t)\}_{t\in[t_0,T]}$ gleich

- $N(d_1(t,\tau))$ Einheiten des Wertprozesses $\{X(t)\}$ zum Zeitpunkt t und

- $-N(d_2(t, \tau))$ Einheiten des Wertprozesses $\{Y(t)\}$ zum Zeitpunkt t.

Der Beweis dieser Aussage entspricht der Argumentation, die beispielsweise im Fall der Flexible Exchange Rate Option zur Bestimmung des Arbitragepreises geführt hat. Für die Anwendung ist es notwendig, aus den Vertragsbedingungen die Prozesse $\{X(t)\}$ und $\{Y(t)\}$ zu konstruieren. Stellen beide Kursprozesse in inländischer Währung gehandelte Wertpapiere dar, so ist dieser Schritt einfach. Dies ist beispielsweise für die Compo-Option der Fall. Hier genügt es, zum entsprechenden Forward Risk Adjusted Measure überzugehen, d.h. den Terminpreis des Vertrages zu berechnen. Entsprechen die Wertprozesse nicht denen eines in inländischer Währung gehandelten Wertpapiers, so ist in einem ersten Schritt die entsprechende Darstellung herzuleiten. Beispiele hierfür sind u.a. der Equity linked FX-Forward, die Guaranteed Exchange Rate Option und die Equity linked FX-Option. Der allgemeine Modellrahmen des internationalen Finanzmarktes hat seinen Ursprung im Black-Scholes-Modell für die Bewertung einer Aktienoption. In Anerkennung der grundlegenden Arbeiten von Fisher Black, Myron Scholes und Robert C. Merton wird dieser Modellrahmen auch gelegentlich als Black-Scholes-Merton-Modell eines Finanzmarktes bezeichnet. Trotz der die Annahmen betreffenden und berechtigten Kritikpunkte stellt es das Referenzmodell zur Bewertung und zum Hedging von Optionen und allgemein contingent claims dar. Praktikern wie Theoretikern bietet es die Möglichkeit, in einem geschlossenen und widerspruchsfreien Rahmen die von ihnen eingegangenen Risiken zu erfassen und zu bewerten, die Zusammenhänge zu erkennen und entsprechende Handlungsanweisungen an das Risikomanagement in Finanzmärkten zu formulieren.

Weiterführende Literatur

Der allgemeine Modellrahmen für einen internationalen Finanzmarkt findet sich bei Amin und Jarrow (1991). Frey und Sommer (1996) beziehen sich auf die Situation mit ausschließlich zeitabhängiger Volatilität und leiten die Bewertung und das Hedging für eine große Klasse von Optionsverträgen her. Diese Klasse umfaßt u.a. die Exchange Option, deren Bewertung auf Margrabe (1978) zurückgeht, die von Garman und Kohlhagen (1983) betrachtete Devisenoption sowie die von Jamshidian (1993a,b) und (1994a,b) ausführlich analysierten korrelationsabhängigen Optionstypen. Die genannten Ergebnisse zur Bewertung und zum Hedging lassen sich jedoch nicht auf Asiatische und/oder Basket Optionen übertragen. Verschiedene Näherungslösungen finden sich hierzu in der Literatur. Carverhill und Clewlow (1990) schlagen als numerische Verfahren die Fast Fourier Transformation vor. Levy (1992) und Turnbull und Wakeman (1991) benutzen eine Approximation der Dichtefunktion des arithmetischen Kursmittels zur Bewertung. Vorst (1992) leitet die Näherungslösung und Fehlerschranken aus der Beziehung des arithmetischen zum geometrischen Mittel her. Das Verfahren der Monte Carlo Simulation wird z.B. von Kemna und Vorst (1990) verwendet. Neben diesen approximativen Lösungen charakterisieren Geman und Yor (1993) den Arbitragepreis einer Asiatischen Option mittels Besselprozessen. Die Lösung greift jedoch auf die numerische Inversion einer Fourier-Transformierten zurück. Eine vielversprechende Näherungslösung mit geringer Fehlertoleranz bestimmen Rogers und Shi (1995). Nielsen und Sandamm (1996a; 98) erweitern die Betrachtung um das Zinsänderungsrisiko und leiten eine analytische Lösung der Approximation von Rogers und Shi her. Darüber hinaus untersuchen Ekern und Persson (1996) sowie Nielsen und Sandmann (1995; 96b) Asiatische Optionen im Zusammenhang mit Fondsgebundenen Kapitallebensversicherungen.

Übungsaufgaben

Aufgabe 11.1:

Ist $\{W^*(t)\}_{t\in[t_0,T]}$ eine zweidimensionale Brown'sche Bewegung auf einem Wahrscheinlichkeitsraum $(\Omega, \mathcal{F}, P^*)$ und ist der Kursprozess einer inländischen dividendengeschützten Aktie gegeben durch

$$dS_d(t) = r_d(t)S_d(t)dt + S_d(t)\sigma_d \cdot dW^*(t),$$

wobei $\sigma_d = (\sigma_1, 0)^T \in \mathbb{R}^2_{>0}$ die konstante Volatilität definiert. Weiter wird das Zinsänderungsrisiko durch ein 2-Faktor Gauß-Zinsstrukturmodell beschrieben mit

$$dB_d(t,\tau) = r_d(t)B_d(t,\tau)dt + B_d(t,\tau)\nu_d(t,\tau)\cdot dW^*(t) \quad \forall \tau \in [t_0, T], \forall t \in [t_0, \tau],$$

wobei die Volatilitätsfunktion gegeben ist durch

$$\nu_d(t,\tau) = (\nu_1 \cdot (\tau - t), \nu_2 \cdot (\tau - t)) \text{ mit } (\nu_1, \nu_2) \in \mathbb{R}^2_{>0} \ \forall \tau \in [t_0, T], \forall t \in [t_0, \tau].$$

Berechnen Sie den Arbitragepreis und die Hedgeratio einer Europäischen Call-Option bezüglich der Aktie S_d. Bestimmen Sie den Einfluss der Volatilität der Aktie, der konformen Zinsrate und der Korrelation auf den Optionspreis und die Hedgestrategie.

Aufgabe 11.2:

Bestimmen Sie in dem Modell eines internationalen Finanzmarktes mit den Kursdynamiken (11.1)-(11.6) den Arbitragepreis und die Hedgestrategie einer Exchange Option bezüglich einer in- und ausländischen Nullkuponanleihe. Die Auszahlung der Exchange Option zum Ausübungszeitpunkt τ sei gleich

$$\left[B_d(\tau,T) - \frac{X(\tau)}{\bar{X}} B_f(\tau,T) \right]^+,$$

wobei $T > \tau$ gilt. Weiter ist $\{X(t)\}_{t \in [t_0,T]}$ der Prozess des Wechselkurses und $\bar{X} = X(t_0)$ der Wechselkurs zum Emissionszeitpunkt.

Aufgabe 11.3:

Berechnen Sie in dem Modell eines internationalen Finanzmarktes mit (11.1)-(11.6) den Arbitragepreis und die Hedgestrategie einer Maximumoption bezüglich zwei dividendengeschützten Aktien mit der Auszahlung

$$\max\{\alpha S_d(\tau), \beta X(\tau) S_f(\tau)\} \quad \alpha, \beta > 0.$$

Hierbei sind τ der Ausübungszeitpunkt, $\{S_d(t)\}_{t \in [t_0,T]}$ und $\{S_f(t)\}_{t \in [t_0,T]}$ die Kursprozesse der in- und ausländischen Aktien und $\{X(t)\}_{t \in [t_0,T]}$ der Wechselkursprozess. Die konstanten Koeffizienten α und β sind so gewählt, daß zum Zeitpunkt t_0 gilt: $\alpha S_d(t_0) = \beta S_f(t_0) X(t_0)$.

KAPITEL 12

Lösungen der Übungsaufgaben

Lösungen zu Kapitel 1

Lösung Aufgabe 1.1:

Gesucht wird das Netto-Auszahlungsprofil eines bottom Straddle, d.h. eines Portfolios bestehend aus einer Call- und einer Put-Option. Die Auszahlung zum Fälligkeitszeitpunkt T ist bestimmt durch

$$[S_T - K]^+ + [K - S_T]^+ = |S_T - K|.$$

Bezeichnen C und P die Prämien der beiden Optionen, so ist das Netto-Auszahlungsprofil gegeben durch $|S_T - K| - (C + P)(1 + r)^T$.

Lösung Aufgabe 1.2:

Die Auszahlung eines bearish vertical Spread zum Fälligkeitszeitpunkt T ist gegeben durch

$$[K_2 - S_T]^+ - [K_1 - S_T]^+ = \begin{cases} K_2 - K_1 & \text{falls} & S_T \leq K_1 \\ K_2 - S_T & \text{falls} & K_1 < S_T \leq K_2 \\ 0 & \text{falls} & K_2 < S_T \end{cases}$$

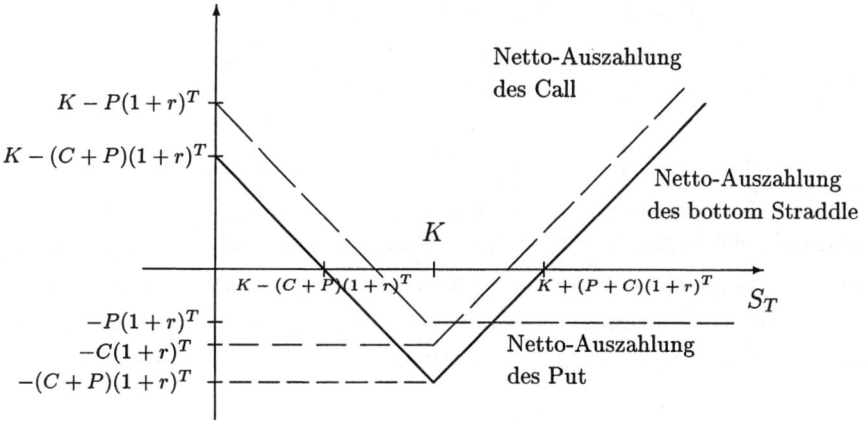

ABBILDUNG 1.6. Netto-Auszahlungsprofil eines bottom Straddle

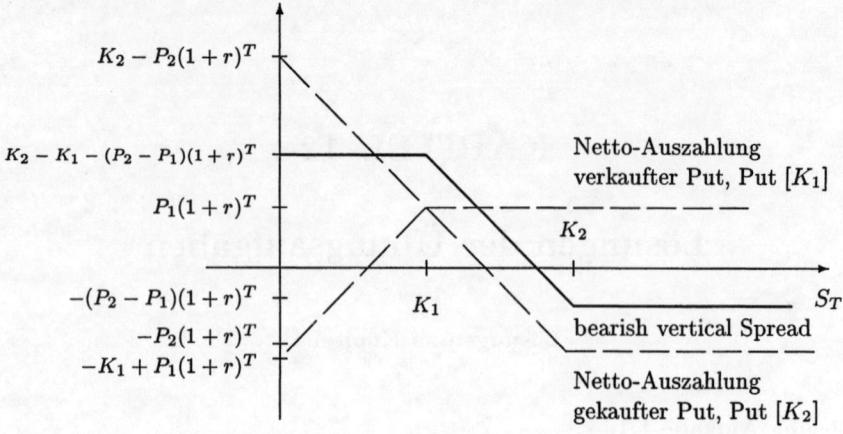

ABBILDUNG 1.7. Netto-Auszahlungsprofil eines bearish vertical Spread

Das Netto-Auszahlungsprofil ergibt sich somit unter Berücksichtigung der beiden Optionsprämien $P_1 < P_2$ zu $[K_2 - S_T] - [K_1 - S_T] - (P_2 - P_1)(1 + r)^T$.

Lösung Aufgabe 1.3:

Wird für die Basispreise der Put Optionen $K_1 \leq K_2 \leq K_3$ angenommen, so gilt für die zugehörigen Optionspreise $P_1 \leq P_2 \leq P_3$. Das Netto-Auszahlungsprofil eines Butterfly Spread ergibt sich somit zu

$$[K_3 - S_T]^+ - 2[K_2 - S_T]^+ + [K_1 - S_T]^+ - (P_1 - 2P_2 + P_3)(1 + r)^T.$$

Das Auszahlungsprofil (ohne Berücksichtigung der Prämie) besitzt dann die Darstellung

$$[K_3 - S_T]^+ - 2[K_2 - S_T]^+ + [K_1 - S_T]^+$$

$$= \begin{cases} K_3 - 2K_2 + K_1 & \text{falls} & S_T \leq K_1 \\ K_3 - 2K_2 + S_T & \text{falls } K_1 < & S_T \leq K_2 \\ K_3 - S_T & \text{falls } K_2 < & S_T \leq K_3 \\ 0 & \text{falls } K_3 < & S_T. \end{cases}$$

Wird mit Π die aufgezinste Gesamtprämie des Butterfly Spread bezeichnet, d.h. $\Pi := (P_3 - 2P_2 + P_1)(1 + r)^T$, so ist das Vorzeichen der Prämie abhängig von der Lage des zweiten Basispreises. Aus der Monotonie der Einzelprämien $P_1 \leq P_2 \leq P_3$ für $K_1 \leq K_2 \leq K_3$ ist ersichtlich, dass für $K_2 \sim K_1$, d.h. falls K_1 und K_2 ungefähr übereinstimmen, die Gesamtprämie positiv und für $K_2 \sim K_3$ negativ sein wird.

1. Fall: $K_2 = \frac{1}{2}(K_1 + K_3)$

Ist der Basispreis K_2 der Mittelpunkt zwischen K_1 und K_3, so bedeutet dies für

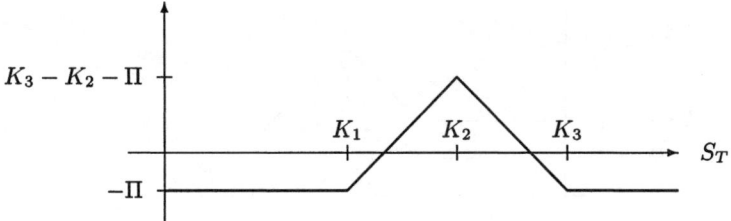

ABBILDUNG 1.8. Netto-Auszahlungsprofil eines Butterfly Spread für $K_2 = \frac{1}{2}(K_1 + K_3)$

die Auszahlung des Butterfly Spread im Fall $K_1 < S_T \leq K_2$

$$K_3 - 2K_2 + S_T = -K_1 + S_T > 0.$$

Da die Auszahlung außerhalb dieses Kursintervalls ebenfalls keine negativen Werte annimmt, bedeutet dies für den Halter des Butterfly Spread, dass ihm aus dem Optionsportfolio keine Zahlungsverpflichtungen entstehen. Er erhält bei einem Schlusskurs des zugrundeliegenden Wertpapiers zwischen K_1 und K_3 Einkünfte. Ein derartiger Vertrag kann nicht kostenlos sein, d.h. $r \geq 0$ vorausgesetzt, gilt $0 < \Pi = (P_3 - 2P_2 + P_1)(1 + r)^T$. Abbildung 1.8 stellt das Netto-Auszahlungsprofil in diesem Fall dar.

2. Fall: $K_1 < K_2 < \frac{1}{2}(K_1 + K_3)$

Der Basispreis K_2 befindet sich nun näher an K_1 als an K_3. Wiederum ergibt sich aus der Auszahlung des Butterfly Spread im Fall $K_1 < S_T \leq K_2$ eindeutig das Vorzeichen der Gesamtprämie. Aus

$$K_3 - 2K_2 + S_T > K_3 - 2\left(\frac{1}{2}(K_1 + K_3)\right) + S_T = -K_1 + S_T > 0$$

folgt eine insgesamt positive Auszahlung des Butterfly Spread und hieraus unmittelbar eine positive Gesamtprämie. Für das Netto-Auszahlungsprofil (Abbildung 1.9) ist zu beachten, dass diese für $S_T \leq K_1$ durch

$$(K_3 - 2K_2 + K_1) - \Pi$$

gegeben ist, d.h. die Nettoauszahlung in diesem Bereich in Abhängigkeit der Lage des Basispreises K_2 sowohl negativ wie positiv sein kann.

3.Fall: $K_3 > K_2 > \frac{1}{2}(K_1 + K_3)$

In diesem Fall gilt für die Auszahlung des Butterfly Spread bei Schlusskursen $S_T < K_1$: $K_3 - 2K_2 + K_1 < K_3 - 2\left(\frac{1}{2}(K_1 + K_3)\right) + K_1 = 0$, d.h. dem Halter des Butterfly Spread entsteht eine Zahlungsverpflichtung bei niedrigen Schlusskursen.

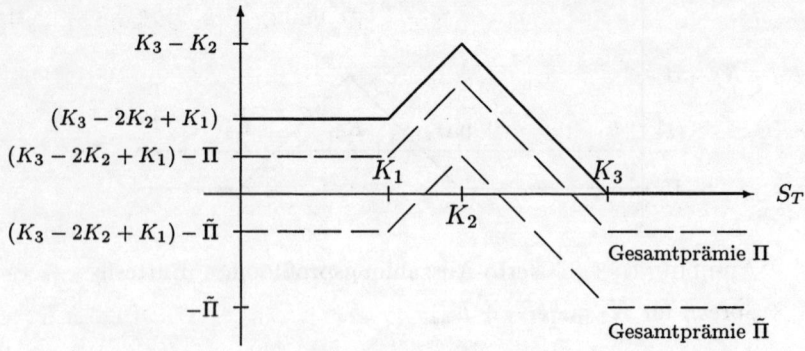

ABBILDUNG 1.9. Netto-Auszahlungsprofil eines Butterfly Spread für $K_2 < \frac{1}{2}(K_1 + K_3)$

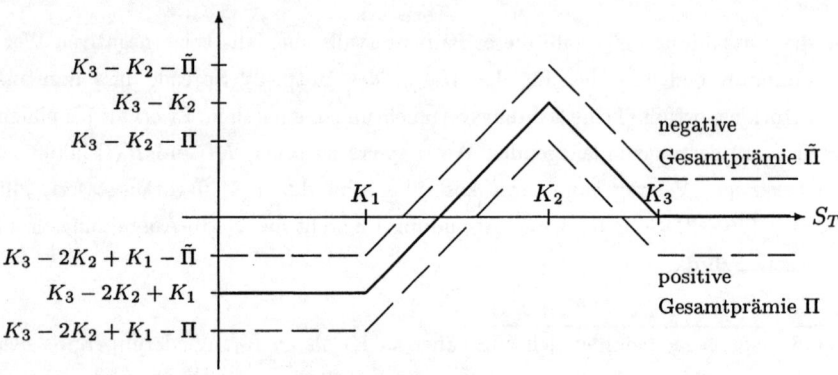

ABBILDUNG 1.10. Netto-Auszahlungsprofil eines Butterfly Spread für $K_2 > \frac{1}{2}(K_1 + K_3)$

Für Schlusskurse mit $K_2 < S_T \leq K_3$ erhält er Zahlungseinkünfte. Ob das Gesamtvertragswerk eine positive oder negative Prämie besitzt, ist somit ohne weitere Annahmen bezüglich der zukünftigen Kursentwicklung nicht eindeutig entscheidbar.

Lösung Aufgabe 1.4:

a) Wird die Auszahlung $w = (5, 2, 6)^T$ betrachtet, so ergibt die folgende algebraische Umformung:

$$\left(\begin{array}{cccc|c} 6 & 5 & 4 & 8 & 5 \\ 3 & 0 & 3 & 2 & 2 \\ 4 & 10 & 2 & 12 & 6 \end{array} \right) \rightarrow \left(\begin{array}{cccc|c} 6 & 5 & 4 & 8 & 5 \\ 0 & -5 & 2 & -4 & -1 \\ 0 & 20 & -2 & 20 & 8 \end{array} \right)$$

$$\rightarrow \begin{pmatrix} 6 & 0 & 6 & 4 & 4 \\ 0 & 5 & -2 & 4 & 1 \\ 0 & 0 & 6 & 4 & 4 \end{pmatrix}.$$

Ein die Auszahlung $w = (5, 2, 6)^T$ erzeugendes Portfolio ist somit bestimmt durch:

$$\begin{array}{rclcrcl} \theta_1 & = & 0 & & \theta_3 & = & 0 \\ 6\theta_3 + 4\theta_4 & = & 4 & \text{z.B.} & \theta_4 & = & 1 \\ 5\theta_2 - 2\theta_3 + 4\theta_4 & = & 1 & & \theta_2 & = & -\frac{3}{5} \end{array}$$

Für die Auszahlung $w = (6, 3, 10)^T$ ergibt die analoge algebraische Umformung:

$$\begin{pmatrix} 6 & 5 & 4 & 8 & 6 \\ 3 & 0 & 3 & 2 & 3 \\ 4 & 10 & 2 & 12 & 10 \end{pmatrix} \rightarrow \begin{pmatrix} 6 & 5 & 4 & 8 & 6 \\ 0 & -5 & 2 & -4 & 0 \\ 0 & 20 & -2 & 20 & 18 \end{pmatrix}$$

$$\rightarrow \begin{pmatrix} 6 & 0 & 6 & 4 & 6 \\ 0 & 5 & -2 & 4 & 0 \\ 0 & 0 & 6 & 4 & 18 \end{pmatrix}.$$

Wiederum lässt sich hieraus ein die Auszahlung $w = (6, 3, 10)^T$ erzeugendes Portfolio bestimmen durch:

$$\begin{array}{rclcrcl} & & & & \theta_1 & = & -2 \\ \theta_1 & = & -2 & & \theta_4 & = & 0 \\ 6\theta_3 + 4\theta_4 & = & 18 & \text{z.B.} & \theta_3 & = & 3 \\ 5\theta_2 - 2\theta_3 + 4\theta_4 & = & 0 & & \theta_2 & = & \frac{6}{5}. \end{array}$$

b) Der durch D beschriebene Wertpapiermarkt ist vollständig, falls der Rang von D drei ist, d.h. falls drei Wertpapiere mit unabhängigen Auszahlungen existieren. Da insgesamt vier Wertpapiere gehandelt werden, müssen zunächst drei geeignete ausgewählt werden. Ein Ansatz ist somit zu prüfen, ob das vierte Wertpapier sich als Portfolio der anderen drei darstellen lässt.

$$\begin{pmatrix} 6 & 5 & 4 & 8 \\ 3 & 0 & 3 & 2 \\ 4 & 10 & 2 & 12 \end{pmatrix} \rightarrow \begin{pmatrix} 6 & 5 & 4 & 8 \\ 0 & -5 & 2 & -4 \\ 0 & 20 & -2 & 20 \end{pmatrix} \rightarrow \begin{pmatrix} 6 & 0 & 6 & 4 \\ 0 & 5 & -2 & 4 \\ 0 & 0 & 6 & 4 \end{pmatrix}$$

Das Portfolio $\theta_1 = 0$, $\theta_2 = \frac{16}{15}$, $\theta_3 = \frac{2}{3}$ führt zur gleichen Auszahlung wie das vierte Wertpapier. Zur Überprüfung der Vollständigkeit genügt es, sich auf die ersten drei Wertpapiere zu konzentrieren. Wird die Determinante der Auszahlung der ersten drei Wertpapiere betrachtet, so gilt:

$$
\begin{vmatrix} 6 & 5 & 4 \\ 3 & 0 & 3 \\ 4 & 10 & 2 \end{vmatrix} = 5 \cdot 3 \cdot 4 + 4 \cdot 3 \cdot 10 - [10 \cdot 3 \cdot 6 + 5 \cdot 3 \cdot 2]
$$

$$
= -30 \neq 0 \quad \Rightarrow \quad rang \, D = 3,
$$

d.h. der durch D beschriebene Wertpapiermarkt ist vollständig.

Lösung Aufgabe 1.5:

a) Die Bedingung $q = D \cdot \lambda^T$ ist zu prüfen.

$$
\left(\begin{array}{ccc|c} 30 & 34 & 8 & 19 \\ 24 & 12 & 6 & 12 \\ 22 & 6 & 28 & 19 \end{array} \right) \rightarrow \left(\begin{array}{ccc|c} 30 & 34 & 8 & 19 \\ 0 & -76 & -2 & -16 \\ 0 & -284 & 332 & 76 \end{array} \right)
$$

$$
\rightarrow \left(\begin{array}{ccc|c} 30 & 34 & 8 & 19 \\ 0 & 38 & 1 & 8 \\ 0 & -12900 & 0 & -2580 \end{array} \right) \Rightarrow \lambda^T = \left(\frac{3}{10}, \frac{2}{10}, \frac{4}{10} \right).
$$

Es existiert ein eindeutiger und positiver Vektor $\lambda \in \mathbb{R}^3$. Der Wertpapiermarkt ist arbitragefrei und vollständig. Da es sich um einen vollständigen Markt handelt, existiert zu jeder Auszahlung $x \in \mathbb{R}^3$ ein Portfolio $\theta \in \mathbb{R}^3$ mit $x = D \cdot \theta$. Ist $f : \mathbb{R}^3 \to \mathbb{R}$ eine arbitragefreie Preisregel, so folgt aus der Linearität

$$
f(x) = f(D \cdot \theta) = f(D) \cdot \theta = q^T \cdot \theta = \lambda^T \cdot D \cdot \theta = \lambda^T \cdot x.
$$

Da der Vektor λ eindeutig bestimmt ist, ist die arbitragefreie Preisregel eindeutig bestimmt. Für jede Auszahlung $x = (x_1, x_2, x_3)^T \in \mathbb{R}^3$ ist deren Arbitragepreis gegeben durch:

$$
f(x) = f \left(\begin{array}{c} x_1 \\ x_2 \\ x_3 \end{array} \right) = \lambda_1 x_1 + \lambda_2 x_2 + \lambda_3 x_3 = \frac{3}{10} x_1 + \frac{2}{10} x_2 + \frac{4}{10} x_3.
$$

b) Zunächst ist ein Vektor $\lambda \in \mathbb{R}^3$ gesucht, so dass $q = D^T \cdot \lambda$ gilt. Dies führt zu:

$$
\left(\begin{array}{ccc|c} 5 & 10 & 0 & 4 \\ 5 & 7 & 3 & 4,3 \\ 10 & 11 & 9 & 8,9 \end{array} \right) \rightarrow \left(\begin{array}{ccc|c} 5 & 10 & 0 & 4 \\ 0 & -3 & 3 & 0,3 \\ 0 & -9 & 9 & 0,9 \end{array} \right)
$$

$$
\rightarrow \left(\begin{array}{ccc|c} 5 & 0 & 10 & 5 \\ 0 & -1 & 1 & 0,1 \\ 0 & 0 & 0 & 0 \end{array} \right)
$$

$\lambda_1 = 1 - 2\lambda_3$ und $\lambda_2 = \lambda_3 - 0,1$.

Es existiert nun kein eindeutiger Vektor $\lambda \in \mathbf{R}^3$, der die Beziehung $q = D^T \cdot \lambda$ erfüllt. Die Bedingung der Arbitragefreiheit verlangt jedoch, dass $\lambda \in \mathbf{R}^3_{\geq 0}$ gilt. Dies schränkt die Lösungsmenge ein:

$$\lambda \in \mathbb{L} \;:=\; \{\lambda = (\lambda_1, \lambda_2, \lambda_3)^T \in \mathbf{R}^3_{\geq 0} \mid$$
$$\lambda^T = ((1 - 2\lambda_3), (\lambda_3 - 0,1), \lambda_3),\ \lambda_3 \in \left[\tfrac{1}{10}, \tfrac{5}{10}\right]\}$$

Da kein eindeutiger Vektor der Zustandspreise existiert, existieren auch eine Vielzahl von arbitragefreien Preisregeln. Diese stellen alle lineare, stetige und strikt positive Fortsetzungen des Preisvektors q dar. Da für jedes λ aus der Lösungsmenge gilt $q^T = \lambda^T \cdot D \quad \forall \lambda \in \mathbb{L}$, werden alle arbitragefreien Preisregeln beschrieben durch

$$f \;\in\; \{f : \mathbf{R}^3 \to \mathbf{R} \mid \exists \lambda \in \mathbb{L} \text{ mit } f(x) = \lambda^T \cdot x \quad \forall x \in \mathbf{R}^3\}$$
$$=\; \{f : \mathbf{R}^3 \to \mathbf{R} \mid \exists \lambda_3 \in \left[\frac{1}{10}, \frac{5}{10}\right] \text{ mit}$$
$$f(x) = (1 - 2\lambda_3)x_1 + (\lambda_3 - 0,1)x_2 + \lambda_3 x_3, \quad \forall x \in \mathbf{R}^3\}.$$

Lösungen zu Kapitel 2

Lösung Aufgabe 2.1:
Sind a_1 und a_2 zwei Wertpapiere mit $a_1(\omega_s) \geq a_2(\omega_s)\ \forall \omega_s \in \Omega$ und $a_1(\omega_1) > a_2(\omega_1)$, so betrachte das Portfolio $\theta = (1, -1)^T$. Es gilt für die Auszahlung $b = a_1 - a_2$:

$$b(\omega_s) \;:=\; a_1(\omega_s) - a_2(\omega_s) \;\geq\; 0 \quad \forall \omega_s \in \Omega$$
$$b(\omega_1) \;:=\; a_1(\omega_1) - a_2(\omega_1) \;>\; 0.$$

Sei nun $D = (a_1, a_2) \in \mathbf{R}^{S \times 2}$ und sei angenommen $q(a_1) \leq q(a_2)$. Die durch b definierte Auszahlung ist erreichbar, d.h. $b \in \{y \in \mathbf{R}^S \mid \exists\, \theta \text{ mit } y = D \cdot \theta\}$. In der formalen Schreibweise bedeutet dies:

$$\begin{pmatrix} -q^T \\ D \end{pmatrix} \begin{pmatrix} 1 \\ -1 \end{pmatrix} \;=\; \begin{pmatrix} -q(a_1) & -q(a_2) \\ a_1(\omega_1) & a_2(\omega_1) \\ \vdots & \vdots \\ a_1(\omega_S) & a_2(\omega_S) \end{pmatrix} \begin{pmatrix} 1 \\ -1 \end{pmatrix}$$

$$=\; \begin{pmatrix} -q(a_1) + q(a_2) & \geq & 0 \\ b(\omega_1) & > & 0 \\ \vdots & \vdots & \vdots \\ b(\omega_S) & \geq & 0 \end{pmatrix} \;>\; 0,$$

d.h. das Portfolio $\theta = (1, -1)$ stellt eine Arbitragemöglichkeit dar.

Lösung Aufgabe 2.2:

Die Put-Call Parität für Europäische Optionen über einem dividendengeschützten Wertpapier besagt:

$$\text{Put}_e[S_0, K, t_0, T] = \text{Call}_e[S_0, K, t_O, T] - S_0 + (1 + r)^{-T} K$$

$$\Leftrightarrow \text{Put}_e[S_0, K, t_0, T] - \text{Call}_e[S_0, K, t_O, T] + S_0 = (1 + r)^{-T} K,$$

d.h. der Wert des auf der linken Seite stehenden Portfolios entspricht dem mit dem Zinssatz r diskontierten Basispreis K. Darüber hinaus gilt für die Auszahlung dieses Portfolios zum Zeitpunkt T

$$\text{Put}_e[S_T, K, T, T] - \text{Call}_e[S_T, K, T, T] + S_T = [K - S_T]^+ - [S_T - K]^+ + S_T = K$$

für jeden Wert des Wertpapiers zum Zeitpunkt T. D.h. das Portfolio liefert eine sichere Auszahlung der Höhe K zu den Kosten $(1 + r)^{-T} K$, also eine Rendite von r.

Lösung Aufgabe 2.3:

Die Kosten für das Wertpapierportfolio betragen $75 \cdot 220,50 = 16.537,50$. Der mögliche Verlust soll auf 2 % begrenzt werden, d.h. auf maximal 330,75. Dies kann durch eine Portfolioversicherung mit der Auszahlung

$$[16.206, 75 - 75 \cdot S_T]^+$$

erreicht werden, d.h. einer Europäischen Put-Option auf das Portfolio. Mit

$$[16.206, 75 - 75 \cdot S_T]^+ = 75 \cdot [216, 09 - S_T]^+$$

entspricht dies 75 Europäischen Put-Optionen mit Basispreis 216,09 über dem Wertpapier. Diese Auszahlung läßt sich jedoch auch durch ein Portfolio aus Europäischen Call-Optionen erzeugen. Genauer liefert das nachstehende Portfolio die gewünschte Auszahlung.

t_0	Kosten	Auszahlung in $t = T$ $S_T \leq 216,09$	$S_T > 216,09$
kaufe 75 Europ. Call-Optionen mit Basispreis 216,09	$75 \cdot C$	0	$75[S_T - 216,09]$
verkaufe 75 Wertpapiere und kaufe sie zum Zeitpunkt T zurück	$-75 \cdot S_0$ $= -16.537,50$	$-S_T \cdot 75$	$-S_T \cdot 75$
Lege DM 15.435 für ein Jahr zu 5% an	15.435	16.206,75	16.206,75
	$75 \cdot (C - 14,70)$	16.206,75 $-75 \cdot S_T$	0

Lösung Aufgabe 2.4:

Die Behauptung folgt aus der nachstehenden Portfolioüberlegung:

Wert des Portfolios in $t = t_0$		Auszahlung in $t = T$	
		$S_T \leq K$	$S_T > K$
kaufe Call	C	0	$S_T - K$
verkaufe Wertpapier	$-S_0$	$-S_T$	$-S_T$
kaufe Dividenden	D^+	Dividenden	Dividenden
verleihe $K(1+r)^{-(T-t_0)}$	$K(1+r)^{-T}$	K	K
$C - S_0 + D^+ + K(1+r)^{-(T-t_0)}$		$K - S_T \geq 0$	0
		$+$ Dividenden	$+$ Dividenden
		≥ 0	≥ 0

Aus der Positivität der arbitragefreien Preisregel folgt

$$C \geq S_0 - D^+ - K(1+r)^{-(T-t_0)}.$$

Lösung Aufgabe 2.5:

Wert des Portfolios in $t = t_0$		Auszahlung in $t = T$	
		$S_T < K$	$S_T \geq K$
kaufe Put	P	$(K - S_T)$	0
kaufe Wertpapier	S_0	$S_T +$ Dividenden	$S_T +$ Dividenden
verkaufe D^-	$-D^-$	$-$ Dividenden	$-$ Dividenden
leihe $K(1+r)^{-T}$	$-(1+r)^{-T}K$	$-K$	$-K$
$P + S_0 - D^- - (1+r)^{-T}K$		0	$S_T - K \geq 0$

Da die Auszahlung des Portfolios nicht negativ ist, der Halter also keine Zahlungsverpflichtung besitzt, muss der Arbitragepreis des Portfolios ebenfalls nicht negativ sein, d.h. $P \geq (1+r)^{-T}K + D^- - S_0$.

Lösung Aufgabe 2.6:

a) Da es sich um ein dividendengeschütztes Wertpapier handelt, genügt es die Auszahlung zum Zeitpunkt T zu betrachten.

Wert des Portfolios in $t = t_0$		Auszahlung in $t = T$	
		$S_T \leq 50$	$S_T > 50$
kaufe Call	5	0	$S_t - 50$
verkaufe Wertpapier	-55	$-S_T$	$-S_T$
lege an	50	$50(1+r)^T$	$50(1+r)^T$
	0	> 0	> 0

Insgesamt ergibt sich somit eine positive Auszahlung zum Zeitpunkt T, die ohne eine Zahlungsverpflichtung erworben wurde. Dies stellt eine Arbitragemöglichkeit dar.

b)

Wert des Portfolios in $t = t_0$		Auszahlung in $t = T$	
		$S_T \leq 50$	$S_T > 50$
kaufe Call	6	0	$S_T - 50$
verkaufe Wertpapier	-55	$-S_T$	$-S_T$
lege an	$50(1,03)^{-1}$	50	50
	$\leq -0,45$	≥ 0	0

Auch in diesem Fall handelt es sich um eine Arbitragemöglichkeit, da aus dem obigen Portfolio Einkünfte in Höhe von DM 0,45 entstehen, sich jedoch keine Zahlungsverpflichtung für den Halter zum Zeitpunkt T ergibt.

Lösung Aufgabe 2.7:

Die Aufgabe befasst sich mit den in Satz 2.4, S. 48 aufgeführten Struktureigenschaften des arbitragefreien Preises einer Call-Option. Durch den Kauf und Verkauf von nur im Basispreis unterschiedlichen Call-Optionen kann ein nach oben beschränktes Auszahlungsprofil erzeugt werden. Im vorliegenden Fall führt das Preisverhältnis der beiden Optionen in Verbindung mit dem Zinssatz von 10% zu einer Arbitragemöglichkeit, wie die nachstehende Portfolioüberlegung zeigt.

Wert des Portfolios in t_0		Auszahlung in $t = 1$ Jahr		
		$S \leq 40$	$40 < S \leq 47,7$	$S > 47,7$
kaufe Call[47,7]	5,2	0	0	$S_t - 47,7)$
verkaufe Call[40]	$-12,4$	0	$-(S_t - 40)$	$-(S_t - 40)$
lege an für 1 Jahr	7,2	7,92	7,92	7,92
	0	7,92	$\geq 0,22$	$= 0,22$

Lösung Aufgabe 2.8:

Die angegebenen Preise der drei Call-Optionen verletzen die Konvexitätsbedingung gemäß Satz 2.4, S. 48. Im vorliegenden Fall gilt für die drei Basispreise

$$K_2 := 100 = \frac{4}{7} \cdot 94 + \frac{3}{7} \cdot 108 =: \frac{4}{7} \cdot K_1 + \frac{3}{7} \cdot K_3,$$

während die Preise der Call-Optionen die Ungleichung

$$C_2 := 5,5 > \frac{4}{7} \cdot 8,4 + \frac{3}{7} \cdot 1,4 =: \frac{4}{7} \cdot C_1 + \frac{3}{7} C_2$$

erfüllen. Dies bedeutet, dass die Call-Option mit dem Basispreis 100 relativ zu den anderen Optionen überbewertet ist. Beispielsweise kann dies durch die nachstehende Portfolioüberlegung genutzt werden:

Wert des Portfolios in $t = t_0$		Wert bei Ausübung zu einem Zeitpunkt $t \in]0, T]$			
		$S_t \leq 94$	$94 < S_t \leq 100$	$100 < S_t \leq 108$	$S_t > 108$
kaufe 4 Call[94]	33,6	0	$4(S_t - 94)$	$4(S_t - 94)$	$4(S_t - 94)$
verkaufe 7 Call[100]	$-38,5$	0	0	$-7(S_t - 100)$	$-7(S_t - 100)$
kaufe 3 Call[108]	4,2	0	0	0	$3(S_t - 108)$
	$-0,7$	0	$4(S_t - 94) \geq 0$	$324 - 3S_t \geq 0$	0

Lösungen zu Kapitel 3

Lösung Aufgabe 3.1:

Für den Preis des Europäischen down-and-out Call ergeben sich aus der Arbitragefreiheit die folgenden Monotonien:

- Basispreis : monoton fallend
- Kursschranke : monoton fallend
- Rückvergütung : monoton wachsend
- aktueller Kurs : monoton wachsend

Eine Aussage über die Abhängigkeit von der Restlaufzeit kann unabhängig von weiteren Überlegungen bzw. Modellannahmen nicht getroffen werden.

Wird die Auszahlung eines Portfolio aus drei down-and-out Call-Optionen zum Fälligkeitszeitpunkt T betrachtet, die sich nur im Basispreis unterscheiden, so gilt

$$\text{Call}_{do}[S_T, \alpha \cdot K_1 + (1 - \alpha) \cdot K_3, T, T, H]$$
$$\leq \ \alpha \cdot \text{Call}_{do}[S_T, K_1, T, T, H] + (1 - \alpha) \cdot \text{Call}_{do}[S_T, K_3, T, T, H] \quad \forall S_T \geq 0.$$

Aus der Monotonie der arbitragefreien Preisregel folgt dann unmittelbar die Konvexität im Basispreis. Für die in der Aufgabe genannten Verträge gilt über die Monotonieaussagen hinaus

$$\text{Call}_{do}[S_0, 1, 81, t_0, T, H]$$
$$\leq \ 0,4 \cdot \text{Call}_{do}[S_0, 1, 75, t_0, T, H] + 0,6 \cdot \text{Call}_{do}[S_0, 1, 85, t_0, T, H].$$

Lösung Aufgabe 3.2:

a) Die Auszahlung des Ladder-Put ist gegeben durch

$$\begin{cases} [K(H_i) - S_T]^+ & \text{falls} \quad S_t < H_{i+1} \quad \forall t \in [0, T] \ \underline{\text{und}} \\ & \quad\quad\quad\quad S_{t^*} \geq H_i \quad \text{für ein } t^* \in [0, T] \\ [K_0 - S_T]^+ & \text{falls} \quad S_t < H_1 \quad \forall t \in [0, T] \\ [K(H_N) - S_T]^+ & \text{falls} \quad S_{t^*} \geq H_N \quad \text{für ein } t^* \in [0, T]. \end{cases}$$

Aus $K_0 < K(H_1) < \cdots < K(H_N) = K_N$ folgt für die Auszahlung zum Verfallszeitpunkt $[K_0 - S_T]^+ \leq$ Auszahlung Ladder-Put $\leq [K_N - S_T]^+$. Aus der Arbitragefreiheit ergibt sich die Preisbedingung.

b) Die Auszahlung des Ladder-Call ist gegeben durch

$$\begin{cases} [S_T - K_0]^+ & \text{falls} & S_t > H_1 & \forall t \in [0,T] \\ [S_T - K_i]^+ & \text{falls} & S_t > H_{i+1} & \forall t \in [0,T] \;\underline{\text{und}} \\ & & S_{t^*} \leq H_i & \text{für ein } t^* \in [0,T] \\ [S_T - K_N]^+ & \text{falls} & S_{t^*} \leq H_N & \text{für ein } t^* \in [0,T]. \end{cases}$$

Für die Auszahlung des Ladder-Call ergibt sich somit

$$[S_T - K_0]^+ \leq \text{Auszahlung Ladder-Call} \leq [S_T - K_N]^+.$$

Lösung Aufgabe 3.3:

Sei T der Fälligkeitszeitpunkt, zu dem die Kauf- und Verkaufsentscheidung abgeschlossen sein müssen. Die gewünschte Auszahlung ist gegeben durch

$$\left(\sup_{t \in [0,T]} S_t \right) - \left(\inf_{t \in [0,T]} S_t \right) = \left(\sup_{t \in [0,T]} S_t - S_T \right) + \left(S_T - \inf_{t \in [0,T]} S_t \right).$$

Sie lässt sich darstellen durch den Kauf eines Look Back Put und eines sonst identischen Look Back Call.

Lösung Aufgabe 3.4:

Die Übungsaufgabe fasst die Diskussion zu Standardoptionen, Barrier Optionen, Look Back Optionen und Asiatischen Optionen nochmals zusammen und rückt den Vergleich der verschiedenen Verträge aus Sicht eines Importeurs in den Vordergrund.

Das Devisenkursrisiko aus Sicht des Importeurs besteht in einem zu hohen Wechselkurs zwischen der inländischen Währung (DM) und der ausländischen Währung (\$). Die Grundlage einer Versicherung ist eine Call-Option bezüglich des DM-\$-Wechselkurses.

• Europäischer Devisen-Call: Dieser Vertrag bewirkt eine Versicherung gegenüber einem hohen Wechselkurs zum Fälligkeitszeitpunkt. Falls Nennwert und Zeitpunkt des Devisenbedarfs festliegen, wird ein adäquater Versicherungsschutz gewährt. Besteht jedoch ein regelmäßiger Devisenbedarf in annähernd gleichbleibender Höhe, so führt ein Europäischer Devisen-Call mit der längsten Fälligkeit zu einer Unterversicherung, d.h. das Devisenkursrisiko ist nicht vollständig abgedeckt. Im Fall eines einmaligen Devisenbedarfs zu einem bekannten Zeitpunkt kann sich relativ zu einem vorgegebenen Schnittkurs eine Überversicherung ergeben. Diese tritt ein, falls bei einem zwischenzeitlich gefallenen Wechselkurs der Devisenbedarf durch einen Terminkauf gedeckt wird. In diesem Fall besteht ex post kein Devisenkursrisiko für das Unternehmen mehr. Ein ex ante erworbener Devisen-Call führt nun, d. h. ex post, zu einer Überversicherung.

• Amerikanischer Devisen-Call: Zusätzlich zum Europäischen Call eröffnet der Amerikanische Call dem Halter zwischenzeitlich die Möglichkeit einer vorzeitigen Ausübung. Da das Bezugsverhältnis es dem Halter auch erlaubt, Teile der Optionsrechte vorzeitig auszuüben, eignet sich dieser Vertrag auch zur Sicherung gegenüber einem regelmäßigen Devisenbedarf. Insgesamt bleibt jedoch der Effekt der Überversicherung, sowohl bei ex post günstigen Konditionen auf dem Terminmarkt, wie auch gegenüber der Sicherung eines durchschnittlichen Kursniveaus, bestehen. Die Amerikanische Devisen-Option bietet somit einen geeigneten Schutz gegenüber dem Wechselkursrisiko des inländischen Importeurs. Sie ist jedoch, bedingt durch ihre Überversicherungseigenschaften, eine vergleichsweise teure Finanzsicherung.

• Barrier Devisen-Call: Die Kurssicherung durch einen Europäischen Down-and-out Call entspricht derjenigen einer Europäischen Call-Option, falls die Kursschranke weder berührt noch unterschritten wird. Wird die Kursschranke berührt oder unterschritten, so verfällt das Optionsrecht. Insofern vermeidet der Barrier Call die Überversicherung, falls die Kursschranke mit einem ex post vorteilhaften Terminkurs übereinstimmt. Dies setzt den Abschluss eines Termingeschäftes voraus, falls die Kursschranke berührt oder unterschritten wird. Wird dies unterlassen, so besteht das Wechselkursrisiko weiterhin ohne eine entsprechende Kurssicherung. Dies bedeutet, dass der Importeur die Kursentwicklung während der Laufzeit des Optionsvertrages selbstverantwortlich beobachten und den entsprechenden Terminkauf gegebenenfalls tätigen muß. Weiter setzt dies voraus, daß die Kursschwankungen des Wechselkurses nicht so kurzfristiger Natur sind, dass der Abschluss eines Termingeschäftes zu den günstigen Konditionen nicht möglich ist. Beide Bedingungen charakterisieren das Restrisiko des Importeurs.

Demgegenüber steht eine niedrigere Prämie des Down-and-out Call im Vergleich zu den zuvor angesprochenen Finanzverträgen. Die Höhe ist dabei abhängig vom Verhältnis zwischen Basispreis, aktuellem Wechselkurs und Kursschranke.

Wird auch eine Überversicherung vermieden, so führt der Down-and-out Call ebenfalls zu einer Unterversicherung, falls ein näherungsweise konstanter Devisenbedarf besteht. Diese Unterversicherung ist wie bei der Europäischen Call-Option (ohne Kursschranke) durch die einseitige Beschränkung der Auszahlungshöhe auf den Schlusskurs bedingt. Mit Bezug auf das Beispiel 3.7 (insbesondere Tabelle 3.6, S. 84) ist dies der Fall, falls ex post der Wechselkurs zunächst steigt, jedoch zum Fälligkeitszeitpunkt der Wechselkurs unterhalb des Basispreises liegt.

• Look Back Devisen-Call Option: Der Look Back Call sichert dem Importeur ex post den für ihn günstigsten Wechselkurs während des vorgegebenen Zeitintervalls.

Der Importeur trägt somit kein Wechselkursrisiko. Der Vertrag entspricht jedoch einer deutlichen Überversicherung, falls es sich um einen einmaligen Devisenbedarf oder einen regelmäßigen Bedarf in konstanter Höhe handelt. Dies ist in der Höhe der Prämie berücksichtigt, die den Look Back Call zu dem vergleichsweise teuersten Finanzvertrag der bisher diskutierten macht. Die Kurssicherung durch den Look Back Call scheint aus Sicht des Importeurs nur dann angemessen, falls außer dem Gesamtdevisenbedarf während eines Zeitraumes weder die Zeitpunkte noch die Höhe der einzelnen Fremdwährungsbeträge bekannt sind. Insbesondere, falls eine erhebliche Unregelmäßigkeit im Devisenbedarf verteilt auf die Zeitpunkte besteht, die nicht vom Importeur beeinflusst werden kann, bietet sich zur Kurssicherung der Look Back Call an. Es bleibt jedoch aus Sicht des Importeurs zu überlegen, ob eine stärkere Strukturierung der finanziellen Verpflichtungen aus dem Importgeschäft nicht erreicht werden kann, da sich dies auf die Kosten der Kurssicherung vorteilhaft auswirkt.

• Asiatische Devisen-Call Option: Die Asiatischen Devisen Call Option ist eine Versicherung des durchschnittlichen Devisenkurses. Dieser Vertrag bietet sich nur an, falls ein regelmäßiger Devisenbedarf in annähernd gleichbleibender Höhe besteht. In diesem Fall vermeidet der Asiatische Devisen Call Über- und Unterversicherungseffekte und stellt in der Regel die günstigste Versicherung für den Importeur dar. Eine Unter- und Überversicherung kann sich jedoch dann ergeben, falls ex post die benötigten Devisenbeträge sich in der Höhe deutlich unterschiedlich entwickeln. Falls dies ex ante nicht ausgeschlossen werden kann, bietet die Asiatische Option keine adäquate Kurssicherung.

Die Diskussion der angesprochenen Optionsverträge zeigt, dass nicht von einem universal vorteilhaften oder richtigen Vertrag gesprochen werden kann. Vielmehr gilt die im Englischen pointiert formulierbare Anmerkung "it depends", d.h. die Gesamtsituation der vertraglichen Bindung bzw. der ökonomischen Zusammenhänge ist ausschlaggebend. Implizit verdeutlicht die Anmerkung, dass Unternehmen einen erheblichen Teil der sie beeinflussenden Marktrisiken durch den Erwerb von Optionen veräußern können. Sie sollten sich jedoch auch darüber im klaren sein, dass eventuell die Art oder Organisation ihrer Handelsbeziehungen Auswirkungen auf die konkrete Ausprägung des Marktrisikos hat. In vielen Fällen kann eine Umstrukturierung der Handelsbeziehungen mit anschließender Kurssicherung kostengünstiger sein als ein generelles "outsourcing" des Risikos. Auch wenn dies nicht Gegenstand dieses Buches ist, so kristallisiert sich hierin der Unterschied zwischen dem ausschließlichen Verkauf von Optionen und der kundenorientierten Entwicklung von Optionsstrategien.

Lösung Aufgabe 3.5:

Die Auszahlung des Fondssparvertrages mit garantierter Mindestrendite δ, periodischem Sparbetrag K und Ausgabe- bzw. Rücknahmekurs des Fonds $\bar{S}(t)$ bzw. $\underline{S}(t)$ ist gemäß Gleichung (3.1), S. 85 bestimmt durch

$$\max\left\{\sum_{n=0}^{N-1} K\frac{\underline{S}(T)}{\bar{S}(t_n)}, g(T)\right\} = g(T) + \left[K\sum_{n=0}^{N-1}\frac{\underline{S}(T)}{\bar{S}(t_n)} - g(T)\right]^+,$$

wobei $g(T)$ das Endvermögen eines festverzinslichen Sparvertrages mit konstanter Rendite δ ist, d.h.

$$g(T) := K\sum_{n=0}^{N-1}\exp\{\delta(T - t_n)\}.$$

Hieraus ergibt sich unmittelbar

$$K\sum_{n=0}^{N-1}\frac{\underline{S}(T)}{\bar{S}(t_n)} - g(T) = \left[K\sum_{n=0}^{N-1}\frac{\underline{S}(T)}{\bar{S}(t_n)} - g(T)\right]^+ - \left[g(T) - K\sum_{n=0}^{N-1}\frac{\underline{S}(T)}{\bar{S}(t_n)}\right]^+.$$

Die rechte Seite ist gleich der Auszahlung aus dem Kauf einer entsprechenden Asiatischen Call-Option (long position) und dem Verkauf einer sonst identischen Asiatischen Put-Option (short position). Die Differenz der Optionsprämien muss in einem arbitragefreien Markt dem Barwert der linken Seite entsprechen. Der Barwert des Fondssparvertrages ist durch die diskontierten Einzahlungen bestimmt. Da zu jedem Zeitpunkt t_n; $n = 0, \ldots, N-1$ jeweils eine Investition in Höhe K erfolgt und der Diskontfaktor durch $\exp\{-\delta t_n\}$ gegeben ist, ist der Barwert der Auszahlung des Fondssparvertrages ohne Mindestgarantie gleich

$$K\sum_{n=0}^{N-1}\exp\{-\delta t_n\}.$$

Der Barwert der Auszahlung des festverzinslichen Sparvertrages wird durch die diskontierte Auszahlung beschrieben, d.h.

$$g(T)\exp\{-\delta T\} = K\sum_{n=0}^{N-1}\exp\{-\delta t_n\}.$$

Die Differenz dieser Barwerte gleich Null, d.h. in der betrachteten Situation muß die Optionsprämie des Asiatischen Call mit der des Asiatischen Put übereinstimmen. Wesentlich für die Argumentation ist die Übereinstimmung zwischen der zu Vertragsbeginn gegebenen konstanten (konformen) Rendite der festverzinslichen Wertpapiere und der Mindestrendite δ im Basispreis der Asiatischen Optionen. Das heißt, selbst dann, wenn keine Sicherheit bezüglich der zukünftigen Entwicklung der Renditen im Anleihenmarkt besteht, würde dies an der Prämienübereinstimmung der beiden Asiatischen Optionen nichts ändern. Darüber hinaus bleibt die qualitative Beziehung der beiden Optionspreise in leicht veränderter Weise auch dann bestehen, falls eine von der Restlaufzeit abhängige Anleihenrendite vorliegt. Seien hierzu die Diskontfaktoren gegeben durch

$$\exp\{-\delta_n t_n\} \quad \text{für } n = 0, \dots, N-1,$$

wobei $\delta_n > 0$ die konforme Rendite mit Fälligkeit t_n angibt. Der Barwert eines festverzinslichen Sparvertrages ist nun gleich

$$K \sum_{n=0}^{N-1} \exp\{-\delta_n t_n\},$$

d.h. entspricht dem Barwert der Auszahlung des Fondssparvertrages. Die Prämienbeziehung zwischem dem Asiatischen Call und Put ist somit genau dann erfüllt, falls der Barwert des Basispreises $g(T)$ dem obigen Wert entspricht. Im Fall eines bekannten Endvermögens des festverzinslichen Sparvertrages ist hierfür entscheidend, dass sich die Verzinsung aus den zum Vertragsbeginn bekannten Terminzinssätzen bestimmt, d.h.

$$g(T) = \sum_{n=0}^{N-1} K \exp\{\delta_N T - \delta_n t_n\}.$$

Lösung Aufgabe 3.6:

Ebenso wie im Fall der fixed strike Asiatischen Optionen gilt für die Auszahlung zweier sonst identischer floating strike Asiatischen Put- und Call-Optionen

$$\left[\frac{1}{N}\sum_{n=1}^{N} S(t_n) - S(T)\right]^+ = \left[S(T) - \frac{1}{N}\sum_{n=1}^{N} S(t_n)\right]^+ + \frac{1}{N}\sum_{n=1}^{N} S(t_n) - S(T),$$

wobei $S(t_n)$ den jeweiligen Wechselkurs zum Zeitpunkt t_n bezeichnet. Im Unterschied zum Fall der fixed strike Option (Proposition 3.2) muß nun zusätzlich der Barwert des Wechselkurses zum Fälligkeitstermin bestimmt werden. Bei bekanntem ausländischen Zinssatz ergibt sich dieser aus dem folgenden Portfolioargument

- Erwerbe zum Zeitpunkt t_0 $\frac{1}{(1+r_f)^T}$ US-\$ und lege diese in den USA bis zum Zeitpunkt $T = t_N$ zum ausländischen Zinssatz r_f an.

Hierfür werden $\frac{S(t_0)}{(1+r_f)^T}$ inländische Geldeinheiten benötigt. Insgesamt erhält die Put-Call Parität im Fall Asiatischer floating strike Devisenoptionen die Form

$$\text{Put}_{d,floating}^{asian}[S_0, t_0, \underline{T}] = \text{Call}_{d,floating}^{asian}[S_0, t_0, \underline{T}] - S(t_0)\frac{1}{(1+r_f)^T}$$

$$+ S(t_0)\frac{1}{N}\sum_{n=1}^{N}\frac{1}{(1+r_d)^{T-t_n}}\frac{1}{(1+r_f)^{t_n}}.$$

Falls speziell $r_f = r_d$ vorliegt, so folgt aus $(1+r_f)^{-T} = (1+r_d)^{T-t_n}(1+r_f)^{t_n}$, dass der Wert einer Asiatischen floating strike Put-Option gleich dem der sonst identischen Call-Option ist. Ist der inländische Zinssatz r_d größer als der ausländische, so besitzt der Asiatische floating strike Put eine geringere Prämie als der sonst identische Call; für $r_d < r_f$ gilt die Umkehrung.

Lösung Aufgabe 3.7:

Seien S^1 und S^2 zwei dividendengeschützte Wertpapiere. Für die Auszahlung eines Europäischen Spread Put mit Basispreis K und Ausübungszeitpunkt T gilt $[K - (S_T^1 - S_T^2)]^+ = [(S_T^1 - S_T^2) - K]^+ - (S_T^1 - S_T^2) + K$. Hieraus folgt, dass sich die Auszahlung eines Europäischen Spread Put darstellen lässt durch den Kauf eines sonst identischen Spread Call, dem Leerverkauf des ersten Wertpapiers, dem Kauf des zweiten Wertpapiers und einer Anlage des diskontiertes Basispreises. Die gesuchte Parität lautet somit:

$$P_{spr}[S_0^1, S_0^2, K, t, T] = C_{spr}[S_0^1, S_0^2, K, t, T] - S_0^1 + S_0^2 + (1 + r)^{-(T-t)} K.$$

Lösung Aufgabe 3.8:

Stimmen die beiden Basispreise K_1 und K_2 einer Europäischen Dual Strike Option überein, so gilt für die Auszahlung zum Ausübungszeitpunkt T eines Dual Strike Call: $\max\{0, S_T^1 - K, S_T^2 - K\} = \max\{K, S_T^1, S_T^2\} - K$. Folglich ist der Preis eines Europäischen Dual Strike Call gleich dem einer Maximumoption mit Basis minus dem Barwert einer Anleihe mit Nennwert K, d.h.

$$C_{dua}[S_0^1, S_0^2, K_1 = K, K_2 = K, t, T] = C_{TAC}[S_0^1, S_0^2, K, t, T] - (1 + r)^{-(T-t)} K.$$

Der Preis eines Dual Strike Call ist unter Ausschluss von Arbitrage monoton fallend in den beiden Basispreisen, d.h.

$$\begin{aligned}
C_{dua}[S_0^1, S_0^2, \bar{K}, \bar{K}, t, T] &\leq C_{dua}[S_0^1, S_0^2, K_1, K_2, t, T] \\
&\leq C_{dua}[S_0^1, S_0^2, \underline{K}, \underline{K}, t, T],
\end{aligned}$$

mit $\bar{K} := \max\{K_1, K_2\}$ und $\underline{K} := \min\{K_1, K_2\}$.

Entsprechend gilt für die Auszahlung eines Europäischen Dual Strike Put, falls die beiden Basispreise übereinstimmen:

$$\begin{aligned}
\max\{0, K - S_T^1, K - S_T^2\} &= \max\{-K, -S_T^1, -S_T^2\} + K \\
&= K - \min\{K, S_T^1, S_T^2\}.
\end{aligned}$$

Der Preis eines Europäischen Dual Strike Put bei gleichem Basispreis entspricht somit dem diskontierten Wert des Basispreises minus dem Preis einer Europäischen Minimumoption mit Basis K, d.h.

$$P_{dua}[S_0^1, S_0^2, K_1 = K, K_2 = K, t, T] = (1 + r)^{-(T-t)} K - P_{TAC}[S_0^1, S_0^2, K, t, T].$$

Weiterhin ist der Arbitragepreis eines Dual Strike Put monoton wachsend in den beiden Basispreisen. Hieraus ergeben sich die obere und untere Preisschranke zu

$$P_{dua}[S_0^1, S_0^2, \underline{K}, \underline{K}, t, T] \leq P_{dua}[S_0^1, S_0^2, K_1, K_2, t, T]$$
$$\leq P_{dua}[S_0^1, S_0^2, \bar{K}, \bar{K}, t, T],$$

mit $\bar{K} := \max\{K_1, K_2\}$ und $\underline{K} := \min\{K_1, K_2\}$.

Lösung Aufgabe 3.9:

a) Aus Sicht des Unternehmens bieten sich die folgenden beiden Sicherungsstrategien an:

- Kaufe Europäische Call Optionen im Nennwert von US-$ 75.000 mit einem Basispreis von 1,75 DM/US-$ und Fälligkeit in vier Monaten. Kaufe gleichzeitig Europäische Put Optionen im Nennwert von Yen 10,5 Mio. mit Basispreis 1,25 DM je 100 Yen und Restlaufzeit 4 Monaten.
- Kaufe eine Exchange Option mit viermonatiger Restlaufzeit zwischen dem Wechselkurs zum US-$ und Yen. Die Nennwerte betragen US-$ 75.000 und Yen 10,5 Mio.

Wird der Wechselkurs zum US-$ mit S^1 und der zum Yen mit S^2 bezeichnet, so sind die Auszahlungen der beiden Strategien in Abhängigkeit der Schlusskurse gleich

US-$-Call   : $75.000[S_T^1 - 1,75]^+$

Yen-Put   : $105.000[1,25 - S_T^2]^+$

Exchange Option : $[75.000 S_T^1 - 105.000 S_T^2]^+.$

Für die Ausgangswechselkurse besitzen alle Optionen einen Inneren Wert von Null. Ohne eine Kurssicherung ist der Zahlungsstrom des Unternehmens in vier Monaten bestimmt durch

$$105.000 S_T^2 - 75.000 S_T^1.$$

Die Wirkung der beiden Sicherungsstrategien verdeutlichen die in Tabelle 3.13 aufgeführten Kursszenarien. Beide Strategien stellen eine Versicherung gegenüber den Wechselkursrisiken dar. In zwei der betrachteten Situationen ergibt jedoch die Call/Put-Strategie eine Überversicherung. Werden zur Vereinfachung $\alpha_1 := 75.000$, $K_1 := 1,75$, $\alpha_2 := 105.000$, und $K_2 := 1,25$ gesetzt, so gilt für den Zahlungssaldo des Unternehmens aufgrund der Put-Call Parität

$$\alpha_2 S_T^2 - \alpha_1 S_T^1 + \alpha_1 [S_T^1 - K_1]^+ + \alpha_2 [K_2 - S_T^2]^+$$
$$= \alpha_2 [S_T^2 - K_2]^+ + \alpha_1 [K_1 - S_T^1]^+ + \alpha_2 K_2 - \alpha_1 K_1.$$

	Kursszenarien								
US-\$ (S_T^1)	1,70	1,70	1,70	1,75	1,75	1,75	1,80	1,80	1,80
Yen (S_T^2)	1,20	1,25	1,30	1,20	1,25	1,30	1,20	1,25	1,30
US-\$-Call	0	0	0	0	0	0	3750	3750	3750
Yen-Put	5250	0	0	5250	0	0	5250	0	0
Exchange Option	1500	0	0	5250	0	0	9100	3750	0
Zahlungssaldo									
• ohne Sicherung	-1500	3750	9000	-5250	0	5250	-9000	-3750	1500
• mit Call / Put	3750	3750	9000	0	0	5250	0	0	5250
• mit Exchange Option	0	3750	9000	0	0	5250	0	0	1500

TABELLE 3.13. Währungssicherung durch Call- und Put Optionen oder Exchange Optionen

Aus den Eingangsdaten folgt $\alpha_1 K_1 = \alpha_2 K_2$, d.h. der Zahlungssaldo der Call/Put Strategie ist gegeben durch

$$\alpha_2[S_T^2 - K_2]^+ + \alpha_1[K_1 - S_T^1]^+ \geq [\alpha_2 S_T^2 - \alpha_1 S_T^1]^+.$$

Dies bedeutet, dass die Call/Put Strategie relativ zur Exchange Option immer zu einer Überversicherung führt.

b) Die Beziehung zwischen der Exchange Rate Option und den Currency Converted Optionen basiert auf der sogenannten Cross-Rate S_T^3 zwischen dem US-\$ und Yen. Diese ist bestimmt durch die Wechselkurse zur DM und ist gleich $S_T^3 := \frac{S_T^2}{S_T^1}$. Liegen keine Transaktionskosten vor, so stimmt die Cross-Rate mit dem Wechselkurs zwischen US-\$ und Yen überein. Die Exchange Option besitzt somit die Darstellung

$$[\alpha_1 S_T^1 - \alpha_2 S_T^2] = S_T^1 \left[\alpha_1 - \alpha_2 \frac{S_T^2}{S_T^1}\right]^+ = S_T^1[75.000 - 105.000 S_T^3]^+.$$

In diesem Sinne handelt es sich um eine Flexible Exchange Rate Option auf den Wechselkurs zwischen US-\$ und Yen mit einem Basispreis, der in US-\$ notiert und einer Auszahlung in DM zum flexiblen Wechselkurs. Alternativ bieten sich den Unternehmen weitere Sicherungsmöglichkeiten mittels anderer Currency Converted Optionen an. Im einzelnen können statt dem Flex-Put die folgenden Sicherungsinstrumente in Erwägung gezogen werden

- ein Equity linked FX-Forward mit der Auszahlung $105.000 S_0^1 \cdot S_T^3$,
- ein Guaranteed Exchange Rate Put mit der Auszahlung $S_0^1[75.000 - 105.000 S_T^3]^+$,
- ein Compo Put mit der Auszahlung $[131.250 - 105.000 S_T^1 \cdot S_T^3]^+$,
- eine Equity linked FX-Call Option mit der Auszahlung $105.000 S_T^3[S_T^1 - S_0^1]^+$.

	Kursszenarien								
US\$ (S^1_T)	1,70	1,70	1,70	1,75	1,75	1,75	1,80	1,80	1,80
Yen (S^2_T)	1,20	1,25	1,30	1,20	1,25	1,30	1,20	1,25	1,30
Cross-Rate ($S^3_T = \frac{S^2_T}{S^1_T}$)	$\frac{1,20}{1,70}$	$\frac{1,25}{1,70}$	$\frac{1,30}{1,70}$	$\frac{1,20}{1,75}$	$\frac{1,25}{1,75}$	$\frac{1,30}{1,75}$	$\frac{1,20}{1,80}$	$\frac{1,25}{1,80}$	$\frac{1,30}{1,80}$
Auszahlung in DM eines									
Flex Put	1500	0	0	5250	0	0	9000	3750	0
Guaranteed Exchange Rate Put ($S^1_0 = 1,75$)	1544,12	0	0	5250	0	0	8750	3645,83	0
Compo Put	5250	0	0	5250	0	0	5250	0	0
Equity linked FX-Call ($S^1_0 = 1,75$)	0	0	0	0	0	0	3500	3645,83	3791,67
Zahlungssaldo in DM									
ohne Sicherung	-1500	3750	9000	-5250	0	5250	-9000	-3750	1500
mit Sicherung									
• Equity linked FX-Forward	2205,88	7610,29	13014,71	-5250	0	5250	-12500	-7395,83	-2291,67
• Flex Put	0	3750	9000	0	0	5250	0	0	1500
• Guaranteed Exchange Rate Put	44,12	3750	9000	0	0	5250	-50	-113,17	1500
• Compo Put	3750	3750	9000	0	0	5250	-3750	-3750	1500
• Equity linked FX-Call	-1500	3750	9000	-5250	0	5250	-5500	-113,17	5291,67

TABELLE 3.14. Währungssicherung durch Currency Converted Optionen

Tabelle 3.14 gibt die Auszahlungen der unterschiedlichen Sicherungsstrategien für die betrachteten Kursszenarien wieder. Bezogen auf die Currency Converted Option führt im vorliegenden Fall der Flex-Put zu einer angemessenen Sicherungsstrategie.

Die anderen Optionsstrategien bedingen sowohl eine Unter- wie Überversicherun-
gen. Dieses Ergebnis verwundert nicht, da die Exchange Option und der Flex-Put in
dieser Währungssituation übereinstimmen und gemäß Teil a) die Exchange Option
eine angemessenen Sicherungsstrategie ist.

Lösungen zu Kapitel 4

Lösung Aufgabe 4.1:

a) Die durch die Preisprozesse gegebene Filtration ist gleich:

$$\Omega \quad := \quad \{\omega_1, \omega_2, \omega_3, \omega_4, \omega_5, \omega_6, \omega_7\},$$

$$\mathcal{F}_{t_0} \quad := \quad \{\emptyset, \Omega\},$$

$$\mathcal{F}_{t_1} \quad := \quad \{\emptyset, \Omega, \{\omega_1, \omega_2\}, \{\omega_3, \omega_4, \omega_5\}, \{\omega_6, \omega_7\}, \{\omega_1, \omega_2, \omega_3, \omega_4, \omega_5\},$$

$$\{\omega_1, \omega_2, \omega_6, \omega_7\}, \{\omega_3, \omega_4, \omega_5, \omega_6, \omega_7\}\},$$

$$\mathcal{F}_{t_2} \quad := \quad P(\Omega).$$

b) Falls ein äquivalentes Martingalmaß P^* existiert, so muss für die drei Wert-
papierprozesse gelten:

$$S_{t_i}^j = E_{P^*}\left[\frac{1}{1 + r_{t_i}(\omega)} S_{t_{i+1}}^j \Big| \mathcal{F}_{t_i}\right] \quad \forall j = 1, 2, 3 \quad \forall i = 0, 1.$$

Der Zinssatz zum Zeitpunkt t_0 beträgt $r_{t_0} = 10\%$. Die das äquivalente
Martingalmaß P^* definierenden Übergangswahrscheinlichkeiten p_1, p_2 und
p_3 sind somit bestimmt durch:

$$1,1 \cdot \begin{pmatrix} 100 \\ 350 \\ 296 \end{pmatrix} = \begin{pmatrix} 110 & 502 & 217 \\ 110 & 410 & 175,4 \\ 110 & 321 & 412 \end{pmatrix}^T \begin{pmatrix} p_1 \\ p_2 \\ p_3 \end{pmatrix}.$$

Die Lösung dieses Problems lautet

$$P^*[\{\omega_1, \omega_2\}] \quad := \quad p_1 = \frac{1}{7},$$

$$P^*[\{\omega_3, \omega_4, \omega_5\}] \quad := \quad p_2 = \frac{3}{7},$$

$$P^*[\{\omega_6, \omega_7\}] \quad := \quad p_3 = \frac{3}{7}.$$

Die weiteren Übergangswahrscheinlichkeiten berechnen sich als die auf die
Information zum Zeitpunkt t_1 bedingten Wahrscheinlichkeiten, d.h. $P^*[\omega|A]$
für $A \in \mathcal{F}_{t_1}$. Sei $A = \{\omega_1, \omega_2\}$, so sind die bedingten Wahrscheinlichkeiten

Lösung der Gleichung

$$(1 + r_{t_1}(A)) \begin{pmatrix} 110 \\ 502 \\ 217 \end{pmatrix} = \begin{pmatrix} 126,5 & 618 & 242,4 \\ 126,5 & 544,74 & 255,27 \end{pmatrix}^T \begin{pmatrix} p_1(A) \\ p_2(A) \end{pmatrix}.$$

Im Ereignis $A = \{\omega_1, \omega_2\}$ beträgt der periodische Zinssatz $r_{t_1}(A) = 15\%$ und die Lösung für die Übergangswahrscheinlichkeiten führt zu

$$P^*[\{\omega_1\}|\{\omega_1, \omega_2\}] = \frac{4}{9} \Rightarrow P^*[\{\omega_1\}] = \frac{4}{9} \cdot P^*[\{\omega_1, \omega_2\}] = \frac{4}{9} \cdot \frac{1}{7} = \frac{4}{63},$$

$$P^*[\{\omega_2\}|\{\omega_1, \omega_2\}] = \frac{5}{9} \Rightarrow P^*[\{\omega_2\}] = \frac{5}{9} \cdot P^*[\{\omega_1, \omega_2\}] = \frac{5}{9} \cdot \frac{1}{7} = \frac{5}{63}.$$

Analog bestimmen sich im Ereignis $A = \{\omega_3, \omega_4, \omega_5\}$ der Zinssatz zu $r_{t_1}(A) =$ 11% sowie die Übergangswahrscheinlichkeiten zu

$$P^*[\{\omega_3\}|\{\omega_3, \omega_4, \omega_5\}] = \frac{1}{3} \qquad \Rightarrow P^*[\{\omega_3\}] = \frac{1}{3} \cdot \frac{3}{7} = \frac{1}{7},$$

$$P^*[\{\omega_4\}|\{\omega_3, \omega_4, \omega_5\}] = \frac{1}{2} \qquad \Rightarrow P^*[\{\omega_4\}] = \frac{1}{2} \cdot \frac{3}{7} = \frac{3}{14},$$

$$P^*[\{\omega_5\}|\{\omega_3, \omega_4, \omega_5\}] = \frac{1}{6} \qquad \Rightarrow P^*[\{\omega_5\}] = \frac{1}{6} \cdot \frac{3}{7} = \frac{1}{14},$$

und für $A = \{\omega_6, \omega_7\}$ gilt $r_{t_1}(A) = 5\%$ sowie

$$P^*[\{\omega_6\}|\{\omega_6, \omega_7\}] = \frac{2}{3} \qquad \Rightarrow P^*[\{\omega_6\}] = \frac{2}{3} \cdot \frac{3}{7} = \frac{2}{7}$$

$$P^*[\{\omega_7\}|\{\omega_6, \omega_7\}] = \frac{1}{3} \qquad \Rightarrow P^*[\{\omega_7\}] = \frac{1}{3} \cdot \frac{3}{7} = \frac{1}{7}.$$

Insgesamt existiert ein eindeutiges äquivalentes Martingalmaß; der Markt ist arbitragefrei und vollständig.

c) Die Zustandspreise sind durch den Zinssatz und das äquivalente Martingalmaß eindeutig bestimmt. Zum Zeitpunkt t_0 existieren drei Zustandswertpapiere mit einer Auszahlung in t_1. Die Preise sind gegeben durch die diskontierte Martingalwahrscheinlichkeit, d.h.

$$\lambda(t_0, \Omega, t_1, A) := \begin{cases} \frac{1}{7} \cdot \frac{1}{1,1} & \text{für } A = \{\omega_1, \omega_2\} \\ \frac{3}{7} \cdot \frac{1}{1,1} & \text{für } A = \{\omega_3, \omega_4, \omega_5\} \\ \frac{3}{7} \cdot \frac{1}{1,1} & \text{für } A = \{\omega_6, \omega_7\}. \end{cases}$$

Ebenso existieren sieben Zustandswertpapiere mit einer Auszahlung in t_2. Diese Preise berechnen sich zu

$$\lambda(t_0, \Omega, t_2, \omega) := \begin{cases} \frac{4}{63} \cdot \frac{1}{1,1 \cdot 1,15} & \text{für } \omega \in \{\omega_1\} \\[2mm] \frac{5}{63} \cdot \frac{1}{1,1 \cdot 1,15} & \text{für } \omega \in \{\omega_2\} \\[2mm] \frac{1}{7} \cdot \frac{1}{1,1 \cdot 1,1} & \text{für } \omega \in \{\omega_3\} \\[2mm] \frac{3}{14} \cdot \frac{1}{1,1 \cdot 1,1} & \text{für } \omega \in \{\omega_4\} \\[2mm] \frac{1}{14} \cdot \frac{1}{1,1 \cdot 1,1} & \text{für } \omega \in \{\omega_5\} \\[2mm] \frac{2}{7} \cdot \frac{1}{1,1 \cdot 1,05} & \text{für } \omega \in \{\omega_6\} \\[2mm] \frac{1}{7} \cdot \frac{1}{1,1 \cdot 1,05} & \text{für } \omega \in \{\omega_7\}. \end{cases}$$

Die arbitragefreie Preisregel für einen adaptierten Auszahlungsstrom x : $\{t_1, t_2\} \times \Omega \to \mathbb{R}$ lautet

$$f(x) = \sum_{i=1}^{2} E_{P^*} \left[\frac{x_{t_i}}{\prod_{j=0}^{i-1}(1 + r_{t_j})} \right].$$

Lösung Aufgabe 4.2:

a) Die durch die Wertpapiere gegebene Filtration mit $\Omega = \{\omega_1, \ldots, \omega_5\}$ ist gleich

$$\begin{aligned} \mathcal{F}_{t_0} &= \{\emptyset, \Omega\}, \\ \mathcal{F}_{t_1} &= \{\emptyset, \Omega, \{\omega_1, \omega_2\}, \{\omega_3, \omega_4, \omega_5\}\}, \\ \mathcal{F}_{t_2} &= \mathcal{P}(\Omega). \end{aligned}$$

b) Der Zins in dem Beispiel ist konstant pro Periode gleich 10% $\forall t \in \underline{T}$. Die Übergangswahrscheinlichkeiten sind durch die Martingalbedingung an den zweiten Kursprozess definiert. In t_0 gilt

$$250 = \frac{1}{1,1}(p \cdot 325 + (1 - p) \cdot 200) \Rightarrow p = \frac{250 \cdot 1,1 - 200}{325 - 200} = 0,6.$$

Die Übergangswahrscheinlichkeit im Ereignis $\{\omega_1, \omega_2\}$ zum Zeitpunkt t_1 ergibt sich aus

$$325 = \frac{1}{1,1}(p \cdot 455 + (1 - p) \cdot 292,5) \Rightarrow p = \frac{325 \cdot 1,1 - 292,5}{455 - 292,5} = 0,4.$$

Die Übergangswahrscheinlichkeiten im Ereignis $\{\omega_3, \omega_4, \omega_5\}$ erfüllt die Bedingung

$$200 = \frac{1}{1,1}[p_1 \cdot 292,5 + p_2 \cdot 180 + (1 - p_1 - p_2) \cdot 115]$$

$$\Rightarrow p_1 = \frac{21}{35,5} - \frac{13}{35,5} \cdot p_2 \text{ und } p_3 := 1 - p_1 - p_2$$

Der Finanzmarkt ist genau dann arbitragefrei, falls gilt $p_1, p_2, p_3 \in [0, 1]$. Da laut Voraussetzung jeder Zustand mit positiver Wahrscheinlichkeit eintritt, muss für die hierzu äquivalenten Maße sogar gelten

$$p_1, p_2, p_3 \in]0, 1[.$$

Die Lösungsmenge für p_1, p_2 und p_3 lautet:

$$\mathbb{L} = \left\{ (p_1, p_2, p_3)^T \in \mathbb{R}^3 \;\middle|\; p_1 = \frac{21}{35,5} - \frac{13}{35,5}\, p_2, \; p_3 = \frac{14,5}{35,5} - \frac{22,5}{35,5}\, p_2, \right.$$
$$\left. p_2 \in \left]0, \frac{14,5}{22,5}\right[= \left]0, \frac{29}{45}\right[\right\}.$$

Die Menge der äquivalenten Martingalmaße ist somit bestimmt durch

$$P^*_\mu[\{\omega\}] = \begin{cases} 0,6 \cdot 0,4 & \omega = \omega_1 \\ 0,6 \cdot 0,6 & \omega = \omega_2 \\ 0,4 \cdot \left(\dfrac{21}{35,5} - \dfrac{13}{35,5}\mu \right) & \omega = \omega_3 \\ 0,4\mu & \omega = \omega_4 \\ 0,4 \cdot \left(\dfrac{14,5}{35,5} - \dfrac{22,5}{35,5}\mu \right) & \omega = \omega_5 \end{cases} \qquad \mu \in \left]0, \frac{29}{45}\right[.$$

Für $\mu = \frac{1}{4}$ ergibt sich beispielsweise

$$P^*_{\frac{1}{4}}[\{\omega\}] = \begin{cases} 0,6 \cdot 0,4 & \omega = \omega_1 \\ 0,6 \cdot 0,6 & \omega = \omega_2 \\ 0,4 \cdot 0,5 & \omega = \omega_3 \\ 0,4 \cdot 0,25 & \omega = \omega_4 \\ 0,4 \cdot 0,25 & \omega = \omega_5. \end{cases}$$

Es handelt sich um einen arbitragefreien, aber unvollständigen Markt.

Sei $x : \{t_1, t_2\} \times \Omega \to \mathbb{R}$ ein Auszahlungsstrom, so ergibt sich die Menge der mit dem Preissystem konsistenten Preise in Abhängigkeit von $\mu \in]0, \frac{29}{45}[$ zu

$$f_\mu(x) = \sum_{t=1}^2 E_{P^*_\mu}\left[\frac{x_{t_i}}{\prod\limits_{j=0}^{i-1}(1 + r_{t_j})} \right].$$

c) Falls das erweiterte Modell einen arbitragefreien Markt darstellt, so muss mindestens ein $\mu \in]0, \frac{29}{45}[$ existieren, so dass der Preisprozess ein Martingal unter P^*_μ ist. Zum Zeitpunkt t_0 ist dies erfüllt, da:

$$\frac{0,6 \cdot 188 + 0,4 \cdot 103}{1,1} = \frac{154}{1,1} = 140.$$

Im Ereignis $\{\omega_3, \omega_4, \omega_5\}$ folgt aus der Martingalbedingung

$$103 = \frac{1}{1,1} \left[154 p_1 + 72, 6 p_2 + 72, 6 p_3\right]$$

die Lösung

$$
\begin{aligned}
p[\{\omega_3\}|\{\omega_3, \omega_4, \omega_5\}] &= p_1 = 0,5, \\
p[\{\omega_4\}|\{\omega_3, \omega_4, \omega_5\}] &= p_2 = 0,25, \\
p[\{\omega_5\}|\{\omega_3, \omega_4, \omega_5\}] &= p_3 = 0,25,
\end{aligned}
$$

d.h. für $\mu = \frac{1}{4}$ ist dies ein Element der Lösungsmenge $\mathbb{L}$. Im Ereignis $\{\omega_1, \omega_2\}$ liefert die Martingalbedingung

$$
\begin{aligned}
188 &= \frac{1}{1,1} \left(p^* \cdot 302 + (1 - p^*) \cdot 166\right) \\
\Rightarrow p^* &= \frac{188 \cdot 1,1 - 166}{302 - 166} = 0,3 \neq 0,4 = P^*_\mu[\{\omega_1\}|\{\omega_1, \omega_2\}].
\end{aligned}
$$

Insgesamt existiert kein äquivalentes Martingalmaß und der erweiterte Finanzmarkt ist nicht arbitragefrei.

Die Konstruktion einer Arbitragemöglichkeit befasst sich mit der Situation im Ereignis $\{\omega_1, \omega_2\}$. Im Ereignis $\{\omega_1, \omega_2\}$ wird durch das Portfolio $\phi_{t_1}(\{\omega_1, \omega_2\}) = (0, 0, 1)^T$ die Auszahlung $x_{t_2}(\omega)$ mit

$$
x_{t_2}(\omega) = \begin{cases} 302 & \text{falls } \omega = \omega_1 \\ 166 & \text{falls } \omega = \omega_2 \end{cases}
$$

erzeugt. Der Wert des Portfolio ist gleich 188. Alternativ kann die Auszahlung $x_{t_2}(\omega)$ durch ein Portfolio der beiden anderen Wertpapiere dupliziert werden. Gesucht sind somit die Portfoliogewichte $\tilde{\phi}^1_{t_1}$ und $\tilde{\phi}^2_{t_1}$ mit

$$
\begin{aligned}
\begin{pmatrix} 121 & 455 \\ 121 & 292,5 \end{pmatrix} \begin{pmatrix} \tilde{\phi}^1_{t_1} \\ \tilde{\phi}^2_{t_1} \end{pmatrix} &= \begin{pmatrix} 302 \\ 166 \end{pmatrix} \\
\Rightarrow \tilde{\phi}_{t_1} &= \left(\frac{166 \cdot 162,5 - 292,5 \cdot 136}{162,5 \cdot 121}; \frac{136}{162,5}; 0 \right).
\end{aligned}
$$

Der Wert dieses Portfolios in t_1 ist $V(\tilde{\phi}_{t_1}) = 200,\overline{36}$. Eine Arbitragemöglichkeit ist nun durch die folgende Portfoliostrategie gegeben:

$$
\begin{aligned}
\bar{\phi}_{t_1}(\omega) &= \begin{cases} \phi_{t_1} - \tilde{\phi}_{t_1} & \omega \in \{\omega_1, \omega_2\} \\ 0 & \omega \in \{\omega_3, \omega_4, \omega_5\} \end{cases} \\
\text{mit } V(\bar{\phi}_{t_1}(\omega)) &= \begin{cases} -12,\overline{36} & \omega \in \{\omega_1, \omega_2\} \\ 0 & \omega \in \{\omega_3, \omega_4, \omega_5\}. \end{cases}
\end{aligned}
$$

Zum Zeitpunkt t_2 ergibt sich keine Verpflichtung und zum Zeitpunkt t_1 ein Ertrag von $12,\overline{36}$. Die gesamte Portfoliostrategie lautet

$$\bar{\phi}_{t_0} = (0,0,0),$$

$$\bar{\phi}_{t_1} = \begin{cases} -\left(\dfrac{166 \cdot 162,5 - 292,5 \cdot 136}{162,5 \cdot 121}; \dfrac{136}{162,5}; -1\right) & \omega \in \{\omega_1, \omega_2\} \\[2mm] 0 & \omega \in \{\omega_3, \omega_4, \omega_5\}. \end{cases}$$

Lösung Aufgabe 4.3:

a) Die durch die Preisprozesse gegebene Filtration ist gleich

$$\Omega := \{\omega_1, \ldots, \omega_7\},$$

$$\mathcal{F}_{t_0} := \{\emptyset, \Omega\},$$

$$\mathcal{F}_{t_1} := \{\emptyset, \Omega, \{\omega_1, \omega_2\}, \{\omega_1, \omega_2, \omega_3, \omega_4, \omega_5\}, \{\omega_3, \omega_4, \omega_5\}, \{\omega_6, \omega_7\},$$
$$\{\omega_1, \omega_2, \omega_6, \omega_7\}, \{\omega_3, \omega_4, \omega_5, \omega_6, \omega_7\}\},$$

$$\mathcal{F}_{t_2} := \mathcal{P}(\Omega).$$

b) Der Zinsprozess ergibt sich aus dem Preisprozess des ersten Wertpapiers zu

$$r_{t_0} = 8\% \text{ und } r_{t_1}(\omega) = \begin{cases} 10\% & \text{für } \omega \in \{\omega_1, \omega_2\} \\ 9\% & \text{für } \omega \in \{\omega_3, \omega_4, \omega_5\} \\ 8\% & \text{für } \omega \in \{\omega_6, \omega_7\}. \end{cases}$$

c) Das äquivalente Martingalmaß berechnet sich aus der Martingalbedingung an die Preisprozesse, d.h. unter P^* muss gelten

$$S_{t_i}^j = E_{P^*}\left[\frac{1}{1 + r_{t_i}} S_{t_{i+1}}^j \Big| \mathcal{F}_{t_i}\right] \quad \forall n = 1, 2, 3 \quad \forall i = 0, 1.$$

Im einzelnen ergibt sich das eindeutige äquivalente Martingalmaß zu

$$P^*[A] := \begin{cases} \frac{4}{20} & \text{für } A = \{\omega_1\} \\ \frac{1}{20} & \text{für } A = \{\omega_2\} \\ \frac{1}{12} & \text{für } A = \{\omega_3\} \\ \frac{1}{24} & \text{für } A = \{\omega_4\} \\ \frac{1}{8} & \text{für } A = \{\omega_5\} \\ \frac{1}{6} & \text{für } A = \{\omega_6\} \\ \frac{2}{6} & \text{für } A = \{\omega_7\}. \end{cases}$$

Der Finanzmarkt ist somit arbitragefrei und vollständig.

d) Aus dem Zinsprozess und dem Martingalmaß berechnen sich die insgesamt zehn Zustandspreise. Die Preise der Zustandswertpapiere mit Auszahlung zum Zeitpunkt t_1 sind gleich

$$\lambda(t_0, \Omega, t_1, A) := \begin{cases} \frac{1}{4}\frac{1}{1,08} & \text{für } A = \{\omega_1, \omega_2\} \\ \frac{1}{4}\frac{1}{1,08} & \text{für } A = \{\omega_3, \omega_4, \omega_5\} \\ \frac{1}{2}\frac{1}{1,08} & \text{für } A = \{\omega_6, \omega_7\}. \end{cases}$$

Entsprechend sind die Preise der sieben Zustandswertpapiere mit Auszahlung zum Zeitpunkt t_2 gegeben durch

$$\lambda(t_0, \Omega, t_2, \omega) := \begin{cases} \frac{4}{20}\frac{1}{1,08}\frac{1}{1,10} & \text{für } \omega = \{\omega_1\} \\ \frac{1}{20}\frac{1}{1,08}\frac{1}{1,10} & \text{für } \omega = \{\omega_2\} \\ \frac{1}{12}\frac{1}{1,08}\frac{1}{1,09} & \text{für } \omega = \{\omega_3\} \\ \frac{1}{24}\frac{1}{1,08}\frac{1}{1,09} & \text{für } \omega = \{\omega_4\} \\ \frac{1}{8}\frac{1}{1,08}\frac{1}{1,09} & \text{für } \omega = \{\omega_5\} \\ \frac{1}{6}\frac{1}{1,08}\frac{1}{1,08} & \text{für } \omega = \{\omega_6\} \\ \frac{2}{6}\frac{1}{1,08}\frac{1}{1,08} & \text{für } \omega = \{\omega_7\}. \end{cases}$$

e) Der diskontierte Preisprozess einer Europäischen Call-Option bezüglich des zweiten Wertpapiers ist unter der Bedingung der Arbitragefreiheit ein Martingal unter P^*, d.h. der Kurs zum Zeitpunkt t_i ist gleich dem erwarteten diskontierten Kurs zum Zeitpunkt t_{i+1}. Zunächst ergibt sich aus der Auszahlung zum Zeitpunkt t_2

$$\text{Call}_e[t_2, \omega] := \begin{cases} 70 & \omega = \{\omega_1\} \\ 168 & \omega = \{\omega_2\} \\ 40 & \omega = \{\omega_3\} \\ 28 & \omega = \{\omega_4\} \\ 25,12 & \omega = \{\omega_5\} \\ 0 & \omega = \{\omega_6\} \\ 0 & \omega = \{\omega_7\}. \end{cases}$$

Zum Zeitpunkt t_1 berechnet sich der Kurs aus

$$\text{Call}_e[t_1, A] = E_{P^*}\left[\frac{1}{1 + r_{t_i}(A)}\text{Call}_e[t_2, \cdot]\Big| A\right]$$

für $A \in \{\{\omega_1, \omega_2\}, \{\omega_3, \omega_4, \omega_5\}, \{\omega_6, \omega_7\}\}$, d.h.

$$\text{Call}_e[t_1, A] := \begin{cases} \frac{89,6}{1,1} & A = \{\omega_1, \omega_2\} \\ \frac{30,56}{1,09} & A = \{\omega_3, \omega_4, \omega_5\} \\ 0 & A = \{\omega_6, \omega_7\}. \end{cases}$$

Analog folgt zum Zeitpunkt t_0

$$\text{Call}_e[t_0, \Omega] = \frac{1}{1,08}\left[\frac{1}{4}\frac{89,6}{1,1} + \frac{1}{4}\frac{30,56}{1,09} + \frac{1}{2}\cdot 0\right] = 25,35.$$

Lösung Aufgabe 4.4:

Zunächst müssen die Zustände permutiert werden, so dass

$$a(\omega) = (a(\omega_1), a(\omega_2), a(\omega_3), a(\omega_4), a(\omega_5))^T = (2, 2, 4, 8, 12)^T.$$

Die Auszahlung eines einfachen Derivates ist nun gleich

$$h(a(\omega)) = (68, 68, 200, 680, 1448)^T.$$

Gesucht werden die Portfoliogewichte $\phi_1, \phi_2 = 0, \phi_3, \phi_4$ und ϕ_5, so dass

$$
\begin{pmatrix} 68 \\ 68 \\ 200 \\ 680 \\ 1448 \end{pmatrix} = \phi_1 \begin{pmatrix} 2 \\ 2 \\ 4 \\ 8 \\ 12 \end{pmatrix} + \phi_3 \begin{pmatrix} 0 \\ 0 \\ 2 \\ 6 \\ 10 \end{pmatrix} + \phi_4 \begin{pmatrix} 0 \\ 0 \\ 0 \\ 4 \\ 8 \end{pmatrix} + \phi_5 \begin{pmatrix} 0 \\ 0 \\ 0 \\ 0 \\ 4 \end{pmatrix},
$$

wobei die Basispreise der Call-Optionen gleich $0, 2, 4$ und 8 sind. Es ergibt sich $\phi_1 = 34, \phi_2 = 0, \phi_3 = 32, \phi_4 = 54$ und $\phi_5 = 162,5$. Die Auszahlung des einfachen Derivates wird dupliziert durch ein Portfolio aus 34 Call-Optionen mit Basispreis 0, 32 Call-Optionen mit Basispreis 2, 54 Call-Optionen mit Basispreis 4 und 162,5 Call-Optionen mit Basispreis 8.

Lösung Aufgabe 4.5:

a) Durch Permutierung der Elementarzustände ergibt sich für die Auszahlung des zugrundeliegenden Wertpapiers

$$a(\omega) = (1, 1, 3, 3, 4, 5)^T.$$

Die Auszahlung des einfaches Derivates ist gleich

$$h(a(\omega)) = (12, 12, 10, 10, 15, 32)^T.$$

Für die Duplizierung dieser Auszahlung mittels Put-Optionen bieten sich die Basispreise $K = 3, 4, 5$ und 6 an. Gesucht sind Portfoliogewichte ϕ_1, ϕ_2, ϕ_3 und ϕ_4, so dass

$$h(a) = \phi_1 \text{Put}[K = 3] + \phi_2 \text{Put}[K = 4] + \phi_3 \text{Put}[K = 5] + \phi_4 \text{Put}[K = 6]$$

$$
\begin{pmatrix} 12 \\ 12 \\ 10 \\ 10 \\ 15 \\ 32 \end{pmatrix} = \phi_1 \begin{pmatrix} 2 \\ 2 \\ 0 \\ 0 \\ 0 \\ 0 \end{pmatrix} + \phi_2 \begin{pmatrix} 3 \\ 3 \\ 1 \\ 1 \\ 0 \\ 0 \end{pmatrix} + \phi_3 \begin{pmatrix} 4 \\ 4 \\ 2 \\ 2 \\ 1 \\ 0 \end{pmatrix} + \begin{pmatrix} 5 \\ 5 \\ 3 \\ 3 \\ 2 \\ 1 \end{pmatrix}.
$$

Die Lösung lautet $\phi_4 = 32, \phi_3 = -49, \phi_2 = 12, \phi_1 = 6$.

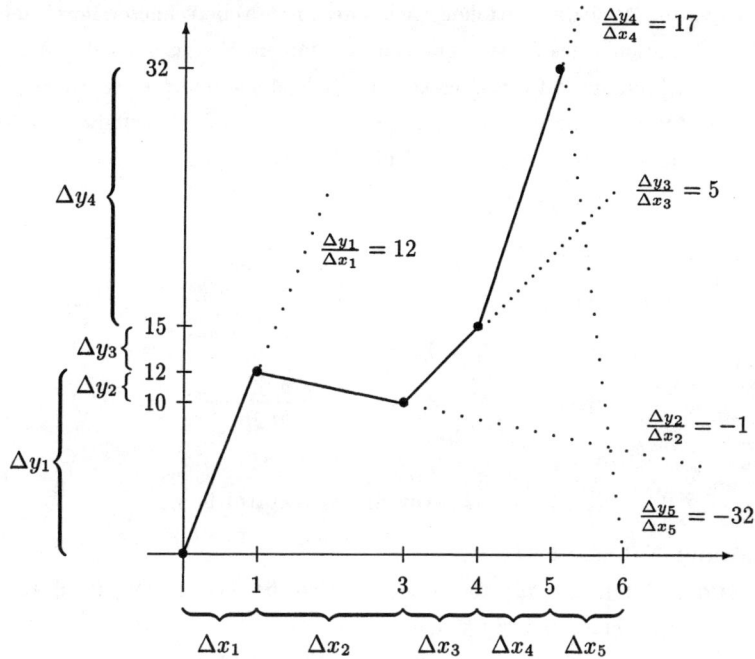

ABBILDUNG 4.16. Auszahlung eines einfachen Derivates

b) In Abbildung 4.16 ist die Auszahlung des einfaches Derivates dargestellt und die sich ergebende Steigung einer stückweise linearen Funktion durch die Auszahlungspunkte. Die Portfoliogewichte für die Basispreise 0, 1, 3 und 4 der Call-Optionen sind gleich der Differenz der Steigungen, d.h.

$$\text{Basispreis } K = 0 \quad \Rightarrow \quad \phi_1 = \frac{\delta y_1}{\delta x_1} - 0 \quad = \quad 12$$

$$\text{Basispreis } K = 1 \quad \Rightarrow \quad \phi_2 = \frac{\delta y_2}{\delta x_2} - \frac{\delta y_1}{\delta x_1} \quad = \quad -13$$

$$\text{Basispreis } K = 3 \quad \Rightarrow \quad \phi_3 = \frac{\delta y_3}{\delta x_3} - \frac{\delta y_2}{\delta x_2} \quad = \quad 6$$

$$\text{Basispreis } K = 4 \quad \Rightarrow \quad \phi_4 = \frac{\delta y_4}{\delta x_4} - \frac{\delta y_3}{\delta x_3} \quad = \quad 12.$$

Es gilt nun

$$12 \begin{pmatrix} 1 \\ 1 \\ 3 \\ 3 \\ 4 \\ 5 \end{pmatrix} - 13 \begin{pmatrix} 0 \\ 0 \\ 2 \\ 2 \\ 3 \\ 4 \end{pmatrix} + 6 \begin{pmatrix} 0 \\ 0 \\ 0 \\ 0 \\ 1 \\ 2 \end{pmatrix} + 12 \begin{pmatrix} 0 \\ 0 \\ 0 \\ 0 \\ 0 \\ 1 \end{pmatrix} = \begin{pmatrix} 12 \\ 12 \\ 10 \\ 10 \\ 15 \\ 32 \end{pmatrix} = h(a).$$

Auch die Portfoliogewichte des unter a) berechneten Portfolios aus Put-Optionen lassen sich grafisch bestimmen. Hierzu muss die Darstellung in Abbildung 4.16 in umgekehrter Reihenfolge interpretiert werden. Die Put-Optionen besitzen die Basispreise $3, 4, 5$ und 6. Die entsprechenden Portfoliogewichte sind gleich der Differenz der Steigungen ausgehend vom höchsten Basispreis, d.h.

$$\text{Basispreis } K = 6 \quad \Rightarrow \quad \phi_4 = 0 - \frac{\delta y_5}{\delta x_5} \qquad\quad = \quad 32,$$

$$\text{Basispreis } K = 5 \quad \Rightarrow \quad \phi_3 = \frac{\delta y_5}{\delta x_5} - \frac{\delta y_4}{\delta x_4} \quad = \quad -49,$$

$$\text{Basispreis } K = 4 \quad \Rightarrow \quad \phi_2 = \frac{\delta y_4}{\delta x_4} - \frac{\delta y_3}{\delta x_3} \quad = \quad 12,$$

$$\text{Basispreis } K = 3 \quad \Rightarrow \quad \phi_1 = \frac{\delta y_3}{\delta x_3} - \frac{\delta y_2}{\delta x_2} \quad = \quad 6.$$

Lösungen zu Kapitel 5

Lösung Aufgabe 5.1:

Aus den Daten der Aufgabe berechnet sich die das Martingalmaß bestimmende Übergangswahrscheinlichkeit zu

$$p^* = \frac{(1+r) - d}{u - d} = \frac{1,08 - 0,98}{1,14 - 0,98} = 0,625.$$

Damit ist das Binomialmodell arbitragefrei und beschreibt einen vollständigen Markt. Die Auszahlung CP_{t_2} des kombinierten Optionsvertrages CP und der Kursprozess des zugrundeliegenden Wertpapiers S sind in Abbildung 5.15 wiedergegeben. Darüber hinaus ist ebenfalls der Kursprozess des kombinierten Optionsvertrages angegeben. Dieser ergibt sich als der erwartete diskontierte Wert der Auszahlung unter dem Martingalmaß, d.h.

$$\begin{aligned}
CP_{t_1}^u &= \tfrac{1}{1,08}\left[0,625 \cdot 29,16 + 0,375 \cdot 0\right] &= 16,875, \\
CP_{t_1}^d &= \tfrac{1}{1,08}\left[0,625 \cdot 0 + 0,375 \cdot 25,92\right] &= 9, \\
CP_{t_0} &= \tfrac{1}{1,08}\left[0,625 \cdot CP_{t_1}^u + 0,375 \cdot CP_{t_1}^d\right] &= 12,890625.
\end{aligned}$$

Der Arbitragepreis des kombinierten Vertrages ist somit gleich CP_{t_0}. Die Hedgestrategie berechnet sich aus dem Kursprozess des kombinierten Vertrages und dem des zugrundeliegenden Wertpapiers. Zum Zeitpunkt t_0 ist das gesuchte Portfolio bestimmt durch

$$\Delta_{t_0} \cdot u S_{t_0} + (1+r) B_{t_0} = 16,875 \qquad \Delta_{t_0} = 0,196875$$

$$\Rightarrow$$

$$\Delta_{t_0} \cdot d S_{t_0} + (1+r) B_{t_0} = 9 \qquad\quad B_{t_0} = -36,328125.$$

Analog berechnen sich die weiteren Portfoliogewichte in Abhängigkeit der Kursentwicklung zu

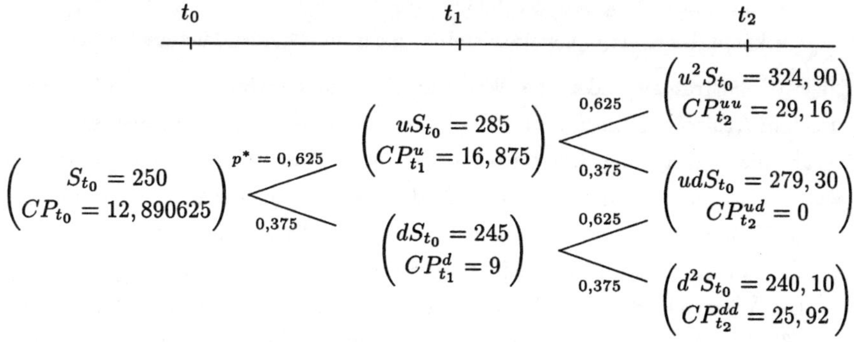

$$t_0 \qquad\qquad\qquad t_1 \qquad\qquad\qquad t_2$$

$$
\begin{pmatrix} S_{t_0} = 250 \\ CP_{t_0} = 12,890625 \end{pmatrix}
\overset{p^* = 0,625}{\underset{0,375}{<}}
$$

$$
\begin{pmatrix} uS_{t_0} = 285 \\ CP_{t_1}^{u} = 16,875 \end{pmatrix}
\overset{0,625}{\underset{0,375}{<}}
$$

$$
\begin{pmatrix} u^2 S_{t_0} = 324,90 \\ CP_{t_2}^{uu} = 29,16 \end{pmatrix}
$$

$$
\begin{pmatrix} udS_{t_0} = 279,30 \\ CP_{t_2}^{ud} = 0 \end{pmatrix}
$$

$$
\begin{pmatrix} dS_{t_0} = 245 \\ CP_{t_1}^{d} = 9 \end{pmatrix}
\overset{0,625}{\underset{0,375}{<}}
$$

$$
\begin{pmatrix} d^2 S_{t_0} = 240,10 \\ CP_{t_2}^{dd} = 25,92 \end{pmatrix}
$$

ABBILDUNG 5.15. Auszahlung des kombinierten Optionsvertrages und Kursprozess des zugrundeliegenden Wertpapieres

$$
\begin{pmatrix} \Delta_{t_1}^{u} \\ B_{t_1}^{u} \end{pmatrix} = \begin{pmatrix} 0,639474 \\ -165,375 \end{pmatrix}
\quad \text{und} \quad
\begin{pmatrix} \Delta_{t_1}^{d} \\ B_{t_1}^{d} \end{pmatrix} = \begin{pmatrix} -0,661224 \\ 171 \end{pmatrix}.
$$

Lösung Aufgabe 5.2:

Der Nachweis der Proposition 5.5, S. 178 erfolgt durch einen Widerspruchsbeweis. Seien hierzu S und S^* die Kurse der Aktie unmittelbar vor bzw. nach der Ausschüttung der (bekannten) Dividende $D < S^*$.

1. Fall: $S^* > S - D$

In diesem Fall führt die folgende Portfoliostrategie zu einem Arbitragegewinn:

- kaufe das Wertpapier unmittelbar vor der Dividendenausschüttung,
- leihe den Betrag der Dividende und begleiche dies durch die Dividendenzahlung,
- verkaufe das Wertpapier unmittelbar nach der Dividendenausschüttung.

Die Portfoliostrategie bedingt keine Zahlungsverpflichtung für den Halter. Die Kosten betragen

$$S - D - S^* < 0,$$

d.h. der Halter erhält einen positiven Betrag, falls er die Portfoliostrategie durchführt. Dies ist eine Arbitragemöglichkeit.

2. Fall: $S^* < S - D$

In diesem Fall führt die entgegengesetzte Portfoliostrategie zu einem Arbitragegewinn, d.h.

- verkaufe das Wertpapier unmittelbar vor der Dividendenausschüttung (Leerverkauf),

- lege den Betrag der Dividende an,
- kaufe das Wertpapier unmittelbar nach der Dividendenausschüttung.

Die Portfoliostrategie ändert den Wertpapierbestand des Halters nicht, führt jedoch zu einem Arbitragegewinn, da für die Kosten gilt $S - D - S^* < 0$. Insgesamt folgt hieraus die Behauptung. Der Beweis setzt voraus, dass der Kauf und Verkauf des Wertpapiers unmittelbar vor bzw. nach der Dividendenausschüttung möglich ist, d.h. die Zeitspanne keine anderen Kurseffekte als die aus der Dividende zulässt. Speziell können somit auch die Zinseffekte vernachlässigt werden.

Die Aussage lässt sich auch auf den Terminmarkt verallgemeinern. Der Terminpreis S^* einer Aktie, die zwischenzeitlich eine Dividende in Höhe von D ausschüttet, ist gleich dem aufgezinsten Kassapreis der Aktie minus dem Wert der Dividende zum Lieferungstermin, d.h.

$$S^* = S_{t_0}(1+r)^{(T-t_0)} - D(1+r)^{(T-t_1)},$$

wobei S_t den aktuellen Kurs, r den Zinssatz, $(T - t_0)$ die Restlaufzeit des Termingeschäftes und t_1 mit $t_0 \leq t_1 \leq T$ den Dividendentermin angeben.

Lösung Aufgabe 5.3:

Die Auszahlung einer Amerikanischen Put-Option zum Fälligkeitstermin $T = t_N$ ist gleich der positiven Differenz zwischen dem Basispreis K und dem Kurswert der Aktie. In einem arbitragefreien Binomialmodell mit N Perioden und konstanten Parametern u und d sind die möglichen Kurse des Wertpapiers zum Zeitpunkt $T = t_N$ gleich $u^j d^{N-j} S_{t_0}$ für $j = 0, \ldots, N$. Die $N + 1$ möglichen Auszahlungen der Amerikanischen Put-Option sind somit gegeben durch

$$P_a(N, j) := \left[u^j d^{N-j} S_{t_0} - K \right]^+ \quad \text{für } j = 0, \ldots, N.$$

Zu jedem Zeitpunkt $t_i < T$ ist der Arbitragepreis der Amerikanischen Put-Option gleich dem Maximum zwischen dem Inneren Wert und dem erwarteten diskontierten zukünftigen Wert unter dem Martingalmaß, d.h. der Rechenalgorithmus besitzt die Form

$$\forall i = N-1, N-2, \ldots, 0$$

$$P_a(i, j) := \max \left\{ \left[u^j d^{i-j} S_{t_0} - K \right]^+ ; \right.$$

$$\left. \frac{1}{1+r} \left[p^* P(i+1, j+1) + (1 - p^*) P(i+1, j) \right] \right\}$$

wobei $p^* = \dfrac{(1+r) - d}{u - d}$ ist. Der Wert $P_a(0,0)$ ist gleich dem Arbitragepreis der Amerikanischen Put-Option.

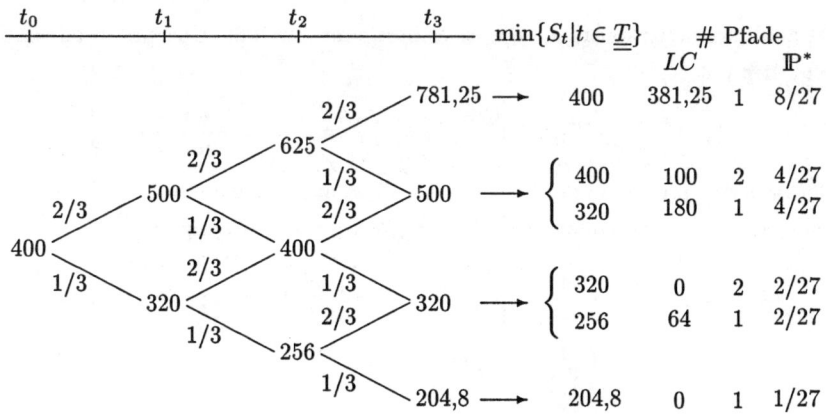

ABBILDUNG 6.8. Beispiel eines Look Back Call im Binomialmodell

Lösung Aufgabe 5.4:

Ist $(1 - \delta)S \cdot d > K$, so ist vorzeitiges Ausüben optimal falls:

$$
\begin{aligned}
S - K = [S - K]^+ &> \frac{1}{1+r} \left[p^*[(1 - \delta)uS - K]^+ + (1 - p^*)[(1 - \delta)dS - K]^+ \right] \\
&= \frac{1}{1+r} \left[(p^*u + (1 - p^*)d)(1 - \delta)S - K \right] \\
&= (1 - \delta)S - \frac{K}{1+r} \\
\Leftrightarrow \quad \delta S &> \frac{K \cdot r}{1+r},
\end{aligned}
$$

d.h. falls der heutige Wert der Dividende den diskontierten Ertrag der Anlage des Basispreises zum festen Zinsatz r übersteigt.

Lösungen zu Kapitel 6

Lösung Aufgabe 6.1:

Bezeichnet LC den Look Back Call, so gibt Abbildung 6.8 die Auszahlung des Vertrages und die Daten der Aufgabe wieder.

Zwei Wege zur Bestimmung des Arbitragepreises der Auszahlung eines Look-Back-Call bieten sich an. Zum einen könnte die vollständige Hedgestrategie betrachtet werden. Hierfür müssten jedoch alle Kurspfade einer gesonderten Betrachtung unterzogen werden. Die andere Möglichkeit besteht in der Bestimmung der Zustandspreise, d.h. speziell des Martingalmaßes. Das Martingalmaß P^* ergibt sich aus $S_{t_i} = \frac{1}{1+r} E_{P^*}[S_{t_{i+1}} | S_{t_i}] \quad \forall \, i = 0, 1, 2.$

Da alle Parameter konstant sind, ist es bestimmt durch die Übergangswahrscheinlichkeit p mit

$$S_{t_i} = \frac{1}{1+r}[p^* S_{t_i} u + (1 - p^*)S_{t_i} d] \quad \Leftrightarrow \quad p^* = \frac{1 + r - d}{u - d} = \frac{2}{3}.$$

Der Arbitragepreis in t_0 des Look-Back-Call ist unter dem äquivalenten Martingalmaß gleich dem erwarteten diskontierten Wert der Auszahlung, d.h.

$$
\begin{aligned}
LC[t_0, S_{t_0}] &= \left(\frac{1}{1,1}\right)^3 \left[\frac{8}{27} \cdot 381,25 + 2 \cdot \frac{4}{27} 100 + \frac{4}{27} \cdot 180 + \frac{2}{27} \cdot 64\right] \\
&= \left(\frac{1}{1,1}\right)^3 \cdot 174.
\end{aligned}
$$

Der Initialhedge bestimmt sich wiederum aus der Überlegung

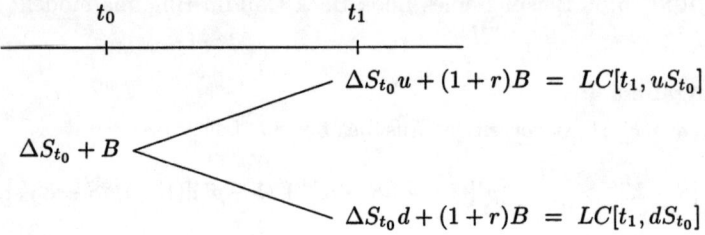

wobei

$$
\begin{aligned}
LC[t_1, uS_{t_0}] &= \left(\frac{1}{1,1}\right)^2 \left[\frac{4}{9} \cdot 381,25 + 2 \cdot \frac{2}{9} \cdot 100\right] = \left(\frac{1}{1,1}\right)^2 \frac{1925}{9}, \\
LC[t_1, dS_{t_0}] &= \left(\frac{1}{1,1}\right)^2 \left[\frac{4}{9} \cdot 180 + \frac{2}{9} \cdot 64\right] = \left(\frac{1}{1,1}\right)^2 \frac{848}{9}, \\
\Rightarrow \quad \Delta_0 &= \frac{LC[t_1, uS_{t_0}] - LC[t_1, dS_{t_0}]}{S_{t_0}(u - d)} \\
&= \left(\frac{1}{1,1}\right)^2 \frac{1}{9} \frac{1925 - 848}{400(1,25 - 0,8)} = 0,5494, \\
\Rightarrow \quad B_0 &= \left(\frac{1}{1,1}\right)[LC[t_1, dS_{t_0}] - \Delta_0 S_{t_0} d] \\
&= \left(\frac{1}{1,1}\right)^3 \left[\frac{848}{9} - \frac{53,85}{81} \cdot 320\right] = -89,0447. \\
\Rightarrow \quad \Delta_0 S_{t_0} + B_0 &= \left(\frac{1}{1,1}\right)^3 \left[\frac{53,85 \cdot 1,1 \cdot 400 - 9600}{81}\right] = \left(\frac{1}{1,1}\right)^3 174.
\end{aligned}
$$

Lösung Aufgabe 6.2:

Sei $C_{do}(t)$ der Wert des Vertrages zum Zeitpunkt t, so fasst Abbildung 6.9 die Angaben des Beispiels zusammen, wobei $p^* = \frac{(1+r)-d}{u-d} = \frac{5}{6}$ die Übergangswahrscheinlichkeit des äquivalenten Martingalmaßes ist.

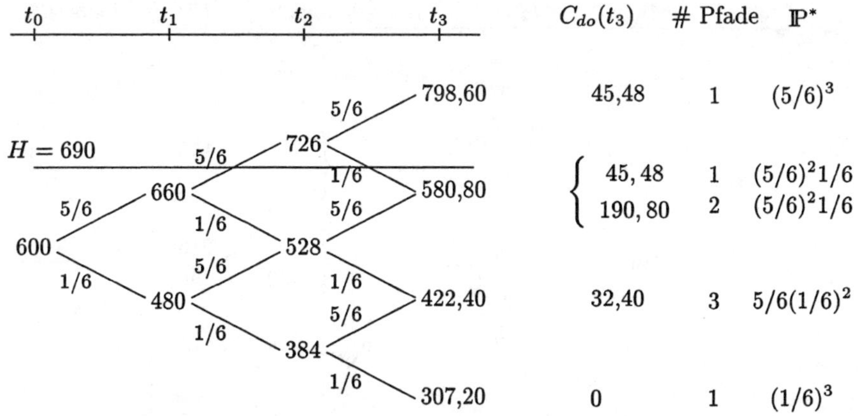

t_0	t_1	t_2	t_3	$C_{do}(t_3)$	# Pfade	$\mathbb{P}^*$

$$H = 690$$

| | | | $798{,}60$ | $45{,}48$ | 1 | $(5/6)^3$ |

726

| | | | $580{,}80$ | $\begin{cases} 45{,}48 \\ 190{,}80 \end{cases}$ | $\begin{array}{c} 1 \\ 2 \end{array}$ | $\begin{array}{c} (5/6)^2 1/6 \\ (5/6)^2 1/6 \end{array}$ |

528

| | | | $422{,}40$ | $32{,}40$ | 3 | $5/6(1/6)^2$ |

384

| | | | $307{,}20$ | 0 | 1 | $(1/6)^3$ |

$660 \quad 600 \quad 480$

(5/6 und 1/6 Verzweigungen; $H=690$, 726, 660, 600, 528, 480, 384)

ABBILDUNG 6.9. Beispiel eines up-and-out Call mit Rückvergütung zum Fälligkeitszeitpunkt im Binomialmodell

$$C_{do}(t_0) = \left(\frac{1}{1{,}05}\right)^3 \left[\left(\frac{5}{6}\right)^3 45{,}48 + \frac{5^2}{6^3} 45{,}48 + 2 \cdot \frac{5^2}{6^3} \cdot 190{,}80 + 3 \cdot \frac{5}{6^3} \cdot 32{,}40\right]$$

$$= \frac{78}{(1{,}05)^3} = 67{,}38.$$

Die Hedgeratio bestimmt sich aus den Werten der Option zum Zeitpunkt t_1, d.h. aus

$$C_{do}(t_1, uS_{t_0}) = \left(\frac{1}{1{,}05}\right)^2 \left[\left(\frac{5}{6}\right)^2 45{,}48 + \frac{5}{6^2} 45{,}48 + \frac{5}{6^2} \cdot 190{,}80 + \frac{1}{6^2} \cdot 32{,}40\right]$$

$$= \left(\frac{1}{1{,}05}\right)^2 65{,}30,$$

$$C_{do}(t_1, dS_{t_0}) = \left(\frac{1}{1{,}05}\right)^2 \left[\left(\frac{5}{6}\right)^2 190{,}80 + 2 \cdot \frac{5}{6^2} 32{,}40\right] = \left(\frac{1}{1{,}05}\right)^2 141{,}50,$$

$$\Delta_0 = \frac{C_{do}(t_1, uS_{t_0}) - C_{do}(t_1, dS_{t_0})}{(u-d)S_{t_0}} = \left(\frac{1}{1{,}05}\right)^2 \frac{-76{,}20}{180},$$

$$B_0 = \left(\frac{1}{1{,}05}\right) [C_{do}(t_1, uS_{t_0}) - \Delta_0 \cdot S_{t_0}] = \left(\frac{1}{1{,}05}\right)^3 344{,}70,$$

$$\Delta_0 S_{t_0} + B_0 = \left(\frac{1}{1{,}05}\right)^3 \left[\frac{-76{,}20}{180} 1{,}05 \cdot 600 + 344{,}70\right] = \left(\frac{1}{1{,}05}\right)^2 \cdot 78.$$

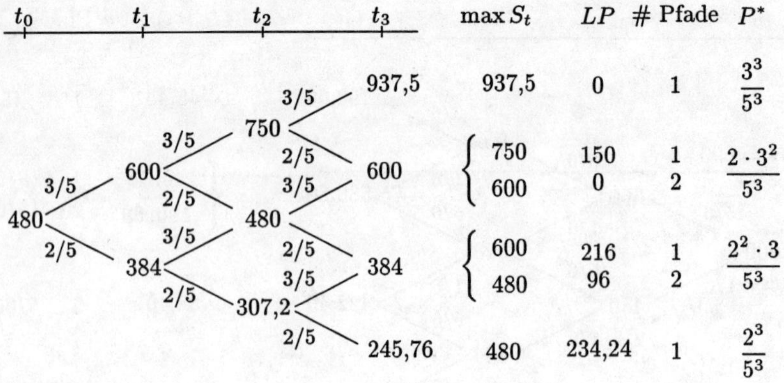

t_0	t_1	t_2	t_3	$\max S_t$	LP	# Pfade	P^*

(Binomialbaum)

	$\max S_t$	LP	# Pfade	P^*
937,5	937,5	0	1	$\dfrac{3^3}{5^3}$
600	750	150	1	$\dfrac{2 \cdot 3^2}{5^3}$
	600	0	2	
384	600	216	1	$\dfrac{2^2 \cdot 3}{5^3}$
	480	96	2	
245,76	480	234,24	1	$\dfrac{2^3}{5^3}$

ABBILDUNG 6.10. Beispiel eines Look Back Put im Binomialmodell

Lösung Aufgabe 6.3:

Bezeichnet $LP(t)$ den Wert eines Look Back Put zum Zeitpunkt t, so fasst Abbildung 6.10 die Daten und Angaben des Beispiels zusammen.

$$LP[t_0, S_{t_0}] = \left(\frac{1}{1,07}\right)^3 \left[\frac{18}{5^3} \cdot 150 + \frac{12}{5^3} \cdot 216 + 2 \cdot \frac{12}{5^3} \cdot 96 + \frac{8}{5^3} \cdot 234,24\right]$$

$$= \left(\frac{1}{1,07}\right)^3 \left[\frac{9469,92}{5^3}\right] = 61,84,$$

$$LP[t_1, uS_{t_0}] = \left(\frac{1}{1,07}\right)^2 \left[\frac{6}{5^2} \cdot 150 + \frac{4}{5^2} \cdot 216\right] = \left(\frac{1}{1,07}\right)^2 70,56,$$

$$LP[t_1, dS_{t_0}] = \left(\frac{1}{1,07}\right)^2 \left[\frac{12}{5^2} \cdot 96 + \frac{4}{5^2} \cdot 234,24\right] = \left(\frac{1}{1,07}\right)^2 \frac{2088,96}{5^2},$$

$$\Delta_0 = \frac{LP[t_1, uS_0] - LP[t_1, dS_0]}{S_0(u-d)} = \left(\frac{1}{1,07}\right)^2 \frac{-324,96}{5^2 \cdot 216},$$

$$B_0 = \left(\frac{1}{1+r}\right)(LP[t_1, uS_0] - \Delta_0 S_0 u)$$

$$= \left(\frac{1}{1,07}\right)^3 \left(70,56 + \frac{324,96}{5^2 \cdot 216} \cdot 600\right) = 87,072.$$

Lösung Aufgabe 6.4:

$$p^* = \frac{(1+r) - d}{u - d} = \frac{1 - 0,92}{1,08 \cdot 0,92} = \frac{0,08}{0,16} = \frac{1}{2}$$

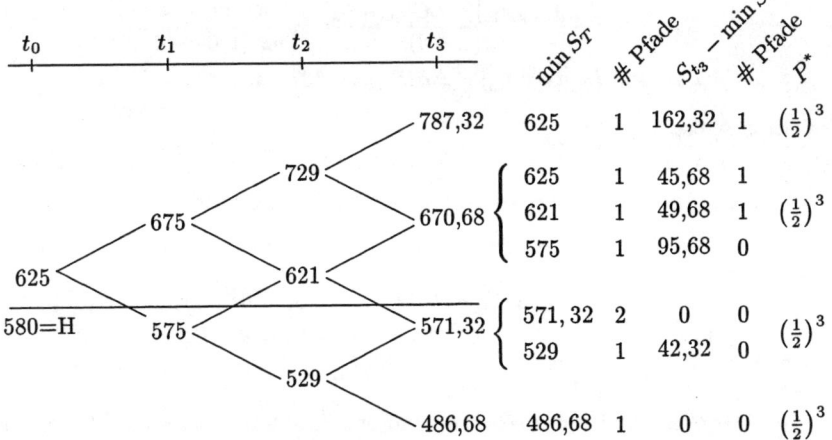

ABBILDUNG 6.11. Beispiel eines down-and-out Look Back Call im Binomialmodell

$$LC_{do}[t_0, S_{t_0}, H] = \left(\frac{1}{1+r}\right)^3 \left[\left(\frac{1}{2}\right)^3 162,32 + \left(\frac{1}{2}\right)^3 45,68 + \left(\frac{1}{2}\right)^3 49,68\right]$$

$$= 32,21,$$

$$LC_{do}[t_1, uS_{t_0}, H] = \left(\frac{1}{1+r}\right)^2 \left[\left(\frac{1}{2}\right)^2 162,32 + \left(\frac{1}{2}\right)^2 45,68 + \left(\frac{1}{2}\right)^2 49,68\right]$$

$$= 64,42,$$

$$LC_{do}[t_1, dS_{t_0}, H] = 0,$$

$$\Rightarrow \quad \Delta_0 = \frac{LC_{do}[t_1, uS_{t_0}, H] - LC_{do}[t_1, dS_{t_0}, H]}{S_{t_0}(u-d)} = \frac{64,42}{625(1,08-0,92)},$$

$$B_0 = -\Delta_0 dS_{t_0} = -370,415.$$

Ist speziell die Kursschranke $H = 0$, so entspricht der Vertrag dem üblichen Look Back Call mit

$$LC[t_0, S_{t_0}] = \left(\frac{1}{1+r}\right)^3 \left[\left(\frac{1}{2}\right)^3 162,32 + \left(\frac{1}{2}\right)^3 45,68 + \left(\frac{1}{2}\right)^3 49,68\right.$$

$$\left. + \left(\frac{1}{2}\right)^3 95,68 + \left(\frac{1}{2}\right)^3 42,32\right] = 49,46,$$

$$LC[t_1, uS_{t_0}] = 64,42,$$

$$LC[t_1, dS_{t_0}] = \left(\frac{1}{1+r}\right)^2 \left[\left(\frac{1}{2}\right)^2 95,68 + \left(\frac{1}{2}\right)^2 42,32\right] = 34,50,$$

$$\Delta_0 \;=\; \frac{LC[t_1, uS_{t_0}] - LC[t_1, dS_{t_0}]}{S_{t_0}(u - d)} = \frac{64,42 - 34,50}{625(1,08 - 0,92)},$$

$$B_0 \;=\; LC[t_1, dS_{t_0}] - \Delta_0 dS_{t_0} = -137,542.$$

Lösung Aufgabe 6.5:

Bezeichnet $X(n, j)$ den Wert des entsprechenden Vertrags, falls der Kurs des zugrundeliegenden Wertpapiers zum Zeitpunkt t_n gleich $S_{t_0} u^j d^{n-j}$ ist.

a) Aus der Endwertbedingung einer up-and-out Put-Option ergibt sich

$$X_T(N, j) := \begin{cases} K - S_{t_0} u^j d^{N-j} & \text{falls } S_{t_0} u^j d^{N-j} < \min\{K, H\} \\ 0 & \text{falls } S_{t_0} u^j d^{N-j} \geq \min\{K, H\} \\ & \text{für alle } j = 0, 1, \dots, N. \end{cases}$$

Der Wert der Europäischen up-and-out Put-Option berechnet sich aus dem rekursiven Algorithmus

$$X_T(n, j) := \begin{cases} \frac{1}{1+r}[p^* X_T(n+1, j+1) & +(1-p^*) X_T(n+1, j)] \\ & \text{falls } S_{t_0} u^j d^{n-j} < H \\ 0 & \text{falls } S_{t_0} u^j d^{n-j} \geq H \end{cases}$$

für alle $n = 0, 1, \dots, N-1$ und $j = 0, 1, \dots, n$. Mit der gleichen Endwertbedingung berechnet der folgende rekursive Algorithmus den Arbitragepreis der sonst identischen Amerikanischen up-and-out Put-Option

$$X_T(n, j) := \begin{cases} \max \; \Big\{ K - S_{t_0} u^j d^{n-j}; \\ \qquad \frac{1}{1+r}[p^* X_T(n+1, j+1) + (1-p^*) X_T(n+1, j)] \Big\} \\ \qquad\qquad \text{falls} \quad S_{t_0} u^j d^{n-j} < H \\ 0 \qquad\qquad \text{falls} \quad S_{t_0} u^j d^{n-j} \geq H. \end{cases}$$

b) Die Endwertbedingung einer up-and-in Call-Option lautet in beiden Fällen

$$X_T(N, j) := \begin{cases} S_{t_0} u^j d^{N-j} - K & \text{falls } S_{t_0} u^j d^{N-j} \geq \max\{K, H\} \\ 0 & \text{falls } S_{t_0} u^j d^{N-j} < \max\{K, H\} \\ & \text{für alle } j = 0, 1, \dots, N. \end{cases}$$

Der Arbitragepreis für die Europäische up-and-in Call-Option wird durch

$$X_T(n, j) := \begin{cases} \frac{1}{1+r}[p^* X_T(n+1, j+1) & +(1-p^*) X_T(n+1, j)] \\ & \text{falls } S_{t_0} u^j d^{n-j} \geq H \\ 0 & \text{falls } S_{t_0} u^j d^{n-j} < H \end{cases}$$

für $n = 0, 1, \dots, N-1$ und $j = 0, 1, \dots, n$ berechnet. Mit Proposition 6.2, S. 225 ist ein vorzeitiges Ausüben der sonst identischen Amerikanischen Option nicht optimal, d.h. der angegebene Algorithmus liefert ebenso den Arbitragepreis des Amerikanischen Vertrags.

c) Aus der Endwertbedingung ergibt sich für $j = 0, 1, \ldots, N$

$$
X_T(N, j) := \begin{cases} S_{t_0} u^j d^{N-j} - K & \text{falls } S_{t_0} u^j d^{N-j} > \max\{K, H\} \\ 0 & \text{falls } S_{t_0} u^j d^{N-j} \leq \max\{K, H\}. \end{cases}
$$

Der Arbitragepreis des Europäischen Vertrags berechnet sich aus

$$
X_T(n, j) := \begin{cases} \frac{1}{1+r}[p^* X_T(n+1, j+1) \quad +(1 - p^*) X_T(n+1, j)] \\ \qquad\qquad \text{falls } S_{t_0} u^j d^{n-j} > H \\ 0 \qquad\qquad \text{falls } S_{t_0} u^j d^{n-j} \leq H. \end{cases}
$$

Im Fall des Amerikanischen Vertrags sind zwei Situationen zu unterscheiden. Ist $H \leq K$, so ist ein vorzeitiges Ausüben nicht optimal, d.h. beide Preise stimmen überein. Ist $H > K$, so ist vorzeitiges Ausüben optimal. Gemäß Proposition 6.3, S. 228 wird die Option vorzeitig ausgeübt, falls $S_{t_n} = u \cdot H > K$ gilt. Der rekursive Algorithmus besitzt somit für $n = 0, 1, \ldots, N-1$ und $j = 0, 1, \ldots, n$ die Gestalt:

$$
X_T(n, j) := \begin{cases} \frac{1}{1+r}[p^* X_T(n+1, j+1) + (1 - p^*) X_T(n+1, j)] \\ \qquad\qquad \text{falls } S_{t_0} u^j d^{n-j} > u \cdot H \\ S_{t_0} u^j d^{n-j} - K = uH - K & \text{falls } S_{t_0} u^j d^{n-j} = u \cdot H \\ 0 & \text{falls } S_{t_0} u^j d^{n-j} \leq H. \end{cases}
$$

Lösungen zu Kapitel 7

Lösung Aufgabe 7.1:

Der Terminpreis eines Wertpapiers entspricht dem bis zum Lieferzeitpunkt T aufgezinsten Kassakurs. Der Terminpreisprozess ist somit bestimmt durch $\left\{ S_T(t) := e^{r(T-t)} S(t) \right\}_{t \in [t_0, T]}$. Der Kassakurs der Anleihe und des Wertpapiers sind im Black-Scholes-Modell Lösungen der stochastischen Differentialgleichung

$$
dS(t) = rS(t)dt + \sigma \cdot S(t)dW^*(t)
$$

bzw. der deterministischen Differentialgleichung

$$
dB(t, T) = rB(t, T)dt,
$$

wobei $\{W^*(t)\}$ eine Brown'sche Bewegung unter P^* ist. Der Terminpreisprozess $\{S_T(t) = S(t) \setminus B(t,T)\}_{t \in [0,T]}$ ist Lösung der stochastischen Differentialgleichung

$$
\begin{aligned}
dS_T(t) &= d\left(\frac{S(t)}{B(t,T)}\right) \\
&= \frac{1}{B(t,T)}dS(t) - \frac{S(t)}{(B(t,T))^2}dB(t,T) - \frac{1}{(B(t,T))^2}dB(t,T)dS(t) \\
&\quad + \frac{1}{2} \cdot \frac{2S(t)}{(B(t,T))^3}dB(t,T)dB(t,T) \\
&= \frac{S(t)}{B(t,T)}[rdt + \sigma dW^*(t)] - \frac{S(t)}{B(t,T)}rdt = S_T(t)\sigma dW^*(t).
\end{aligned}
$$

Aus Beispiel 7.2, S. 265 ergibt sich die Lösung zu (setze $\mu = 0$)

$$
S_T(t) = S_T(t_0)\exp\left\{-\frac{1}{2}\sigma^2(t - t_0) + \sigma W_t^*\right\} \text{ mit } S_T(t_0) = e^{r(T-t_0)}S(t_0) \,.
$$

Andererseits ist der Terminpreis gleich dem aufgezinsten Kassakurs, d.h. es gilt

$$
\begin{aligned}
S_T(t) &= \exp\{r(T - t)\} \cdot S(t) \\
&= \exp\{r(T - t)\} \cdot S(t_0)\exp\left\{\left(r - \frac{1}{2}\sigma^2\right)(t - t_0) + \sigma W_t^*\right\} \\
&= S(t_0)e^{r(T-t_0)}\exp\left\{-\frac{1}{2}\sigma^2 t + \sigma W_t^*\right\} \,.
\end{aligned}
$$

Lösung Aufgabe 7.2:

a) Die Kursprozesse lauten:

$$
\begin{aligned}
S_1(t) &= S_1(t_0)\exp\left\{\left(r - \frac{1}{2}\sigma^2\right)t + \sigma W_1^*(t)\right\} \\
S_2(t) &= S_2(t_0)\exp\left\{\left(r - \frac{1}{2}(a^2 + b^2)\right)t + aW_1^*(t) + bW_2^*(t)\right\}.
\end{aligned}
$$

b) Covarianz und Korrelation:

$$
\begin{aligned}
\text{cov}_{P^*}[\ln S_1(t), \ln S_2(t)] &= \text{cov}_{P^*}[\sigma W_1^*(t), aW_1^*(t) + bW_2^*(t)] \\
&= \text{cov}_{P^*}[\sigma W_1^*(t), aW_1^*(t)] \\
&= \sigma \cdot a \cdot \text{cov}_{P^*}[W_1^*(t), W_1^*(t)] \\
&= \sigma \cdot a \cdot t \\
V_{P^*}[\ln S_1(t)] &= \sigma^2 t \\
V_{P^*}[\ln S_2(t)] &= (a^2 + b^2)t \\
\text{corr}_{P^*}[\ln S_1(t), \ln S_2(t)] &= \frac{\text{cov}_{P^*}[\ln S_1(t), \ln S_2(t)]}{\sqrt{V_{P^*}[\ln S_1(t)]\, V_{P^*}[\ln S_2(t)]}} = \frac{a}{\sqrt{a^2 + b^2}}.
\end{aligned}
$$

c) Die Lösung des Quotientenprozesses lautet:

$$X(t) = \frac{S_1(t)}{S_2(t)} = \frac{S_1(t_0)}{S_2(t_0)} \exp\left\{-\frac{1}{2}(\sigma^2 - a^2 - b^2)t + (\sigma - a)W_1^*(t) - bW_2^*(t)\right\},$$

$$
\begin{aligned}
dX(t) &= d\left(\frac{S_1(t)}{S_2(t)}\right) \\
&= \frac{1}{S_2(t)}dS_1(t) - \frac{S_1(t)}{(S_2(t))^2}dS_2(t) - \frac{1}{(S_2(t))^2}dS_2(t)dS_1(t) \\
&\quad + \frac{1}{2}\frac{2S_1(t)}{(S_2(t))^3}(dS_2(t))^2 \\
&= \frac{S_1(t)}{S_2(t)}\left[rdt + \sigma dW_1^*(t)\right] - \frac{S_1(t)}{S_2(t)}\left[rdt + adW_1^*(t) + bdW_2^*(t)\right] \\
&\quad - \frac{S_1(t)}{S_2(t)}[\sigma \cdot adt] + \frac{S_1(t)}{S_2(t)}\left[(a^2 + b^2)dt\right] \\
&= X(t)\left[(-\sigma \cdot a + a^2 + b^2)dt + (\sigma - a)dW_1^*(t) + bdW_2^*(t)\right]
\end{aligned}
$$

d) Verteilung des Quotientenprozesses:

$$
\begin{aligned}
\ln X(t) &= \ln X(t_0) - \frac{1}{2}(\sigma^2 - a^2 - b^2)t + (\sigma - a)W_1^*(t) - bW_2^*(t) \\
&\sim N\left(\ln X(t_0) - \frac{1}{2}(\sigma^2 - a^2 - b^2)t, ((\sigma - a)^2 + b^2)t\right)
\end{aligned}
$$

Der Quotientenprozess $\{X(t)\}_t$ ist somit lognormalverteilt. Insbesondere gilt

$$
\begin{aligned}
E_{P^*}[X(t)] \\
= X(t_0)\exp&\left\{-\frac{1}{2}(\sigma^2 - a^2 - b^2)t\right\}E_{P^*}\left[\exp\left\{(\sigma - a)W_1^*(t) - bW_2^*(t)\right\}\right] \\
= X(t_0)\exp&\left\{-\frac{1}{2}(\sigma^2 - a^2 - b^2)t\right\}\exp\left\{\frac{1}{2}(\sigma - a)^2t + \frac{1}{2}b^2t\right\} \\
= X(t_0)\exp&\left\{(-\sigma \cdot a + a^2 + b^2)t\right\},
\end{aligned}
$$

d.h. $\{X_t\}_t$ ist kein Martingal unter P^*.

Lösung Aufgabe 7.3:

Der Arbitragepreis einer Europäischen down-and-out Call-Option mit Rückvergütung at hit ist gemäß Tabelle 6.4, S. 244 gleich

$$
\begin{aligned}
S_{t_0}N(d_1(K)) &- Ke^{-r(T-t_0)}N(d_2(K)) \\
&- S_{t_0}\left(\frac{S_{t_0}}{H}\right)^{-1-\alpha}N(Y_1(K)) + Ke^{-r(T-t_0)}\left(\frac{S_{t_0}}{H}\right)^{1-\alpha}N(Y_2(K)) \\
&+ R\left(\frac{S_{t_0}}{H}\right)\left[N(-d_1(H)) + \left(\frac{S_{t_0}}{H}\right)^{-1-\alpha}N(Y_1(H))\right]
\end{aligned}
$$

$$\text{mit} \qquad d_{1/2}(x) \quad := \quad \frac{\ln\left(\frac{S_{t_0}}{x}\right) + \left(r \pm \frac{1}{2}\sigma^2\right)(T - t_0)}{\sigma\sqrt{T - t_0}}$$

$$Y_{1/2}(x) \quad := \quad \frac{\ln\left(\frac{H^2}{S_{t_0}x}\right) + \left(r \pm \frac{1}{2}\sigma^2\right)(T - t_0)}{\sigma\sqrt{T - t_0}}$$

$$\alpha \quad := \quad \frac{2r}{\sigma^2}$$

Es gilt nun für die Dichtefunktion der Normalverteilung $n(x)$:

$$n(Y_2(K)) = n\left(Y_1(K) - \sigma\sqrt{T - t_0}\right) = n(Y_1(K)) \cdot \frac{H^2}{S_{t_0}Ke^{-r(T-t_0)}}$$

$$n(Y_1(H)) = n\left(-d_1(H) + (\alpha + 1)\sigma\sqrt{T - t_0}\right) = n(-d_1(H)) \cdot \left(\frac{S_{t_0}}{H}\right)^{1+\alpha}$$

Die Hedgeratio der down-and-out Call-Option ist gleich

$$\frac{\partial^2 \text{Call}_{do}[S, K, t_0, T, H, R]}{\partial S^2}$$

$$= N(d_1(K)) + \alpha\left(\frac{S_{t_0}}{H}\right)^{-1-\alpha} N(Y_1(K)) + (1 - \alpha)\frac{K}{H}e^{-r(T-t_0)}\left(\frac{S_{t_0}}{H}\right)^{-\alpha} N(Y_2(K))$$

$$+ \frac{R}{H}\left[N(-d_1(H)) - \alpha\left(\frac{S_{t_0}}{H}\right)^{-1-\alpha} N(Y_1(H))\right] - 2\frac{R}{H}n(d_1(H))\frac{1}{\sigma\sqrt{T - t_0}}.$$

Lösung Aufgabe 7.4:

Da der Kursprozess $\{S_t\}_t$ mit Wahrscheinlichkeit 1 positiv ist, wird durch

$$\frac{dP_S}{dP^*}(t) := \frac{\exp\{-rt\}S(t)}{S(t_0)}$$

eine mit Wahrscheinlichkeit 1 positive Funktion definiert. Darüber hinaus ist der diskontierte Kursprozess ein Martingal unter P^*, d.h.

$$E_{P^*}\left[\frac{\exp\{-rt\}S(t)}{S(t_0)}\right] = \frac{1}{S(t_0)}E_{P^*}\left[\exp\{-rt\}S(t)\right] = \frac{S(t_0)}{S(t_0)} = 1.$$

Die so definierte Funktion definiert also eine Dichtefunktion. Ebenso wird durch

$$P_S[A] \geq 0 \quad \forall A \in \mathcal{F}_t \text{ und } P_S[\Omega] = 1$$

eine Wahrscheinlichkeitsverteilung definiert. Da die Dichtefunktion P^* fast sicher größer Null ist, gilt

$$P_S[A] = 0 \quad \Leftrightarrow \quad P^*[A] = 0,$$

d.h. beide Wahrscheinlichkeitsmaße sind äquivalent. Aus der Lösung des stochastischen Prozesses $\{S(t)\}_t$ unter dem Wahrscheinlichkeitsmaß P^* berechnet sich die Dichtefunktion zu

$$\frac{dP_S}{dP^*}(t) := \frac{\exp\{-rt\}S(t)}{S(t_0)} = \exp\left\{-\frac{1}{2}\sigma^2 t + \sigma W^*(t)\right\}.$$

Lösung Aufgabe 7.5:

Zunächst gilt per Definition $W_S(0) = 0$. Weiter ist $\{W^*(t)\}_t$ eine Brown'sche Bewegung unter P^*. Es genügt zu zeigen, dass $W_S(t)$ normalverteilt unter P_S mit Erwartungswert Null und Varianz t ist und dass die Zuwächse unter P_S unabhängig sind.

$$
\begin{aligned}
P_S[W_S(t) \leq a] &= P_S[W^*(t) \leq a + \sigma \cdot t] \\
&= E_{P^*}\left[1_{\{W^*(t) \leq a + \sigma \cdot t\}} \exp\left\{\sigma W^*(t) - \frac{1}{2}\sigma^2 t\right\}\right] \\
&= \int_{-\infty}^{a + \sigma \cdot t} \exp\left\{\sigma x - \frac{1}{2}\sigma^2 t\right\} \cdot \frac{1}{\sqrt{2\pi t}} \exp\left\{-\frac{x^2}{2t}\right\} dx \\
&= \int_{-\infty}^{a + \sigma \cdot t} \frac{1}{\sqrt{2\pi t}} \exp\left\{-\frac{(x - \sigma \cdot t)^2}{2t}\right\} dx \\
&= \int_{-\infty}^{a} \frac{1}{\sqrt{2\pi t}} \exp\left\{-\frac{u^2}{2t}\right\} du
\end{aligned}
$$

Die Zufallsvariable $W_S(t)$ ist somit unter dem Wahrscheinlichkeitsmaß P_S normalverteilt mit $W_S(t) \sim N(0,t)$. Sind $s < t \leq u < v$ vier Zeitpunkte, so gilt für $a, b \in \mathbb{R}$

$$
\begin{aligned}
&P_S\left[(W_S(v) - W_S(u)) \leq a \,,\, (W_s(t) - W_S(s)) \leq b\right] \\
&= P_S\left[(W^*(v) - W^*(u)) \leq a + \sigma(v - u) \,,\, (W^*(t) - W^*(s)) \leq b + \sigma(t - s)\right] \\
&= E_{P^*}\Big[1_{\{(W^*(v) - W^*(u)) \leq a + \sigma(v-u) \,,\, (W^*(t) - W^*(s)) \leq b + \sigma(t-s)\}} \\
&\qquad\quad \cdot \exp\left\{\sigma(W^*(v) - W^*(u)) - \sigma(v - u)\right\} \\
&\qquad\quad \cdot \exp\left\{\sigma(W^*(t) - W^*(s)) - \sigma(t - s)\right\}\Big] \\
&= \int_{-\infty}^{a + \sigma(v-u)} \int_{-\infty}^{b + \sigma(t-s)} \exp\left\{\sigma y - \frac{\sigma^2}{2}(v - u)\right\} \exp\left\{\sigma x - \frac{\sigma^2}{2}(t - s)\right\} \\
&\qquad\quad \cdot \frac{1}{\sqrt{2\pi(v - u)}} e^{-\frac{y^2}{2(v-u)}} \frac{1}{\sqrt{2\pi(t - s)}} e^{-\frac{x^2}{2(t-s)}} \; dx\, dy \\
&= \left(\int_{-\infty}^{a + \sigma(v-u)} \frac{1}{\sqrt{2\pi(v - u)}} \exp\left\{-\frac{(y - \sigma(v - u))^2}{2(v - u)}\right\} dy \right) \\
&\qquad \cdot \left(\int_{-\infty}^{b + \sigma(t-s)} \frac{1}{\sqrt{2\pi(t - s)}} \exp\left\{-\frac{(x - \sigma(t - s))^2}{2(t - s)}\right\} dx \right) \\
&= P_S\left[(W_S(v) - W_S(u)) \leq a\right] \cdot P_S\left[(W_S(t) - W_S(s)) \leq b\right].
\end{aligned}
$$

Lösungen zu Kapitel 8

Lösung Aufgabe 8.1:

a) Ein Portfolio aus den Nullkuponanleihen im Nennwert $V = 100.000$ und Europäischen Put-Optionen mit Basispreis K, Fälligkeit T_0 und Nennwert V liefert zum Fälligkeitszeitpunkt die Auszahlung

$$V\left(B(T_0, T) + \max\{K - B(T_0, T), 0\}\right) \geq V \cdot K \ .$$

Der Basispreis K sichert dem Investor eine Mindestrendite von 6% für das Intervall t_0 auf T_0

$$
\begin{aligned}
K &= (1,06)^{(T_0 - t_0)} \cdot B(t_0, T) \\
&= (1,06)^{(T_0 - t_0)} \cdot (1,0625)^{-(T - t_0)} = (1,06)^2 (1,0625)^{-3} \doteq 93,6753\% \ .
\end{aligned}
$$

b) Vorzeitiges Ausüben einer Put-Option zum Zeitpunkt $t < T_0$ ist spätestens vorteilhaft, wenn der Innere Wert der Option den diskontierten maximalen Wert zum Fälligkeitszeitpunkt übersteigt, d.h. falls

$$K - B(t, T) > B(t, T_0)[K - B(T_0, T)]^+ \qquad \forall \ B(T_0, T) \geq 0 \ .$$

Eine hinreichende Bedingung ist somit

$$K - B(t, T) > B(t, T_0) \cdot K \quad \Leftrightarrow \quad B(t, T) < K(1 - B(t, T_0)) \ .$$

Einsetzen der Werte liefert

$$B(t, T) < \frac{(1,06)^2}{(1,0625)^3}(1 - 1,085^{-1}) = 7,3386\% \ .$$

Diese Untergrenze stellt tatsächlich nur eine hinreichende und bezüglich der Höhe schwache Bedingung dar.

Lösung Aufgabe 8.2:

Die Kuponzahlung zum Zeitpunkt t_1 beträgt DM 6.000. Ist der Preis der Kuponanleihe zum Zeitpunkt t_1 gleich $c(t_1)$, so ist die ex post Rendite nach einem Jahr gleich $1 + y = \frac{6.000 + c(t_1)}{100.000}$. Da die Mindestrendite 5,75% und die Maximalrendite 7% betragen sollen, führt dies zu den beiden kritischen Anleihekursen

$$
\begin{aligned}
y = 5,75\% &\quad \Rightarrow \quad c(t_1) = 99.750 \ , \quad \text{d.h. } 99,75\% \\
y = 7\% &\quad \Rightarrow \quad c(t_1) = 101.000 \ , \quad \text{d.h. } 101\% \ .
\end{aligned}
$$

Die gewünschte Sicherung der Rendite kann somit durch ein Portfolio bestehend aus

- einer long Position in einer Europäischen Put-Option mit Fälligkeit t_1 und Basispreis DM 99.750 und

- einer short Position in einer Europäischen Call-Option mit Fälligkeit t_1 und Basispreis DM 101.000

bezüglich der Kuponanleihe erreicht werden.

Lösung Aufgabe 8.3:

Aus der Zinsobergrenze von $9,5\%$ und dem Aufschlag von $0,125\%$ auf den jeweiligen Zinssatz folgt ein oberes Basislevel von $9,375\%$ für den EURIBOR, ab dem das Unternehmen eine Versicherung wünscht. Entsprechend führt die untere Zinsbelastung von 8% zu einem Basislevel von $7,875\%$ für den EURIBOR. Als Vertragskombination zur Begrenzung des Zinsendienstes ist somit

- der Kauf eines Cap mit Basislevel $9,375\%$ und
- der Verkauf eines Floor mit Basislevel $7,875\%$

geeignet. Beide Zinssatzoptionen besitzen eine fünfjährige Laufzeit mit halbjährlichem Vergleich und Nennwert 5 Mio. Die Zinsaufwendungen des Unternehmens zum Zeitpunkt t_i berechnen sich aus

$$X := \alpha \cdot V \cdot \left[(r_L(t_{i-1}) + 0,125) - [r_L(t_{i-1}) - 9,375]^+ + [7,875 - r_L(t_{i-1})]^+ \right],$$

wobei $r_L(t_{i-1})$ den Wert des EURIBOR zum Zeitpunkt t_{i-1} angibt. Mit $\alpha = 0,5$ und $V = 5$ Mio. sind diese beschränkt durch $X \in [200.000, 237.500]$.

Lösung Aufgabe 8.4:

a) Aus Proposition 8.6, S. 312 ist der Arbitragepreis des Portfolios beschränkt durch

$$\mathrm{Cap}[r_L, L_1, V, \underline{T}] - \mathrm{Cap}[r_L, L_2, V, \underline{T}] \le V \cdot \alpha(L_2 - L_1) \sum_{i=2}^{N} B(t_0, t_i).$$

Nach Voraussetzung ist $\alpha = 1$ und die Swapyield $y_s = 5,75\%$. Da

$$y_s = \frac{1 - B(t_0, t_5)}{\sum_{i=1}^{5} B(t_0, t_i)} \Leftrightarrow \sum_{i=2}^{5} B(t_0, t_i) = \frac{1 - B(t_0, t_5)}{y_s} - B(t_0, t_1)$$

$$= \frac{0,23}{0,0575} - 0,96 = 3,04.$$

Das Unternehmen ist somit maximal bereit den Betrag

$$10 \text{ Mio.} \cdot 1 \cdot (6\% - 5,5\%) \cdot 3,04 = 152.000 \text{ DM}$$

aufzuwenden.

b) Gemäß Proposition 8.7, S. 314 ist der Arbitragepreis eines Floor monoton fallend und konvex im Level, d.h.

$$\mathrm{Floor}[r_L, L_2, V, \underline{T}] \le \alpha \mathrm{Floor}[r_L, L_1, V, \underline{T}] + (1 - \alpha)\mathrm{Floor}[r_L, L_3, V, \underline{T}]$$

mit $L_2 = \alpha L_1 + (1-\alpha)L_3$ und $\alpha \in [0,1]$. Für die in der Aufgabe angegebenen Level gilt:

$$L_2 = 7,25\% = \frac{1}{3} \cdot 6,75\% + \frac{2}{3} \cdot 7,5\% = \frac{1}{3}L_1 + \frac{2}{3}L_3 \ ,$$

während das Preisverhältnis lautet

$$
\begin{aligned}
\text{Floor}[r_L, L_2, V, \underline{T}] \ &= \ 11.200 > 11.100 = \frac{1}{3} \cdot 10.100 + \frac{2}{3}11.600 \\
&= \ \frac{1}{3}\text{Floor}[r_L, L_1, V, \underline{T}] + \frac{2}{3}\text{Floor}[r_L, L_3, V, \underline{T}] \ .
\end{aligned}
$$

Es besteht somit eine Arbitragemöglichkeit, die beispielsweise durch das folgende Portfolio dargestellt wird:

- kaufe einen Floor-Vertrag mit Level $L_1 = 6,75\%$,
- verkaufe drei Floor-Verträge mit Level $L_2 = 7,25\%$,
- kaufe zwei Floor-Verträge mit Level $L_3 = 7,5\%$.

Der Wert des Portfolios beträgt DM -300, d.h. der Halter erhält DM 300. Die Auszahlung des Portfolios zu jedem Zeitpunkt $t_i, i = 2, \dots, N$ ist jedoch nicht-negativ, da

$$V \cdot \alpha \left([6,75 - r_L(t_{i-1})]^+ - 3[7,25 - r_L(t_{i-1})]^+ + 2[7,5 - r_L(t_{i-1})]^+ \right)$$

$$
= V \cdot \alpha \cdot
\begin{cases}
0 & \text{falls} & r_L(t_{i-1}) \leq 6,75\% \\
r_L(t_{i-1}) - 6,75 > 0 & \text{falls} & 6,75\% \ \leq \ r_L(t_{i-1}) \leq 7,25\% \\
2(7,5 - r_L(t_{i-1})) > 0 & \text{falls} & 7,25\% \ \leq \ r_L(t_{i-1}) \leq 7,5\% \\
0 & \text{falls} & 7,5\% \ \leq \ r_L(t_{i-1}).
\end{cases}
$$

Lösung Aufgabe 8.5:

Die Swapyield eines Kuponswap ist gleich der Kuponzahlung einer zu pari emitierten Kuponanleihe, deren Laufzeit mit dem Kuponswap übereinstimmt und deren Zinstermine gleich den Festzinsterminen des Kuponswap sind. Abbildung 8.3 fasst die Angaben der Aufgabe zusammen, wobei der Nennwert V ohne Beschränkung der Allgemeinheit gleich 1 gesetzt ist. Der nominale Kassazinssatz $r_n(0,0,1)$ ist gleich $4,5\%$ und der Kurs der Nullkuponanleihe $B(t_0, t_1)$ mit Fälligkeit in t_1 ist gleich $(1,045)^{-1}$. Der erste Terminzinssatz $r_n(0,1,1)$ berechnet sich aus der Null-kuponanleihe mit Fälligkeit in t_2, d.h. allgemein gilt

$$\frac{B(t_0, t_2)}{B(t_0, t_1)} = (1 + (t_2 - t_1)r_n(t_0, t_1, t_2 - t_1))^{-1} = (1 + r_n(0,1,1))^{-1} \ .$$

Der Wert der Nullkuponanleihe ist über den Kurs der Kuponanleihe bestimmt durch

$$
\begin{aligned}
1 &= 0,05\ B(t_0,t_1) + 1,05\ B(t_0,t_2) \\
&= 0,05\ B(t_0,t_1) + 1,05\left(B(t_0,t_1)\cdot(1 + r_n(0,1,1))^{-1}\right) \\
\Leftrightarrow r_n(0,1,1) &= \frac{1,05}{B(t_0,t_1)^{-1} - 0,05} - 1 = \frac{1,05}{1,045 - 0,05} - 1 \doteq 5,5276\% \ .
\end{aligned}
$$

Entsprechend gilt für den zweiten Terminzinssatz

$$
\begin{aligned}
\frac{B(t_0,t_3)}{B(t_0,t_2)} &= (1 + r_n(0,2,1))^{-1} \ , \\
1 &= 0,055\ B(t_0,t_1) + 0,055\ B(t_0,t_2) + 1,055\ B(t_0,t_3) \\
&= 0,055\ B(t_0,t_1) + 0,055\ B(t_0,t_2) \\
&\quad + 1,055\ B(t_0,t_2)\,(1 + r_n(0,2,1))^{-1} \\
\Leftrightarrow r_n(0,2,1) &= \frac{1,055\cdot B(t_0,t_2)}{1 - 0,055\left(B(t_0,t_1) + B(t_0,t_2)\right)} - 1 \\
&= \frac{1,055\cdot \frac{1}{1,045}\cdot\frac{0,995}{1,05}}{1 - 0,055\left(\frac{1}{1,045} + \frac{1}{1,045}\frac{0,995}{1,05}\right)} - 1 = 6,5954\% \ .
\end{aligned}
$$

Lösung Aufgabe 8.6:

a) Die Auszahlung des Cap mit Nennwert $V = 15$ Mio. und $\alpha = \frac{1}{4}$ ist in Abbildung 8.4 angegeben. Da keine Unsicherheit über die Entwicklung des vierteljährigen Zinssatzes besteht, ist der Arbitragepreis des Cap gleich dem Barwert der Auszahlung, d.h.

$$
\mathrm{Cap}[r_L, L, V, \underline{T}] = 5.625\cdot B(t_0,t_2) + 9.375\cdot B(t_0,t_4) \ .
$$

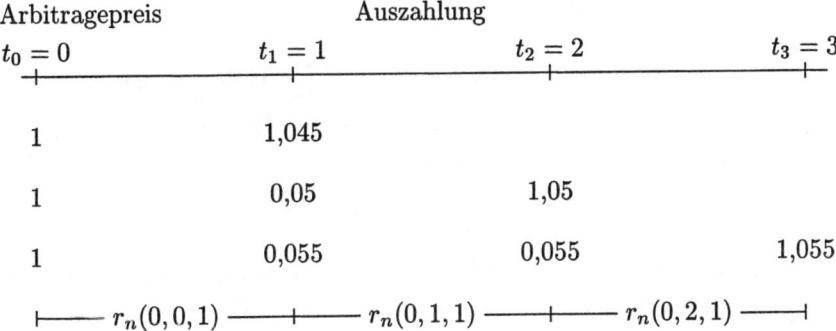

ABBILDUNG 8.3. Kuponanleihen und Terminzinsätze

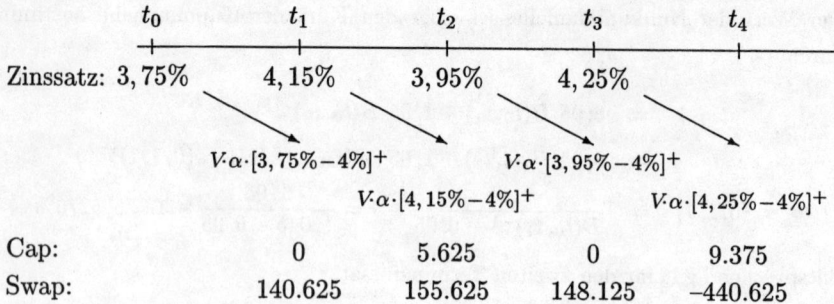

ABBILDUNG 8.4. Auszahlung eines Cap mit Level 4% und eines Payer Swap, Swapyield 4%.

Die Kurse der Nullkuponanleihen ergeben sich aus den Terminzinssätzen, wobei $r(t_0, t_i), t_{i+1} - t_i) = r(t_i, t_i, t_{i+1} - t_i)$ für $i = 0, 1, 2, 3$ gilt.

$$
\begin{aligned}
B(t_0, t_2) &= \left(1 + \frac{1}{4} \cdot 0,0375\right)^{-1} \left(1 + \frac{1}{4} \cdot 0,0415\right)^{-1} \\
B(t_0, t_4) &= B(t_0, t_2) \left(1 + \frac{1}{4} \cdot 0,0395\right)^{-1} \left(1 + \frac{1}{4} \cdot 0,0425\right)^{-1} \\
\Rightarrow \quad \mathrm{Cap}[r_L, L, V, \underline{T}] &= 14.522, 496923 \ .
\end{aligned}
$$

b) Der Arbitragepreis des Payer Swap mit Swaplevel 4% ist gleich der diskontierten Auszahlung, d.h.

$$
\begin{aligned}
\mathrm{Swap}[r_L, 4\%, V, \underline{T}] &= 140.625 \cdot B(0, t_1) + 155.625 \cdot B(0, t_2) \\
&\quad + 148.125 \cdot B(0, t_3) - 440.625 \cdot B(0, t_4) \\
&= 12409, 996 \ .
\end{aligned}
$$

Die Swapyield kann demnach bei Arbitragefreiheit nicht gleich 4% sein, sondern muss niedriger notieren. Da der Marktpreis des Payer Swap gleich Null ist, gibt das folgende Portfolio eine Arbitragemöglichkeit an:

Portfolio in t_0	Wert in t_0	Auszahlung			
		t_1	t_2	t_3	t_4
Kaufe 47 Caps	682.557,36	0	+ 264.375	0	440.625
Kaufe einen Payer Swap	0	+ 140.625	+ 155.625	− 148.125	− 440.625
Verkaufe 140.625 Nullkuponanleihen mit Fälligkeit in t_1	− 139.318,89	− 140.625	0	0	0
Verkaufe 420.000 Nullkuponanleihen mit Fälligkeit in t_2	− 411.826,37	0	− 420.000	0	0
Verkaufe 148.125 Nullkuponanleihen mit Fälligkeit in t_3	− 143.822,09	0	0	− 148.125	0
	− 12.409,99	0	0	0	0

Lösung Aufgabe 8.7:

Eine Receiver Swaption ist das Recht, einen Receiver Swap mit einem vorab festgelegten Swaplevel in der Zukunft zu Nullkosten zu erwerben. Sei L das Swaplevel der Receiver Swaption, V der Nennwert, t_j der Ausübungszeitpunkt der Swaption und t_{j+i} für $i = 1, \ldots, N$ die Swaptermine für die Festzinszahlung. Bezeichnet $y_s(t_j)$ die zum Zeitpunkt t_0 unbekannte Swapyield, so ist die Auszahlung der Receiver Swaption gleich

$$V \cdot \sum_{i=j+1}^{N} B(t_j, t_i) \cdot (t_i - t_{i-1}) \max\{L - y_s(t_j), 0\} \ .$$

Die Swapyield berechnet sich aus den Kursen der Nullkuponanleihen zu

$$y_s(t_j) = \frac{1 - B(t_j, t_N)}{\sum\limits_{i=j+1}^{N} B(t_j, t_i)(t_i - t_{i-1})} \ .$$

Die Auszahlung der Receiver Swaption ist somit gleich

$$V \cdot \sum_{i=j+1}^{N} B(t_j, t_i)(t_i - t_{i-1}) \max \left\{ L - \frac{1 - B(t_j, t_N)}{\sum\limits_{k=j+1}^{N} B(t_j, t_k)(t_k - t_{k-1})}, \ 0 \right\}$$

$$= \ V \cdot \max \left\{ \sum_{k=1}^{N} L \cdot (t_k - t_{k-1})B(t_j, t_k) + B(t_j, t_N) - 1, \ 0 \right\} \ .$$

Diese Auszahlung ist gleich der einer Europäischen Call-Option mit Basispreis $K = V$, Ausübungszeitpunkt t_j über einer Kuponanleihe mit Rückzahlung des Nennwertes V zum Zeitpunkt t_N, Kuponsatz L und Kuponterminen t_k, $k = i + 1, \ldots, N$.

Lösungen zu Kapitel 9

Lösung Aufgabe 9.1:

Die Angaben der Aufgabe fasst die Abbildung 9.9 zusammen.

a) Falls die Angaben keine Arbitragemöglichkeit zulassen, existiert ein äquivalentes Martingal, unter dem die diskontierten Kursprozesse Martingale sind. Die Übergangswahrscheinlichkeiten berechnen sich aus

$$79,5698 \ = \ \frac{1}{1,08} \left[p_{0,0} 82,9726 + (1 - p_{0,0}) 88,3594 \right]$$

$$85,9221 \ = \ \frac{1}{1,08} \left[p_{0,0} \frac{100}{1,1} + (1 - p_{0,0}) \frac{100}{1,06} \right] \Rightarrow \quad p_{0,0} = 0,45$$

$$82,9726 \ = \ \frac{1}{1,1} \left[p_{1,1} \frac{100}{1,12} + (1 - p_{1,1}) \frac{100}{1,08} \right] \Rightarrow \quad p_{1,1} = 0,4$$

$$88,3594 \ = \ \frac{1}{1,06} \left[p_{1,0} \frac{100}{1,08} + (1 - p_{1,0}) \frac{100}{1,04} \right] \Rightarrow \quad p_{1,0} = 0,7$$

Das äquivalente Martingalmaß besitzt somit die Gestalt

$$P^*[\{\omega\}] = \begin{cases} 0,45 \cdot 0,4 & = \ 0,18 & \text{falls } \omega = \omega_1 \\ 0,45 \cdot 0,6 + 0,55 \cdot 0,7 & = \ 0,655 & \text{falls } \omega = \omega_2 \\ 0,55 \cdot 0,3 & = \ 0,165 & \text{falls } \omega = \omega_3. \end{cases}$$

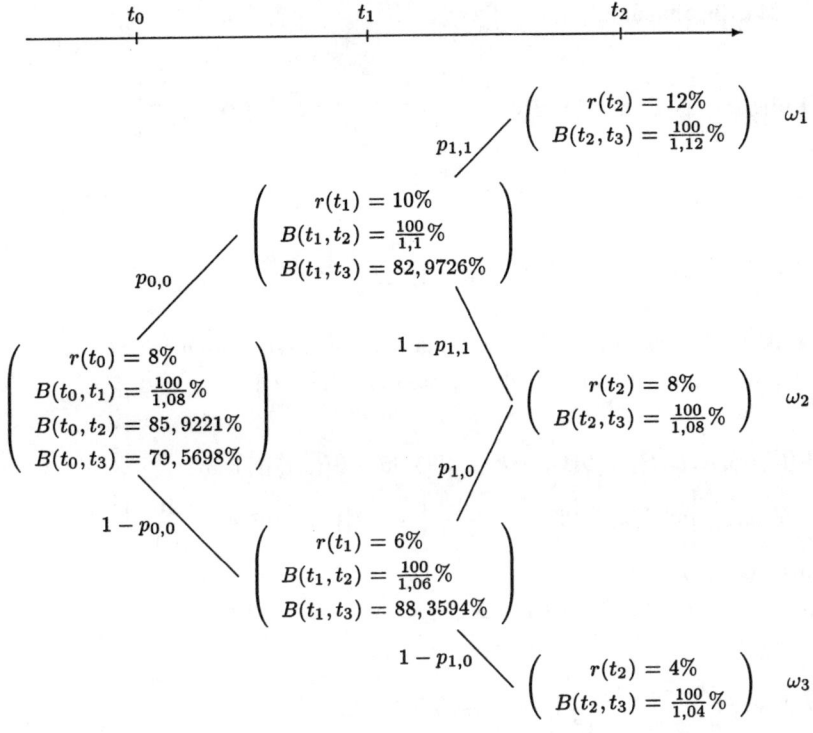

ABBILDUNG 9.9. Binomialprozess der Zinsstruktur (Beispiel)

Das t_2-Forward Risk Adjusted Measure ist gegeben durch

$$
Q^{t_2}[\{\omega\}] = \begin{cases} \frac{1}{B(t_0,t_2)} \frac{1}{1,08} \frac{1}{1,1} \cdot 0,18 & \omega = \omega_1 \\[2mm] \frac{1}{B(t_0,t_2)} \left[\frac{1}{1,08} \frac{1}{1,1} \cdot 0,45 \cdot 0,6 + \frac{1}{1,08} \frac{1}{1,06} \cdot 0,55 \cdot 0,7 \right] & \omega = \omega_2 \\[2mm] \frac{1}{B(t_0,t_2)} \frac{1}{1,08} \frac{1}{1,06} \cdot 0,165 & \omega = \omega_3 \end{cases}
$$

$$
\doteq \begin{cases} 0,17634 & \text{falls } \omega = \omega_1 \\ 0,65592 & \text{falls } \omega = \omega_2 \\ 0,16774 & \text{falls } \omega = \omega_3 \end{cases}
$$

b) Die Auszahlung einer Europäischen Put-Option bezüglich der Nullkuponanleihe mit Fälligkeit in t_3 zum Zeitpunkt t_2 ist gleich $[93,45 - B(t_2,t_3)]^+$. Der Arbitragepreis ist gleich dem erwarteten diskontierten Wert unter dem

Martingalmaß, d.h.

$$\text{Put}[B(t_0,t_3), K, t_0, t_2] = E_{P^*}\left[\prod_{j=0}^{1} \frac{1}{1+r(t_j)}[93,45 - B(t_2,t_3)]^+\right]$$

$$= \frac{1}{1,08}\frac{1}{1,1}\cdot 0,18\left[93,45 - \frac{100}{1,12}\right] + \frac{1}{1,08}\frac{1}{1,1}\cdot 0,27\left[93,45 - \frac{100}{1,08}\right]$$

$$+ \frac{1}{1,08}\frac{1}{1,06}\cdot 0,385\left[93,45 - \frac{100}{1,08}\right] \doteq 1,114\%$$

Alternativ ist der Arbitragepreis gleich dem diskontierten erwarteten Wert unter dem t_2-Forward Risk Adjusted Measure, d.h.

$$\text{Put}[B(t_0,t_3), K, t_0, t_2] = B(t_0,t_2)E_{Q^{t_2}}\left[[93,45 - B(t_2,t_3)]^+\right]$$

$$= B(t_0,t_2)\left[Q^{t_2}[\{\omega_1\}]\left[93,45 - \frac{100}{1,12}\right] + Q^{t_2}[\{\omega_2\}]\left[93,45 - \frac{100}{1,08}\right]\right] \doteq 1,114\%$$

Lösung Aufgabe 9.2:

Der Arbitragepreis des Cap ist gleich

$$\text{Cap}[r, L, V, \underline{\underline{T}}] = \sum_{j=1}^{2} E_{P^*}\left[\prod_{k=0}^{j} \frac{V}{1+r(t_k)}[r(t_j) - L]^+\right]$$

$$\doteq V\left[0,75\cdot\frac{1}{1,08}\frac{1}{1,09}[9 - 8] + (0,75)^2\frac{1}{1,08}\frac{1}{1,09}\frac{1}{1,108}[10,08 - 8]\right.$$

$$\left. + 0,75\cdot 0,25\frac{1}{1,08}\frac{1}{1,09}\frac{1}{1,084}[8,4 - 8] + 0,25\cdot 0,75\frac{1}{1,08}\frac{1}{1,075}\frac{1}{1,084}[8,4 - 8]\right]$$

$$= 16.524,79 \text{ DM}.$$

Entsprechend gilt für den Floor

$$\text{Floor}[r, L, V, \underline{\underline{T}}] = \sum_{j=1}^{2} E_{P^*}\left[\prod_{k=0}^{j} \frac{V}{1+r(t_k)}[L - r(t_j)]^+\right]$$

$$= V\left[0,25\frac{1}{1,08}\frac{1}{1,075}[8 - 7,5] + (0,25)^2\frac{1}{1,08}\frac{1}{1,075}\frac{1}{1,07}[8 - 7]\right]$$

$$= 1.579,77 \text{ DM}.$$

Lösung Aufgabe 9.3:

a) Unter dem äquivalenten Martingalmaß berechnen sich die Kurse der Null-kuponanleihen jeweils als Erwartungswerte der diskontierten Auszahlung. Die gesuchte Lösung ist unmittelbar aus der Abbildung 9.10 ersichtlich.

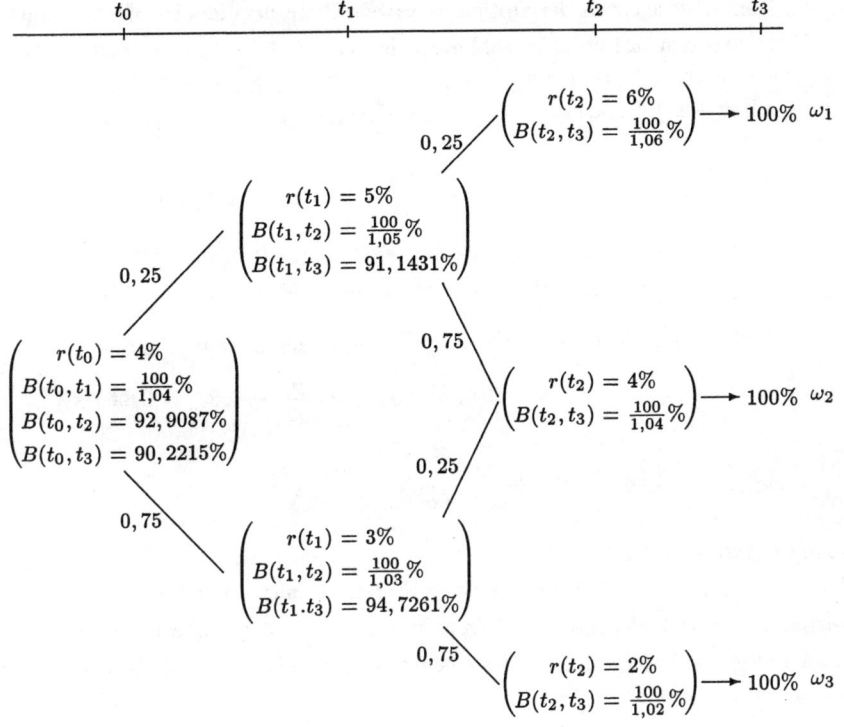

ABBILDUNG 9.10. Binomialprozess der Zinsstruktur (Beispiel)

b) Die Zustandspreise genügen ebenfalls der Martingalbedingung, d.h.

$$\pi_{1,1} = \frac{0,25}{1,04}, \quad \pi_{1,0} = \frac{0,75}{1,04}$$

$$\pi_{2,2} = \frac{(0,25)^2}{1,04 \cdot 1,05}, \quad \pi_{2,1} = \frac{0,25 \cdot 0,75}{1,04 \cdot 1,05} + \frac{0,25 \cdot 0,75}{1,04 \cdot 1,03}$$

$$\pi_{2,0} = \frac{(0,75)^2}{1,04 \cdot 1,03}.$$

Durch Normierung der Zustandspreise berechnet sich das t_2-Forward Risk Adjusted Measure zu

$$Q^{t_2}[\{\omega\}] = \begin{cases} \dfrac{\pi_{2,2}}{B(t_0,t_2)} = 0,0616 & \text{falls } \omega = \omega_1 \\[2ex] \dfrac{\pi_{2,1}}{B(t_0,t_2)} = 0,3732 & \text{falls } \omega = \omega_2 \\[2ex] \dfrac{\pi_{2,0}}{B(t_0,t_2)} = 0,5652 & \text{falls } \omega = \omega_3. \end{cases}$$

c) Der Arbitragepreis der Option ist jeweils gleich dem Erwartungswert unter P^* der diskontierten Auszahlung, d.h.

$$\text{Call}[B(t_0, t_3), K, t_0, t_2] = E_{P^*}\left[\prod_{j=0}^{1} \frac{1}{1 + r(t_j)}[B(t_2, t_3) - K]^+\right]$$

$$= (0,75)^2 \cdot \frac{1}{1,04}\frac{1}{1,03}\left[\frac{100}{1,02} - 96,20\right]^+ = 0,96581\%$$

Andererseits ist der Arbitragepreis auch gleich dem diskontierten Erwartungswert unter dem Forward Risk Adjusted Measure

$$\text{Call}[B(t_0, t_3), K, t_0, t_3] = B(t_0, t_2)E_{Q^{t_2}}\left[[B(t_2, t_3) - K]^+\right]$$

$$= B(t_0, t_2) \cdot q_{2,0} \cdot \left[\frac{100}{1,02} - 96,20\right] = 0,96581\%.$$

Lösungen zu Kapitel 10

Lösung Aufgabe 10.1:

Der Forwardpreis zum Zeitpunkt u einer Nullkuponanleihe mit Rückzahlung zum Zeitpunkt T und Lieferung zum Zeitpunkt τ, wobei $u < \tau < T$ vorausgesetzt ist, ist gleich $\frac{B(u,T)}{B(u,\tau)}$. Die Lösung der Anleihenkurse gemäß (10.1), S. 364 liefert für den Forward-Preis

$$\frac{B(u,T)}{B(u,\tau)} = \frac{B(t,T)\exp\left\{\int_t^u r_c(s)ds - \frac{1}{2}\|\nu(s,T)\|^2 ds + \int_t^u \nu(s,T) \cdot dW^*(s)\right\}}{B(t,\tau)\exp\left\{\int_t^u r_c(s)ds - \frac{1}{2}\|\nu(s,\tau)\|^2 ds + \int_t^u \nu(s,\tau) \cdot dW^*(s)\right\}}$$

$$= \frac{B(t,T)}{B(t,\tau)}\exp\left\{-\frac{1}{2}\int_t^u \left(\|\nu(s,T)\|^2 - \|\nu(s,\tau)\|^2\right)ds\right.$$

$$\left. + \int_t^u (\nu(s,T) - \nu(s,\tau)) \cdot dW^*(s)\right\}$$

$$= \frac{B(t,T)}{B(t,\tau)}\exp\left\{-\frac{1}{2}\int_t^u \|\nu(s,T) - \nu(s,\tau)\|^2 ds\right.$$

$$- \int_t^u \nu(s,\tau) \cdot (\nu(s,T) - \nu(s,\tau))ds$$

$$\left. + \int_t^u (\nu(s,T) - \nu(s,\tau)) \cdot dW^*(s)\right\}$$

$$= \frac{B(t,T)}{B(t,\tau)}\exp\left\{-\frac{1}{2}\int_t^u \|\nu(s,T) - \nu(s,\tau)\|^2 ds\right.$$

$$\left. + \int_t^u (\nu(s,T) - \nu(s,\tau)) \cdot dW^\tau(s)\right\},$$

wobei $\{W^\tau(t)\}_{t\in[t_0,\tau]}$ eine Brown'sche Bewegung unter Q^τ ist. Es gilt somit

$$E_{Q^\tau}\left[\frac{B(u,T)}{B(u,\tau)}\Big|\mathcal{F}_t\right] = \frac{B(t,T)}{B(t,\tau)}.$$

Lösung Aufgabe 10.2:

Der Wert einer Europäischen Call-Option in einem 1-Faktor Gauß-Zinsstrukturmodell ist gemäß Proposition 10.1, S. 380 zum Zeitpunkt t mit $t \le \tau < T$ gleich

$$\text{Call}_e[B(t,T), K, t, \tau] = B(t,T)N(d_1) - KB(t,\tau)N(d_2)$$

$$, d_{1/2} := d_{1/2}(t, \tau, T) := \frac{\ln\left(\frac{B(t,T)}{B(t,\tau)K}\right) \pm g^2(t, \tau, T)}{g(t, \tau, T)}$$

$$, g^2(t, \tau, T) := \int_t^\tau \left(\nu(u,T) - \nu(u,\tau)\right)^2 du .$$

Die Hedgestrategie besteht aus dem Kauf von $N(d_1)$ Nullkuponanleihen mit Fälligkeit zum Zeitpunkt T und dem Verkauf von $KN(d_2)$ Nullkuponanleihen mit Fälligkeit in τ. Gesucht wird somit eine selbstfinanzierende Portfoliostrategie, die den Wert $B(t,\tau)$ der Nullkuponanleihe mit Fälligkeit in τ zu jedem Zeitpunkt t dupliziert, d.h. gesucht ist $\{\phi(t) = (\phi^1(t), \phi^2(t))\}_{t \in [t_0, \tau]}$ mit

$$B(t, \tau) = \phi^1(t)B(t,T) + \phi^2(t)B(t,u) \qquad \forall t \in [t_0, \tau]$$

. Die Kursänderung der Nullkuponanleihen unter dem Martingalmaß P^* ist durch (10.3), S. 367 gegeben. Die selbstfinanzierende Portfoliostrategie ist bestimmt durch

$$\begin{aligned} dB(t,\tau) &= r_c(t)B(t,\tau)dt + B(t,\tau)\nu(t,\tau)dW^*(t) \\ &= \phi^1(t)dB(t,T) + \phi^2(t)dB(t,u) \\ &= \left[\phi^1(t)B(t,T) + \phi^2(t)B(t,u)\right]r_c(t)dt \\ &\quad + \left[\phi^1(t)B(t,T)\nu(t,T) + \phi^2(t)B(t,u)\nu(t,u)\right]dW^*(t) \end{aligned}$$

$$\begin{aligned} \Rightarrow \quad \phi^1(t)B(t,T) &= B(t,\tau) \cdot \frac{\nu(t,\tau) - \nu(t,u)}{\nu(t,T) - \nu(t,u)} \\ \phi^2(t)B(t,u) &= B(t,\tau) \cdot \frac{\nu(t,T) - \nu(t,\tau)}{\nu(t,T) - \nu(t,u)} . \end{aligned}$$

Die Hedgestrategie der Europäischen Call-Option bestimmt sich aus

$$\text{Call}_e[B(t,T), K, t, \tau] = B(t,T)N(d_1) - B(t,\tau)N(d_2)$$

$$= B(t,T)N(d_1) - \left[\phi^1(t)B(t,T) + \phi^2(t)B(t,u)\right]N(d_2)$$

$$= B(t,T)\left[N(d_1) - \phi^1(t)N(d_2)\right] - B(t,u)\phi^2(t)N(d_2) .$$

Zum Zeitpunkt t werden

- $N(d_1) - \phi^1(t)N(d_2) = N(d_1) - \dfrac{B(t,\tau)}{B(t,T)}\dfrac{\nu(t,\tau) - \nu(t,u)}{\nu(t,T) - \nu(t,u)}N(d_2)$ Nullkuponanleihen mit Restlaufzeit $(T - t)$ erworben,

- $\phi^2(t)N(d_2) = \dfrac{B(t,\tau)}{B(t,u)}\dfrac{\nu(t,T) - \nu(t,\tau)}{\nu(t,T) - \nu(t,u)}N(d_2)$ Nullkuponanleihen mit Restlaufzeit $(T - u)$ verkauft.

Lösung Aufgabe 10.3:

In einem 1-Faktor Gauß-Zinsstrukturmodell lässt sich der Kursprozess einer Null-kuponanleihe mit Fälligkeit in t_i durch die folgende selbstfinanzierende Portfolio-strategie $\{\phi_i(t) = \phi_i^1(t), \phi_i^2(t)\}_{t \in [0,\tau]}$ duplizieren mit

$$
\begin{aligned}
B(t,t_i) &= \phi_i^1(t)B(t,T) + \phi_i^2(t)B(t,\tau) && \forall t \le \tau < t_i \\
, dB(t,t_i) &= \phi_i^1(t)dB(t,T) + \phi_i^2(t)B(t,\tau) \, .
\end{aligned}
$$

Hierbei berechnen sich die Portfoliogewichte wie in Aufgabe 10.2 zu

$$
\begin{aligned}
\phi_i^1(t) &= \frac{B(t,t_i)}{B(t,T)} \frac{\nu(t,t_i) - \nu(t,\tau)}{\nu(t,T) - \nu(t,\tau)} \\
, \phi_i^2(t) &= \frac{B(t,t_i)}{B(t,\tau)} \frac{\nu(t,T) - \nu(t,t_i)}{\nu(t,T) - \nu(t,\tau)} \, .
\end{aligned}
$$

Die Hedgestrategie der Receiver Swaption ergibt sich aus Proposition 10.2, S. 385:

$$
\begin{aligned}
&\text{Receiver-Swaption} \left[r_L, L, V, \tau, \underline{\underline{T}} = \{t_2, \ldots, t_N\} \right] \\
=\ & V \cdot \Delta t \cdot L \sum_{i=1}^{N-1} [B(t,t_i)N(d_1(t,\tau,t_i)) - K_i B(t,\tau)N(d_2(t,\tau,t_i))] \\
& + V(1 + \Delta t \cdot)L [B(t,T)N(d_1(t,\tau,T)) - K_N B(t,\tau)N(d_2(t,\tau,T))] \\
=\ & B(t,T) \left[V \cdot \Delta t \cdot L \sum_{i=1}^{N-1} \left(\phi_i^1(t)N(d_1(t,\tau,t_i)) + V(1 + \Delta t \cdot L)N(d_1(t,\tau,T)) \right) \right] \\
& - B(t,\tau) \left[V \cdot \Delta t \cdot L \sum_{i=1}^{N-1} \left(K_i N(d_2(t,\tau,t_i)) - \phi_i^2(t)N(d_1(t,\tau,t_i)) \right) \right. \\
& \left. \qquad\qquad + V(1 + \Delta t \cdot L)K_N N(d_2(t,\tau,T)) \right] \, .
\end{aligned}
$$

Hierbei geben die beiden multiplikativen Termine die Höhe der jeweiligen long- oder short-Position an.

Lösung Aufgabe 10.4:

Sei $r_n(\tau,\tau,\alpha)$ der nominale Referenzzinssatz eines Caplet mit Level L und Nennwert V. Die Auszahlung des Caplet bei vorfälliger Zahlungsvereinbarung ist gleich

$$
\begin{aligned}
V \cdot \alpha \left[r_n(\tau,\tau,\alpha) - L \right]^+ &= V \cdot \left[(1 + \alpha r_n(\tau,\tau,\alpha)) - (1 + \alpha L) \right]^+ \\
&= V \cdot \left[\frac{B(\tau,\tau)}{B(\tau,\tau+\alpha)} - 1 + \alpha L \right]^+ \, .
\end{aligned}
$$

Der Terminpreisprozess $\left\{ \frac{B(t,\tau+\alpha)}{B(t,\tau)} \right\}_{t \in [t_0,\tau]}$ ist ein Martingal unter Q^τ und gemäß (10.11) bzw. (10.12), S. 377 in einem Gauß-Zinsstrukturmodell bestimmt. Der reziproke Prozess ist somit gleich

$$\frac{B(t,\tau)}{B(t,\tau+\alpha)} = \frac{B(t_0,\tau)}{B(t_0,\tau+\alpha)} \cdot \exp\left\{ \frac{1}{2} \int_{t_0}^{t} (\nu(u,\tau+\alpha) - \nu(u,\tau))^2 \, du \right. $$
$$\left. - \int_{t_0}^{t} (\nu(u,\tau+\alpha) - \nu(u,\tau)) \, dW^\tau(u) \right\},$$

d.h. Lösung der stochastischen Differentialgleichung

$$d\left(\frac{B(t,\tau)}{B(t,\tau+\alpha)} \right) = \frac{B(t,\tau)}{B(t,\tau+\alpha)} \cdot \left[(\nu(t,\tau+\alpha) - \nu(t,\tau))^2 \, dt \right. $$
$$\left. - (\nu(t,\tau+\alpha) - \nu(t,\tau)) \, dW^\tau(t) \right].$$

Der Arbitragepreis des Caplet mit vorfälliger Auszahlung ist somit gleich

$$E_{P^*}\left[\exp\left\{ -\int_{t_0}^{\tau} r_c(u) du \right\} \cdot \alpha V \cdot [r_n(\tau,\tau,\alpha) - L]^+ \,\Big|\, \mathcal{F}_{t_0} \right]$$

$$= B(t_0,\tau) \cdot V \cdot E_{Q^\tau}\left[\left[\frac{B(\tau,\tau)}{B(\tau,\tau+\alpha)} - (1+\alpha L) \right]^+ \,\Big|\, \mathcal{F}_{t_0} \right]$$

$$= B(t_0,\tau) \cdot V \cdot \int_{-\infty}^{+\infty} \left[\frac{B(t_0,\tau)}{B(t_0,\tau+\alpha)} \exp\left\{ \frac{1}{2}g^2 - g \cdot x \right\} - (1+\alpha L) \right]^+$$
$$\cdot \frac{1}{\sqrt{2\pi}} \exp\left\{ \frac{-x^2}{2} \right\} dx$$

$$= B(t_0,\tau) \cdot V \cdot \left(\int_z^{+\infty} \frac{B(t_0,\tau)}{B(t_0,\tau+\alpha)} \frac{1}{\sqrt{2\pi}} \exp\left\{ g^2 \right\} \exp\left\{ -\frac{(x+g)^2}{2} \right\} dx \right.$$
$$\left. - (1+\alpha L) \int_z^{+\infty} \frac{1}{\sqrt{2\pi}} \exp\left\{ \frac{-x^2}{2} \right\} dx \right)$$

$$= B(t_0,\tau) \cdot V \cdot \left(\frac{B(t_0,\tau)}{B(t_0,\tau+\alpha)} e^{g^2} N(g-z) - (1+\alpha L)N(-z) \right),$$

$$\text{mit } \quad g^2 \quad := \quad g^2(t_0,\tau,\tau+\alpha) := \int_{t_0}^{t} (\nu(u,\tau+\alpha) - \nu(u,\tau))^2 \, du$$

$$, z \quad := \quad \frac{\ln\left(\frac{1+\alpha r_n(t_0,\tau,\alpha)}{1+\alpha L} \right) + \frac{1}{2}g^2}{g}$$

$$, g - z \quad = \quad \frac{\ln\left(\frac{B(t_0,\tau+\alpha)(1+\alpha L)}{B(t_0,\tau)} \right) + \frac{1}{2}g^2(t_0,\tau,\tau+\alpha)}{g(t_0,\tau+\alpha)}.$$

Lösung Aufgabe 10.5:

Das Taylor-Polynom der Exponentialfunktion ist gleich $\exp\{Y\} = \sum_{i=0}^{\infty} \frac{1}{i!}Y^i$ Für eine lognormalverteilte Zufallsvariable Y gilt

$$E[Y^i] = \exp\left\{ iE[\ln Y] + \frac{1}{2}i^2 V[\ln Y] \right\} = \exp\left\{ i \cdot \mu + \frac{1}{2}i^2\sigma^2 \right\}$$

$$\begin{aligned}
\Rightarrow \quad E\left[\sum_{i=0}^{N} Y^i \right] &= \sum_{i=0}^{N} \exp\left\{ i \cdot \mu + \frac{1}{2}i^2\sigma^2 \right\} = \sum_{i=0}^{N} \exp\left\{ \mu + \frac{1}{2}i\sigma^2 \right\}^i \\
&\geq \sum_{i=\bar{n}}^{N} \exp\left\{ \mu + \frac{1}{2}i\sigma^2 \right\}^i \\
&\geq \sum_{i=\bar{n}}^{N} \exp\left\{ \mu + \frac{1}{2}\bar{n}\sigma^2 \right\}^i \\
&\geq \exp\left\{ \mu + \frac{1}{2}\bar{n}\sigma^2 \right\}^{\bar{n}} \cdot \sum_{i=0}^{N-\bar{n}} \exp\left\{ \mu + \frac{1}{2}\bar{n}\sigma^2 \right\}^i \\
&= \exp\left\{ \mu + \frac{1}{2}\bar{n}\sigma^2 \right\}^{\bar{n}} \cdot \frac{1 - \exp\left\{ \mu + \frac{1}{2}\bar{n}\sigma^2 \right\}^{N-\bar{n}+i}}{1 - \exp\left\{ \mu + \frac{1}{2}\bar{n}\sigma^2 \right\}}
\end{aligned}$$

für $\bar{n} \in \mathbb{N}_0$ mit $\mu + \frac{1}{2}\bar{n} \cdot \sigma^2 \geq 0 \Leftrightarrow \bar{n} \geq -\frac{2\mu}{\sigma^2}$ gilt somit

$$\lim_{N \to \infty} E\left[\sum_{i=0}^{N} Y^i \right] \geq \lim_{N \to \infty} \frac{\exp\left\{ \mu + \frac{1}{2}\bar{n}\sigma^2 \right\}^{\bar{n}} - \exp\left\{ \mu + \frac{1}{2}\bar{n}\sigma^2 \right\}^{N+1}}{1 - \exp\left\{ \mu + \frac{1}{2}\bar{n}\sigma^2 \right\}} = +\infty.$$

Lösung Aufgabe 10.6:

Ist $\rho(x)$ die gesuchte Dichtefunktion des τ-Forward Risk Adjusted Measure, so ist der Arbitragepreis einer Europäischen Put-Option mit Basispreis $K \in]0, 1[$, Ausübungszeitpunkt τ bezüglich einer Nullkuponanleihe mit Fälligkeit zum Zeitpunkt $\tau + \alpha$ in einem lognormalen Zinsstrukturmodell gleich

$$\begin{aligned}
\mathrm{Put}_e\left[B(t, \tau + \alpha), K, t, \tau\right] &= B(t, \tau) E_{Q^\tau}\left[[K - B(\tau, \tau + \alpha)]^+ \right] \\
&= B(t, \tau) \int_0^1 [K - x]^+ \rho(x) dx
\end{aligned}$$

$$\begin{aligned}
\Rightarrow \quad \frac{\partial^2 \mathrm{Put}_e\left[B(t, \tau + \alpha), K, t, \tau\right]}{\partial K^2} &= B(t, \tau) \frac{\partial^2}{\partial K} \int_0^K (K - x)\rho(x) dx \\
&= B(t, \tau) \frac{\partial}{\partial K} \int_0^K \rho(x) dx \\
&= B(t, \tau)\rho(K)
\end{aligned}$$

Der Arbitragepreis der Europäischen Put-Option in einem lognormalen Zinsstrukturmodell ist gemäß Proposition 10.3, S. 398 gleich

$$\begin{aligned}
&\mathrm{Put}_e\left[B(t, \tau + \alpha), K, t, \tau\right] \\
&= K\left(B(t, \tau) - B(t, \tau + \alpha)\right) N(-e_2) - (1 - K)B(t, \tau + \alpha)N(-e_1)
\end{aligned}$$

mit

$$\frac{\partial \text{Put}_e\left[B(t,\tau+\alpha),K,t,\tau\right]}{\partial K} = (B(t,\tau)-B(t,\tau+\alpha))\,N(-e_2)+B(t,\tau+\alpha)N(-e_1),$$

wobei

$$\frac{\partial e_1}{\partial K} = \frac{\partial e_2}{\partial K} = -\frac{1}{K(1-K)g}$$

$$,n(e_2) = n(e_1)\cdot\frac{B(t,\tau+\alpha)\cdot(1-K)}{(B(t,\tau)-B(t,\tau+\alpha))\,K}.$$

$$\Rightarrow \frac{\partial^2\text{Put}_e\left[B(t,\tau+\alpha),K,t,\tau\right]}{\partial K^2} = \frac{B(t,\tau+\alpha)}{K^2(1-K)g}n(e_1).$$

Die Dichtefunktion des τ-Forward Risk Adjusted Measure ist für $K \in]0,1[$ gleich

$$\rho(K) = \frac{B(t,\tau+\alpha)}{B(t,\tau)}\frac{1}{K^2(1-K)g}n(e_1)$$

$$= \frac{B(t,\tau+\alpha)}{B(t,\tau)}\cdot\frac{1}{\sqrt{2\pi}g}\frac{1}{K^2(1-K)}$$

$$\cdot\exp\left\{-\frac{\left(\ln\left(\frac{1-K}{K}\right)+\ln\left(\frac{B(t,\tau+\alpha)}{B(t,\tau)-B(t,\tau+\alpha)}\right)+\frac{1}{2}g^2\right)^2}{2g^2}\right\}$$

Der Erwartungswert der nominalen Terminzinsrate $r_n(\tau,\tau,\alpha)$ unter dem τ-Forward Risk Adjusted Measure berechnet sich aus

$$E_{Q^\tau}\left[r_n(\tau,\tau,\alpha)|\mathcal{F}_t\right] = E_{Q^\tau}\left[\frac{1}{\alpha}\left(\frac{B(\tau,\tau)}{B(\tau,\tau+\alpha)}-1\right)|\mathcal{F}_t\right]$$

$$= \frac{1}{\alpha}\int_0^1\left(\frac{1}{x}-1\right)\rho(x)dx$$

$$= \frac{1}{\alpha}\int_0^1\frac{1}{\sqrt{2\pi}g}\frac{B(t,\tau+\alpha)}{B(t,\tau)}\frac{1}{x^3}$$

$$\cdot\exp\left\{-\frac{\left(\ln\left(\frac{1-x}{x}\right)+\ln\left(\frac{B(t,\tau+\alpha)}{B(t,\tau)-B(t,\tau+\alpha)}\right)+\frac{1}{2}g^2\right)^2}{2g^2}\right\}dx$$

$$= \frac{1}{\alpha}\frac{B(t,\tau+\alpha)}{B(t,\tau)}\int_{-\infty}^{+\infty}\frac{1}{\sqrt{2\pi}g}e^u(e^u+1)$$

$$\cdot\exp\left\{-\frac{\left(u+\ln\left(\frac{B(t,\tau+\alpha)}{B(t,\tau)-B(t,\tau+\alpha)}\right)+\frac{1}{2}g^2\right)^2}{2g^2}\right\}du$$

$$= \frac{1}{\alpha}\frac{B(t,\tau+\alpha)}{B(t,\tau)}\left[\left(\frac{B(t,\tau)-B(t,\tau+\alpha)}{B(t,\tau+\alpha)}\right)^2 e^{g^2}+\frac{B(t,\tau)-B(t,\tau+\alpha)}{B(t,\tau+\alpha)}\right]$$

$$= r_n(t,\tau,\alpha)\frac{1+\alpha r_n(t,\tau,\alpha)e^{g^2}}{1+\alpha r_n(t,\tau,\alpha)},$$

d.h. der nominale Terminzinssatz $r_n(t, \tau, \alpha)$ ist kein Martingal unter Q^τ.

Lösungen zu Kapitel 11

Lösung Aufgabe 11.1:

Unter dem inländischen τ-Forward Risk Adjusted Measure Q_d^τ ist der Kursprozess der inländischen Aktie Lösung der stochastischen Differentialgleichung

$$d\left(\frac{S_d(t)}{B_d(t,\tau)}\right) = \frac{S_d(t)}{B_d(t,\tau)}[\sigma_d - \nu_d(t,\tau)] \cdot dW_d^\tau(t),$$

wobei $dW_d^\tau(t) := dW_d^*(t) - \nu_d(t,\tau)dt$ eine zweidimensionale Brown'sche Bewegung unter Q_d^τ definiert. Der Arbitragepreis einer Europäischen Call-Option mit Basispreis K und Ausübungszeitpunkt τ ist somit gleich:

$$
\begin{aligned}
\text{Call}_e[S_d(t), K, t, \tau] &= E_{P_d^*}\left[\exp\left\{-\int_t^\tau r_d(u)du\right\}[S_d(\tau) - K]^+\Big|\mathcal{F}_t\right] \\
&= B_d(t,\tau)E_{Q_d^\tau}\left[[S_d(\tau) - K]^+|\mathcal{F}_t\right] \\
&= B_d(t,\tau)\left[\frac{S_d(t)}{B_d(t,\tau)}N(d_1(t,\tau)) - KN(d_2(t,\tau))\right] \\
&= S_d(t)N(d_1(t,\tau)) - KB_d(t,\tau)N(d_2(t,\tau)), \\
d_{1/2}(t,\tau) &:= \frac{\ln\left(\frac{S_d(t)}{KB_d(t,\tau)}\right) \pm \frac{1}{2}g^2(t,\tau)}{g(t,\tau)}, \\
g^2(t,\tau) &= \int_t^\tau \|\sigma_d - \nu_d(u,\tau)\|^2 du.
\end{aligned}
$$

Die Hedgestrategie kann wiederum aus der Bewertungsformel abgelesen werden und ist zu jedem Zeitpunkt $t \in [t_0, \tau]$ gleich

- dem Erwerb von $N(d_1(t,\tau))$ Aktien und
- dem Verkauf von $KN(d_2(t,\tau))$ Nullkuponanleihen mit Fälligkeit τ.

Die obige Formel für den Europäischen Call ist eine Verallgemeinerung hinsichtlich des Zinsänderungsrisikos der Black-Scholes Formel. Für $\nu_d \equiv 0$ ergibt sich die Black-Scholes Formel. Der Unterschied zur Black-Scholes Formel besteht in der Definition der Funktion $g(t,\tau)$. Aus der Modellspezifikation berechnet sich die Volatilität der Aktie und der Anleihe zu

$$\|\sigma_d\| = \sigma_1, \|\nu_d(t,\tau)\| = \sqrt{\nu_1^2 + \nu_2^2}(\tau - t),$$

wobei $\sqrt{\nu_1^2 + \nu_2^2}$ gleich der Volatilität der kurzfristigen konformen Zinsrate ist. Der Korrelationskoeffizient zwischen der Aktie und der Anleihe ist definiert durch

$$\rho \; := \; \frac{\text{cov}_{P_d^*}[dS_d(t), dB_d(t,\tau)|\mathcal{F}_t]}{\left(V_{P_d^*}[dS_d(t)|\mathcal{F}_t]V_{P_d^*}[dB_d(t,\tau)|\mathcal{F}_t]\right)^{\frac{1}{2}}}$$

$$= \; \frac{S_d(t)\sigma_1 \cdot B_d(t,\tau)\nu_1}{(S_d^2(t)\sigma_1^2 \cdot B_d^2(t,\tau)(\nu_1^2+\nu_2^2))^{\frac{1}{2}}} = \frac{\nu_1}{\sqrt{\nu_1^2+\nu_2^2}}.$$

In Abhängigkeit der Korrelation lässt sich die Volatilität der Anleihe darstellen durch

$$\nu_1 \cdot (\tau - t) \;=\; \rho \cdot \|\nu_d\| = \rho\sqrt{\nu_1^2+\nu_2^2}(\tau-t)$$
$$\nu_2 \cdot (\tau - t) \;=\; \sqrt{1-\rho^2}\|\nu_d\|.$$

Ist ρ der Korrelationskoeffizient zwischen Aktie und Anleihe, so ist $-\rho$ der Korrelationskoeffizient zwischen Aktie und konformer Zinsrate. Die Funktion $g(t,\tau)$ berechnet sich nun zu

$$g(t,\tau) \;=\; \int_t^\tau \|\sigma_d\|^2 - 2\rho\|\sigma_d\| \; \|\nu_d(u,\tau)\| + \|\nu_d(u,\tau)\|^2 du$$

$$=\; \sigma_1^2(\tau-t) - \rho\sigma_1\sqrt{\nu_1^2+\nu_2^2}(\tau-t)^2 + \frac{1}{3}(\nu_1^2+\nu_2^2)(\tau-t)^3$$

$$\Rightarrow \frac{\partial g(t,\tau)}{\partial\|\sigma_d\|} \;=\; (\tau-t) > 0,$$

$$\frac{\partial g(t,\tau)}{\partial\sqrt{\nu_1^2+\nu_2^2}} \;=\; -\rho\sigma_1(\tau-t)^2 + \frac{2}{3}\sqrt{\nu_1^2+\nu_2^2}(\tau-t)^3 > 0,$$

$$\Leftrightarrow \rho < \frac{2}{3}\frac{\sqrt{\nu_1^2+\nu_2^2}}{\sigma_1}(\tau-t),$$

$$\frac{\partial g(t,\tau)}{\partial\rho} \;=\; -\sigma_1\sqrt{\nu_1^2+\nu_2^2}(\tau-t)^2 < 0.$$

Darüber hinaus gilt für die Ableitung des Arbitragepreises und der Hedgeratio nach der Gesamtvolatilität $g(t,\tau)$

$$\frac{\partial\text{Call}_e[S(t),K,t,\tau]}{\partial g(t,\tau)} \;=\; KB_d(t,\tau)n(d_2) > 0,$$

$$\frac{\partial N(d_1)}{\partial g(t,\tau)} \;=\; n(d_1)\cdot\left(\frac{1}{2} - \frac{\ln\left(\frac{S(t)}{KB(t,\tau)}\right)}{g^2}\right),$$

$$\frac{\partial N(d_2)}{\partial g(t,\tau)} \;=\; n(d_2)\cdot\left(-\frac{1}{2} - \frac{\ln\left(\frac{S(t)}{KB(t,\tau)}\right)}{g^2}\right).$$

Insgesamt ergeben sich die folgenden Zusammenhänge:

- Der Arbitragepreis ist monoton wachsend in der Volatilität der Aktie $\|\sigma_d\|$ und monoton fallend in der Korrelation ρ zwischen Aktie und Anleihe. Diese Korrelation ist i.d.R. positiv. Der Arbitragepreis ist monoton wachsend in der Volatilität der Anleihe für eine genügend große Restlaufzeit der Option. Kurz vor Ausübung kann sich eine Änderung der Volatilität jedoch auch preisreduzierend auswirken.

- Für die Hedgeratio muß zwischen einer in-, at- und out-of-the-money Situation unterschieden werden. Ist der Kurs $S(t) \leq KB(t,\tau)$, d.h. liegt eine at- oder out-of-money Situation vor, so ändert sich die Hedgeratio in der gleichen Weise wie der Optionspreis. Insbesondere ist die Hedgeratio monoton wachsend in der Volatilität der Aktie und monoton fallend in der Korrelation zwischen Aktie und Anleihe. Handelt es sich um eine in-the-money-Option mit $\ln\left(\frac{S(t)}{KB(t,\tau)}\right) > \frac{1}{2}g^2(t,\tau)$, so ändert sich das Verhalten. Die Hedgeratio ist nun monoton fallend in der Volatilität der Aktie und monoton wachsend in der Korrelation zwischen Anleihe und Aktie.

- Die Anzahl der zu erwerbenden Anleihen $KN(d_2(t,\tau))$ ist monoton fallend in der Volatilität der Aktie und wachsend in der Korrelation für at- und in-the-money Call-Optionen. Für out-of-the-money Optionen mit $\ln\left(\frac{S(t)}{KB(t,\tau)}\right) < -\frac{1}{2}g^2(t,\tau)$ kehrt sich das Verhalten um.

Lösung Aufgabe 11.2:

Unter dem inländischen T-Forward Risk Adjusted Measure Q_d^T gilt für den Kursprozess der in inländischer Währung notierten ausländischen Anleihe

$$d\left(\frac{X(t)B_f(t,T)}{B_d(t,T)}\right) = \frac{X(t)B_f(t,T)}{B_d(t,T)}[\sigma_x(t) + \nu_f(t,T) - \nu_d(t,T)] \cdot dW_d^T(t),$$

wobei $\{W_d^T(t)\}_t$ eine Brown'sche Bewegung unter Q_d^T ist. Der Arbitragepreis der Exchange Option mit Ausübungszeitpunkt $\tau < T$ ist gleich

$$C_{ex}\left[B_d(t,T), \frac{X(t)}{\bar{X}}, B_f(t,T), t, \tau\right]$$

$$= E_{P_d^*}\left[\exp\left\{-\int_t^\tau r_d(u)du\right\}\left[B_d(\tau,T) - \frac{X(\tau)}{\bar{X}}B_f(\tau,T)\right]^+ \Big| \mathcal{F}_t\right]$$

$$= B_d(t,T)E_{P_d^*}\left[\exp\left\{-\int_t^\tau r_d(u)du\right\}\frac{B_d(\tau,T)}{B_d(t,T)}\left[1 - \frac{X(\tau)B_f(\tau,T)}{\bar{X}B_d(\tau,T)}\right]^+ \Big| \mathcal{F}_t\right]$$

$$= B_d(t,T)E_{Q_d^T}\left[\left[1 - \frac{X(\tau)B_f(\tau,T)}{\bar{X}B_d(\tau,T)}\right]^+ \Big| \mathcal{F}_t\right]$$

$$= B_d(t,T) \cdot N(d_1(t,\tau,T)) - \frac{X(t)B_f(t,T)}{\bar{X}} \cdot N(d_2(t,\tau,T)),$$

$$d_{1/2}(t,\tau,T) \;=\; \frac{\ln\left(\frac{\bar{X}B_d(t,T)}{X(t)B_f(t,T)}\right) \pm \frac{1}{2}g^2(t,\tau,T)}{g(t,\tau,T)}$$

$$,g^2(t,\tau,T) \;=\; \int_t^\tau \|\sigma_x(u) + \nu_f(u,T) - \nu_d(u,T)\|^2 du.$$

Die Hedgestrategie ist in jedem Zeitpunkt gegeben durch

- den Erwerb von $N(d_1(t,\tau,T))$ inländischen Nullkuponanleihen mit Fälligkeit T und

- den Verkauf von $\frac{1}{X}N(d_2(t,\tau,T))$ ausländischen Nullkuponanleihen mit Fälligkeit T.

Lösung Aufgabe 11.3:

Die Auszahlung der Maximumoption ist gleich

$$\max\{\alpha S_d(\tau), \beta X(\tau)S_f(\tau)\} = [\alpha S_d(\tau) - \beta X(\tau)S_f(\tau)]^+ + \beta X(\tau)S_f(\tau).$$

Der Arbitragepreis zum Zeitpunkt t ist gleich dem einer Exchange Option plus dem Wert von β ausländischen Wertpapieren in inländischer Währung, d.h. plus $\beta X(t)S_f(t)$. Wird die inländische Aktie als Numeraire gewählt, so definiert

$$
\begin{aligned}
\left.\frac{dQ^Z}{dP_d^*}\right|_{t,\tau} &:= \frac{\exp\left\{-\int_t^\tau r_d(u)du\right\}S_d(\tau)}{S_d(t)} \\
&= \exp\left\{-\frac{1}{2}\int_t^\tau \|\sigma_d(u)\|^2 + \int_t^\tau \sigma_d(u)\cdot dW_d^*(u)\right\}
\end{aligned}
$$

eine zu P_d^* äquivalente Wahrscheinlichkeitsverteilung. Unter Q^Z ist

$$dW^Z(t) = dW_d^*(t) - \sigma_d(t)\cdot dt$$

eine n-dimensionale Brown'sche Bewegung und es gilt

$$d\left(\frac{X(t)S_f(t)}{S_d(t)}\right) = \frac{X(t)S_f(t)}{S_d(t)}[\sigma_x(t) + \sigma_f(t) - \sigma_d(t)]\cdot dW^Z(t).$$

Der Arbitragepreis der Option auf das Maximum berechnet sich nun zu

$$
\begin{aligned}
&C_{TA}[\alpha S_d(t), \beta X(t)S_f(t), t, \tau] \\
&= E_{P_d^*}\left[\exp\left\{-\int_t^\tau r_d(u)du\right\}\max\{\alpha S_d(\tau), \beta X(\tau)S_f(\tau)\}\Big|\mathcal{F}_t\right] \\
&= E_{P_d^*}\left[\exp\left\{-\int_t^\tau r_d(u)du\right\}[\alpha S_d(\tau) - \beta X(\tau)S_f(\tau)]^+ \Big|\mathcal{F}_t\right] + \beta X(t)S_f(t) \\
&= S_d(t)E_{Q^Z}\left[\alpha - \frac{\beta X(\tau)S_f(\tau)}{S_d(\tau)}\Big|\mathcal{F}_t\right] + \beta X(t)S_f(t) \\
&= \alpha S_d(t)N(d_1(t,\tau)) - \beta X(t)S_f(t)N(d_2(t,\tau)) + \beta X(t)S_f(t) \\
&= \alpha S_d(t)N(d_1(t,\tau)) + \beta X(t)S_f(t)N(-d_2(t,\tau)),
\end{aligned}
$$

$$d_{1/2}(t,\tau) \quad := \quad \frac{\ln\left(\frac{\alpha S_d(t)}{\beta X(t) S_f(t)}\right) \pm \frac{1}{2} g^2(t,\tau)}{g(t,\tau)},$$

$$g^2(t,\tau) \quad := \quad \int_t^\tau \|\sigma_x(u) + \sigma_f(u) - \sigma_d(u)\|^2 du.$$

Die Hedgestrategie einer Maximumoption ist gegeben durch

- den Erwerb von $\alpha N(d_1(t,\tau))$ inländischen Wertpapieren und
- den Erwerb von $\beta N(-d_2(t,\tau))$ ausländischen Wertpapieren.

Abbildungsverzeichnis

Tabellenverzeichnis

Literaturverzeichnis

Amin, K. (1991), On the Computation of Continuous Time Option Prices Using Discrete Approximations, *Journal of Financial and Quantitative Analysis* **26**, 477–496.

Amin, K. I. und Jarrow, R. A. (1991), Pricing Foreign Currency Options under Stochastic Interest Rates, *Journal of International Money and Finance* **10**, 310–329.

Amin, K. und Khanna, A. (1994), Convergence of American Option Values from Discrete- to Continuous-Time Financial Models, *Mathematical Finance* **4**, 289–304.

Arnold, L. (1973), *Stochastische Differentialgleichungen*, Oldenburg Verlag, München.

Arnold, L. (1991), *Stochastic Differential Equations: Theory and Applications*, Krieger Publishing Company.

Arrow, K. (1964), The Role of Securities in the Optimal Allocation of Risk–Bearing, *Review of Econonomic Studies* **31**, 91–96.

Artzner, P. und Delbaen, F. (1989), Term Structure of Interest Rates: The Martingale Approach, *Advances in Applied Mathematics* **10**, 95–129.

Bachelier, L. (1964), Theory of Speculation, *in* P. H. Cootner (ed.), *The Random Character of Stock Market Prices*, The M.I.T. Press, pp. 17–78.

Ball, C. A. und Torous, W. N. (1983), Bond Price Dynamics and Options, *Journal of Financial and Quantitative Analysis* **18**(4), 517–531.

Bauer, H. (1978), *Wahrscheinlichkeitstheorie und Grundzüge der Maßtheorie*, De Gruyter.

Baxter, M. und Rennie, A. (1996), *Financial Calculus*, University Press, Cambridge.

Bensaid, B., Lesne, J.-P., Pagès, H. und Scheinkman, J. (1992), Derivative Asset Pricing with Transaction Costs, *Mathematical Finance* **2**, 63–86.

Berger (1996), Barrier Options, *in* I. Nelken (ed.), *The Handbook of Exotic Options*, IRWIN Professional Publishing, Chicago, pp. 213–243.

Bierwag, G., Kaufman, G. G. und Toevs, A. (1983), Duration: Its Development and Use in Bond Portfolio Management, *Financial Analysts Journal* **39**(4), 15–35.

Björk, T. (1998), *Arbitrage Theory in Continuous Time*, Oxford University Press.

Black, F., Derman, E. und Toy, W. (1990), A One–Factor Model of Interest Rates and Its Application to Treasury Bond Options, *Financial Analysts Journal* **46**, 33–39.

Black, F. und Karasinski, P. (1991), Bond and Option Pricing when Short Rates are Lognormal, *Financial Analysts Journal* **47**, 52–59.

Black, F. und Scholes, M. (1973), The Pricing of Options and Corporate Liabilities, *Journal of Political Economy* **81**, 637–654.

Boyle, P. P. (1988), A Lattice Framework for Option Pricing with two State Variables, *Journal of Financial and Quantitative Analysis* **23**, 1–12.

Boyle, P. P. und Lau, S. H. (1994), Bumping Up Against the Barrier with the Binomial Method, *Journal of Derivatives* **1**(4), 6–14.

Brace, A., Gatarek, D. und Musiela, M. (1997), The Market Model of Interest Rate Dynamics, *Mathematical Finance* **7**(2), 127–154.

Breeden, D. und Litzenberger, R. (1978), Prices of State-Contingent Claims Implicit in Option Prices, *Journal of Business* **51**, 621–651.

Brenner, R. J. und Schwartz, E. S. (1982), An Equilibrium Model of Bond Pricing and a Test of Market Efficiency, *Jounal of Financial and Quantitative Analysis* **17**, 301–329.

Breuer, W. und Gürtler, M. (1997), Preisanomalien bei Exotischen Währungsoptionen, *WISU–das Wirtschaftsstudium* **26**, 663–665.

Briys, E., Bellalah, M., Mai, H. und de Varenne, F. (1998), *Options, Futures and Exotic Derivatives*, John Wiley & Sons, Chichester.

Briys, E., Crouhy, M. und Schöbel, R. (1991), The Pricing of Default–free Interest Rate Cap, Floor, and Collar Agreements, *The Journal of Finance* **46**, 1879–1892.

Broadie, M. und Detemple, J. (1996), American Option Evaluation: New Bounds, Approximations, and a Comparison of Existing Methods, *Review of Financial Studies*.

Bühler, W. (1988), Rationale Bewertung von Optionsrechten auf Anleihen, *Zeitschrift für betriebswirtschaftliche Forschung* **40**(10), 851–883.

Carverhill, A. P. und Clewlow, L. J. (1990), Flexible Convolution, *Risk* **3**(4), 25–29.

Cheng, S. T. (1991), On the Feasibility of Arbitrage–Based Option Pricing when Stochastic Bond Price Processes are Involved, *Journal of Economic Theory* **53**, 185–198.

Cheuk, H. F. (1996), *Exotic Options*, Thesis Publishers, Amsterdam.

Cheuk, T. und Vorst, T. (1994), Binomial Models for some Path-Dependent Options, Tinbergen Institute, Erasmus University Rotterdam, working paper 9422/A.

Chung, K. L. (1974), *A Course in Probability Theory*, Academic Press Inc., Boston.

Cox, J. C., Ingersoll jr., J. E. und Ross, S. A. (1979a), Duration and the Measurement of Basis Risk, *Journal of Business* **52**(1), 51–61.

Cox, J. C., Ingersoll jr., J. E. und Ross, S. A. (1981a), A Re–Examination of Traditional Hypotheses about the Term Structure of Interest–Rates, *Journal of Finance* **36**(4), 769–799.

Cox, J. C., Ingersoll jr., J. E. und Ross, S. A. (1981b), The Relation between Forward Prices and Futures Prices, *Journal of Financial Economics* **9**, 321–346.

Cox, J. C., Ingersoll jr., J. E. und Ross, S. A. (1985a), An Intertemporal General Equilibrium Model of Asset Prices, *Econometrica* **53**(2), 363–384.

Cox, J. C., Ingersoll jr., J. E. und Ross, S. A. (1985b), A Theory of the Term Structure of Interest Rates, *Econometrica* **53**(2), 385–407.

Cox, J. C., Ross, S. A. und Rubinstein, M. (1979b), Option Pricing: A Simplified Approach, *Journal of Financial Economics* 7, 229–263.

Cox, J. C. und Rubinstein, M. (1985), *Options Markets*, Prentice-Hall, New Jersey.

Debreu, G. (1959), *Theory of Value*, Monography 17, Cowles Foundation, New Haven Conneticut, Yale University Press.

Dothan, L. (1978), On the Term Structure of Interest Rates, *Journal of Financial Economics* 6, 59–69.

Dothan, M. U. (1990), *Prices in Financial Markets*, Oxford University Press, New York.

Dybvic, P. und Ross, S. (1987), Arbitrage, *in* J. Eatwell, M. Migate und P. Newman (eds), *The New Palgrave, A Dictionary of Economics*, London: MacMillan Press Ltd., pp. 100–106.

Eilenberger, G. (1996), *Lexikon der Finanzinnovationen*, R. Oldenburg Verlag, München.

Ekern, S. und Persson, S.-A. (1996), Exotic Unit-Linked Life Insurance Contracts, *The Geneva Papers on Risk and Insurance Theory* 21, 35–64.

El Karoui, N., Lepage, C., Myneni, R., Roseau, N. und Viswanathan, R. (1991), The Valuation and Hedging of Contingent Claims with Markovian Interest Rate, Université de Paris VI, working paper .

El Karoui, N., Myneni, R. und Viswanathan, R. (1992), Arbitrage Pricing and Hedging of Interest Rate Claims with State Variables: I Theory, Université de Paris VI, working paper .

Elliott, R. (1982), *Stochastic Calculus and Applications*, Springer-Verlag, New York.

Feller, W. (1968), *An Introduction to Probability Theory and Its Applications, Volume I*, John Wiley & Sons, New York.

Feller, W. (1971), *An Introduction to Probability Theory and Its Applications, Volume II*, John Wiley & Sons, New York.

Fischer, G. (1995), *Lineare Algebra*, Vieweg.

Frey, R. und Sommer, D. (1996), A Systematic Approach to Pricing and Hedging International Derivatives with Interest Rate Risk, *Journal of Mathematical Finance* 3(4), 295–317.

Garman, M. B. und Kohlhagen, S. W. (1983), Foreign Currency Option Values, *Journal of International Money and Finance* 2, 231–237.

Geman, H., El Karoui, N. und Rochet, J.-C. (1995), Changes of Numeraire, Changes of Probability Measure and Option Pricing, *Journal of Applied Probability* 32, 443–458.

Geman, H. und Yor, M. (1993), Bessel Processes, Asian Options and Perpetuities, *Mathematical Finance* 3, 349–375.

Goldman, M. B., Sosin, H. B. und Gatto, M. A. (1979), Path-Dependent Options: Buy at the Low, Sell at the High, *The Journal of Finance* 34(5), 1111–1127.

Grabbe, J. O. (1996), *International Financial Markets*, Prentice Hall International, Inc., New Jersey.

Harrison, J. M. und Kreps, D. M. (1979), Martingales and Arbitrage in Multiperiod Securities Markets, *Journal of Economic Theory* **20**, 381–408.

Harrison, J. M. und Pliska, S. R. (1981), Martingales and Stochastic Integrals in the Theory of Continuous Trading, *Stochastic Processes and their Applications* **11**, 215–260.

Harrison, J. M. und Pliska, S. R. (1983), A Stochastic Calculus Model of Continuous Trading: Complete Markets, *Stochastic Processes and their Applications* **15**, 313–316.

He, H. (1990), Convergence from Discrete- to Continuous-Time Contingent Claims Prices, *Review of Financial Studies* **3**, 523–546.

Heath, D., Jarrow, R. und Morton, A. (1992), Bond Pricing and the Term Structure of Interest Rates: A New Methodology for Contingent Claims Valuation, *Econometrica* **60**(1), 77–105.

Ho, T. S. und Lee, S.-B. (1986), Term Structure Movements and Pricing Interest Rate Contingent Claims, *Journal of Finance* **41**(5), 1011–1029.

Hoffmann, B. (1995), Für Profis: Ein neuer Optionsschein, der unter bestimmten Voraussetzungen kostenlos ist, *Effektenspiegel* **50**, 2.

Hogan, M. und Weintraub, K. (1993), The Lognormal Interest Rate Model and Eurodollar Futures, Citibank, New York, working paper .

Huang, C. und Litzenberger, R. (1988), *Foundations for Financial Economics*, North-Holland, Amsterdam.

Hull, J. C. (1997), *Options, Futures, and other Derivatives*, Prentice-Hall, New York.

Hull, J. und White, A. (1990a), Pricing Interest–Rate Derivative Securities, *The Review of Financial Studies* **3**(4), 573–592.

Hull, J. und White, A. (1990b), Valuing Derivative Securities Using the Explicit Finite Difference Method, *Journal of Financial and Quantitative Analysis* **25**(1), 87–100.

Hull, J. und White, A. (1993a), Efficient Procedures for Valuing European and American Path-Dependent Options, *Journal of Derivatives* pp. 21–31.

Hull, J. und White, A. (1993b), One-factor Interest Rate Models and the Valuation of Interest Rate Derivative Securities, *Journal of Financial and Quantitative Analysis* **28**, 235–254.

Hull, J. und White, A. (1994a), Numerical Procedures for Implementing Term Structure Models I, *Journal of Derivatives* **2**(1), 7–16.

Hull, J. und White, A. (1994b), Numerical Procedures for Implementing Term Structure Models II, *Journal of Derivatives* **2**(2), 37–48.

Hull, J. und White, A. (1994c), The Pricing of Options on Interest-Rate Caps and Floors using The Hull-White Model, *Journal of Financial Engineering* **2**, 287–296.

Ingersoll jr., J. E. (1987), *Theory of Financial Decision Making*, Rowman & Littlefield Publishers, Inc., New Jersey, USA, chapter 18, pp. 387–401.

Inglis-Taylor, A. (1995), *Dictionary of Derivatives*, Macmillian Press LTD, London, UK.

Jackwerth, J. und Rubinstein, M. (1996), Recovering Probability Distributions from Option Prices, *Journal of Finance* **51**(5), 1611–1631.

Jamshidian, F. (1989), An Exact Bond Option Formula, *The Journal of Finance* **44**(1), 205–209.

Jamshidian, F. (1991a), Bond and Option Evaluation in the Gausian Interest Rate Model, *Research in Finance* **9**, 131–170.

Jamshidian, F. (1991b), Forward Induction and Construction of Yield Curve Diffusion Models, *The Journal of Fixed Income* **1**, 62–74.

Jamshidian, F. (1993a), Options and Futures Evaluation with Deterministic Volatilities, *Mathematical Finance* **3**, 149–159.

Jamshidian, F. (1993b), Price Differentials, *Risk* **6**(7), 48–51.

Jamshidian, F. (1994a), Corralling Quantos, *Risk* **3**(6), 71–75.

Jamshidian, F. (1994b), Hedging Quantos, Differential Swaps and Ratios, *Applied Mathematical Finance* **1**, 1–20.

Jamshidian, F. (1995), A Simple Class of Square-Root Interest-Rate Models, *Applied Mathematical Finance* **2**, 61–72.

Jamshidian, F. (1997), LIBOR and Swap Market Models and Measures, *Finance and Stochastics* **1**(4), 293–330.

Jarrow, R. (1995), *Over the Rainbow. Developments in Exotic Options and Complex Swaps*, Risk Publications, London.

Jarrow, R. und Turnbull, S. (1996), *Derivative Securities*, South-Western College Publishing, Cincinnati, Ohio.

Jensen, B. A. und Nielsen, J. A. (1994), The Structure of Binomial Lattice Models for Bonds, *in* Novikov (ed.), *Frontiers in Pure and Applied Probability*, Vol. 4, TVP Sci.Ed.

Karatzas, I. und Shreve, S. E. (1991), *Brownian Motion and Stochastic Calculus*, Springer-Verlag, Heidelberg.

Karlin, S. und Taylor, H. (1981), *A Second Course in Stochastic Processes*, Academic Press, New York.

Karlin, S. und Taylor, H. M. (1975), *A First Course in Stochastic Processes*, Academic Press, Inc., San Diego.

Kat, H. und Verdonk, L. (1995), Tree Surgery, *Risk Magazine*.

Kemna, A. und Vorst, T. (1990), A Pricing Method for Options Based on Average Asset Values, *Journal of Banking and Finance* **14**, 113–129.

Kolb, R. W. (1997), *Options*, Blackwell Publishers Ltd., Oxford.

Krouse, C. (1986), *Capital Markets and Prices*, North Holland, Amsterdam.

Laffont, J.-J. (1995), *The Economics of Uncertainty and Information*, The MIT Press, Cambridge.

Leisen, D. P. (1998), *An Efficient Binomial Option Price Approximation*, PhD thesis, University of Bonn.

Leisen, D. und Reimer, M. (1996), Binomial Models for Option Valuation – Examining and Improving Convergence, *Applied Mathematical Finance* **3**, 319–346.

Levi, M. D. (1996), *International Finance. The Markets and Financial Management of Multinational Business*, McGraw-Hill, Inc., New York.

Levy, E. (1992), The Valuation of Average Rate Currency Options, *Journal of International Money and Finance* **11**, 474–491.

Li, A., Ritchken, P. und Sankarasubramanian, L. (1995), Lattice Models for Pricing American Interest Rate Claims, *Journal of Finance* **47**, 831–850.

Liptser, R. und Shiryayev, A. (1977), *Statistics of Random Processes I: General Theory*, Springer-Verlag, New York.

Luenberger, D. G. (1998), *Investment Science*, Oxford University Press.

Madan, D., Milne, F. und Shefrin, H. (1989), The Multinomial Option Pricing Model and its Brownian and Poisson Limits, *Review of Financial Studies* **2**, 251–265.

Magill, M. und Quinzii, M. (1996), *Theory of Incomplete Markets. Volume I*, The MIT Press, Cambridge.

Margrabe, W. (1978), The Value of an Option to Exchange one Asset for Another, *Journal of Finance* **33**(1), 177–186.

Merton, R. C. (1973), Theory of Rational Option Pricing, *Bell Journal of Economics and Management Science* **4**, 141–183.

Merton, R. C. (1992), *Continuous Time Finance*, Blackwell Publishers Ltd., Cambridge.

Milne, F. (1997), *Finance Theory and Asset Pricing*, Oxford University Press, Oxford.

Miltersen, K., Sandmann, K. und Sondermann, D. (1997), Closed Form Solutions for Term Structure Derivatives with Log–Normal Interest Rates, *Journal of Finance* **52**(1), 409–430.

Musiela, M. und Rutkowski, M. (1997), *Martingale Methods in Financial Modelling*, Springer-Verlag, New York.

Musiela, M. und Sondermann, D. (1993), Different Dynamical Specifications of the Term Structure of Interest Rates and their Implications, SFB 303, Universität Bonn, working paper B-260.

Nabben, S. (1990), *Financial Swaps. Instrument des Bilanzstrukturmanagements in Banken*, Gabler-Verlag, Wiesbaden.

Neftci, S. N. (1996), *An Introduction to the Mathematics of Financial Derivatives*, Academic Press, San Diego.

Nelken, I. (1996), *The Handbook of Exotic Options*, IRWIN Professional Publishing, Chicago.

Nielsen, J. A. und Sandmann, K. (1995), Equity–linked Life Insurance: A Model with Stochastic Interest Rates, *Insurance, Mathematics & Economics* **16**, 225–253.

Nielsen, J. A. und Sandmann, K. (1996a), The Pricing of Asian Options under Stochastic Interest Rates, *Applied Mathematical Finance* **3**, 209–306.

Nielsen, J. A. und Sandmann, K. (1996b), Uniqueness of the Fair Premium for Equity-Linked Life Insurance Contracts, *The Geneva Papers on Risk and Insurance Theory* **21**, 65–102.

Nielsen, J. A. und Sandmann, K. (1998), Asian Exchange Rate Options under Stochastic Interest Rates: Pricing as a Sum of Delayed Payment Options, SFB 303, University of Bonn, working paper B-431.

Ohl, H.-P. (1994), *Asset-Backed Securities. Ein innovatives Instrument zur Finanzierug deutscher Unternehmen*, Gabler-Verlag, Wiesbaden.

Pitman, J. (1995), *Probability*, Springer-Verlag, Heidelberg.

Pitts, M. (1985), The Pricing of Options on Debt Securities, *The Journal of Portfolio Management* **2**, 41–50.

Pliska, S. R. (1997), *Introduction to Mathematical Finance. Discrete Time Models*, Blackwell Publishers Ltd., Oxford.

Radner, R. (1972), Existence of Equilibrium of Plans, Prices, and Price Expectations in a Sequence of Markets, *Econometrica* **40**(2), 289–303.

Rady, S. und Sandmann, K. (1994), The Direct Approach to Debt Option Pricing, *The Review of Futures Markets* **13**(2), 461–514.

Rebonato, R. (1996), *Interest-Rate Option Models. Understanding, Analysing and Using Models for Exotic Interest-Rate Options*, John Wiley & Sons, Inc., Chichester.

Reimer, M. (1997), *Examining Binomial Option Price Approximations*, PhD thesis, University of Bonn.

Reimer, M. und Sandmann, K. (1994a), An Efficient Approach for Down–and–Out–Calls in a Binomial Model, *in* A. Karmann, K. Mosler, M. Schader und G. Uede (eds), *Operations Research 93*, Physika–Verlag, Heidelberg, pp. 418–421.

Reimer, M. und Sandmann, K. (1994b), European and American Barrier Options: A Discrete Time Approach and further Extensions, SFB 303, Universität Bonn, working paper B–272.

Rendleman, R. J. J. und Bartter, B. J. (1979), Two–State Option Pricing, *Journal of Finance* **34**(5), 1093–1110.

Rendleman, R. J. J. und Bartter, B. J. (1980), The Pricing of Options on Debt Securities, *Journal of Financial and Quantitative Analysis* **15**(1), 11–24.

Rogers, L. und Shi, Z. (1995), The Value of an Asian Option, University of London, working paper .

Ross, S. A. (1976a), The Arbitrage Theory of Capital Asset Pricing, *Journal of Economic Theory* **13**, 341–360.

Ross, S. A. (1976b), Options and Efficiency, *Quarterly Journal of Economics* **90**, 75–89.

Ross, S. A. (1976c), Return, Risk and Arbitrage, *in* Friend und Bicksler (eds), *Risk and Return in Finance*, Ballinger,Cambridge, chapter 9, pp. 189–218.

Rubinstein, M. (1987), Derivative Assets Analysis, *Economic Perspectives* **1**(2), 73–93.

Rubinstein, M. (1990), Exotic Options, University of California at Berkeley, working paper 426.

Rubinstein, M. (1994), Implied Binomial Trees, *Journal of Finance* **49**, 771–818.

Rubinstein, M. und Reiner, E. (1991a), Breaking down the Barriers, *Risk* **4**(8), 28–35.

Rubinstein, M. und Reiner, E. (1991b), Unscambling the Binary Code, *Risk* **4**(9), 75–83.

Rudolf, M. (2000), *Zinsstrukturmodelle*, Physica-Verlag, Heidelberg.

Sandmann, K., Sondermann, D. und Miltersen, K. R. (1995), Closed Form Term Structure Derivatives in a Heath–Jarrow–Morton Model with Log–Normal Annually

Compounded Interest Rates, *Proceedings of the Seventh Annual European Research Symposium, Bonn, September 1994, Chicago Board of Trade* pp. 145–164.

Sandmann, K. und Schlögl, E. (1996), Zustandspreise und die Modellierung des Zinsänderungsrisikos, *Zeitschrift für Betriebswirtschaft* **66**(7), 813–836.

Sandmann, K. und Sondermann, D. (1990), Zur Bewertung von Caps and Floors, *Zeitschrift für Betriebswirtschaft* **11**, 1205–1238.

Sandmann, K. und Sondermann, D. (1993), A Term Structure Model and the Pricing of Interest Rate Options, *The Review of Futures Markets* **12**(2), 391–423.

Sandmann, K. und Sondermann, D. (1997), A Note on the Stability of Lognormal Interest Rate Models, *Mathematical Finance* pp. 119–125.

Schaefer, S. M. und Schwartz, E. (1987), Time–Dependent Variance and the Pricing of Bond Options, *Journal of Finance* **42**(5), 1113–1128.

Schlögl, E. (1997), *Interest Rate Factor Models: Term Structure Dynamics and Derivatives Pricing*, PhD thesis, University of Bonn.

Schmidt, W. (1997), On a General Class of One-Factor Models for the Term Structure of Interest Rates, *Finance and Stochastics* **1**(1), 3–24.

Schöbel, R. (1987), *Zur Theorie der Rentenoption*, Duncker & Humblot, Berlin.

Schürger, K. (1998), *Wahrscheinlichkeitstheorie*, R. Oldenburg Verlag, München.

Sercu, P. und Uppal, R. (1995), *International Financial Markets and the Firm*, South-Western College Publishing, Cincinnati, Ohio.

Seydel, R. (2000), *Einführung in die numerische Berechnung von Finanz-Derivaten*, Springer Verlag, Heidelberg.

Shimko, D. C. (1996), *Finance in Continuous Time. A Primer*, Kolb Publishing Company, Miami, Florida.

Sommer, D. (1996), *Valuation of Contingent Claims with Interest and Exchange Rate Risk and the Exogenous Issuing of New Bonds*, PhD thesis, University of Bonn.

Stoll, H. (1968), The Relationship between Call and Put Prices, *The Journal of Finance* **24**, 177–188.

Tian, Y. (1993), A Modified Lattice Approach to Option Pricing, *Journal of Futures Markets* **13**, 563–577.

Trautmann, S. (1995), Optionsbewertungsmodelle, *in* W. Gerke und M. Steiner (eds), *Handwörterbuch des Finanz- und Bankwesens*, Schäffer-Poeschel, Stuttgart, pp. 1475–1488.

Turnbull, S. M. und Wakeman, L. M. (1991), Quick Algorithm for Pricing European Average Options, *Journal of Financial and Quantitative Analysis* **26**(3), 377–389.

Varian, H. R. (1987), The Arbitrage Principle in Financial Economics, *Economic Perspectives* **1**(2), 55–72.

Vasicek, O. (1977), An Equilibrium Characterization of the Term Structure, *Journal of Financial Economics* **5**, 177–188.

Vorst, T. (1992), Prices and Hedge Ratios of Average Exchange Rate Options, *International Review of Financial Analysis* **1**(3), 179–193.

Vorst, T. C. (1996), Averaging Options, *in* I. Nelken (ed.), *The Handbook of Exotic Options*, IRWIN Professional Publishing, Chicago, pp. 175–199.

Wiesmeth, H. (1990), The State Preference Approach to General Equilibrium in Corporate Finance, *European Economic Reviews* **34**, 1247–1264.

Willnow, J. (1996), *Derivative Finanzinstrumente. Vom Europäischen zum Exotischen*, Gabler-Verlag, Wiesbaden.

Wilmott, P., Dewynne, J. und Howison, S. (1996), *Option Pricing. Mathematical Models and Computation*, Oxford Financial Press.

Yor, M. (1992), *Some Aspects of Brownian Motion*, Birkhäuser, Berlin.

Zimmermann, H. (1998), *State-Preferences Theorie and Asset Pricing*, Physica-Verlag, Heidelberg.

Autorenindex

Stichwortverzeichnis

W. Domschke, A. Scholl

Grundlagen der Betriebswirtschaftslehre

Eine Einführung aus entscheidungsorientierter Sicht

2000. XVIII, 400 S. 104 Abb., 80 Tab. Brosch.
DM 39,90; öS 292,-; sFr 37,-
ISBN 3-540-66578-1

Dieses Buch bietet eine komprimierte und anschauliche Darstellung der Grundlagen der modernen Betriebswirtschaftslehre und ist für einführende Vorlesungen im Grund- und Hauptstudium geeignet. Durch ein umfangreiches Sachregister kann es als Nachschlagewerk dienen.

H.J. Drumm

Personalwirtschaft

4., überarb. u. erw. Aufl. 2000. XXXIV, 868 S. 73 Abb. Brosch.
DM 79,-; öS 577,-; sFr 72,-
ISBN 3-540-67753-4

Dieses wichtige Standardwerk erschließt das immer komplexer werdende unternehmerische Funktionsfeld "Personalwirtschaft" in anspruchsvoller, systematischer und zugleich gut verständlicher Weise.

R. Olbrich

Marketing

Eine Einführung in die marktorientierte Unternehmensführung

2000. Etwa 300 S. Geb.
ISBN 3-540-67881-6

Das Buch führt in komprimierter und verständlicher From in die wichtigsten Planungsprozesse des Marketing ein.

M.P. Zerres

Handbuch Marketing-Controlling

2000. XXVIII, 588 S. 143 Abb. Geb.
DM 149,-; öS 1088,-; sFr 136,-
ISBN 3-540-66769-5

Ziel dieses Handbuchs ist es, primär Managern in leitenden Funktionen von Unternehmen und Organisationen, die ihre Kenntnisse im komplexen Schnittstellenbereich Marketing-Controlling aufbauen oder ergänzen wollen, einen fundierten Überblick über den aktuellen Wissensstand in komprimierter Form zu vermitteln.

Springer · Kundenservice
Haberstr. 7 · 69126 Heidelberg
Bücherservice:
Tel.: (0 62 21) 345 - 217/-218
Fax: (0 62 21) 345 - 229
e-mail: orders@springer.de

Preisänderungen und Irrtümer vorbehalten. d&p · BA 67954/2

K.V. Auer

Externe Rechnungslegung

Eine fallstudienorientierte Einführung in den Einzel- und Konzernabschluss sowie die Analyse auf Basis von US-GAAP, IAS und HGB

2000. XXVIII, 605 S. 77 Abb., 315 Tab. Brosch.
DM 65,-; öS 475,-; sFr 59,50
ISBN 3-540-67763-1

Im Sinne einer integrierten Sichtweise werden alle Instrumente des externen Jahresabschlusses auf Basis einer einheitlichen, durchgehenden Fallstudie erläutert, wobei diese Fallstudie sowohl den Einzelabschluss als auch den Konzernabschluss umfasst.

R. Ewert, A. Wagenhofer

Interne Unternehmensrechnung

4., überarb. u. erw. Aufl. 2000. XXI, 753 S.
51 Abb., 42 Tab. Brosch.
DM 69,90; öS 511,-; sFr 64,-
ISBN 3-540-66702-4

Dieses Lehrbuch befaßt sich mit der konzeptionellen Gestaltung und den Einsatzbedingungen von Rechnungssystemen, insbesondere der Kosten- und Leistungsrechnung im Unternehmen.

Springer · Kundenservice
Haberstr. 7 · 69126 Heidelberg
Bücherservice:
Tel.: (0 62 21) 345 - 217/-218
Fax: (0 62 21) 345 - 229
e-mail: orders@springer.de

Preisänderungen und Irrtümer vorbehalten. d&p · BA 67954/1

K. Sandmann

Einführung in die Stochastik der Finanzmärkte

2., verb. u. erw. Aufl. 2000. XX, 522 S.
82 Abb., 21 Tab. Brosch.
ISBN 3-540-67954-5

Die Darstellung beinhaltet Modelle mit diskreter und stetiger Zeit und befasst sich mit dem Aktienkurs-, Wechselkurs- und Zinsänderungsrisiko.

T. Hartmann-Wendels, A. Pfingsten, M. Weber

Bankbetriebslehre

2., überarb. Aufl. 2000. XXX, 814 S.
150 Abb., 113 Tab. Brosch.
DM 68,-; öS 497,-; sFr 62,-
ISBN 3-540-66611-7

Dieses Buch integriert die Entwicklungen in der Informationsökonomik und Kapitalmarkttheorie in die traditionelle Bankbetriebslehre und bietet so eine solide Grundlage für Aussagen über die Rolle von Banken und der von ihnen betriebenen Geschäfte in einer sich wandelnden Umwelt.

P. Steiner, H. Uhlir

Wertpapieranalyse

4., vollst. überarb. u. erw. Aufl. 2000. XII, 370 S. 52 Abb.,
28 Tab. Brosch. **DM 55,-**; öS 402,-; sFr 50,50
ISBN 3-7908-1302-8

 Springer